बस्तर की भतरी लोक कथाएँ

लोक-संस्कृति और साहित्य

सुखदई कोर्राम द्वारा प्रस्तुत

बस्तर की भतरी लोक कथाएँ

हरिहर वैष्णव

चित्र

खेम वैष्णव

nbt.india

एकः सूते सकलम्

राष्ट्रीय पुस्तक न्यास, भारत

NATIONAL BOOK TRUST, INDIA

ISBN 978-81-237-7640-8

पहला संस्करण : 2015
पहली आवृत्ति : 2021 *(शक 1942)*

Bastar Ki Bhatari Lok Kathayen *(Hindi)*

₹ 335.00

निदेशक, राष्ट्रीय पुस्तक न्यास, भारत
नेहरू भवन, 5 इंस्टीट्यूशनल एरिया, फेज-II
वसंत कुंज, नई दिल्ली-110070 द्वारा प्रकाशित
www.nbtindia.gov.in

अपनी मातृ-स्वरूपा पुत्रियों

गुड्डी (सारिका), टल्लू (शैली), लल्ली (लतिका) और रोली (रागिनी)

तथा पुत्रद्वय

शानू (नवनीत) और सन्नी (प्रद्युम्न) को

अनुक्रम

निवेदन

लोक कथाओं की बात करते हुए मुझे अपनी नानी स्व. चन्द्रवती वैष्णव (खोरखोसा) और छोटे नाना स्व. तुलसीदास वैष्णव एवं छोटी नानी स्व. प्रेमवती वैष्णव (नारायणपुर) की बरबस याद आ जाती है। कारण, सर्वाधिक लोक-कथाएँ मैंने अपने बचपन में इन्हीं तीनों से सुनी थी। मैं जब भी ननिहाल (खोरखोसा) जाता या नानी हमारे घर आतीं तो बस! मेरी एक ही फर्माइश होती, 'कहानी सुनाओ ना, नानी'। इसी तरह नारायणपुर वाले छोटे नाना या नानी कभी हमारे घर आते या मुझे नारायणपुर जाने का अवसर मिलता तब भी मेरी एक ही मनुहार होती, 'कहानी सुनाइये, न।'। उन्हीं सुनी हुई लोक-कथाओं से मैं अपने तीनों बच्चों का भी मनोरंजन किया करता था। वे बड़े ध्यान से कहानियाँ सुना करते थे। और अब मेरे दोनों नाती सोमू (सोमेश) और सागर (कुबेर) जब कभी कोंडागाँव आते हैं या मैं उनके घर बेमेतरा जाता हूँ तो भोजन के बाद उनकी एक ही माँग होती है, 'नानू! कहानी सुनाइये, न।' अब तक मैं उन्हें मुझे याद लोक-कथाओं के साथ-साथ अपने संग्रह की कई प्रकाशित-अप्रकाशित लोक-कथाएँ सुना चुका हूँ। उन्हें प्रतिदिन लोक-कथाएँ सुनाने के लिये मुझे कई बार पूर्व तैयारी करनी पड़ती है। कई बार तो ऐसा होता है कि मैं पूर्व में सुनायी गयी कथा ही सुनाने लगता हूँ किन्तु तभी छोटा नाती सोमेश तड़ से टोकता है, "नानू, होशियारी नहीं! यह कहानी तो आप पहले ही सुना चुके हैं।" तब ऐसे में विवश हो कर कई बार मुझे किसी नयी कथा का सृजन करना पड़ता है। किन्तु यदि वह नयी कथा किसी लोक-कथा की तरह की नहीं हुई तो फिर से चेतावनी, "नहीं, नहीं। यह कहानी तो आप मन से गढ़ कर सुना रहे हैं। हमें तो वही कहानियाँ चाहियें, जो आपने अपने नाना-नानी से सुनी हैं।" और मैं उन कहानियों में लोक-तत्त्व का थोड़ा-सा तड़का लगा देता हूँ। और इस तरह मेरी वह कहानी बन जाती है लोक-कथा। लेकिन ऐसा हमेशा नहीं। कभी-कभार, जब मैं किन्हीं कारणों से अपने संग्रह की लोक-कथाओं को पढ़ने या टेप से सुनने का समय नहीं निकाल पाता। सागर नींद के मामले में अव्वल है। कहानी सुनते-सुनते निंदिया रानी उसे अपनी बाँहों में समेट लेती है किन्तु सोमू नींद को धता बता कर पूरी कहानी सुने बिना नहीं सोता। और यदि कहानी छोटी हुई तो अगली कहानी की फर्माइश भी कर बैठता है, "यह भी कोई कहानी हुई! दस मिनट भी नहीं लगे सुनाने में। कोई लम्बी कहानी सुनाइये, न।" उन्हें कहानियों में पशु-पक्षी, विशेष तौर पर जंगली पशु-पक्षी वाली और रहस्यमयी कहानियाँ मजेदार लगती हैं। किन्तु इसका यह अर्थ कदापि नहीं कि इस पुस्तक में प्रस्तुत लोक-कथाएँ इसी तरह मेरे द्वारा सृजित हैं। ये सारी लोक-कथाएँ हमारी बुबू यानी सुखदई कोर्राम द्वारा सुनायी गयी हैं। हाँ, मुझे बच्चों को लोक-कथाएँ सुनाते वक्त इस बात का ध्यान अवश्य ही रखना पड़ता है कि कोई कहानी ऐसी न हो जो उनके सुनने लायक न हो। कारण, लोक-कथाएँ बच्चों से लेकर बड़े-बूढ़ों तक सभी के मनोरंजन के लिये तो होती ही हैं और कई लोक-कथाओं में नैतिक शिक्षा के भी पुट होते हैं किन्तु इसके साथ-साथ इनमें कुछ ऐसी बातें भी होती हैं, जो केवल वयस्कों के सुनने लायक ही होती हैं और बच्चों को उन्हें नहीं सुनाया जा सकता। इस प्रस्तुति में दोनों ही तरह की लोक-कथाएँ सम्मिलित हैं।

नानी का अधिकार भतरी, हल्बी और बस्तरी पर एक समान था। उनके पूर्वज छुईखदान (छत्तीसगढ़) के राज-परिवार से थे। इसी तरह नारायणपुर वाले छोटे नाना जी के पूर्वजों का सम्बन्ध भी राजनाँदगाँव (छत्तीसगढ़) के राज-परिवार से था। छोटे नाना जी की भाषा मिश्रित हुआ करती थी। हल्बी, बस्तरी और हिन्दी। उनकी भाषा की एक बानगी देखें, "एक ठन गाँव में दुय झन मनुक रते रहोत। दुनो आकट ठग रहिन। एक झन का बायले बिकट झगड़हिन रहिस।' इसमें बस्तरी, हल्बी और हिन्दी तीनों का ही मिश्रण इस तरह मिलता है : 'एक ठन गाँव में दुय झन (बस्तरी), मनुक रते रहोत (हल्बी), दुनो आकट (हल्बी) ठग रहिन (बस्तरी), एक झन (बस्तरी), का (हिन्दी), बायले (हल्बी), बिकट (बस्तरी), झगड़हिन रहिस (बस्तरी)।' मुझे इस बात का अब मलाल होता है कि मैं उन लोक-कथाओं में से अधिसंख्य लोक-कथाएँ भूल गया हूँ। राजा-रानी की कथाएँ, डोकरा-डोकरी की कथाएँ, परियों की कथाएँ, शेर और भालू की कथाएँ, लोमड़ी और तेन्दुआ की कथाएँ आदि आदि। कुछेक लोक-कथाओं के कुछ अंश याद रह गये हैं जिन्हें मैं आज भी अपने ननिहाल के लोगों को सुनाकर चाहता हूँ कि वे वह लोक-कथा पूरी की पूरी मुझे सुनाएँ किन्तु अफसोस! वे सब भी भूल चुके हैं।

मुझे ऐसी ही एक लोक-कथा का एक छोटा-सा अंश याद आ रहा है जिसमें एक रूपवती रानी नदी पार करते समय नाव खेने वाले रूपवान खेवैया के रूप पर मुग्ध हो कर उसे संकेत करती है कि वह उसके पति को नदी में धकेल दे। खेवैया भी उसके रूप पर मोहित हो जाता है और रानी की मंशा के अनुरूप राजा को छलपूर्वक नदी में धकेल देता है। राजा नदी में डूब जाता है। जब नाव नदी के दूसरी ओर पहुँचती है तब वह खेवैया रानी से कहता है कि तट पर रखा टोकरा उठा लाये और उसे उस टोकरे पर बैठा कर ले चले। तब रानी को मालूम पड़ता है कि उस रूपवान खेवैया के दोनों पाँव घुटनों के ऊपर से कटे थे और वह पहले से विवाहित भी था। रानी को अब पछतावा होता है। वह अपनी दुर्बुद्धि को कोसती है किन्तु विवशता में वही करती है जो वह खेवैया चाहता है। बस! इतना ही याद है मुझे। इसके पहले क्या होता है और बाद में क्या, इसका कुछ पता नहीं।

नारायणपुर वाले छोटे नानाजी से सुनी लोक कथाओं में से एक लोक-कथा का छोटा-सा अंश याद आ रहा है। एक युवती थी जिसका मस्तिष्क उसकी आयु के अनुपात में विकसित नहीं था। जब वह विवाह के बाद अपने ससुराल आती है तब उसकी सास उससे कहती है कि वह कुछ दिनों के लिये घर से बाहर जा रही है अतः वह घर को चलाती रहे। युवती घर को चलाने का अर्थ इस तरह लेती है कि वह एक लाठी लेकर घर की छत पर चढ़ जाती है और उस लाठी से छत को पीटती हुई 'चल रे घर, चल' कहती रहती है। इस लोक-कथा का नाम है, 'केले बुहारी'। यानी वह बहू जो कुछ नहीं जानती। इस तरह की कई लोक-कथाएँ सुनी किन्तु सब भूल गया।

प्रस्तुत लोक कथाएँ श्रीमती सुखदई कोर्राम, जिन्हें हम 'बुबू' यानी बुआ कहते हैं, के द्वारा 2001 से 2012 के बीच समय-समय पर मुझे और मेरे आस्ट्रेलियन नृतत्वशास्त्री मित्र क्रिस ग्रेगोरी को सुनायी गयी हैं, जिन्हें मैंने ध्वन्यांकित किया है। कुछेक कहानियाँ उन्होंने हमारे लिये अपनी सहूलियत के हिसाब से इसी मोहल्ले में रहने वाली इतवारिन बघेल को 'डिक्टेट' भी की हैं। सरगीपाल पारा, कोंडागाँव निवासी मूलतः जगार गायिका लगभग 80-82 वर्षीय सुखदई बुबू के मस्तिष्क में लछमी जगार एवं तिजा जगार (दोनों ही अलिखित लोक महाकाव्य) के साथ-साथ सैकड़ों लोक कथाएँ, लोक गीत, गीति कथाएँ, गाथाएँ, मुहावरें, कहावतें एवं पहेलियाँ भण्डारित हैं। वे संगीतकार/ग्राम प्रहरी (कोटवार) समुदाय से सम्बद्ध हैं और कोंडागाँव क़स्बे के सरगीपालपारा नामक मोहल्ले में रहती हैं। यह समुदाय यहाँ का मूल निवासी है। संगीत-साधना (वादन) इस समुदाय के पुरुषों को विरासत में मिली है और उन्हीं तक सीमित भी है। वे तीन से पाँच के समूह में होते हैं तथा विवाह और अन्य धार्मिक अनुष्ठानों के अवसर पर वादन करते हैं। पहला व्यक्ति मोहरी (शहनाईनुमा वाद्य), दूसरा निसान या नगाड़ा, तीसरा टुड़बुड़ी (ताल वाद्य), चौथा ढोल तथा पाँचवाँ ढपरा (ढपली) बजाता है। इस समुदाय के लोग, जैसा कि ऊपर कहा गया है, कोटवार तथा चरवाहे के रूप में भी अपनी सेवायें समाज को देते आ रहे हैं। इस समुदाय के लोगों के पास अपनी कृषि-भूमि थी किन्तु धीरे-धीरे इनमें से अधिकांश लोगों ने अपनी भूमि बाहर से यहाँ आ बसे लोगों के हाथों बेच डाली। यह स्थिति प्रायः गाँव से क़स्बे में परिवर्तित होते स्थानों में, उदाहरण के तौर पर, कोंडागाँव (सरगीपाल पारा) आदि में बनती गयी है। आज इनकी आजीविका का साधन दैनिक मज़दूरी रह गयी है। आज लगभग 80-82 वर्ष की उम्र में भी सुखदई बुबू खेतों में धान की रोपाई, निंदाई, कोड़ाई, कटाई आदि के काम करती हैं। बहरहाल, जैसा कि मैंने पहले ही उल्लेख किया है, सुखदई कोर्राम लोककथा वाचिका के साथ-साथ 'तीजा जगार' एवं 'लछमी जगार' लोक महाकाव्यों की भी सुप्रसिद्ध गायिका रही हैं। इन गायिकाओं को 'गुरुमायँ' कहा जाता है। जहाँ तक जगार गायन से जुड़ने का सवाल है, अपवाद स्वरूप ही सुखदई जैसी महिलायें गायिकायें बन पाती हैं। कारण, पितृसत्तात्मक समाज में ऐसी कोई व्यवस्था नहीं कि महिलायें अपने किसी ज्ञान या विज्ञान को धरोहर के रूप में आगे ले जा सकें। हाँ, विवाह पर महिलाएँ अपने पति के कौटुम्बिक क्रिया-कलापों में अवश्य सहभागी होती हैं। सुखदई बुबू के परिवार में उनके पिता की बहिन दुआरी के पहले कोई भी जगार गायिका नहीं हुई थी। दुआरी ने जगार-गायन निकटस्थ गाँव बम्हनी की पनका जाति की एक महिला से सीखा था। सुखदई और उनकी तीन चचेरी बहिनों ने दुआरी से। सुखदई की चाची आयती ने भी दुआरी से ही जगार-गायन की शिक्षा ली तथा अपनी बहिन की तीन बेटियों को सिखाया। इस तरह सुखदई और उनकी निकट सम्बन्धियाँ जगार गायिका बनीं। वे कोंडागाँव की शीर्षस्थ जगार-गायिकाओं में गिनी जाती हैं। केवल इतना नहीं अपितु वे लोक-गीत गायिका के रूप में भी सुपरिचित हैं।

सुखदई बुबू की स्मरण-शक्ति गजब की है। इस बीच जब मैं इन लोक कथाओं का हिन्दी अनुवाद कर रहा था तब मुझे कई-कई बार भतरी के कई शब्दों के अर्थ जानने के लिये उनके पास जाना पड़ा। आश्चर्य कि जब मैंने जो भी शब्द उनके सामने रखे, उन्होंने उस शब्द की न केवल विशद् व्याख्या कर दी बल्कि कहानी का नाम भी बताया और कहानी का वह अंश भी बता दिया जिस अंश में वह शब्द आया है। यानी कथा-वाचन के 12-13 वर्षों के बाद भी उन कथाओं के किसी भी अंश की विस्मृति का कहीं कोई नामो-निशान नहीं। किन्तु उन्हें अफसोस इस बात का है कि उनकी तीनों सन्तान में से किसी ने भी उनकी किस्सागोई या जगार गायन की परम्परा को आगे बढ़ाने में कोई रुचि नहीं ली। वे मुझसे इसीलिये स्नेह करती हैं कि मैं लगातार उनके सम्पर्क में रहता हूँ और कभी कहानी सुनाने के लिये कहता हूँ तो कभी जगार-गायन के लिये। उन्हें लगता है कि कोई तो है जो उनकी कद्र करता है। न केवल मैं उनसे कहानियाँ और जगार सुनता रहा हूँ बल्कि जब कभी मौका लगा मैंने उन्हें विभिन्न मंचों पर भी अपना हुनर दिखाने के अवसर उपलब्ध कराये। उनके गाये 'लछमी जगार' के संक्षेपित गद्यात्मक संस्करण का हल्बी-हिन्दी-अँग्रेजी में प्रकाशन आस्ट्रेलियन नेशनल यूनीवर्सिटी, कैनबरा के सहयोग से 2003 में हुआ, जिसने विश्व-स्तर पर अपनी पहचान बनायी।

भाषा पर नियन्त्रण इतना कि जब वे हल्बी बोल रही हों तो मजाल है कि भतरी का कोई शब्द गलती से भी बीच में घुसपैठ कर ले या भतरी बोल रही हों तो हल्बी-बस्तरी का कोई शब्द उसमें आ जाये। हल्बी, भतरी और बस्तरी तीनों ही लोक-भाषाएँ धारा-प्रवाह बोलने में उन्हें महारत हासिल है। यह कहते हुए मुझे कोई संकोच नहीं कि मेरी हल्बी-भतरी और बस्तरी पर बुबू का भी प्रभाव है। मेरे संग्रह में उनकी बतायी गयी लगभग 100 से अधिक हल्बी, भतरी और बस्तरी लोक कथाएँ हैं। इन्हीं लोक कथाओं के जरिये ही मैंने भाषा-ज्ञान प्राप्त किया है, यह भी उल्लेख करना समीचीन होगा। किस्सागोई का उनका अंदाज ठेठ गँवई है और इसी कारण उसमें अपेक्षित प्रवाह तथा रस-सिक्तता है।

प्रायः प्रत्येक लोक-कथाओं की विशेषता होती है, उसमें 'फैन्टेसी (स्वैरकल्पना या विलक्षणता)' का होना। राक्षस का मनुष्य रूप धर लेना। सूखी नदी में अचानक बाढ़ आ जाना। घोड़े का आकाश में उड़ने लगना। किसी फल या फूल में से क़िसी युवक या युवती का जन्म लेना आदि इत्यादि।

शायद यह 'फैन्टेसी' न हो तो लोक-कथाओं का आनन्द ही न आये। लोक-मानस की विलक्षण कल्पना-शक्ति लोक-कथाओं के माध्यम से रूपायित होती है। ऐसी ही 'फैन्टेसी (स्वैरकल्पना या विलक्षणता)' प्रस्तुत लोक-कथाओं में भी देखने को मिलती है।

यहाँ थोड़ी-सी चर्चा इस प्रस्तुति में सम्मिलित लोक-कथाओं की।

'लछमी जगार', और 'तिजा जगार' नामक लोक महाकाव्यों तथा कई लोक-कथाओं में स्त्रियों द्वारा सन्तान प्राप्ति के लिये तपस्या तथा अनेक अनुष्ठान करने के प्रसंग आते हैं। किन्तु यहाँ प्रस्तुत 'जयसन राजा' नामक लोक-कथा एक ऐसी कथा है जिसमें बस्तर की अन्य कथाओं एवं महागाथाओं से अलग किसी महिला की बजाय किसी पुरुष द्वारा सन्तान प्राप्ति के लिये तपस्या करने का प्रसंग है।

'चम्पाबती' शीर्षक लोक-कथा में सात सखियों की कहानी है। इसमें सातवीं सखी, जो रानी है, की ऐसी छह सखियों की कुत्सित मनोवृत्ति का चित्रण है, जो अपनी सखी का घर बसते देख कर ईर्ष्या करने लगती हैं और अन्ततः उसके बच्चे को छलपूर्वक नदी में फिंकवा देती हैं। किन्तु अन्त में उस रानी का पति उन छह ईर्ष्यालु सखियों को मौत के घाट उतार देता है।

'मामार बेटी' एक ऐसे युवक की कहानी है जो अपने पुरुषार्थ से अपनी इच्छित युवती के माता-पिता का दिल जीत लेता है और उस युवती से अन्ततः उसका विवाह हो जाता है। वह सपने में कुसुमारबती नामक युवती को देखता है और उस पर मोहित होकर उसकी खोज में चल पड़ता है। कुसुमारबती भी उसके रूप पर मोहित हो जाती है और उससे विवाह करने की इच्छा रखती है। किन्तु वह उसे पाने के लिये उसके पिता के काम में हाथ बँटाता है और सारे काम बहुत ही मन लगाकर करता है और उनका दिल जीत लेता है और अन्ततः अपनी प्रिय युवती से विवाह कर लेता है।

'करेलामती' लोक-कथा में एक ऐसे वृद्ध की ममता का सजीव चित्रण मिलता है जो करेले से उत्पन्न युवती को अपनी सगी बेटी की तरह स्नेह देता है। वह युवती भी उसे अपने सगे पिता की तरह प्यार और सम्मान देती है। किन्तु दैवयोग से जब उसका विवाह एक राजा से हो जाता है तब उस राजा की सात पत्नियाँ उसे धोखा देकर मार डालती हैं। ऐसे कठिन समय में एक बँदरिया करेलामती की सहायता करती है। उसी की सहायता से करेलामती पुनः जीवित हो जाती है तथा अपने पति के साथ सुखपूर्वक जीवन व्यतीत करती है।

'बयरागिर गाय' लोक कथा में बाघिन द्वारा मित्रता की आड़ में अपनी मित्र गाय के साथ धोखा करने और उसे मारकर खा जाने का प्रसंग आता है, तो इसी कथा में आगे उसी बाघिन के बच्चों द्वारा अपनी हत्यारी माँ के साथ रहने के बजाय अनाथ बछड़े और बछिया के साथ रहने की बात कहना और उनका साथ देने का नैतिक प्रसंग भी। इसी तरह इसी कथा में नन्दी बैल द्वारा युवक का साथ देने का अनुकरणीय प्रसंग भी आता है।

लोक-कथा 'नाँगमती' एक ऐसी युवती (नाग-कन्या) की चतुराई की कहानी है जो नागिन से युवती बनती है। वह अपने प्राण-दाता चरवाहे की पत्नी बनकर रहने लगती है। किन्तु उस राज्य के राजा की कुदृष्टि उस पर पड़ती है और वह उसे अपनी रानी बनाना चाहता है। इसके लिये वह उसके चरवाहे पति को तरह-तरह के कठिन से कठिन काम सौंपता है किन्तु उन सारी समस्यायों से नागमती अपने पति को आसानी से उबार लेती है। अन्ततः राजा को उसके आगे हार माननी पड़ती है और बदले में अपना आधा राज्य भी चरवाहे को देना पड़ जाता है।

पशुओं में लोमड़ी और पक्षियों में कौवे की चतुराई, शरारतों और मक्कारी की बहुत-सी लोक-कथाएँ मिलती हैं। अपने देश के विभिन्न भागों की लोक-कथाओं के साथ ही साथ विदेशी लोक-कथाओं में भी लोमड़ी की चतुराई के किस्से पढ़ने-सुनने को मिलते हैं। ग्रिम भाइयों की जर्मन लोक-कथाओं के संकलन 'द कम्पलीट फेयरी टेल्स ऑफ द ब्रदर्स ग्रिम' को पढ़ते हुए भी मैंने पाया कि लोमड़ी वहाँ भी अपनी चतुराई के लिये जानी जाती रही है। किन्तु इसके ठीक विपरीत यहाँ प्रस्तुत एक लोक कथा 'लमहा' में बाघ, भालू और चालाकी के लिये जगजाहिर लोमड़ी की तुलना में नन्हे जीव खरहे की बुद्धिमत्ता चमत्कृत करती है तो वहीं उसके शरारती होने का भी भान कराती है। इस तरह यह कथा थोड़ी-सी हटकर है। कारण, इसमें लोमड़ी की बजाय खरहा की चतुराई सामने आती है। वह अपनी चतुराई से न केवल बाघ, भालू और लोमड़ी को डराता-धमकाता है अपितु अन्त में लोमड़ी को मारकर उसके मांस को पकाता और बाघ तथा भालू को खिलाता भी है। शायद ऐसे ही जीवों के लिये बस्तर में कहावत है, 'नानी मिरी मोटो झार', यानी 'नन्ही मिर्च बड़ी तेज'।

लोक-कथा 'ढेला आवरी कोलेया' में लोमड़ी बड़ी ही चतुराई से मिट्टी के एक ढेले से मित्रता कर लेती है और उसे नदी में नहाने के लिये तैयार करती है। वह जानती थी कि ढेला नदी में जाते ही गल जायेगा। ऐसा होता भी है। तब वह नदी से उसके बदल मछली लेती है। फिर मछली के बदले लकड़ी और इसी तरह एक के बदले दूसरी वस्तुएँ लेते हुए अन्त में वह एक दुल्हन को हथिया लेती है। किन्तु दुल्हन थी तो मनुष्य! भला एक लोमड़ी की पत्नी बनकर कैसे रहती? सो वह मौका देखकर उस लोमड़ी को मार देती है और अपने दूल्हे के पास चली जाती है।

'सवकार कोलेया' नामक लोक-कथा में एक बार फिर लोमड़ी की चतुराई दिखायी पड़ती है। वह पहले एक साहूकार को मूर्ख बना कर उसकी बेटी से एक युवक का, जिसे वह बेटा कहती है, विवाह करा देती है और बाद में चालाकी से उस राज्य के राजा के आभूषण, उसकी गाड़ी, फिर राजमहल और अन्ततः आधे राज्य को हथियाने में सफल हो जाती है। किन्तु इस कथा में एक पितृहीन युवक के प्रति उसकी सहृदयता के दर्शन होते हैं। यहाँ उसका कोई स्वार्थ नहीं होता। महज उसी पितृहीन युवक की भलाई के लिये वह साहूकार तथा राजा को मूर्ख बनाती है।

'कुसदेव' लोक-कथा एक ऐसे युवक की कहानी है जो एक राक्षसी की बेटी से प्रेम कर बैठता है और उस प्रेम की खातिर अपने प्राणों तक की

परवाह नहीं करता। अन्ततः उसकी प्रेयसी उसके साथ उसके घर भाग आती है। किन्तु इसके लिये उसे अपनी राक्षसी माँ की हत्या करनी पड़ती है। किसी तरह जब वे लोग राजा के राज्य में पहुँचते हैं तब एक नकटी औरत धोखा देकर उस युवती के सारे गहने-कपड़े आदि स्वयं धारण कर लेती है और स्वयं राजा की पत्नी बन बैठती है। काफी बाद में जब कुसदेव को यह बात मालूम पड़ती है तब वह एक युवती का रूप धर उससे मित्रता करता है और अन्ततः उससे विवाह कर नकटी औरत को मृत्यु-दण्ड देता है।

'रानी आवरी लड़ई' कथा में नायक बलदेव अपने देवी-देवताओं की सहायता से अपनी राजकुमारी प्रेयसी को पत्नी-रूप में प्राप्त करता है। इस कहानी की नायिका का दो बार विवाह होता है। पहला विवाह होता है उसकी मर्जी के खिलाफ बिरचँद नामक युवक से, जो उस राज्य के मन्त्री का बेटा होता है। किन्तु बलदेव द्वारा अपने देवी-देवताओं की सहायता से बिरचँद को भयभीत कर दिया जाता है तब नायिका, जो उस राज्य के राजा की बेटी है, बलदेव के साथ अपने पिता की सहमति से पुनः विवाह करती है।

'लाडरबेलुरा' लोक-कथा में सुरमती नामक राजकुमारी द्वारा लाडरबेलुरा नामक मृत राजकुमार को जीवित कर दिया जाता है तथा उसके सपने में आकर उसे विवाह के लिये आमन्त्रित किया जाता है। तब लाडरबेलुरा सपने की बात को सच मानकर उस राजकुमारी की खोज में जाता है और उसे खोज निकालता है। दोनों का विवाह हो जाता है। वे दोनों सुखपूर्वक रहने लगते हैं।

'मालती रानी' शीर्षक लोक-कथा में भी मालती नामक रानी भोलानाथ राजा के सपने में आकर उसे उससे विवाह का आमन्त्रण देती है। तब भोलानाथ एक युवती का रूप धरकर उससे मिलता है और एक दिन छलपूर्वक उसे घोड़े पर बिठा कर अपने घर ले आता है, जहाँ पहले से ही उसकी छह रानियाँ थीं। वे छहों रानियाँ मालती रानी को मारती-पीटती हैं। आधी रात में भोलानाथ राजा घर से निकलता है और मालती रानी को लेकर दूसरी जगह चला जाता है। वहाँ महल बनाकर वे रहने लगते हैं। छहों रानियाँ मालती रानी से ईर्ष्या करने लगती हैं और अन्ततः वे उसे विष देकर मार डालती हैं। जब राजा कचहरी से वापस आता है तो मालती रानी को अचेत पाता है। तब उसे दवा आदि दिलवाता है जिससे वह जी उठती है। तब राजा अपने पुराने घर में, जहाँ उसकी छहों रानियाँ रहती थीं, आग लगा देता है। वे सभी छहों रानियाँ उस आग में जलकर मर जाती हैं। भोलानाथ और मालती रानी सुखपूर्वक रहने लगते हैं।

'लड़ई देव' लोक-कथा एक योद्धा राजकुमार लड़ई देव के शौर्य की कथा है। विभिन्न असुरों से हुए युद्धों में उसका साथ देते हैं समुँदा घोड़ा, सेलसुंदरी बन्दूक, रनबेंदरी और निल बछुरा नामक दो और घोड़े तथा खाँडादई नामक तलवार। वह कई असुरों को मारकर उनका नाश करता है। वह अपनी धाय माँ का बहुत सम्मान करता है और अपनी मुँहबोली बहन का विवाह भी करवा देता है।

अब थोड़ी-सी बात भतरी लोक-भाषा की व्याकरणिक संरचना पर। किन्तु चर्चा आरम्भ करने से पूर्व यहाँ मैं बिना किसी संकोच के यह स्पष्ट कर देना चाहता हूँ कि मैं कोई भाषा वैज्ञानिक अथवा व्याकरणाचार्य नहीं हूँ। मैंने बस्तर की लोक-भाषाओं और यहाँ की लोक-संस्कृति के एक अकिंचन विद्यार्थी के रूप में जो कुछ अनुभव किया उसी के आधार पर इस लोक-भाषा की व्याकरणिक संरचना पर बहुत कम शब्दों में अपनी बात निम्नानुसार रखना चाहूँगा। अतः मेरे इन विचारों को इसी तरह लिये जाने और जहाँ कहीं मेरी त्रुटि दिखे वहाँ मेरा ध्यान आकृष्ट कराये जाने, मेरी गलती सुधारे जाने का विनम्र अनुरोध सुधी पाठकों, विद्वानों और व्याकरणाचार्यों से है। अस्तु।

वर्ण

ओड़िया भाषा और हल्बी लोक-भाषा के मिश्रण से उपजी पारम्परिक भतरी (भतरनी) लोक-भाषा में महाप्राण वर्णों का उच्चारण नहीं के बराबर है तथापि इनका मूल स्वरूप महाप्राण ही है। यह भेद स्पष्ट होता है पारम्परिक भतरी तथा आधुनिक भतरी के बीच। पारम्परिक भतरी में जहाँ केवल अल्प प्राण ध्वनियाँ ही उच्चरित होती हैं और महाप्राण ध्वनियाँ नहीं, वहीं आधुनिक भतरी में इनका उपयोग किया जाने लगा है। इसके लिखित स्वरूप में इसके दोनों प्रकार उपयोग में लाये जाते हैं। कुछ लोग इसके अल्प प्राण वाले स्वरूप को उचित मानते हैं तो कुछ लोग महाप्राण वाले रूप को तथा कुछ लोग मध्यमार्ग अपनाते हुए दोनों ही स्वरूपों को मान्यता देने के पक्ष में खड़े दीखते हैं। इनका तर्क है कि चूँकि भतरी ओड़िया और हल्बी के सम्मिश्रण से प्रादुर्भूत लोक भाषा है अतः उच्चारण में भले ही अल्पप्राण ध्वनियाँ आयें किन्तु इसके लिखित स्वरूप में महाप्राण ध्वनियों को स्थान देना उपयुक्त लगता है। भतरी में निम्न स्वर एवं व्यंजन वर्ण हैं :

1. **स्वर :** हिन्दी की ही तरह इस लोक-भाषा में भी दो प्रकार के स्वर वर्ण हैं। पहला ह्रस्व स्वर वर्ण और दूसरा दीर्घ स्वर वर्ण। ह्रस्व स्वर वर्ण ये हैं, जिनकी संख्या 5 है : अ, इ, उ, ए, ओ। इसी तरह दीर्घ स्वर वर्णों की संख्या भी 5 है, जो ये हैं : आ, ई, ऊ, ऐ, औ। इसमें हिन्दी का 'ऋ' स्वर नहीं है। इस तरह कुल मिला कर 10 स्वर वर्ण हैं।
2. **व्यंजन :** इसमें व्यंजन वर्णों की संख्या 28 है। वे इस तरह हैं : क, ख, ग, घ, च, छ, ज, झ, ट, ठ, ड, ढ, त, थ, द, ध, न, प, फ, ब, भ, म, य, र, ल, व, स, ह। इसमें हिन्दी के ङ, ञ, ण, श, ष वर्ण नहीं हैं। इसी तरह हिन्दी के संयुक्ताक्षर क्ष, त्र और ज्ञ भी नहीं हैं। अनुस्वार (ं) तथा अनुनासिक या चन्द्रबिन्दु (ँ) तथा आधा न (न्) अस्तित्व में हैं किन्तु विसर्ग (:) नहीं है।

कारक

इस लोक-भाषा में भी हिन्दी की ही तरह कारकों की संख्या 8 है किन्तु कर्त्ता कारक का कोई विभक्ति चिन्ह नहीं है। बहरहाल, ये कारक इस तरह हैं :

क्रम	कारक	विभक्ति चिन्ह	वाक्य के साथ प्रयोग	
			भतरी	हिन्दी
1	कर्त्ता	—	राम बल्ला।	राम बोला (राम **ने** कहा)।
2	कर्म	के	ता**के** डाक।	उस**को** बुलाओ।
3	करण	ले	मया **ले** आसूँ।	प्यार **से** हैं।
4	सम्प्रदान	काजे	तार **काजे**।	उस **के लिये**।
5	अपादान	ले	हयँ थान **ले**।	वहाँ **से**।
6	सम्बन्ध	र	राजा**र** रानी।	राजा **की** रानी।
7	अधिकरण	ए	तार घ**रे**।	उसके घर **में (पर)**।
8	सम्बोधन	ऐ! एरे! ओहो!	ए ना **ऐ!**	अजी **ओ!**

ह्रस्व एवं दीर्घ स्वर में परिवर्तन

जब **इ/ई**कार या **उ/ऊ**कार किसी भी शब्द के **आरम्भ** या **मध्य** में आए तो उसका स्वरूप **ह्रस्व** हो जाता है तथा **अन्त** में आने पर **दीर्घ**। उदाहरणार्थ : 1. जिबार = ज+इ+ब+ा+र; 2. तिकतिका = त+इ+क+त+इ+क+ा; 3. निल = न+इ+ल; 4. बलसी = ब+ल+स+ी; 5. पुरे = प+उ+र+े; 6. सुरवाँ = स+उ+र+व+ा+ँ; 7. हिरामनी = ह+इ+र+ा+म+न+ई; 8. कोटी = क+ो+ट+ई; 9. खाऊँ ख+ा+ऊ+ँ; 10. जूँ = ज+ऊ+ँ

पूर्वी प्रभाव

इस लोक-भाषा पर पूर्वी प्रभाव का ही परिणाम है कि इस में कोई भी तरल पदार्थ 'पी' नहीं अपितु 'खाई' जाती है। उदाहरणार्थ : 1. चाहा खायलिस (चाय खाई)? 2. पेज खायलास (पेज खाया)? 3. पानी खायलास (पानी खाया)? 4. मुईं मँद ना खाएँ (मैं मदिरा नहीं खाता)।

मौलिक शब्द

इस लोक-भाषा के कुछ मौलिक शब्दों की बानगी देखें :

1. रगरगा : पूरी तरह से (लालपन के लिए)। हयँ करेला रगरगा पाकला आचे (वह करेला पक कर लाल हो गया है)।
2. फटफटा : परेशानी, झगड़ा। मुईं बायले-मुनिसर फटफटा ने ना पड़ें (मैं पति-पत्नी के झगड़े में नहीं पड़ूँगा)।
3. लिटलिटा : बहुत संख्या या मात्रा में। हयँ मँद ने लिटलिटा होयला आचे (उसने बहुत मात्रा में मदिरा पी रखी है)।
4. लिटोलाटो : बहुत संख्या या मात्रा में। हयँ गछ मन ने लिटोलाटो पाक-फर मन धरी रलाय (उन पेड़ों पर बहुत से फल लगे हुए थे)।
5. लटलटा : पूरी तरह से। हयँ पानी ने लटलटा भिजी रला (वह पानी में पूरी तरह भीग गया था)।
6. दड़ँग्-दड़ँग् : धम-धम की आवाज। हयँ दड़ँग्-दड़ँग् हिंडते आसते रला (वह धम-धम की आवाज करता आ रहा था)।
7. अटपट : विकट। ताके पार पाय के ना होय, हयँ अटपट आय (उससे पार पाना कठिन है, वह विकट है)।
8. फकफका : खुल कर। बाबी फकफकाय करी हाँसी देला (राजकुमारी खिलखिला/खुल कर हँस पड़ी)।
9. रटारट : कड़ाई से। हयँ काकेय बले रटारट बली देउआय (वह किसी को भी बहुत कड़े शब्द बोल देता है)।
10. बटबट-बटबट : बड़ी-बड़ी आँखों से एकटक। टेंगनू सुरवाँ लड़ई देव राजा के बटबट-बटबट दखी देला (टेंगनू असुर ने लड़ई देव राजा को बड़ी-बड़ी आँखों से एकटक देखा)।

अंक-प्रयोग का रूढ़ होना

बस्तर अंचल की लोक-भाषाओं में प्रचलित वाचिक परम्परा, विशेषतः लोक-कथाओं और मिथ कथाओं में सात के अंक-प्रयोग की रूढ़ि दिखायी देती है। किसी कहानी में सात भाई मिलते हैं, तो किसी में सात बहिनें और किसी में सात बेटे या बेटियाँ। किसी कहानी में सात सखियों और नदी के सात

घाटों का वर्णन है, तो किसी में सात समुन्दरों की बानगी। कभी-कभी नौ, बारह और सोलह के अंक-प्रयोग की रूढ़ि भी दिखायी पड़ती है। उदाहरणार्थ सात धार (सात धाराएँ), सात समुँदर सोरा धार (सात समुद्र सोलह धाराएँ), सात आगर सात कोड़ी तरई (एक सौ सैंतालीस तालाब या सरोवर), नौ जलकामनी (नौ जलकामिनियाँ), नै सै ओड़या नै सै ओड़िन (नौ सौ ओड़िया नौ सौ ओड़िन), बारा (बारह) भाई भिमा, बारा-बारा चोबिस कोस (बारह-बारह चौबीस कोस) आदि आदि।

कथा-वाचिका सुखदई कोर्राम की मातृ भाषा हल्बी है तथापि इसके साथ ही भतरी और बस्तरी का भी उन्हें गजब का ज्ञान है। वे चूँकि बस्तर से सटे पश्चिमी ओड़िसा के ओड़िया तथा भतरी भाषियों एवं बस्तरी भाषियों के सहज सम्पर्क में रही हैं इसीलिये उनके उच्चारण में कहीं-कहीं अल्पप्राण ध्वनियों के साथ-साथ ओड़िया के अनुरूप महाप्राण ध्वनियों का प्रयोग भी दिखलायी पड़ता है। इसी तरह यद्यपि मेरी मातृ-भाषा छत्तीसगढ़ी है तथापि हल्बी-भतरी-बस्तरी क्षेत्र में जन्म लेने, पलने और बढ़ने के कारण एवं इसके साथ ही साथ मेरी ससुराल में ओड़िया, भतरी और हल्बी बोली जाने के कारण मैं स्वाभाविक रूप से इन लोक-भाषाओं को आत्मसात कर सका हूँ। यही कारण है कि मैंने उनकी एवं अन्य दोनों प्रकार के लोगों की दृष्टि को ध्यान में रखते हुए इस प्रस्तुति में इन दोनों रूपों का प्रयोग किया है और यथास्थान पाद टिप्पणियों के माध्यम से इसे स्पष्ट भी किया है। उदाहरण के तौर पर कुछ ध्वनियाँ इस तरह हैं :

ओड़िया ध्वनि	**पारम्परिक भतरी ध्वनि**	**हल्बी ध्वनि**
आछे	आचे	आसे
खायबा	कायबा	खातो
भीम	बीम/बिम	भिम/भीम
फाटा	पाटा	पाटा/फाटा
दखसी	दकसी	दख
परा	माहा	असन
एमती	अमती/एमती	असन/असने/असनी
सकाले	बिआने	बिहान/बिहाने

ध्यान देने योग्य तथ्य यह भी है कि भतरी का स्वरूप एक जैसा नहीं है। जगदलपुर-रायपुर राजमार्ग से लगे पूर्वी क्षेत्र में इस पर हल्बी का तथा इससे आगे ओड़िसा सीमा के निकट जाते-जाते इस पर ओड़िया का प्रभाव स्पष्ट दिखलायी पड़ता है। इस प्रभाव को दर्शाने वाले कुछ शब्दों का उदाहरण इस तरह है :

हल्बी से प्रभावित	**ओड़िया से प्रभावित**
सब	सबू
आयला	आसला
महेना	मास
महेनाएक/मयनाएक	मासेक/मासक
असन	एमती
पुछबार	पचारबार
जरायबार	पोड़ायबार
बघारबार	पोरजबार
फोड़न देबार	फुटना देबार

इसके पूर्व कि हम आगे बढ़ें 'पचारबार' शब्द के विषय में यह स्पष्ट करना लाजिमी होगा कि इस शब्द का प्रसंगानुसार 'निंदा करना' के रूप में भी प्रयोग होता है। उदाहरण के लिये एक वाक्य लें, 'खुआ-पिआ करी पचारी देले तार खुआ-पिआ करलार काईं ने ना पड़ला'। इस वाक्य में 'पचारना' शब्द का निंदा के अर्थ में प्रयोग हुआ है। यानी खिलाने-पिलाने के बाद उससे यह कहना कि मैंने खिलाया-पिलाया, उसके द्वारा खिलाने-पिलाने की

सार्थकता को खो देता है। लेकिन जब इसका प्रयोग पूछने के साथ ('पुछा-पचारा') होता है तब इसका अर्थ पूछताछ करना होता है। उदाहरण के लिये, 'दखा री! निको पुछा-पचारा करी आसबास।' यहाँ अर्थ हुआ, 'देखो री! अच्छे से पूछताछ कर आना।'

बहरहाल, भतरी लोक-भाषा पर क्षेत्रीय भिन्नता के साथ-साथ काल-क्रम के अनुसार भी भिन्नता देखने में आयी है। और दो मत नहीं कि इसके साथ-साथ अन्य लोक-भाषाओं पर भी काल-क्रम के अनुसार भिन्नता पायी जाती रही है। बहरहाल। उदाहरण के लिये मेरी पत्नी और उनके सगे तथा चचेरे भाई-बहन की ही बात लें। मेरी ससुराल खोरखोसा गाँव में है जहाँ भतरी के साथ-साथ हल्बी, बस्तरी तथा छत्तीसगढ़ी भी बोली-समझी जाती है। इस परिवार में मुख्यतः ओड़िया मिश्रित भतरी बोली जाती रही है क्योंकि मेरे श्वसुर के पूर्वज ओड़िसा से यहाँ आ कर बस गये थे। मैंने उन्हें ओड़िया, भतरी, हल्बी और बस्तरी बोलते देखा-सुना है। समय के साथ इनके परिवार की ओड़िया भाषा तथा भतरी लोक-भाषा में जो परिवर्तन हुए हैं उसे इस तरह देखा जा सकता है :

व्यक्ति का नाम	जन्म वर्ष	भतरी का वाक्य	टीप
स्व. खत्तूदास वैष्णव	1931	**मुईं** घरे जिबी **आछी**।/**मूँ** घरे **जाउछी**[1]।	ओड़िया के शब्द '**मुईं**', '**मूँ**', '**आछी**' और '**जाउछी**'
श्रीमती मायावती वैष्णव	1959	**मयँ** घरे जिबी **आछे**।	हल्बी का शब्द '**मयँ**' और भतरी का शब्द '**आछे**'
श्री पीताम्बर दास वैष्णव	1966	**मयँ** घरे जिबी **आसे**।	हल्बी के शब्द '**मयँ** और '**आसे**'
श्री उद्धव दास वैष्णव	1979	**मयँ** घरे जिबी **आसे**।	हल्बी के शब्द '**मयँ** और '**आसे**'
श्रीमती चन्द्रिका वैष्णव	1981	**मयँ** घरे जिबी **आसें**।	हल्बी के शब्द '**मयँ**' और '**आसें**'

सहायक क्रिया का प्रयोग

भतरी के सहायक क्रिया पद हल्बी की तरह वर्तमान काल के उत्तम पुरुष, एकवचन एवं बहुवचन तथा अन्य पुरुष एकवचन के लिये नहीं हैं। इनमें सहायक क्रिया (आछें, आछूँ, आछी, आछे) हिन्दी की तरह अलग से लगे हैं जबकि शेष कालों के सभी वचनों के वाक्यों में यह अँग्रेजी की तरह क्रियापद (Go: goes, Look: looks, Come: comes, Play: plays, See: sees, Say: says, Work: works, Do: does आदि) में समाहित है। यह अलग बात है कि कुछ लोग सभी वचनों में सहायक क्रिया को हिन्दी की तरह क्रियापद से अलग रख कर लिखते हैं। उदाहरण के तौर पर क्रिया पद 'जिबार (जाना)' के तीनों कालों के ('जि' धातु एवं 'बार' प्रत्यय के योग से बने क्रिया शब्द के) वाक्य-विन्यास को देखा जाये :

क्रिया : जि + बार = जिबार			काल : वर्तमान काल	
पुरुष	वचन	भतरी	हल्बी	हिन्दी
उत्तम	एक	मुईं/मयँ जिबी आछी/आची/आछे/आसे/आछें/आसें।	मयँ जायँसे।	मैं जा रहा हूँ/जाता हूँ।
	बहु	आमे/आमी जिबू आछू/आछूँ/आछे/आचूँ/आचू।	हामी जाउँसे।	हम जा रहे हैं/जाते हैं।
मध्यम	एक	तुय/तुई जिबिआस/जिबी आस।	तुय जासिस/जासित/जायसिस।	तुम जाते हो।
	बहु.	तमे/तोमे/तमी/तोमी जिबाआस/जिबा आस।	तुमी जाहासाहास/जासास।	तुम लोग जाते हो।
अन्य	एक	हयँ/हायँ/होंय जायसी आछे।	हुन जायसे।	वह जा रहा/जाता है।
	बहु.	हयँमन/हायँमन/होंयमन जिबाआत/जिबा आत।	हुनमन जासोत/जासत/जाएसोत।	वे जाते हैं।

1. जाउछी : 'जाऊ अछी' का लघुकृत रूप।

क्रिया : जि + बार = जिबार			काल : भूत काल	
पुरुष	**वचन**	**भतरी**	**हल्बी**	**हिन्दी**
उत्तम	एक	मुईं/मयँ जाई रली/रयँ। मुईं गली।	मयँ जाऊ/जाउन रले। मयँ गेले।	मैं गया था। मैं गया।
	बहु.	आमे/आमी जाई रलू/रलूँ/रऊँ। आमे गलूँ।	हामी जाऊ/जाउन रलू/रलूँ/रऊँ। हामी गेलूँ।	हम गये थे। हम गये।
मध्यम	एक	तुय/तुई जाई रलिस/रइस। तुय गलिस।	तुय जाऊ/जाउन रलिस। तुय गेलिस।	तुम गये थे। तुम गये।
	बहु	तमे/तोमे/तमी/तोमी जाई रलास। तमे/तोमे/तमी/तोमी गलास।	तुमी जाऊ/जाउन रलास। तुमी गेलास।	तुम लोग गये थे। तुम लोग गये।
अन्य	एक	हयँ/हायँ/होंय जाई रला/रय। हयँ/हायँ/होंय गला।	हुन जाऊ/जाउन रलो। हुन गेलो।	वह गया था। वह गया।
	बहु.	हयँमन/हायँमन/होंयमन जाई रलाय। हयँमन/हायँमन/होंयमन गलाय।	हुनमन जाऊ/जाउन रला। हुनमन गेला।	वे लोग गये थे। वे लोग गये।

क्रिया : जि + बार = जिबार			काल : भविष्यत् काल	
पुरुष	**वचन**	**भतरी**	**हल्बी**	**हिन्दी**
उत्तम	एक	मुईं/मयँ जिबी।	मयँ जायँदे।	मैं जाऊँगा।
	बहु.	आमे/आमी जिबू।	हामी जाउँदे।	हम जायेंगे।
मध्यम	एक	तुय/तुई जिबिस।	तुय जासे।	तुम जाओगे।
	बहु.	तमे/तोमे/तमी/तोमी जिबास।	तुमी जाहासे।	तुम लोग जाओगे।
अन्य	एक	हयँ/हायँ/होंय जायसी।	हुन जायदे।	वह जायेगा।
	बहु.	हयँमन/हायँमन/होंयमन जिबाय।	हुनमन/हायँमन जादे।	वे जायेंगे।

तीनों कालों के पूर्ण एवं अपूर्ण रूप

वर्तमान, भूत तथा भविष्यत् इन तीनों कालों के पूर्ण एवं अपूर्ण रूपों को हम निम्न क्रिया पदों के माध्यम से देखते हैं :

काल	क्रिया	पूर्ण काल	अपूर्ण काल
वर्तमान	जिबार	जिबाआत	जिबा आचेत
	खायबार	खायबाआत	खायबा आचेत
	आसबार	आसबाआत	आसबा आचेत
	बसबार	बसबाआत	बसबा आचेत
भूत	जिबार	गलाय	जायते रओत
	खायबार	खायलाय	खायते रओत
	आसबार	आसलाय	आसते रओत
	बसबार	बसलाय	बसते रओत
भविष्यत्	जिबार	जिबाय	जायते रबाय
	खायबार	खायबाय	खायते रबाय
	आसबार	आसबाय	आसते रबाय
	बसबार	बसबाय	बसते रबाय

शब्दों के विभिन्न रूप

यहाँ थोड़ी-सी चर्चा भतरी लोक-भाषा के शब्दों के विभिन्न रूपों पर भी। इस लोक-भाषा में प्रमुखतः शब्दों के ये रूप पाये जाते हैं : 1. ऊनार्थी शब्द, 2. पर्यायवाची शब्द, 3. अनेकार्थी या भिन्नार्थी शब्द, 4. समानार्थी शब्द, 5. विरुद्धार्थी या विलोम शब्द, 6. समोच्चरित भिन्नार्थी शब्द, 7. तद्भव एवं तत्सम शब्द तथा 8. संख्यावाचक (गूढ़ार्थक) शब्द। इनके उदाहरण संक्षेप में इस तरह हैं :

1. ऊनार्थी शब्द

भतरी में प्रायः ऊनार्थी शब्दों की भरमार है। उदाहरण के तौर पर : लँदी, ढोड़ी, झोरकी, बादरी, घगरी, मेंडकी, डोंगरी, टुकनी, मोडरी, कडरी, छुरी, माची, सगरी, सागरी, बरखी, राती आदि।

2. पर्यायवाची शब्द

यों तो भतरी में पर्यायवाची शब्द भी कई हैं तथापि विस्तार-भय से यहाँ केवल कुछ ही शब्द उदाहरण के तौर पर उनके प्रयोग सहित प्रस्तुत हैं :

1. नानी (हल्बी प्रभावित) = नन्हा/नन्ही, सुरु (ओड़िया प्रभावित) = छोटा/छोटी, सान (ओड़िया प्रभावित) = छोटा/छोटी।
   प्रयोग : मोर **नानी** भाई/मोर **नानी** बइन/भइन = मेरा **नन्हा (छोटा)** भाई/मेरी **नन्ही (छोटी)** बहिन।
   सबू ले **सुरु** बइन/भइन = सबसे छोटी बहिन।
   सुरु-सुरु चाटी मन = नन्ही-नन्ही (छोटी-छोटी) चींटियाँ।
   मोर **सान** भाई = मेरा छोटा भाई।
   सान और **सुरु** में अन्तर : सान = छोटा/छोटी, सुरु = बहुत छोटा/छोटी
2. जों (ओड़िया एवं हल्बी प्रभावित), जावँ (हल्बी प्रभावित), जूँ (ओड़िया प्रभावित) = चलो/चलें।
   प्रयोग : आले ना **जों** बे। आले ना **जावँ** बे। आले ना **जूँ** बे।
   आछोत (आचोत) : हैं। आछे (आचे) : है। आछे (आचे), आछें (आचें) : हूँ।
   प्रयोग : हयँमन आछोत (आचोत)। हयँ आछे (आचे)। मुईं आछे (आचे)। मुईं आछें (आचें)।
3. खिंडिक (हल्बी प्रभावित), खिंडमाहा (भतरी), अजिक, इजिक (हल्बी प्रभावित)।
   प्रयोग : **खिंडिक** धुँगेया दियास। **खिंडमाहा** धुँगेया दियास। **अजिक** फयले जाहा। **इजिक** पेज दियास।

3. अनेकार्थी या भिन्नार्थी शब्द

अन्य भाषाओं/लोक-भाषाओं की ही तरह भतरी में भी कई अनेकार्थी शब्द हैं किन्तु यहाँ विस्तार-भय से केवल ऐसे कुछ ही शब्दों का उल्लेख है, जिनके गलत प्रसंग-सन्दर्भ में प्रयोग होने पर अर्थ का अनर्थ हो सकता है :

1. लुगा : (अ) - कोई भी कपड़ा, (ब) - साड़ी, (स)- धोती, (द) - अशुद्ध कपड़ा (रजस्वला के कपड़े)।
   प्रयोग : अ - लुगा-पाटा देबार आय (कपड़े-लत्ते देने चाहियें।
   ब - तोर लुगा के आन री (तुम्हारी साड़ी लाओ री)।
   स - दुला के लुगा पिंदाय दियास (दूल्हे को धोती पहना दो)।
   द - हयँ बायले लुगा लगायला (उस रजस्वला औरत ने अशुद्ध कपड़े धोने के लिये डुबोये)।
2. फटई : (अ) - कोई भी कपड़ा, (ब) - कपड़े का टुकड़ा जिसे मासिक धर्म के समय महिलाएँ अन्तःवस्त्र के रूप में पहनती हैं।
   प्रयोग : अ - आले हो, तमर फटई-फटेया के धरा बे (अच्छा जी, आप अपने कपड़े-लत्ते ले लें)।
   ब - पानी पड़ले टोकी मन फटई पिंदुआत (रजस्वला होने पर लड़कियाँ अन्तःवस्त्र पहनती हैं)।
3. भिड़ायबार : (अ) - काम में लगाना, (ब) - सम्भोग करना।
   प्रयोग : अ - आले ना, सबू लोक के बुता ने भिड़ाय दियास नू (अच्छा जी, सभी लोगों को काम पर लगा दो तो)।
   ब - आजी तुय मोके भिड़ाय के देस नू (आज तुम मुझे सम्भोग करने दो तो)!
4. सोयबार : (अ) - सोना, (ब) - रति-कर्म करना।
   प्रयोग : अ - राती होयबा के लोक मन सोई देलाय (रात होने पर लोग सो गये)।
   ब - तोर मुनिस गाँव गला आछे घोड़ा सँगे सो (तुम्हारा पति गाँव गया है तुम घोड़े के साथ रति-कर्म करो)।

5. मारबार : (अ) - मारना (मरते दम तक), (ब)- पीटना
प्रयोग : अ - ताके हयँ मरते मारी देला (उसे उसने मरते दम तक मार दिया/उसे उसने मार डाला)।
ब - ताके हयँ दुड़दुड़ा मारी/पेटी देला (उसे उसने कूट-कूट कर पीट डाला)।

4. समानार्थी शब्द

समान अर्थ में प्रयुक्त होने वाले कुछ शब्द इस तरह हैं : ठिंया : उबा। गोटक : गोटोक। आवरी : आउरी, आउर। तार : हँतार। निको : नँगत। मांतर : मातर। आमे : आमी। तमे : तमी। बयला : बुइल। असन : एमती, माहा। निसक : निकर आदि।

5. विरुद्धार्थी या विलोम शब्द

विरोधी अर्थ में प्रयुक्त होने वाले शब्द इस तरह हैं :
आसबार : जिबार। सोयबार : चेतबार। बसबार : उठबार। जुगे : खिंडिक। मोट : पातर। लाम : आकुड़। बड़े : नानी। सान या सुरु : बड़े। मिठ : कड़ू, झार, आमट। सुआद : सेटसेटा। उजर : अँधार। अतक : दतक। इदली : दिदली।

6. समोच्चरित भिन्नार्थी शब्द

ऐसे शब्द जो समोच्चरित तो हैं किन्तु उनके अर्थ प्रसंगानुसार भिन्न-भिन्न हैं :

जुगे : अधिक। ए ना जुगे ना पिव।
जुगे : युग में। कोन जाने कोन जुगे आसुआय की?
धरा-धरी : आपस में एक दूसरे को पकड़ना। हयँ मन हात धरा-धरी होई करी जायते रलाय।
धरा-धरी : आपस में झगड़ना। हयँ रानी मन धरा-धरी होयबा आछेत।
तिनपुर : तीन लोक। तिनपुरर देव-धामी के थोपी देला आचेत।
तिनपुर : अति। हयँ तिनपुर आय, तार सँगे सकी ना होय।
जितबार : जीतना। लड़ई ने हयँ जितला।
जितबार : अधिक हो जाना। तार बेमार जिती रला, ना।
जितायबार : जितवा देना (विजयी बनाना)। हयँ मन ताके जिताय देलाय।
जितायबार : अधिक बढ़ा लेना। बेमारी के जिताय करी ओसो-ओखद करले कोन थान ले उजरता गुने!
बला-बली : एक-दूसरे से बोलना (सामान्यतः)। दुनो माय-बेटी काय मँजा सुसारे बला-बली होयते रलाय।
बला-बली : आपस में गाली-गलौज करना (झगड़ना)। अतक ने दुनो सउत बला-बली होय के धरलाय।
ठगबार : मूर्ख बनाना। हयँ पिला ताके पक्की ठगी देला।
ठग होयबार : आलसी होना। काम-कमानी काजे ठग नो होयबार आय।

7. तद्भव एवं तत्सम शब्द

इस लोक-भाषा में कुछ तद्भव एवं तत्सम शब्द इस तरह हैं :

तद्भव	तत्सम	तद्भव	तत्सम
टोंड	तुण्ड	आखर	अक्षर
मुँड	मुण्ड	आखत	अक्षत (चावल)
अरग	अर्क	बादरी	बादल
अँडका (अँडखा)	अंगुष्ठ (अँगूठा)	कान	कर्ण
ओंट	ओष्ठ्य	कदम	कदम्ब

8. संख्यावाचक (गूढ़ार्थक) शब्द

इस लोक-भाषा के कुछ संख्यावाचक (गूढ़ार्थक) शब्द इस तरह हैं :

संख्यावाचक (गूढ़ार्थक)	गूढ़ार्थ
तिरनाथ	त्रिनाथ (तीनों लोकों के नाथ)
सात बइन तेलँगिन	सात बहनें तेलँगिन देवियाँ
सात समुँदर सोरा धार	सात समुद्र सोलह धाराएँ
सात आगर सात कोड़ी	एक सौ चवालीस
अटपहरेया/आटपहरेया	जो आठों प्रहर काम करता हो
तिनपुर	तीन पुर या लोक
पाख	पक्ष (शुक्ल पक्ष, कृष्ण पक्ष)

सम्बन्ध कारक एवं सहायक क्रिया का प्रयोग

यद्यपि सहायक क्रिया के प्रयोग के विषय में ऊपर पहले ही कहा जा चुका है किन्तु यहाँ इसे पुनः स्पष्ट करने का प्रयास किया जा रहा है। वस्तुतः कई लोग सम्बन्ध कारक चिन्ह यानी षष्ठी विभक्ति ('का', 'के', 'की', 'रा', 'रे', 'री', 'ना', 'ने', 'नी') का प्रयोग शब्दों के साथ मिलाकर करते हैं तो कई लोग अलग से। इसी तरह सहायक क्रिया ('है', 'हैं', 'हूँ') का भी प्रयोग कुछ लोगों द्वारा क्रियापद के साथ मिला कर तो कुछ लोगों द्वारा पृथक से किया जाता है। अतः कुछ उदाहरण उनके युक्तियुक्तकरण सहित इस तरह हैं :

हिन्दी		भतरी		हल्बी		अँग्रेजी
		सही रूप	गलत रूप	सही रूप	गलत रूप	
का	षष्ठी विभक्ति 'का'	र	—	चो	—	Of
उस**का**	षष्ठी विभक्ति 'का'	तार	ता र	हुनचो	हुन चो	His/Her
राजा **का**	षष्ठी विभक्ति 'का'	राजार	राजा र	राजा चो	राजाचो	King's
हम**ारा**	षष्ठी विभक्ति 'रा'	आमर	आम र	हामचो	हाम चो	Our/Ours
मेरा	षष्ठी विभक्ति 'रा'	मोर	मो र	मोचो	मो चो	My
तेरा	षष्ठी विभक्ति 'रा'	तोर	तो र	तुचो	तु चो	Your/Yours
की	षष्ठी विभक्ति 'की'	र	—	चो	—	Of
उस**की**	षष्ठी विभक्ति 'की'	तार	ता र	हुनचो	हुन चो	His/Her
रानी **की**	षष्ठी विभक्ति 'की'	रानिर	रानी र	रानी चो	रानीचो	Queen's
हम**ारी**	षष्ठी विभक्ति 'री'	आमर	आम र	हामचो	हाम चो	Our/Ours
मेरी	षष्ठी विभक्ति 'री'	मोर	मो र	मोचो	मो चो	My
तेरी	षष्ठी विभक्ति 'री'	तोर	तो र	तुचो	तु चो	Your/Yours
है	सहायक क्रिया 'है'	आछे	—	से	—	Is
बोलता **है**	सहायक क्रिया 'है'	बलसी आछे	—	बलेसे	बले से	Says
जाता **है**	सहायक क्रिया 'है'	जायसी आछे	—	जाएसे	जाए से	Goes
बोलता **हूँ**	सहायक क्रिया 'हूँ'	बलबी आछे	बलबीआछे	बलेंसे	बलें से	Say
जाता **हूँ**	सहायक क्रिया 'हूँ'	जिबी आछे	जिबीआछे	जाएँसे	जाएँ से	Go

जैसा कि मैंने पहले ही स्पष्ट कर दिया है कि मैं कोई भाषा वैज्ञानिक अथवा व्याकरणाचार्य नहीं हूँ, अतः किस ध्वनि को मान्यता मिलनी चाहिये और किसे नहीं, इसका निर्णय करना मेरा काम नहीं है। मैं लोक साहित्य का एक अकिंचन विद्यार्थी मात्र हूँ और विद्वानों के मार्गदर्शन का अभिलाषी हूँ। यह प्रस्तुति केवल स्मृति-परम्परा को लिखित स्वरूप में सामने रखने का एक अकिंचन उद्यम है और इस उद्यम में मैं कितना सफल हूँ और कितना असफल, इसका निर्णय तो सुधी पाठकों, विद्वानों एवं मर्मज्ञों के हाथों है। कीर्तिशेष लाला जगदलपुरी के अनुसार 'मौखिक साहित्य में संशोधन नहीं होता'। 2003 में मैं जब बस्तर में वाचिक परम्परा के सहारे पीढ़ी-दर-पीढ़ी मुखान्तरित होते आ रहे चार जगारों (लोक महागाथाओं/महाकाव्यों) में से एक 'लछमी जगार' पर काम कर रहा था तब मैंने उनसे इस महाकाव्य में आयी ध्वनियों के विषय में मार्गदर्शन माँगा था और उन्होंने 'मौखिक साहित्य में संशोधन नहीं होता' शीर्षक से मुझे अपने महत्त्वपूर्ण सुझाव दिये थे। उन्होंने लिखा था, "कोई भी भाषा या बोली, किसी एक जगह स्थिर नहीं रहा करती। वह जब अपने क्षेत्र में इधर-उधर घूमती-फिरती है, तब उस के कतिपय शब्दों में स्वभावतः बदलाव आता है और उन में उच्चारण-भेद के लिये गुंजाइश बनती है। जैसे, हल्बी में 'काके' को 'कोके' (किसे), 'काचो' को 'कोचो' (किसका), 'तुचो' को 'तोचो' (तेरा) और 'हुनचो' को 'तेचो' (उसका) बोलते मैंने अपने गाँव तोतर में सुना है। बोली या भाषा का ऐसा परिवर्तन, किसी व्याकरणिक-सुधार को नहीं स्वीकारता। जन-भाषाएँ और जन-ध्वनियाँ संशोधन से परहेज करती हैं। 'जगार' लोक-गाथाओं में हल्बी, भतरी और बस्तरी बोलियों की त्रिवेणी-धारा प्रवाहित मिलती है। इन लोक भाषाओं में सर्वाधिक प्रभाव भतरी का ध्वनित पाया जाता है। भतरी की एक प्रमुख ध्वनि 'ओ' उड़िया से आई है। जिन संज्ञा शब्दों के अन्त में 'अकार' आता है, उन में 'अ' के स्थान पर 'ओ' ध्वनि स्वभावतः उच्चारित होती आ रही है। जैसे दासो काठी (दास काठी) और जगन्नाथो (जगन्नाथ), डरो (डर), भयो (भय), मेंगपुरो (मेंघपुर) आदि। भतरी बोली के साथ एक विडम्बना यह रही है कि भतरी बोलने वाले लोग आदतन अक्षरों की महाप्राण-ध्वनियों के बदले प्रायः अल्पप्राण-ध्वनियों का उच्चारण करते रहे हैं। जैसे, मँझपुरे के बदले मँजपुरे आदि। उड़िया से अप्रभावित हल्बी बोली में भी 'ओ' ध्वनि का प्राचुर्य पाया जाता है, परन्तु क्यों? उदाहरणार्थ एवं विचारार्थ विस्तृत विवरण की आवश्यकता है। व्याकरण का उपयोग लिखित साहित्य में होता है। मौखिक साहित्य में नहीं होता। मौखिक साहित्य, संशोधन-निरपेक्ष हुआ करता है। इसलिये 'लछमी जगार' (मौखिक साहित्य) में उच्चारित ध्वनियाँ, ज्यों की त्यों रहें, यही मेरा सुझाव है।'

किन्तु मेरा मानना है कि उच्चारण के कारण यदि हम महाप्राण ध्वनियों की जगह अल्प प्राण ध्वनियों का ही उपयोग करते हैं तो यह भी एक तरह से गलत ही होगा। कारण, अन्ततः भतरी जन-भाषा ओड़िया और हल्बी के मिश्रण से प्रादुर्भूत है और इन दोनों में ही महाप्राण ध्वनियाँ उच्चारित होती हैं। यदि हम उच्चारण को ही आधार मानकर चलेंगे तो हमें हिन्दी और अँग्रेजी में भी उच्चरित कई ध्वनियों को यथावत लिखना पड़ेगा। उदाहरण के तौर पर

हिन्दी		अँग्रेजी	
उच्चरित	लिखित	उच्चरित	लिखित
नहीं/नईं (**नईं, नईं** ऐसी बात नहीं है।)	नहीं (**नहीं, नहीं** ऐसी बात नहीं है।)	स' (र लुप्त है)	Sir
बहन (वह मेरी **बहन** है।)	बहिन (वह मेरी **बहिन** है।)	जापान/जेपेन/जपेन	Japan
ये/रा (**ये** क्या हो **राए**?)	रहा (**यह** क्या हो **रहा** है?)	अ/ए/ऐ	A
करी (मैंने बात **करी**।)	की (मैंने बात **की**।)	यस/येस/या/येप/यप	Yes
पूँछना (आपसे **पूँछना** है।)	पूछना (आपसे **पूछना** है।)	ठसाइकोलॉजी (पी लुप्त है)	Psychology
काहाँ (आप **काहाँ** जा रहे हैं?)	कहाँ (आप **कहाँ** जा रहे हैं?)	वॉटर/वॉट' (र लुप्त है)	Water

अल्पप्राण से महाप्राण और महाप्राण का अल्पप्राण हो जाना

अल्पप्राण से महाप्राण			महाप्राण से अल्पप्राण		
हिन्दी	अल्प प्राण	महाप्राण	हिन्दी	महाप्राण	अल्प प्राण
बहिन/बहन	बइन	भइन	खाया	खायला	कायला
बिल	बिल	भिल	है	आछे	आचे
पहन	पिंद	फिंद	हैं	आछेत/आछोत	आचेत/आचोत
जूड़ा	जुड़ा	झुड़ा	ओढ़ना	ओढ़ी	ओडी

दूर	दुर	धुर	ठुड्डी	ठोढ़ी	ठोड़ी
गढ़	गड़	घड़	भात	भात	बात
कन्धा	काँद/काँध	खाँद	खखारना	खखारबा	खकारबा
बित्ता भर	बिताएक	भिताएक	आधा	आधो	आदो
गगरी	गगरी	घगरी	सबेरा	मँझन	मँजन

लिंग-भेद

1. इस लोक-भाषा में लिंग-भेद विचित्र है। उदाहरण के तौर पर कुछ प्राणिवाचक संज्ञा शब्दों को हम हिन्दी एवं बस्तर में बोली जाने वाली हल्बी तथा बस्तरी लोक-भाषाओं के परिप्रेक्ष्य में देखते हैं :

हिन्दी	**भतरी**	**हल्बी**	**बस्तरी**
लोमड़ी	कोलेया	कोलेया	कोलिया
लोमड़	कोलेया	कोलेया	कोलिया
हाथी	हाती	हाती	हाती
हथिनी	हाती	हाती	हतनी
बाघ	बाग	बाग	बाग
बाघिन	बाग	बाग	बगनी
बन्दर	बेंदरा	बेंदरा	बेंदरा
बन्दरिया	बेंदरी	बेंदरी	बेंदरी

2. किन्तु कहीं-कहीं हिन्दी के समतुल्य लिंग-भेद नहीं है यानी नर एवं मादा दोनों के लिये एक ही शब्द है। स्त्रीलिंग एवं पुल्लिंग में भेद बताने के लिये 'फुरसा (नर)' और 'माई (मादा)' मूल शब्द के पहले जोड़ दिये जाते हैं :

हिन्दी	**भतरी**	**हल्बी**	**बस्तरी**
तेंदुआ	डुरका	डुरका	डुरका
चिड़िया	चेड़े	चड़ई	चिड़ई
हंस	हाँसा	हाँसा	हाँसा
कबूतर	परेवाँ	परेवाँ	परेवाँ
सुअर	बरहा	बरहा	बरहा

3. इसमें हिन्दी एवं हल्बी के उलट समस्त पदार्थों, पंच तत्त्वों और सूर्य, चाँद, तारों, पहाड़ों, नदी-नालों, झरनों, प्रपातों तथा पेड़-पौधों आदि सभी के लिए एक वचन में पुल्लिंग का ही प्रयोग होता है। उदाहरणार्थ : 'पानी गिरा' कहना हो तो 'पानी घसरला' (पानी गिरा), 'बाघ खा गया' के लिए **'बाग खायला'** (बाघ खा गया), 'सूर्योदय हुआ' के लिए 'बेर निकरला' (सूरज निकला) आदि तथापि आधुनिक प्रभाव के **चलते** अब यथा-स्थान स्त्रीलिंग का प्रयोग भी प्रचलन में आने लगा है। कहने का तात्पर्य यह कि पुल्लिंग का प्रयोग अधिकांशतः होता है, जबकि **बस्तरी** में उभयलिंग का :

हिन्दी	**भतरी**	**हल्बी**	**बस्तरी**
पत्नी गयी।	बायले गला।	बायले गेली।	डौकी गइस।
पति गया।	मुनिस गला।	मनुक गेलो।	डौका गइस।
बाघिन आयी।	बाग (बगनी) आयला (आसला)।	बाग इली।	बगनी आइस।
बाघ आया।	बाग आयला (आसला)।	बाग इली।	बाग आइस।
कुतिया खा गयी।	कुतरी खायला।	कुतरी खादली।	कुतरी खाइस।

4. इसी तरह प्रथम पुरुष एक वचन के लिए स्त्रीलिंग प्रयोग तथा अन्य पुरुष एक वचन के लिए पुल्लिंग प्रयोग देखने में आता है :

क्रिया : खायबार (खाय+बार) = खाना			काल : भूतकाल		
स्त्रीलिंग			पुल्लिंग		
पुरुष	**वचन**	**वाक्य-रचना**	**पुरुष**	**वचन**	**वाक्य-रचना**
प्रथम	एक	**मुँई/मयँ खायली।**	प्रथम	एक	**मुँई/मयँ खायली।**
	बहु	आमे खायलू।		बहु	आमे खायलू।
मध्यम	एक	तुय खायलिस।	मध्यम	एक	तुय खायलिस।
	बहु	तमे खायलास।		बहु	तमे खायलास।
अन्य	एक	**हयँ खायला।**	अन्य	एक	**हयँ खायला।**
	बहु	हयँमन खायलाय।		बहु	हयँमन खायलाय।

इन लोक-कथाओं को प्रस्तुत कर पाना मेरे लिये सहज नहीं हो पाता यदि मुझे हमारी बुबू सुखदई कोर्राम का सक्रिय सहयोग नहीं मिलता। वे मेरे आग्रह पर मुझे पिछले 12-13 वर्षों से समय-समय पर सैकड़ों लोक-कथाएँ सुनाती रही हैं। न केवल इतना बल्कि कई ऐसे पारिभाषिक शब्दों की सम्पूर्ण व्याख्या भी करती रहीं जिनके अर्थ कई बार मेरे लिये अबूझे थे। इसके लिये मैं हमारी बुबू का हृदय से आभार व्यक्त करता हूँ। आभार श्रीमती इतवारिन बघेल का भी जिन्होंने किन्हीं कारणों से मेरी अनुपस्थिति अथवा व्यस्तता के चलते कुछ कथाओं को मेरे लिये लिपिबद्ध किया। बड़े भाई जैसे डॉ. क्रिस ग्रेगोरी का भी आभार जो मुझे इन कथाओं को पुस्तक-रूप में प्रस्तुत करने के लिये लगातार प्रोत्साहित करते रहे हैं।

मैं अपने पुत्र चि. नवनीत, दोनों बेटियों अ. सौ. सारिका और अ. सौ. शैली का विशेष आभारी हूँ, जिन्होंने कम्प्यूटर एवं अन्य तरह के सहयोग मुझे दिये। अपनी जीवन-संगिनी श्रीमती मायावती जी का तो मैं सदा की तरह चिर-ऋणी हूँ ही जिन्होंने मेरे मन में बस्तर की वाचिक परम्पराओं के प्रति वर्षों पहले न केवल अनुराग पैदा किया अपितु जो इस दिशा में काम करते रहने के लिये लगातार प्रोत्साहित और भरपूर सहयोग भी करती आ रही हैं। केवल इतना ही नहीं अपितु जिन्होंने बस्तर की वाचिक परम्परा को सहेजने के इस कार्य की महत्ता को गम्भीरता के साथ समझा और मुझे इस काम को अन्जाम देने के लिये अपने साज-श्रृंगार के लिये गहनों का लोभ संवरण कर मुझे बलपूर्वक मेरे भविष्य निधि से ऋण ले कर भी इस काम को आगे बढ़ाने के लिये प्रोत्साहित किया। और यदि मैं यह उल्लेख न करूँ तो यह उनके और मेरे पुत्र-पुत्रियों के प्रति घोर अन्याय ही होगा, जिन्होंने मुझे मेरी सेवानिवृत्ति के लिये 04 वर्ष बाकी रहने के बावजूद तत्काल प्रभाव से शासकीय सेवा छोड़ कर अपना पूरा समय बस्तर की वाचिक परम्परा को सहेजने और उसे प्रकाश में लाने के लिये विवश कर दिया। ऐसे समय में मुझे मेरे स्वर्गीय पिताश्री श्यामदास वैष्णव जी का भी सहज ही स्मरण हो आता है, जिन्होंने मुझे मेरी लेखनी को विपरीत परिस्थितियों में भी विराम देने से मना किया और मुझे आजीवन अपना नैतिक समर्थन देते रहे। मेरी जन्मदात्री माँ (स्व.) तुलसा वैष्णव और पोषिका माँ (स्व.) जयमणि वैष्णव तो इस दिशा में मेरी गुरु रही ही हैं। मैं उन दोनों का बेटा न होता तो शायद बस्तर की संस्कृति से अनजान बना रहता। अनुज खेम वैष्णव से उनके रेखांकनों/चित्रों के रूप में उनका सहयोग सदा मिलता रहा है। मैं इन सभी का चिर-ऋणी हूँ। परमपिता परमेश्वर ऐसा परिवार सभी को दें।

सदैव प्राप्त मार्गदर्शन, प्रोत्साहन और आशीर्वाद के लिये हल्बी के वरिष्ठ ही नहीं अपितु अनन्य कवि आदरणीय श्री सोनसिंह पुजारी जी और आलोचना के अमृत-पुरुष आदरणीय प्रोफेसर (डॉ.) धनंजय वर्मा जी का विनम्र आभार। आभार साहित्य के प्रति मनसा-वाचा-कर्मणा समर्पित बस्तर के तपस्वी और यशस्वी गुरु-तुल्य साहित्यकार कीर्तिशेष लाला जगदलपुरी जी का भी, जो इस नश्वर संसार में तो नहीं हैं किन्तु उनका आशीर्वाद सदा मेरे साथ है। मैं उन सब का भी आभारी हूँ, जिनका सक्रिय सहयोग मुझे इस प्रस्तुति में आये कई पारिभाषिक शब्दों की व्याख्या के सन्दर्भ में मिले किन्तु हो सकता है कि शीघ्रता में या प्रमादवश उनमें से कई महानुभावों के नाम सम्बन्धित टीप के साथ न आ पाये हों। मैं इस चूक के लिये उनसे क्षमा-प्रार्थी हूँ।

अन्त में इस पुस्तक को प्रकाशित करने के लिये राष्ट्रीय पुस्तक न्यास, भारत; विशेषतः इसके यशस्वी एवं कर्मठ संपादक श्री पंकज चतुर्वेदी जी का हृदय से आभार।

हरिहर वैष्णव

सरगीपाल पारा,
कोंडागाँव 494226 (बस्तर-छत्तीसगढ़)
मोबाईल : 7697174308
ईमेल : hariharvaishnav@gmail.com

जयसन राजा

जयसन राजा

जयकापुर बली करी गोटक[2] राज रला। जयकापुर ने जयसन राजा रला आवरी[3] हँतार[4] रानी रला कलाबती रानी। मुसरी अड़क गोल[5] आवरी गहूँ अड़क लाम राज रला। हयँ[6] थाने कोकटा दारु सामे मान्तर सलसला दारु ना सामे मने। तेबे हयँ थाने राजा-रानी राज धरी करी खायबा आछेत[7]। हयँ मन थाने धन-माल, कासा-तामा आछे[8]। सबू जिनिस आछे मान्तर पेटे पुतुर निआय[9]। गोट[10] दिने जयसन राजा बलसी आछे, "मोर अतक राज-पाट आछे, धन-माल आछे। सबू तिज आछे मातर[11] पेटे पुतुर निआय। जिव रत ले तो खायबी[12] पाछे मरी गले मोर राज के कोन दखसी[13]? कोन चलायसी? कसन करबी?" बली करी बिचार करला

जयकापुर नामक एक राज्य था। उस जयकापुर में जयसन नामक राजा था और उसकी रानी कलाबती थी। वह राज्य मसूर के बराबर गोल और गेहूँ के बराबर लम्बा था। उस राज्य में टेढ़ी लकड़ी तो समा सकती थी किन्तु सीधी लकड़ी नहीं। ऐसे उस राज्य में वे राजा-रानी राज करते थे। उनके यहाँ धन-माल, काँसा-ताम्बा है। सारी वस्तुएँ हैं किन्तु उनके कोई सन्तान नहीं। एक दिन जयसन राजा कहने लगा, "मेरा इतना बड़ा राज्य है, धन-सम्पत्ति है मेरे पास। सारी वस्तुएँ हैं किन्तु मेरी एक भी सन्तान नहीं है। जीवन रहते तक तो मैं भोगूँगा किन्तु मेरे मर जाने के बाद मेरे राज्य को कौन देखेगा? कौन चलायेगा इसे? मैं क्या करूँ?" वह ऐसा

2. गोटक : अन्य ध्वनियाँ 'गोटेक', 'गोटोक'।
3. आवरी : अन्य ध्वनियाँ 'आउरी', 'आउर'। लघुकृत ध्वनि 'आरी'
4. हँतार : अन्य ध्वनियाँ 'तार', 'हयँतार'।
5. गोल : हिन्दी से प्रभावित। मूल ध्वनि 'गुलटेया'। अन्य ध्वनियाँ 'गुलटया', 'गुलटिया'।
6. हयँ : यह 'हाँय' और 'होयँ' भी उच्चारित होता है। इसी तरह 'हयँ थाने' के तत्स्थानी शब्द हैं 'हयँती', 'हाँयती' और 'होंयती'।
7. आछेत : अन्य ध्वनि 'आचेत'।
8. आछे : अन्य ध्वनि 'आचे'।
9. निआय : अन्य ध्वनि 'निंआय'।
10. गोट : मूल ध्वनि 'गोटक' का लघु रूप।
11. मातर : अन्य ध्वनि 'मांतर'।
12. खायबी : अन्य ध्वनि 'कायबी'।
13. दखसी : अन्य ध्वनि 'दकसी'।

राजा आवरी गला तार रानी लगे। रानी लगे जाई करी बलसी आछे, "ए रानी, कलाबती! आव। तोके मुईं[14] गोटक गोठ साँगबी।"

बलबा के रानी राजा लगे गला। जिबा के राजा बलसी आछे, "आमके अतक धन-माल, कासा-तामा, राज-पाट सबू आछे मातर गोटक काना-खोड़्या बले बेटा-बेटी होयले[15] निको[16] होयता[17]। आमे[18] कसन करबू?" तेबे दुनो राजा-रानी सोर होयलाय[19]। बिचार करलाय। अतक ने राजा बलसी आछे, "नाईं[20] रानी, मुईं बारा बरस तप करबी। तुय[21] घर-दुआर, राज-पाट के आले दकते[22] रा। बारा बरस तप करली आले आमके बेटा नोयले बेटी होयसी[23]।"

अतक के सुनला रानी आवरी बल्ला, "आले जाहा राजा। मुईं दखते रबी।" बलबा के राजा नाहा-धुआ करला, सेवा-पुजाकरला। रानी पने बुता-भयना करला। राँदा-बाड़ा करला आवरी राजा के खाय के देला। राजा खा-पी करला आवरी सेवा-जोड़ा धरला। पाँच बोरा नड़ेया, बोराएक अगरबती, बोराएक फुल, बारा टिना घिंव, गुर, धुप सबू जोड़ा के धरला राजा आवरी पारा भितरे गला। पारा भितरे जाई करी गाँयता-पुजारी, माँजी-मुकासी, सियान-सजन के बलसी आछे, "ए ना गाँयता, पुजारी, माँजी-मुकासी, सियान-सजन! तमे[25] मोर गोट[26] के सुना। मुईं

विचार करने लगा और अपनी रानी के पास गया। रानी के पास जाकर कहने लगा, "हे रानी कलाबती! आओ। मैं तुम्हें एक बात बताऊँगा।"

उसके ऐसा कहने पर रानी राजा के पास गयी। तब राजा कहने लगा, "हमारे पास धन-सम्पत्ति, काँसा-ताम्बा, राज्य सब कुछ है किन्तु हमारे यदि एक भी बेटा या बेटी होती तो बहुत ही अच्छा होता। हम क्या करेंगे?" तब राजा और रानी दोनों ने आपस में सलाह की। विचार किया। इतने में राजा कहने लगा, "हे रानी[24], मैं बारह वर्षों तक तपस्या करूँगा। तुम घर-द्वार, राज्य आदि को देखती रहो। बारह वर्षों तक तपस्या करने पर हमें बेटा या बेटी जरूर होगी।"

यह सुनकर रानी बोली, "अच्छा, जाइये राजा[27]। मैं देखती रहूँगी।" ऐसा कहने पर राजा ने स्नानादि किया, पूजा की। रानी ने भी घर के काम-काज किये। भोजन राँधा और राजा को भोजन परोसा। राजा ने भोजन किया और पूजा-सामग्री ली। पाँच बोरों में नारियल, एक बोरा अगरबत्ती, एक बोरा फूल, बारह टिनों में घी, गुड़, धूप आदि सारी सामग्री ली और मोहल्ले के भीतर गया। मोहल्ले के भीतर जाकर गाँयता[28]-पुजारी[29], माँजी-मुकासी[30], सियान-सजन[31] से कहने लगा, "हे गाँयता-पुजारी, माँजी-मुकासी, सियान-सजन! आप सभी मेरी बात सुनिये। मैं बारह वर्षों

---

14. मुईं : अन्य ध्वनियाँ : 'मुई', 'मुय', 'मुयँ', 'मय', 'मयँ'।
15. होयले : अन्य ध्वनि 'ओयले'।
16. निको : अन्य ध्वनियाँ, 'नँगत' और हिन्दी के प्रभाव से 'अछा'। ध्यातव्य है कि 'निको होयबार/होतो' और 'नँगत होयबार/होतो' के भतरी और हल्बी में क्षेत्रवार अन्य अर्थ हैं 'प्रसव होना'। ध्यातव्य है कि 'निको' शब्द अवधी के 'नीक' से साम्य रखता है। 'नँगत/नंगत' शब्द छत्तीसगढ़ी में भी है किन्तु यहाँ इसका अर्थ 'बहुत' है।
17. होयता : अन्य ध्वनि 'ओयता'।
18. आमे : अन्य ध्वनि 'आमी'।
19. होयलाय : अन्य ध्वनि 'ओयलाय'।
20. नाईं : अन्य ध्वनि 'नईं'।
21. तुय : अन्य ध्वनि 'तुई'।
22. दकते : अन्य ध्वनि 'दखते'।
23. होयसी : अन्य ध्वनि 'ओयसी'।
24. रानी : पति द्वारा पत्नी को 'रानी' का सम्बोधन 'प्रियतमा' का अर्थ देता है, न कि किसी देश की रानी का। पत्नी ही पति के हृदय-रूपी राज्य की स्वामिनी अर्थात् रानी है। आज भी प्यार से पति अपनी पत्नी को चाहे वह कंगाल ही क्यों न हो, अन्तरंग क्षणों में रानी ही कहता है। यद्यपि सामान्य अवसर पर यह सम्बोधन दूसरों के सामने नहीं किया जाता किन्तु जब पत्नी की मृत्यु हो जाती है तो पति के रुदन (शोक गीत) में यह सम्बोधन सार्वजनीन हो जाता है।
25. तमे : अन्य ध्वनियाँ 'तमी', 'तोमे', 'तोमी'।
26. गोट : मूल ध्वनि 'गोठ'।
27. राजा : पत्नी द्वारा पति को 'राजा' का सम्बोधन 'प्रियतम' का अर्थ देता है, न कि किसी देश के राजा का। पति ही पत्नी के हृदय-रूपी राज्य का स्वामी अर्थात् राजा है। आज भी प्यार से पत्नी अपने पति को चाहे वह कंगाल ही क्यों न हो, अन्तरंग क्षणों में राजा ही कहती है। यद्यपि सामान्य अवसर पर यह सम्बोधन दूसरों के सामने नहीं किया जाता किन्तु जब पति की मृत्यु हो जाती है तो पत्नी के रुदन (शोक गीत) में यह सम्बोधन सार्वजनीन हो जाता है।
28. गाँयता : गाँव को बसाने वाला या बसाने वाले के परिवार से सम्बन्धित व्यक्ति ही 'गाँयता' के पद पर सुशोभित होता है। यह गाँव का धार्मिक प्रमुख एवं 'माटी' का पुजारी होता है। गाँव के किसी भी धार्मिक या मांगलिक कार्य में माटी की पूजा इसी के द्वारा सम्पन्न की जाती है। इसीलिये इसे 'माटी गाँयता' भी कहा जाता है। विवाह-मण्डप के लिये लकड़ी, जिसे माँडो कहा जाता है, भी यही लाता है।
29. पुजारी : बस्तर में तैंतीस कोटि देवी-देवताओं की कल्पना की गयी है। अलग-अलग देवियों के पुजारी अलग-अलग होते हैं। किन्तु कई बार एक ही व्यक्ति कई देवियों का पुजारी भी हो सकता है। यहाँ पुजारी का तात्पर्य 'माता-पुजारी' (शीतला माता के पुजारी) से है। यद्यपि सभी देवियाँ माता के रूप में ही पूजी जाती हैं किन्तु मात्र 'माता' कहे जाने पर 'सितला माता (शीतला माता)' का ही अर्थ ग्रहण किया जाता है।
30. माँजी-मुकासी (माँझी-मुखासी) : राज्य-प्रतिनिधि। कई गाँवों के एक समूह की देख-रेख तथा राजाज्ञा के पालन एवं न्याय-प्रणाली में सहायक राज्य कर्मचारी।
31. सियान : सयाने, सजन : सज्जन।

बारा बरस काजे[32] बिंदराबने तप करके जिबी। तमे मोर सबू जाक-जमक के गाड़ी-बयला[33] ने जोड़ी करी मोके अमराय दियास। मोर धुनी रमायबा काजे बारा गाड़ी दारु जुहाय दियास।"

असन[34] बलबा के पारार लोक मन गाड़ी-बयला धरलाय, सज होयलाय, खा-पी करलाय आवरी राजा घरे जुइलाय[35]। राजा बल्ला रानी के, "एबर[36] तुई[37] राज-पाट, घर दुआर के दख[38]। मुईं बर ना माँगलार घरे ना आसें।" एमती बली करी राजा सबू सज के निसकायला[39] सिंग-देवड़ी ने आवरी चारी खुट पाँय[40] पड़ला। तेबे सबू लोक मन जिबाआत खमने। बिंदराबने ओयली गलाय। हयँ बिंदराबने काव करबा कावा नाईं, चिंव करबा चेड़े नाईं। असन खमने गलाय। कोकटा माहा गोट सरगी गछ[41] रला। दादा मन सबू जाक-जमक के हयँती उतरायलाय आवरी दारु आनबाआत। बारा गाड़ा दारु आनी करी कुड़ाय[42] देलाय। तेबे राजा बारा गाड़ा दारु के जोय धरायला आवरी होम देयसी आछे। गँदा-ओड़ा करला, सेवा-पुजाकरला आवरी गाँव-पारार लोक मन के बल्ला, "एबर तमे गाड़ी-बयला के धरा आवरी घरे-घरे जाहा। मुईं इती[43] तप बसबी।" बलबा के गाँव-पारार लोक मन गाड़ी-बयला धरलाय आवरी लोंहदर लामी करी घरे-घरे गलाय। तेबे राजा जोय धरायला, होम देला आवरी कोकटा गचे चेगी करी तले मुँड उपरे पाँय करी ओराय[44] होयला। अमती करी करी हयँ तप करसी आछे। आँइके[45] निंद नाईं, पेटे भुक नाईं। असन तप करसी आछे राजा। आँइके दखे नाईं ना काने सुने नाईं। एक मन होई करी तप करसी आछे। तार तप ने बसलार पाँच बरक[46] होयला। होऊ-होऊ[47] पाँच ले दस बरस होयला। तेबे गोट दिने उपरपुरे बरमा-दुआरे बरमार आसन डोली गला। आसन डोलबा के बरमा दखला आवरी 'आजी काय होयसी आछे गुन मोर आसन डोली गला' बली करी उठला आवरी दुआरे निसकी करी मँजपुर बाटे दखसी आछे। दखसी आचे जे जयसन राजा तप करसी आछे। बरमा बिचार करला, 'मुईं छनक जाई

के लिये बिंदराबन जा रहा हूँ तपस्या करने के लिये। आप सभी मेरी सारी सामग्री बैल-गाड़ी में भरकर मुझे वहाँ पहुँचा दीजिये। मेरी धुनी रमाने के लिये बारह गाड़ी जलाऊ लकड़ी भी इकट्ठी कर दीजिये।"

ऐसा कहने पर मोहल्ले के लोगों ने बैल-गाड़ियाँ तैयार कीं, तैयार हुए, भोजन किये और राजा के घर एकत्र हुए। राजा ने रानी से कहा, "अब तुम राज्य को, घर को देखो। मैं जब तक वरदान प्राप्त नहीं कर लेता तब तक घर नहीं आऊँगा।" ऐसा कहकर राजा ने सारी सामग्री सिंह-द्वार पर निकाली और चारों दिशाओं को प्रणाम किया। तब सभी लोग जंगल की ओर चले। बिंदराबन में जा घुसे। उस बिंदराबन में न तो कोई कौआ था जो काँव-काँव करता या न कोई चिड़िया ही थी जो चहचहाती। ऐसे गहन जंगल में गये। वहाँ टेढ़ा-मेढ़ा सा साल का एक वृक्ष था। लोगों ने सारी सामग्री गाड़ियों से उतारकर वहाँ रख दी और लकड़ी लाने लगे। बारह गाड़ियों में लकड़ी लाकर वहाँ डाल दी। तब राजा ने उन बारह गाड़ियों की लकड़ी को जलाया और होम देने लगा। धूप आदि जलाये, पूजा की और गाँव-मोहल्ले के लोगों से कहा, "अब आप सभी बैल-गाड़ियाँ लेकर अपने-अपने घर जाइये। मैं यहीं पर तपस्या करूँगा।" उसके ऐसा कहने पर गाँव-मोहल्ले के लोगों ने बैल-गाड़ियाँ लीं और कतारबद्ध होकर अपने-अपने घर चले गये। तब राजा ने आग जलाई, होम दिया और उस टेढ़े-मेढ़े वृक्ष पर चढ़ गया और उस पर उलटा लटककर तपस्या करने लगा। वह न तो सोता, न खाता। ऐसी तपस्या करने लगा। वह न तो आँखों से देखता और न कान से सुनता। एक मन से तपस्या करने लगा। उसे इस तरह तपस्या करते पाँच वर्ष बीत गये। होते-होते पाँच से दस वर्ष बीत गये। तब एक दिन स्वर्ग-लोक में बरमा[48] का आसन डोल गया। आसन डोलने पर आज क्या हो रहा है जिससे मेरा आसन डोल गया, कहते बरमा उठ गये और आँगन में निकलकर धरती की ओर देखने लगे। देखते हैं, जयसन राजा तपस्या कर

32. काजे : लघुकृत ध्वनि 'कजे'।
33. बयला : अन्य ध्वनियाँ 'बइल', 'बुइल'।
34. असन : अन्य ध्वनियाँ 'एमती', 'अमती', 'एमत'।
35. जुइलाय : अन्य ध्वनि 'जुयलाय'। हल्बी में यह 'जुहला' उच्चरित होता है।
36. एबर : अन्य ध्वनि 'अबर'।
37. तुई : अन्य ध्वनि 'तुय'।
38. दख : अन्य ध्वनि 'दक'।
39. निसकायला : अन्य ध्वनि 'निकरायला'।
40. पाँय : अन्य ध्वनि 'पायँ'।
41. गछ : अन्य ध्वनि 'गच'।
42. कुड़ाय : अन्य ध्वनि 'कुढ़ाय'।
43. इती (ओड़िया प्रभावित) : अन्य ध्वनि 'एथाने' (हल्बी एवं ओड़िया प्रभावित। एथान : हल्बी, एथाने : भतरी)
44. ओराय : अन्य ध्वनि 'ओराई'।
45. आँइके : अन्य ध्वनि 'आँइखे'।
46. बरक : अन्य ध्वनि 'बरस'।
47. होऊ-होऊ : अन्य ध्वनि 'होयते-होयते'।
48. बरमा : ब्रह्मा, ब्रह्मदेव।

दखबी मने'। असन बिचार करी करी बरमा तियार होयला। तिलक-चँदन लगायला, कोट-कमिंज पिंदला, रतन खटऊ पिंदला। असन तियार होई करी हाँसा बाहने चेगी करी जयकापुर गला। हँती ले गला जयसन राजा लगे खमने आवरी राजा के बलसी आछे, "ए राजा! तोके काय अतक बिपती पड़ला जार काजे तुई तप करबिआस? तुई बर माँग।"

बरमार गोठ के सुनी करी राजा बलसी आछे, "ए भगवान! बरमा राजा। तमे तो सबू तिज देबा लोक आहास, माहाप्रू! मोर लगे सबू तिज-बस आछे मातर गोटक बले काना हो खोड़या हो बेटा नोयले बेटी होयबार बर दियास। मुईं एई बर काजे तप करबी आछे।"

राजार गोट के सुनी करी बरमा कागत के दखसी आछे। दकला जे राजार भाग ने बेटा-बेटी ना रलाय। तेबे बरमा बलसी आछे, "ए राजा! तुय माँगबा काजे बर तो माँगलिस मातर तोर भाग ने तो बेटा-बेटी निआत।"

अतक के सुनी करी जयसन राजा बल्ला, "नाईं माहाप्रू! तमके कसने करी करी बले मोके गोटक बेटा नोयले बेटी होयबा बर देय के लागसी। बर ना देले मुईं घरे ना जायँ।"

बरमा देव बिचार करला। कागत ने इती-हयँती खोजी करला आवरी बलसी आछे, "आले राजा, जा। तोके गोटक बेटी होयसी। तुई जोय ने जरिस नाईं, लुहा ने छिड़िस[49] नाईं ना पानी ने बुड़िस नाईं। मुईं अतक बर तोके देली। एबर तुई जा बे।" बल्ला बरमा देव आवरी तार हाँसा-बाहने चेगी करी आपनर पुरे जायते गला।

तार जिबा के राजा गच ले तले उतरला आवरी तार जाक-जमक के धरी करी घरे जायसी आछे। हयँ बाट ले आसते[50] रय गोट नारद मुनी। हयँ गला राजा लगे आवरी पचारसी[51] आछे, "ए राजा माहाराज! तुई अतक दिन ले तप करलिस जे, काय बर माँगलिस?"

राजा बलसी आछे, "हे नारद मुनी! तुई सुन। मुईं जोय ने जरें नाईं, लुहा ने छिड़ें नाईं, पानी ने बुड़ें नाईं आवरी मोके गोटक बेटी होयसी। एतकी बर मुईं माँगली।"

नारद मुनी सुनला आवरी बलसी आछे, "सुन राजा। मुईं गोटक गोठ बलबी। तुई तो जोय ने ना जरिस, लुहा ने ना छिड़िस आवरी पानी ने ना बुड़िस। मातर काय ने तोर मुरतू होयसी एके बले पचारी रले निको होयता बे।"

राजा सुनला नारदर गोट के आवरी बलसी आछे, "तुई सत्ते बलबिआस नारद मुनी। मुईं भुलकी गली मातर तुई पक्की सुरता करायलिस। मुईं एके फेर पचार के जिबी ता।" बल्ला राजा आवरी फेर

रहा है। बरमा ने विचार किया, 'मैं जरा जाकर देखूँ तो'। इस तरह विचार कर बरमा तैयार हो गये। तिलक-चन्दन लगाया, कोट-कमीज पहने, रत्नजड़ित खड़ाऊँ पहने। इस तरह तैयार होकर वे अपने हंस वाहन पर बैठ कर जयकापुर चले। वहाँ से गये जयसन राजा के पास जंगल में और राजा से कहने लगे, "हे राजा! तुम पर कौन-सी विपत्ति आ पड़ी जो तुम तपस्या कर रहे हो? तुम वर माँगो।"

बरमा की बातें सुनकर राजा कहने लगा, "हे भगवान! बरमा राजा। आप तो सारी वस्तुएँ देने वाले हैं, महाप्रभु! मेरे पास सब-कुछ है किन्तु एक बेटा या बेटी का वरदान मुझे दें। भले ही वह अन्धा या लँगड़ा हो। मैं इसीलिये तपस्या कर रहा हूँ।"

राजा की बातें सुनकर बरमा अपनी पोथी देखने लगे। देखा, राजा के भाग्य में सन्तान नहीं थी। तब बरमा कहने लगे, "हे राजा! तुमने माँगने को तो वरदान माँग लिया किन्तु तुम्हारे भाग्य में तो सन्तान नहीं है।"

यह सुनकर जयसन राजा ने कहा, "नहीं महाप्रभु! आपको किसी भी तरह मुझे एक बेटा या बेटी का वर तो देना ही पड़ेगा अन्यथा मैं घर वापस नहीं जाऊँगा।"

बरमा देव ने विचार किया। पोथी में इधर-उधर खोजा और कहने लगे, "अच्छा राजा, जाओ। तुम्हें एक बेटी होगी। तुम आग में नहीं जलोगे, लोहे से नहीं कटोगे और पानी में नहीं डूबोगे। मैंने तुम्हें इतने वर दिये। अब तुम जाओ।" ऐसा कहकर बरमा अपने हँस वाहन पर सवार होकर अपने लोक चले गये।

उनके जाने पर राजा पेड़ से नीचे उतर गया और अपने साजो-सामान लेकर घर की ओर चल पड़ा। उधर से नारद मुनि आ रहे थे। वे गये राजा के पास और पूछने लगे, "हे राजा महाराज! तुमने इतने दिनों तक तपस्या की, कौन-सा वर माँगा?"

राजा कहने लगा, "हे नारद मुनि! आप सुनिये। मैं आग में नहीं जलूँगा, लोहे से नहीं कटूँगा, पानी में नहीं डूबूँगा और मुझे एक बेटी की प्राप्ति होगी। मैंने इतना ही वर माँगा।"

नारद मुनि ने सुना और कहने लगे, "सुनो राजा! मैं एक बात कहूँगा। तुम न तो आग में जलोगे, न लोहे से कटोगे और पानी में नहीं डूबोगे। किन्तु तुम्हारी मृत्यु किससे होगी इसे भी पूछ लेते तो अच्छा होता।"

राजा ने नारद की बातें सुनीं और कहने लगा, "तुम ठीक कह रहे हो नारद मुनि। मैं भूल गया किन्तु तुमने सही स्मरण कराया। मैं इस बात को पूछने के लिये जाऊँगा।" राजा ने कहा और फिर से उसी स्थान पर जाकर

---

49. छिड़िस : अन्य ध्वनि 'चिड़िस'।

50. आसते : अन्य ध्वनि 'आयते'।

51. पचारसी : अन्य ध्वनि 'पुछसी'। पुछा-पचारा : पूछताछ। ध्यातव्य है कि प्रसंग के अनुसार इस शब्द के भिन्न-भिन्न अर्थ हैं। ये अन्य अर्थ हैं, 'कोसना', 'कही गयी बुरी लगने वाली बात को बारम्बार कहते रहना', 'तू-तू मैं-मैं होना'। 'खिलाने-पिलाने के बाद उसके विषय में कहना'। भतरी और हल्बी में यह शब्द इन्हीं चारों अर्थों में प्रयुक्त होता है।

हुई थाने जाई करी तप करसी आछे। तप करबा के बरमार आसन फेर डोल्ला। बरमा राजा फेर आयला आवरी बलसी आछे, "मुई तोके एब्बे बर देली काय! आवरी तुई फेर काय काजे तप करबिआस, राजा?"

राजा बल्ला, "मुई जोय ने ना पोड़ें[52], पानी ने ना बुड़ें, लुहा ने ना छिड़ें मातर मोर मुरतू काय ने आछे, एके तमे साँगा।"

बरमा सुनला आवरी कागत के दकला। दखी करी बलसी आछे, "तोर मुरतू अरजुनर हाते आछे।"

अतक के सुनी करी राजा हयँती ले आपनर घरे गला। बरमा देव बले छयार माया होयलाय। राजा अमरला घरे। राजा के दखला रानी आवरी पानी तपाय करी सेदा-बेदा करी ताके नाहा-धुआ करबा काजे निसकाय देला। अतक ने राजा नाहा-धुआ करला। रानी पने राँदा-बाड़ा करला। अतक ने दुनो राजा-रानी बसलाय आवरी खा-पी करलाय। खा-पी करी दुनो जन बसलाय। तेबे रानी बलसी आछे राजा के, "आले राजा मोके बले साँगा, तमे काय-काय बर माँगी करी आयलास?"

राजा बल्ला, "सुन रानी! मुई पानी ने बुड़े नाईं, लुहा ने छिड़ें नाईं ना जोय ने जरें नाईं आवरी गोटक बेटी माँगी करी आयली आछे।" दुनो काय मँजा कमाय-धमाय आछेत। एक दिन होयला, दुय दिन होयला। होयते-होयते आछेत आवरी राज धरी करी खायबा आछेत। तेबे गोट दिने रानी के भगवान देला। रानी पने खाये नाईं ना पिये नाईं। ढुली-ढुली आछे। राजा के बलसी आछे, "ए राजा! तमे सुना। मोके खाय के भाय ना पिय के भाय। तमे मोर काजे काचा तेतर आवरी लोन आनी देले मुई पेट भर खायती।"

राजा सुनला आवरी अकड़ी लाट धरी करी गला तेतर टुटाय के। तेतर टुटाय आनला आवरी लोन-मिरी सँगे पिसी करी काय सुँदर चटनी बनाय देला। चटनी बनाय देबा के रानी चटनी सँगे बासी पेज खायला। असनी-असनी दुय-तिन मास होयला। होयते-होयते पाँच-छय मास होयला आवरी फेर आँट-नव होयते-होयते दस मास पुरी गली। एबर रानी के दुखा मुरयायला। तेबे रानी बलसी आछे राजा के, "मोके खुबे पेट दुखसी आछे, राजा। तमी जाई करी सुइन बोड़ाय के हाक देई आना।"

बलबा के राजा तियार होई करी घर ले निसकला आवरी गला सुइन घरे ताके हाक देबा काजे। तार घरे जाई करी ताके हाक देला। हाक पाड़बा के सुइन घर ले निसकला आवरी बलसी आछे, "काय काजे आयलास राजा, मोके साँगा।"

तपस्या करने लगा। तपस्या करने पर बरमा का आसन फिर से डोलने लगा। बरमा फिर से राजा के पास आये और कहने लगे, "मैंने तुम्हें अभी-अभी वरदान दिया ना! फिर दुबारा तुम किसलिये तपस्या कर रहे हो, राजा?"

राजा बोला, "मैं आग में नहीं जलूँगा, पानी में नहीं डूबूँगा, लोहे से नहीं कटूँगा किन्तु मेरी मृत्यु किस में है, इसे तो आप बतायें।"

बरमा ने सुना और फिर से पोथी देखी। देखकर कहने लगे, "तुम्हारी मृत्यु अरजुन[53] के हाथों होगी।"

इतना सुनकर राजा वहाँ से अपने घर चला गया। बरमा देव भी अदृश्य हो गये। राजा घर पहुँच गया। राजा को देखा रानी ने और पानी गरम कर उसमें ठण्डा पानी मिलाया और स्नान करने के लिये स्नानागार में ले गयी। इतने में राजा ने स्नान किया। रानी ने भी भोजन राँधा। इतने में राजा-रानी दोनों बैठे और भोजन किया। खा-पीकर दोनों बैठे। तब रानी कहने लगी राजा से, "अच्छा राजा, मुझे भी बतायें आप कौन-कौन से वर माँग कर आये हैं?"

राजा बोला, "सुनो रानी! मैं पानी में नहीं डूबूँगा, लोहे से नहीं कटूँगा, आग में नहीं जलूँगा और एक बेटी माँग कर आया हूँ।" इस तरह दोनों बहुत ही सुन्दर ढंग से जीवन बिताने लगे। एक दिन बीता, दो दिन बीते। होते-होते वे दोनों जीवन व्यतीत करने लगे। तब एक दिन भगवान ने रानी को सन्तान दी। अब रानी न तो खाती न पीती। लेट-लेटकर रहती। राजा से कहने लगी, "हे राजा! आप सुनिये। मुझे न तो खाने का मन करता और न पीने का ही। आप मेरे लिये कच्ची इमली और नमक ला देते तो मैं उसे भरपेट खाती।"

राजा ने सुना और अँकड़ी लाठी लेकर इमली तोड़ने गया। इमली तोड़ लाया और नमक-मिर्च पीसकर सुन्दर चटनी बना दी। चटनी बना देने पर रानी ने चटनी के साथ बासी पेज[54] पी। इस तरह दो-तीन महीने बीत गये। होते-होते पाँच-छह महीने बीते फिर आठ-नौ होते-होते दस महीने पूरे हो गये। अब रानी को प्रसव-पीड़ा होने लगी। तब रानी कहने लगी राजा से, "मुझे पेट में बहुत दर्द हो रहा है, राजा। आप जाकर सुईन[55] बड़ी माँ[56] को बुला लायें।"

सुनकर राजा तैयार होकर घर से निकला और सुईन को बुलाने के लिये उसके घर गया। उसके घर जाकर उसे पुकारा। पुकार सुनकर सुईन घर से निकली और कहने लगी, "किसलिये आये हैं राजा, मुझे बतायें।"

52. पोड़ें : अन्य ध्वनि 'जरें'।

53. अरजुन : अर्जुन।

54. चावल के टूटे दाने, जिन्हें 'कनकी' कहा जाता है, को उबाल कर बनाया जाने वाला पेय। यह पेय 'कनकी पेज' तथा ग्रीष्म ऋतु में 'मँडेया (मँडिया, मँडया)' नामक अन्न का आटा मिला कर बनाया जाने वाला पेय 'मँडेया पेज' कहा जाता है। इसी तरह जोंधरा (मक्का) को भी कूट कर पेय बनाया जाता है और गेहूँ को भी कूट कर पेय बनाया जाता है। बस्तर के लोक जीवन में 'पेज' का महत्वपूर्ण स्थान है। ध्यान देने योग्य तथ्य है कि 'कनकी' शब्द 'कनक' अर्थात् स्वर्ण से बना है। अर्थात् बस्तर के लोक-मानस में चावल के टूटे दाने 'कनक (स्वर्ण)' के कण हैं।

55. सुईन : दाई, धाय।

56. बड़ी माँ : ताई।

तेबे राजा बल्ला, "रानी के दुखा उठला आछे, सुइन बोड़ाय। हई काजे रानी तोके हाक देय के पठायला आछे।"

अतक के सुनला सुइन बुड़ी[57] आवरी तियार होई करी राजा घरे गला। हयँती अमरी करी पानी तपाय के बल्ला। पानी तपाय देबा के रानिर देंहे ने तपला पानी झलकी देला। अतक ने रानिर दुखा बाड़ला। 'मरली आया, मरली बुआ' बली करी रानी डाहाल-बिकल होयते निको होयला। टोकी आय। सुइन राजा के पाँच रुपया पयसा आवरी सुत माँगी करी तार नार के काटी देला। पाछे नाहा-धुआ करी देला, पेट छेकी देला। रानी के हात-पाँय धोय के तियारला। तेबे रानी हात-पाँय धोयला आवरी टोकी के कोले धरी करी गोरस[58] खुआयला। सुइन के बिदा देलाय। सुइन बिदा पाई करी आपनर घरे गला। राजा-रानी आपनर घरे आछेत। होयते-होयते एक ले दुय दिन होयला। तिन दिन ने कसा देबार रय। तेबे जड़ी-बुटी आनी करी चुड़ायलाय। गाँव-पारार लोक मन के हाक देलाय। सब लोक आसलाय। रानी नाहा-धुआ करला आवरी टोकी के बले नाहाय देला। तार घरर लोक मन गुर, तिल, पानी निसकाय देलाय आयला लोक मन काजे। आयला लोक मन कोन तो तिल भाँजसी आछे, कोन तो पानी बघारसी[59] आछे। तिल-गुर बनायलाय आवरी रानी के तिल-पानी देलाय। देबा के रानी गला बोमली-खोदरा ने आवरी तिल-पानी थिपाय देला। एतार पाछे रानी आवरी हयँती जुहला लोक मन तिल-गुर आवरी कसा पानी खायलाय। होयते-होयते दिन बुड़ला, रात होयला। आसला लोक मन आपन-आपन घरे गलाय। राजा-रानी आपनर घरे आछेत।

असनी-असनी चार-पाँच दिन होयला। होयते-होयते आँट-पँदरा दिन होयला आवरी फेर सवा महेना होयला। तेबे राजा गाँव-पारार लोक के छटी काजे हाक देई करी हयँ मन के काँडा-कुटया देला। लोक मन काँडा-कुटेया करी करी आनी देबा के पाछे सब लोक के छटी काजे हाक देलाय। सबू लोक आसलाय। आसी करी राँदा-बाड़ा करलाय। अतक ने

राजा ने कहा, "रानी को प्रसव-पीड़ा हो रही है, सुईन बड़ी माँ। इसी कारण रानी ने तुम्हें बुलाने के लिये भेजा है।"

इतना सुनकर सुईन बुढ़िया तैयार हो गयी और राजा के घर गयी। वहाँ पहुँच कर पानी गरम करने को कहा। पानी गरम कर देने पर रानी के शरीर पर गरम पानी डाला। इतने में रानी की पीड़ा बढ़ गयी। वह 'मर गयी माँ, मर गयी बाबा'[60] कहते हुए व्याकुल होने लगी और बच्चे को जन्म दिया। कन्या का जन्म हुआ। सुईन ने राजा से पाँच रुपये और सूत माँग कर बच्चे की नाल काटी। इसके बाद स्नान करवा दिया, पेट सेंका। रानी से कहा कि वह अपने हाथ-पाँव धो ले। तब रानी ने हाथ-पाँव धोये और बच्चे को गोद में लेकर दूध पिलाया। सुईन को विदाई दी गयी। सुईन विदा पाकर अपने घर चली गयी। राजा-रानी अपने घर में हैं। होते-होते एक से दो दिन बीत गये। तीन दिनों में कसा देना है। तब जड़ी-बूटी ला कर उबाली गयी। गाँव-मोहल्ले को लोगों को बुलावा दिया गया। सभी लोग आये। रानी ने स्नान किया और बालिका को भी नहला दिया। उनके घर के लोगों ने आमन्त्रित लोगों के लिये गुड़, तिल, पानी आदि निकाल दिये। तब आमन्त्रित लोगों में से कोई तिल भून रही है, कोई पानी छौंक रही है। इस तरह तिल-गुड़[61] बना कर रानी को दिया। देने पर रानी उसे लेकर नाल वाले गड्ढे के पास गयी और वहाँ तिल तथा पानी अर्पित किया। इसके बाद रानी और वहाँ उपस्थित लोगों ने तिल-गुड़ और कसा पानी[62] खाया-पीया। फिर होते-होते दिन डूब गया, रात हो गयी। सभी आमन्त्रित अपने-अपने घर चले गये। राजा-रानी अपने घर में हैं।

इस तरह चार-पाँच दिन बीत गये। होते-होते आठ-पन्द्रह दिन बीत गये और फिर सवा महीना बीत गया। तब राजा ने गाँव-मोहल्ले के लोगों को छठी के लिये बुलाया और उन्हें काँडा-कुटेया[63] दिये। लोग धान आदि ले गये और कूट कर चावल आदि ले आये। तब राजा ने सभी लोगों को छठी के लिये बुलाया। सभी लोग आये। आकर भोजन राँधे। इतने में रानी

57. बुड़ी : अन्य ध्वनि 'डोकरी'।

58. गोरस : अन्य ध्वनि 'गोरोस'।

59. बघारसी : अन्य ध्वनि 'पोरजसी'

60. बाबा : पिता, पिताजी।

61. तिल-गुड़ : बच्चे के जन्म के तीसरे दिन तिल-गुड़ और काँके-बजरी होती है। छठवें या नौवें दिन छट्ठी होती है। तिल को भून कर उसमें गुड़ मिला कर पीसा जाता है और लड्डू बनाये जाते हैं। चावल को भी भून और पीस कर गुड़ पानी मिला कर लड्डू बनाते हैं। इसे 'तिल-गुर' कहा जाता है। यही ककई पानी और लड्डू सभी लोगों को और जच्चा को दिया जाता है। प्रायः पुरुष ककई पानी नहीं पीते। विस्तृत टीप नीचे 'कसा पानी' के अन्तर्गत दी गयी है।

62. कसा पानी : बच्चे के जन्म के तीसरे दिन 'ककई-कसा' होती है। इसे 'कसा', 'कसा पानी', 'ककई-कसा' और 'काके पानी' भी कहा जाता है। यह वस्तुतः नव प्रसूता को दी जाने वाली दवा है। यह रोग प्रतिरोधी, जच्चा के शरीर को गर्म रखने वाली तथा माँ का दूध बढ़ाने वाली होती है। ककई नामक एक पौधे की जड़, 'छींद (खजूर प्रजाति के एक पौधे)' का काँदा (जिसे 'गोका' कहा जाता है), बेल के पत्ते, लहसुन, 'भेलवाँ (स्थानीय काजू)', एक खीला (कील) और 'हरवाँ (कुल्थी)' तथा पानी हण्डी में डाल कर उसका मुँह पत्तों से बन्द कर दिया जाता है। पत्तों से हाँडी का मुँह बन्द किया जाना 'दादरा बाँधना' कहलाता है। 'दादरा' बाँध कर उसे धीमी आँच में उबाला जाता है। सारी चीजों का रस निकलने पर उसे छान कर अलग कर देते हैं। फिर उस रस में गुड़ डाला जाता है और घी में छौंका जाता है। यह कहलाता है 'कसा' या 'ककई कसा' या 'काके पानी' या 'काँके पानी'। इसके साथ ही भुने हुए तिल में गुड़ मिला कर उसे पीस कर लड्डू बनाये जाते हैं। चावल को भी भून और पीस कर गुड़ पानी से लड्डू बनाते हैं। फिर ककई पानी और लड्डू नव प्रसूता को पिलाया-खिलाया जाता है। उसके साथ ही वहाँ उपस्थित सभी महिलाओं को भी पिलाया-खिलाया जाता है। 'ककई कसा' का प्रचलन बस्तर के हल्बी-भतरी-गोंडी परिवेश के साथ-साथ छत्तीसगढ़ी और ओड़िसा के ओड़िया एवं देसेया परिवेश में भी है।

63. काँडा-कुटेया : धान कूटने, दाल दलने और चावल पीसने के लिये लोगों को धान, दाल और चावल आदि दिये जाते हैं। इसे ही 'काँडा देना' या 'काँडा-कुटेया देना' कहा जाता है।

रानी नाहा-धोआ करला आवरी टोकी के पने नाहाय देला। राजा बले नाहा-धोआ होई करी तियार होयला आवरी टोकिर नाव सुभायबा[64] काजे बारा जन पँडा मन लगे गला। हयँ मन लगे जाई करी बलसी आछे, "मोर बेटिर नाव सुभाय दियास हो, पँडा मन।"

तेबे बारा टा पँडा मन तार बेटिर नाव सुबाय देलाय। सबुर पाँजी ने गोटकी नाव पड़ला, चँदरकला। बारा बरस ने टोकी उदलेया जायसी बली बले साँगला पाँजी। पँडा मन दखा-दखी होयबा आछेत। ए पँडा दखसी आछे हयँके[65] हयँ पँडा दखसी आछे एके। अतक ने राजा बलसी आछे, "आले हो, पँडा माहाराज मन। टोकिर काय नाव सुबला आले हँके[66] मोके साँगी दियास।"

पँडा मन बल्लाय, "टोकिर नाव तो चँदरकला सुबला, राजा। मातर ए टोकी बारा बरस ने उदलेया जायसी।"

अतक के सुनी करी राजा भारी रिस होयला आवरी तमे एमती कसन बलबाआस, बली बलसी आछे। मुईं तमके बारा बरसर सजा देबी, बलसी आछे राजा। अतक बल्ला राजा आवरी घरे गला। घरे जाई करी रानी के बाना-चिना लिखबा काजे बल्ला। तेबे रानी बाना-चिना लिखला, टोकी के नुआ कपड़ा पिंदायला आवरी राजा-रानी दुनो लोक बले तियार होयलाय। तियार होई करी छटी बसलाय। गाँव-पारार बाई मन छटी टिकबा आछेत। हयँ मन पने राजा-रानी के बलबा आछेत, "आमे छटी टिकबू आचूँ[69] राजा-रानी। नोनिर नाव के साँगी दियास, काय नाव सोंगायबार आय आले।"

ने स्नान किया और बालिका को भी नहला दिया। राजा भी स्नानादि से निवृत्त होकर तैयार हो गया और बालिका का नाम जानने के लिये पण्डों के पास गया। वहाँ जाकर कहने लगा, "मेरी बेटी का नाम बता दें, पण्डित जी।"

तब बारह पण्डों ने मिल कर उसकी बेटी का नाम बताया। सभी के पंचाग में एक ही नाम निकला, चँदरकला[67]। पण्डों ने बताया कि बालिका बारह वर्ष की हो जाने पर उदलेया[68] जायेगी। ऐसा कहकर वे पण्डे एक-दूसरे की ओर ताकने लगे। इतने में राजा बोला, "अच्छा पण्डित जी। बालिका का नाम तय हो गया हो तो वह मुझे बतायें।"

पण्डों ने कहा, "बालिका का नाम तो चँदरकला पड़ा है, राजा। किन्तु यह लड़की बारह वर्ष की हो जाने पर उदलेया चली जायेगी।"

इतना सुनकर राजा बहुत क्रोधित हो गया और तुम लोग इस तरह कैसे कह रहे हो, कहने लगा। मैं तुम्हें बारह वर्षों का दण्ड दूँगा, राजा कहने लगा। इतना कहकर राजा अपने घर चला गया। घर जाकर रानी से बाना-चिना[70] लिखने को कहने लगा। तब रानी ने बाना-चिना लिखे, बालिका को नये कपड़े पहनाये और राजा-रानी भी तैयार हो गये। तैयार होकर वे छठी के लिये बैठे। गाँव-मोहल्ले की महिलाएँ छठी का टीका लगाने लगीं। वे राजा-रानी से कहने लगीं, "हम छठी का टीका लगा रही हैं, राजा-रानी। बालिका का नाम बता दें, क्या नाम रखा जाना है?"

---

64. सुभायबा : अन्य ध्वनि 'सुबायबा'।
65. हयँके : अन्य ध्वनियाँ 'हँके', 'हायँके', 'होंके', 'होंयके', 'ताके'।
66. हँके : अन्य ध्वनियाँ 'हयँके', 'हायँके', 'होंके', 'होंयके', 'ताके'।
67. चँदरकला : चन्द्रकला।
68. उदलेया : जब दो प्रेमी-प्रेमिका अपने-अपने माता-पिता की इच्छा के बिना विवाह के उद्देश्य से सहपलायन करते हैं तब इसे 'उदलिया (उदलेया) परायबार' कहते हैं। यह प्रथा बस्तर और पश्चिमी ओड़िसा की विभिन्न जनजातियों के साथ-साथ अन्य समुदायों में भी पायी जाती है। लड़का-लड़की अपने-अपने घर से भाग कर लड़के के किसी निकट सम्बन्धी के घर चले जाते हैं, जहाँ उनका वह निकट सम्बन्धी उनका विवाह करा देता है। विवाह के बाद वधू पक्ष के लोग वहाँ आते हैं। इस तरह के आगमन को 'ठेंगा उतरानी' कहा जाता है। वधू-पक्ष के लोग वहाँ आ कर अपनी कन्या को वापस ले जाने की बात करते हैं तब वर-पक्ष के लोग उन्हें भेंट स्वरूप कुछ राशि देते हैं तथा मांस-मदिरा का सेवन कराते हैं। इसके बाद दोनों पक्षों में सुलह हो जाती है। तब वधू-पक्ष के लोग भोज के लिये कहते हैं जिस पर वर-पक्ष के लोग सहमत होते हैं और कोई एक दिन निर्धारित कर उस दिन वधू के पितृ-गृह में जा कर वधू-पक्ष के लोगों तथा गाँव के प्रमुख लोगों को मांस-मदिरा युक्त भोजन कराया जाता है। कुछ लोग भोज के बिना भी इस विवाह से सहमत हो जाते हैं। 'माहला' (फलदान अथवा सगाई के समतुल्य रस्म) के बाद जब वर-पक्ष द्वारा वधू-पक्ष को वधू-मूल्य दे कर वधू को वर के घर ला कर विवाह करा दिया जाता है, तब यह 'पैसामुँडी (क्रय विवाह)' कहलाता है (स्रोत : श्री खेमादास वैष्णव एवं श्री घनश्यामदास वैष्णव, खोरखोसा, बस्तर-छ.ग.)। माता-पिता की इच्छा के बिना स्वयं कन्या द्वारा इच्छित वर के पास जाने की स्थिति को भी श्री खेमादास वैष्णव (खोरखोसा, बस्तर-छ.ग.), श्री घनश्यामदास वैष्णव (खोरखोसा, बस्तर-छ.ग.) एवं सुश्री फलेन्द्री बघेल (पोटानार, बस्तर-छ.ग.) के अनुसार 'उदलया', 'उदलेया' या 'उदलिया (सहपलायन)' कहते हैं। छत्तीसगढ़ी परिवेश में यह 'उढ़रिया' कहलाता है। वहीं सुश्री प्रेमलता पाण्डेय (फरसागुड़ा, बस्तर-छ.ग.) और सुश्री सुदनी नेताम (टेमरा, बस्तर-छ.ग.) तथा अन्य लोगों के अनुसार जब कोई युवती अपने माता-पिता की इच्छा के बिना अपने इच्छित वर के घर विवाह के उद्देश्य से चली जाती है तब उसे 'पैसामुँडी जातो' या 'पयसामुँडी जिबार' कहते हैं। इसे 'पैठू जातो' (छत्तीसगढ़ी परिवेश में 'पैठू जाय के') भी कहा जाता है।
69. आचूँ : अन्य ध्वनियाँ 'आछूँ', 'आचू', 'आचे'।
70. बाना-चिना : चावल और हल्दी के आटे से जमीन पर की गयी चित्रकारी। यह चित्रकारी प्रायः महिलाओं द्वारा मंगल प्रसंगों पर की जाती है। इसे छत्तीसगढ़ी परिवेश में चउक, ओड़िसा में बाधा, बंगाल और आसाम में अल्पना, बिहार में अरिबाना, राजस्थान में मण्डाना, दक्षिण भारत में कोलम, कुमाऊँ क्षेत्र में एयपाना तथा मध्य प्रदेश और उत्तर प्रदेश में रंगोली के नाम से जाना जाता है। यह कलाकारी महिलाओं द्वारा की जाने वाली लोक चित्रकारी की सर्वोत्तम अभिव्यक्ति कही जा सकती है।

तेबे राजा-रानी नोनिर नाव के साँगी देलाय, "चँदरकला नाव आय, बाई-नोनी मन।"

बलबा के गाँव-पारार बाई-नोनी मन छटी टिकलाय आवरी 'बड़े बाड़, आमर अतक डेंग हो, तोर आया-बाबा के सँग देस' बली चाउर रोकायलाय। अतक ने छटी टिकबार सरी गला। राजा-रानी नोनी के कोले धरी करी उठलाय। सबू लोक खा-पी करलाय। राजा-रानी बले खा-पी करलाय। रात होयबा के गाँव-पारार लोक आपन-आपन घरे गलाय। राजा-रानी आपन घरे आछेत।

सकाले[72] रानी उठला, दातुन-पतर चाबला, नाहा-धोआ करला आवरी घरे ओल्ला। कमाय-धमाय खायबा आछेत। रऊ-रऊ टोकी छय मासर होयला, बरसकारर होयला। बाड़ते-बाड़ते टोकी बाड़ी जायसी आछे। तिन-चार बरसर होयबा के एबर सान-सान माहा कोंडी मन ने पानी आन के धरे। ताके दखला राजा आवरी मने बिचार करसी आछे, 'एबर नोनी बाड़ी गला। बारा बरस ने नोनी उदलेया परायसी बली पँडा मन बल्ला आछेत।' एमती[73] बली करी गला तार रानी लगे आवरी बलसी आछे, "रानी, रानी। बारा बरस ने नोनी उदलेया परायसी बली करी पँडा लोक मन साँगला आछेत। मुईं जिबी ता एतार काजे सात काटी मेड़ बाँदी देबी।" असन बली करी राजा सज-तियार होयला आवरी गला बिसकरमा लगे। तार घरे जाई करी बलसी आछे, "बोड़ू, बिसकरमा। तुई मोर काजे सात काटी मेड़ बाँदी देस।"

बलबा के बिसकरमा सुनला आवरी सात काटी मेड़ बाँदी देबा काजे तियार होयला। राजा आपनर घरे बाहड़ला। अतक ले बिसकरमा सज-तियार होयला आवरी कोड़की धरी करी गला राजा घरे। हयँती अमरी करी राजा के मेड़ बाँदबार थान दखाय के बल्ला। तेबे राजा हयँके थान दखाय देला। दखाय देबा के बिसकरमा हयँ थाने लुहा के गाड़ी करी तार सबू देबी-देवता के सुमरना करला। सुमरना करबा के दखते-दखते सात काटी मेड़ आपने-आपने बाँदी होयला। तेबे राजा बिसकरमा के बिदा देला। बिदा पाई करी बिसकरमा आपनर घरे जायते गला।

राजा दखला सात काटी मेड़ के आवरी खुबे हरिक होयला। दुय जन टुरी-टेंडकी सँगे चँदरकला के तार कपड़ा-लता सँगे मेड़ थाने नेई देला। हयँ मनर काजे चाउर-दार, लोन-मिरी, साग-भाजी सबू तिज बले जोंगी देला। हयँती नेला आवरी बलसी आछे हयँ दुय जन टुरी-टेंडकी[75] मन के, "दखा रे, टुरी-टेंडकी मन। तमे चँदरकला के मेड़ ले बाहरेया केनेय जाय के ना दियास। केनेय गला आले तमे मोके साँगा।" अमती

तब राजा और रानी ने बालिका का नाम बता दिया, "चँदरकला नाम है, बाई-नोनी[71]।"

ऐसा कहने पर गाँव-मोहल्ले की महिलाओं ने छठी का टीका लगाया और 'बड़ी हो जाओ, हमारी जितनी ऊँची होओ, तुम्हारे माता-पिता का साथ दो' कहते चावल डाला। इतने में छठी का टीका लगाने की रस्म पूरी हो गयी। राजा-रानी बालिका को गोद में लेकर उठ गये। सभी लोगों ने भोजन किया। राजा-रानी ने भी। रात हो जाने पर गाँव-मोहल्ले की सभी महिलाएँ अपने-अपने घर चली गयीं। राजा और रानी अपने घर में रह गये।

रानी सबेरे उठी, दतौन एवं स्नानादि से निवृत्त हुई और घर में प्रवेश किया। तीनों बड़े मजे से जीवन बिताने लगे। होते-होते बालिका छह महीने की हो गयी, एक वर्ष की हो गयी। बड़ी होते-होते वह बढ़ने लगी। तीन-चार वर्षों की हो जाने पर वह छोटी-सी हँडिया में पानी लाने लगी। उसे देखा राजा ने और मन ही मन विचार करने लगा, 'अब बालिका बढ़ गयी। बारह वर्षों की हो जाने पर यह उदलेया भाग जायेगी, ऐसा पण्डों ने कहा है।' ऐसा विचार कर वह अपनी रानी के पास गया और कहने लगा, "हे रानी। बारह वर्षों की होने पर हमारी बेटी उदलेया भाग जायेगी, ऐसा पण्डों ने बताया है। मैं जाकर इसके लिये लोहे की सात पर्तों वाली बाड़ बनवा दूँगा।" ऐसा कहकर राजा तैयार हो गया और बिसकरमा[74] के पास गया। वहाँ जाकर कहने लगा, "हे ताऊ, बिसकरमा। तुम मेरे लिये लोहे की सात पर्तों वाली बाड़ बना दो।"

बिसकरमा ने यह सुना और लोहे की सात पर्तों वाली बाड़ बना देने के लिये तैयार हो गया। राजा अपने घर वापस हो गया। इसके बाद बिसकरमा तैयार हो गया और कुदाली लेकर राजा के घर गया। वहाँ पहुँच कर राजा से बाड़ बनाने की जगह दिखाने को कहा। तब राजा ने उसे स्थान दिखा दिया। दिखा देने पर बिसकरमा ने वहाँ लोहे को गाड़ कर अपने सभी देवी-देवताओं का स्मरण किया। स्मरण करने पर देखते ही देखते वहाँ लोहे की सात पर्तों वाली बाड़ बन गयी। तब राजा ने बिसकरमा को विदाई दी। विदाई पा कर बिसकरमा अपने घर चला गया।

राजा ने देखा लोहे की सात पर्तों वाली बाड़ को और बहुत प्रसन्न हो गया। दो दासियों के सँग चँदरकला को उसके कपड़ों-लत्तों सहित उस बाड़ के भीतर ले गया। उनके लिये चावल-दाल, नमक-मिर्च, साग-सब्जी आदि सारी वस्तुओं की भी व्यवस्था कर दी। वहाँ ले जाकर वह उन दासियों से कहने लगा, "देखो दासियो। तुम लोग चँदरकला को बाड़ से बाहर किसी भी ओर जाने मत देना। कहीं जाये तो मुझे बताना।" ऐसा

71. बाई-नोनी : उम्र में बड़ी महिलाओं के लिये 'बाई' सम्बोधन है। बड़ी बहिन के लिये भी 'बाई' सम्बोधन प्रयोग में लाया जाता है। इसी तरह उम्र में छोटी (बेटी या बहिन जैसी) लड़कियों या महिलाओं के लिये 'नोनी' सम्बोधन है।

72. सकाले : अन्य ध्वनियाँ 'बिहाने', 'बिआने', 'सकरेया'।

73. एमती : अन्य ध्वनियाँ 'अमती' एवं हल्बी-प्रभावित 'असन'।

74. बिसकरमा : विश्वकर्मा। यहाँ प्रकारान्तर से लौह-शिल्पी।

75. टुरी-टेंडकी : अन्य ध्वनि 'टुरी-टनकी'।

बल्ला राजा आवरी तार घरे बाहड़ी गला। एबर कोन काज ले निसकी जायसी नोनी, बली बिचार करसी आछे राजा। बारा बरस पुरबार एक बरस पुरे मयँ राज-राजर राजा मन के हाक देबी आवरी सबू के कोदा-भाटा ने ठुल करबी। सब ठुल होयलाय आले नोनी के फुल पकाय के बलबी। एमती बिचार करसी आछे राजा।

असनी-असनी चँदरकला इगारा बरसर होयला। होयबा के चँदरकला काय मँजा दिरिप सुँदर दखा देयसी आछे। गोट दिने नारद मुनी सात काटी मेड़ भितरे ओयल्ला आवरी चँदरकला के बलसी आछे, "तोके मुई गोटक गोट बलबी नोनी। मोर सान भाई आछे। तार नाव आय, चँदरधज। हयँ पने तोरी माहा दिरिप सुँदर आय। तोर लेड़ी आवरी हँतार ठोड़ी एक बराबर आछे। तमी दुनो काय सुँदर फोबबास।"

चँदरकला सुनला नारदर गोठ के आवरी बल्ला, "नाई दादा। मोर बाबा राज-राजर राजा मन के हाक देयसी। जतक बले राजा मन आछेत सबू के जुहायसी मने कोदा-भाटा ने। हयँती जुहले मोके फुल पकाय के बलसी मोर बाबा।"[78]

नारद बल्ला, "तुई काय के गोटयायबिआस, नोनी? तुई ना जानिस! चँदरधज सुँदर काजे सबू राजा मन ले जिती गला आछे। मुई तोके काहारी[79] ना जानत ले तार लगे नेई देबी। राज-राजर राजा मनर ठुल होयबार पुरे मयँ तोके चँदरधज लगे नेई देबी।"

असन बलबा के चँदरकला राजी पड़ला। अतक ने नारद हयँ थान ले गला दुआरिकापुर चँदरधज घरे। अड़कदायँ चँदरधज झुलना झुलते रला। तार बऊ बिती मयाबती ताके झुलना झुलाते रला। नारद हयँती अमरला आवरी बलसी आछे, "काय करबी आस बाबू, चँदरधज?"

तार आरो के सुनला मयाबती आवरी निहारी करी दखसी आछे जे नारद मुनी रला। चँदरधज के बल्ला, "जाहा बाबू, तमर दादा मन आसलाआत। तिके पानी दियास।" बली करी मयाबती मुँड ढाकी होयला। नारद तार सुसरा लागे। तेबे चँदरधज झुलना ले उतरी करी नारद मुनी के पानी देला आवरी भितरे जाई करी मसनी ओछाय देला। अतक ने नारद मुनी पाँय धोयला आवरी भितरे जाई करी मसनी थाने बसला। चँदरधज ताके पान-सुपाड़ी देला। नारद पान-सुपाड़ी खायते-खायते बलसी आछे, "मयँ तोर काजे गोटक खुबे हरिकर खबर आनली आछे, बाबू।"

चँदरधज बल्ला, "आले काय खबर आनलिआस, दादा? साँगी दख।"

नारद बलसी आछे, "जयकापुरे चँदरकला नावर गोटक[82] रानी

कहकर राजा अपने घर वापस हो गया। अब किधर से निकलकर जायेगी मेरी बेटी, राजा विचार करने लगा। बारह वर्ष पूरे होने से एक वर्ष पहले ही मैं अनेक राज्यों के राजाओं को बुलाकर सभी को कोदा-भाटा[76] में एकत्र करूँगा। सबके एकत्र हो जाने पर नोनी को फूल फेंकने के लिये कहूँगा, राजा इस तरह विचार करने लगा।

होते-होते चँदरकला ग्यारह वर्षों की हो गयी। तब वह बहुत ही सुन्दर दिखायी पड़ने लगी। एक दिन नारद मुनि लोहे की उस सात पर्तों वाली बाड़ के भीतर जा घुसा और चँदरकला से कहने लगा, "तुमसे मैं एक बात कहूँगा, नोनी। मेरा एक छोटा भाई है। उसका नाम है, चँदरधज[77]। वह भी तुम्हारी ही तरह बहुत सुन्दर है। तुम्हारी एड़ी और उसकी ठुड्ढी एक बराबर है। तुम दोनों की जोड़ी बहुत ही सुन्दर फबेगी।"

चँदरकला ने नारद की बातें सुनीं और बोली, "दादा। मेरे पिता अनेक राज्यों से राजाओं को बुलाएँगे। जितने भी राजा हैं वे सब कोदा-भाटा में एकत्र होंगे। वहाँ एकत्र होने पर मेरे पिता मुझे फूल फेंकने के लिये कहेंगे।"

नारद बोला, "तुम क्या बात कर रही हो, नोनी? तुम नहीं जानतीं! चँदरधज सुन्दरता में सभी राजाओं से कहीं अधिक है। मैं तुम्हें किसी के न जानते तक उसके पास ले चलूँगा। अनेक राज्यों के राजाओं के एकत्र होने से पहले ही मैं तुम्हें चँदरधज के पास ले चलूँगा।"

ऐसा कहने पर चँदरकला राजी हो गयी। इतने में नारद वहाँ से गया दुआरिकापुर[80] चँदरधज के घर। उस समय चँदरधज झूला झूल रहा था। उसकी भाभी मयाबती उसे झूला झुला रही थी। नारद वहाँ पहुँचा और कहने लगा, "क्या कर रहे हो बाबू[81], चँदरधज?"

उसकी आवाज सुनी मयाबती ने और निहार कर देखा तो नारद मुनि था। वह चँदरधज से कहने लगी, "जाइये बाबू, आपके दादा आये हैं। उन्हें पानी दीजिये।" कहकर मयाबती ने अपना सिर ढँका। नारद उसके जेठ लगते थे। तब चँदरधज ने झूले पर से उतरकर नारद मुनि को पानी दिया और भीतर जाकर चटाई बिछा दी। इतने में नारद मुनि ने पाँव धोये और भीतर जाकर चटाई पर बैठ गया। चँदरधज ने उसे पान-सुपारी दी। नारद पान-सुपारी खाते-खाते कहने लगा, "मैं तुम्हारे लिये एक बहुत ही प्रसन्नता की खबर लाया हूँ, बाबू।"

चँदरधज ने कहा, "अच्छा कौन सी खबर लाये हैं, दादा? बताइये तो सही।"

नारद कहने लगा, "जयकापुर में चँदरकला नामक एक राजकुमारी

---

76. कोदा-भाटा : वह उथला सम भू-खण्ड जहाँ कोदा नामक मोटा अन्न उगता है।
77. चँदरधज : चन्द्रध्वज।
78. बाबा : अन्य ध्वनि 'बुआ'। हल्बी प्रभावित ध्वनि 'बुबा'।
79. काहारी : अन्य ध्वनि 'काहरी'। लघुकृत ध्वनि 'कारी'।
80. दुआरिकापुर : द्वारिकापुरी।
81. बाबू : पुत्र या छोटे भाई अथवा इन्हीं की आयु वर्ग के आत्मीय लोगों के लिये यह प्यार भरा सम्बोधन है।
82. गोटक : अन्य ध्वनि 'गोटेक'।

आछे। तोर लेड़ी आवरी तार ठोड़ी एके बरांबर आछे। दुनोर जोड़ी होयले काय सुँदर फोबबास।"

तार गोट के सुनी करी चँदरधज बलसी आछे, "मातर कसन करी आमे जिबू, दादा?"

नारद बल्ला, "तुई तार काजे धोका ना कर, बाबू। मुईं तो सबू हिसाब बनाय देबी। पारले तुई जा एई पस्ता आवरी तियार होई करी तोर फोटो[83] बनाय देस। तोर फोटो के तार लगे नेबी आवरी तार फोटो के तोर लगे आनी देबी।"

बलबा के चँदरधज तियार होयला आवरी आपनर फोटो बनाय करी नारद के देला। नारद फोटो के धरला आवरी हयँ थान ले निसकला। गला जयकापुर सात काटी मेड़ ती। हयँती जाई करी मेड़ भितरे धुँद-पबन माहा ओयली देला। गला आवरी चँदरधजर फोटो के चँदरकला के धराय देला। फोटो के धरला चँदरकला आवरी ठाने घसरला। तार आँइक[84]-कान अँधार पड़ी गला। अतक सुँदर रहे हयँ फोटो। नारद बलसी आछे, "तुई कसन काजे हिटी पड़लिस, नोनी?"

चँदरकला बल्ला, "मोर आँइख-कान अँधार पड़ी गला, दादा।" बली करी चँदरकला खुबे हरिक होयला आवरी खँड मुचकी मारसी आछे। नारद के बल्ला, "सुन दादा! तुई मोके एतार काजे ना नेले मयँ फाँसी होई नोयले बिस-मोहरा खाई करी मरी जिबी।"

एमती बलबा के नारद बलसी आछे, "तुय चिंता-फिकर ना कर, नोनी। मुईं तो आछे[85]। जा, तुय पने तियार हो आवरी तोर फोटो बनाय देस। मुईं तोर फोटो के चँदरधज लगे नेई देबी।"

तार गोट के सुनी करी चँदरकला काय मँजा तियार होयला आवरी आपनर फोटो बनाय देला। फोटो के जब[86] ने धरला नारद मुनी, जिबी आछे नोनी बल्ला आवरी गला चँदरधज लगे। जिबा के अड़कदायँ दुआरिकापुर ने चँदरधज झुलना झुलते रला। नारद मुनी ताके हाक देला। हाक देबा के चँदरधज झुलना के छाड़ी करी नारद मुनी लगे आसला आवरी ताके पाँय धोयबा काजे पानी देला। तेबे नारद मुनी पाँय धोयला आवरी मसनी ओछाय देबा के हयँती जाई बसला। चँदरकलार फोटो के जोब ले निसकायला आवरी चँदरधजर हाते देई देला। पिला चँदरधज फोटो के दखी करी खुबे हरिक होयला आवरी बलसी आछे, "एके मोर काजे ना आनले मयँ पानी बुड़ी मरी जिबी, दादा। मयँ बिस-मोहरा खाई मरी जिबी।"

असनी-असनी टोकिर बारा बरस पुरी गला। पुरी जिबा के जयसन राजा राज-राजर राजा मन के हाक देला। लगे-लगे डिंडरा पेटायला, लाफी-लाफी चिठी पठायला। सबू के कोदा-भाटा ने ठुल होय के बल्ला। तेबे राज-राजर राजा मन एक दिनर पुरे आसलाय आवरी कोदा-भाटा ने

है। तुम्हारी एड़ी और उसकी ठुड्ढी एक बराबर है। तुम दोनों की जोड़ी होती तो बहुत ही सुन्दर फबती।"

उसकी बातें सुनकर चँदरधज कहने लगा, "किन्तु हम कैसे जाएँगे, दादा?"

नारद बोला, "उसकी चिन्ता तुम मत करो, बाबू। मैं तो सारा इन्तजाम कर दूँगा। बल्कि तुम इसी समय तैयार होकर अपना चित्र बना दो। मैं तुम्हारा चित्र उसके पास ले जाऊँगा और उसका चित्र तुम्हारे पास ला दूँगा।"

उसके ऐसा कहने पर चँदरधज तैयार हो गया और अपना चित्र बनाकर नारद को दिया। नारद ने चित्र लिया और वहाँ से निकल गया। गया जयकापुर में लोहे की सात पर्तों वाली बाड़ में। वहाँ जाकर वह उस बाड़ के भीतर किसी आँधी-तूफान की तरह घुस गया। घुसकर चँदरधज का चित्र चँदरकला को पकड़ा दिया। चित्र देखकर चँदरकला गिर पड़ी। उसकी आँखों के सामने अँधेरा छा गया। इतना सुन्दर था वह चित्र। नारद कहने लगा, "तुम कैसे गिर पड़ीं, नोनी?"

चँदरकला बोली, "मेरी आँखों के आगे अँधेरा छा गया, दादा।" कहते हुए चँदरकला बहुत प्रसन्न हो गयी और मंद-मंद मुस्कराने लगी। नारद से कहा, "सुनो दादा! तुम मुझे यदि इसके लिये नहीं ले जाओगे तो मैं फाँसी लगाकर या फिर विष-मोहरा खाकर आत्महत्या कर लूँगी।"

ऐसा कहने पर नारद कहने लगा, "तुम चिन्ता-फिकर मत करो, नोनी। मैं तो हूँ। जाओ, तुम भी तैयार होकर अपना चित्र बना दो। मैं तुम्हारा चित्र चँदरधज के पास ले जाऊँगा।"

उसकी बातें सुनकर चँदरकला तैयार हो गयी और अपना चित्र बना दिया। चित्र को जेब में रखा नारद मुनि ने और जा रहा हूँ कह चला गया चँदरधज के पास। जब वह चँदरधज के पास दुआरिकापुर पहुँचा तब वह झूला झूल रहा था। नारद मुनि ने उसे पुकारा। पुकार सुनकर चँदरधज झूले से उतर कर नारद मुनि के पास आया और उसे पाँव धोने के लिये पानी दिया। नारद मुनि ने पाँव धोये और चटाई बिछा देने पर उस पर बैठ गया। चँदरकला का चित्र जेब से निकाला और चँदरधज के हाथ में दे दिया। बालक चँदरधज ने चित्र देखा और बहुत प्रसन्न होकर कहने लगा, "इसे मेरे लिये नहीं ला देने पर मैं पानी में डूबकर आत्महत्या कर लूँगा, दादा। मैं विष-मोहरा खा कर मर जाऊँगा।"

इस तरह चँदरकला के बारह वर्ष पूरे हो गये। तब जयसन राजा ने अनेक राज्यों से राजाओं को बुलाया। आसपास ढिंढोरा पिटवाया और दूर-दूर तक चिट्ठियाँ भेजीं। सभी को कोदा-भाटा में एकत्र होने को कहा। तब राज्य-राज्य के लोग एक दिन पहले ही आ गये और कोदा-

83. फोटो : नगरीय प्रभाव से आया अंग्रेजी शब्द इसी अर्थ में।

84. आँइक : अन्य ध्वनियाँ 'आँइख', 'आइँक', 'आइँख'।

85. आछे : अन्य ध्वनियाँ 'आछें', 'आसें', 'आसे', 'आचे', 'आचें'।

86. जब : मूल ध्वनि उर्दू के 'जेब' से इसी अर्थ में आयी है। अन्य ध्वनियाँ हैं, 'जेब' और 'जोब'।

ठुल होयलाय। आसला लोक के दखी करी काली दस बजे टोकी के फुल पकाय के बलबी बली जयसन राजा बिचार करसी आछे।

हईं दिने सँज बेला नारद सात काटी मेड़ ती गला। चँदरकला ताके दखला आवरी बल्ला, "तमे एई पस्ता ना आसले काली के मोके भेट के ना पारबास। कोदा-भाटा ने राज-राजर सबू राजा मन ठुल होयलाय आछेत। काली सकाले मोर बाबा मोके फुल पकाय के बलसी। तमी आजी राती चे आसले होयसी नोयले ना होय। मुईं तमर काजे राँदा-बाड़ा करी रबी। आमे सबू लोक खाई करी इती ले जिबू।"

नारद तार गोट के सुनला आवरी 'हाँ' बली करी हयँ थान ले दुआरिकापुर गला। जाई करी चँदरधज के हाक देला। हाक देबा के चँदरधज दुआरे निसकला। नारद के पानी देला। तेबे नारद पाँय धोई करी भितरे गला आवरी हयँती ओछायलार मसनी ने जाई बसला। बलसी आछे, "आमके आजी राती चे जाय के लागसी बाबू। ना गले काली के आमे ताके भेट के ना पारूँ। तार बाबा राज-राजर राजा मन के कोदा-भाटा ने ठुल करला आछे। काली सकाले हयँ टोकी के फुल पकाय के बलसी बे। तुई तड़ाक् नाय तियार हो। हयँ आमर काजे राँदा-बाड़ा करी रयसी। आमे हयँती खाई-पिई करी निसकी आसबू।"

एमती बलबा के चँदरधज तियार होयसी आछे। ताके दखला तार बऊ मयाबती आवरी पचारसी आछे, "केने जिबाआस, बाबू?"

चँदरधज बल्ला, "नाईं बऊ, आमी जयकापुर जिबू आचूँ। चँदरकला रानी के आन के।"

मयाबती बल्ला, "तमी मोर गोठ के सुना, बाबू! तमी भगवान लोकर बेटा होई करी काय काजे चोर के जिबा आछास? मामा मन के साँगी देले तो हयँ मन आनी देबाय। तमी चोर के ना जाहा।"

चँदरधज सुनला बऊ बितिर गोट के आवरी बलसी आछे, "तमे मोके बायसा ना करा, बोऊ[88]। मुईं जिबिच्ची[89]।" असनी बली करी हयँ तियार पड़ला। अड़किदायँ नारद मुनी बलसी आछे चँदरधज के, "सुन बाबू, चँदरधज! तोर बऊ मन खुबे जादू-मंतर जानबा लोक आत। तुई तोके सिकाय[90] के बल नी।"

सुनी करी चँदरधज बऊ बिती के बलसी आछे, "बऊ, तमी तो खुबे जादू-मंतर जानास। खिंडिक-आदक मोके बले सिखाय देले निको होयता नाईं!"

मयाबती सुनला तार गोठ के आवरी बलसी आछे, "तमर जायते-जायते तो चँदरकला सोई रयसी बे। तेबे तमे हयँती जाई करी सात काटी

भाटा में एकत्र हो गये। एकत्र लोगों को देखा जयसन राजा ने और कल दस बजे बेटी को फूल फेंकने के लिये कहूँगा कहता विचार करने लगा।

उसी दिन साँझ के समय नारद उस लोहे की सात पर्तों वाले बाड़ में गया। चँदरकला ने उसे देखा और कहने लगी, "यदि आप इस समय नहीं आये तो कल मुझसे आपकी मुलाकात नहीं होगी। कोदा-भाटा में राज्य-राज्य के राजागण एकत्र हो गये हैं। कल सबेरे मेरे पिता मुझसे फूल फेंकने के लिये कहेंगे। आप आज ही रात में आयेंगे तभी बात बनेगी अन्यथा नहीं। मैं आपके लिये भोजन राँधकर रखूँगी। हम सभी भोजन कर यहाँ से जायेंगे।"

नारद ने उसकी बातें सुनीं और 'हाँ' कह वहाँ से दुआरिकापुर चला। जाकर चँदरधज को पुकारा। पुकारने पर चँदरधज आँगन में निकला। नारद को उसने पानी दिया। तब नारद पाँव धो कर भीतर गया और वहाँ पर बिछी चटाई पर बैठ गया। कहने लगा, "हमें आज रात में ही जाना पड़ेगा, बाबू। नहीं गये तो हम कल उससे भेंट नहीं कर पायेंगे। उसके पिता ने राज्य-राज्य के राजाओं को कोदा-भाटा में एकत्र कर रखा है। कल सबेरे वह अपनी बेटी से फूल फेंकने के लिये कहेगा। तुम जल्दी से तैयार हो जाओ। वह हमारे लिये भोजन राँध कर रखेगी। हम वहाँ से भोजन कर निकल आयेंगे।"

ऐसा कहने पर चँदरधज तैयार होने लगा। उसे देखा उसकी भौजी मयाबती ने और पूछने लगी, "कहाँ जा रहे हो, बाबू?"

चँदरधज बोला, "हम जयकापुर जा रहे हैं, भौजी। चँदरकला रानी को लाने के लिये।"

मयाबती बोली, "आप मेरी बात सुनें, बाबू! आप भगवान के बेटे होकर क्यों चोरी करने के लिये जा रहे हैं? मामा[87] जी को बता देने पर तो वे स्वयं ही ला देंगे। आप चोरी करने के लिये न जायें।"

चँदरधज ने भौजी की बातें सुनीं और कहने लगा, "आप मुझे मना मत करें, भौजी। मैं जाऊँगा ही।" ऐसा कहकर वह तैयार हो गया। इसी समय नारद मुनि चँदरधज से कहने लगा, "सुनो बाबू, चँदरधज! तुम्हारी भौजी बहुत जादू-मन्तर जानने वाली हैं। तुम्हें सिखाने को कहो तो।"

सुनकर चँदरधज भौजी से कहने लगा, "भौजी, आप तो बहुत जादू-मन्तर जानती हैं। थोड़ा-बहुत मुझे भी सिखा देतीं तो क्या अच्छा नहीं होता!"

मयाबती ने उसकी बातें सुनीं और कहने लगी, "आपके जाते तक तो चँदरकला सो चुकी होगी। तब आप वहाँ जाकर लोहे की सात पर्तों

87. मामा : बस्तर और पश्चिमी ओड़िसा की लोक संस्कृति में ससुर को मामा कहने का चलन है। इसके पीछे यह कारण है कि बस्तर एवं पश्चिमी ओड़िसा में मामा/बुबू (बुआ) की बेटी से विवाह की परम्परा है। यदि मामा/बुबू (बुआ) की बेटी से विवाह न भी हुआ हो तो भी इसी चलन के कारण ससुर को मामा ही कहा जाता है। इसी तरह सास को बुबू (बुआ)।

88. बोऊ : अन्य ध्वनि 'बऊ'।

89. च्ची : अन्य ध्वनि 'च्चे' (हल्बी प्रभावित)

90. सिकाय : अन्य ध्वनि 'सिखाय'।

मेड़ ती उबा होयबास आवरी उजा पाँयर धुरला के रापी हाते धरी करी तापड़ी मारबास। अतक ले मेड़ उघड़सी। तेबे तमे भितरे ओयला। भितरे ओयली करी डेबरी पाँयर धुरला के हाते धरी करी तापड़ी पेटले हयँ मेड़ आपनी ढाकी होयसी।"

नारद बलसी आछे चँदरधज के, "सुन बाबू, चँदरधज! तोर बऊ मन इँदरजित के मारलाय आवरी तार बिजली-रथ के जितलाय आछेत। हयँ बिजली रथ के पने माँगी रा।"

नारदर गोट के सुनी करी चँदरधज फेर बलसी आछे, "बऊ। तमी इँदरजित के मारी करी तार बिजली-रथ के जिती आनलाआस। हयँ रथ के बले मोके देई राहा।"

मयाबती सुनला आवरी बिजली-रथ के बले देला। चँदरधज बऊ बिती के पाँय पड़ला आवरी नारद सँगे दुनो जन हयँती ले निसकलाय। घर ले निसकबा बेला पिला के घरर डेवना मुँड-कपारे पायला। हयँ नारद मुनी के बलसी आछे, "दख नूँ[92], दादा। मोर कपार के पायला डेवना। लोहू बोई जायसी आछे।"

नारद दखला आवरी बलसी आछे, "जों बाबू, काईं ना होय। काय होयसी गुने? तुय बड़े डेंग होयला काजे तोर कपार के पायला।"

बलबा के पिला लोहू के पोछला आवरी नारद सँगे जायसी आछे। दुनो लोक जिबाआत। आदो[93] बाट के रेंगी रलाय आवरी गोटक कोलया ए पाट ले हयँ पाट नाहकला। चँदरधज दखला आवरी बलसी आछे, "एदे दादा। एबर कोलया बाट नाहकला जे।"

नारद तार गोठ के सुनी करी काईं ना बले। असनी हयँ मन दुनो लोक जिबाआत। जायते-जायते बाटे गोटक डेंगुर-बिल दखा देला। हयँ डेंगुर-बिल थान ले गोटक साप पने हातक मुँड के निकरायला[94] आछे। हँके दखलाय दुनो लोक। नारद बलसी आछे, "काईं ना होय, बाबू। काय होयसी गुने!" असनी-असनी दुनो लोक चले जिबाआत।

हयँ बाटे चँदरकला राँदा-बाड़ा करला आवरी बाट दखी-दखी थाकी गला। थाकी करी 'एबर एमन ना आसोत बे' बली सोई देला। ताके गप् नाय निंदरा ढापी देला। अड़किदायँ नारद आवरी चँदरधज सात काटी मेड़ लगे अमरलाय। चँदरधज उजा पाँयर धुरला के रापला आवरी फिंगी करी तापड़ी पेटी देला। तापड़ी पेटबा के सात काटी मेड़ उघड़ी गला। अतक ने दुनो लोक भितरे ओयल्लाय। भितरे ओयली करी चँदरधज डेबरी पाँयर धुरला के रापी करी तापड़ी पेटी देला। अमती करबा के सात काटी मेड़ ढापी होयला। तेबे हयँ मन चँदरकला के उठायलाय। हयँ उठला आवरी दुनो लोक के भात-साग देला। आपन बले खायला। खायते-खायते खुबे राती होयला तेबे पिला बलसी आछे, "ए दादा, अड़क

वाली बाड़ के पास खड़े हो जाना और दाहिने पाँव की धूल हाथ में लेकर ताली बजाना। इतने में बाड़ खुल जायेगी। तब आप भीतर प्रवेश करना। भीतर जाकर बायें पाँव की धूल को हाथ में लेकर ताली बजाने पर वह बाड़ स्वतः बन्द हो जायेगी।"

नारद कहने लगा चँदरधज से, "सुनो बाबू, चँदरधज! तुम्हारी भौजी ने इँदरजित[91] को मारा और उसका बिजली-रथ जीता है। उस बिजली-रथ को भी माँग लो।"

नारद की बातें सुनकर चँदरधज फिर से कहने लगा, "भौजी। आप इँदरजित को मारकर उसका बिजली-रथ जीत लायी हैं। वह रथ भी मुझे दे दीजिये।"

मयाबती ने सुना और बिजली-रथ भी दे दिया। चँदरधज ने भौजी के पाँव छुए और नारद के सँग दोनों वहाँ से निकल गये। घर से निकलने के समय घर के चौखट का ऊपरी हिस्सा चँदरधज के मस्तक पर लगा। वह नारद मुनि से कहने लगा, " देखो तो दादा। मेरा मस्तक चौखट के ऊपरी भाग से टकरा गया। लहू बह रहा है।"

नारद ने देखा और कहने लगा, "चलो बाबू, कुछ नहीं होता। क्या होगा भला? तुम्हारी ऊँचाई अधिक होने के कारण तुम्हारे से मस्तक टकरा गया है।

ऐसा कहने पर चँदरधज ने लहू को पोछा और नारद के सँग जाने लगा। दोनों जा रहे हैं। आधे रास्ते में ही थे कि एक लोमड़ी इस ओर से उस ओर पार हुई। चँदरधज ने देखा और कहने लगा, "यह लो दादा। अब लोमड़ी ने रास्ता काटा है।"

उसकी बातें सुनकर नारद कुछ नहीं बोला। इस तरह वे दोनों जा रहे हैं। जाते-जाते रास्ते में दीमक का एक बिल दिखा। उस दीमक के बिल से एक साँप ने अपना सिर बाहर निकाला हुआ था। उसे देखा दोनों ने। नारद कहने लगा, "कुछ नहीं होगा, बाबू। क्या होगा भला!" इस तरह दोनों जन चले जा रहे हैं।

उधर चँदरकला ने भोजन राँधा और उनकी राह देखती थक गयी। थककर अब ये लोग नहीं आएँगे, कह सो गयी। उसे नींद आ गयी। इसी समय नारद और चँदरधज लोहे के उस सात पर्तों वाले बाड़ के पास पहुँच गये। चँदरधज ने दायें पाँव की धूल उठायी और फेंककर ताली बजाने लगा। ताली बजाने पर वह सात पर्तों वाली बाड़ खुल गयी। इतने में दोनों भीतर घुस गये। भीतर प्रवेश कर चँदरधज ने बायें पाँव की धूल उठाकर ताली बजायी। ऐसा करने पर लोहे की वह सात पर्तों वाली बाड़ बन्द हो गयी। तब उन्होंने चँदरकला को उठाया। वह उठी और दोनों को भोजन परोसा। स्वयं भी खाया। खाते-खाते बहुत रात हो गयी तब चँदरधज कहने लगा, "हे दादा, इतनी रात में हम कैसे जायेंगे? थोड़ी देर

91. इँदरजित : इन्द्रजित।
92. नूँ : हल्बी प्रभावित। अन्य ध्वनि 'नू'। मूल ध्वनि 'नी', अन्य ध्वनि 'नीं'।
93. आदो : अन्य ध्वनि 'आधो'।
94. निकरायला : अन्य ध्वनि '**निसकायला**'।

राती आमे कसन करी जिबू? छनक सोई दखूँ।" आवरी हयँ मन सोई देलाय। नारद हयँती ले खसकी[95] देला। चँदरधज आवरी चँदरकला दुय लोक सोयला आछेत। तिके[96] भारी निंदरा ढापला। राती पाहायला, सकाल[97] होयला। उजड़ होयला मातर एमन के पने काइँर चेत ना सुरता! सोई देलाय आछेत। टुरी-टेंडकी मन दखलाय राजार सोयला के आवरी पराते गलाय जयसन राजा लगे। जाई करी हँके साँगलाय, "कोन्तिर राजा आय की, मेड़ भितरे सोई देला आछे।"

टुरी-टेंडकिर गोट के सुनला जयसन राजा आवरी कोलार करी पकायला। कोदा-भाटा ने गला आवरी हयँती जुयला राजा मन के साँगी करी बलसी आछे, "तमे सात काटी मेड़ ती जाहा। हयँती कोन राजर राजा आय आले सोई देला आछे। ताके मारी दियास। हँके जे मारले मुई तारी[98] सँगे मोर बेटिर बिबा[99] करी देबी।"

सबू राजा मन सुनलाय आवरी दात कडरी-कडरी रिस होयबा आछेत आवरी बलबा आछेत, "जावँ ना। अतक दुर[100] ले आमे इती आयलू आछे आवरी कोन आय जे आसी करी हयँती ओयली देला आछे!" असन बली कोन तो तलवार, कोन तो खाँडा, कोन तो भाला धरलाय आवरी गलाय सात काटी मेड़ थाने। हयँती जाई करी सात काटी मेड़ के एक भुँआर बेड़ी देलाय आवरी चिचयायबाआत, "तुई कोन आस आले, निसक बाहरेया। तोके आमे मारबू।"

कोलार के सुनी करी चँदरधज आवरी चँदरकलार निंदरा उड़ी गला। दुनो उठलाय आवरी डेवना लगे जाई करी दखबा आछेत जे राज-राजर राजा मन सात काटी मेड़ के एक भुँआर बेड़ी देला आछेत। तेबे चँदरधज उजा पाँयर धुरला के धरी करी तापड़ी पेटी देला। तापड़ी पेटी देबा के मेड़ उघड़ला। दुनो बिजली-रथ के चेगलाय। चँदरधज बिजली-रथर कल के चेपाय देला। अतक ने जिगजाग्-बुगबाग् बिजली बरला। बादरी तड़कला। सबुर आँखी अँधार पड़ी गला। लगे-लगे रला राजा मन मरी गलाय। फिटो-फाटो घसरलाय। मरबा लोक मरलाय जियबा लोक जियलाय। बिजली तड़कला आवरी रथ आधा जोजन चले गला। अतक के दखला जयसन राजा आवरी तार भाचा पाँडुरुखेया बासुदेव के बलसी आछे, "एदे हो भाचा, पाँडुरुखेया बासुदेव। मोर बेटी के कोन आय जाले चोरी नेयसी आछे। तमी हँके मारी करी मोर बेटी के बाहड़ाय आनले मुई तमर सँगे तार बिया करी देबी।"

जयसन राजार गोठ के सुनला पाँडुरुखेया बासुदेव आवरी हयँ मनर पाट-पाट जायसी आछे। खेदी नेयसी आछे हयँ मन के। चँदरकला दखला

सो जाते हैं।" और इस तरह वे सो गये। नारद वहाँ से खिसक गया। चँदरधज और चँदरकला दोनों सोये हुए थे। उन्हें गहरी नींद आ गयी। रात बीत गयी, सबेरा हुआ। उजाला हो गया किन्तु इन्हें न तो कोई चेत और न ही कुछ स्मरण! सोये हुए हैं। दासियों ने देखा चँदरधज को सोये हुए और भागती गयीं जयसन राजा के पास। जाकर उसे बताया, "पता नहीं कहाँ का राजा है, वह बाड़ के भीतर सोया हुआ है।"

दासियों की बातें सुनकर जयसन राजा ने शोर मचाया। कोदा-भाटा में गया और वहाँ एकत्र राजाओं को यह बात बताकर उनसे कहने लगा, "आप लोग लोहे की सात पर्तों वाली बाड़ में जाओ। वहाँ कोई राजा सोया हुआ है। उसे मार डालो। जो उसे मारेगा मैं उसी के साथ अपनी बेटी का विवाह कर दूँगा।"

सभी राजाओं ने सुना और दाँत काटते गुस्सा करने लगे और कहने लगे, "चलो जी। हम इतनी दूर से यहाँ आये हैं और कौन है जो आ कर वहाँ घुस गया है!" ऐसा कहते किसी ने तलवार, किसी ने खंग तो किसी ने भाला लिया और उस बाड़ तक पहुँचे। वहाँ जाकर उन्होंने उस बाड़ को चारों ओर से घेर लिया और चिल्लाने लगे, "तुम कौन हो, बाहर निकलो। हम तुम्हें मार डालेंगे।"

शोर सुनकर चँदरधज और चँदरकला की नींद उड़ गयी। दोनों उठे और ड्योढ़ी तक जाकर देखने लगे। देखते हैं, राज्य-राज्य के राजागण ने उस बाड़ को चारों ओर से घेर रखा है। तब चँदरधज ने दायें पाँव की धूल लेकर ताली बजा दी। ताली बजाने पर बाड़ खुल गयी। दोनों बिजली-रथ पर सवार हुए। चँदरधज ने बिजली-रथ के कल को दबा दिया। इतने में बिजली तड़की। बादल गरजे। सभी की आँखों के आगे अँधेरा छा गया। जो राजा आसपास थे वे मर गये। इधर-उधर गिर पड़े। मरने वाले मर गये, जीने वाले जीते रह गये। बिजली तड़की और रथ वहाँ से आधा योजन दूर जा पहुँचा। यह देखा जयसन राजा ने और अपने भान्जे पाँडुरुखेया बासुदेव[101] से कहने लगा, "देखो जी भान्जे, पाँडुरुखेया बासुदेव। मेरी बेटी को कोई चुराकर लिये जा रहा है। आप उसे मार कर मेरी बेटी को वापस ला देंगे तो मैं उसका विवाह आपके साथ कर दूँगा।"

जयसन राजा की बातें सुनीं पाँडुरुखेया बासुदेव ने और उन लोगों के पीछे-पीछे जाने लगा। दौड़कर उन तक पहुँचने का प्रयास करने लगा।

---

95. खसकी : हिन्दी से आयी ध्वनि 'खिसकना' का इस रूप और अर्थ में प्रयोग। इसके लिये अन्य ध्वनि है, 'टसकी'।
96. तिके : अन्य प्रयोग 'हयँ मन के'।
97. सकाल : अन्य ध्वनि 'बिहान'।
98. तारी : मूल ध्वनि 'ताहरी'। अन्य ध्वनि 'ताहारी'।
99. बिबा : अन्य ध्वनियाँ 'बिया', 'बिभा', 'भिबा'।
100. दुर : मूल ध्वनि 'लाफी'। अन्य ध्वनि 'धुर'।
101. पाँडुरुखेया बासुदेव : पाण्डु से सम्बन्धित वासुदेव।

हँके आवरी चँदरधज के बलसी आछे, "मोर बाबार भाचा बिता आमके मार के आयसी आछे।"

सुनला चँदरधज आवरी बलसी आछे, "आय के देस। मयँ दखबी ताके।" अतक ने पाँडुरुखेया बासुदेव हयँ मन लगे अमरी गला। अमरबा के चँदरधज रथ ले उतरला आवरी दुनो लोक मारा-मारी, धरा-धरी होयबा आछेत। चँदरधज पाँडुरुखेया बासुदेव के मरते मारी देला। अतक ने हयँ मन जिबाआत।

जयसन राजा दखला आवरी 'एके बले मारी देला', बली बलसी आछे। हई लगे जयसन राजार पोसलार असुर रला। तार नाव रला कलाँती। हयँ कलाँती असुर सोई रला। जयसन राजा गोट टिना तेल के तपायला आवरी तार कान बाटे रोकाय देला। तपायला तेल कान बाटे जिबा के असुर के कान खोजायला माहा लागला। तार निंदरा कोन बाटे गला कोन बाटे नाईं! हयँ उठला आवरी बलसी आछे, "काय होयला गुने तमे मोके सोयला थान ले उठायबा आछास? काय काम पड़ला तमके?"

लोक मन बल्लाय, "जयसन राजार बेटी के कोन आय आले चोरी नेयसी आछे। तुई ताके मार के जा।"

बलबा के असुर उठला आवरी चँदरधज-चँदरकला के खेदी नेला। परायते जायसी आछे। ताके दखला चँदरकला आवरी चँदरधज के साँगला। साँगबा के चँदरधज बल्ला, "हँके बले आय के देस।"

अतक ने असुर हयँ मन लगे अमरी गला। अमरबा के चँदरधज रथ ले उतरला आवरी दुनो लोक धरा-धरी मारा-मारी होयबा आछेत। छनक ना लागला चँदरधज के हयँ असुर के मरते मारबा काजे। असुर मरी गला। एके दखला जयसन राजा आवरी बिचार करसी आछे, "एके तो मोर बुआ ची होयले सकसी। कोनी दुसर ना सकोत।"

जयसन राजार बुआ रय मेरुसुर। तार आँइख बाट ले आदो जोजन जोय निसके। जयसन राजा गला हँके उठाय के। ताके बारा बरसर निंदरा ढाकी रला। हयँ पने खुलखुला बुड़ा[102] रला। जयसन राजा ताके उठायला आवरी बल्ला, "मोर बेटी के कोन आय आले चोरी नेयसी आछे। तुई जा आवरी ताके मरने मारी करी मोर बेटी के आन।"

सुनला मेरुसुर आवरी आपनर सुल बड़गा के धरी करी तिके खेदी नेला। खेदी नेबा के चँदरकला ताके दखला आवरी बलसी आछे चँदरधज के, "होंदे[103] राजा, मोर बाबार बाप बिता आमके खेदी आनसे आछे।" तार गोट के सुनी करी चँदरधज बल्ला, "आय के देस। मयँ ताके पने मरने मारी देबी।" अतक ने मेरुसुर उपरे दखला। दखसी आछे जे चँदरधज आय। मने बिचारला, ए तो माहादेवर बेटा आय। ए काय काजे

चँदरकला ने उसे देखा और चँदरधज से कहने लगी, "मेरे पिता का भान्जा हमें मारने के लिये आ रहा है।"

चँदरधज ने सुना और कहने लगा, "आने दो। मैं देखूँगा उसे।" इतने में पाँडुरुखेया बासुदेव उन तक पहुँच गया। पहुँचने पर चँदरधज रथ से उतरा और दोनों में युद्ध आरम्भ हो गया। चँदरधज ने पाँडुरुखेया बासुदेव को मार डाला। इसके बाद वे जाने लगे।

जयसन राजा ने देखा और इसे भी मार दिया कहने लगा। पास ही में जयसन राजा के द्वारा पाला गया असुर था। उसका नाम था कलाँती। वह कलाँती असुर सोया हुआ था। जयसन राजा ने एक टिन तेल गरम किया और उसके कान में डाल दिया। गरम तेल कान में जाने पर असुर को कान में खुजली-सा महसूस हुआ। उसकी नींद किधर गयी पता ही नहीं चला। वह उठा और कहने लगा, "क्या हो गया जिसके कारण तुम लोग मुझे सोते से जगा रहे हो? क्या काम आ पड़ा तुम लोगों को?"

लोग बोले, "जयसन राजा की बेटी को पता नहीं कौन चुराकर ले जा रहा है। तुम उसे मारने के लिये जाओ।"

ऐसा कहने पर असुर उठा और चँदरधज-चँदरकला के पीछे दौड़ा। दौड़ता जा रहा है। उसे देखा चँदरकला ने और चँदरधज को बताया। बताने पर चँदरधज ने कहा, "उसे भी आने दो।"

इतने में असुर उन तक पहुँच गया। उसके पहुँचने पर चँदरधज रथ से उतरा और दोनों में घमासान मच गया। चँदरधज को एक क्षण भी न लगा उस असुर को मार गिराने में। असुर मर गया। यह देखकर जयसन राजा विचार करने लगा, "इसे तो मेरे पिता ही मार सकते हैं। कोई दूसरा नहीं।"

जयसन राजा का पिता था मेरुसुर। उसकी आँखों से आधा योजन की दूरी तक आग निकलती थी। जयसन राजा गया उसे उठाने। उसे बारह वर्षों की नींद ने जकड़ रखा था। वह था एकदम बूढ़ा। जयसन राजा ने उसे उठाया और कहा, "मेरी बेटी को पता नहीं कौन चुरा ले जा रहा है। तुम जाओ और उसे मारकर मेरी बेटी को ले आओ।"

मेरुसुर ने सुना और अपना बड़ा-सा डण्डा लेकर उनके पीछे दौड़ पड़ा। उसे अपनी ओर आता देख कर चँदरकला कहने लगी चँदरधज से, "वह देखिये राजा, मेरे पिता के पिता हमारा पीछा कर रहे हैं।" उसकी बातें सुनकर चँदरधज बोला, "आने दो। मैं उसे भी मार डालूँगा।" इतने में मेरुसुर ने ऊपर देखा। देखता है, चँदरधज था। वह मन ही मन विचार करने लगा, यह तो महादेव का बेटा है। यह भला क्यों चुराकर ले

102. बुड़ा : अन्य ध्वनि 'डोकरा'।

103. होंदे : अन्य ध्वनि जो 'हांदे' का लघुकृत रूप है, 'हंदे'।

चोरी नेयसी आछे? हँकेय माहला-पाती करबा काजे तार बाप के पठायता आले आमे बिया करी देतू बे। एके फेर काय काजे मारबी ता! नेले नेओ। कमाय-धमाय खाओत। असन बिचार करी मेरुसुर हयँती ले बाहड़सी आछे। तार बाहड़बार के दखला चँदरधज आवरी ए तो मोके डरी करी बाहड़सी आछे बल्ला आवरी गोपेना ने मेरुसुरर मुँड के टिपी देला। टिपी देबा के मेरुसुर बुड़ा थुतमी होई करी मूँर भार ने घसरला। टोंड भर माटी के खायला। अतक ने मेरुसुर के भारी रिस चेगला। बाहड़ी जिबा लोक के ए काय काजे टिपला गोपेना ने, बली करी मुँड के उपरे उठायला। मुँड के उपरे उठायबा के आदो जोजन जोय धरला। भरभर-भरभर जोय उठसी आछे। हयँ जोय रथ के झोकला। रथ पने पोड़ी[104] करी भुँए घसरला। चँदरधज बले हयँ जोय ने पोड़ी करी मरी गला। बाचला चँदरकला। 'तमे मोर गोठ के ना धरलास, राजा' बली-बली काँदसी आछे। हँड़कीदायँ हयँ बाट ले नारद मुनी आयसी आछे। आसला चँदरकला लगे आवरी बलसी आछे, "ए बोहारी! तमे हाँसबा आछास की काँदबा आछास?"

तार गोट के सुनला चँदरकला आवरी बलसी आछे, "तमरी लागी तो अतक हाल होयला आछे आवरी तमी असन बलबा आछास।" चँदरकला नारद के हुड़पी नेला।

नारद तार गोठ के सुनला आवरी हयँ थान ले गला दुआरिकापुर। हयँती चँदन-छड़ा देलार रय। हयँ चँदन-छड़ा लोहू-धार होई गला। अतक ने सबू भगवान लोक मन हँयती जुहलाय आवरी आजी काय होयला जे आमर घरे, बलबाआत। हँय मन चँदरधजर मरलार के ना जानोत। सबू भगवान लोक बसी करी गोठयायते रलाय आवरी नारद हँयती अमरला। ताके दखलाय भगवान लोक मन आवरी बलबा आछेत, "आव आव आव, नारद। तुई तो चार दुआर बुलबा लोक आस। काईं के बले जानबिआस बे। आव नूँ तुइच्ची साँगबिस। दख नी आमर घरे चँदन-छड़ा देलार रय, हँय केमता होयला आले लोहू-धार होई गला? काय सगुन होयला की?"

अतक ने नारद बलसी आछे, "मुईं साँगबी, तमे सुना। चँदरधज गोट कन्या के चोरबा काजे जयकापुर जाई रला। तार मुरतू होयला।"

बलबा के सबू लोक सुनलाय। नारद आपनर घरे गला। बरमार बेटा आय नारद। अड़कदायँ बरमा देव सब जिव मन के जनम पठायते रलाय। चँदरधजर जिव के दखलाय आवरी भकयायलाय। एतार मुरतू कसन ने होयला बली बरमा देव चकित होई गलाय। हँड़कीदायँ नारद

जा रहा है? यदि वह माहला[105] (मँगनी/सगाई) करने के लिये अपने पिता को भेजता तो हम उन दोनों का विवाह कर देते। इसे भला क्यों मारूँगा! ले जाये। सुख पूर्वक जीवन बितायें। ऐसा विचार कर मेरुसुर वहाँ से लौटने लगा। उसे वापस जाता देखा चँदरधज ने और यह तो मुझसे डर कर वापस हो रहा है, ऐसा विचार करते हुए उसने गोपेना[106] से मेरुसुर के सिर पर वार कर दिया। वार होने पर मेरुसुर मुँह के बल गिर पड़ा। उसके मुँह में माटी भर गयी। इतने में मेरुसुर को बहुत क्रोध आ गया। वापस होने वाले व्यक्ति पर इसने वार किया, कहते उसने सिर ऊपर उठाया। इससे आधा योजन तक आग फैल गयी। भरभरा कर आग उठी। उस आग के लपेटे में चँदरधज का रथ आ गया। रथ जल कर जमीन पर गिर पड़ा। चँदरधज भी उस आग में जल कर मर गया। बच गयी चँदरकला। 'आपने मेरी बात नहीं मानी, राजा' कहती वह विलाप करने लगी। इसी समय उधर से नारद मुनि आ रहा था। वह चँदरकला के पास आया और कहने लगा, "ऐ बहू! आप हँस रही हैं या रो रही हैं?"

उसकी बातें सुनीं चँदरकला ने और कहने लगी, "आपके ही कारण यह सब हुआ और आप इस तरह कैसे कह रहे हैं?" कहती वह नारद को गरियाने लगी।

नारद ने उसकी बातें सुनीं और वहाँ से दुआरिकापुर चला गया। वहाँ चन्दन का छिटका लगाया हुआ था। वह चन्दन का छिटका लहू में परिवर्तित हो गया था। इतने में सभी भगवान वहाँ एकत्र हो गये और हमारे घर में यह क्या हो गया, कहने लगे। वे चँदरधज की मृत्यु के विषय में नहीं जानते थे। सभी भगवान बैठकर अभी बातचीत कर ही रहे थे कि नारद वहाँ पहुँच गया। उसे देखा भगवानों ने और कहने लगे, "आओ नारद, आओ। तुम तो चार आँगनों में घूमने वाले हो। कुछ न कुछ तो जानते ही होगे। आओ, तुम ही बताओगे। देखो तो हमारे घर में चन्दन का छींटा लगाया था, पता नहीं क्या हो गया कि वह लहू की धार में बदल गया है? ऐसा कौन सा अपशकुन हो गया?"

नारद कहने लगा, "मैं बताऊँगा, आप सुनिये। चँदरधज एक कन्या को चुराने के लिये जयकापुर गया था। वहाँ उसकी मृत्यु हो गयी।"

ऐसा कहने पर सभी ने सुना। नारद अपने घर चला गया। बरमा का बेटा है नारद। उस समय बरमा देव सभी जीवों को जन्म दे रहे थे। चँदरधज के प्राण देख कर वे अचम्भित रह गये। इसकी मृत्यु कैसे हो गयी, यह सोचकर बरमा देव आश्चर्यचकित हो गये। उसी समय नारद

---

104. पोड़ी : अन्य ध्वनि 'जरी'।

105. माहला : माहला का अर्थ दरअसल सगाई तो नहीं है किन्तु इसे सगाई के समान ही माना जाना चाहिये। वस्तुतः माहला का अर्थ 'बेटी माँगने जाना' है। वर-पक्ष के लोग वधू-पक्ष के घर अपने पुत्र या भाई के लिये बहू की याचना ले कर जाते हैं। यह जाना सामान्य नहीं होता। वर-पक्ष के लोग अपने साथ लाई-चिवड़ा, मदिरा आदि ले कर जाते हैं और वधू-पक्ष से 'हाँ' होने पर वह सब उन्हें अर्पित करते हैं। यह प्रक्रिया पहले कुछेक समुदायों में पन्द्रह बार तो कुछेक समुदायों में प्रायः सात बार दुहरायी जाती थी। सात माहला कहा जाता था। धीरे-धीरे सात माहला की परिपाटी लगभग खत्म हो चली है और एक या अधिक से अधिक दो माहला के बाद बात पक्की हो जाती है।

106. गोपेना : चिड़िया आदि मारने के लिये रस्सी एवं रबर के टुकड़े से बना एक उपकरण। इस उपकरण के भीतर गोटी रखी जाती है और यन्त्र को दाहिने हाथ से घुमा कर लक्ष्य की ओर छोड़ा जाता है। इससे इस उपकरण के भीतर रखी गोटी उछल कर लक्ष्य पर वार करती है।

अमरला। नारद के दखलाय बरमा देव आवरी ताके आपनर लगे हाक देई करी बल्लाय, "तुई एथान ले हयँ थान करलिस। पिलार जिव के खायलिस।" बली करी रिसे-रिस उठाई करी गोट बड़गी मारी देलाय नारद के। नारद हयँ थान ले परायला। अड़कदायँ हयँ लगे सबू भगवान लोक मन बले रलाय। भिम, अरजुन, राम सबू भगवान लोक मन। तेबे सबू भगवान लोक मन पने 'जों जों' बल्लाय आवरी जिबाआत। जायते-जायते जिबाआत। अड़कदायँ हनुमान गोट डोंगरी के मुँडे बोई करी गोट बड़े माहा डोंगरी थाने बसी रला। हयँ दखला भगवान मन के आवरी मामा मन के काय होयला, एमन कोन थाने जिबाआत, बली करी हयँ मनर उपरे-उपरे जायसी आछे हयँ मन के छाँय बनायते। अतक ने डोंगरिर छाँय के दखलाय सबू भगवान लोक मन आवरी उपरे नँजरायलाय। दखबा आछेत हनुमान आय डोंगरी के मुँडे बोई करी सँगे-सँगे जायसी आछे। हयँ मन डरलाय आवरी बलबा आछेत, "तुई डोंगरी के पकाव। हँके पकाई करी आव।"

बलबा के हनुमान डोंगरी के कोन तो बाटे पकाय देला आवरी तले आसला। सबले पाट बाटे होई करी जायसी आछे। सबू लोक मिसी करी जिबाआत। बाटे गोटक असुर रला। हयँके चारा ना मिरे। तेबे नारद असुर लगे गला। ताके दखी करी असुर बलसी आछे, "तुय कसन आयलिस, नारद? दख नी। मोके बारा बरक होयला चारा ना मिरसी आछे। तुई कोनी थाने चारा दखलिआस आले साँग।"

नारद बल्ला, "असन आय आले तुई झपके उठ। जावँ[107] मोर सँगे। मुई तोके चारा दखायबी।"

बलबा के असुर उठला आउर नारद सँगे जायसी आछे। बाटे अमरबा के नारद बल्ला असुर के, "तुय सरग आरू पिरथी ले टोंड के फाड़ी रा। छनक ने तोके पेट भर चारा मिरसी।"

असुर नारदर गोठ के धरी करी बाटे बसी देला आरू टोंड के सरग आरू पिरथी ले फाड़ी देला आछे। अड़की दायँ सब भगवान मन हईं काजे ले जिबाआत। हयँमन असुरर टोंड के ना दखोत। सबू लोक तार टोंड भितरे ओली देलाय। पेट भितरे गलाय आवरी 'आमे कोन थाने आयलू?' बली बलबाआत। हनुमान सबले पिटी बाटे रला। हयँ असुरर टोंड भितरे ना ओले। अतक ने नारद बलसी आछे हनुमान के, "सुन बाबू, हनुमान! सबू भगवान मन तो असुरर टोंड भितर काजे ले तार पेट भितरे ओली देलाय आछेत। तुई असन कर। असुरर गोटोक पाँय के खुँद आवरी गोटोक पाँय के उचाय देस। असन करले सबू भगवान मन तार पेट भितर ले निसकबाय।"

असन बलबा के हनुमान असुरर गोटोक पाँय के खुँदला आवरी दूसर पाँय के उचाय देला। तेबे सबू भगवान लोक मन असुरर पेट भितर ले तार कड़ बाट ले बाइरे निसकलाय। असुर मरी गला। भगवान लोक मन जिबा आछेत। जायते-जायते हयँमन चँदरधज लगे अमरलाय।

पहुँचा। नारद को देखा बरमा देव ने और उसे अपने पास बुलाकर बोले, "तुम यहाँ की बात वहाँ करते फिरते हो। तुमने बच्चे के प्राण हर लिये।" कहते क्रोधित होकर नारद पर एक लाठी से प्रहार कर दिया। नारद वहाँ से भाग गया। इस समय वहाँ पर सभी भगवान लोग भी थे। भीम, अरजुन, राम सभी थे। तब सभी भगवान 'चलो, चलो' कहने लगे और वहाँ से चले। चलते-चलते जाने लगे। इस समय हनुमान एक पहाड़ी को सिर पर धारण किये एक बड़े-से पहाड़ पर बैठा था। उसने देखा भगवान लोगों को और मामा लोगों को क्या हो गया, ये लोग कहाँ जा रहे हैं, विचार करते हुए उनके ऊपर-ऊपर उन पर छाया बनाते जाने लगा। इतने में भगवानों ने पहाड़ी की छाया देखी और ऊपर ताकने लगे। देखा हनुमान था और वह पहाड़ी को सिर पर धरे उनके साथ-साथ चला जा रहा था। वे सभी डर गये और कहने लगे, "तुम पहाड़ी को फेंको। उसे फेंक कर आओ।"

ऐसा कहने पर हनुमान ने पहाड़ी को रास्ते में ही फेंक दिया और उनके पास चला आया। वह सबसे पीछे चला आ रहा था। सभी लोग मिलकर जाने लगे। रास्ते में एक असुर था। उसे चारा नहीं मिल रहा था। तब नारद असुर के पास गया। उसे देखकर असुर कहने लगा, "तुम कैसे आये, नारद? बारह वर्षों से मुझे चारा नहीं मिल रहा है। तुमने कहीं चारा देखा हो तो बताओ।"

नारद बोला, "ऐसी बात है तो तुम जल्दी से उठो। चलो मेरे सँग। मैं तुम्हें चारा दिखाऊँगा।"

ऐसा कहने पर असुर उठा और नारद के सँग जाने लगा। रास्ते में पहुँचने पर नारद ने असुर से कहा, "तुम स्वर्ग और पृथ्वी तक अपना मुँह फाड़कर रखो। थोड़ी ही देर में तुम्हें भरपेट चारा मिलेगा।"

असुर नारद की बात मान कर रास्ते में बैठ गया और अपना मुँह स्वर्ग से धरती तक फाड़ लिया। इसी समय सभी भगवान उसी रास्ते से होकर जाने लगे। उन्होंने असुर के मुँह को नहीं देखा। सभी उसके मुँह में प्रवेश कर गये। पेट के भीतर जाकर 'हम कहाँ आ गये?' कहने लगे। हनुमान सब से पीछे था। वह असुर के मुँह में नहीं घुसा। इतने में नारद हनुमान से कहने लगा, "सुनो बाबू, हनुमान! सभी भगवान तो असुर के मुँह के रास्ते उसके पेट के भीतर पहुँच गये हैं। तुम एक काम करो। असुर के एक पाँव को अपने एक पाँव से दबाओ और उसके दूसरे पाँव को उठा दो। ऐसा करने पर सभी भगवान उसके पेट से बाहर निकल आयेंगे।"

ऐसा कहने पर हनुमान ने असुर के एक पाँव को दबाया और दूसरे पाँव को उठा दिया। तब सभी भगवान असुर के गुदा के रास्ते पेट से बाहर आ गये। असुर मर गया। अब सभी भगवान जाने लगे। चलते-चलते वे सभी चँदरधज के पास जा पहुँचे। चँदरकला सिर थामे बैठी थी।

107. जावँ : अन्य ध्वनि 'जों'।

चँदरकला मुँड के थापी करी बसी रला। भगवान मन हयँ लगे अमरलाय आवरी ताके हयँ लग ले गुच के बल्लाय। चँदरकला हयँ लग ले गुची देला। तेबे भगवान मन चँदरधजर धड़ आवरी मुँडी के सकली करी जोड़ी देलाय, बेद-बड़गी छिंआयलाय आवरी मंतर पड़ी देलाय। चँदरधज जिव पड़ला। जिव पड़बा के सबू भगवान लोक मन बलबाआत, "तुय एतार काजे अतक डँड होई करी एके आनके आसी रइस। आमके बल्ले काय आमे एतार सँगे तोके बिआ ना करी देतू! आमर इजित धरबा काजे एके चोर के आसी रइस! जों, आमे एके चोरी ना नेऊँ। बाहड़ी जाऊँ जयसन राजा लगे। माँगी करी तोके बिआ करी देबू।"

असन बली करी सबू लोक जयसन राजा लगे गलाय। जयसन राजा सब के दखला आवरी पाँय पड़ला। सब के बसायला आवरी बलसी आछे, "मोर गोटक बेटी रए। तप करी बर माँगी रली आवरी ए पिला ताके चोरी नेयते रए। ए मोर खुबे सएन के बरोबाद करी पकायला। असन करबा पलटा आसी करी माँगी रले मुईं हरिक मने देती।"

सबू लोक सुनलाय आवरी सत गोठ आय बलबाआत। सबू लोक एनर-तेनर गोठयायलाय आवरी तुरते बिहाव-जोड़ा जोड़लाय। माँडो गाड़लाय, तेल चेगायलाय। राजा बिआ की परजा बिआ, बिआ करी देलाय। टिकान-टिकनी सरला। सबू लोक खाना-पीना खायलाय। राती काजे सीयलाय आवरी सकाल होयबा के जयसन राजा बिदा देला। बेटी निकराय देला। सबू लोक जोहार-भेट होयलाय आवरी जिबाआत। अड़किदायँ नारद बलसी आछे जयसन राजा के, "ए राजा, एबर अरजुन तोके मारसी बे। तुई सरगी-डारा के बाँद आवरी पाँय पड़ तेबे तोके बचायसी।"

जयसन राजा सत्ते आवरी बली करी सरगी-डारा के पिटी बाटे बाँदला आवरी अरजुन के पाँय पड़ला। अरजुन मने-मने बलसी आछे 'एतार मुरतू तो मोरी हाते आछे। एके तो कोनी नोयले कोनी दिने मारबारे आय' एमती बिचार करी करी हयँ जयसन राजा के अजिक माहा मारी देला। मारी देबा के जयसन राजा मरी गला। तेबे सबू लोक मिसी करी जयसन राजा के माटी-काटी देलाय। तार काम-धाम के करलाय आवरी गलाय दुआरकापुर। जयसन राजार रानी कलावती घरे रला। हयँ राज धरी खायसी आछे। चँदरधज आवरी चँदरकला के राजगादी देलाय। हयँमन पने राज धरी खायबा आछेत।

सभी भगवान वहाँ पहुँचे और उसे वहाँ से हटने को कहा। चँदरकला वहाँ से हट गयी। तब भगवानों ने चँदरधज के धड़ और सिर को समेट कर जोड़ दिया, बेंत का स्पर्श कर दिया और मन्त्रोच्चारण कर दिया। इससे चँदरधज जीवित हो गया। उसके जीवित होने पर सभी भगवान उससे कहने लगे, "तुम इसीलिये इतने कष्ट उठाकर इसे लाये थे। हमें कहा होता तो क्या हम इसके साथ तुम्हारा विवाह न रचा देते! हमारी मान-हानि करने के लिये तुम इसे चुराने आये थे! चलो, हम इसे चुराकर नहीं ले जायेंगे। वापस जाये जयसन राजा के पास। माँग कर तुम्हारा विवाह कर देंगे।"

ऐसा कह सभी लोग जयसन राजा के पास गये। जयसन राजा ने सभी को देखा और प्रणाम किया। सभी को बैठाया और कहने लगा, "मेरी एक ही बेटी थी। मैंने उसे तपस्या कर पाया था और यह बालक उसे चुराकर ले जा रहा था। इसने मेरी बहुत-सी सेना को बर्बाद कर दिया। ऐसा करने की बजाय इसने यदि आ कर माँगा होता तो मैं प्रसन्नता पूर्वक देता।"

सभी लोगों ने सुना और सच बात है, कहने लगे। सभी लोगों ने इधर-उधर की बातें कीं और तुरन्त विवाह की सामग्री तैयार की। मण्डप गाड़े[108], तेल चढ़ाये[109]। राजा का विवाह या प्रजा का विवाह, इस तरह चटपट विवाह सम्पन्न हो गया। रात में सभी ने विश्राम किया और सबेरा होने पर जयसन राजा ने वर-वधू को विदाई दी। सभी लोगों ने आपस में जोहार-भेंट की और वहाँ से चल पड़े। नारद कहने लगा जयसन राजा से, "हे राजा, अब अरजुन तुम्हें मारेगा। तुम साल के पत्तों से युक्त टहनी लपेट लो और उसके पाँव छुओ तब वह तुम्हें नहीं मारेगा।"

जयसन राजा ने नारद की बात को सही माना और साल के पत्तों युक्त टहनी अपनी पीठ पर बाँध कर अरजुन के पाँव छुए। अरजुन मन-ही-मन सोचने लगा कि इसकी मृत्यु तो मेरे ही हाथों है। इसे तो कभी न कभी मारना ही है। ऐसा विचारकर उसने जयसन राजा को थोड़ा सा मार दिया। मारने पर जयसन राजा की मृत्यु हो गयी। तब सभी लोगों ने मिलकर जयसन राजा का अन्तिम संस्कार किया और दुआरकापुर चले गये। जयसन राजा की रानी कलावती घर में थी। वह राज्य करने लगी। चँदरधज और चँदरकला को राजगद्दी सौंप दी गयी। वे लोग भी राज्य करते जीवन बिताने लगे।

---

108. मण्डप गाड़ना : मण्डपाच्छादन।

109. तेल चढ़ाना : हरिद्रालेपन। हल्दी-तेल-पानी के मिश्रण का वर/वधू के अंग में आम के पत्तों की सहायता से नीचे से ऊपर की ओर लेपन 'तेल चढ़ाना' कहा जाता है। तेल चढ़ाने के लिये दूल्हा और दुल्हन को नये कपड़े पहनाये जाते हैं।

चम्पाबती

चम्पाबती

गोटक गाँव रला। गाएँ[110] राजा आवरी रानी रलाय। कमाय-धमाय खायते रलाय। राज धरी खायते रलाय। हयँ मनर दुय टा बेटा रलाय आवरी गोटक बेटी रला। हई गाएँ पारा लगे गोटक टोकी रला। हयँ टोकी छय टा टोकी मन सँगे सकी[111] बाँदी रला। राजा घरर हयँ पिला बाड़ला, जुआन होयला। तार नाव रय सुँदरधज। हयँ टोकी पन जुआन होयला। तार नाव रय चम्पाबती। गोट दिने राजा-रानी दुनो जन बसलाय। रानी बलसी आचे राजा के, "तमके कसन अकल निआय, राजा! पिला बाड़ी गला। कोनी थाने टोकी माँगी करी तार बिबा करी देले निको[112] होयता।"

असन बलीं कर राजा-रानी दुनो सुतर होयलाय। गोट दिने राजा-रानी दुनो बसलाय आवरी पिला के हाक देई करी बलबा आचेत। रानी बलसी आचे, "कसन बाबू, आमे कोनी थाने तोर काजे टोकी माँगले तुय मन करबिस कसन? आमे तोर बिबा करी देबू बलबू आचे।"

पिला काईं ना बले। अतक ले बुआ बिता बलसी आचे, "आमर माँगलार के मन ना करिस आले तुय पन साँग। आमे तोर मन करलार टोकी के माँग के जिबू।"

एक गाँव था। उस गाँव में राजा और रानी थे। वे सुखपूर्वक जीवन बिता रहे थे। राज्य कर रहे थे। उनके दो बेटे और एक बेटी थी। उसी गाँव के पास एक मोहल्ले में एक लड़की थी। उस लड़की की छह सखियाँ थीं। राजा के घर का वह बालक, बड़ा हुआ, जवान हो गया। उसका नाम था सुँदरध्वज। उधर वह लड़की भी युवा हो गयी। उसका नाम था चम्पाबती। एक दिन राजा-रानी दोनों बैठे। रानी कहने लगी राजा से, "आपको अकल कैसे नहीं है, राजा! बेटा बढ़ गया है। कहीं लड़की माँग कर उसका विवाह करा देते तो अच्छा होता।"

इस तरह वे दोनों आपस में सलाह-मशविरा करने लगे। एक दिन राजा-रानी फिर से बैठे और लड़के को बुला कर कहने लगे। रानी कहने लगी, "कैसे बेटा, हम यदि कहीं लड़की माँगें तो तुम उससे विवाह करना पसंद करोगे या नहीं? हम तुम्हारा विवाह करने की सोच रहे हैं।"

लड़के ने कुछ नहीं कहा। इतने में पिता कहने लगा, "यदि तुम हमारी माँगी हुई लड़की पसंद नहीं करते तो तुम ही बताओ। हम तुम्हारी पसंद की लड़की माँगने जायेंगे।"

---

110. गाएँ : अन्य ध्वनि 'गाँए'।

111. सकी : मूल ध्वनि 'सखी'।

112. निको : अन्य ध्वनि 'नुको'।

अतक के सुनला आवरी पिला बलसी आचे, "मयँ ना जानें आया-बुआ। तमे जे थाने माँगले मयँ हयँ थानर टोकी के बिबा होयबी।"

माय बिती बलसी आचे, "चम्पाबती नावँर गोटक टोकी आचे, बाबू। हँके माँगले तुय बिबा होयतिस तेबे?"

पिला बलसी आचे, "होयबी आया। तमे माँग के जाहा।"

अतक ले आँट दिन होयला। आँट दिन होयबा के राजा-रानी दुनो लोक चम्पाबतिर आया-बुआ घरे पचार के गलाय। हयँ थाने जिबा के टोकिर माय-बाप हयँ मन के पानी देलाय। पानी देबा के दुनो डोकरा-डोकरी पाँय-हात धोयलाय। बसबा काजे चाप ओछाय देबा के चाप थाने बसलाय। चम्पाबतिर बाप बिता पचारसी आचे, "तमे कोन गाँएर लोक आहास आवरी काय काम ने इती आमर घरे आयलाआस ताके तमे आमके साँगा।"

अतक के सुनलाय पिलार माय-बाप मन आवरी बाप बिता बलसी आचे, "आमे तमर ती गोटक गोट पचार के आयलू आचे माँतर पचारबा काजे डर पने लागसी आचे।"

टोकिर बाप बिता बलसी आचे, "डर-भयर काईं गोट नुआय, भाई। तमे काय गोट आय जाले पचारी दखा नी।"

पिलार बाप बलसी आचे, "तमर घरे फुल फुटला आचे बली करी आमे सुनलू आचे। हईं फुल के पिंदबा काजे आमे आयलू आचे। आमर बेटा आचे, सुँदरधज। तार बिबा करबा काजे आमे टोकी डगर आयलू आचे।"

टोकिर बुआ बिता बलसी आछे, "सगा के ना देले फेर काके देबू ता हो! बर उतरला बेरा देई देबार आय।"

अतक ने गोट-बात होयलाय आवरी पिलार बुआ बिता बल्ला, "असन आले आमे फलना-चाँदी दिने आसबू।" तेबे फेर अतक ले पेज-पेजी खायलाय आउरी हयँती ले आपनर घरे आसलाय। घरे अमरी करी पाँय-हात धोयलाय आवरी घरे ओयल्लाय। पिला के बलबा आचेत, "आमे हईं टोकी काजे गोठयाय के जाई रलू, बाबू। हयँ मन देबू बल्लाय।" सुनला पिला आउरी निको आय बल्ला।

अतक ने आँट दिनर पाछे माहला-जोड़ा जोड़लाय। लाई, गुर-चिवड़ा, मँद सबू जमक जोड़ी करी पारार दुय लोक के हाक देलाय आवरी काँवड़ ने बोआय करी टोकी घरे गलाय। अमरबा के हयँ मन पानी-पुना देलाय। पाँय धोयलाय आउरी घरे जाई बसलाय। सँज होयबा के पारार लोक के डाकलाय। पारार लोक डाक सुनी आसलाय आवरी ओरिर-ओरी धाड़िर-धाड़ी बसलाय। तेबे पतर बाटलाय, मँद देलाय आयला लोक मन के। अतक ने टोकिर बुआ बिता खिंड माहा सुरती मिंजला आवरी पिलार बुआ बिता के देला आवरी बलसी आछे, "आजी मुईं मोर बेटी के हारली। तमर बेटा काजे देली।"

इतना सुना लड़के ने और कहने लगा, "मैं नहीं जानता माँ-पिताजी। आप जहाँ माँगेंगे मैं वहीं की लड़की से विवाह कर लूँगा।"

माँ कहने लगी, "चम्पाबती नाम की एक लड़की है, बेटे। क्या उसे माँगने पर तुम उससे विवाह करोगे?"

लड़का कहने लगा, "हाँ माँ कर लूँगा। आप लोग माँगने जायें।"

इस तरह आठ दिन बीत गये। आठ दिन बीत जाने पर राजा-रानी दोनों चम्पाबती के माता-पिता के घर बात करने गये। वहाँ जाने पर लड़की के माता-पिता ने उन्हें पानी दिया। पानी देने पर उन दोनों ने पाँव-हाथ धोये। बैठने के लिये चटाई बिछा देने पर चटाई पर जा बैठे। चम्पाबती का पिता पूछने लगा, "आप लोग किस गाँव के हैं और यहाँ हमारे घर किस काम से आये हैं, हमें बतायें।"

इतना सुना लड़के के माता-पिता ने और पिता कहने लगा, "हम आपके यहाँ एक बात पूछने के लिये आये हैं किन्तु पूछने को डर भी लग रहा है।"

लड़की का पिता कहने लगा, "डर-भय की कोई बात नहीं है, भाई। क्या बात है, आप पूछकर तो देखें।"

लड़के का पिता कहने लगा, "हमने सुना है कि आपके घर में फूल खिला है। हम उसी फूल को पहनने के लिये आये हैं। हमारा बेटा है, सुँदरधज। उसका विवाह करने के लिये हम लड़की खोजने आये हैं।"

लड़की का पिता कहने लगा, "सगा को नहीं देंगे तो भला किसे देंगे जी! जब वर घर पर आया हो तो ऐसे में दे देना चाहिये।"

इसके बाद सभी ने आपस में बातचीत की फिर लड़के का पिता कहने लगा, "ऐसा है तो हम फलाने-फलाने दिन आयेंगे।" इसके बाद उन्होंने वहाँ पेज-वेज पी और वहाँ से अपने घर लौट गये। घर पहुँचकर पाँव-हाथ धोये और घर में प्रवेश किया। लड़के से कहने लगे, "हम उसी लड़की के लिये बात करने गये थे, बाबू। उन्होंने देना स्वीकार कर लिया है।" लड़के ने सुना और ठीक है, कहा।

इसके बाद आठ दिनों के बाद उन्होंने माहला की सामग्री तैयार की। लाई, गुड़-चिवड़ा[113], मदिरा आदि सारी चीजें जुटा कर मोहल्ले के दो लोगों को बुलाया और काँवर में सारी सामग्री लादकर लड़की के घर गये। वहाँ पहुँचने पर उन्हें पानी दिया गया। सबने पाँव धोकर घर में प्रवेश किया और बैठ गये। साँझ होने पर मोहल्ले के लोगों को बुलाया गया। मोहल्ले के लोग बुलावा पाकर आ पहुँचे और पंक्तिबद्ध होकर बैठ गये। तब न्यौता पाकर आये हुए लोगों को पत्ते बाँटे गये, मदिरा बाँटी गयी। इसके बाद लड़की के पिता ने थोड़ी-सी तम्बाकू मली और लड़के के पिता को दे कर बोला, "आज मैंने अपनी बेटी हार[114] दी। मैंने अपनी बेटी आपके बेटे के लिये दे दी।"

113. चिवड़ा : पोहा।

114. बेटी हारना : मुहावरा 'बेटी हारतो'। बेटी देने का वचन देना।

फेर सबू लोक मन के लाई, गुर-चिवड़ा बाटलाय। मँद बले देलाय। सबू लोक बसी करी खा-पी करलाय। माहलार निती सरी गला। अतक ले बिबा मँडायलाय। एक दिन माँडो, एक दिन तेल, एक दिन लगिन। पाछे खा-पी करलाय आवरी राती काजे सोयलाय। बड़े सकाले उठी करी दातुन-पतर चाबलाय आउरी घरे जिबा काजे तियार होयलाय। तियार होई करी पिलार बुआ बिता टोकिर बुआ के बलसी आछे, "दखा हो समदी। मुईं घन-घन आस के ना सकें। तमे छापर-छापरी बाँदी रबास।" बली करी जुआर-भेट होयलाय आवरी हयँती ले आपनर घरे बाहड़लाय।

असनी रयते-रयते आचेत। होयते-होयते बिआ अमरला। तेबे बिआ-जोड़ा जोड़बाआत। मुरिया-घर ले मसनी, पनारा-घर ले मोउड़ आउर गुर आनलाय। पारदी-घर ले सुपा, गपा, परला-बिछना आनलाय। तेली-घरे जाई करी तेल पेरायलाय। हाटे जाई करी लुगा-पाटा आनलाय, गठ हरदी आनलाय। हरबर-हरबर जोड़ा जोड़बा आछेत। धान काँडा देलाय।

दुली बाटे छापर बाँदी रलाय पिला काजे बले। तेबे अतक ने बजनेया-मोहोरेया खोजलाय। गाँयतिन मन के हाक देलाय आवरी हरदी कँडायलाय। बिआ अमरला। तेबे सगा नेवतलाय। दुला-दुली दुनो बाटे असनी करलाय। तेबे दुनो बाटे लोक मन आसी करी दुला-दुली के नाहाय देलाय, तेल-फुल घसी देलाय, लुगा-पाटा पिंदाय देलाय। खुआ-पिआ करलाय। सरायलाय, बाना-चिना लिखलाय। पिलार माय बिती कलस-दिया धरायला। सबू जोड़ा के गाड़ी ने जोड़लाय। अतक ने पिलार माय बिती पिलार हात के धरी करी बाना ने उबायला आवरी पड़घायला। बजनेया-मोहोरेया मन बाजा बजायबाआत। पड़घाय सारी करी गाड़ी ने बसायला। अतक ने बर उसकायलाय। गलाय टोकी-घरे। घर लगे

इसके बाद सब को लाई, गुड़-चिवड़ा बाँटे गये। मदिरा भी दी गयी। सभी ने बैठकर खाया-पिया। माहला की रस्म पूरी हो गयी। इसके बाद विवाह की तिथियाँ तय की गयीं। पहले दिन मण्डपाच्छादन, अगले दिन तेल चढ़ाने की रस्म, तीसरे दिन लगन। इसके बाद खाना-पीना किया और सात होने पर सो गये। सबेरे उठकर दतौन आदि से निवृत्त हुए और घर वापस होने के लिये तैयार हो गया। तैयार होकर लड़के का पिता लड़की के पिता से कहने लगा, "देखिये जी समधी। मैं बारम्बार नहीं आ सकता। आप छापर[115] तैयार कर रखियेगा।" ऐसा कह आपस में एक-दूसरे का अभिवादन किया और वहाँ से अपने घर लौट गये।

इसी तरह रहते-रहते समय बीत गया। होते-होते विवाह की तिथियाँ पास आ गयीं। तब वे विवाह की तैयारियाँ करने लगे। मुरिया[116] के घर से चटाई, पनारा के से महुड़[117] और गुड़ लाये गये। पारदी[118] के घर से सुपा, गपा, परला-बिछना[119] लाये गये। तेली के घर जाकर तेल निकलवाया गया। हाट जाकर वहाँ से कपड़े-लत्ते लाये गये, हल्दी की गाँठें लायी गयीं। जल्दी-जल्दी तैयारियाँ की जाने लगीं। धान कूटने को दिया गया।

उधर दुल्हन के घर में भी दूल्हे के लिये छापर बाँधा गया था। इसके बाद बाजे वाले खोजे गये। गाँयतिन[120] और उनकी साथिनों को बुलाया गया और उनसे हल्दी कुटवायी गयी। विवाह आ पहुँचा। तब सगे-सम्बन्धियों, इष्ट-मित्रों को न्यौता दिया गया। दूल्हा और दुल्हन दोनों की ही ओर ऐसा ही किया गया। तब दोनों ओर लोग पहुँचे और दूल्हा तथा दुल्हन को नहला दिया, उन्हें तेल आदि लगा दिये, कपड़े पहना दिये। भोजन कराया। आँगन लीपे गये और वहाँ बाना[121] लिखे गये। दूल्हे की माता ने कलश-दीप जलाये। सारी सामग्री गाड़ी में रखी गयी। इतने में दूल्हे की माँ ने दूल्हे का हाथ पकड़ कर उसे उस बाना के ऊपर खड़ा किया और उसका स्वागत किया। बाजे वाले बाजे बजा रहे हैं। स्वागत

115. छापर : छावन, छप्पर।

116. मुरिया : एक आदिम जन जाति। वस्तुतः 'मुरिया' अलग से कोई जाति नहीं अपितु 'गोंड' जनजाति की ही एक शाखा है। किन्तु यहाँ जिन्हें गोंड कहा जाता है, वे दरअसल अपने को गोंड कहते ही नहीं। वे अपने आप को 'कोयतुर' या 'कोयतोर' कहते हैं। पहाड़ों में रहने वाले 'मेटा कोयतुर' (मेटा कोयतोर) और मैदानों में रहने वाले 'कोयतुर' (कोयतोर। डड्डे बुरका-कोवासी इनके आदि जनक एवं जननी हैं।) वस्तुतः नृ-विज्ञान के अनुसार ये हैं तो 'गोंड' ही, किन्तु अपने आप को 'गोंड' नहीं कहते। कोंडागाँव तहसील के वृत्त में ये 'मुरिया', नारायणपुर, जगदलपुर एवं दन्तेवाड़ा तहसीलों के भागों में 'माड़िया' एवं 'डंडामी माड़िया' तथा कोंडागाँव तहसील के फरसगाँव से कांकेर की ओर 'गोंड' तथा कांकेर एवं भानुप्रतापपुर तहसीलों में 'गोंड़' कहलाते हैं। 'मुरिया' एवं 'माड़िया' कही जाने वाली आदिम जनजातियाँ अपने को 'कोयतुर' (कोयतोर) कहती हैं। रशल और हीरालाल (1935) के अनुसार 'कोय' का अर्थ 'मनुष्य'तथा 'कोयतोर' का अर्थ 'वनमानुष' या 'बन्दर की संतान' बतलाते हैं।

117. महुड़ : खजूर प्रजाति के छींद नामक पौधे के कोमल पत्तों से बनाये गये मुकुट। ये महुड़ प्रायः पनारा (मरार/माली) जाति के लोगों द्वारा ही परम्परागत रूप से बनाये जाते रहे हैं। कहीं-कहीं कुम्हारों द्वारा भी महुड़ बनाये जाने की बात सामने आती है। महुड़ के भी कई प्रकार होते हैं, यथा कोपरेया महुड़, लगिन महुड़, तेल महुड़, माँडो महुड़ आदि। ये सभी महुड़ विवाह की अलग-अलग रस्मों में उपयोग में लाये जाते हैं।

118. पारदी : एक जाति विशेष जो शिकारी होती है तथा बाँस का भी काम करती है। अन्य उच्चारण 'पारधी'।

119. सुपा : धान, चावल एवं अन्य अन्न फटकने के काम आने वाला बाँस से बना उपकरण। गपा : बाँस से बना टोकरा। परला : बाँस से बना बड़े-से थाल के आकार का उपकरण। बिछना : बाँस से बना पाँवदान।

120. गाँयतिन : गाँयता की पत्नी। गाँव को बसाने वाला या बसाने वाले के परिवार से सम्बन्धित व्यक्ति ही 'गाँयता' के पद पर सुशोभित होता है। यह गाँव का धार्मिक प्रमुख एवं 'माटी' का पुजारी होता है। गाँव के किसी भी धार्मिक या मांगलिक कार्य में माटी की पूजा इसी के द्वारा सम्पन्न की जाती है। इसीलिये इसे 'माटी गाँयता' भी कहा जाता है। कहीं-कहीं इसे 'माटी पुजारी' भी कहते हैं।

121. बाना : चावल के आटे से (और हल्दी के आटे से भी) जमीन पर किया जाने वाला चित्रांकन 'बाना' कहलाता है। चित्रांकन करने को 'बाना लिखतो (बाना लिखना)' कहा जाता है। प्रत्येक शुभ अवसर पर बाना लिखने की परम्परा है।

अमरा-अमरी होयबा के बाटे थेबलाय। दुली बाटर लोक मन दखलाय आवरी दुलिर माय बिती कलस-दिया धरायला आवरी पड़घायला। नेला आवरी छनक घरे बसाय करी छापर ने नेई देला।

अतक ने माँडो गाड़लाय एक दिन, एक दिन तेल चेगायलाय आवरी एक दिन मारलाय लगिन। बिआ सरी गला। सरी जिबा के बर निकराय देलाय। भोज-भात देलाय। पिला-घरे अमरलाय। घरे अमरबा के हयँती पन पड़घा-पड़घी करलाय आउरी घरे ओलायलाय। सगा मन के भात-साग खुआयलाय। अतक ने खा-पी करी नेवतला सगा मन आपन-आपन घरे-घरे जायते गलाय। दुला-दुली दुनो काय मँजा कमाय खायबा आचेत।

टोकिर छय झन सखी मन रलाय। हयँ सखी मन टोकिर निको बनला बलते इरखा होयबाआत। कसने करी बले एतार नसता आले होयता बली छय झन सखी मन सुतुर होयबा आछेत। टोकी-पिलार कमाय खायते बरसकार होयला की दुय बरस होयला आले, टोकी के भगवान देला। दिन पुरबा के टोकी दुखा खायला। दुखा उठबा के सुइन के हाक देलाय। सुइन आसला आवरी ताके नँगत करायला। नार काटला आउरी नार-बोमली के खोदरा ने गाड़ी देला। पिला के नाहाय देला, पेट छेकी देला आउरी बसला। तेबे टोकी पन हात-पाँय धोयला आउरी बसला। तेबे सुइन पिला के तार कोरा ने देला आउरी पना पिआयबा काजे बल्ला। तेबे टोकी पिला के पना पिआयला। अतक ने सुइन आपनर घरे गला।

असनी-असनी दुय दिन होयबा के सिंद-गोका आनलाय, बेल-पतर, ककई-डारा, जड़ी-बुटी आनलाय आउरी हरवाँ सँगे सबू के हँडी ने भरी करी दादरा बाँदलाय आवरी राती गुलाय चुड़ायलाय। तिन दिन ने सगा नेवतलाय। नेवता पाई करी सगा आसलाय। तिल भाजबा लोक तिल भाजबाआत, पानी बघारेया मन पानी बघारबा आछेत। फेर पिला के नाहाय देलाय। माय बिती पन नाहायला। खिंड माहा तिल आरू पानी टोकिर सतरा बिता के देलाय देव-घर काजे। असनी खिंड माहा तिल आवरी पानी टोकी के देलाय खोदरा ने थिपायबा काजे। अतक ने सात भेली तिल-गुर आउरी आदो कोपरा पानी देलाय। सबू लोक बाटी-बिरजी करी खायलाय आवरी घरे-घरे गलाय।

होयते-होयते तिन ले चार-पाँच दिन होयला। छय दिन ने छटी[124]-

कर गाड़ी पर बैठाया। इसके बाद वर प्रस्थान हुआ। गये दुल्हन के घर। घर के पास पहुँचकर रास्ते में ही ठहर गये। दुल्हन की तरफ के लोगों ने देखा और दुल्हन की माँ ने कलश-दीप जला कर दूल्हे का स्वागत किया। ले गयी और थोड़ी देर घर में बैठा कर वहाँ से ले गयी छापर में।

इसके बाद मण्डपाच्छादन हुआ। अगले दिन तेल चढ़ाया गया और उसके अगले दिन लगन सम्पन्न हुआ। विवाह सम्पन्न हो गया। विवाह सम्पन्न हो जाने पर वर प्रस्थान करवाया गया और लोगों को भोज दिया गया। वर को लेकर वर पक्ष के लोग घर आ गये। घर पहुँचने पर वहाँ भी स्वागत किया गया और घर में प्रवेश कराया गया। सगे-सम्बन्धियों, इष्ट-मित्रों को भोजन कराया गया। इसके बाद न्यौता में आये सभी सगे-सम्बन्धी, इष्ट मित्र अपने-अपने घर चले गये। दूल्हा और दुल्हन बड़े मजे से जीवन बिताने लगे।

लड़की की छह सखियाँ थीं। इसका घर बस गया सोचकर वे छहों सखियाँ ईर्ष्या करने लगीं। वे सोचने लगीं कि किसी तरह इसका बिगाड़ हो जाता तो बड़ा ही अच्छा होता। चम्पाबती और सुँदरधज को दाम्पत्य जीवन बिताते साल दो साल हो गये और भगवान ने उन पर कृपा की। चम्पाबती गर्भवती हो गयी। समय आने पर उसे प्रसव-पीड़ा होने लगी। तब धाय को बुलाया गया। धाय आयी और उसका प्रसव कराया। नाल काटी और गड्ढे में गाड़ दिया। बच्चे को नहला दिया, पेट सेंक दिया और बैठ गयी। तब चम्पाबती ने हाथ-पाँव धोये और बैठ गयी। इतने में धाय ने बच्चे को उसकी गोद में दे दिया और दूध पिलाने को कहा। तब चम्पाबती ने बच्चे को दूध पिलाया। इसके बाद धाय अपने घर चली गयी।

इस तरह दो दिन बीत जाने पर सिंद-गोका[122] लाया गया, बेल के पत्ते, ककई नामक पौधे की टहनी, जड़ी-बूटियाँ लायी गयीं और हरवाँ के साथ सब को हाँडी में भर कर हाँडी को दादरा बाँधा[123] गया फिर उसे रात भर पकाया गया। तीन दिन होने पर सगे-सम्बन्धियों को न्यौता दिया गया। न्यौता पाकर सगे-सम्बन्धी आये। तिल भूनने वाले तिल भूनने लगे, पानी छौंकने वाले पानी छौंकने लगे। इसके बाद बच्चे को नहलाया गया। माँ ने भी स्नान किया। थोड़ा-सा तिल और पानी चम्पाबती के श्वसुर को देव-स्थान के लिये दिया गया। इसी तरह थोड़ा-सा तिल और पानी चम्पाबती को गड्ढे में टपकाने के लिये दिया गया। इसके बाद तिल-गुड़ की सात भेलियाँ और आधा कोपरा पानी दिया गया। सभी लोगों ने आपस में बाँटकर खाया-पिया और अपने-अपने घर चली गयीं।

होते-होते तीन से चार-पाँच दिन बीत गये। छह दिनों में छठी[125] की

122. सिंद-गोका : खजूर प्रजाति के 'छींद' नामक एक पौधे का कन्द।
123. पत्तों से हाँडी का मुँह बन्द किया जाना 'दादरा बाँधना' कहलाता है।
124. छटी : अन्य ध्वनि 'सटी'।
125. छठी : षष्ठी।

जोड़ा जोड़लाय। नाऊ करलाय, धोबी करलाय। नाऊ आसी करी मुँड मुँडी देला, धोबी आयला आवरी कपड़ा धोई देला। सबू सगा आयलाय। पिला के नाहाय देलाय। माय बिती पन नाहायला। बाई-नोनी मन हईं लगे सरायलाय, बाना लिखलाय। राँदा राँदलाय, छटी-माँदी राँदलाय। अतक ने कलस-दिया धरायलाय आवरी बाना ने नेई करी मँडायलाय। सबू जमक तियार होयबा के पिलार आया-बुआ पिला के धरी करी छटी बसलाय। बाई-नोनी मन पिलार आइँख फुकलाय, छटी टिकलाय आउरी चाउर रोकायबा बेरा पिलार नाव पचारलाय। तेबे पिलार बुआ बिता बलसी आचे, "पिलार नाव चँदरधज आय।" बलबा के सबू लोक 'बाबू चँदरधज मोर अड़क बाड़' बली करी चाउर रोकायलाय। 'बुआ बितार नाव सुँदरधज आवरी बेटार नाव चँदरधज आय' बली-बली चाउर रोकायलाय।

सटी[127] टिकी सारलाय आवरी सात झन बाई मन होई करी चम्पाबती रानी के हाँडी छिंआयलाय। अतक ने राजा-रानी दुनो उठलाय आवरी सबू लोक के पाँय-पटा पड़लाय। सबू जाक के भितरे नेई करी सोंगाय देलाय। आसला लोक मन खा-पी करलाय आवरी आपन-आपन गलाय। घरर लोक बले खा-पी करलाय। राती काजे सोयलाय। पाछे दिन गाँयतिन के डाकलाय आउरी खोदरा के बुज के बल्लाय। खोदरा बुजबा बेरा मँद थिपायलाय। अतक ले गाँयतिन-पुजारनी गलाय आपन-आपन घरे-घरे। राजा-रानी घरे आचेत।

तैयारी की गयी[126]। नाऊ-धोबी को बुलाया गया। नाऊ ने आकर केश काट दिये, धोबी ने आकर कपड़े धो दिये। सभी सम्बन्धी आये। बच्चे को नहलाया गया। माँ ने भी स्नान किया। युवतियों ने वहीं पर लिपाई की, बाना लिखे। छठी का भोजन राँधा गया। इसके बाद कलश-दीप जला कर बाना के ऊपर रखा गया। सारी सामग्री तैयार होने पर बच्चे के माता-पिता ने बच्चे को गोद में लिया और छठी के लिये बैठ गये। युवतियों-महिलाओं ने बच्चे की आँखें फूँकीं, छठी की भेंट दी और चावल उलीचने के समय बच्चे का नाम पूछा। तब बच्चे के पिता ने कहा, "बच्चे का नाम चँदरधज है।" यह कहने पर सभी महिलाओं ने 'बाबू चँदरधज मेरे बराबर बढ़ो' कहते चावल उलीचा। 'पिता का नाम सुँदरधज और बेटे का नाम चँदरधज है' कह-कहकर चावल उलीचे।

छठी टीकने की रस्म खत्म की और सात महिलाओं ने चम्पाबती रानी को हाँडी छुआने की रस्म पूरी की। इतने में राजा-रानी दोनों उठ गये और सभी लोगों के चरण-स्पर्श किये। सारी सामग्री भीतर ले जाकर रख दी गयी। आगत सभी लोगों ने भोजन किया और अपने-अपने घर चले गये। घर के लोगों ने भी भोजन किया। रात होने पर सो गये। अगले दिन गाँयतिन को बुलाया और गड्ढा पाटने को कहा। गड्ढा पाटने के समय मदिरा टपकायी गयी। इसके बाद गाँयतिन और पुजारिन अपने-अपने घर चली गयीं। राजा-रानी घर में रह गये।

---

126. छठी : नामकरण। प्रायः तीन दिनों में नाल झड़ जाता है। फिर सात या नौ दिन में नामकरण संस्कार किया जाता है। इसे हल्बी-भतरी परिवेश में 'छटी (सटी)' और छत्तीसगढ़ी परिवेश में 'छट्ठी' कहा जाता है। (नगरों से प्रभावित परिवेश में इस दिन नाऊ बुलाया जाता है। वह आ कर बच्चे और माँ के नाखून काट देता है तथा घर के व आमन्त्रित पुरुषों के केश काटता है। इसी तरह धोबी भी बुलाया जाता है जो घर के लोगों के कपड़े धोने के लिये ले जाता है। धोबी द्वारा कपड़े धोने का यह कार्य वस्तुतः प्रतीकात्मक होता है। उसके द्वारा परिवार के सभी सदस्यों के एक-एक कपड़े धोये जाते हैं। जच्चा के कपड़े धोबिन धोती है। शाम को महिलाएँ जुटती हैं। नाऊ और धोबी को बुलाने की परम्परा केवल नगरों से प्रभावित परिवेश में ही देखने में आती है। ग्रामीण क्षेत्र में यह रूढ़ नहीं है। कारण, भीतरी इलाकों में न तो नाऊ उपलब्ध हैं और न धोबी ही।) इस समय बच्चे और माँ को नये कपड़े पहनाये जाते हैं। आमन्त्रित महिलाएँ भी बच्चे और माँ को कपड़े, गहने, रुपये-पैसे आदि भेंट करती हैं। जमीन में 'बाना' लिखा जाता है। एक लोटे में कलसा (कलश) सजा कर उसे उस 'बाना' के ऊपर रखा जाता है। कलसा के ऊपर दीपक रखा जाता है। माँ-बच्चे को नये कपड़े पहनाये जाते हैं। घर की प्रमुख महिला उस 'कलसा' के चारों ओर चावल छिटकती व प्रणाम करती है तथा चावल के दो दाने 'कलसा' के सामने रखी पत्तल पर भी डालती है। इसके बाद माता बच्चे को गोद में ले कर उसी पत्तल पर 'छठी' के लिये बैठ जाती है। फिर छठी टीकने की रस्म शुरु होती है। बच्चे का पिता दूब को पहले लोटे के पानी में डुबा कर बच्चे के पाँव धुलाता है फिर इसी तरह दूध या घी से भी बच्चे के पाँव धुलाता व उसके धुले पाँवों को अपने सिर के केश से पोंछ कर उसके चरण स्पर्श करता है (कुछ जातियों में यह कार्य बच्चे की दादी अथवा बुआ द्वारा सम्पन्न किया जाता है। यदि प्रसव एवं छठी मायके में हो तो यह रस्म बच्चे की नानी या नाना द्वारा भी सम्पन्न किया जाता है। इसी बीच पँजेआर से बच्चे का नाम पूछ लिया जाता है। वह पाँजी देख कर बच्चे का नाम सुझाता है। तब इसके बाद घर की महिलाएँ दोने में चावल ले कर आती हैं और उस बच्चे का नाम लेते हुए 'मेरे बराबर बढ़' कहती वह चावल और कुछ सिक्के बच्चे के सामने ऊपर से नीचे डालती हैं। इस तरह यही प्रक्रिया वहाँ छठी टीकने के लिये आगत सभी महिलाएँ दुहराती हैं। सभी महिलाएँ अपने साथ चावल और कुछ सिक्के अवश्य लाती हैं। इसके साथ ही बच्चे व उसकी माँ को भेंट करने के लिये भी सभी महिलाएँ कुछ-न-कुछ अवश्य ही लाती हैं। छटी टीकने के इस चरण की समाप्ति होने पर छठी में बच्चे व माँ को मिली भेंट को गिना जाता है। रुपये-पैसे भी गिने जाते हैं। इसके बाद चावल के पिसान की मलाई और गोबर की मलाई बनायी जाती है। फिर उस मलाई और दीपक को सात बार बच्चे के चारों ओर परिक्रमा कराने के बाद दीया बच्चे की आँख के सामने ले जा कर फूँक दिया जाता है। यह कहलाता है 'आँख फूँकना (आँख फूँकना)'। लोक विश्वास के अनुसार इस रस्म का मतलब है प्रसव से अशुद्ध हुए माँ तथा बच्चे का शुद्धिकरण। जलता हुआ दीपक इस बात का प्रतीक है कि वह अशुद्धि को दूर कर शुद्ध करता है तथा उसे फूँक कर बुझाने का अर्थ है अशुद्धता अब समाप्त हो गयी। इसके साथ ही छठी संस्कार सम्पन्न हो जाता है। छठी में बच्चे की बुआ की अहम भूमिका होती है। कुछेक जातियों में छठी में एक और अन्तिम रस्म होती है, वह यह कि छठी की बाकी सभी रस्मों के समाप्त होने के बाद बच्चे की बुआ बच्चे को माँ की गोद से उठा लेती है और कोई भी एक छोटी-सी बालिका एक लोटे में कुछ सिक्के डाल कर उसे बजाती और बच्चे का नाम ले कर 'चल खेलने चलें' कहती हुई घर के भीतर चली जाती है और बुआ बच्चे को ले कर उस बच्चे के पीछे-पीछे घर के भीतर जाती है। इसके बदले बुआ को एक साड़ी दी जाती है। उल्लेखनीय है कि बच्चे का बाल उतारने पर बच्चे की बुआ ही उस बाल को अपने आँचल में लेती है। इसे 'झालर उतारना' कहा जाता है। किन्तु यह 'झालर उतारने' की रस्म प्रायः एक साल के बाद होती है।

127. सटी : अन्य ध्वनि 'छटी'।

सवा मएना होयबा के रानी आपनर कपड़ा-लता के धोयला आवरी घरे ओयल्ला। राजा-रानी आछेत। पिला काय मँजा बाड़सी आछे। एक मएना ले दुय मएना, दुय ले तिन मएनार होयला। होयबा के मूँ के दखी हाँस के धरला। होयते-होयते पाँच मएनार होयला। अतक ने उबड़ा पड़सी आछे। दिन-दिन पिला बाड़सी आचे। बाड़ते-बाड़ते बरसकार डेड़ बरस असन होयला। थुमथाम-थुमथाम हिंड के धरला। गोट दिने सुँदरधज राजा दुसर गाँव गला। केत दिन काजे आय की! आसा-आसी निआय। हईं बाटे रई गला। चम्पाबती घरे रय। घर ले बाहिर ना निसके।

तार सखी बिती मन ए गोठ के जानते रलाय। एई मोहका आय, तार मुनिस निआय। जावँ नू, ताके आमे झिपा मारबा काजे उबरायबू बली हयँ मन बिचार करलाय। अतक ने चम्पाबतिर सतरी बिती खा-पी करला आउरी हडरी बस के गला। सतरा बिता गला कछरी बाटे, देवर गला नाँगर धर के आवरी ननँद बिती गला खोरे खेल के। घरे एकलाय चम्पाबती रय। सकी बिती मन पने बड़े-बड़े गपा मन के धरलाय, सुपा मन धरलाय आउरी चम्पाबती लगे आसलाय। आसबा के चम्पाबती हयँ मन के घरे बसायला। सबू सिता-राम झोका-झोकी होयलाय। छनक रई करी सकी बिती मन बलबा आचेत, "खुबे झिपा पाकला आछे, सकी। आमे झिपा मारबा काजे जिबू आछे। तमे पन आमर सँगे जूँ।"

चम्पाबती बलसी आछे, "नाईं सकी, मुईं ना आसें। मोर सतरा गला आछेत कछरी बाटे, सतरी गला आछेत हडरी बस के, देवर गला आत नाँगर धर के आवरी ननँद बिती गला आछेत खोरे खेल के। मुईं घरे एकलाय आछें नानी बाबू सँगे। मुईं ना आसें। तमे जाहा।"

तार गोठ के सुनलाय सकी बिती मन आउरी ताके खुबे बलबा आचेत। हयँ पन नाइँच्ची बलसी आछे। "मुईं ना आसें सकी। एमन आसलाय आले मोके झगड़ा खिजबाय। गारी देबाय। तमके सरन लागो, मुईं ना आसें।"

सकी बिती मन बलबा आचेत, "तमे बले सकी अतक बल्ला थाने पन नाच्ची आसें बली बलबाआस जे! सकी मनर गोठ के बले ना मानास। झापी ने झिलमिली पिछोरी आछे जे, झिकी करी बागा पाई दियास। आमर सँगे तमके झिपा मार के जाय के लागसी। आमे तमके

सवा महीना बीतने के बाद रानी ने अपने कपड़े-लत्ते धोये और घर में प्रवेश किया। राजा-रानी रहने लगे। बच्चा दिनोदिन बढ़ने लगा। एक महीना से दो महीने, दो से तीन महीने का हो गया। बड़ा होने पर वह मुँह देखकर हँसने लगा। होते-होते वह पाँच महीने का हो गया। इतने में वह पेट के बल पलटने लगा। दिन प्रतिदिन बढ़ने लगा। बढ़ते-बढ़ते वह साल डेढ़ साल का हो गया। गिरता-पड़ता चलने लगा। एक दिन सुँदरधज राजा दूसरे गाँव गया। पता नहीं कितने दिनों के लिये! वापस आने का नाम नहीं। उधर ही रह गया। चम्पाबती घर में थी। वह घर से बाहर नहीं निकलती।

उसकी सखियाँ इस बात को जानती थीं। उन्होंने सोचा कि यही तो मौका है, चलो तो उसे हम झिपा[128] काट लाने के लिये तैयार करते हैं। इधर चम्पाबती की सास ने भोजन किया और सामान बेचने हटरी[129] चली गयी। श्वसुर कचहरी चला गया, देवर चला गया हल चलाने के लिये और ननद चली गयी गली में खेलने। घर में चम्पाबती अकेली थी। सखियों ने बड़े-बड़े टोकरे लिये, सूपे लिये और चम्पाबती के पास आयीं। उनके आने पर चम्पाबती ने उन्हें घर में बैठाया। सभी ने आपस में जोहार-भेंट की। थोड़ी देर बाद सखियाँ उससे कहने लगीं, "बहुत झिपा पक गये हैं, सखी। हम झिपा काट लाने के लिये जा रही हैं। आप भी हमारे साथ चलें।"

चम्पाबती कहने लगी, "नहीं सखी, मैं नहीं आऊँगी। मेरे श्वसुर गये हैं कचहरी, सास गयी हैं सामान बेचने के लिये हटरी, देवर गये हैं हल चलाने और ननद गयीं हैं गली में खेलने के लिये। मैं अपने छोटे-से बच्चे के साथ अकेली हूँ घर में। मैं नहीं आऊँगी। आप लोग जायें।"

सखियों ने उसकी बातें सुनी और उससे कई बार कहने लगीं किन्तु वह मना करने लगी। "मैं नहीं आऊँगी सखी। ये लोग आने पर मुझे डाँटेंगे। गाली देंगे। मैं आपसे क्षमा चाहती हूँ, मैं नहीं आऊँगी।"

सखियाँ कहने लगीं, "इतना बोलने पर भी आप नहीं ही कह रही हैं, सखी! सखियों की बात भी नहीं मानतीं। झापी[130] में दमकती पिछौरी[131] है। उसे निकालें और बच्चे को बागा पा[132] लें। आपको हमारे साथ झिपा काटने के लिये जाना पड़ेगा। हम आपको छोड़ कर नहीं जायेंगी।" ऐसा

128. झिपा : धान की एक ऐसी किस्म जो धान का परिवर्तित रूप होती है। वस्तुतः धान के कुछ बीज अंकुरित होते समय अपना रूप बदल लेते हैं और एक अलग ही रूप में उग आते हैं। इनके पौधों में धान की ही तरह बीज लगते हैं किन्तु जब ये पकने को आते हैं तब इनका रूप हल्का लाल होता है। आम तौर पर इसे पकने के साथ ही देख-पहचान कर काट लिया जाता है ताकि बाद में धान की कटाई के समय यह भी साथ में कट कर खलिहान में न आ जाये। यह 'कापनी' भी कहलाता है। इससे निकलने वाले चावल को भतरी परिवेश में 'टेटोंगी चाउर', हल्बी परिवेश में 'कापनी चाउर' और छत्तीसगढ़ी परिवेश में 'पसेर चाउर' या 'पसहर चाउर' कहा जाता है। यह चावल छत्तीसगढ़ी परिवेश की 'खमर छठ (हलषष्ठी)' का व्रत रखने वाली महिलाओं द्वारा व्रत के समापन पर 'फरहार (फलाहार)' के रूप में पका कर खाया जाता है। किन्तु यह ध्यान में रखने वाला तथ्य है कि व्रती महिलाओं द्वारा पका कर खाया जाने वाला यह चावल खेतों में उगा नहीं होना चाहिये अपितु ऐसी जगह उगा होना चाहिये जहाँ हल न चला हो। ऐसे चावल की कीमत बहुत अधिक होती है।

129. हटरी : हाट का छोटा रूप।

130. झापी : बाँस से बनी गोलाकार सन्दूक 'झापी' कही जाती है। इसे छत्तीसगढ़ी परिवेश में 'झाँपी' उच्चारित किया जाता है।

131. पिछौरी : अंगवस्त्र।

132. बागा पाना : अंगवस्त्र की सहायता से बच्चे को काख ले लिपटाना। अंगवस्त्र कन्धे से तिरछा बँधा होता है और बच्चा उसी अंगवस्त्र में उसकी पीठ पर लिपटा होता है।

छाड़ी करी ना जाऊँ।" असन बली करी सकी बिती मन खुबे डोडई धरलाय। तेबे चम्पाबती हरयान होई करी झापी थान ले झिलमिली पिछोरी के निसकायला आवरी झिकी करी पिला के बागा पायला। गपा धरला, सुपा धरला आउरी छयो सकी बिती मन सँगे गला। जायते-जायते जिबाआत। लँदी के अमरलाय। भाड़ी आसी रय। तेबे डोंगा बिता के बलबाआत, "ए दादा, आमके डोंगा नहकाय देस नाईं। आमी बाहड़बा बेरा तोके पयसा देबू।"

बलबा के डोंगा बिता सातो सकी के डोंगा नहकाय देला। नहकाय देबा के हयँ पाट गलाय। दखबा आछेत झिपा खुबे पाकी रय बेड़ा मन ने। सबू सकी बेड़ा-पार ने उबलाय। तेबे चम्पाबती बलसी आछे, "मुईं कसन करी झिपा मारबी, सकी? मोर पिला के कसन करबी?"

तेबे सकी बिती मन बलबाआत, "पिछोरी के ओछाय करी तार उपरे बाबू के सुआय दियास आउरी झिपा मारा।"

तेबे चम्पाबती हिरी-पार ने पिछोरी के ओछाय देला आवरी तार उपरे पिला के सुआय करी झिपा मारसी आचे। छय सकी मन झटाझट झिपा मारलाय गपा भर-भर आवरी चम्पाबती के हईं थाने छाड़ी करी आसते आसलाय। अमरलाय लँदी ने आवरी डोंगा बिता के बलबाआत, "आमके डोंगा नहकाय देस, दादा।"

बलबा के डोंगा बिता हयँ मन के डोंगा नहकाय देला। नहकाय देबा के डोंगा बिता के बलबाआत, "आमर गोटोक सखी एबे पिला के पाई करी आयसी। तुय हँके डोगा बसाय करी मँजी धारे आनबिस आउरी डोंगा के थेबाय देबिस। कसन ने डोंगा ना जाये बल्ला बल्ले तोर पिला के लँदी ने पकाय देस तेबे डोंगा जायसी नोयले ना जाये बलबिस। पिला के लँदी ने ना पकायले आमे बुड़ी करी मरी जिबू बलबिस।" बल्लाय सखी बिती मन आउरी हयँ थान ले जायते गलाय।

हयँ बाटे दखसी आछे चम्पाबती, तार सकी मन कोनी निआत। हयँ सखी-सखी बली चिचयायसी आछे मान्तर काहांरी आरो ना मिरे। चिचयाय थाकी गला आउरी मोके भुलकाय देलाय मोर सखी मन बली करी पिला के बागा पायला, झिपा के बोयला आवरी लँदी लगे आसला। डोंगा बिता बसी रय। ताके बलसी आछे, "मोके डोंगा नहकाय देस, दादा।"

बलबा के डोंगा बिता ताके डोंगा ने बसायला। डोंगा के घाटला। घाटबा के डोंगा जायसी आछे। मँजी धारे आसी करी डोंगा घटवारी डोंगा के थेबाय देला। अतक ने चम्पाबती बलसी आछे, "कसन दादा, डोंगा कसन काजे थेबी देला? काय होयला गुने?"

घटवारी बलसी आछे, "बड़े अड़नाप होयला, बाई। एबर तो तोके तोर पिला के लँदी ने फिंग के लागसी तेबे ए डोंगा जायसी नोयले आमे सबू लोक लँदी ने बुड़ी करी मरी जिबू।"

चम्पाबती सुनला आउरी बलसी आछे, "मुईं कसन ने मोर पिला के लँदी ने फिंगी देबी, दादा? मुईं तोके पयसा देबी, रुपया देबी, जतक गाहना-

कहते हुए सखियाँ बहुत जिद करने लगीं। तब चम्पाबती ने परेशान होकर झापी से दमकती पिछौरी निकाली और बच्चे को बागा पा लिया। टोकरा और सूपा लिया और छहों सखियों के साथ चली। चलते-चलते नदी के पास पहुँचीं। नदी में बाढ़ आयी हुई थी। तब वे सभी नाव वाले से कहने लगीं, "हे दादा, हमें नाव पर बैठा कर नदी पार करवा दो। हम वापसी में पैसे देंगी।"

उनकी बातें सुनकर नाव वाले ने सातों सखियों को नाव पर बैठाया और नदी पार करवा दी। सभी नदी के उस ओर गयीं। देखती हैं, खेतों में बहुत-से झिपा पके हुए थे। सभी सखियाँ खेत की मेड़ पर खड़ी हो गयीं। तब चम्पाबती कहने लगी, "मैं किस तरह झिपा काटूँगी, सखियों? मैं अपने बच्चे का क्या करूँगी?"

यह सुनकर सखियाँ कहने लगीं, "पिछौरी को जमीन पर बिछा कर उस पर बच्चे को लिटा दें और झिपा काटें।"

तब चम्पाबती ने मेड़ पर पिछौरी बिछा दी और उस पर बच्चे को लिटाकर झिपा काटने लगी। छहों सखियों ने जल्दी-जल्दी टोकरे भर-भर झिपा काटे और चम्पाबती को वहीं पर छोड़कर चली आयीं। नदी के पास पहुँचीं और नाव वाले से कहने लगीं, "हमें नदी पार करा दो, दादा।"

यह सुनकर नाव वाले ने उन्हें नदी पार करा दी। नदी के उस ओर पहुँच कर वे नाव वाले से कहने लगीं, "हमारी एक सखी अभी अपने बच्चे को लेकर आयेगी। तुम उसे नाव पर बैठाकर बीच धार में ले आना और नाव को वहीं रोक लेना। जब वह पूछे कि नाव आगे क्यों नहीं बढ़ रही है तब तुम उससे कहना कि वह अपने बच्चे को नदी में फेंक दे तभी नाव आगे बढ़ेगी वरना नहीं। बच्चे को नदी में न फेंकने पर हम सभी डूबकर मर जायेंगे।" सखियों ने कहा और वहाँ से चली गयीं।

उधर चम्पाबती ने देखा की उसकी सखियाँ वहाँ नहीं हैं। वह 'सखी, सखी' कहती चिल्लाने लगी किन्तु कोई उत्तर नहीं मिला। वह चिल्ला-चिल्लाकर थक गयी और इन्होंने मुझे भटका दिया सोचकर बच्चे को बागा पाया, झिपा को सिर पर रखा और चलकर नदी पहुँचीं। नाव वाला बैठा था। उससे कहने लगी, "दादा, मुझे नदी पार करा दो।"

उसके ऐसा कहने पर नाव वाले ने उसे नाव पर बैठाया। चप्पू खेने लगा। चप्पू खेने पर नाव चलने लगी। बीच धार में आकर नाव वाले ने नाव रोक दी। यह देखकर चम्पाबती कहने लगी, "कैसे दादा, नाव किस कारण ठहर गयी? क्या हो गया?"

नाव वाला कहने लगा, "बड़ी गड़बड़ हो गयी, बाई। अब तो तुम्हें अपने बच्चे को नदी में फेंकना पड़ेगा तभी यह नाव आगे जायेगी वरना हम सभी नदी में डूबकर मर जायेंगे।"

चम्पाबती ने सुना और कहने लगी, "मैं कैसे अपने बेटे को नदी में फेंक दूँगी, दादा? मैं तुम्हें पैसे दूँगी, रुपये दूँगी। मैंने जितने आभूषण पहने

गुटा मुईं पिंदली आचे हयँ सबू के देबी मान्तर पिला के फिंग के ना सकीं।"

घटवारी बल्ला, "नाईं बाई। तुय काईं करले पन ए डोंगा इती ले ना गुचे। तोर बागार पिला के फिंगले अका डोंगा जायसी नोयले नाईं।"

तेबे काय करता ता चम्पाबती! तार पिला के लँदी ने पकाय देला। पकाय देबा के जल-कनया मन हयँ पिला के पानी ने बुड़ के ना देलाय। हाते झोकलाय। घटवारी चम्पाबती के डोंगा नहकाय देला। नाहकी करी चम्पाबती लँदी-खँडे बसी करी काँदसी आछे। मुईं एबर काय के घरे जिबी बे! गले तो पिला कोन थाने आछे बली करी मोके मरते मारबाय, बलते हयँ घरे ना जाए। हईं लगे बसी करी काँदई काँदसी आछे। मोके मोर राजा मारी पकायबाय, मोर सतरा-सतरी मारी पकायबाय, बली लँदी-खँडे गोटोक झिपा असन थाने बसी करी करलई होई-होई काँदसी आछे। तार काँदबार आँट दिन होयला, पँदरा दिन होयला। हयँ हयँ थान ले गुचे नाईं। काँदी-काँदी बसला आछे। तार आइँख-कान के चिपड़ा धरला आछे। बई माहा होयला आछे।

हयँ बाटे तार घरर-लोक ताके खोजी करबा आचेत। तार राजा आसला घरे। दुसर राजे जाई रला। आसबा के तार माय बिती ताके पानी देला पाँय धोयबा काजे। तेबे हयँ पचारसी आछे, "तुय पानी देबिआस आया। चम्पाबती केने गला?" बली करी आया बिती के पचारसी आछे, बुआ बिता के पचारसी आछे।

तेबे तार माय बिती बलसी आछे, "मुईं तोके काय के साँगबी, बाबू! आमे गोटोक लोक घरे ना रऊँ। तोर बुआ जाई रओत कछरी-दरबार, मुईं जाई रयँ हडरी बस के, तोर नानी भाई जाई रय नाँगर धर के, तोर बइन जाई रय खोरे खेल के। केने गला केने नाईं। आमे ताके खोजी करी थाकी गलू मान्तर भेट के ना पारलू। तार सखी बिती मन लगे पन जाई रलू। हयँ मन बले काईं ना साँगोत।"

सुनला सुँदरधज राजा आउरी पाँय के बले ना धोई करी मुईं जिबी आउरी तार सकी बिती मन के पचारबी बलते गला चम्पाबतिर सकी बिती मन लगे। जाई करी पचारसी आचे मान्तर हयँ मन पन 'आमे ना जानू, आमे ना जानू' बलबाआत।

तेबे पारार लोक मन साँगलाय, नाईं आपनर सकी बिती मन सँगे गलार आय। सुपा-टुकना धरी करी गला। अतक के सुनला सुँदरधज आउरी एबे आयसी तेबे आयसी बली बाट दखसी आछे मान्तर आसा-आसी निआय। तेबे खोजी करते जायसी आछे। डगरायसी आछे लँदी-खँडे-खँडे। कोनी लगे बाबू काँदला आले जान के होयसी बली जायसी आचे। ताके दखला चम्पाबती आउरी एबर राजा मोके पुजबाय बे बली लुकी देला। लुकले बले राजा ताके दखला आउरी तार लगे गला। राजा के दखी करी एबर राजा मोके पुजबाय बे बली चम्पाबती आपटी-कचाड़ी होई-होई काँदसी आछे। राजा के पोटारी होई-होई काँदसी आछे। राजा चम्पाबतिर हाल के दखला आउरी कसन ने तुय ए हाल होयलिस, कोन तोके असन हाल करला बली पचारसी आछे। तेबे चम्पाबती बलसी आछे,

हुए हैं, वे सभी तुम्हें दे दूँगी किन्तु बच्चे को नहीं फेंक सकती।"

नाव वाला बोला, "नहीं बाई। तुम कुछ भी कर लो किन्तु यह नाव यहाँ से नहीं हटेगी। तुम्हारे बागा से लिपटे बच्चे को फेंकने पर ही नाव चलेगी वरना नहीं।"

तब चम्पाबती क्या करती भला! अपने बच्चे को नदी में फेंक दिया। फेंक देने पर जल-कन्याओं ने उस बच्चे को पानी में डूबने से बचा लिया। हाथों में ले लिया। नाव वाले ने चम्पाबती को नदी पार करा दी। नदी पार करने के बाद चम्पाबती नदी के तट पर बैठ कर रोने लगी। मैं अब भला क्यों घर जाऊँगी! जाने पर बच्चा कहाँ है कहकर मुझे घरवाले मार डालेंगे। ऐसा सोचकर वह घर नहीं गयी। वहीं बैठ कर रो रही है। मुझे मेरे पति मार डालेंगे, मेरे सास-ससुर मार डालेंगे। ऐसा सोच-सोचकर वह नदी के किनारे झिपा जैसी किसी घास के झुरमुट में बैठकर आकुल-व्याकुल होती रोने लगी। उसे रोते आठ दिन बीत गये। पन्द्रह दिन बीत गये। वह उस स्थान से नहीं हटती। रो-रोकर बैठी है। उसकी आँखों में कीचड़ भर आया। वह पगली-सी हो गयी है।

उधर उसके घरवाले उसे खोजने लगे। उसका पति घर आया। वह दूसरे राज्य गया था। आने पर उसकी माँ ने उसे पाँव धोने के लिये पानी दिया। यह देखकर वह पूछने लगा, "तुम पानी दे रही हो, माँ। चम्पाबती कहाँ गयी?" ऐसा कहते वह अपनी माँ से और अपने पिता से चम्पाबती के विषय में पूछने लगा।

तब उसकी माँ कहने लगी, "मैं तुम्हें क्या बताऊँ, बाबू! घर में हममें से कोई भी नहीं था। तुम्हारे पिता गये थे कचहरी-दरबार, मैं गयी थी सामान बेचने के लिये हटरी, तुम्हारा छोटा भाई गया था हल चलाने और तुम्हारी बहिन गयी थी खेलने के लिये गली में। वह कहाँ गयी पता नहीं। हमने उसे बहुत खोजा किन्तु वह नहीं मिली। हम उसकी सखियों के पास भी गये थे। उन्होंने भी कुछ नहीं बताया।"

सुँदरधज ने सुना और मैं जाकर उसकी सखियों से पूछूँगा कहता पाँव धोये बिना ही वहाँ से गया चम्पाबती की सखियों के पास। जाकर पूछने लगा किन्तु वे भी 'हम नहीं जानतीं, हम नहीं जानतीं' कहने लगीं।

तब मोहल्ले के लोगों ने बताया कि वह तो अपनी इन्हीं सखियों के साथ गयी थी। सूपा और टोकरा लेकर गयी थी। इतना सुना सुँदरधज ने और अब आएगी, तब आएगी सोचकर घर वापस हो गया और उसकी बाट देखने लगा। किन्तु वह नहीं आयी। तब वह उसे खोजते हुए जाने लगा। नदी के किनारे-किनारे खोजने लगा। कहीं न कहीं तो बच्चे के रोने की आवाज सुनायी पड़ेगी तब उसका पता मालूम हो जायेगा, सोचता वह खोजने लगा। तभी उसे देखा चम्पाबती ने और छिप गयी। किन्तु उसके पति ने उसे देख लिया और उसके पास गया। अपने पति को देखकर अब तो मेरे पति मुझे मार डालेंगे, सोचकर गिरती-पड़ती और जोर-जोर से रोने लगी। अपने पति से लिपटकर रोने लगी। राजा ने चम्पाबती का हाल देखा और तुम्हारा यह हाल कैसे हो गया, तुम्हें इस हालत में किसने

"तमे मोके पुजबास बे। तमे मोके मारबास बे।" बली-बली आउरी काँदसी आछे। तेबे राजा बलसी आछे, "मुईं तोके मारें नाईं ना पुजें नाईं। तुय साँग तो मोके। कोन तोर ए हाल करला?"

बलबा के चम्पाबती काँदी-काँदी सबू गोठ के साँगी देला। साँगबा के राजा कटकट-कटकट दात चाबसी आछे। राजा तलवार के तो धरी रला। "जूँ नू हयँ डोंगा बिता लगे।" बल्ला आउरी दुनो लोक डोंगा बिता लगे गलाय। डोंगा बिता के हाक देला आउरी रिस काजे ताके गोंदा-गोंदा करी लँदी ने पकाय देला। अतक ने राजा-रानी दुनो लँदी-खँडे बसी करी काँदबा आचेत। हयँ मनर काँदबा के सुनलाय कनया मन आउरी चँदरधज के बलबाआत, "जा बाबू, चँदरधज। तोर आया-बुआ मन तोर काजे अरलई-करलई होई काँदबा आचेत। तुय फुल फुट आउरी जा।" बली करी कनया मन पिला के उपरे उधलाय देलाय। उधलाय देबा के पिला चँदरधज काय सुँदर फुल फुटी करी उपरे दखा देला। हयँ फुल के दखलाय राजा-रानी। हयँ फुल एई मन लगे-लगे आयसी आछे। तेबे राजा रानी के नाहाय के बल्ला। बलबा के रानी राजा के हयँ फुल के दखायला आवरी बलसी आछे, "दखा नू राजा, हयँ फुल कतक सुँदर दखा देयसी आछे। मोर काजे आनी देतास आले कतक सुँदर होयता।"

बलबा के राजा पानी ने उतरला। कनयाएक पानी ने गला। जिबा के फुल राजा लगे आसला। तेबे राजा फुल के टुटायला आउरी चम्पाबती लगे आनी देला चम्पाबती लँदी-खँडे बसी रय। चम्पाबतिर हाते देबा के हयँ फुल काय सुँदर पिला होयला आउरी तार कोरा ने खेलसी आछे। राजा-रानी दुनो पिला के दखी करी खुबे हरिक होयलाय। अतक ने दुनो पिला के पायलाय आवरी घरे आसलाय। सुँदरधज लोन निकरायला आउरी तलवार के निसला। निसी करी गला चम्पाबतिर छय जन सखी मन लगे। जाई करी मोर रानिर नसबार के टाकलास तमे, मोर पिला के लँदी ने पुजा दिआयलास तमे बली-बली छयो सखी मन के खेदी-खेदी पुजी पकायला। पाछे घरे आसला, नाहा-धुआ करला। काय सुँदर कमाय-धमाय खायलाय।

पहुँचाया कहता उससे पूछने लगा। तब चम्पाबती कहने लगी, "आप मेरी बलि चढ़ा देंगे। आप मुझे मार डालेंगे।" ऐसा कहते वह रोने लगी। तब राजा कहने लगा, "न तो मैं मारूँगा और न तुम्हारी बलि ही चढ़ाऊँगा। तुम मुझे बताओ तो। किसने तुम्हारा यह हाल किया?"

तब चम्पाबती ने रो-रोकर सारा हाल राजा को कह सुनाया। सुनकर राजा गुस्से से दाँत किटकिटाने लगा। राजा ने तलवार तो पकड़ा ही था। "चलो तो नाव वाले के पास।" उसने कहा और दोनों नाव वाले के पास जा पहुँचे। नाव वाले को बुलाया और क्रोधित होकर उसके टुकड़े-टुकड़े कर नदी में फेंक दिया। इसके बाद राजा और रानी दोनों ही नदी के तट पर बैठ कर रोने लगे। उनका रोना सुनकर जल-कन्याएँ चँदरधज से कहने लगीं, "जाओ बाबू, चँदरधज। तुम्हारे माता-पिता तुम्हारे लिये आकुल-व्याकुल होते रो रहे हैं। तुम फूल बन कर जाओ।" ऐसा कहकर जल-कन्याओं ने बच्चे को ऊपर उछाल दिया। उछाल देने पर बच्चा चँदरधज बहुत ही सुन्दर फूल बनकर पानी में तैरने लगा। उस फूल को देखा राजा-रानी ने। वह फूल इन्हीं के आसपास आने लगा। तब राजा ने रानी से नहाने को कहा। यह सुनकर रानी ने उस फूल की ओर संकेत कर कहा, "देखिये तो प्रियतम, वह फूल कितना सुन्दर दिखायी पड़ रहा है। मेरे लिये ला देते तो कितना अच्छा होता।"

उसके ऐसा कहने पर राजा पानी में उतर गया। कमर तक पानी में गया। जाने पर फूल राजा के पास आ गया। तब राजा ने फूल को तोड़ा और चम्पाबती के पास ले आया। चम्पाबती नदी के तट पर बैठी थी। चम्पाबती के हाथों में देने पर वह फूल सुन्दर बच्चा बन कर उसकी गोद में खेलने लगा। राजा-रानी बच्चे को देखकर बहुत प्रसन्न हो गये। इसके बाद दोनों ने बच्चे को गोद में लिया और घर आ गये। सुँदरधज ने नमक निकाला और तलवार की धार तेज की। धार तेज कर चम्पाबती की छहों सखियों के पास गया। जाकर तुम लोग मेरी पत्नी का बिगाड़ चाहती थीं कहते छहों सखियों को दौड़ा-दौड़ा कर तलवार से काट डाला। इसके बाद घर वापस हुआ, स्नानादि से निवृत्त हुआ। फिर वे बहुत ही सुन्दर तरीके से जीवन बिताने लगे।

मामार बेटी

मामा की बेटी

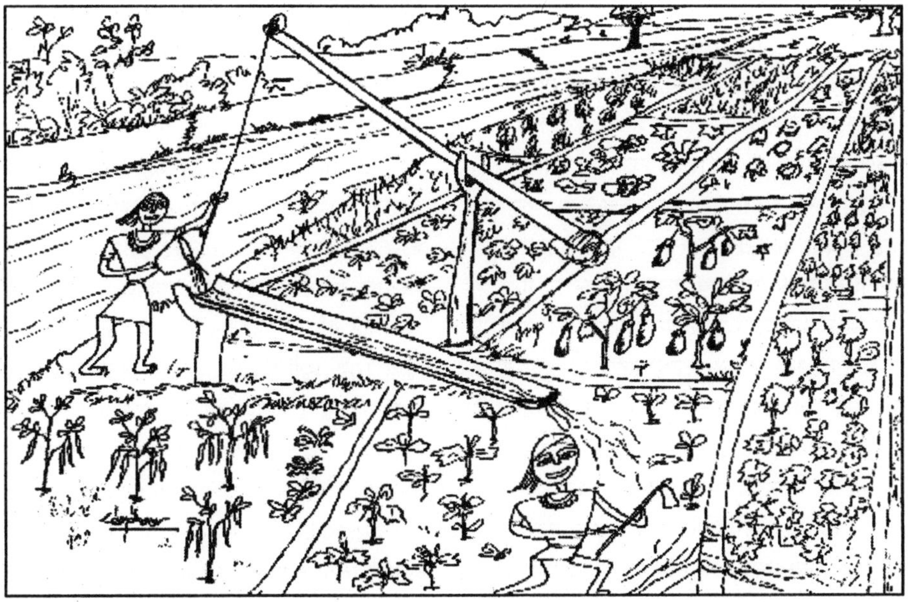

गोटक गाँए बुड़ा-बुड़ी रलाय। हयँ मनर नाव आय लाई पेटी बुड़ी आवरी लाई पेटा बुड़ा। बुड़ा-बुड़िर गोटक बेटा रला। तार नाव रय कलिया कदम। हयँ जुआन रय। खुबे सुँदर रय, काँस थारी माहा। तार टोंड हजारी फुल माहा रला, दात मन रलाय दाड़िम बिचा[133] माहा आवरी हात-पाँय रलाय केरा-खम माहा। खड़ेदा जुआन रला हयँ पिला। दिरिप सुँदर दखा देयते रला। गोटक दिनर गोट आय। तार मामार बेटी ताके सपना देला पहिल निंद ने। तार नाव रय कुसुमारबती। हयँ पने डेवना ने माची उपरे बसी करी पिलार मुँड के आपनर कोले धरला आछे आवरी रुपर ढेटा बिती सोनर कडरी ने पिला के ओखनी दखी देयसी आछे। सपना दखी करी पिला चेतला आवरी कसन ने एमती सपना दखली बली करी बिचार करसी आछे। सोई दखे मातर ताके झुमा ना आसे। असनी-असनी बिआन[134] पाहायला[135]। उठी करी दुआरे निसकला। माय बिती ताके दखला आवरी बलसी आछे, "तुय काय काजे अड़क चाँडे उठलिआस बाबू? काय होयला तोके आजी? कोनी दिने तो अड़क चाँडे ना उठिस।"

पिला सुनला आवरी बलसी आछे, "मुइँ आजी गोटक अचरितर सपना सपनली आया।"

एक गाँव में एक बूढ़ा और बुढ़िया थे। उनके नाम थे लाई पेटी बुड़ी और लाई पेटा बुड़ा। उनके एक बेटा था। उसका नाम था कलिया कदम। वह युवा था। बहुत सुन्दर था, काँसे की थाली जैसा। उसका मुँह हजारी के फूल जैसा था, दाँत थे अनार के बीज की तरह और हाथ-पाँव थे केले के स्तम्भ की तरह। भरपूर युवा था वह। बहुत सुन्दर दिखायी पड़ता था। एक दिन की बात है। उसकी मामा की बेटी उसके सपने में आयी उसकी पहली नींद में। उसका नाम था कुसुमारबती। वह ड्योढ़ी पर मचिया के ऊपर बैठी उस युवक के सिर को अपनी गोद में लेकर चाँदी की मूठ लगी सोने की छुरी से युवक के सिर पर जुएँ देख रही थी। सपना देखकर युवक जाग गया और मैंने ऐसा सपना कैसे देखा, कहते विचार करने लगा। वह दुबारा सोने की कोशिश करने लगा किन्तु उसे दुबारा नींद नहीं आयी। इस तरह रात बीत गयी, सबेरा हो गया। वह उठा और आँगन में निकल गया। माँ ने उसे देखा और पूछने लगी, "तुम इतनी जल्दी कैसे उठ गये, बाबू? आज तुम्हें क्या हो गया? बाकी दिन तो तुम इतनी जल्दी नहीं उठते।"

युवक ने सुना और कहने लगा, "मैंने आज एक विचित्र सपना देखा है, माँ।"

---

133. बिचा : अन्य ध्वनि 'बिजा'।

134. बिआन : अन्य ध्वनि 'सकाल'।

135. पाहायला : अन्य ध्वनि 'पायला'।

"काय सपना सपनलिस बाबू, आले मोके बले साँगी दख तेबे।" माय बिती बलसी आछे।

बलबा के पिला तार सपनला सपना के आया बिती के साँगी देला आवरी बलसी आछे, "हयँ खुबे सुँदर टोकी आय, आया। मुईं ताके मोर काजे आन के जिबी। तार सँगे मोर बिआ करी देबास।"

तार गोट के सुनला माय बिती आवरी बलसी आछे, "ताके आन के काय काजे जिबिस ता बाबू। ताके तो बारा भाई बाग बसिया मन माँगलायआत। तोर काजे गाँव-गाँव ले खोजी-बाछी करी बुहारी आनी बिआ करी देबू। तुई हँके आन के ना जा।"

कलिया कदम बल्ला, "नाईं आया, मुईं ताकेय होले बिआ होयबी नोयले आउर-तिसर के ना होयँ। मुईं मामा घरे जिबी। हयँती मुईं घरजाँव रबी। कोन बाग बसिया मोके काय करबाय आले मुईं तिके दखबी। तुई जा, तड़ाक् नाय राँदा-बाड़ा कर। मोके तुय बायसा ना कर।"

पिलार गोट के सुनला माय बिती आवरी बुता-भयना करी पकायला। दतुन-पतर चाबला, नाहा-धुआ करला आवरी राँदा मँडायला। अतक ने कलिया कदम पने गला दतुन-पतर चाबला, नाहा-धुआ करला आवरी तार पुरखार देव-घर के सरा-बड़ा करी सबू सेवा-जोड़ा धरी करी सेवा-सासन करला। गँदा-ओड़ा करला आवरी बल्ला, "दखा रे मोर पुरखतिर देव-धामी मन। मुईं हयँ टोकी के आन के जिबी आछे। मोके कोनी काईं ना करोत। मोके अछा-अछा[136] आनले मुईं धुरला पाँय ने करेया परवाँ देबी आवरी गुर-घिंवर बासना देबी।" असन बली करी देव-धामिर पाँय पड़ला, सेवा-पुजाकरला, नड़िया फुटायला। नड़िया[137]-पानी के सबू बाटे छिचला, आपन परसाद खायला आवरी गला घोड़ा-सारे। घोड़ा-सारे जाई करी उड़ानफोबन घोड़ा के बलसी आछे, "तुई मोके राज दखाय के नेबिस कसन रे, उड़ानफोबन घोड़ा? राज दख के जाई करी हयँ बाट ले मोर काजे बुहारी आनबू।"

तार गोट के सुनी करी उड़ानफोबन घोड़ा मुँड के हलाय देला। तेबे कलिया कदम हँके नाहा-धुआ करी देला आवरी दाना-पानी देला। घोड़ा दाना-पानी खायबा के ताके तियार करी पकायला आवरी आपन बले तियार होयला। कोट-कमिंज पिंदला, पागा-जुड़ा बाँदला, गाहना-गुटा पिंदला आवरी काय सुँदर तियार होयला। तियार होयबा के तार माय बिती ताके खाय के देला। पिला खायला। अतक ले तार माय बिती खजना बनाय देला आवरी ताके देई करी बलसी आछे, "ए खजना के धरी रा, बेटा। छुचा हाते ना जा।"

पिला खजना के आपनर जब ने धरला। रुपया-पयसा धरला आवरी आपनर जाक-जमक के घोड़ा उपरे लती करी माय बिती के बलसी आछे, "तुई मोरे काजे धोका ना कर, आया। मोके काईं ना होय। हयँ तो मोर मामार बेटी आय। मुईं ताके आन के सकें। मोके कोनी काईं ना करोत।"

"कैसा सपना देखा है बाबू, जरा मुझे भी तो बताओ।" माँ कहने लगी।

ऐसा कहने पर युवक ने अपने सपने की बात माता से कह सुनायी और कहने लगा, "वह बहुत ही सुन्दर युवती है, माँ। मैं उसे अपने लिये लेने जाऊँगा। आप लोग उसके साथ मेरा विवाह करा देना।"

उसकी बातें सुनीं माता ने और कहने लगी, "उसे लेने क्यों जाओगे बाबू। उसे तो बाघ वंश के बारह भाइयों ने अपने लिये माँग रखा है। तुम्हारे लिये गाँव-गाँव खोजकर लड़की लायेंगे और विवाह करा देंगे। तुम उसे लेने मत जाओ।"

कलिया कदम बोला, "नहीं माँ, मैं उसी से विवाह करूँगा। किसी और के साथ नहीं। मैं मामा के घर जाऊँगा। वहाँ मैं घरजँवाई रहूँगा। कौन बाग वंशी मेरा क्या बिगाड़ लेंगे, उन्हें मैं देख लूँगा। तुम जाओ, जल्दी से भोजन राँध डालो। तुम मुझे मना मत करो।"

बेटे की बात सुनी माँ ने और काम-काज कर डाले। दतौन आदि से निवृत्त हुई, स्नानादि किये और भोजन राँधने लगी। इतने में कलिया कदम ने भी दतौनादि किये, स्नानादि से निवृत्त हुआ और अपने पुरखों की देवी के कक्ष को लीप-पोत कर सारी सामग्री ली और पूजा किया। धूप-अगरबत्ती आदि जलाये और कहने लगा, "देखो हे मेरे पुरखों के देवी-देवताओ! मैं उस युवती को लेने के लिये जा रहा हूँ। मेरा कोई भी कुछ न बिगाड़ सके। मुझे यदि आप भली प्रकार वापस ले आयेंगे तो मैं आते ही काला कबूतर और गुड़-घी का होम दूँगा।" ऐसा कह उसने देवी-देवताओं को प्रणाम किये, सेवा-पूजा की, नारियल फोड़ा। नारियल का पानी सभी ओर छिड़का, प्रसाद खाया और गया घुड़शाल में। घुड़शाल में जाकर उड़ने वाले पवन घोड़े से कहने लगा, "तुम मुझे राज्य दिखाने ले चलोगे या नहीं रे, उड़ने वाले पवन घोड़े? राज्य देखने जाकर उधर से मेरे लिये तुम्हारी बहू लेकर आयेंगे।"

उसकी बातें सुनकर उड़ने वाले पवन घोड़े ने अपना सिर हिला दिया। तब कलिया कदम ने उसे स्नान करवा दिया और दाना-पानी दिया। घोड़ा के दाना-पानी खा लेने पर उसने उसे तैयार कर दिया और स्वयं भी तैयार हो गया। कोट-कमीज पहने, पगड़ी बाँधी, गहने पहने और बहुत सुन्दर तैयार हो गया। तैयार हो जाने पर उसकी माँ ने उसे भोजन परोस दिया। युवक ने भोजन किया। इतने में उसकी माँ ने मिठाई बना दी और उसके हाथ में देकर बोली, "यह मिठाई रख लो, बेटे। खाली हाथ मत जाओ।"

युवक ने मिठाई अपने जेब में रख ली। रुपये-पैसे रखे और अपने सामान घोड़े की पीठ पर लाद कर माँ से कहने लगा, "तुम मेरे लिये चिन्ता मत करो, माँ। मुझे कुछ भी नहीं होगा। वह तो मेरे मामा की बेटी है। मैं उसे ला सकता हूँ। मेरा कोई कुछ भी नहीं बिगाड़ सकता।"

136. अछा : हिन्दी से प्रभावित ध्वनि। मूल ध्वनियाँ 'निको' और 'नँगत'। किन्तु इन दोनों शब्दों का अर्थ प्रसंगानुसार एवं क्षेत्रीय भिन्नतावश 'प्रसव' भी होता है।

137. नड़िया : अन्य ध्वनियाँ 'नड़ेया', 'नड़या'।

असन बली करी दुआरे निसकला आवरी घोड़ा के चेंगी करी ताके एक झुटी मारला। घोड़ा रेंग के धरला। जिबाआत-जिबाआत। जाऊ-जाऊ टोकिर गाँए अमरलाय। तरई-पार ने गलाय। अड़की दायँ तार मामार बेटी कुसुमारबती हईं तरई ने नाहाय के आसी रला तार सखी मन सँगे। नाहा-धुआ करी करी हयँमन कपड़ा-लता पिंदलाय आवरी घरे जायते रलाय। अड़क दायँ कलिया कदम हयँ टोकी के चितायला आवरी एई टोकी तो आय मोर मामार बेटी बली तार पिटी-पिटी घोड़ा के रेंगायसी आछे। जायते-जायते आदो बाट होयला आछे अड़की दायँ कोन आय खड़प-खाड़प हिंडते आयसी आछे बली कुसुमारबती उलटी करी दखसी आछे जे कलिया कदम घोड़ा ने बसी करी आसते रला। ए कोन घोड़ा-घसेया आय मोर पिटी-पिटी आयसी आछे बली कुसुमारबती चाँडे-चाँड हिंडसी आछे। घरे अमरला आवरी तार माय बिती के साँगला, "कोन तो घोड़ा-घसेया मोर पिटी-पिटी आयसी आछे।"

बलबा के टोकिर माय बिती घर ले निसकी दखला। दखसी आछे तार भाचा कलिया कदम आय। हयँ मने-मन बिचार करसी आछे, ए तो मोर बेटी के दखला आले नेबी बलसी बे। असन बिचार करी हयँ भितरे गला आवरी टोकी के मँजी बाखरा ने नेई करी ढाकी देला। कपाट के तारा-कुची देई देला आवरी कसला ने पानी धरी करी दुआरे निसकला। कलिया कदम के पाँय धोयबा काजे पानी देला। पानी देबा के कलिया कदम बलसी आछे, "मुईं तमर देला पानी के पाँय ना धोयँ बुबू। तमर बेटी देले अका धोयबी।"

बुबू बिती बलसी आछे, "तमर किरिया भाचा, आमर घरे कोन थानर बेटी रता ता! आमर तो बेटी निआय। गोटक होई रला काय पने हयँ तो नानी च्ची बेरा मरी होयला।"

कलिया कदम बलसी आछे, "तमे मोके छलबा आहास, बुबू। मोके ठगबा आहास। मुईं तमर बेटी के एबेय दखली जे।" बल्ला पिला आवरी घोड़ा ले उतरी करी घर भितरे ओयल्ला। मँजी बाखरा लगे गला आवरी हयँ बाखरार कपाट के लाते मारला। लाते मारबा के कपाट उघड़ी गला। तेबे पिला भितरे ओयल्ला। ताके दखी करी टोकी खिचखिच-खिचखिच हाँस के धरला। अतक के दखी करी बुबू बिती खुबे रिस होयला आवरी बलसी आछे, "ए आमर देव-बाखरा आय। तुई कसन ने ए बाखरा भितरे ओयल्लिस?"

कलिया कदम काईं के ना सुने। गला आवरी कुसुमारबतिर मुँडर केस के धरला आवरी बुबू बिती लगे नेला आवरी बलसी आछे, "तमर घरे खुबे सत आछे, बुबू। खोड़या देव खिचखिच-खिचखिच हाँससी आछे।"

अतक ने टोकी ताके पानी देला। पानी देबा के कलिया कदम पाँय धोयला आवरी जोब थान ले खजना के निकराय करी एदे, आया तमर

ऐसा कहकर उसने घोड़े को आँगन में निकाला और उस पर सवार होकर उसे एक काड़ी मारी। घोड़ा चल पड़ा। चले जा रहे हैं, चले जा रहे हैं। जाते-जाते लड़की के गाँव पहुँच गये। तालाब के किनारे पहुँचे। उसी समय उसके मामा की बेटी कुसुमारबती उसी तालाब में नहाने के लिये आयी हुई थी अपनी सखियों के सँग। वे लोग स्नानादि से निवृत्त हो कपड़े पहनकर घर जा रही थीं। इसी समय कलिया कदम ने उस युवती को पहचान लिया और यही तो मेरे मामा की बेटी है, कहते उसके पीछे-पीछे घोड़े पर सवार होकर जाने लगा। चलते-चलते आधे रास्ते में पहुँचे तभी कौन चला आ रहा है कहते युवती ने उसकी ओर पलट कर देखा तो वह कलिया कदम था जो घोड़े पर सवार होकर चला आ रहा था। यह कौन घोड़ा-घसिया[138] है जो मेरे पीछे-पीछे चला आ रहा है, सोचते हुए कुसुमारबती जल्दी-जल्दी चलने लगी। घर पहुँची और अपनी माँ से कहने लगी, "कोई घोड़ा-घसिया मेरे पीछे-पीछे चला आ रहा है।"

उसकी बातें सुनकर उसकी माँ घर से निकली। देखती है, उसका भान्जा कलिया कदम है। वह मन ही मन विचार करने लगी कि यदि इसने मेरी बेटी को देख लिया तो यह उसे ले जायेगा। ऐसा विचारकर वह भीतर गयी और युवती को बीच वाले कमरे में ले जाकर कमरे का दरवाजा बन्द कर दिया। दरवाजे पर ताला जड़ दिया और लोटे में पानी लेकर बाहर निकली। कलिया कदम को पाँव धोने के लिये पानी दिया। पानी देने पर कलिया कदम कहने लगा, "मैं आपके दिये पानी से पाँव नहीं धोऊँगा, बुआ। आपकी बेटी देगी तो धो लूँगा।"

बुआ कहने लगी, "तुम्हारी कसम भान्जे, हमारे घर में कहाँ की बेटी है! हमारी तो बेटी नहीं है। एक हुई थी वह तो बचपन में ही मर गयी।"

कलिया कदम कहने लगा, "आप मुझसे छल कर रही हैं, बुआ। मुझे बेवकूफ बना रही हैं। मैंने तो आपकी बेटी को अभी-अभी देखा है।" युवक ने कहा और घोड़े पर से उतरकर घर के भीतर घुस गया। बीच वाले कमरे के पास जाकर दरवाजे को लात से मारा। लात मारने पर दरवाजा खुल गया। तब युवक भीतर गया। उसे देखकर युवती खिलखिला कर हँसने लगी। यह देखकर बुआ बहुत नाराज हो गयी और कहने लगी, "यह हमारा देव-कक्ष है। तुम कैसे इस कमरे के भीतर घुस गये?"

कलिया कदम कुछ नहीं सुनता। गया और कुसुमारबती के सिर के केश पकड़कर बुआ के पास ले गया और कहने लगा, "आपके घर की देवी में बहुत ही सत्य है, बुआ। खोड़या देव[139] खिलखिला कर हँस रहा है।"

इतने में युवती ने उसे पानी दिया। पानी देने पर कलिया कदम ने पाँव धोये और जेब से मिठाई निकालकर यह लीजिये, माँ ने आपके लिये

138. घोड़ा-घसिया : घोड़े के लिये चारे काट कर लाने वाला। घसियारा।
139. खोड़या देव : लँगड़ा देवता। अन्य उच्चारण 'खोड़िया देव', 'खोड़ेया देव'।

काजे पठायला आछे बली बुबू बिती के देला। देबा के बुबू बिती खजना के धरला। टोकी तार बाटे पिटी करी करी राँदा-बाड़ा करसी आछे। कलिया कदम टोकी के हाँसी-हाँसी गोट मुटका मारी देला। टोकिर बुआ बिता बाँगा-भाजी अटार बाटे जाई रला। हयँ पने अड़की दायँ अटार बाट ले बाहड़ला। कोड़की के खाँदे बोई करी आसला। दखसी आछे दुआरे घोड़ा बाँदला रय। ए कोन घोड़ा बिता आमर घरे आयला आछे ता! बलसी आछे मने-मने। डरे-डर बुड़ा घरे ओयल्ला। घरे ओयलबा के दखला कलिया कदम के आवरी तार टोंड चुमला। कलिया कदम तार पाँय पड़ला। तेबे दुनो मामा-भाचा बसलाय आवरी एनर-तेनर गोट गोटयाबा आछेत। असनी-असनी रात होयला। राँदा-बाड़ा करलाय, खा-पी करलाय आवरी राती काजे सोई देलाय। सकाल पाहायबा[140] के बुड़ा कलिया कदम के बलसी आछे, "तमे घरे राहा भाचा। मुईं अटार बाटे जिबी हो। बाँगा-पानी देबार आछे।"

तार गोट के सुनी करी कलिया कदम बलसी आछे, "मुईं फेर घरे काय बनायबी ता हो, मामा? मुईं बले तमर सँगे आसबी। दखी रबी तमर अटार के। काय-काय मँडायलाआस आले।" बली करी बुड़ार बोयला कोड़की के आपनर खाँदे बोयला आवरी बुड़ा सँगे अटारे गला। दुनो अटारे अमरलाय। अमरबा के बुड़ा पानी टेंडते रला तेबे कलिया कदम बलसी आछे, "आले हो मामा। मोके टेंड के दियास।" असन बली करी बुड़ा के हयँ थान ले गुचायला आवरी आपने होई करी पानी टेंडला। जतक पानी बुड़ा आँट दिन ने टेंडता अतक पानी हयँ एके दिन ने टेंडी देला। बुड़ा पने पानी खेलाय-खेलाय थाकी गला। तार कमायबा के दखी करी बुड़ा अचरित ने पड़ी गला। बुड़ा खुबे हरिक होयला। अतक ले दुनो मामा-भाचा नाहा-धुआ करलाय आवरी घरे आसलाय। घरे आसी करी बुड़ा बलसी आछे बुड़ी के, "बाबा रे! आमर भाचा खुबे कमया आय, बुड़ी। मोर आँट दिनर बुता के गोटकी दिन ने करी पकायला जे!" असन गोटया-बतेया होई-होई दुनो बुड़ा-बुड़ी हरिक होयलाय। खा-पी करलाय। रऊ-रऊ आछोत बे।

गोट दिने बुड़ी बलसी आछे बुड़ा के, "कसन करबू बे बुड़ा? टोकी के तो आमे बारा भाई के देलू आछे। मातर एके ना देले ए आमके भलई ना करे।" दुनो के धोका धरला। बुड़ा के काईं बुता के बलेकर के ना देय कलिया कदम। सबू बुता के करसी आछे। गोट दिन बल्ला, "ए हो मामा-बुबू! मुईं तमर बेटी काजे घरजावँ रबी। तमर बेटी के मोके ना देले मुईं घरे ना जायें।" असन बली करी पिला हईं थाने आछे। पँदरा-महेना दिन होयला। गोट दिने बुड़ा-बुड़ी बिचार करलाय। लोकर ना जानत ले खुसखुसा बिबा करी देऊँ, बली बिचारलाय। असन बिचार करी करी बिआ-जोड़ा जोड़बाआत। तेल-हरदी, टाटी-परला, कपड़ा-लता, हाँडी-

मिठाई भेजी है कहते बुआ के हाथ में रख दी। देने पर बुआ ने मिठाई रख ली। युवती उसकी ओर पीठ कर के भोजन राँधने लगी। कलिया कदम ने मजाक ही मजाक में युवती की पीठ पर एक धौल जमा दी। युवती का पिता बैंगन-अटार[141] में गया हुआ था। वह उसी समय अटार से लौटा। कुदाली को कन्धे पर लटकाये आया। देखता है आँगन में घोड़ा बँधा हुआ है। यह कौन घोड़े वाला हमारे घर आया हुआ है! वह मन ही मन सोचने लगा। बूढ़ा डरते-डरते घर में घुसा। घर में प्रवेश करने पर देखा कलिया कदम को और उसे चूमा। कलिया कदम ने उसके पाँव छुए। तब दोनों मामा-भान्जा बैठे और इधर-उधर की बातें करने लगे। होते-होते रात हो गयी। भोजन राँधा गया, खाना-पीना हुआ फिर रात में सो गये। सबेरा होने पर बूढ़ा कलिया कदम से कहने लगा, "आप घर में रहें भान्जे। मैं अटार की ओर जाऊँगा। बैंगन को सींचना है।"

उसकी बातें सुनकर कलिया कदम कहने लगा, "मैं भला घर में क्या करूँगा, मामा? मैं भी आपके साथ चलता हूँ। आपके अटार को देखूँगा। वहाँ आपने क्या-क्या लगाया है, उसे देखूँगा। ऐसा कह उसने बूढ़े के कन्धे पर टँगी कुदाल ले ली और अपने कन्धे पर रख लिया और बूढ़े के सँग अटार की ओर चल पड़ा। दोनों अटार में पहुँचे। वहाँ पहुँचने पर बूढ़ा पानी सींचने लगा था तब कलिया कदम कहने लगा, "मामा जी! मुझे सिंचाई करने दीजिये।" ऐसा कह उसने बूढ़े को वहाँ से हटाया और स्वयं ही सिंचाई करने लगा। जितना पानी बूढ़ा आठ दिनों में सींचता उतना पानी उसने एक ही दिन में सींच दिया। बूढ़ा पानी को इधर-उधर ले जाते-जाते थक गया। उसका काम देखकर बूढ़ा आश्चर्यचकित हो गया। वह बहुत प्रसन्न हो गया। इसके बाद दोनों मामा-भान्जा घर आये। घर आने पर बूढ़ा अपनी पत्नी से कहने लगा, "बाप रे! हमारा भान्जा तो बहुत काम करने वाला है, बुढ़िया। मेरे आठ दिन के काम को इसने एक ही दिन में कर दिया!" इस तरह बातचीत करते बूढ़ा और बुढ़िया दोनों प्रसन्न हो गये। भोजन किया। समय बीतने लगा।

एक दिन बुढ़िया कहने लगी बूढ़े से, "कैसे करेंगे जी? बेटी को तो हमने बारह भाइयों के यहाँ दे दिया है। किन्तु इसे न देने पर यह हमारी हालत खराब कर देगा।" दोनों को चिन्ता हो आयी। कलिया कदम बूढ़े को कोई भी काम करने नहीं देता। सारा काम करने लगा। एक दिन बोला, "सुनिये मामा-बुआ! मैं आपकी बेटी के लिये घरजँवाई रहूँगा। आपकी बेटी मुझे न देने पर मैं घर नहीं जाऊँगा।" ऐसा कह युवक वहीं रह गया। पन्द्रह दिन महीना भर हो गया। एक दिन बूढ़े-बुढ़िया ने विचार किया। लोगों के न जानते तक हम इन दोनों का विवाह कर दें, उन दोनों ने विचार किया। ऐसा विचार कर विवाह की तैयारियाँ करने लगे। तेल-

140. पाहायबा : अन्य ध्वनि 'पायबा'।
141. अटार : नदी या नाले का उपजाऊ किनारा जहाँ बैंगन, भाजी आदि सब्जियाँ उगायी जाती हैं।

टाँडी जोड़बाआत। काँडा-कुटी देलाय। बाजा-मोहरी हाक देलाय आवरी पारार लोक आवरी गाँयता-पुजारी के हाक देई करी माँडो गाड़लाय। छापर बाँदलाय। दुनो के नाहाय देलाय। नुआ कपड़ा पिंदायलाय, मोउड़ बाँदलाय आवरी दिन भर तेल चेगायलाय। अतक ने तेल सरला बे। सँज बेरा लगिन जोड़ा जोड़बाआत। सरा-बड़ा करी करी बाना-चिना लिखलाय। टोकी आवरी पिला के तियार करी देलाय। अतक ने टिकान बसायलाय। बुड़ा-बुड़ी बरतन-भाँडा, सोना-चाँदी सबू टिकलाय। बाजा-मोहरी बाजसी आछे। टिकान टिकबा लोक टिकान टिकबाआत। राँदबा लोक राँदबा आछेत, खायबा लोक खायबा आछेत। गायबा लोक गायबा आछेत, नाचबा लोक नाचबा आछेत। खा-पी करलाय पारार लोक आवरी आपन-आपन घरे गलाय। राती काजे सोयलाय। सकाल पाहायबा के उठी करी रचन खेलायलाय, नाहा-धुआ करलाय। अतक ले भोज-भात राँदलाय आवरी खा-पी करलाय। बिआ सरी गला।

बिआ होयला आँटेक दिन होयबा के कलिया कदम बलसी आछे, "आमे घरे जिबू हो, मामा। मोर इती आसला बले खुबे दिन होयला।" असन बली करी दुनो बायले-मुनिस[148] सज-तियार होयलाय। खा-पी करलाय आवरी मामा-बुबू के पाँय-पटा पड़लाय। दुनो बुड़ा-बुड़ी हयँमन के चुमा-चाटा करलाय। बिदा धरी करी दुनो घोड़ा के चेगी करी जिबाआत। आधो बाट होयबा के बारा भाई बाग बसया मन दखलाय आवरी आमर माँगला कैना के कोन आय नेयसी आछे बली करी बड़गा धरी कर हयँमन के खेदी नेबाआत। टोकी दखला आवरी कलिया कदम के बलसी आछे, "एमन बारा भाई बाग बसया मन मोके माँगी रलाय राजा। एबर ए बारा भाई मन आमके मारबा काजे आमके खेदी आनबाआत। कसन करबास?"

पिला सुनला आवरी बलसी आछे, "आस के देस नईं। कोन आय जे मोके मारसी?" बली करी पिला घोड़ा के एक झुटी मारला। मारबा के घोड़ा उड़ी गला। भर-भर-भर-भर उड़ी जायसी आछे उपरे-उपर। आधा जोजन गला। बारा भाई बाग बसेया हयँ मन के पिटी-पिटी खेदी नेलाय मातर अमराय के ना सकलाय। एमन घरे अमरलाय। बुड़ी दखला आवरी पारार लोक के हाक देय के पठायला। कलिया कदम बिआ होई करी आयला आछे बुहारी सँगे। सबू लोक पड़घाय के आसा, बली खबर

हल्दी, टाटी-परला[142], कपड़े-लत्ते, हाँडी-टाँडी[143] खरीदने लगे। कूटने के लिये धान और दलने के लिये दलहनी अनाज दिये। बाजा-मोहरी[144] वालों को बुलाया और मोहल्ले के लोगों तथा गाँयता-पुजारी को बुलाकर मण्डपाच्छादन किया। छापर[145] बँधवाये। दोनों को स्नान करवाये। नये कपड़े पहनाये, मोउड़[146] बाँधे और सारा दिन तेल चढ़ाया। फिर तेल चढ़ाने की रस्म पूरी हो गयी। साँझ के समय लगन की तैयारी करने लगे। लिपाई-पोंछाई कर चित्रांकन किये गये। दुल्हन और दूल्हे को तैयार किया गया। इसके बाद टिकावन के लिये बैठाया गया। बूढ़े और बुढ़िया ने बर्तन-भाँडे, सोना-चाँदी आदि टिकावन में दिये। बाजा-मोहरी बज रही है। टिकावन करने वाले टिकावन कर रहे हैं। भोजन राँधने वाले लोग भोजन राँध रहे हैं, खाने वाले खा रहे हैं। गीत गाने वाले गा रहे हैं, नाचने वाले नाच रहे हैं। भोजनादि से निवृत्त होकर गाँव-मोहल्ले के लोग अपने-अपने घर चले गये। रात हुई तो सब सो गये। सबेरे उठ कर दूल्हा-दुल्हन को रचन[147] खेलाया गया, स्नानादि से निवृत्त कराया गया। इसके बाद भोजन राँधा-खाया गया। इस तरह विवाह सम्पन्न हो गया।

विवाह सम्पन्न हुए आठ-एक दिन होने पर कलिया कदम कहने लगा, "हम घर जायेंगे, मामा। मुझे यहाँ आये भी बहुत दिन बीत गये।" ऐसा कहकर दोनों पति-पत्नी तैयार हो गया। भोजन किया और मामा-बुआ के चरण-स्पर्श किये। बूढ़ा और बुढ़िया दोनों ने उन्हें लाड़ किया। विदा लेकर वे दोनों घोड़े पर सवार होकर चल पड़े। अभी वे आधे रास्ते में ही थे कि बाघ वंशी बारह भाइयों ने उन्हें देखा और हमारे द्वारा माँगी गयी कन्या को कौन लिये जा रहा है, कहते वे लोग लाठियाँ लेकर उन्हें दौड़ाने लगे। लड़की ने देखा और कलिया कदम से कहने लगी, "ये लोग बाग वंशी बारह भाई हैं। मुझे इन्होंने अपने लिये माँगा था, राजा। अब ये बारह भाई हमें मारने के लिये हमारे पीछे दौड़े आ रहे हैं। क्या करेंगे?"

युवक ने सुना और कहने लगा, "आने दो न। कौन है जो मुझे मारेगा?" ऐसा कहते युवक ने घोड़े को एक बेंत मारी। मारने पर घोड़ा उड़ चला। भरभर-भरभर उड़ा चला जा रहा है ऊपर ही ऊपर। आधा योजन चला गया। बाग वंशी बारह भाई उनके पीछे दौड़े किन्तु उन तक नहीं पहुँच पाये। ये लोग अब घर पहुँच गये। बुढ़िया ने देखा और मोहल्ले के लोगों को बुलावा भेजा। कलिया कदम विवाह कर आ रहा है बहू के सँग। सभी लोग स्वागत करने के लिये आयें, कह खबर भिजवायी।

142. टाटी : बाँस से बनी चटाई। परला : बाँस से बनी बड़ी थाली नुमा टोकरी। छत्तीसगढ़ी परिवेश में यह 'पर्रा' कहलाता है।
143. हाँडी : हण्डी। टाँडी : हण्डीनुमा किन्तु हण्डी से छोटा पात्र।
144. बाजा-मोहरी : वाद्य। बाजा : ढोल, नगाड़े, तुड़बुड़ी, निसान आदि घन वाद्य। मोहरी : शहनाईनुमा सुषिर वाद्य।
145. छापर : पेड़ों की पत्तों वाली टहनियों से छायी गयी छप्पर।
146. मोउड़ : मुकुट। अन्य ध्वनि 'मोहुड़'। मोहुड़ (मोउड़) प्रायः पनारा (मरार या माली) समुदाय के लोगों द्वारा बनाये जाते हैं किन्तु कहीं-कहीं कुम्हार समुदाय के द्वारा भी बनाया जाना पाया गया है।
147. रचन : वह रस्म जिसमें दूल्हा-दुल्हन एक दूसरे पर घुली हुई हल्दी डालते हैं।
148. मुनिस : अन्य ध्वनि 'मनुक'।

देला। खबर देबा के पारार लोक भारी आसलाय। बाजा-मोहरेया आसलाय। अड़घा-पड़घा करलाय आवरी घरे ओलायलाय। बुड़ा-बुड़ी घर-दुआर के कलिया कदम आवरी तार बायले के सोपी देलाय आवरी बलबा आछेत, "जिव रओत ले आमके दोनाएक पेज दिया आवरी मरी गले मुटाएक माटी। एबर तमे कमाय खाहा।"

कलिया कदम आवरी तार बायले कुसुमारबती कमाय-धमाय खायबा आछेत। सबू हरिक मने आछेत।

खबर पाकर मोहल्ले के लोग दौड़े आये। बाजा-मोहरी वाले आ गये। स्वागत-सत्कार कर लाये और घर के भीतर ले गये। बूढ़े और बुढ़िया ने घर-द्वार कलिया कदम और उसकी पत्नी के हवाले किया और कहने लगे, "हमारे जीवित रहते तक हमें दोना भर पेज और मर जाने पर मुट्ठी भर मिट्टी देना। अब तुम लोग सहर्ष जीवन बिताओ।"

कलिया कदम और उसकी पत्नी कुसुमारबती सुख पूर्वक जीवन बिताने लगे। सभी प्रसन्नता पूर्वक रहने लगे।

करेलामती

करेलामती

गोटक मॉंगाखया[149] रला। मॉंगाखयार कोनी ना रलाय। एकलाय रला। गोट दिन हयँ गोटक गाँए गला। गोटक घरर बाड़ी भितरे करेला रगरगा पाकी रय। हयँ मॉंगाखया हयँ करेला के दखला आवरी घरबिती के बलसी आछे, "तमे मोके मुठी ना देले बले ए पाकला करेला के दियास।" असन बली हयँ पाकला करेला के मॉंगला।

घर बिती बाई सुनला आवरी बल्ला, "जा नईं तो कोन करेला आय जाले ताके टुटाय करी ने।"

असन बलबा के मॉंगाखया बाड़ी भितरे गला आवरी हयँ पाकला करेला के टुटाय करी आपनर झोरा ने भरला। हयँ थान ले गला गाँव भितरे मॉंग के। मॉंगू-मॉंगू दिन बुड़ला तेबे घरे आसला आवरी राँदा-बाड़ा करला।

करेला के निकरायला झोरा ले आवरी बलसी आछे अतक सुँदर करेला के कसन फेर साग राँदबी ता नू। नाईं, ना राँदें। एके सोंगाय देबी। बली राती बेरा हयँ करेला के गोटक कुँडरी भितरे सोंगाय देला आवरी सोई देला। सकाल पाहायबा के उठला, दतुन-पतर चाबला, नाहा-धुआ

एक भिखमंगा था। भिखमंगा के कोई नहीं था। अकेला था। एक दिन वह एक गाँव गया। एक घर की बाड़ी[150] में एक करेला पूरी तरह पककर लाल हो चुका था। उस भिखमंगे ने उस करेले को देखा और उस घर की मालकिन से कहने लगा, "आप मुझे भीख न भी दें तो भी कोई बात नहीं किन्तु यह पका करेला मुझे दे दें।" ऐसा कहता उसने वह पका करेला माँगा।

घर की मालकिन ने सुना और कहा, "जाओ न तो, कौन-सा करेला है, उसे तोड़ कर ले जाओ।"

ऐसा कहने पर भिखमंगा बाड़ी के भीतर गया और उस पके करेले को तोड़कर अपने झोले में रख लिया। वहाँ से गया गाँव में भीख माँगने के लिये। माँगते-माँगते दिन डूब गया तब घर आ गया और भोजन राँधा।

करेला को झोले से निकाला और सोचने लगा कि इतने सुन्दर करेले को कैसे राँधे। नहीं, नहीं राँधूंगा, उसने सोचा। इसे रख देता हूँ। ऐसा विचारकर उसने उस करेला को एक छोटी हँडिया के भीतर रख दिया और सो गया। सबेरा होने पर उठा, दतौन आदि से निवृत्त हुआ, स्नानादि

149. मॉंगाखया : अन्य ध्वनि 'मॉंगाखाया'।

150. बाड़ी : घर से लगी जमीन जो बाड़ से घिरी होती है और जहाँ साग-भाजी उगायी जाती है। छत्तीसगढ़ी परिवेश में यह 'बखरी' कहलाता है। अंग्रेजी में 'किचन-गार्डन'।

करला आवरी गला माँग के। बुली-बुली दिन भर माँगला। सँज होयबा के घरे बाहड़ला।

रोज दिन असनी करे माँगाखया। असनी रयते-रयते हयँ हाँडी भितरर करेला बोरबोरा पाकला आवरी काय सुँदर टोकी होई करी कुँडरी भितरे बसी देला आछे। गोट दिने माँगाखया के जाय के देला आवरी हयँ टोकी कुँडरी भितर ले बाइरे निसकी करी बड़ा-ओंडा, राँदा-बाड़ा करला। सबू बुता-भैना करी करी जसनर असन फेर हईं कुँडरी थाने जाई करी बसी देला आछे। दिन बुड़बा के माँगाखया घरे आसला। कपाट उघाड़ी करी दखसी आछे जे घर-दुआर छुकछुका आछे। बरतन-भाँडा माँजलार-घसलार आछे। राँदा-बाड़ा करलार आछे। आपने-आपन असन कसन ने होयला बली हयँ अचरित ने पड़ला। माँगाखया के भुक लागी रय। हयँ पने पाँय-हात धोयला आवरी भात-साग निकराय करी खायला आवरी सोई देला। सकाल पाहायबा के फेर उठला, दतुन-पतर चाबला, नाहा-धुआ करला आवरी माँग के गला गाँव ने।

हयँ टोकी रोजे माँगाखया के जाय के देय आवरी हाँडी भितर ले निसकी करी बुता-भैना करी पकाय। राँदा-बाड़ा करी पकाय आवरी फेर हईं हाँडी थाने जाई करी भरी होई देय। माँगाखया आसले सबू चरितर के दखे आवरी मने-मन खुबे अचरित ने पड़े। गोट दिने बुड़ा के हयँ करेलार सुरता पड़ला। सुरता पड़बा के आले जाई दखबी नूँ, मोर करेला कसन होयला आछे आले। काय अछा आछे की कुई गला जाले, बली कुँडरी के उघाड़ी दखसी आछे। कुँडरिर परई के उघाड़ी देबा के टोकी उबा होई देला। बुड़ा ताके दखी करी गप् नाय घसरला। बुड़ा घसरबा के टोकी कुँडरी थान ले बाइरे निसकला आवरी ताके उठ बाबा, तुई कसन असन घसरलिस बली उठायसी आछे।

बुड़ा उठला आवरी बलसी आछे, "नाईं नोनी, मोके माँद धरी रय।" असन बली हयँ टोकी के बलसी आछे, "तुई मोर पेट ने ना पाकी करी मोर बाँहा ने पाकलिआस। तुई घर ले दुआरे ना निसक। तोके कोनी बले दखी देले ना बचायबाय। अतक सुँदर दखा देबिआस तुई।" असन बली बुड़ा पने भारी हरिक होई जायसी आछे। हयँ ताके आपनर बेटी बनायला। तार नाव देला करेलामती। बुड़ा माँगी-माँगी आनले दुनो बाप-बेटी राँदी करी खायबाआत। गोटक दिनर गोट आय। रात भर ने आपने-आपन माहाल बनला। हयँ माहाल थाने धन-माल, कासा-तामा भरी गला। चुआँ-बावली बनी गला। सकाले उठी करी दखसी आछे बुड़ा आवरी मोर बेटी करेलामती आयला काजे माहाल बनला, अतक धन-माल, कासा-तामा होयला बली खुबे हरिक होयसी आछे। दुनो बाप-बेटी काय मँजा हरिक-उदिम ने रबा आछेत।

गोट दिने करेलामती बाड़ी बाटे निसकी रला। हयँ पने खुबे सुँदर दखा देयते रला। रगरगा लाल। अड़किदायँ हयँ राजर राजार टुरी-टेंडकिन मन नाहायबा काजे जाई रलाय। हयँ मन नाहाय करी बाहड़ते रलाय। आसबा बेरा करेलामती के तो दखी देलाय आछेत। ताके

किया और गया भीख माँगने। घूम-घूमकर दिन भर माँगता रहा। साँझ होने पर घर वापस हो गया।

वह प्रतिदिन इसी तरह माँग कर खाता। इसी तरह समय बीतता गया और हँडिया के भीतर रखा करेला पूरी तरह पककर एक युवती के रूप में परिवर्तित हो गया। वह युवती हँडिया के भीतर बैठी हुई थी। एक दिन भिखमंगे को माँगने के लिये घर से बाहर जाने देकर वह युवती हँडिया से बाहर निकली और घर की साफ-सफाई कर भोजन पकाया और फिर जस की तस उसी हँडिया के भीतर समा गयी। साँझ होने पर भिखमंगा घर लौटा। कपाट खोलकर देखा तो घर साफ-सुथरा था। बर्तन-भाँडे मँजे-धुले थे। भोजन भी पका रखा था। यह सब अपने आप कैसे हो गया, सोचता वह आश्चर्यचकित था। भिखमंगे को भूख लगी थी। उसने हाथ-पाँव धोये और भात-साग निकाल कर खाया, फिर सो गया। सबेरे उठा, दतौन-स्नानादि से निवृत्त हुआ और माँगने के लिये गाँव में चला गया।

अब वह युवती रोज ही उस भिखमंगे को घर से जाने देती और उसके जाने के बाद हँडिया से निकल कर घर का सारा काम-काज करती। भोजन पकाती और फिर से उसी हँडिया के भीतर जा बैठती। भिखमंगा घर लौटता और उस विचित्र घटना को देखकर बहुत विस्मित होता। एक दिन भिखमंगे बूढ़े को उस करेले की याद आयी। उसने सोचा कि चल कर देखा तो जाये कि आखिर उस करेले का क्या हाल है? ठीक है या कि सड़-गल गया है? यह सोच कर वह गया उस हँडिया के पास और हँडिया का ढक्कन खोल दिया। जैसे ही उसने ढक्कन खोला वह युवती वहाँ खड़ी हो गयी। बूढ़ा उसे देखकर अचेत हो गिर पड़ा। बूढ़े के गिर जाने पर वह युवती हँडिया के बाहर आयी और उठो बाबा, तुम कैसे गिर पड़े कहती बूढ़े को उठाने लगी।

बूढ़ा उठा और कहने लगा, "नहीं बेटी, मुझे नशा छा गया था।" ऐसा कहते वह उस युवती से कहने लगा, "तुम भले ही मेरे पेट में न पकी हो किन्तु मेरी बाँहों में अवश्य ही पकी हो। तुम घर से बाहर मत निकलो। किसी ने तुम्हें देख लिया तो तुम्हें नहीं छोड़ेगा। तुम इतनी सुन्दर दिखायी दे रही हो।" ऐसा कह बूढ़ा बहुत ही प्रसन्न होकर चला गया। उसने उसे अपनी बेटी बना लिया। उसका नाम दिया करेलामती। बूढ़ा भीख माँगकर लाता और वे दोनों बाप-बेटी राँध कर खाते। एक दिन की बात। रात भर में ही वहाँ अपने-आप महल बन गया। उस महल में धन-सम्पत्ति, काँसा-ताम्बा भर गया। कुआँ-बावली बन गये। सबेरे उठकर बूढ़े ने देखा और मेरी बेटी करेलामती के आने से ही यह सब सम्भव हुआ है, सोचते हुए बहुत ही आनन्दित होने लगा। दोनों पिता-पुत्री बहुत ही प्रसन्नता पूर्वक रहने लगे।

एक दिन करेलामती घर के पिछवाड़े की तरफ निकली थी। वह बहुत सुन्दर दिखायी दे रही थी। एकदम लाल। उसी समय उस राज्य के राजा की दासियाँ नहाने के लिये गयी हुई थीं। वे नहा कर वापस हो रही थीं। वापसी में उन्होंने करेलामती को देख ही तो लिया। उसे देखा और

दखलाय आवरी झटाझट घरे गलाय आवरी राजार सातो रानी मन के साँगलाय, "माँगाखया घरे गोटक दिरिप सुँदर जुआन टोकी आछे। हँतार लेड़ी आवरी तमर ठोड़ी एक बराबर होयसी। राजा हँके दखला बल्ले हँके ना छाँडे। ताके आनसिच्ची। हयँ अतक सुँदर आछे।"

सातो रानी सुनलाय आवरी झटाझट बुता-भैना करलाय। सज-तियार होयलाय आवरी करेलामती घरे जाई करी ताके 'नोनी, नोनी' बली हाक देलाय। हाक देबा के सुनला करेलामती आवरी कोन लोक आत बली निहारी दखसी आछे। सातो रानी मन ताके दखलाय। दखी करी हयँ मनर नँजर ना माँडे। ताके दखी करी सातो रानी मन भितरे-भितरे कुचर होयलाय। टोकी निसकी करी हयँमन के कसन आयलास बली बस के बल्ला। सातो रानी बसलाय आवरी तार सँगे एनर-तेनर गोठ गोठयाबाआत। सातो रानी मन ताके तार नाव के पुछबाआत, तार बुआर नाव के पचारबाआत। तेबे नाईं, मोर बुआ माँगाखया आय बली साँगसी आछे। मोर माय निआय, मोर भाई-भइन[151] कोनी निआत, बली साँगसी आछे। मुईं आवरी मोर बुआ दुए लोक आछूँ[152]। आमर सँगे आउर कोनी नाईं, बली साँगसी आछे।

सातो रानी मन सुनी करी बलबाआत, "तोके दखी करी आमके खुबे हरिक लागला। आमी तोर सँगे मित बाँदबू।"

टोकी बल्ला, "नाईं, मुईं मोर मन ने कसन फेर हाँ बलबी ता! मुईं मोर बुआ के पचारी दखबी।"

सातो रानी मन बल्लाय, "असन आले आमे काल के आसबू। एबर जिबुआछूँ[154] बे।" असन बली करी हयँ मन हयँ थान ले बाहड़लाय। बाहड़ी आसबा बेरा हयँमन एबर आमे कसन करबू बे बली सोर होयबाआत। राजा एके दखलाय आले आमके छाड़ी करी एकेय राखबाय बे, बलबाआत। कसन करबू बे, बलबा आछेत।

सँज बेरा बुड़ा घरे आसबा के करेलामती बलसी आछे, "ए बुआ! राजार सातो रानी मन मोर लगे आसी रलाय। हयँ मन मोर सँगे मित बाँदबू बलबाआत। कसन करबी?"

बुड़ा बल्ला, "तोके तो मुईं घर ले दुआरे ना निसक बली रली, नोनी। तुई हयँ मन के काय काजे दखा देलिस? एबर तो हयँ मन सँगे

झटपट घर पहुँचीं और राजा की सातों रानियों को बताने लगीं, "भिखमंगे के घर में एक अत्यन्त सुन्दर युवती है। उसकी एड़ी और आप लोगों की ठुड्ढी एक बराबर होगी। राजा ने यदि उसे देख लिया तो वे उसे नहीं छोड़ेंगे। उसे वे ले ही आयेंगे। वह सुन्दर ही इतनी है।"

सातों रानियों ने सुना और झटपट काम-धाम किया। तैयार हो गयीं और करेलामती के घर जाकर उसे 'नोनी, नोनी' कहती पुकारने लगीं। पुकार सुनकर करेलामती ने कौन है कह बाहर झाँका। इतने में सातों रानियों ने उसे देख लिया। उनकी नजरें उस पर नहीं टिकतीं। उसे देखकर सातों रानियाँ मन ही मन ईर्ष्या से जल उठीं। इतने में करेलामती घर से बाहर आयी और उनके आने का कारण पूछते हुए उन्हें बैठने को कहा। सातों रानियाँ बैठ गयीं और उसके साथ इधर-उधर की बातें करने लगीं। सातों रानियाँ उससे उसका और उसके पिता का नाम पूछने लगीं। तब वह बताने लगी कि उसका पिता भिखमंगा है। उसके कोई नहीं है। भाई-बहिन कोई भी नहीं। वह और उसका पिता दो ही लोग हैं। उनके साथ और कोई नहीं है।

सातों रानियों ने सुना और कहने लगीं, "तुम्हें देखकर हमें बहुत ही प्रसन्नता हुई। हम तुमसे मीत बदना[153] चाहती हैं।"

करेलामती बोली, "नहीं, मैं अपने मन से कैसे हाँ कह दूँगी! मैं अपने पिता से पूछूँगी।"

सातों रानियाँ बोलीं, "ऐसा है तो हम कल आयेंगी। अब हम जा रही हैं।" ऐसा कहकर वे सभी वहाँ से लौट गयीं। वापस होते हुए वे विचार करने लगीं कि अब वे क्या करेंगी। राजा ने इसे देखा तो वे हमें छोड़कर इसे ही रख लेंगे। क्या करें, कैसे करें वे सोचने लगीं।

साँझ को जब बूढ़ा घर लौटा तो करेलामती उससे कहने लगी, "पिता जी! राजा की सातों रानियाँ मेरे पास आयी थीं। वे मुझसे मित्रता करना चाह रही हैं। मैं क्या करूँ?"

बूढ़े ने कहा, "मैंने तो तुमसे घर से बाहर मत निकलने को कहा था, बेटी। तुम उन्हें दिखायी ही क्यों पड़ीं? अब तो उनके साथ तुम्हें मित्रता

---

151. भइन : अन्य ध्वनि 'बइन'।

152. आछूँ : अन्य ध्वनियाँ 'आछे', 'आचूँ', 'आचे' और हल्बी प्रभावित 'आसूँ', 'आसू'।

153. मीत बदना : मैत्री-सम्बन्ध स्थापित करना। मैत्री-सम्बन्ध के बन्धन में बँधना। हल्बी-भतरी परिवेश में 'मित' कई तरह के होते हैं यथा 'बइन लोक'। यह दो स्त्री मित्रों का आपसी मैत्री-सम्बोधन है। दो समवयस्क युवतियाँ या महिलाएँ आपस में बहिनापा स्थापित करने के लिये इस मैत्री-सम्बोधन का प्रयोग करती हैं। इसी तरह 'माय लोक' मैत्री-सम्बोधन दो समवयस्क युवतियों या महिलाओं के बीच माँ-बेटी का सम्बन्ध स्थापित करता है। बस्तर अंचल, पश्चिमी ओड़िसा और छत्तीसगढ़ी परिवेश में मित्रता के विभिन्न सम्बोधन प्रचलित हैं। यथा 'बाली फुल', 'माहापरसाद', 'गजामूँग', 'गोंदा फुल', 'भोजली' आदि। प्रायः इन या इनमें से किसी भी पदार्थ की आपस में अदला-बदली करके मित्रता स्थापित की जाती है। जिस पदार्थ की अदला-बदली मित्रता स्थापित करने में होती है, उसी पदार्थ के नाम पर मित्र को सम्बोधित किया जाता है। इस आदान-प्रदान में नारियल और फूल भी सम्मिलित होते हैं। 'सखी', 'मित' या 'मयतर' मित्र बनाने के लिये केवल नारियल और कोई सा भी फूल उपयोग में लाया जाता है। इस तरह के मैत्री-सम्बन्ध बहुत ही पवित्र और सम्मानजनक माने जाते हैं। ऐसी मित्रता पीढ़ी-दर-पीढ़ी चलती है। ऐसे दो मित्रों की सन्तान एक-दूसरे के पिता को 'फुल बाबा' (या 'मित बाबा') और माता को 'फुल आया' (या 'मित आया') या 'फुल माँ' (या 'मित माँ') कहती है।

154. जिबुआछूँ : अन्य ध्वनियाँ 'जिबुआछे', 'जिबुआचे', 'जिबुआचूँ' और हल्बी प्रभावित 'जिबुआसूँ', 'जिबुआसू'।

तोके मित बाँद के लागसिच्ची। नाईं बल्ले अड़नाप होई जायसी। राजा घरर रानी मन के कसन करी नाईं बल के होयसी ता!"

दिन बुड़ला, रात होयला। रात काजे सातो रानी मन सोयलाय आवरी बड़े सकरेया उठलाय। बुता-भैना करी तियार होयलाय आवरी करेलामती घरे गलाय। हयँती अमरी करी ताके हाक देलाय। हाक देबा के टोकी निसकला आरू बस के बल्ला। तेबे रानी मन तार सँगे बसी करी एनर-तेनर गोठयायलाय आवरी बलबाआत, "तोर बुआ के पचारलिस कसन?"

टोकी बल्ला, "आमर लगे तो काईं जाक-जमक निआय, काय-काय जोड़ा लागसी की बली बल्ला बुआ।"

सातो रानी मन बल्लाय, "सबू जोड़ा आमे आनबू। तमके काईं ना लागे। तमे आमर सँगे मित बाँदा।" असन बल्लाय रानी मन आवरी हरिक होई करी बलबाआत, "आले तेबे आमे जिबुआछूँ। काल के मुँडबेरा आसबू।" असन बली करी रानी मन आपनर घरे गलाय। राती होयबा के खाई-पिई करी सोई देलाय। बड़े सकाले उठलाय, बुता-भैना करलाय, सज-तियार होयलाय आवरी दुनो बाटर जोड़ा जोड़लाय। दुय टा नड़ेया, दुय टा लुगा, फुल-चाउर जोड़ा धरी करी करेलामती घरे गलाय आवरी तार सँगे मित बाँदलाय। मित बाँदी करी जुआर[155]-भेट होयलाय, चना-चिवड़ा खायलाय आवरी बिदा धरी करी आपनर घरे आसलाय।

असनी-असनी दुएक-तिनेक दिन होयला। गोट दिने सातो रानी मन करेलामती के तार जिव कोन ती आछे बली पचारबार बिचार करलाय। बिचार करी गलाय सातो रानी मन करेलामती घरे आवरी दुआर ले हाक देलाय। हाक देबा के टोकी निसकला। सबू जुआर-भेट होयलाय। बस के बलबा के सबू बसलाय। चाहा-पानी खायलाय, पान-सुपारी खायलाय, एनर-तेनर गोठयायलाय आवरी बलबाआत, "तमर जिव कोन ती आछे मित? तमे एकला लोक आछास। कोनी दिन तमर उपरे काईं बिपती पड़ले आमे तमके साहा होयबू।" असन बली हयँ मन डोडई धरलाय। तेबे टोकी बल्ला, "मोर जिव तमर जुठा-बाड़न ने आछे।" अतक ने हयँ मन फेर एनर-तेनर गोठ गोठयायलाय आवरी ताके भुरलाय करी उठी गलाय।

घरे अमरबा धापड़े हयँ मन जुठा-बाड़न के जोय ने मेंडाय देलाय। बाड़न पोड़ी गला। पोड़ी जिबा के करेलामती मरला बली करी रानी मन हरिक होयबा आछेत। छनक रई करी हयँ मन करेलामती मरला कसन बली आपनर टुरी-टेंडकी मन के तार घरे पठायलाय। पठायबा के टुरी-टेंडकी मन करेलामती घरे गलाय। दखबा आछेत, टोकी जिओत रला। दखलाय आवरी परायते-परायते रानी मन लगे बोहड़लाय। बलबाआत, "तमे काय के हरिक होयबा आछास, रानी मन! कोन ती ले हयँ मरता गुने! हयँ तो जिओत आछे।"

अतक के सुनी करी रानी मन रिस काजे कटकट-कटकट दात चाबबाआत। आमके ठगी देला बापलोटी बली करी खुबे रिस होयबाआत।

करनी ही पड़ेगी। नहीं कहेंगे तो बड़ी मुश्किल हो जायेगी। राजा के घर की रानियों को किस तरह मना किया जा सकता है भला!"

दिन डूबा, रात हो गयी। रात में सातों रानियाँ सो गयीं और सबेरे जल्दी उठ गयीं। काम-धाम कर तैयार हो गयीं और करेलामती के घर गयीं। वहाँ पहुँच कर उसे पुकारा। पुकार सुन कर युवती बाहर निकली और उन्हें बैठाया। तब रानियाँ उसके साथ बैठ कर इधर-उधर की बातें करने लगीं। फिर बोलीं, "अपने पिता से पूछा तुमने?"

करेलामती बोली, "हमारे पास तो कोई सामग्री नहीं है। पिता ने कहा कि पता नहीं कौन-कौन सी सामग्री लगेगी?"

सातों रानियों ने कहा, "सारी सामग्री हम लायेंगी। आपको कुछ भी नहीं लगेगा। आप हमारे साथ मीत बद लें।" ऐसा कहा रानियों ने और आनन्दित होती कहने लगीं, "अच्छा तो अब हम जा रही हैं। कल दोपहर में आयेंगी।" ऐसा कह कर रानियाँ अपने घर चली गयीं। रात होने पर भोजन कर सो गयीं। सबेरे उठीं, काम-धाम किये, तैयार हो गयीं और दोनों पक्षों के लिये सामग्री तैयार की। दो नारियल, दो साड़ियाँ, फूल-चावल आदि ले कर करेलामती के घर गयीं और उसके साथ मीत बदे। मीत बदने के बाद जोहार-भेंट की, चना-चिवड़ा खाया और विदा ले कर अपने घर आ गयीं।

इस तरह दो-तीन दिन बीत गये। एक दिन सातों रानियों ने करेलामती से उसके प्राण के विषय में पूछने का विचार किया। विचार कर वे करेलामती के घर गयीं और आँगन से ही उसे पुकारा। पुकार सुन कर करेलामती बाहर निकली। सबने आपस में जोहार-भेंट की। बैठने को कहने पर सभी बैठ गयीं। चाय आदि पी, पान-सुपारी खाये, इधर-उधर की बातें कीं और कहने लगीं, "आपके प्राण किसमें हैं, मीत? आप अकेली हैं। किसी दिन आपके ऊपर कोई विपत्ति आ पड़ी तो हम आपकी सहायता करेंगी।" इस तरह कहते हुए वे हठ करने लगीं। तब करेलामती बोली, "मेरे प्राण आपके जूठे झाड़ू में हैं।" इसके बाद वे इधर-उधर की बातें करती रहीं फिर उसे भुलावा दे कर चली गयीं।

घर पहुँचते ही उन लोगों ने जूठे झाड़ू को आग के हवाले कर दिया। झाड़ू जल गयी। जल जाने पर अब तो करेलामती मर गयी सोच कर वे रानियाँ प्रसन्न होने लगीं। थोड़ी देर बाद करेलामती मर गयी या नहीं यह जानने के लिये उन लोगों ने अपनी दासियों को उसके घर भेजा। दासियाँ करेलामती के घर गयीं। देखती हैं, करेलामती जीवित थी। देखा और भागती हुई रानियों के पास वापस हुईं। कहने लगीं, "आप लोग क्यों प्रसन्न हो रही हैं, रानियों! वह कहाँ से मरती भला! वह तो जीवित है।"

इतना सुन कर रानियाँ गुस्से से दाँत किटकिटाने लगीं। बापलोटी[156] ने हमें बेवकूफ बना दिया, कहते वे बहुत गुस्सा करने लगीं। गुस्से ही

155. जुआर : अन्य ध्वनि 'जुहार'। हल्बी और छत्तीसगढ़ी में यह 'जोहार' उच्चारित होता है।

156. बापलोटी : पिता के साथ रति-कर्म करने वाली। एक गाली।

रिसे-रिस बुता-भैना करलाय। राँदा-बाड़ा करी खा-पी करलाय आवरी राती काजे सोयलाय। सकरेया उठी करी फेर बुता-भैना करलाय, खा-पी करी सज-तियार होयलाय आवरी फेर गलाय करेलामती घरे। घरे अमरी करी हाक देलाय। हाक देबा के टोकी निसकला। जुआर-भेट होयलाय सबू। टोकी तिके बस के बल्ला। सबू बसलाय आवरी एनर-तेनर गोठ गोठयाय के धरलाय। छनक रई करी ताके भुरलायलाय आवरी बलबाआत, "ए मित! तमे आमके कसन ने असन ठगी देलास? आमे घरे जाई करी जुठा-बाड़न ने तमर जिव के खोजी दखलू। हयँती निआय। तमे सते-सते साँगी दियास मित, कोन ती आछे आले तमर जिव?"

करेलामती बल्ला, "नाईं मित, मोर जिव तमर छड़ा-हाँडी थाने आछे।"

बलबा के फेर सुनलाय सातो रानी मन आवरी घरे गलाय। घरे जाई करी छड़ा-हाँडी के फापड़बात। फापड़ी करी ताके आपटी देलाय। छड़ा-हाँडी चिरिपनाय् ले फुटला। जिव पने हयँ थान बले ना रला मातर एमन एबर तो टोकी मरी गला बे, बली हरिक होयबाआत। हरिक-हरिक टुरी-टेंडकिन मन के पठायलाय करेलामती घरे, "जाहा री, टुरी-टेंडकिन मन। दखी आसा। एबर तो करेलामती मरी गला बे।"

टुरी-टेंडकिन मन गलाय करेलामती घरे। जाई दखबाआत करेलामती जिओत रला। फेर परायते-परायते रानी मन लगे आसलाय आवरी बलबा आछेत, "कोन ती ले मरता ता, रानी मन! हयँ तो जिओत आछे। तमे जाहलाय हरिक होयबा आछास।"

अतक के सुनी करी तो रानी मन रिस काजे चुड़ी जिबा आछेत। आमके फेर ठगला, बलबाआत। नाईं काल के फेर जाई दखूँ ता। काल के पचारी दखबू, बली सोर होयलाय। बुता-भैना करलाय। सँज होयबा के राँदा-बाड़ा करी खा-पी करलाय आवरी राती होयबा के सोई देलाय। दुसर दिन फेर बड़े सकाले उठलाय आवरी तियार होई करी फेर गलाय करेलामती घरे। जुआर-भेट होयलाय आवरी एनर-तेनर गोठ ने ताके भुरलाय करी फेर तो पचारबाआत, "तमे आमके मित आत बली ना पतयायबाआस मित, तेबेय आमके ठगबाआस। ना साँगास तमर जिव कोन ती आछे आले हँके।"

टोकी बल्ला, "नाईं मित, मोर जिव तमर पाट घोड़ा ने आछे।"

अतक के सुनलाय रानी मन आवरी घरे उठी आसलाय। आसी करी रिसायला आछेत। राजार आसबा बेरा आपन-आपन बाखरा मन ने जाई सोई देला आछेत। राजा आसला आवरी हयँ मन के ना दखी करी खोजसी आछे। दखसी आछे जे सातो रानी मन आपन-आपन बाखरा मन ने सोई देला आछेत। राजा गला आवरी हयँ मन के पचारसी आछे तेबे कोन तो रानी बलसी आछे मोके जर धरला आछे बलते, कोन तो रानी मोके मुँड दुखसी आछे बलसी आछे आवरी कोन तो रानी मोके पेट दुखसी आछे बलसी आछे। अतक के सुनी करी राजा टुरी-टेंडकिन मन

गुस्से में सारा काम-काज किया। भोजन राँधा और खा-पीकर रात में सो गयीं। सबेरे उठकर काम-काज किया, खाना-पीना किया और तैयार होकर फिर से करेलामती के घर गयीं। पहुँचकर पुकारा। पुकार सुनकर करेलामती बाहर निकली। सभी ने आपस में जोहार-भेंट किये। उसने उन्हें बैठने को कहा। सभी बैठ गयीं और इधर-उधर की बातें करने लगीं। थोड़ी ही देर बाद उन लोगों ने उसे भुलावा दिया और कहने लगीं, "हे मीत! आपने हमें कैसे बेवकूफ बना दिया? हम लोग घर में जाकर जूठे झाड़ू में आपके प्राण खोजती रहीं। वह तो वहाँ नहीं है। आप सच-सच बताइये मीत, आपके प्राण कहाँ हैं?"

करेलामती बोली, "नहीं मीत, मेरे प्राण गोबर का घोल रखने वाली आपकी कुँडिया में हैं।"

यह सुना सातों रानियों ने और घर चली गयीं। घर जाकर गोबर का घोल रखने वाली हाँडी को उलट-पलट रही हैं। उलट-पलट कर उसे पटक दिया। हाँडी फूटकर चूर-चूर हो गयी। प्राण वहाँ भी नहीं थे किन्तु इन लोगों ने सोचा कि अब तो लड़की मर ही गयी होगी और प्रसन्न होने लगीं। प्रसन्न होकर दासियों को फिर से करेलामती के घर भेजा, "जाओ री दासियो। देख आओ। अब तो करेलामती मर गयी होगी।"

दासियाँ गयीं करेलामती के घर। जाकर देखती हैं, करेलामती जीवित थी। फिर से वे भागते-भागते रानियों के पास लौटीं और कहने लगीं, "वह कहाँ से मरती भला, रानियों। वह तो जीवित है। आप लोग व्यर्थ ही प्रसन्न हो रही हैं।"

इतना सुनकर रानियाँ क्रोध के मारे जलने लगीं। हमे फिर से बेवकूफ बना दिया, वे सोचने लगीं। फिर वे आपस में विचार करने लगीं, नहीं कल फिर से जा देखें। काम-धाम किये। शाम होने पर भोजन राँधे और खाना-पीना किया। रात होने पर सो गयीं। दूसरे दिन फिर सबेरे-सबेरे उठीं और तैयार होकर फिर से करेलामती के घर गयीं। जोहार-भेंट कर इधर-उधर की बातें कीं और फिर से पूछने लगीं, "आप हमें अपना मीत नहीं मानतीं मीत, इसीलिये हमें बेवकूफ बना रही हैं। इसीलिये आपके प्राण कहाँ हैं, यह बात हमें नहीं बतातीं।"

करेलामती बोली, "नहीं मीत, मेरे प्राण आपके मुख्य घोड़े में हैं।"

इतना सुनकर रानियाँ वहाँ से उठ कर अपने घर चली आयीं। आकर वे रूठी हुई हैं। राजा के आने के समय वे सभी अपने-अपने कमरों में जाकर सो गयीं। राजा आया और उन्हें न पा कर खोजने लगा। देखा सातों रानियाँ अपने-अपने कमरों में सोई हुई हैं। राजा गया और उन लोगों से पूछने लगा तब कोई रानी कहती है कि उसे ज्वर हो आया है, तो कोई रानी कहती है कि उसके सिर में पीड़ा है और कोई कहती है कि उसका पेट दुख रहा है। यह सुनकर राजा ने दासियों से कहा, "चावल लेकर जाओ दासियो, देव बैठाने[157] के लिये। रानियों को

157. देव बैठाना : सिरहा (जिस पर देवी की सवारी आती है) के पास जा कर उससे देवता का आह्वान करवाना।

के बल्ला, "चाउर धरी करी जाई दखा रे टुरी-टेंडकिन देव बसाय के। रानी मन के काय होयला बली पचारी आसा।"

तेबे टुरी-टेंडकिन मन चाउर धरी करी गलाय। आदो बाट ने जाई करी चाउरर चिवड़ा पलटलाय आवरी आसी करी राजा के साँगबाआत, "नाईं राजा माहाराज! तमर पाट घोड़ा के देव धरला आछे मने। देव असनी साँगला। हयँ घोड़ा के मरते मारले रानी मन उजरबाय बली बल्ला देव।"

राजा सुनला आवरी गाँवर लोक के हाक देई करी बल्ला, "तमे सबू लोक जाई करी आमर पाट घोड़ा के मरते मारी दियास। ताके मारी करी तार लोहू के आना।"

गाँवर लोक सुनलाय आवरी राजार पाट घोड़ा के खेदी-खेदी करी मारी पकायलाय। मार-मुर करलाय आरी तार लोहू के गोटक बटका ने झोकी करी राजा लगे आनी देलाय। आनी देबा के राजा हयँ लोहू बटका के धरला आवरी रानी मन लगे जाई करी तिके देई देला, "एदे, तमर बल्ला काजे मुईं मोर पाट घोड़ा के मरने मराय देली आवरी तार लोहू के अनायली आछे।" रानी मन दखलाय आवरी हरिक-हरिक उठी करी लोहू टिका माँडलाय। एबर तो करेलामती मरलाच्ची, बली हरिक होयबा आछेत। टुरी-टेंडकिन मन के फेर पठायलाय करेलामती के दख के। टुरी-टेंडकिन मन फेर गलाय। दखबा आछेत करेलामती जिओत रला। फेर हयँ थान ले परायते-परायते रानी मन आसलाय आवरी बलबाआत, "नाईं रानी मन! हयँ तो अछा आछे। कोन ती ले मरता गुने!"

आमके फेर ठगी देला बली रानी मन मुरुसनाय होयलाय आवरी राती होयबा के सोई देलाय। दुसर दिन बड़े सकाले उठलाय, दातुन-पतर चाबलाय, झटाझट बुता-भैना करलाय आवरी नाहा-धुआ करी तियार होयलाय। राँदा-बाड़ा करी खा-पी करलाय आवरी फेर गलाय टोकी घरे। जाई करी ताके फेर बलबाआत, "तमे आमके फेर ठगी देलास, मित। तमे आमके कसन काजे ठगबाआस? तमके आमर उपरे दतक बले भोरसा निआय? ना होयसी, तेबेय तो घन-घन आमके ठगबाआस।"

टोकी सुनला आवरी बल्ला, "नाईं मित। मोर जिव तमर पाट हाती[158] ने आछे।"

रानी मन बलबाआत, "तमे आमके फेर तो ना ठगबाआस, मित? मित लोक होई करी बले ठगबाआस जे!"

टोकी बल्ला, "नाईं मित, ना ठगें। तमर पाट हाती ने आछे मोर जिव।"

अतक ने रानी मन हयँ थान ले जुआर-भेट करी करी आपनर घरे आसलाय। राजार आसबा बेरा रिसाय करी सोई देलाय आछेत। अड़किदायँ राजा आसला। सबू रानी मन सोई रलाय। हयँ मन के दखला आवरी बलसी आछे, "एबर काय होयला गुने, काय काजे सोई देला आछास?"

रानी मन बलबाआत, "नाईं राजा, तमर पाट हातिर देव धरला आछे आमके।"

158. हाती : मूल ध्वनि 'हाथी'।

क्या हो गया है, उससे पूछकर आना।"

तब दासियों ने चावल लिये और चली गयीं। आधे रास्ते में जाकर उस चावल के बदले चिवड़ा लिया और वापस आकर राजा से कहने लगीं, "हे राजा महाराज! आपका जो मुख्य घोड़ा है उसे देव ने पकड़ा हुआ है। देवता ने ऐसा बताया। उस घोड़े को मार डालने पर रानियाँ ठीक हो जायेंगी। ऐसा देवता ने बताया है।"

राजा ने सुना और गाँव के लोगों को बुला कर बोला, "तुम सभी लोग मिलकर जाओ और हमारे मुख्य घोड़े को मार डालो। मार कर उसका लहू लेकर आओ।"

गाँव के लोगों ने सुना और राजा के मुख्य घोड़े को दौड़ा-दौड़ा कर मार डाला। मारकर उसका लहू एक पात्र में लेकर राजा के पास ले आये। ला देने पर राजा लहू से भरा वह पात्र लेकर रानियों के पास गया और उन्हें सौंप दिया, "यह लो, तुमने जैसा कहा था वैसा मैंने मेरे मुख्य घोड़े को मरवा डाला और उसका लहू मँगवाया है।" रानियों ने देखा और प्रसन्नता पूर्वक उठकर लहू का टीका लगाया। अब तो करेलामती मर ही गयी होगी, सोचकर वे आनन्दित होने लगीं। फिर से दासियों को उसे देखने के लिये भेजा। दासियाँ फिर से गयीं। देखा तो करेलामती अभी भी जीवित थी। वे भागती हुई वहाँ से रानियों के पास आयीं और कहने लगीं, "नहीं रानियो! वह तो भली-चंगी है। वह कहाँ से मरती भला!"

हमें फिर से बेवकूफ बनाया सोचते हुए रानियों के चेहरे उतर गये। रात हुई तो सो गयीं। अगले दिन सबेरे उठीं, दतौन आदि से निवृत्त हुईं, काम-धाम किया, स्नानादि से निवृत्त होकर तैयार हो गयीं। भोजन राँधे और खा-पी कर फिर से करेलामती के घर गयीं। वहाँ जाकर फिर से उससे कहने लगीं, "आपने हमें फिर से बेवकूफ बना दिया, मीत। आप हमें क्यों बेवकूफ बनाती हैं? क्या आपको हमारे ऊपर तनिक भी भरोसा नहीं है? नहीं होगा, तभी तो आप हमें बारम्बार भुलावा देती हैं।"

करेलामती ने सुना और बोली, "नहीं मीत। मेरे प्राण आपके मुख्य हाथी में हैं।"

रानियाँ बोलीं, "आप हमें फिर से तो बेवकूफ नहीं बना रही हैं, मीत? मीत होकर भी हमें भुलावा दे रही हैं!"

करेलामती बोली, "नहीं मीत, भुलावा नहीं दे रही हूँ। आपके मुख्य हाथी में हैं मेरे प्राण।"

इतने में रानियाँ जोहार-भेंट कर वहाँ से अपने घर आ गयीं। राजा के आने के समय वे रुष्ट होकर सो गयीं। इसी समय राजा आया। सभी रानियाँ सोई हुई थीं। उन्हें इस स्थिति में देखा राजा ने और पूछने लगा, "अब क्या हो गया भला, किसलिये सो गयी हो?"

रानियाँ कहने लगीं, "हे राजा, आपके मुख्य हाथी के देवता ने हमें पकड़ रखा है।"

राजा सुनला आवरी गाँवर लोक के हाक देई करी तार पाट हाती के मरतें मार के बल्ला। मारी करी तार लोहू के आनबा काजे बल्ला। तेबे गाँवर लोक मन पाट हाती के खेदी-खेदी मारी पकायलाय। मारी करी तार लोहू के बटका ने झोकी करी राजा लगे आनी देलाय। राजा बटकार लोहू के रानी मन लगे नेई देला आवरी बल्ला, "एदे, मोर पाट हाती के मरायली आवरी तार लोहू के अनायली आछे।"

अतक सुनी करी रानी मन हरिक होई उठलाय आवरी लोहू के टिका माँडलाय। एबर तो करेलामती मरलाच्ची बे, बली हरिक होयबा आछेत। टुरी-टेंडकिन मन के फेर पठायलाय करेलामती के दखबा काजे। टुरी-टेंडकिन मन फेर गलाय। जाई दखबा आछेत करेलामती जसनर असन रला। टुरी-टेंडकिन मन परायते आसलाय रानी मन लगे आवरी करेलामती ज़िओत आछे बली साँगलाय। सुनी करी सातो रानी रिस काजे चुड़ी जिबाआत। ए आमके घन-घन ठगसी आछे। इती आछे हयँती आछे बली बलसी आछे मातर तार जिव कोनी थाने ना मिरे। काल के फेर जिबू बली बिचार करलाय। सँज होयबा के राँदा-बाड़ा करलाय, खायलाय आवरी राती काजे सोयलाय।

दुसर दिने फेर बड़े सकरेया उठी करी बुता-भैना, राँदा-बाड़ा करी तियार होयलाय आवरी गलाय टोकी लगे। फेर पुछबाआत, "तमर जिव कोन थाने आछे हँके सते-सते साँगी दियास, मित। काय काजे आमके तमे घने-घने ठगबाआस?"

टोकी बल्ला, "नाईं मित। मोर जिव तमर गदया-सारे आछे।"

बलबा के रानी मन सुनलाय आवरी घरे आसी करी आपापुती सोई देलाय। राजार आसबा बेरा रिसायला आछेत। राजा आसला आवरी एबाट-हयँबाट दखसी आछे जे कोनी नाईं। भितरे ओली दखला। सबू रानी मन आपन-आपन बाखरा मन ने सोई देला आछेत। राजा पचारबा के बलबाआत, "नाईं राजा, आमके अछा ना लागसी आछे।" कोन तो पेट दुखसी आछे बलसी आछे, कोन तो मुँड दुखसी आछे बलसी आछे, कोन तो जर धरायला आछे बलसी आछे। राजा सुनला आवरी टुरी-टेंडकिन मन के देव बसाय के जाहा बल्ला। बलबा के टुरी-टेंडकिन मन चाउर धरलाय आवरी घर ले निसकलाय। आदो बाटे जाई करी चाउरर चिवड़ा पलटलाय आवरी खाई देलाय। खाई सारी घरे बाहड़लाय आवरी राजा के बलबाआत, "नाईं राजा माहाराज! रानी मन के गदया-सारर देव धरला आछे मने। असनी साँगला देव। गदया-सार के जराय[159] देले रानी मन उजरबाय मने।"

अतक के सुनी करी राजा गाँवर लोक मन के हाक देला आवरी तार गदया-सार के पोड़ाय[160] के बल्ला। बलबा के लोक मन जुयलाय आवरी राजार गदया-सार के पोड़ाय देलाय। गदया-सार भरभर-भरभर पोड़ी गला। पोड़ी करी लाखड़ी उलटला। अतक ने राजा घरे गला

159. जराय : अन्य ध्वनि 'पोड़ाय'।

160. पोड़ाय : अन्य ध्वनि 'जराय'।

राजा ने सुना और गाँव के लोगों को बुलाकर अपने मुख्य हाथी को मारने के लिये कहा। मारकर उसका लहू लाने को कहा। तब गाँव के लोगों ने उसके मुख्य हाथी को दौड़ा-दौड़ा कर मार डाला। मारकर उसका लहू एक पात्र में भर लाये और राजा को सौंप दिया। राजा ने लहू से भरा वह पात्र ले जाकर रानियों को दिया और बोला, "यह लो, मैंने अपने मुख्य हाथी को मरवा डाला और उसका लहू मँगवाया है।"

यह सुनकर रानियाँ प्रसन्न हो गयीं और उठ कर लहू का टीका लगाया। अब तो करेलामती मर ही गयी होगी विचारते वे प्रसन्न होने लगीं। फिर से दासियों को उसे देखने के लिये भेजा। दासियाँ गयीं। देखा तो वह अभी भी जीवित थी। दासियाँ फिर से भागती हुई वहाँ से लौटीं और करेलामती के जीवित होने की खबर दी। सुनकर रानियाँ क्रोध से उबलने लगीं। यह हमें बारम्बार बेवकूफ बना रही है। यहाँ है वहाँ है कहती है किन्तु उसके प्राण हैं कि कहीं मिलते ही नहीं। चलो, कल फिर से चलेंगे। उन्होंने विचार किया और भोजन पकाया, खाया और सो गयीं।

अगले दिन सबेरे उठीं, काम-धाम किया, भोजन राँधा और तैयार होकर करेलामती के पास गयीं। फिर से उसे पूछने लगीं, "आपके प्राण कहाँ हैं, वह आप हमें सच-सच बता दें, मीत। आप हमें बारम्बार क्यों भुलावा दे रही हैं?"

करेलामती बोली, "नहीं मीत। मेरे प्राण आपके भण्डार-शाला में हैं।"

रानियों ने सुना और झटपट घर आकर सो गयीं। राजा के आने के समय रुष्ट होकर पड़ी हुई हैं। राजा आया और इधर-उधर खोजने लगा। देखा तो कोई भी नहीं। भीतर जाकर देखा। सभी रानियाँ अपने-अपने कमरों में सोयी पड़ी हैं। राजा ने पूछा तो कहने लगीं, "नहीं राजा, हमें अच्छा नहीं लग रहा है।" कोई पेट दुख रहा है कहने लगी तो कोई सिर में पीड़ा की बात बताने लगी और कोई ज्वर होने की बात। राजा ने सुना और दासियों से कहा कि वे जाकर देव बैठा आयें। यह सुनकर दासियों ने चावल लिये और घर से निकलीं। आधे रास्ते में पहुँचकर उस चावल के बदले चिवड़ा लिया और खा लिया। थोड़ी देर बाद घर वापस हुईं और राजा से कहने लगीं, "हे राजा महाराज! रानियों को भण्डार-शाला के देवता ने पकड़ लिया है। देवता ने ऐसा ही बताया। भण्डार-शाला को जला देने पर रानियाँ ठीक हो जायेंगी।"

यह सुनकर राजा ने गाँव के लोगों को बुलाया और उन्हें अपने भण्डार-शाला को जला डालने को कहा। सुनकर लोग एकत्र हुए और राजा के भण्डार-शाला को जला दिया। भण्डार-शाला थोड़ी ही देर में धू-धू कर जल उठी। जलकर राख हो गयी। इतने में राजा गया और रानियों

आवरी रानी मन के गदया-सार के पोड़ाय देलू बली साँगला। साँगबा के रानी मन हरिक-हरिक उठलाय। झटाझट बुता-भैना करलाय आवरी टुरी-टेंडकिन मन के करेलामती घरे पठायलाय ताके दख के। टुरी-टेंडकिन मन गलाय। जिबा के दखबाआत करेलामती जसनर असन रला। ताके काईं ना होई रय। हयँ जिओत रला। दखी करी आपापुती परायते-परायते रानी मन लगे गलाय आवरी साँगबाआत, "करेलामती जसनर असन आछे, रानी मन। जिओत आछे।" अतक के सुनलाय रानी मन आवरी खुबे रिस होयबा आछेत। आमके घने-घने ठगसी आछे बली खुबे कावली-बिवली होई जिबाआत। अतक ले राँदा-बाड़ा करलाय, खा-पी करलाय आवरी राती काजे सोई देलाय।

ए बाटे करेलामती रानी मनर रोजे-रोजे पुछबा के बिरबिरा होई गला। कतक ले एमन के मुईं ठगते रबी बे, बलसी आछे। एमन मोर जिव के धरबा काजे होयलाआत। आले एबर आसलाय आले एमन के साँगी देबी बे, बली बिचार करला आवरी सँज बेरा तार बुआ के साँगसी आछे, "ए बुआ! सातो रानी मन मोर लगे रोजे दिन आसबा आछेत आवरी मोर जिव कोन थाने आछे बली पुछा-पचारा करबाआत। हयँ मन मोर जिव के धरबा काजे होयलाआत, बुआ। मुईं हयँ मन के ठगी-ठगी रली मातर एबर ठग के ना सकीं। काल के आसलाय आले तिके सत गोठ के साँगी देबी। गला आले जाओ बे मोर जिव। काय तो करबी ता! काली मुईं मोर नौसर हार के हयँ मन के देई देबी। मोर जिव हईं नौसर हार थाने आछे। नौसर हार के हयँ मन के देले मुईं मरी जिबी। मुईं मरले तुई पाँच हातर गोटोक डबा बनाय के बलबिस आवरी मोर मड़ी के हईं डबा भितरे भरी करी खमन भितरे नेबिस। हयँती नेई करी कोनी बले सरगी-गछ तले डबा सँगे गाड़ी देबिस। तुई धोका ना कर, बुआ। तुई अछा-अछा रबिस।"

अतक के सुनी करी बुड़ा रद्रद्-रद्रद् काँद के धरला, "तोके एतारी काजे बली रली बेटी घर ले ना निसक बली। तुई मोर गोठ के ना धरलिस। तोके रानी मन ना दखी रले तोके काईं ना होयता बे।"

करेलामती बुड़ा के मना-मनी करला आवरी बल्ला, "तुई धोका ना कर, बुआ। मुईं जसन बल्ली आछे असनी करबिस।" असन बली करी राँदा-बाड़ा करला टोकी। दुनो बाप-बेटी खा-पी करलाय आवरी राती काजे सोई देलाय।

सकाल पाहायबा के बुड़ा माँगबा काजे गाँव ने गला। हयँ बाटे सातो रानी मन बुता-भैना करलाय, तियार होयलाय, खा-पी करलाय आवरी रिसे-रिस टोकी लगे गलाय। एनर-तेनर गोठ ने ताके भुरला-भुरली करी फेर बलबाआत, "तमी[161] तो आमके खुबे ठगबाआस, मित। असन ने तमी आमर मित नुआहास। मित होयले तो आमके अतक ना ठगतास बे। तमी आमके दतक ना पतयायबाआस। आमी सबू थाने दखी दखलू मातर तमर जिव कोनी थाने निआय। आजी तमे आमके सत्ते-सत्ते ना साँगले आमे घरे ना जाऊँ। तमे आजी सत्ते-सत्ते साँगी दियास।" असन बली

से बताया कि उसने भण्डार-शाला को जलवा दिया है। यह सुनकर रानियाँ आनन्दित होकर उठीं। झटपट काम-धाम किया और दासियों को करेलामती के घर उसे देखने के लिये भेजा। दासियाँ गयीं। जाकर देखा करेलामती जैसी की वैसी थी। उसे कुछ भी नहीं हुआ था। वह जीवित थी। देखकर वे वहाँ से भागती हुई वापस आयीं रानियों के पास और बताने लगीं, "करेलामती तो जैसी की वैसी है। जीवित है।" यह सुनकर रानियाँ बहुत क्रोधित हो गयीं। हमें यह बारम्बार भुलावा दे रही है, कहतीं बहुत आकुल-व्याकुल होने लगीं। इतने में उन्होंने भोजन राँधा और खा-पीकर सो गयीं।

इधर करेलामती रानियों द्वारा रोज-रोज पूछे जाने पर परेशान हो गयी। मैं कब तक इन्हें भटकाती रहूँगी, वह सोचने लगी। ये लोग मेरे प्राण हर लेने के लिये तत्पर हैं। अब आयेंगी तो मैं इन्हें बता ही दूँगी, उसने विचार किया। शाम को जब उसका पिता घर लौटा तो वह उससे कहने लगी, "पिताजी! सातों रानियाँ प्रतिदिन मेरे पास आती हैं और मेरे प्राण के विषय में पूछती हैं। वे मेरे प्राण लेने पर तुल गयी हैं, बाबा। अब तक तो मैं उन्हें भुलावा देती रही किन्तु अब भुलावा देना कठिन है। कल वे आयेंगी तो मैं उन्हें सच बात बता दूँगी। भले ही मेरे प्राण चले जायें। क्या करूँ? कल मैं अपना नौ लड़ियों वाला हार उन्हें दे दूँगी। मेरे प्राण उसी हार में हैं। उस नौ लड़ियों वाले हार के दे देने पर मैं मर जाऊँगी। मेरी मृत्यु होने पर तुम पाँच हाथ लम्बा एक डिब्बा बनवाना और मेरा शव उसी डिब्बे के भीतर भरकर जंगल के भीतर ले जाना। वहाँ ले जाकर किसी भी साल पेड़ के नीचे उस डिब्बे को गाड़ देना। तुम चिन्ता मत करो, बाबा। तुम सुख पूर्वक रहोगे।"

यह सुनकर बूढ़ा फूट-फूटकर रोने लगा, "तुम्हें इसीलिये कहा था बेटी कि घर से बाहर मत निकलो। तुमने मेरी बात नहीं मानी। यदि तुम्हें रानियों ने नहीं देखा होता तो तुम्हें कुछ भी नहीं होता।"

करेलामती ने बूढ़े को सांत्वना दी और बोली, "तुम चिन्ता मत करो, बाबा। मैंने जैसा कहा है, वैसा ही करना।" ऐसा कहकर उसने भोजन राँधा। पिता-पुत्री दोनों ने भोजन किया और रात में सो गये।

दूसरे दिन सबेरे बूढ़ा माँगने के लिये गाँव में गया। उधर सातों रानियों ने काम-धाम किये, तैयार हो गयीं, खाना-पीना किया और गुस्से ही गुस्से में लड़की के पास गयीं। इधर-उधर की बातें कीं और उसे भुलावा देकर फिर से पूछने लगीं, "आप तो हमें बहुत ही भटकाती हैं, मीत। ऐसे में आप हमारी मीत नहीं हैं। मीत होतीं तो हमें इतना भुलावा नहीं देतीं। आप तो हम पर थोड़ा-सा भी विश्वास नहीं करतीं। हमने सभी जगह देख डाला किन्तु आपके प्राण कहीं नहीं हैं। आज यदि आपने हमें सच-सच नहीं बताया तो हम घर वापस नहीं जायेंगी। आज आप सच-

161. तमी : अन्य ध्वनि 'तमे'।

करी सातो रानी डोडई धरलाय। डोडई धरबा के करेलामती बल्ला, "नाईं मित। मुईं आज ले तमन मन के ठगते रली मातर आजी मयँ सत्ते साँगी देबी बे। मोर जिव मोर एई नौसर हारे आछे। मुईं तमके मोर ए हार के देई देबी मातर तमे एके दिन बेरा पिंदबास आवरी राती बेरा हिटाय देबास नोयले ए हार तमर टोडरा के कतरी देयसी।" असन बली करी करेलामती तार टोडरा ले नौसर हार के निकराय करी सातो रानी मन के देई देला। हार के देबा के हयँ अड़किदायँ मरी गला। मरबा के रानी मन नौसर हार के धरी करी हरिक-हरिक घरे गलाय।

सँज बेरा बुड़ा माँगी करी आसला। दखसी आछे करेलामती मरी रला। मड़िर मुँड बाटे बसी करी बुड़ा काँदसी आछे काँदसी आछे। फेर हँके करेलामतिर साँगला गोठ सुरता पड़ला। हयँ उठी करी गला बड़ई घरे। पाँच हातर गोटक डबा बनाय के बल्ला आवरी आनी करी हयँ डबा ने मड़ी के भरी देला। पारार सबू लोक करेलामतिर मरला खबर सुनलाय आवरी पछताय जिबाआत। खुबे सुँदर टोकी रला। काय मँजा दुनो बाप-बेटी रलाय। सबू लोक जुयलाय आवरी तार मड़ी के धरी करी खमने नेलाय। बुड़ा बलबा के मड़ी के डबा सँगे गोटक सरगी-गछ तले खोदरा खनी करी गाड़ी देलाय। नाहा-धुआ करलाय आवरी घरे आसलाय। पना-पानी खायलाय आवरी आपन-आपन घरे गलाय। बुड़ा बोपड़ा घरे आछे काँदी-काँदी।

असनी-असनी फेर दस दिन ने करेलामतिर काम-धाम करला बुड़ा। गाँवर लोक मन जुयलाय। नाहा-धुआ करलाय आवरी नाहनी-पाती बनायलाय। खा-पी करी आपन-आपन घरे गलाय। रानी मन करेलामती मरला बली हरिक होयलाय आवरी अस्तिर ने आछेत।

सच बता ही दीजिये।" ऐसा कहकर सातों रानियाँ हठ करने लगीं। हठ करने पर करेलामती बोली, "नहीं मीत। मैं आज तक आप लोगों को भुलावा देती रही किन्तु आज मैं सच बात बता ही दूँगी। मेरे प्राण मेरे इस नौ लड़ियों वाले हार में हैं। मैं आपको अपना यह हार दे दूँगी किन्तु इसे आप दिन में ही पहनना और रात में निकाल देला अन्यथा यह हार आपके गले को कुतर देगा।" ऐसा कहकर करेलामती ने अपने गले से नौ लड़ियों वाला वह हार निकाल कर सातों रानियों के हवालेकर दिया। हार देते ही वह उसी समय मर गयी। उसके मर जाने पर रानियों ने नौ लड़ियों वाला वह हार लिया और प्रसन्न होते हुए घर चली गयीं।

साँझ के समय बूढ़ा भीख माँगकर वापस लौटा। देखता है, करेलामती मर चुकी थी। शव के सिरहाने बैठकर वह रोने लगा। फिर उसे करेलामती की बातें याद आ गयीं। वह उठा और बढ़ई के घर गया। पाँच हाथ लम्बा एक डिब्बा बनवाया और ला कर उस डिब्बे में शव को भर दिया। मोहल्ले के सभी लोगों ने करेलामती की मृत्यु का समाचार सुना और पछताने लगे। बहुत ही सुन्दर लड़की थी। दोनों पिता-पुत्री कितने मजे से रहते थे। सभी लोग एकत्र हुए और उसका शव लेकर जंगल में गये। बूढ़े के कहने पर शव को डिब्बे के साथ ही साल के एक पेड़ के नीचे गड्ढा खोद कर गाड़ दिया गया। स्नानादि से निवृत्त होकर सभी लोग घर वापस आये। पना-पानी[162] पीया और अपने-अपने घर चले गये। बेचारा बूढ़ा रोता-कलपता घर में रह गया।

इस तरह दस दिनों में बूढ़े ने करेलामती के मरणोपरान्त क्रिया-कर्म सम्पन्न किये। गाँव के सारे लोग वहाँ जुटे। स्नानादि किये और नाहनी[163] का कार्य सम्पन्न किया। खाना-पीना किया और अपने-अपने घर गये। करेलामती मर गयी सोचकर रानियाँ बहुत प्रसन्न हो गयीं और सुख पूर्वक रहने लगीं।

* * *

गोट दिने राजा गाँव भितरे गला आवरी मोके पारद जाय के लागा ना गाँवकारी मन, बल्ला। खुबे दिन होयला मुईं पारद ना गली आछे, बलसी आछे। राजा बले डाड़ी हाले बल्ला परा[164] होयला। राजा बलबा के गाँवकारी मन तियार होयलाय। खा-पी करलाय, सज-समान धरी करी पारद गलाय। हईं खमने गलाय आवरी पारद खेलबाआत। अड़किदायँ लेहरा-धुका सँगे खुबे पानी घसरला गरजी-गरजी। राजा भिजबा डर काजे गोटक सरगी-गछर तले जाई करी उबला। हईं गछर तलेकरेलामतिर मड़ी के गाड़ी रलाय। सँज होयला बले पानी ना छाड़े। होऊ-होऊ राती होयला तेबे ले बले पानी नाच्ची छाड़े। राती होयबा के हईं लगे चुड़ी गरजला माहा झिड़िंग-झिड़िंग बाजला। बाजबा के राजा डरी गला आवरी

एक दिन राजा गाँव के भीतर गया और मुझे आखेट खेलने के लिये जाने में साथ दो गाँव वालो, कहा। बहुत दिन हो गये मैं आखेट के लिये नहीं गया हूँ, उसने कहा। राजा कहे और दाढ़ी हिले वाली कहावत चरितार्थ हुई। राजा के कहने पर गाँव वाले तैयार हो गये। भोजन किया, साजो-सामान लेकर आखेट के लिये चले। उसी जंगल में गये और आखेट खेलने लगे। इसी समय आँधी-तूफान के साथ गरज-गरजकर बहुत पानी बरसा। राजा भीगने के डर से साल के एक वृक्ष के नीचे जा खड़ा हुआ। उसी पेड़ के नीचे करेलामती का शव दफनाया गया था। साँझ हो गयी तब भी पानी का बरसना बन्द नहीं हुआ। फिर रात भी हो गयी तब भी पानी का बरसना बन्द नहीं हुआ। रात होने पर वहीं पास ही में चूड़ियों की

---

162. पना-पानी : गुड़ घुला पानी। अन्त्येष्टि के बाद जब लोग वापस आते हैं तब उन्हें पना-पानी दिया जाता है। यह पेट की गर्मी को शान्त करने वाला होता है। पना का दूसरा अर्थ सन्दर्भानुसार 'माँ का दूध' भी होता है।

163. नाहनी : स्नान। अंतिम संस्कार के बाद किये जाने वाले क्रिया-कर्म। बस्तर लोकांचल में मृत्यु के तीसरे एवं दसवें दिन घर के लोगों एवं सगे-सम्बन्धियों द्वारा स्नान करने का रिवाज है। इसे 'तीज नहानी' और 'दस नहानी' कहा जाता है। कुछेक समुदायों में तीसरे दिन की बजाय चौथे दिन भी इस संस्कार को सम्पन्न करने की रीति है।

164. परा : अन्य ध्वनि 'माहा', 'असन'।

खकारी करी थुकी देला। राजार थुकला बिती भाजी होयला। राती होयबा के सातो रानी मन नौसर हार के हिटाय करी सोंगाय देओत तेबे करेलामती जिव पड़े। हयँ दिन बले असनी होई रला। पाछे पानी थेबला। थेबबा के राजा आपनर घरे बाहड़ला। तार जिबा पाछे करेलामती खोदरा थान ले निसकला आवरी दखसी आछे भाजी के। लसलसा भाजी रला। हयँ दखला भाजी के आवरी टुटाय करी साग राँदी खाई देला। भाजी खायलार निस होयला। हयँ पेटे थेबला। एक ले दुय दुय ले तिन असनी-असनी नौ मास[165] होयला। दिन पुरबा के करेलामती राती बेरा आया गो आया गो बली दुखा काजे कहरसी आछे।

अड़किदायँ गोटक बेंदरी आपनर सउत सँगे झगड़ा होई करी हई बाट काजे परायते रला। हयँ सुनला करेलामतिर कहरबा के आवरी थेबला। अछा सुनला तार कहरबार के आवरी करेलामती आय बली चिताय करी बलसी आछे, "ए दिदी, ए दिदी। मुईं आसबी आछे। कपाट उघाड़। तोर माय आवरी मोर माय दुनो भइन आत, दिदी।"

तार गोठ के सुनी करी करेलामती कहरी-कहरी डबार ढाकना के उघाड़ला। उघाड़बा के बेंदरी भितरे गला आवरी बलसी आछे, "तोर माय आवरी मोर माय दुनो भइन रलाय, दिदी। मोके भगवान बेंदरी जनम देला आवरी तोके मँजा जनम। तोके काईं ना होय। तुई ना डर।"

अतक ने करेलामती नँगत-गत होयला। राजा पिला आय जनम धरला। तेबे बेंदरी सँगे मिसी करी दुनो तार नार-बोमली काटलाय, नाहा-धुआ करी देलाय। करेलामती बले हात-पाँय धोयला आवरी पिला के गोरस खुआयला। फेर बेंदरी के बलसी आछे, "ए री बेंदरी। तुई मोके साका हो। मोर पिला के दिन भर तुई दख, राती मुईं दखबी।" बलबा के बेंदरी हाँ बलला। असनी-असनी तिनो लोक हयँ थाने रई गलाय।

हँतार हयँ थाने रलार तिनेक-चारेक दिन होयला पाछे गोट दिन बेंदरी बलसी आछे, "ए दिदी, तुय कसन ने राती जिव पड़बिआस आवरी सकाल पाहायले मरी जिबिआस? गुलाय दिन तुय मड़ी उलटी रबिआस जे!" असन बली पचारबा के करेलामती ताके सबू गोठ के मुर ले साँगी देला।

सुनला बेंदरी आवरी बलसी आछे, "एबर तुय चिन्ता-फिकर ना कर दिदी। मुईं तो हयँ मनर बुता के बनायबी।" असनी रयते-रयते हयँ थाने गोट दिने सोयला राती माहाल बनी जायसी आछे। हयँ माहाल थाने सबू जाक-जमक पने होयसी आछे। दिन भर पिला के बेंदरी खेलायसी आछे आवरी राती होयले जिव पड़ी करी करेलामती। असनी-असनी पिला बाड़सी आछे। बस के धरला बे। तेबे बेंदरी बलसी आछे करेलामती के, "तुय पिला के दख बे दिदी, मुईं राजा घरे जाई दखबी।" बली करी सज-तियार होयला आवरी गला राजा घरे। राजा कुरची ने दुआरे बसी रला। बेंदरी अमरला आवरी जाई करी राजा के लुट्टनाय पाँय पड़ला आवरी बलसी आछे, "दिदी मन केने गलाय भाटो?"

खनकने की आवाज आयी। आवाज सुनकर राजा डर गया और खखार कर थूक दिया। राजा का वह थूक भाजी बनकर उग आया। रात होने पर सातों रानियाँ उस नौ लड़ियों वाले हार को गले से निकालकर रख देतीं तब करेलामती जीवित हो जाती। उस दिन भी ऐसा ही हुआ था। थोड़ी देर बाद बरसात बन्द हुई। बरसात थमने पर राजा अपने घर वापस हो गया। उसके जाने के बाद करेलामती गड्ढे से बाहर आयी तो देखा उस भाजी को। बहुत ही कोमल भाजी थी। उसने देखा और उस भाजी को तोड़कर राँधा और खा गयी। बस! भाजी खाने भर की बात थी! वह पेट से रह गयी। एक से दो, दो से तीन होते-होते नौ महीने पूरे हो गये। दिन पूरे होने पर वह एक रात माँ री, माँ री कहती प्रसव-पीड़ा से चीखने लगी।

इसी समय एक बँदरिया अपनी सौतन के साथ लड़-झगड़कर उसी रास्ते से कहीं भाग रही थी। उसने सुनी करेलामती की चीख-पुकार और ठहर गयी। थोड़ी देर रुक कर ठीक से उसकी चीख-पुकार सुनी और यह तो करेलामती है कहती उसे पहचान गयी और कहने लगी, "ओ दीदी, ओ दीदी। मैं आ रही हूँ। कपाट खोलो। तुम्हारी और मेरी माताएँ दोनों बहिनें हैं, दीदी।"

उसकी बातें सुनकर करेलामती ने कराहते हुए डिब्बे का ढक्कन खोला। खोलने पर बँदरिया भीतर गयी और कहने लगी, "तुम्हारी और मेरी माताएँ दोनों बहिनें थीं, दीदी। मुझे भगवान ने बँदरिया के रूप में जन्म दिया और तुम्हें मनुष्य के रूप में। तुम्हें कुछ नहीं होगा। तुम मत डरो।"

इतने में करेलामती ने बच्चे को जन्म दिया। राजकुमार ने जन्म लिया। तब बँदरिया के साथ मिलकर दोनों ने उसकी नाल काटी, स्नानादि करवाया। करेलामती ने भी हाथ-पाँव धोये और बच्चे को दूध पिलाया। फिर बँदरिया से कहने लगी, "अरी बँदरिया। तुम मेरी सहायता करो। मेरे बच्चे को दिनभर तुम देखो, रात में मैं देखूँगी।" उसके ऐसा कहने पर बँदरिया ने हाँ कहा। इस तरह तीनों वहाँ रहने लगे।

उसे वहाँ रहते तीन-चार दिन होने पर एक दिन बँदरिया कहने लगी, "ओ दीदी, तुम रात में कैसे जीवित हो जाती हो और सबेरा होते ही मर जाती हो? सारा दिन तुम लाश बनी पड़ी रहती हो!" उसके ऐसा पूछने पर करेलामती ने उसे सारी बातें आरम्भ से बता दीं।

बँदरिया ने सुना और कहने लगी, "अब तुम चिन्ता मत करो, दीदी। मैं उन्हें सबक सिखाऊँगी।" इस तरह रहते-रहते एक दिन रात में वहाँ अपने-आप महल बन गया। उस महल में सारी चीजें आ गयीं। सारा दिन बँदरिया बच्चे को खिलाती और रात होने पर जीवित होकर करेलामती। इस तरह बच्चा बड़ा होने लगा। फिर वह बैठने लगा। तब एक दिन बँदरिया करेलामती से कहने लगी, "अब तुम बच्चे को देखो दीदी। मैं राजा के घर जाकर देखती हूँ।" ऐसा कह वह तैयार हो गयी और चली राजा के घर। राजा आँगन में एक कुर्सी पर बैठा हुआ था। बँदरिया वहाँ पहुँची और जाकर राजा के पाँवों पर गिर पड़ी और कहने लगी, "मेरी दीदियाँ कहाँ गयीं, जीजा जी?"

---

165. मास : अन्य ध्वनि 'मयना'।

"घरे आछेत।" बल्ला राजा आवरी तुय कसन आयलिस बली करी पुछला। तेबे नाईं मुईं दिदी मन के दखे के आयली आछे बल्ला बेंदरी आवरी घरे ओली करी दिदी, दिदी बली हाक पाड़सी आछे। रानी मन निहारी दखलाय आवरी कोन आय आमके दिदी बलसी आछे बली मूँ दखा-दखी होयबा आछेत। हयँ मन बेंदरी के पुछा-पचारा ना करोत ना पानी बले ना देओत पाँय धोयबा काजे। तेबे बेंदरी काँद के धरला आवरी बलसी आछे, "मुईं दिदी मन के सुरता करी करी आयली दिना दुएक-तिनेक इती रबी बली मातर एमन तो मोके पानी बले ना देओत पाँय धोय के। बस बली बले ना बलोत। ए मनर माय आवरी मोर माय दुनो भइन आत। एतारी काजे मुईं आसी रली।" बली राजा के दखी-दखी काँदसी आछे, काँदसी आछे।

तार काँदबा के सुनला राजा आवरी रानी मन लगे आसी करी बलसी आछे, "ए रे! तमे आपनर भइन बिती के बले ना चितायलास तो! कसन ताके पानी-पाना बले ना देलास। दियास। बोपड़ी-बिचरँगी कतक मया ने सुरता करी आसला आछे।" बलबा के रानी मन ताके पानी देलाय। दिन बुड़बा के राँदा-बाड़ा करलाय, खा-पी करलाय आवरी सोयबा काजे ओछा-ओछी करलाय। बेंदरी काजे गोटक बोरा के फिंगी देलाय। बोरा के फिंगी देबा के बेंदरी फेर काँद के धरला। काँदी-काँदी बलसी आछे, "केभय नोयला मुईं इती आसली आछे आवरी ए मन मोके भिने सोयबा काजे बोरा के देलाआत जे! मुईं कोन ती एकला सोयबी?"

तार काँदबा के राजा फेर सुनला आवरी रानी मन के बलसी आछे, "असन ना करा रे। तमरी सँगे सुआवा। एकलाय ना सोवो।" बली बेंदरी के बलसी आछे, "तोर बड़े दिदी लगे जा रे बेंदरी। ताहरी लगे सोयबिस।" बलबा के बेंदरी बड़े रानी लगे गला आवरी ताहारी लगे ढुली देला। ना सोय। चेता आछे। सोयला माहा होयला आछे। सोयबा पुरे बड़े रानी हार के टोडरा ले निकराय करी आपनर मुँडुसा बाटे सोंगाय देई रला। ताके बेंदरी दखते रला। सबके सोय के देला आवरी उठी करी हयँ हार के लुकाय देला। लुकाय करी हयँ सुर्-सुर् करी नाक घोरी-घोरी सोई देला। बिआन पाहायबा के रानी तार हार के खोजसी आछे। रानी मन तुई धरलिआस, तुई धरलिआस बला-बली होयबा आछेत। बेंदरी हयँ मनर गोठ के सुनते रला मातर काईं के ना जानला माहा सोई देला आछे नाक घोरी-घोरी। हयँ रानी मन धरा-धरी होई जिबा आछेत।

हयँ मनर झगड़ा होयबा बेरा बेंदरी तड़बड़ी करी उठला आवरी काय होयला दिदी गुनुक तमे धरा-धरी होयबा आछास बली बलसी आछे। असन बली करी हयँ काँदसी आछे, "केभेय नोयलार आजी इती आसबा के ए मन मोकेय लुकायला बल्ला माहा झगड़ा होई जिबाआत। छी भगवान! मुईं फोकहा इती आसली।" असन बली गला राजा लगे आवरी बलसी आछे, "दख भाटो। मुईं केभेय नोयलार तोर घरे आसली आवरी काय बिती आय आले हाजी गला गुनुक मोकेय लुकायला बल्ला माहा मारा-पेटा, धरा-धरी होयबा आछेंत। मुईं असन ने काय काजे रबी बे इती। ना रयँ। मुईं जिबी आछे।"

"घर में हैं।" राजा ने कहा और फिर तुम कैसे आयीं, कहकर उससे पूछने लगा। तब मैं दीदियों को देखने आयी हूँ, कहा बँदरिया ने और घर के भीतर घुसकर दीदी, दीदी कहती पुकारने लगी। रानियों ने निहार कर देखा और यह कौन है जो हमें दीदी कहकर पुकार रही है, कहते एक-दूसरे का मुँह ताकने लगीं। वे न तो बँदरिया से कुछ पूछतीं और न पाँव धोने को उसे पानी ही देतीं। तब बँदरिया रोने लगी और कहने लगी, "मैं दीदियों को याद कर के आयी एक-दो दिन यहाँ रहूँगी सोचकर किन्तु ये लोग तो मुझे पानी भी नहीं देतीं और न बैठने को ही कहती हैं। इनकी और मेरी माताएँ दो बहिनें हैं। इसी कारण मैं आयी थी।" कहती वह राजा की ओर देख-देखकर रोने लगी।

उसका रोना सुना राजा ने और रानियों के पास जाकर कहने लगा, "अरे! तुम लोगों ने अपनी बहिन को भी नहीं पहचाना! उसे पानी-वानी भी नहीं दिया। दो। बेचारी कितने स्नेह से तुम्हारी याद कर आयी है।" उसके ऐसा कहने पर रानियों ने उसे पानी दिया। दिन डूबने पर भोजन राँधा, खाना-पीना किया और सोने के लिये बिस्तर बिछाया। बँदरिया के लिये एक बोरा फेंक दिया। बोरा फेंककर देने पर बँदरिया फिर से रोने लगी। रोते हुए कहने लगी, "कभी न आकर इस बार यहाँ आयी हूँ और इन लोगों ने मुझे अलग सोने के लिये बोरा दिया है। मैं अकेली कहाँ सोऊँगी?"

उसका रोना सुना राजा ने और रानियों से कहने लगा, "ऐसा मत करो। अपने साथ सुलाओ। अकेली मत सोये।" ऐसा कहकर बँदरिया से कहा, "तुम्हारी बड़ी दीदी के पास जाओ। उसी के पास सोना।" उसके ऐसा कहने पर बँदरिया बड़ी रानी के पास गयी और उसी के पास लुढ़क गयी। वह नहीं सोती। जाग रही थी। सोने का नाटक कर रही थी। सोने के पहले बड़ी रानी ने गले से हार निकाला और अपने सिरहाने रख दिया था। इसे बँदरिया देख रही थी। सभी को सोने दिया और उठकर उस हार को छिपा दिया। छिपाने के बाद वह सुर्र-सुर्र करती खर्राटे लेती सो गयी। सबेरा होने पर रानी अपना हार खोजने लगी। रानियाँ एक-दूसरे पर इल्जाम लगा रही थीं। आपस में झगड़ रही थीं। बँदरिया उन लोगों की बातें सुन रही थी किन्तु सबसे अनजान बनकर सो गयी थी खर्राटे लेते हुए। रानियाँ आपस में तू-तू मैं-मैं कर रही थीं।

उनके झगड़ते समय बँदरिया हड़बड़ा कर उठी और क्या हो गया दीदी, किस कारण आप लोग आपस में लड़-झगड़ रही हैं, कहती पूछने लगी। ऐसा कह वह रोने लगी, "कभी न आकर आज यहाँ आयी तो ये लोग मुझे ही चोर समझ कर आपस में झगड़ रही हैं। छीः भगवन्! मैं व्यर्थ ही यहाँ आयी।" ऐसा कहते वह राजा के पास गयी और कहने लगी, "देखिये जीजाजी। मैं पहली बार आपके घर आयी और पता नहीं कौन सी वस्तु गुम गयी है कि ये लोग मुझे ही चोर समझती हुई आपस में लड़-झगड़ रही हैं। ऐसे में मैं यहाँ क्यों रहूँ, भला। नहीं रहूँगी। मैं जा रही हूँ।"

राजा सुनला आवरी रानी मन के बलसी आछे, "काय होयला रे, काय काजे झगड़ा-दँद होयबा आछास? ओगाय बले तो राहा।"

रानी मन राजार गोठ के सुनलाय आवरी बेंदरी के सरापी-सरापी बुता-भैना करबाआत। एई बापलुटी आसला बली आमर हार हाजी गला, बली-बली नाहा-धुआ करलाय, चाहा-पानी बनायलाय। अतक ने बेंदरी बलसी आछे, "मुईं जिबी आछे, भाटो। होयले कोनी दिन बले फेर आसबी।" बल्ला बेंदरी आवरी हयँ थान ले जायते गला। गला करेलामती लगे आवरी हार के ताके पिंदाय देला। पिंदाय देबा के करेलामती जिव पड़ला। बेंदरी आवरी करेलामती दुनो काय मँजा पिला सँगे हरिक-हरिक हाँसी-बुकली आछेत। असनी-असनी गोट दिन बेंदरी बलसी आछे करेलामती के, "तुई रा दिदी। मुईं हारेक फेर जिबी ता रानी मन लगे।" बल्ला आवरी गला। राजा कुरची ने बसी रला। गला आवरी लुट् नाय ताके पाँय पड़ला। राजा दखला आवरी बेंदरी आयला आछे रे, पानी दियास बली बलसी आछे।

रानी मन दखलाय बेंदरी के आवरी बापलुटी बेंदरी फेर तो आयला बली रिस होयबा आछेत। एतार सत्यानास होओ बली-बली ताके पानी देलाय। राँदा-बाड़ा करलाय, खा-पी करलाय आवरी सोयबा काजे ओछना ओछायबाआत। अतक ने बेंदरी बलसी आछे राजा के, "मुईं एकलाय ना सोएँ भाटो। मोके डर लागुआय।" बलबा के राजा बल्ला, "जा, तोर बड़े दिदी लगे सोयबिस।" राजार गोठ के सुनी करी रानी मन बेंदरी उपरे भारी रिस होयबा आछेत। ए बापलुटी काय काजे घने-घने आयसी आछे, मरसी आछे बली-बली राती काजे सोयलाय। सकाल होयबा के बेंदरी गला राजा लगे आवरी बलसी आछे, "मुईं गोटक गोट बलबी भाटो। रिस काय ना होर्याबिस।"

राजा बल्ला, "आले, आले बल नाईं तो। काय काजे फेर मुईं रिस होयबी ता!"

बेंदरी बलसी आछे, "मोर सात बइन[167] आछेत भाटो मातर काहरी बेटा-बेटी निआत। भगवान काकेय[168] ना देय।"

राजा बलसी आछे, "ना तो देय बेंदरी। काय करबी ता!"

बेंदरी बलसी आछे, "मुईं गोटक गोट बलबी भाटो। रिस ना होयबिस।"

राजा बलसी आछे, "आले बल नईं तो काय गोट आय जाले।"

बेंदरी बलसी आछे, "मोर आवरी गोटक भइन आछे, भाटो। हयँ खुबे सुँदर आछे। तोर सातो रानी मन ले उपरे आछे सुँदर काजे। ना पतयाइस आले जों मोर सँगे। तोके दखाय के नेबी। तुईं हँके दखले हिटी पड़बिस। दखले नँजर ना माँडे अतक सुँदर आछे। ताके गोटक बेटा बले आछे। बिंदराबन ने रयसी आछे हयँ। तार कोनी निआत भाटो। मुईं रबी आछे तार सँगे।"

राजा ने सुना और रानियों से कहने लगा, "क्या हो गया रे, किसलिये झगड़ रही हो? चुप भी तो रहो।"

रानियों ने राजा की बातें सुनीं और बँदरिया को मन ही मन सरापतीं काम-धाम करने लगीं। इसी बापलुटी[166] के आने से हमारा हार गुम गया, कहतीं वे स्नानादि से निवृत्त हुईं, चाय आदि बनायी। इतने में बँदरिया कहने लगी, "मैं जा रही हूँ, जीजाजी। सम्भव हुआ तो और फिर कभी आऊँगी।" बँदरिया ने कहा और वहाँ से चलती बनी। गयी करेलामती के पास और वह हार उसे पहना दिया। पहना देने पर करेलामती जीवित हो गयी। बँदरिया और करेलामती दोनों उस बच्चे के सँग प्रसन्नता पूर्वक मजे से रहने लगीं। इसी तरह दिन बीतते गये। एक दिन बँदरिया करेलामती से कहने लगी, "तुम यहीं रहो, दीदी। मैं एक बार फिर रानियों के पास जाऊँगी।" बँदरिया ने कहा और चली। राजा कुर्सी पर बैठा हुआ था। बँदरिया ने जाकर राजा के पाँव छुए। राजा ने उसे देखा और बँदरिया आयी है रे, उसे पानी दो कहने लगा रानियों से।

रानियों ने उसे देखा और फिर से आ गयी बापलुटी बँदरिया कहतीं उस पर क्रोधित होने लगीं। इसका सत्यानाश हो जाये, कहते उसे पानी दिया। भोजन राँधा, खाना-पीना किया और सोने के लिये बिस्तर बिछाने लगीं। इतने में बँदरिया राजा से कहने लगी, "मैं अकेली नहीं सोऊँगी, जीजाजी। मुझे डर लगता है।" उसके ऐसा कहने पर राजा ने कहा, "जाओ, अपनी बड़ी दीदी के पास सो जाना।" राजा की बातें सुनकर रानियाँ बँदरिया के ऊपर बहुत गुस्सा करने लगीं। यह बापलुटी क्यों बारम्बार चली आती है, मरती है कहते सो गयीं। सबेरा होने पर बँदरिया गयी राजा के पास और कहने लगी, "मैं एक बात कहूँगी, जीजाजी। क्रोधित मत होइयेगा?"

राजा बोला, "अच्छा, बोलो तो सही। किसलिये क्रोधित होऊँगा भला!"

बँदरिया कहने लगी, "मेरी सात बहनें हैं, जीजाजी किन्तु किसी के भी सन्तान नहीं है। भगवान किसी को भी नहीं देते।"

राजा कहने लगा, "नहीं तो देता बँदरिया। क्या करूँ?"

बँदरिया बोली, "मैं एक बात कहूँगी, जीजाजी। आप गुस्सा मत कीजियेगा।"

राजा कहने लगा, "अरी तो कहो न, क्या बात है?"

बँदरिया कहने लगी, "मेरी और एक बहिन है, जीजाजी। वह बहुत सुन्दर है। आपकी सातों रानियों से भी कहीं अधिक सुन्दर। विश्वास नहीं करते तो चलिये मेरे साथ। मैं आपको दिखाने ले चलूँगी। आप उसे देखेंगे तो गश खाकर गिर पड़ेंगे। इतनी सुन्दर है कि आप देखेंगे तो आपकी नजरें उस पर नहीं टिकेंगी। वह बिंदराबन में रहती है। उसके कोई नहीं हैं, जीजाजी। मैं रहती हूँ उसके साथ।"

---

166. बापलुटी : पिता से सम्भोग करने वाली। मूल ध्वनि 'बापलोटी'।

167. बइन : अन्य ध्वनि 'भइन'।

168. काकेय : अन्य ध्वनियाँ 'काकय', 'कोकेय'।

अतक के सुनला राजा आवरी बलसी आछे, "असन आले तुई तोर दिदी मन के ना साँग। आमी दुय लोक खुसखुसा जिबू।" बली करी राजा तियार होयसी आछे। खा-पी करला, तेल-फुल घसला, कोट-कमिंज पिंदला, पागा-जुड़ा बाँदला। फेर गला घोड़ा-सारे आवरी घोड़ा के दाना-पानी खुआयला। ताके तियार करी देला आवरी रानी मन लगे जाई करी बलसी आछे, "मुईं राज दख के जिबी आछे, रानी मन। तमी झगड़ा-गारी ना हुआ। सबके दखा। मुईं राज दखी आयबी।" बली करी घोड़ा चेगला आवरी बेंदरी सँगे जायसी आछे। जायते-जायते बिंदराबने अमरलाय दुनो। तेबे करेलामती दखला। राजा घोड़ा के दुआरे नेला आवरी बाँदी करी करेलामती के दखला। दखलाच्ची आवरी घसरी गला। बेंदरी दखला आवरी ताके बलसी आछे, "उठ भाटो, उठ। काय होयला गुने घसरी गलिस?"

राजा बलसी आछे, "नुआय रे बेंदरी। सकाले खाई रलीं मुईं आपु मोहरा एबे मारला लेहरा।"

तेबे बेंदरी करेलामती के राजा के पानी देय के बल्ला। सुनला करेलामती आवरी राजा के पानी देला। राजा पाँय धोयला आवरी जाई करी खटेया ने बसला। करेलामती चाहा-बनाय देला। सुपारी देला। खा-पी करला राजा आवरी दुनो एनर-तेनर गोठ गोठयायबाआत। असनी-असनी दिन बुड़ला। तेबे करेलामती राँद-बाड़ करला। राजा बलसी आछे, "बाबुर काय नाव आय?"

बेंदरी बलसी आछे, "कोन्तिर नाव रता ता भाटो। छटी नता करूँ ता। काईं नता करलार। आमी दुए बइन इती खमन भितरे काय करतू?"

तेबे राजा बलसी आछे, "नाईं, आजी आमी बाबुर छटी करबू।" असन बलबा के बेंदरी सँगे दुनो लोक होई करी छटी-जोड़ा जोड़बाआत। बेंदरी सरायसी आछे, बाना लिखसी आछे। कलस-दिया धरायलाय आवरी दुनो लोक तियार होयलाय। सटी बसलाय राजा आवरी करेलामती। दुनो लोक मिसी करी बेटार नाव सोंगायलाय लाल। एबर तार नाव होयला बे लाल। अतक ले राँद-बाड़ करलाय, खा-पी करलाय आवरी राती काजे सोई देलाय। सकाले राजा पचारसी आछे करेलामती के, "एतार बाप कोन आय? तोर बिआ कोन ती होई रला?"

पुछबा के करेलामती तार उपरे घटला सबू गोठ के तिल-तिल बाल-बाल साँगी देला राजा के। साँगी करी बल्ला, "मोर मरी जिबा के मोर बाबा मोके एई थाने गाड़ी देला। गोट राती कोन लोक आय की, धुँदी-धुका बरसा-पानी आयबा के एई सरगी-गछ तले उबी रला। बादर गरजते रला, बिजली चमकते रला। अड़किदायँ मुईं जिव पड़ली आवरी मोर चुड़ी मन बाजलाय। मोर चुड़ी बाजबा के हयँ कोन आय जाले डरी करी खकारी करी थुकी देला। तार थुकला बिती पने भाजी होई रय। मुईं हईं भाजी के टुटाय करी साग राँदी खाई देली। अतकी निस होयला

इतना सुना राजा और कहने लगा, "ऐसी बात है तो तुम तुम्हारी दीदियों को मत बताना। हम दोनों चुपचाप चलेंगे।" कहकर राजा तैयार होने लगा। खाना-पीना किया, तेल-फूल[169] लगाया, कोट-कमीज पहने, पगड़ी बाँधी, जूड़ा बाँधा। फिर गया घुड़साल में और घोड़े को दाना-पानी खिलाया-पिलाया। उसे तैयार कर दिया और रानियों के पास जाकर कहने लगा, "हे रानियो! मैं देशाटन के लिये जा रहा हूँ। तुम लोग आपस में लड़ाई-झगड़ा मत करना। सभी की देख-भाल करना। मैं देशाटन कर वापस आ जाऊँगा।" ऐसा कह राजा घोड़े पर सवार हुआ और बँदरिया के सँग चल पड़ा। जाते-जाते वे दोनों बिंदराबन पहुँच गये। राजा ने घोड़े को ले जाकर महल के आँगन में बाँध दिया और करेलामती को देखा। उसे देखते ही वह गिर पड़ा। बँदरिया ने देखा और उससे कहने लगी, "उठिये जीजाजी, उठिये। क्या हो गया कि आप गिर पड़े?"

राजा कहने लगा, "नहीं री बँदरिया। मैंने सबेरे अफीम खाया था जिसका नशा मुझे अब हुआ है।"

तब बँदरिया ने करेलामती से राजा को पानी देने के लिये कहा। करेलामती ने सुना और राजा को पानी दिया। राजा ने पाँव धोये और जाकर खाट पर बैठ गया। करेलामती ने चाय बना दी। सुपारी दी। खाना-पीना किया राजा ने और दोनों इधर-उधर की बातें करने लगे। होते-होते साँझ हो गयी। तब करेलामती ने भोजन राँधा। राजा कहने लगा, "बच्चे का नाम क्या है?"

बँदरिया कहने लगी, "नाम भला कैसे होगा, भाटो। अभी तो हमने इसकी छठी तक नहीं की है। कुछ भी नहीं किया है। हम दोनों बहिनें यहाँ जंगल के भीतर क्या करतीं भला?"

राजा कहने लगा, "ठीक है, आज हम बच्चे का नामकरण करेंगे।" ऐसा कहने पर बँदरिया के साथ दोनों मिलकर छठी की तैयारी करने लगे। बँदरिया लिपाई करने लगी, चौक पूरने लगे। कलस-दिया जलाया और दोनों जन तैयार हो गये। राजा और करेलामती छठी के लिये बैठे। दोनों ने मिल कर बेटे का नाम रखा, लाल। अब उसका नाम हो गया, लाल। इसके बाद भोजन राँधा गया, खाना-पीना किया और रात होने पर सो गये। सबेरे राजा पूछने लगा करेलामती से, "इसका पिता कौन है? तुम्हारा विवाह कहाँ हुआ था?"

पूछने पर करेलामती ने अपने साथ बीती सारी घटनाओं को विस्तार से बताया राजा को। बताकर बोली, "मेरे मर जाने पर मेरे पिता ने मुझे इसी स्थान पर गाड़ दिया। एक रात पता नहीं कौन व्यक्ति था, बहुत जोरों से आँधी-वर्षा होने पर इसी साल के पेड़ के नीचे आ खड़ा हुआ। बादल गरज रहे थे, बिजली कड़क रही थी। इसी समय मैं जीवित हो गयी और मेरी चूड़ियाँ खनकीं। मेरी चूड़ियाँ खनकने पर वह व्यक्ति डर गया और डर भगाने के लिये खखार कर थूक दिया। उसी की थूक भाजी बनकर ऊग आयी थी। मैंने उसी भाजी को तोड़ा और उसे राँधकर खा

169. तेल-फूल लगाना : बस्तरांचल के लोक-जीवन में तेल लगाने के साथ-साथ चोटी में या कानों में फूल खोंसने का रिवाज रहा है। इसीलिये तेल-फूल लगाना रूढ़ हो गया है।

आवरी मुईं पेटे थेबली। दिन-बार पुरबा के ए पिला जनम धरला। मोके ए बेंदरी खुबे साहा होयला। एई रला काजे मोर नौसर हार के सातो रानी मन थाने ले जटी आनला आवरी मोके पिंदाय देला। हयँ दिन ले मुईं एबर रोजे दिना काजे जिओत आछे।"

अतक के सुनी करी राजा समँजी गला। बिचार करसी आछे, मुईं तो आसी रली पारद खेल के। हईं दिन तो अवसुमार बरसा होई रला। पानी घसरबा के मुईं तो ए गछर तले उबी रली आवरी चमकी करी खकारी थुकी रली। मोरी थुकला भाजी होयला। ओहो! बलसी आछे। ए तो मोरी बेटा आय, बलसी आछे राजा। असन बिचारी करी बल्ला करेलामती के, "ए रानी, करेलामती! मुईं तो उबी रली हयँ दिने एई गछर तले आवरी चमकी करी खकारी थुकी रली। हईं थुकला बिती भाजी होई रला। तुई हईं भाजी के खायबा के पेटे थेबलिस। असन ने तो ए मोरी बेटा आय।" असन बलते राजा खुबे हरिक होई जायसी आछे। मोर गोटक बले बेटा-बेटी ना रलाय। भगवान माहाप्रू मोके अतक सुँदर बेटा देला, बलते हयँ हरिकर मारे गुपी गला आछे।

राजार गोठ के सुनी करी करेलामती आवरी बेंदरी बले हरिक होयलाय। राजा हईं थाने रई गला। काय मँजा कमाय खायबाआत। गोट दिन बेंदरी बलसी आछे, "दिदी, एबर मुईं मोर घरे जिबी बे। खुबे दिन होयला मोर आसलार। जाई दखबी कसन-कसन आछेत आले मोर घरो लोक मन।"

करेलामती तार गोट के सुनी करी बलसी आछे, "तुई आसी करी मोके अतक साहा होयलिस। मोर पिला के खेलायलिस-पोसलिस। मोके जिव पाड़ी देलिस नोयले मुईं रोजे दिना काजे राती के राती जिव पड़ते रती आवरी सकाल पाहायले मड़ी होई जाती। आले सते तो आय। तोर आसलार बले तो खुबे दिन होयला। जा जानू, तोर बले तो घर-दुआर आछे मातर तुई जे मन पड़ले हयँ तिज मोके माँग। मुईं तोके देबी।"

सुनी करी बेंदरी बिचार के धरला। बिचारला-बिचारला आवरी बलसी आछे, "मोके काईं तिज ना भाय, दिदी। सोना-चाँदी, कपड़ा-लता काईं के ना भाय। तमी मोके काईं बले देबार बिचार करबाआछास आले मोर दाते हिरा ठेचाय दियास।" बलबा के करेलामती काय मँजा राँदा-बाड़ा करला, रोटी-बोबो[170] जनत बानी राँदला आवरी ताके खुआ-पिआ करला। खा-पी करला पाछे राजा बेंदरिर दाते हिरा ठेची देला आवरी बलसी आछे, "दख बेंदरी! तोर दिदी के, मोके आवरी तोर बेटा के ना भुलकबिस। आसते-जायते रबिस।" करेलामती बले असनी बल्ला।

अतक ने बेंदरी हँयती ले जायते गला। गला आपनर घरे। तार मुनिस अड़कदायँ नाँगर नेई रला। ए बेंदरी गला घरे आवरी डेवना लगे जाई करी मुच्च नाय हाँसी देला। हाँसी देबा के तार सउत बिती तार हिरा ठेचलार दात के तो दखी देला आछे! तार दात बरते रला। सउत बिती

गयी। बस! इतनी-सी बात हुई और मैं गर्भवती हो गयी। समय आने पर इस बच्चे ने जन्म लिया। इस बँदरिया ने मेरी बहुत सहायता की। इसी ने सातों रानियों के पास से मेरा नौ लड़ियों वाला हार उन्हें भुलावा देकर लाया और मुझे पहना दिया। उस दिन से अब मैं सदा के लिये जीवित हो गयी हूँ।"

इतना सुनकर राजा समझ गया। वह विचार करने लगा कि मैं ही तो आखेट के लिये आया था। उसी दिन तो बेशुमार वर्षा हुई थी। पानी गिरने पर मैं ही तो इस पेड़ के नीचे खड़ा था और डक कर खखार कर थूका था। मेरी ही थूक भाजी बन गयी। ओहो! वह सोचने लगा। यह तो मेरा ही बेटा है। राजा विचार करने लगा। इस तरह विचार कर उसने करेलामती से कहा, "हे रानी, करेलामती! मैं ही तो उस दिन इस पेड़ के नीचे खड़ा था और डर के मारे खखार कर थूका था। वही थूक भाजी बन गयी। तुम उसी भाजी को खाकर गर्भवती हुईं। इस तरह यह तो मेरा ही बेटा है।" ऐसा कहते राजा बहुत प्रसन्न होने लगा। मेरे एक भी सन्तान नहीं थी। भगवान महाप्रभु ने मुझे इतना सुन्दर बेटा दिया, कहते वह प्रसन्नता से भर गया।

राजा की बातें सुनकर करेलामती और बँदरिया भी प्रसन्न हो गयीं। राजा अब वहीं रह गया। वे लोग बहुत ही आनन्द पूर्वक वहाँ रहने लगे। एक दिन बँदरिया कहने लगी, "दीदी, अब मैं अपने घर जाऊँगी। मुझे यहाँ आये बहुत दिन हो गये। जाकर देखूँ तो सही कि मेरे घर के लोग किस तरह हैं।"

करेलामती ने उसकी बातें सुनीं और कहने लगी, "तुमने आकर मेरी इतनी सहायता की। मेरे बच्चे को खेल खिलाया, उसे पाला-पोसा। मुझे जीवित कर दिया अन्यथा मैं सदा ही केवल रात में ही जीवित हुआकरती और सबेरा होने पर मर जाती। सच ही तो है। तुम्हें यहाँ आये हुए भी तो बहुत दिन हो गये हैं। जाओ, क्योंकि तुम्हारा भी तो घर-द्वार है किन्तु तुम जो तुम्हें पसंद हो वह वस्तु मुझसे माँगो। मैं तुम्हें दूँगी।"

यह सुनकर बँदरिया सोचने लगी। बहुत देर तक विचार किया फिर कहने लगी, "मुझे कोई चीज नहीं भाती, दीदी। सोना-चाँदी, कपड़े-लत्ते कुछ भी नहीं। आप लोग यदि मुझे कुछ देने का विचार करते ही हैं तो मेरे दाँत में हीरा जड़वा दें।" उसके ऐसा कहने पर करेलामती ने भोजन राँधा, तरह-तरह के व्यंजन राँधे और उसे खिलाया-पिलाया। भोजन के बाद राजा ने बँदरिया के दाँत में हीरा जड़वा दिया और कहने लगा, "देखो बँदरिया! तुम्हारी दीदी, मुझे और अपने बेटे को मत भूलना। आती-जाती रहना।" करेलामती ने भी ऐसा ही कहा।

इसके बाद बँदरिया वहाँ से चली गयी। गयी अपने घर। उसका पति उसी समय हल लेकर खेत गया था। यह बँदरिया गयी घर में और दहलीज पर खड़ी होकर मुस्कराने लगी। उसकी मुस्कराहट देखी उसकी सौतन ने। उसे उसके दाँत में जड़ा हीरा दिखायी पड़ा। दाँत दमक रहा था। उससे

170. रोटी-बोबो : स्थानीय व्यंजन। बोबो को 'रोटी-बड़ा' भी कहा जाता है। वस्तुतः कोई भी ऐसा व्यंजन जो चावल, उड़द या गेहूँ के आटे का बना हो तथा तेल में तला गया हो, रोटी-बोबो कहा जाता है।

बलसी आछे, "तोर दात ने काय बिती आय दिदी अतक बरसी आछे जे? मोके बले बनाय देतिस आले अछा होयता।"

सुनला बेंदरी आवरी तार सउत के बल्ला, "असन आले जा, साबल के रगरगा तपाय करी आन। मुईं बनाय देबी।"

सउत बिती बेंदरी गला आवरी साबल के रगरगा तपाय करी आनला। आनबा के बेंदरी धरला साबल के आवरी तार सउत के तार दात के दखाय के बल्ला। बलबा के सउत बिती आपनर दात के दखायला। अड़किदायँ ए बेंदरी हयँ रगरगा तपला साबल के तार सउतर टोंडे हुड़सुड़ी देला। सउत बिती हईं थाने मरी गला। मरी जिबा के तार मड़ी के ओड़गोड़ते-ओड़गोड़ते नेला आवरी नाँगर-जुआँड़ी सोंगायबा लगे लुकाय देला। धान काँडला, बुता-भैना करला, राँदा-बाड़ा करला। डँडकी रई करी तार मुनिस बिता बेड़ा बाट ले आयला आवरी नाँगर-जुआँड़ी के नेई करी हईं थाने सोंगाय देला। गला नाहा-धुआ करला। अड़किदायँ बेंदरी खुसखुसा गला आवरी नाँगर-जुआँड़ी के हयँ मड़ी उपरे लथी देला आवरी हईं थान ले चिचयायसी आछे, "ए हो! तमी कसन काजे एमती करी देलास?"

तार चिचयायबार के सुनी करी तार मुनिस बिता आसला आवरी काय होयला बलते बलसी आछे। तेबे बेंदरी बलसी आछे, "काय फेर होयता ता! तमे कसन ने मोर सउत उपरे नाँगर-जुआँड़ी के आपटी देलास? हयँ बिचरँगी जर धरसी आछे बली करी इती आसी करी ढुली रला। तार पलटा मुईं राँदा-बाड़ा करी देली आछे आवरी तमी तारी उपरे आपटी देलास जे नाँगर-जुआँड़ी के! एदे तो मरी गला! मुईं जिबी आछे गाँए। गाँव-पारार माँजी-पटेल के साँगी देबी।"

तार गोट के सुनी करी तार मुनिस बिता डर काजे थरथरी तो गला आछे। हात-पाँय जोड़ के धरला, "नाईं रे, असन ना कर। साँगी देले गाँव-पारार लोक मोके मारबाय। तुई ओगाय रा, काकेई[171] ना साँग। तुई आवरी मुईं कमाय खायबू।"

बलबा के बेंदरी हाँ बल्ला। अतक ने दुनो लोक मिसी करी तार सउत के माटी-काटी देलाय आवरी कमाय-धमाय खायबाआत। अस्तिर ने आछेत।

हयँ बाटे राजा-रानी बले गोटक बेटा सँगे रई करी राज धरी खायबाआत।

कहने लगी, "तुम्हारे दाँत में क्या लगा है, दीदी जो इतना दमक रहा है? मेरे दाँत में भी ऐसा ही बनवा देतीं तो अच्छा होता।"

बँदरिया ने सुना और अपनी सौतन से कहने लगी, "ऐसी बात है तो जा, सब्बल को अच्छे से गरम कर ला। मैं बना दूँगी।"

सौतन बँदरिया गयी और सब्बल को लाल होते तक गरम कर ले आयी। लाने पर इस बँदरिया ने सब्बल लिया और उसकी सौतन से दाँत दिखाने को कहा। सौतन ने दाँत दिखाये। इसी समय इस बँदरिया ने उस तपे हुए सब्बल को सौतन के मुँह में डाल दिया। सौतन वहीं मर गयी। उसके मर जाने पर उसने उसके शव को खींचते हुए ले जाकर हल-जुआ रखने के स्थान के पास छिपा कर रख दिया। धान कूटा, सारा काम किया, भोजन राँधा। थोड़ी देर बाद उसका पति खेत से लौटा और हल-जुआ को उसके नियत स्थान पर रख दिया। फिर जाकर स्नानादि से निवृत्त हुआ। इसी समय यह बँदरिया चुपके से गयी और हल-जुआ को उसकी सौतन के शव के ऊपर लाद दिया फिर वहीं से चिल्लाने लगी, "अजी, सुनते हैं! आपने ऐसा कैसे कर दिया?"

उसका चिल्लाना सुनकर उसका पति आया और क्या हो गया कहने लगा। तब बँदरिया कहने लगी, "क्या हो गया! आपने कैसे मेरी सौतन के ऊपर हल और जुआ पटक दिया? वह बेचारी ज्वर के कारण यहाँ आकर लेटी हुई थी। उसके बदले मैंने भोजन राँधा और आपने उसी के ऊपर हल और जुआ को पटक दिया! यह तो मर गयी! मैं गाँव जा रही हूँ। गाँव-मोहल्ले के माँझी-पटेल आदि को बता दूँगी।"

उसकी बातें सुनकर उसका पति डर के मारे काँपने लगा। हाथ-पाँव जोड़ने लगा, "नहीं रे, ऐसा मत कर। बता देने पर गाँव-मोहल्ले के लोग मुझे मारेंगे। तुम चुप रहो, किसी को मत बताओ। तुम और मैं साथ-साथ जीवन यापन करेंगे।"

ऐसा कहने पर बँदरिया ने हाँ कहा। इतने में दोनों ने मिलकर उसकी सौतन का अंतिम संस्कार किया और साथ रह कर जीवन यापन करने लगे।

उधर राजा और रानी भी अपने एक बेटे के साथ रह कर राज्य करते हुए जीवन बिताने लगे।

171. काकेई : अन्य ध्वनियाँ 'काकेय', 'कोकेय', 'कोकय'।

बयरागिर गाय

बैरागी[172] की गाय

गोटक गाँए गोटक बयरागी रला। तार कोनी ना रलाय। लोक-बाक[173], भाई-भइन कोनी नाईं। गोटकी लोक रला। सान माहा घरे एकला लोक आछे। मुठी माँगबा काजे जाए। गोट दिन बयरागी बलसी आछे, 'छी भगवान! मोर लोक नाईं बाग नाईं, भाई नाईं ना बइन नाईं। मुईं एकलाय लोक माँगी आनबी आछे, मुईं राँदबी आछे, **मुईं खायबी** आछे। राँदी करी देबा लोक रले निको होयता। असनी चिन्ता-फिकर करी-करी आछे बयरागी।

हईं गाँए सात भाई रलाय। हयँ सातो भाई मन खुबे सौकार रलाय। हयँ सात भाई घरे गोटक कारी गाय रला। हयँ गाय रुपया-रुपया हागते रला। सातो भाई गोट दिन बिचार करलाय, नाईं ना एबर कोनी बले भिक्या माँग के आसले आमी ए गाय के ताके देई देबू बे। असनी गोठयायते रलाय आवरी अड़किदायँ हईं बयरागी हयँ मन घरे भिक्या माँग के अमरला। 'भिक्या दियास' बली चिचयायला।

तार चिचयायबार के सुनलाय सातो भाई। तेबे बड़े भाई बिता बलसी आछे, "जाहा बाबू कोन तो गोटक लोक आवरी हयँ गाय के ए बयरागी के देई दियास।"

एक गाँव में एक बैरागी रहा करता था। उसके कोई नहीं थे। लोग-बाग, भाई-बहिन कोई नहीं। अकेला था। छोटे से घर में अकेला रहा करता था। भीख माँगने जाता। एक दिन बैरागी मन ही मन कहने लगा, 'हे भगवान! मेरे न तो सगे-सम्बन्धी हैं, न भाई और न ही बहिन। मैं अकेला व्यक्ति भीख माँगकर लाता और मैं ही भोजन राँधकर खाता हूँ। कोई राँध कर देने वाला होता तो अच्छा होता।' बैरागी इस तरह चिन्ता करता दिन बिता रहा था।

उसी गाँव में सात भाई रहते थे। वे सातों भाई बहुत साहूकार थे। उन सातों भाइयों के घर में एक काली गाय थी। वह गाय गोबर की बजाय रुपये देती थी। सातों भाइयों ने एक दिन विचार किया कि अब कोई भी भीख माँगने आया तो यह गाय हम उसे दे देंगे। वे आपस में यह बात कर ही रहे थे कि उसी समय वही बैरागी उनके घर भीख माँगने के लिये पहुँच गया। 'भिक्षा दो' कहता आवाज दी।

उसका चिल्लाना सुना सातों भाइयों ने। तब बड़ा भाई कहने लगा, "कोई एक जन जाओ बाबू और वह गाय इस बैरागी को दे दो।"

172. बैरागी : वैरागी, सन्यासी, साधू।
173. बाक : मूल ध्वनि 'बाग'।

गाय बड़े भाई बितार गोट के सुनते रला। हयँ मने-मन बिचारला, मोके एमन मुठी देबाय बे। मुईं ढिली देत ले इती ना रयँ बे। असन बिचारी करी हयँ आपने ढिली होयला आवरी बयरागिर छमे-छमे जायसी आछे। बयरागी गाय के आपनर घरे नेला आवरी बाँदी देला। राँदा-बाड़ा करला, खा-पी करला आवरी राती काजे सोई देला। सकरेया उठी करी गाय लगे जाई दखसी आछे जे गाय पने रुपया-रुपया हागी रला। दखी करी हरिक होई गला। सबू पयसा के रापी नेला घरे। एक-दुई[174] दिन होयला। बयरागी लगे पयसा-पानी, धान-चाउर होयला। एबर बुड़ा अस्तिर ने घरे बसी खायसी आछे। मुठी माँग के ना जाय। हईं पयसा ने हयँ घर-दुआर बनायला आवरी काय सुँदर आछे। गोट दिन बिचार करसी आछे, एबर तो मोर घर-दुआर बले होयला, मुईं अछा करी खायबी आछे। जिबी ता कोनी बले कानी-खोड़ी बायले आनी बिआ होयबी। असनी बिचार करी हयँ गोट दिन कोन गाँए जाले गला। हयँ गाँए तार भेटघाट होयला गोट बायले सँगे। तार सँगे गोट-बात होयला। हयँ बायले पने राजी होयला। तेबे अतक ने हयँके घरे आनला। बायले बिती काय मँजा राँदा-बाड़ा करला। दुनो लोक खा-पी करलाय आवरी राती होयबा के सोई देलाय। बिआन पाहायबा के बायले बिती उठी करी दुआर बड़ायला आवरी गोबर काजे गला। दखला हयँती गोबरर पलटा रुपया-रुपया रला। अतक ने हयँ बायले बिती इती गोबर निआय रुपया आछे मुईं काय के छड़ा-छाट देबी काय ने दुआर सरायबी बली गाय उपरे रिस होयला आवरी ताके दुआर बड़ायबा बाड़न ने गोट बाड़न मारी देला। मारी देबा के छीः ता भगवान! मोके दुआर बड़ायबा बाड़न ने मारी देला, बली गाय रिस होयला आवरी बाँदलार खुटा के उखनी करी हयँती ले जायते गला।

अड़किदायँ हयँ पारार लोक मन नाँगर फाँदी रलाय। हयँमन दखलाय गाय के आवरी होंदे ना दखा नी बुड़ार गाय कोन तो बाटे निसकी जायसी आछे आवरी बुड़ा केने गला आछे की, बलबाआत। कोन तो गोट लोक जावँ ना गाय के बोहड़ाय देऊँ बुड़ा घरे बलसी आछे। कोन तो बोपड़ा-बिचरँगा बुड़ा गाय आयला दिन ले काय मँजा खा-पी करसी आछे, बलबाआत। असनी-असनी बली करी हयँ मन गाय के बुड़ा घरे बोहड़ाय नेई देलाय। डँडकी रई करी बुड़ा आयला कोन तो बाट ले आवरी दखसी आछे उखनलार खुटा के। दखला आवरी खुटा उखनी होयला आछे बलते फेर खुटा के गाड़ी देला। अतक ले गाय हयँती रई गला। असनी-असनी गोट दिन फेर हयँ बायले गाय के बाड़न ने मारी देला। मारी देबा के गाय निसकी गला।

जायते-जायते जायसी आछे, जायसी आछे। गला कतक धुर आय की। चारा चरी-चरी झार भितरे ओयली देला। गला अवसुमार बिच बन खमना ने। हयँती ताके दखला गोटक बाग[175]। दखी करी तो हरिक होई

गाय बड़े भाई की बातें सुन रही थी। उसने मन ही मन विचार किया, मुझे ये लोग भीख में दे देंगे। मुझे खूँटे से खोलते तक मैं यहाँ नहीं रहूँगी। ऐसा विचारकर स्वयं ही खूँटे से अपने को अलग कर लिया और बैरागी के सामने-सामने चलने लगी। बैरागी गाय को अपने घर ले गया और बाँध दिया। भोजन राँधा, खाया-पिया और रात होने पर सो गया। सबेरे उठकर गाय के पास गया तो देखता है कि गाय ने गोबर की बजाय रुपये ही रुपये गिराये हैं। यह देखकर वह आनन्दित हो गया। सारे रुपये उठा ले गया घर में। इस तरह एक-दो दिन बीत गये। बैरागी के पास अब रुपये-पैसे, धान-चावल आ गये। अब बूढ़ा शान्तिपूर्वक घर में रहकर जीवन बिताने लगा। भीख माँगने नहीं जाता। उसी पैसे से उसने घर बनाया और मजे से रहने लगा। एक दिन विचार करने लगा कि अब तो मेरा घर-द्वार भी हो गया। मैं बड़े मजे से जीवन बिता रहा हूँ। जरा चलूँ तो कोई महिला खोजकर उसे ले आऊँ और उससे विवाह कर लूँ। ऐसा विचारकर वह एक दिन किसी एक गाँव में गया। वहाँ उसकी भेंट एक महिला से हो गयी। उससे उसकी बात हुई। वह महिला भी राजी हो गयी। तब वह उस महिला को अपने घर ले आया। महिला ने भोजन राँधा। दोनों ने भोजन किया और रात होने पर सो गये। सबेरा होने पर महिला उठी और आँगन में झाड़ू लगाकर गोबर के लिये गयी। देखा वहाँ गोबर की बजाय रुपये ही रुपये थे। वह सोचने लगी, यहाँ तो गोबर नहीं है फिर मैं कैसे आँगन में गोबर का छिड़काव करूँगी और आँगन लीपूँगी? ऐसा सोचकर वह गाय के ऊपर नाराज हो गयी और झाड़ू से गाय को मारा। उसके मारने पर गाय दुखी हो गयी और सोचने लगी, हे भगवान! मुझे इसने आँगन बुहारने वाली झाड़ू से मारा। ऐसा विचारते वह नाराज हो गयी और खूँटे को उखाड़कर वहाँ से चली गयी।

इसी समय उस मोहल्ले के लोग हल चला रहे थे। उन्होंने देखा गाय को और अरे देखो तो, बूढ़े की गाय कहीं निकलकर जा रही है और बूढ़ा पता नहीं कहाँ चला गया है, कहने लगे। कोई एक व्यक्ति कहने लगा कि चलो जी गाय को वापस पहुँचा देते हैं बूढ़े के घर। कोई कहने लगा, बेचारा बूढ़ा गाय के आने के बाद से बड़े मजे से जीवन बिता रहा है। इस तरह की बातें करते उन्होंने बूढ़े की गाय को वापस पहुँचा दिया। थोड़ी देर बाद बूढ़ा कहीं से आया। देखा, खूँटा उखड़ा हुआ था। यह देखकर सोचा कि खूँटा उखड़ गया होगा। ऐसा सोचकर उसने खूँटा को फिर से गाड़ दिया। अब गाय वहीं रह गयी। इसी तरह एक दिन फिर से उस महिला ने गाय को झाड़ू से मारा। मारने पर गाय वहाँ से चली गयी।

चलते-चलते वह पता नहीं कितनी दूर पहुँच गयी। चारा चरते-चरते जंगल के भीतर जा पहुँची। घने जंगल में घुस गयी। वहाँ उसे देखा एक बाघिन ने। देखकर मेरा चारा आ रहा है, कहती बाघिन बहुत प्रसन्न ह

174. दुई : अन्य ध्वनि 'दुय'।

175. बाग : प्रसंगानुसार इस कहानी में 'बाधिन'। भतरी एवं हल्बी लोक-भाषाओं में स्त्री-पुरुष को छोड़ कर शेष प्राणियों के लिये प्रायः लिंग-भेद नहीं पाया जाता। किन्तु कुछ प्रसंगों में अपवादों से इंकार नहीं किया जा सकता।

गला आछे मोर चारा आयसी आछे बली करी। आजी मुईं पेट भर खायबी बलसी आछे बाग। हरिक काजे गुपी गला आछे। गला बाग गाय लगे आवरी बलसी आछे, "मुईं तोके आजी खायबी।"

गाय बलसी आछे, "तुई मोके ना खा री। मुईं तोर सँगे मित बाँदबी। तोरी सँगे रबी। तुई मोके ना खा।" असन बलबा के बाग काय बिचारला काय नाईं, ना खाए गाय के। ताके हयँ आपनर घरे नेला। दुनो मित बाँदलाय। गाय गचर छाएँ रयते रला आवरी बाग आपनर करपन भितरे। सकाल होयले दुनो सँगे मिसी करी चारा चर के जिबाआत। चारा चरी करी पानी पियबा काजे लँदी ने जिबाआत। बाग तले घाटर पानी के पिए आवरी गाय उपर घाटर पानी के। गाय उपर घाटर पानी के पियबा के हयँ थाने फेपल-फेपल होयते रय। हयँ फेपल पानी सँगे तले घाटे आसे ताके पिये बाग। बाग के हयँ पानी सुआद-सुआद लागे। तेबे ए गायर थुक अतक सुआद लागसी आछे आले एतार माउस कतक सुआद लागता! बली गोट दिने बाग बिचार करला। रयते-रयते रई गलाय। अतक ने गाय आवरी बाग दुनो पेटे थेबलाय। दिन-बार पुरबा के दुनो नँगत-गत होयलाय। बाग पकायला गोटक बाग आवरी गोटक बगनी। गाय पकायला गोटक बाछी आवरी गोटक बाछा। बाछा रला नँदेया। चारो पिला मन मिली-मिसी करी काय मँजा खेलबा आछेत। बाग पने गाय के खायबा काजे रोजे बिचार करे। तेबे असनी-असनी ए गोट के गाय जानला आवरी गोट दिने तार बेटा नँदेया के बलसी आछे, "ए बेटा! ए बाग मोके कोनी-ना-कोनी दिने खाई देयसी।"

गोट दिने बाग गाय के भाजी टुटायबा काजे जिबा काजे बल्ला। तेबे गाय बलसी आछे तार बेटा नँदेया के, "दख बेटा, नँदेया। मुईं तोके गोट बटकी ने गोरोस देई रबी। तुई हयँ गोरोस के दखते रबिस। मुईं केत दिन ले लुकी-लुकी रबी ता! कोनी-ना-कोनी दिने तो ए बाग मोके खाई देयसी। मुईं मरी-हाजी गले ए बटकिर गोरोस लहू होई जायसी। ना मरले ए असनी जसनर असन गोरोस रयसी। लहू उलटी गले तमे इती ले पराय जाहा। इती ना राहा, नोयले बाग तमके बले मोर परा खाई देयसी।" असन बली करी गाय बाग सँगे भाजी टुटाय के गला। भार खमान ने गलाय दुनो जन। जिबा के बाग धायँ भाजी के टुटायबा माहा करे धायँ गाय के दखे, धायँ भाजी के टुटायबा माहा करे धायँ गाय के दखे। तार मने गाय के खायबार बिचार होई रला। गाय के बाग भुरलायला माहा करे। गाय पने जानला बागर मनर गोट के आवरी मने-मन बिचार करसी आछे। अतक ने उधापड़े बाग धरला गाय के आवरी मारी करी खाई देला।

गयी। आज तो मैं भरपेट भोजन करूँगी, बाघिन सोचने लगी। प्रसन्नता से भर गयी। गयी गाय के पास और कहने लगी, "आज मैं तुम्हें खाऊँगी।"

गाय कहने लगी, "तुम मुझे मत खाओ री। मैं तुम्हारे साथ मीत[176] बदूँगी। तुम्हारे ही साथ रहूँगी। तुम मुझे मत खाओ।" उसके ऐसा कहने पर बाघिन ने पता नहीं क्या विचार किया और गाय को नहीं खाया। उसे वह अपने घर ले गयी। दोनों मित्र बन गयीं। गाय पेड़ की छाँव तले रहती और बाघिन अपनी गुफा के भीतर। सबेरा होने पर दोनों मिलकर चारा चरने जाया करतीं। चारा चरने के बाद पानी पीने के लिये नदी जातीं। बाघिन नीचे के घाट में पानी पीती और गाय ऊपर वाले घाट में। जब गाय ऊपर के घाट में पानी पीती तो वहाँ के पानी में गाय के लार से बना फेन मिल जाता। वह फेन पानी के साथ बहकर नीचे वाले घाट में आता। उसी पानी को बाघिन पीती थी। बाघिन को वह फेन मिला पानी स्वादिष्ट लगा करता। तब एक दिन वह सोचने लगी कि जब इस गाय की थूक इतनी स्वादिष्ट है तो इसका मांस कितना स्वादिष्ट होगा! समय बीतता गया। कुछ समय बाद गाय और बाघिन दोनों ही गर्भवती हो गयीं। समय आने पर दोनों ने बच्चों को जन्म दिया। बाघिन ने एक बाघ और बाघिन शावकों को जन्म दिया। इसी तरह गाय ने एक बछिया और बछड़े को जन्म दिया। बछड़ा था नन्दी। चारों बच्चे आपस में मिल-जुलकर खेलते हुए रहने लगे। बाघिन रोज गाय को खाने की सोचती। तब एक दिन गाय ने इस बात को ताड़ लिया और अपने बेटे नन्दी से कहने लगी, "हे बेटे! यह बाघिन मुझे किसी न किसी दिन खा जायेगी।"

एक दिन बाघिन ने गाय से भाजी तोड़ने के लिये चलने को कहा। तब गाय अपने बेटे नन्दी से कहने लगी, "देखो बेटा, नन्दी। मैं तुम्हें एक कटोरी में दूध देकर जाऊँगी। तुम उस गोरस को देखते रहना। मैं कब तक छिपती रहूँगी भला! किसी न किसी दिन तो यह बाघिन मुझे खा जायेगी। मैं मर जाने पर इस कटोरी का दूध लहू बन जायेगा। किन्तु न मरने पर यह जैसे का तैसा दूध बना रहेगा। लहू बन जाने पर तुम यहाँ से भाग जाना। यहाँ मत रहना अन्यथा बाघिन तुम्हें भी मेरी तरह खा जायेगी।" ऐसा कहकर गाय बाघिन के साथ भाजी तोड़ने चली गयी। दोनों घने जंगल में जा पहुँचीं। वहाँ पहुँचने पर बाघिन कभी भाजी तोड़ने का उपक्रम करती तो कभी गाय की ओर देखती। उसके मन में गाय को खाने का विचार समा गया था। वह गाय को बहला रही थी। गाय ने बाघिन के मन की बात जान ली और मन ही मन विचार करने लगी। इतने में अचानक बाघिन ने गाय को मार डाला और खा गयी। गाय के मर जाने पर उधर कटोरी का

176. मीत बदना : मित्र बनाना। **मित्रता के बन्धन** में बँधना। बस्तर अंचल में मित्रता के विभिन्न सम्बोधन प्रचलित हैं। यथा 'बाली फुल', 'गजामूँग', 'गोंदा फुल', 'भोजली', 'माहापरसाद' आदि। प्रायः इन या इनमें से किसी भी पदार्थ की आपस में अदला-बदली करके मित्रता स्थापित की जाती है। जिस पदार्थ की अदला-बदली मित्रता स्थापित करने में होती है, उसी पदार्थ के नाम पर मित्र को सम्बोधित किया जाता है। इस आदान-प्रदान में नारियल और फूल भी सम्मिलित होते हैं। 'सखी' मित्र बनाने के लिये केवल नारियल और कोई भी फूल उपयोग में लाया जाता है। इस तरह के मैत्री-सम्बन्ध बहुत ही पवित्र और सम्मानजनक माने जाते हैं। ऐसी मित्रता पीढ़ी-दर-पीढ़ी चलती है। ऐसे दो मित्रों की सन्तान एक-दूसरे के पिता को 'फुल बाबा' (या 'मित बाबा') और माता को 'फुल आया' (या 'मित आया') या 'फुल माँ' (या 'मित माँ') कहती है। यों तो अधिकांश मैत्री-सम्बन्ध समलैंगिक होते हैं किन्तु कुछ विशिष्ट मैत्री-सम्बन्ध इसके अपवाद भी होते हैं। ऐसे विशिष्ट मैत्री-सम्बन्ध गोपनीय होते हैं और विवाह के बाद स्थायी नहीं रह जाते।

गाय मरी जिबा के हयँ बाटे बटकिर गोरोस लहू उलटी गला। उलटी जिबा के नँदेया दखला आवरी बलसी आछे, "नाईं ना बाग-बगनी मन! तमर माय आमर माय के मारी करी खाई देला। आमे इती ना रऊँ बे। बाहड़ी आसले तमर माय आमके पने मारी करी खाई देयसी।"

नँदेयार गोट के सुनलाय बाग आवरी बगनी पिला मन आवरी बलबा आछेत, "नाईं। आमे बले इती ना रऊँ बे। आमे बले तमरी सँगे आसबू।"

एमती बली करी चारो हयँ थान ले निसकी गलाय। जिबाआत, जिबाआत। जायते-जायते कोन तो दुसर गाँए अमरलाय। हयँ बाटे बाग गाय के खायला आवरी घरे बाहड़ला। घरे आसी करी दखसी आछे जे घरे कोनी नाईं। ए बाटे जायते-जायते बाग आवरी बगनी मन नँदेया आवरी तार भइन बाछी के बलबा आछेत, "नाईं भाई, आमी तो जनवार आवँ। आमे खमना भितर काजे जिबू। तमे बेड़ा-पारे-पार जाहा। कोनी थाने काईं बिपती पड़ला आले तमी आमके हाक दियास। आमी तमके साहा होयबू।" बली करी बाग आवरी बगनी दुनो भाई-बइन खमना भितरे गलाय। बाछी गोटोक गोहड़ी ने मिसी करी तार भाई नँदेयार बाट के भुलकी गला। अतक ने नँदेया एकलाय होयला। हयँ एकलाय चारा चरी-चरी जायसी आछे।

* * *

गोटक गाँए गोट पिला रय। तार कोनी ना रएत[177]। हयँ एकलाय रला। हयँ पिला गुलेर-बाटी धरी करी चेड़े मारी-मारी गुलाय बुलते रला। दख-ना-दख हयँ नँदेया के दखला आवरी ताके छिईं-छिईं दखसी आछे। दखी करी खुबे सुँदर दखसी आछे बली बलसी आछे। तेबे नँदेया बल्ला, "जों बाबू, मुईं तोके राज दखाय के नेबी। तुईं बले मोके साहा होयबिस।"

अतक के सुनी करी पिला पने हरिक होयला आवरी बलसी आछे, "जावँ दादा। मोर बले तो कोनी नाईं। मुईं तोके चारा चरायबी, तोर दखा-राखा करबी।"

तेबे दुनो जायते-जायते जिबाआत। जायते-जायते दुनो गोटोक दुसर राजे अमरलाय। हयँ राजर गोटक गाँए गोटक तरई रला। पिला बलसी आछे, "मोके खुबे भुक लागला, दादा। मुईं काय के खायबी बे?"

तार गोट के सुनला नँदेया आवरी बलसी आछे, "मुईं तोके चाउर-दार देबी, बाबू। तुईं राँदी खायबिस। तुय तार काजे धोका ना कर।" बली करी नँदेया आपनर गोटक कान के फापड़ी देला। फापड़बा के हयँ कान ले चाउर-दार झड़ी गला। दुसर कान के फापड़ला। हयँ कान ले बरतन-भाँडा निकरला। तेबे पिला नाहा-धुआ करला आवरी काय मँजा राँदा मँडायला। ए बाटे पिला राँदा मँडायला आछे आवरी हयँ बाटे नँदेया चारा चरी-चरी जायसी आछे। जायते-जायते हयँ अमरला कोन तो लोक मनर धान बुनला थाने। जाई करी धान के खायबी बलतेच्ची रला आवरी ताके दखलाय हयँ धान बुनू लोक मन आवरी ए कोन थानर बयला आयला

177. रएत अन्य ध्वनियाँ 'रओत', 'रलाय'।

दूध लहू में बदल गया। यह देखकर नन्दी बाघिन के बच्चों से कहने लगा, "देखो बाघ और बाघिन! तुम्हारी माँ ने हमारी माँ को मारकर खा लिया। अब हम यहाँ नहीं रहेंगे। वापस आकर वह हमें भी मार कर खा जायेगी।"

नन्दी की बातें सुनी बाघ और बाघिन ने और कहने लगे, "नहीं। हम भी यहाँ नहीं रहेंगे। हम भी तुम्हारे ही साथ आयेंगे।"

ऐसा विचारकर चारों उस जगह से निकल गये। चले जा रहे हैं। जाते-जाते किसी दूसरे गाँव पहुँच गये। उधर बाघिन गाय को खाने के बाद घर वापस आयी। घर आकर देखा तो वहाँ कोई भी नहीं। इधर चलते-चलते बाघिन के दोनों बच्चे नन्दी तथा उसकी बहिन बछिया से कहने लगे, "नहीं भाई, हम तो जंगली जानवर हैं। हम जंगल के भीतर से जायेंगे। तुम दोनों खेत की मेड़ों पर से होकर जाओ। कहीं कोई विपत्ति आ जाये तो तुम हमें बुलाना। हम तुम्हारी सहायता करेंगे।" ऐसा कह बाघ और बाघिन दोनों भाई-बहिन जंगल के भीतर चले गये। बछिया गाय-बैलों के एक झुण्ड में घुसकर अपने भाई नन्दी से बिछड़ गयी। अब नन्दी अकेला हो गया। वह अकेले ही चारा चरता चला जा रहा है।

* * *

एक गाँव में एक युवक था। उसका कोई भी नहीं था। वह अकेला था। वह युवक गुलेल-गोटी लेकर चिड़िया मारता सभी ओर घूमा करता था। उसने नन्दी को देखा और उसे छू-छूकर देखने लगा। देखकर बहुत सुन्दर है कहने लगा। तब नन्दी बोला, "चलो बाबू, मैं तुम्हें देशाटन के लिये ले चलूँगा। तुम भी मेरी सहायता करना।"

यह सुनकर युवक भी प्रसन्न हो गया और कहने लगा, "चलो दादा। मेरा भी तो कोई नहीं है। मैं तुम्हें चराऊँगा, तुम्हारी देख-भाल करूँगा।"

तब वे दोनों जाने लगे। जाते-जाते दोनों किसी एक दूसरे राज्य में जा पहुँचे। उस राज्य के एक गाँव में एक तालाब था। युवक कहने लगा, "मुझे बहुत भूख लगी है, दादा। मैं क्या खाऊँगा भला?"

उसकी बातें सुनी नन्दी ने और कहने लगा, "मैं तुम्हें चावल-दाल दूँगा, बाबू। तुम राँधकर खाना। तुम इसके लिये चिन्ता मत करो।" ऐसा कहकर नन्दी ने अपना एक कान हिला दिया। हिला देने पर उस कान से चावल-दाल झड़े। फिर उसने दूसरा कान हिलाया। उस कान से बर्तन-भाँडे गिरे। तब युवक स्नानादि से निवृत्त होकर भोजन राँधने लगा। इधर युवक भोजन राँधने लगा और उधर नन्दी चारा चरता जाने लगा। जाते-जाते वह किसी व्यक्ति के धान के खेत में पहुँच गया। जाकर धान खाने को ही था कि उन खेतों के मालिकों ने उसे देखा और उसे मारकर खा जाने के

बलते ताके खेदी नेबाआत मारी खायबा काजे। धरलाय आवरी पेटबाआत। अड़किदायँ हयँ पिला दखला आवरी बलसी आछे, "नाईं ना, दादा मन। ना मारा मोर नँदेया के। छाड़ी दियास।" मान्तर हयँ मन तार गोट के ना सुनोत। अतक ने बयला बाग आवरी बगनी के तमी कोन लगे आछास दादा-दिदी, मोके मारबाआत बली करी हाक देला। हाक देबा के बाग आवरी बगनी दुनो खमना भितर ले पराय आसलाय आवरी हयँ लोक मन के खेदी नेलाय। खेदी नेबा के हयँ मन डर काजे बयला के हईं थान छाड़ी करी आपापुती परायलाय आवरी आपन-आपन घरे ढापी होयलाय। अतक ने बाग आवरी बगनी बयला के बल्लाय, "एबर तुई असन धँदा के ना कर। अतक ले आमी तोके साहा होय के ना सकूँ। तोर बुता ने तुई रा, आमर बुता ने आमी रबू।" बलते बाग आवरी बगनी हयँ थान ले खमान भितरे जायते गलाय।

अतक ने पिला आवरी नँदेया दुनो जिबाआत। जायते-जायते गलाय आवरी गोट राज ने। बाटे गोटक तरई रला। तेबे बयला बलसी आछे, "आले बाबू, छनक इती बिसायबू। मुईं पानी-पुना खायबी। तुई बले राँदी खा।" बली करी हयँ आपनर गोटक कान के फापड़ी देला। फापड़ी देबा के दार-चाउर निसकला। पिला गला तरई थाने पानी काजे। हयँ तरई भितरे सात जन कन्या मन रलाय। हयँ मनर बिआ नता होई रए। सातो भइन मन आत। जुआन-जुआन रलाय। सबू ले सुरु कन्या दिरिप सुँदरी रला। बाबी[178] रला। हयँ मन दखलाय पिला के आवरी पानी भितर ले निसकी करी बलबाआत, "ए परदेसेया! आव। आमी आवरी तुई लुकाछाईं खेलबू। तुई आमर सँगे लुकाछाईं ना खेल्ले तोके आमे पानी नेय के ना देऊँ।"

पिला बलसी आछे, "मोर गोटक भाई आछे। मुईं ताके पचारी करी आसबी। हयँ काय बलसी की!" बल्ला पिला आवरी गला नँदेया लगे। ताके पचारसी आछे, "ए दादा! तरई थाने सात जन कन्या मन आछोत। हयँ मन मोके लुकाछाईं खेलबा काजे बलबाआत। मुईं खेल्ली आले तो मोके पानी आन के देबाय मने नोयले ना देओत। असनी बलबाआत हयँ मन।"

तार गोट के सुनला नँदेया आवरी बलसी आछे, "जा जानू खेलबा काजे मान्तर हयँ मन लुकलाय आले तुई हयँ मन के खोज के[179] ना सकबिस। हयँ मन पुरन-पान थाने लुकी रबाय। तुई पुरन-पान के गुचायलिस आले तिके भेटबिस नोयले नाईं। तोर लुकबा बेरा तुई भँवरा[180] किड़ा होई करी मोर कान भितरे ओली देबिस। हयँ मन तोके खोज के ना सकबाय[181]। तेबे तुई जितबिस हयँ मन हारबाय। तुई जितलिस आले हयँ मनर सबले सुरु बइन के माँगबिस। हयँ मन कुचर काजे हयँ मनर सुरु भइनर देंहे ने चिखल-चिखली के घसी देई रबाय।

लिये उसे पकड़ने को दौड़े। उसे पकड़ा और पीटने लगे। इसी समय उस लड़के ने देखा और कहने लगा, "नहीं दादा। मेरे नन्दी को मत मारो। छोड़ दो।" किन्तु वे लोग उसकी बात सुनने को तैयार नहीं थे। तब गाय ने तुम लोग कहाँ हो दादा-दीदी, मुझे लोग मार रहे हैं कहते बाघ और बाघिन को अपनी सहायता के लिये पुकारा। पुकार सुनकर बाघ और बाघिन जंगल के भीतर से दौड़ते आये और उन लोगों को भगाया। बाघ और बाघिन जब उन लोगों के पीछे दौड़े तो वे लोग डरकर वहाँ से इधर-उधर भाग गये और अपने-अपने घरों में छिप गये। तब बाघ और बाघिन ने नन्दी से कहा, "अब तुम ऐसा काम मत करो। इसके बाद हम तुम्हारी सहायता नहीं कर सकेंगे। तुम्हारा काम तुम करो और हमारा काम हम करेंगे।" ऐसा कहकर बाघ और बाघिन वहाँ से जंगल के भीतर चले गये।

इसके बाद युवक और नन्दी दोनों जाने लगे। जाते-जाते एक दूसरे राज्य में पहुँच गये। रास्ते में एक तालाब था। तब बैल कहने लगा, "बाबू, हम थोड़ी देर यहाँ आराम करेंगे। मैं पानी पिऊँगा। तुम भी भोजन राँधकर खाओ।" कहकर उसने अपना एक कान हिला दिया। हिलाने पर कान से दाल-चावल गिरे। युवक पानी के लिये तालाब गया। उस तालाब के भीतर सात जल-कन्याएँ रहती थीं। उनका विवाह नहीं हुआ था। वे सातों बहिनें थीं। युवा थीं। सबसे छोटी कन्या अत्यन्त सुन्दर थी। राजकुमारी-सी थी। उन्होंने देखा उस लड़के को और पानी से बाहर आकर उससे कहने लगीं, "हे परदेसी! आओ। हम और तुम लुका-छिपी का खेल खेलेंगे। यदि तुमने हमारे साथ लुका-छिपी का खेल नहीं खेला तो हम तुम्हें पानी ले जाने नहीं देंगी।"

यह सुनकर युवक कहने लगा, "मेरा एक भाई है। मैं उससे पूछकर आऊँगा। पता नहीं वह क्या कहेगा!" ऐसा कहकर युवक गया नन्दी के पास और उससे पूछने लगा, "हे दादा! तालाब में सात जल-कन्याएँ हैं। वे मुझसे लुका-छिपी का खेल खेलने को कह रही हैं। मैं उनके साथ यह खेल खेलूँगा तभी वे मुझे वहाँ से पानी लेने देंगी अन्यथा नहीं। वे ऐसा ही कह रही हैं।"

उसकी बातें सुनी नन्दी बैल ने और कहने लगा, "ठीक है, खेलने जाओ किन्तु जब वे छिप जायेंगी तो तुम उन्हें नहीं खोज पाओगे। वे पुरइन के पत्तों में छिप जायेंगी। तुम उन पुरइन के पत्तों को हटाओगे तभी उन्हें खोज पाओगे वरना नहीं। जब तुम्हारे छिपने की बारी आये तब तुम भौंरा बनकर मेरे कान के भीतर घुस जाना। वे तुम्हें नहीं खोज पायेंगी। इस तरह तुम जीत जाओगे और वे हार जायेंगी। तुम जीत जाने पर उनकी सबसे छोटी बहिन को अपनी पत्नी के रूप में माँगना। वे ईर्ष्यावश अपनी सबसे छोटी बहिन की देह पर कीचड़ लगा देंगी। उस समय तुम ध्यान

178. बाबी : राजकुमारी। अंग्रेजी का 'बेबी' शब्द बस्तर की हल्बी-भतरी जन भाषा में 'बाबी' के रूप में आ गया है। राजकुमारी के लिये यही शब्द प्रचलित है।

179. खोज के : अन्य ध्वनि 'डगराय के'।

180. भँवरा : अन्य ध्वनियाँ 'भवँरा', 'भौंरा'।

181. सकबाय : अन्य ध्वनि जो ओड़िया के निकट है, 'पारबाय'।

अड़कदाँय तुई ताके धियान देई चितायबिस आवरी तार हात के धरबिस।"

पिला सुनला आवरी गला सातो कन्या मन लगे। तेबे सातो कन्या मन बलबा आछेत, "आले तुई लुक ता आगे।"

पिला बल्ला, "नाई, तमे लुका ता आगे।" फेर बलसी आछे, "तमे हारले मोके काय देबास?"

"नाई, आमी हारले तुई आमी सातो बइन ने जेके मन करले हँके बिआ होयबिस।" सातो कन्या मन बल्लाय।

अतक ने सातो कन्या मन लुकी देलाय। पिला पानी भितरे जाई करी पुरन-पाना तले-तले गला आवरी सबुर केस मन के धरी-धरी निकरायला। असनी-असनी कन्या मन तिन हार लुकलाय, तिनो हार पिला हयँ मन के निकरायला। अतक ने कन्या मन पिला के लुकबा काजे बल्लाय। बलबा के पिला भँवरा किड़ा होई जाई करी बयलार कान भितरे ओली देला। एमन ताके इती खोजबाआत हँती डगरायबाआत मान्तर कोनी थाने ना पाओत। थाकी-हारी करी आसा आमे हारलू बलते ताके हाक देलाय। हाक देबा के पिला बयलार कान थान ले निसकला आवरी आपनर रुप ने होई करी गला कन्या मन लगे। जिबा के छय जन कन्या मन काय सुँदर सज-तियार होयलाय। सबले सुरु भइन सब भइन मन ले अदिक सुँदर रए। एई तो खुबे सुँदर आछे, एकेय नेयसी बली मने-मन बिचार करलाय आवरी तार मुहूँ आवरी देंहे-पाँय ने चिखला-चिखली घसी देलाय। अतक ने पिला हयँ मन लगे अमरला। दखसी आछे, पुरे-पुरे छय बइन रलाय आवरी सब ले धड़ी ने रला हयँ सब ले सुरु भइन। अमरबा के ताके बलबाआत, "तुई जेके मन करले हँके ने। तार हात के धर।"

असन बलबा के पिला के बयलार बल्ला गोठ सुरता पड़ला। हयँ जानी गला आवरी जाई करी सुरु कन्यार हात के टप् नाय धरला। अतक ने छय जन कन्या मन 'जँवई आत, जँवई आत' बली हयँ थान ले परायलाय। पिला हयँ कन्या के नाहा-धुआ कर के बल्ला। तेबे हयँ चरफर नाहा-धुआ करला। अतक ले दुनो लोक नँदेया सँगे हयँ थान ले जायते गलाय। जायते-जायते गोटोक आवरी राज ने अमरलाय। समुँद पारे अमरबा के नँदेया बलसी आछे पिला के, "कतक ले बले आमी बुलते रबू बे, बाबू। एई थाने रऊँ। डेरा-बासा बनाऊँ।"

तेबे हयँ मन हईं समुँद पारे रई गलाय। दिन बुड़ला, राती होयला। तिनों परानी सोई देलाय। सोयला राती हयँती गोटोक माहाल बनी गला। अतक ले हयँ मन हईं थाने रबा आछोत। काय मँजा कमाय-धमाय खायबा आछेत।

कन्या दिरिप सुँदरी रला। गोट दिने टोकी नाहायते रला आवरी हईं थाने हयँ राजर राजार नवकर-चाकर मन बले नाहाय के गलाय। हयँ नवकर-चाकर मन हयँ टोकी के दखी देलाय। दखी करी बाप रे! अतक सुँदर! अतक सुँदर रानी कोन थानर आय? आमर राजा काजे होयले पक्की फोबता बला-बली होयबा आछेत। नाहा-धुआ करबा के छाड़ी करी हयँ मन हँकेय दखबा आछेत। टोकी नाहा-धुआ करला आवरी आपनर घरे जायते गला। अतक ने नवकर मन राजा लगे गलाय आवरी

पूर्वक उसे पहचानना और उसी का हाथ पकड़ना।"

युवक ने सुना और गया सातों जल-कन्याओं के पास। तब सातों जल-कन्याएँ कहने लगीं, "अच्छा, पहले तुम छिपो।"

युवक बोला, "नहीं, पहले तुम लोग छिपो।" फिर कहने लगा, "तुम लोग हार जाओगी तो मुझे क्या दोगी?"

"यदि हम हार जायेंगी तो तुम हम सातों बहिनों में से जिसे पसंद करोगे उसके साथ विवाह कर सकते हो।" सातों जल-कन्याओं ने कहा।

इतने में सातों जल-कन्याएँ छिप गयीं। युवक पानी के भीतर जाकर पुरइन के पत्तों के नीचे गया और एक-एक कर सभी के केश पकड़कर उन्हें बाहर निकाला। इस तरह जल-कन्याएँ तीन बार छिपीं, तीनों ही बार युवक ने उन्हें खोज निकाला। इसके बाद कन्याओं ने युवक से छिपने के लिये कहा। तब युवक भौंरा बनकर बैल के कान में जा घुसा। कन्याएँ उसे यहाँ-वहाँ खोजने लगीं किन्तु वह कहीं भी नहीं मिला। वे थक गयीं और 'हम हार गयीं, तुम आ जाओ' कहकर उसे पुकारा। पुकार सुनकर युवक बैल के कान से निकलकर आया और अपने स्वरूप में आकर गया कन्याओं के पास। छह बहिनें सज-सँवरकर तैयार थीं किन्तु सबसे छोटी बहिन की देह पर जो उन सबमें सबसे अधिक सुन्दर थी, यह सोचकर कीचड़ लगा दिया था कि यह तो हम सबसे सुन्दर है। इसीलिये वह इसे ही पसंद करेगा। इतने में युवक वहाँ पहुँचा। देखा, छहो बहिनें सामने थीं और सबसे छोटी बहिन किनारे। जब वह वहाँ पहुँचा तो कन्याएँ उससे कहने लगीं, "तुम जिसे पसंद करते हो उसे अपने साथ ले जाओ। उसके हाथ पकड़ लो।"

ऐसा कहने पर युवक को बैल की बातें याद आयीं। वह सारा माजरा समझ गया और जाकर सबसे छोटी कन्या का हाथ टप् से पकड़ लिया। यह देखकर सभी छहों कन्याएँ 'ये तो हमारे जवाँई हैं' कहते वहाँ से भाग गयीं। युवक ने उस कन्या को स्नान करने के लिये कहा। तब उसने स्नान किया। इसके बाद दोनों नन्दी के साथ वहाँ से चले गये। चलते-चलते एक दूसरे राज्य में पहुँच गये। समुद्र के तट पर पहुँचकर नन्दी बैल युवक से कहने लगा, "हम लोग कितना और कहाँ-कहाँ घूमते रहेंगे, बाबू। यहीं रहें। डेरा बनाएँ।"

इस तरह वे समुद्र के किनारे रह गये। दिन डूबा, रात हो गयी। तीनों प्राणी सो गये। रात ही में वहाँ एक महल बन गया। वे उसी महल में रहते हुए सुख पूर्वक जीवन बिताने लगे।

जल-कन्या अत्यधिक रूपवती थी। एक दिन जब वह नहा रही थी कि उसी समय उस राज्य के नौकर-चाकर भी नहाने गये हुए थे। उन्होंने उस कन्या को देखा। देखकर अचम्भित रह गये। अरे बाप रे! इतनी सुन्दर! इतनी सुन्दर रानी कहाँ की है? वे सोचने लगे। यह यदि हमारे राजा की पत्नी बन जाये तो इन दोनों की जोड़ी सुन्दर फबेगी। वे आपस में ऐसी चर्चा करने लगे। नहाना छोड़कर वे सभी उसे ही देखने लगे। कन्या ने स्नान किया और अपने घर चली गयी। इतने में नौकर गये राजा के पास और उसे बताने लगे.

ताके साँगलाय, "समुँद-पारे गोटोक रानी आछे, राजा। हयँ दिरिप सुँदरी आछे। तार लेड़ी आवरी तमर ठोड़ी एके बराबर होयसी। तमर काजे होयले राजा पक्की फोबता।"

अतक के सुनी करी राजा तिके तार घरे पठायला, "असन आले खोजी करी आसा। कोन गाँवर आय, कोन आय?"

तेबे दुय लोक होई करी गलाय तार घरे आवरी 'जोय दियास' बली बलबा आछेत। टोकी सुनला आवरी जोय धरी करी घर ले बाइर निसकला। तेबे एमन ताके बलबा आछेत, "तोके आमर राजा मन करला आछे।"

टोकी असन बलबा के सुनी करी बल्ला, "तमी असन ना बला। आमर नँदेया सुनला आले तमन मन के मारी पकायसी।"

नवकर मन सुनलाय आवरी रिस होयलाय। कड़क बड़े नँदेया आय नु, बलते हयँ मन हयँ थान ले राजा लगे गलाय आवरी ताके सबू गोठ के साँगलाय। साँगबा के राजा बल्ला, "आले असन आय आले, जाई करी साँगी दियास। तार नँदेया आवरी मोर घोड़ार लड़ई आय। तार नँदेया लड़ई कर के ना सकला आले हयँ पिला के मुईं फाँसी सजा देबी।"

नवकर मन गलाय आवरी पिला के राजार बल्ला गोठ के साँगी देलाय। साँगबा के पिलार थोतना उतरला। खाये नाईं ना पिये नाईं। ताके दखला नँदेया बयला आवरी बलसी आछे, "काय होयला, बाबू? काय काजे तुई असन मुरुस् नाय होयलिआस?"

पिला बल्ला, "काय के साँगबी, दादा! राजार घोड़ा आवरी तोर लड़ई आय मने। लड़ई ना होयले मोके फाँसी सजा होयसी मने।"

बयला सुनला आवरी बलसी आछे, "एतार काजे तुय धोका ना कर, बाबू। जा, खा-पी कर। मुईं तो लड़ई करबी। मोके काईं ना होय।"

अतक ले पिला खा-पी करला। डँडकी रई करी राजार नवकर मन राजार घोड़ा के आनलाय आवरी बाँदी देलाय। पिला घरे गलाय आवरी नँदेया के धरी आनलाय आवरी ताके बले एक पाट बाँदी देलाय। अतक ने दुनोर लड़ई मुरयायला। दुनो लड़बाआत-लड़बाआत। बयला घोड़ा के मारी पकायला। घोड़ा मरी गला।

मोर घोड़ा तो मरला बलते राजा हारला। गला घरे। दुसर दिन फेर खबर पठायला, "तोर बयला आवरी मोर हातिर लड़ई आय। लड़ई ना होयले तोके फाँसी-सजा आय।" नवकर मन गलाय आवरी पिला के साँगलाय। पिला सुनी करी फेर मुरुस् नाय होई बसी देला आछे। खाए ना पिए। नँदेया ताके दखला आवरी बलसी आछे, "एबर काय होयला, बाबू? काय काजे मुरुस् नाय होयलिआस?"

पिला राजार खबर पठायला गोठ के साँगी देला बयला के। सुनी करी बयला बलसी आछे, "तुय एतार काजे धोका ना कर, बाबू। जा, खा-पी कर। मयँ तो लड़ई करबी।"

बलबा के पिला खा-पी करला। डँडकी रई करी तो राजार नवकर मन राजार हाती के आनी करी बाँदी देला आछेत। पिलार नँदेया के बले

"समुद्र के तट पर एक रानी है, राजन्! वह अत्यन्त सुन्दर है। उसकी एड़ी और आपकी ठुड्डी दोनों एक बराबर होंगे। यदि वह आपकी पत्नी बन जाये तो आप दोनों की जोड़ी बहुत ही सुन्दर फबेगी।"

इतना सुनकर राजा ने उन्हें उसके घर भेजा। कहा, "ऐसी बात है तो पता लगाकर आओ। किस गाँव की है, कौन है?"

तब दो जन उसके घर गये और आग दो कहने लगे। कन्या ने सुना और आग लेकर बाहर निकली। तब ये लोग उससे कहने लगे, "तुम्हें हमारे राजा ने पसंद किया है।"

कन्या ने सुना और कहा, "तुम लोग ऐसा मत बोलो। हमारे नन्दी ने सुना तो तुम्हें मार डालेगा।"

नौकरों ने सुना और नाराज हो गये। कितना बड़ा नन्दी है, कहते वे वहाँ से राजा के पास गये और सारी बातें बतायीं। बताने पर राजा बोला, "ऐसी बात है तो जाकर बता दो कि उसके नन्दी और मेरे घोड़े की लड़ाई होगी। उसका नन्दी लड़ाई नहीं कर सका तो मैं उस युवक को फाँसी की सजा दूँगा।"

नौकर गये और युवक से राजा की कही बातें कह सुनायी। सुनकर युवक का मुँह छोटा-सा हो गया। वह न तो भोजन करता ना पानी पीता। उसे देखा नन्दी बैल ने और कहने लगा, "क्या हो गया, बाबू? तुम किसलिये इस तरह उदास हो गये हो?"

युवक बोला, "क्या बताऊँ, दादा! राजा के घोड़े के साथ तुम्हारी लड़ाई होगी। तुम नहीं लड़े तो मुझे फाँसी की सजा हो जायेगी।"

बैल ने सुना और कहने लगा, "इसके लिये तुम चिन्ता मत करो, बाबू। जाओ, खाना-पीना करो। मैं तो लड़ाई करूँगा। मुझे कुछ नहीं होगा।"

यह सुनकर युवक ने भोजनादि किया। थोड़ी ही देर बाद राजा के नौकर राजा के घोड़े को लेकर आ गये और बाँध दिया। युवक के घर गये और वहाँ से नन्दी को पकड़ लाये और उसे भी एक ओर बाँध दिया। इतने में दोनों के बीच लड़ाई शुरु हो गयी। दोनों लड़ने लगे। बैल ने घोड़े को मार डाला। घोड़ा मर गया।

मेरा घोड़ा मर गया कहते राजा हार गया। घर गया। दूसरे दिन फिर से खबर भेजी, "तुम्हारे बैल और मेरे हाथी की लड़ाई होगी। लड़ाई नहीं हुई तो तुम्हें फाँसी की सजा होगी।" नौकर गये और युवक को बताया। युवक सुनकर फिर से उदास हो गया और चुपचाप बैठा है। खाता न पीता। नन्दी ने उसे देखा और कहने लगा, "अब क्या हो गया, बाबू? क्यों उदास हो गये हो?"

युवक ने राजा द्वारा भेजी गयी खबर नन्दी बैल को बता दी। सुनकर बैल कहने लगा, "तुम इसके लिये चिन्ता मत करो, बाबू। जाओ, भोजनादि करो। मैं तो लड़ाई करूँगा।"

उसके ऐसा कहने पर युवक ने भोजन किया। थोड़ी ही देर बाद राजा के नौकरों ने हाथी को लाकर बाँध दिया। युवक के नन्दी बैल को

नेलाय आवरी बाँदी देलाय। दुनो लड़ई खेलबाआत। खेलबाआत, खेलबाआत, खेलबाआत। लड़ई खेलते-खेलते बयला हाती के बले मरने मारी देला। राजा रिस होई करी घरे जायते गला। राजा गलार पाछे नँदेया बलसी आछे पिला के, "दख बाबू, मोके ए राजा ना बचाय बे। आजी नोयले काली तो मोर मुरतू आयच्ची।"

असनी-असनी तिन-चार दिन होयला। तेबे राजा फेर खबर पठायला पिला लगे, "मोर केरा-खम आवरी तोर बयलार[182] लड़ई आय। लड़ई ना होयले तोके फाँसी सजा देबी।" सुनी करी पिला फेर ओगाय होई देला आछे। मुँडे हात देई करी बसला आछे। बयला दखला ताके आवरी बलसी आछे, "एबर काय होयला, बाबू? काय काजे गोठयाइस नाईं ना बतयाइस नाईं? काय होयला गुने?"

बलबा के पिला राजार खबर पठायला के साँगी देला। साँगी देबा के बयला बल्ला, "मोर मरलार नोयला एमन मोके ना छाड़ोत, बाबू। केरा-खम ने लुआ रउआय। एबर मुईं मरी जिबी बे। एबर मुईं ना बाचें। मातर मुईं मरी गले तुई मोर मड़ी के काकेय छिंय के ना देबिस। ए सबू चरितर बुआरी के नेबा काजे आय मातर तुई धोका-चिंता ना कर। मुईं तोके सँग देबी। मोर मरलार पाछे तुई मोर सिंग मन के चुला पाट बाटे गाड़ी देबिस। मोर आँइख मन के, लेंगड़ा के आवरी पोटा के हिटायबिस आवरी हयँ मन के बले गाड़ी देबिस। अतक ले हयँ मन बुआरी के आन के आसबाय। आयले मुईं हारली आले मोर बायले के नेबास बली बलबिस। मातर मुईं लड़ई ने जिती गले तुई तोर आधो राज के मोके देबिस बली बलबिस राजा के।" असन बली बयला साँगला पिला के आवरी जूँ बे लड़ई-भाटा ने बल्ला।

लड़ई-भाटा ने राजर लोक रुँडलाय। एक पाट केरा-खम के मँडाय देलाय, दुसर पाट बयला रला। बयला जाई-जाई करी केरा-खम के ढुसमे। ढुसमले तार मुँड के पाए। असनी-असनी बयला मरी गला। बयला मरी जिबा के राजर लोक तापड़ी पेटलाय। हरिक होयलाय। अतक ले कोन-कोन तो लोक मन बयला के काटबा काजे पराय आसलाय। तेबे पिला बलसी आछे, "नाईं, नाईं। कोनी ना छिंया मोर बयला के। मुईं काकेय छिंय के ना देयँ। मुईं ताके माटी-काटी देबी। तार नाहनी करबी।" असन बलबा के लोक मन हयँ थान ले गुची देलाय। तेबे पिला बयलार मड़ी के झिकते-झिकते नेला घरे आवरी जसन-जसन बयला साँगी रय असनी-असनी करला। करला पाछे फेर धोका-चिंता ने पड़ी गला। काय करबी काय नाईं बलसी आछे।

अतक ने राजा गोट दिने राजर लोक के जुहायला आवरी सबू मिली-मिसी करी पिला घरे गलाय टोकी के राजा घरे आनबा काजे। घरे ओली करी टोकी के झिकबुच्ची बलते रलाय अड़किदायँ बयलार सिंग मन बड़े-बड़े मुठला होयलाय, लेंगड़ा होयला लुआर बड़ंगी, आँइख मन

भी ले गये और बाँध दिया। अब दोनों में लड़ाई होने लगी। लड़ाई में बैल ने हाथी को भी मार डाला। राजा गुस्से में भरकर अपने घर चला गया। राजा के जाने के बाद नन्दी युवक से कहने लगा, "देखो बाबू, यह राजा मुझे जिन्दा नहीं छोड़ेगा। आज नहीं तो कल मेरी मृत्यु निश्चित ही है।"

इस तरह तीन-चार दिन बीत गये। तब राजा ने युवक के पास फिर से खबर भेजी, "मेरे केले के स्तम्भ और तुम्हारे बैल की लड़ाई होगी। लड़ाई न करने पर तुम्हें फाँसी की सजा दूँगा।" यह सुनकर युवक फिर से चुप हो गया। सिर पर हाथ देकर बैठा है। बैल ने उसे देखा और कहने लगा, "अब क्या हो गया, बाबू? तुम किसलिये बात नहीं कर रहे हो? क्या हो गया?"

यह सुनकर युवक ने राजा द्वारा भेजी गयी खबर के विषय में बता दिया। बताने पर बैल ने कहा, "मेरी मृत्यु के बिना ये लोग तुम्हें नहीं छोड़ेंगे, बाबू। केले के स्तम्भ के भीतर लोहा भरा हुआ है। अब मैं मर जाऊँगा। अब मैं नहीं बचूँगा। किन्तु मेरी मृत्यु हो जाने पर मेरे शव को किसी को भी छूने मत देना। राजा के ये सारे यत्न बहू[183] को ले जाने के लिये हैं किन्तु तुम चिन्ता मत करो। मैं तुम्हारा साथ दूँगा। मेरे मरने के बाद तुम मेरी सींगों को चूल्हे के पीछे गाड़ देना। मेरी आँखों को, पूँछ और अँतड़ी को निकालकर उन्हें भी गाड़ देना। फिर वे बहू को ले जाने के लिये आयेंगे। जब वे आयें तो उनसे कहना कि तुम्हारे हारने पर ही वे तुम्हारी पत्नी को ले जा सकेंगे। राजा से यह भी कहना कि यदि मैं लड़ाई में जीत गया तो तुम्हें अपना आधा राज्य मुझे देना पड़ेगा।" ऐसा कहकर बैल ने युवक से लड़ाई के मैदान में चलने को कहा।

लड़ाई के मैदान में राज्य के सारे लोग इकट्ठे थे। एक ओर केले के स्तम्भ को रख दिया गया और दूसरी ओर था बैल। बैल जाता और केले के स्तम्भ को अपने सिर से टक्कर मारता। टक्कर मारने पर उसके सिर में चोट लगती। इस तरह बारम्बार टक्कर मारने पर उसका सिर इतना जख्मी हो गया कि अन्ततः उसकी मृत्यु हो गयी। बैल के मर जाने पर राज्य के लोगों ने तालियाँ बजायीं। इतने में कुछ लोग बैल को काटने के लिये दौड़ते आ पहुँचे। उन्हें देखकर युवक बोला, "नहीं, नहीं। मेरे बैल को कोई भी मत छुओ। मैं किसी को भी छूने नहीं दूँगा। मैं उसका अंतिम संस्कार करूँगा। उसकी नाहनी करूँगा।" ऐसा कहने पर वहाँ पहुँचे लोग हट गये। तब युवक बैल के शव को घसीटते हुए अपने घर ले गया और वैसा ही किया जैसा कि बैल ने उसे करने को कहा था। सब करने के बाद वह चिन्तित हो गया। अब मैं क्या करूँ और क्या न करूँ, वह सोचने लगा।

इसके बाद राजा ने एक दिन राज्य के सभी लोगों को इकट्ठा किया और सभी मिलकर युवक के घर गये कन्या को लाने के लिये। वे घर में प्रवेश कर कन्या को पकड़कर खींचने ही वाले थे कि उसी समय बैल के सींगों ने बड़े-बड़े हथौड़ों का रूप लिया, पूँछ बन गयी लोहे की सरिया,

---

182. बयला : अन्य ध्वनि 'बुइल'।

183. बहू : नन्दी बैल युवक को अपना छोटा भाई मानता है इसीलिये उसकी पत्नी जल-कन्या को अपनी अनुज-वधू।

होयलाय जँवरा-भँवरा[184] कुकुर मन, ओंडका-पोटा होयलाय साप मन आवरी पाँय मन होयलाय लुआर बड़गा मन। पिला बल्ला राजा के, "तमे जितलास आले तमे मोर बायले के नेबास मातर मुईं जितली आले तमके तमर आदो राज के मोके देय के लागसी।" अतक के सुनला राजा आवरी हव बली करी टोकी के झिकते रला अड़किदायँ ताके आवरी तार सँगे गलार तार राजर लोक के कुकुर मन चाब के धरलाय। मुठला मन एतार मुँडे हँतार मुँडे पायबा आछेत। साप मन लोक मन के साटबा आछेत। लेंगड़ा बले एके मार हँके मार करसी आछे। आदो भाग लोक मरलाय। राजा दखला आवरी एतार सँगे सकी ना होय बलते 'मोके बचाव, मोके बचाव' बल के धरला। 'तोके सरन लागो, तुई मोके बचाव' बलसी आछे राजा। डँडासरन पायँ पड़ला पिला के। 'एबर असन ना करें मुईं। तुई जसन बल्ले मुईं असनी करबी' बलसी आछे राजा।

राजार गुआर के सुनी करी पिला तार सएन मन के थेबायला। साप, मुठला, कुकुर सबू थेबलाय। तेबे राजा हईं थाने तार राज के दुय भाग करी देला। आदो बाटर राज के पिला के देला आवरी आदो बाटर राज के आपन धरला। असन बाटा-बाटी करी करी राजा बलसी आछे, "एबर आमे झगड़ा-दँद ना करूँ बे। आपन-आपन काजे आपन-आपन कमाय खाऊँ।" तेबे अतक ले राजा काजे राजा आवरी पिला काजे पिला कमाय-धमाय खायबा आछेत।

आँखें बन गयीं जँवरा-भँवरा नामक कुत्ते, अँतड़ियाँ बन गयीं साँप और पाँव बन गये लोहे के डण्डे। युवक ने राजा से कहा, "आप जीत जायेंगे तो बेशक मेरी पत्नी को ले जा सकते हैं किन्तु यदि मैं जीत गया तो आपको मुझे अपने राज्य का आधा हिस्सा देना पड़ेगा।" यह सुनकर राजा ने हाँ कहा और कन्या को पकड़कर खींचने लगा तभी उसे और उसके साथ गये लोगों को कुत्ते काटने लगे। हथौड़े इसके-उसके सिरों पर वार करने लगे। साँप लोगों से लिपटकर उन्हें गिराने लगे। पूँछ भी जिसने लोहे की सरिया का रूप लिया था, इसे-उसे मारने लगी। इस तरह राजा के आधे लोग मर गये। राजा ने देखा और इसके साथ लड़ना कठिन है सोचकर युवक से 'मुझे बचाओ, मुझे बचाओ' कहने लगा। 'मैं तुम्हारी शरण हूँ, मुझे बचाओ' राजा कहने लगा। ऐसा कहते हुए उसने युवक को दण्डवत प्रणाम किया और कहने लगा, 'अब मैं ऐसा नहीं करूँगा। तुम जैसा चाहोगे मैं वैसा ही करूँगा।"

राजा की गुहार सुनकर युवक ने अपनी सेना को शान्त किया। साँप, हथौड़े, कुत्ते सभी शान्त हो गये। तब राजा ने वहीं पर अपने राज्य का दो हिस्सा कर दिया। आधा राज्य युवक को दिया और आधा राज्य अपने लिये रखा। इस तरह बँटवारा कर राजा कहने लगा, "अब हम आपस में न झगड़ें। अपना-अपना जीवन अपनी तरह से बितायें।" इसके बाद राजा अपने राज्य में और युवक अपने राज्य में अपना जीवन शान्ति पूर्वक बिताने लगे।

184. जँवरा-भँवरा : अन्य रूप 'जवँरा-भँवरा', 'जौंरा-भौंरा'।

नाँगमती

गोट राज रला। हयँ राज ने गोटक राजा रला। राजार राज-पाट, धन-माल सबू रएत। हयँ राज करी खायते रला। तार गोटोक बेटा रला। हयँ पिला खुबे बेमार पड़ी रला। राजा आपनर बेटार बेमारी के गुचायबा काजे लड़ी-लड़ी थाकी रय। उपाय-ओखद, देव-धामी काय करी ना थाकी रय गुने! राज-राज ले बइद, सिरहा-गुनेया आनी-आनी करी दखायला मातर तार बेटार बेमार ना उजरे। लोक मन साँगबा के राज-राज बुलाय-बुलाय उपाय-ओखद, सिरहा-गुनेया करी थाकला मांतर हयँ पिलार बेमरा जसनर असन! थाकी गला आवरी भगवान के बिनायसी आछे। हे भगवान! मोर गोटकी बेटा आछे आवरी हयँ बले बेमार पड़ी गला जे!

नागमती

एक राज्य था। उस राज्य में एक राजा था। राजा का राज्य, धन-सम्पत्ति आदि सारी चीजें थीं। वह राज्य पर शासन करता जीवन बिता रहा था। उसका एक बेटा था। एक बार उसका वह बेटा बहुत बीमार हो गया। राजा अपने बेटे की बीमारी दूर करने के लिये तरह-तरह के उपाय कर थक गया था। दवा-दारू करने के साथ वह देवताओं की शरण में भी गया। क्या नहीं किया था उसने! यह सब कर वह थक गया था। राज्य-राज्य के वैद्य, सिरहा[185]-गुनिया[186] ला-लाकर उसने जँचवाया किन्तु उसके बेटे की बीमारी दूर नहीं हुई। वह जस का तस था। राजा थक गया और भगवान से प्रार्थना करने लगा कि हे भगवान! मेरा एक ही बेटा है और

---

185. सिरहा : वह व्यक्ति जिस पर देवी की सवारी आती है। सिरहा पर जब देवी की सवारी आती है तब वह प्रश्नाधीन समस्या का समाधान बताता है। सवारी उस पर तब आती है जब वह देवी का आह्वान करता है। आह्वान करने की इस प्रक्रिया को 'देव बसतो (देव बैठना)' कहा जाता है। इसी तरह सिरहा और पुजारी से देवी के आह्वान के लिये निवेदन किया जाना 'देव बसातो (देव बैठाना)' कहा जाता है। किसी समस्या के समाधान के लिये सिरहा को देव बैठाया जाता है। इसमें सिरहा तथा पुजारी की भूमिका प्रमुख होती है। पुजारी सिरहा पर देवी की सवारी के लिये देवी का आह्वान करता है। उसके आह्वान पर देवी सिरहा पर सवार होती हैं। तब समस्याग्रस्त लोग पुजारी के माध्यम से अपनी समस्याएँ देवी के समक्ष रखते हैं। देवी उनकी समस्याओं को सुन कर उनका समाधान बतलाती है। देवी द्वारा कही गयी बातें देवी का असर समाप्त होने पर सिरहा भूल जाता है तब पुजारी ही देवी द्वारा सुझाये अनुसार कार्य करता व समस्याग्रस्त लोगों को वैसा करने के लिये कहता है (स्रोत : खत्तूदास वैष्णव, ग्राम : खोरखोसा, तहसील : जगदलपुर, बस्तर-छत्तीसगढ़)।

186. गुनिया : लोक ज्योतिष की एक विधा के अन्तर्गत चावल के दाने लकड़ी के पीढ़े पर रख कर कुछ गणना की जाती है। इस तरह की गणना कर भूत-भविष्य की बातें बताने वाले को 'गुनिया' (या 'गुनेया' अथवा 'गुनया') कहा जाता है। इसी तरह लोक ज्योतिष के अन्तर्गत एक और जानकार होता है जिसे 'दिसारी' कहा जाता है। 'दिसारी' नामक लोक ज्योतिष की विधा को 'पाँजी' कहा जाता है। हल्बी परिवेश में यह व्यक्ति 'पंजेआर' कहलाता है तथा विधा 'पाँजी दखतो' कही जाती है। 'पाँजी' का अर्थ है पंचांग। लोक पंचांग। इसके अन्तर्गत ताड़-पत्र (ताल-पत्र) पर लिखे पंचांग का अवलोकन किया जाता है। इस तरह के पंचांग को 'पाँजी-खुट' कहा जाता है (स्रोत : खत्तूदास वैष्णव, ग्राम : खोरखोसा, तहसील : जगदलपुर, बस्तर-छत्तीसगढ़)।

कसन करले हयँ उजरसी? बली धोका-चिंता करी-करी राजा आछे मने। खाए नाईं ना पिए नाईं। भुके-लाँगने आछे। असनी होऊ-होऊ गोट दिने गोटोक बाबा बयरागी मुठी माँग के तार घरे आसला। ताके दखी करी राजा ताके बसायला आवरी बलसी आछे, "ए बाबा! मुईं तमके गोटक गोट साँगबी। तमे तो बाबा बयरागी लोक आहास। काईं के बले जानबाआस बे। मोर बेटा खुबे बेमार आछे। तमे ताके दखी करी काईं उपाय-ओखद साँगले मोर भाइग होयता।" बली करी बाबा के तार बेटा लगे नेला। बयरागी बाबा तार बेटार हात के छिंयला आवरी बलसी आछे, "नाईं राजा, तमर बेड़ार मुँडी ने गोटक बिल आछे। हयँ बिल भितरे गोटक कारी नाँग आछे। तमे हयँ कारी नाँग के मारले तमर बेटा चेंगचेंगा होयसी नोयले ना होय। ना मारले तमके खुबे नोकसान होयसी।" असन बली करी बाबा बयरागी आपनर बाट धरला।

राजर सबू लोक सुनलाय। राजर लोक के राजा हाक देला आवरी काली बड़े बिआने तमे मोर बेड़ार मुँडी थानर डेंगुर के खोनी करी हँयती रला कारी नाँग के मारी दियास बल्ला। ना मारले मोर बेटा ना उजरे आवरी हयँ नाँग आमर काजे बड़े भारी बिपती होउआय बल्ला। राजर लोक मन सुनलाय आवरी नाँग के मारबा काजे तियार होयलाय। सबू लोक उजड़लाय आवरी आपन-आपन घरे गलाय। राती काजे खा-पी करलाय आवरी सोई देलाय। बड़े सकाले सबू लोक टयँगा-कोड़की, रापा-बड़गा धरी करी राजा घरे रुँडलाय। हयँ थान ले सबू लोक मिसी करी राजा सँगे गलाय तार बेड़ा ने। जाई करी बेड़ार मुँडी थाने रला डेंगुर के खोनबाआत। गोट चरेया पिला अड़कदायँ गाँव भरर गाय-बयला के चराय के नेई रय। लोक मन डेंगुर के खोनबाआत, खोनबाआत। खोनू-खोनू हयँ कारी नाँग बिल भितर ले निसकला आवरी परायसी आछे। ताके खेदी नेबाआत लोक मन मारबा काजे। हयँ पने आपनर जिव के बचायबा काजे परायसी आछे, परायसी आछे। चरेया पिला अड़कदायँ घाम खुबे छेकबा के तार कामरा-धड़का के हईं लगे भुईं थाने सोंगाय रला। तेबे परायते-परायते हयँ कारी नाँग गला आवरी चरेया पिलार कामरा थाने घुमसी होई देला। दखला चरेया पिला नाँग के, नाँग दखला चरेया पिला के। दखी करी नाँग बलसी आछे चरेया पिला के, "दख बाबू, चरेया पिला। मोके मारबा काजे लोक मन खेदी आनबाआत। तुई काकेय ना साँग। तोके मुईं काईं बले देबी।"

अतक ने लोक मन नाँग के खोजते-खोजते हईं चरेया पिला लगे आसलाय आवरी ताके तुई नाँग के दखलिस तेबे बाबू, बलते पुछबाआत। चरेया पिला बल्ला, "नाईं तो, मुईं तो ना दखें। कसन आय आले नाँग?"

लोक मन एबाटे-हयँ बाटे खोजी थाकलाय मान्तर नाँग के ना पायलाय। तेबे काय करता ता! सबू लोक बाहड़ी गलाय आवरी राजा के साँगबाआत, "नाईं राजा! आमे साप के खेदी नेलू मान्तर हयँ कोन बाटे गला की। आमे ताके अमराय के ना सकलू।"

अतक ने माँग के ना भेट पायबा के हयँ बाटे राजार बेटा मरी गला।

वह भी बीमार हो गया है! वह किस तरह स्वस्थ होगा? ऐसा विचार करते वह चिन्तित रहने लगा। न खाता न पीता। भूखा रहने लगा। इसी तरह रहते समय बीतता गया। एक दिन एक बैरागी बाबा भिक्षा माँगने उसके घर आया। उसे देखकर राजा ने उसे बैठाया और कहने लगा, "हे बाबा! मैं आपको एक बात बताऊँगा। आप तो बैरागी हैं। किसी भी चीज के विषय में जानते ही होंगे। मेरा बेटा बहुत बीमार है। आप उसे देखकर कोई दवाई या उपाय बताते तो मुझ पर आपकी कृपा होती।" ऐसा कहकर वह बाबाजी को अपने बेटे के पास ले गया। बैरागी बाबा ने उसके बेटे का हाथ छुआ और कहने लगा, "देखो राजा, आपके खेत के सिरे पर एक बाँबी है। उस बिल में एक काली नागिन है। आप यदि उस काली नागिन को मार देंगे तो आपका बेटा स्वस्थ हो जायेगा अन्यथा नहीं। नहीं मारने पर आपका बहुत बड़ा नुकसान हो जायेगा।" ऐसा कहकर वह बाबा बैरागी अपने रास्ते चला गया।

राज्य के सभी लोगों ने सुना। राजा ने राज्य के सभी लोगों को बुलवाया और कहा कि वे अगले दिन सुबह उसके खेत के सिरे पर स्थित बाँबी को खोद कर उसमें रह रही काली नागिन को मार दें। उसने आगे कहा कि उसे न मारने पर उसका बेटा स्वस्थ नहीं होगा और वह नागिन उनके लिये बहुत बड़ी विपत्ति बन सकती है। राज्य के लोगों ने सुना और नागिन को मारने के लिये तैयार हो गये। सभी लोग वहाँ से अपने-अपने घर चले गये। रात हुई तो खा-पीकर सो गये। सबेरे सभी लोग कुल्हाड़ी-कुदाली, फावड़े-लाठी आदि लेकर राजा के घर आ पहुँचे। वहाँ से सभी लोग मिलकर राजा के साथ उसके खेत में पहुँचे। पहुँच कर खेत के सिरे पर स्थित बाँबी को खोदने लगे। उसी समय एक चरवाहा युवक गाँव की सारी मवेशियों को लेकर उधर ही चराने गया था। बाँबी को खोदते-खोदते वहाँ से वह काली नागिन निकली और भागने लगी। लोग उसे मारने के लिये उसके पीछे दौड़े। वह नागिन अपने प्राण बचाने के लिये भागती जा रही थी। उसी समय उस चरवाहे युवक ने अधिक धूप लगने के कारण अपने कम्बल का टुकड़ा वहीं जमीन पर डाल रखा था। काली नागिन भागती हुई उसी कम्बल के टुकड़े के भीतर जा छिपी। चरवाहे ने नागिन को और नागिन ने चरवाहे को देखा। उसे देखकर नागिन कहने लगी, "देखो बाबू, चरवाहे। लोग मुझे मारने के लिये मेरा पीछा कर रहे हैं। तुम मेरे बारे में किसी से मत कहना। मैं तुम्हें कुछ चीज दूँगी।"

इतने में लोग नागिन को खोजते हुए उसी चरवाहे के पास आ पहुँचे और उससे नागिन के विषय में पूछा। चरवाहा बोला, "नहीं तो, मैंने नहीं देखा है। कैसी है वह नागिन?"

यह सुनकर लोग इधर-उधर खोजने लगे। खोज कर थक गये किन्तु नागिन को नहीं खोज पाये। तब क्या करते! सभी लोग वापस हो गये और राजा से कहने लगे, "हे राजा! हमने नागिन का पीछा किया किन्तु पता नहीं वह किधर चली गयी। हम उस तक नहीं पहुँच सके।"

नागिन को नहीं खोज पाने के कारण उधर राजा का बेटा मर गया।

मरी जिबा के गाँव-पारा लोक मन रुँडलाय आवरी ताके माटी-काटी देलाय।

ए बाटे सबू लोक के जाय के देला कारी नाँग आवरी कामरा-धड़का भितर ले बाइर निसकी करी चरेया पिला के बलसी आछे, "तुई मोर जिव के बचायलिस, बाबू। तुई खुबे भाइगमानी लोक आस। मुईं तोके काईं बले देबी। तुई असन कर, सँज बेरा गोटक नुआ कुँडरी आवरी नुआ परई के धरी हईं डेंगुर लगे नेई करी मँडाय देबिस। दुसर दिन बड़े बिआने जाई करी परई के उघाड़ी दखबिस। तोके काईं ना काईं मिरसी।" बल्ला नाँग आवरी हयँती ले कोन तो बाटे जायते गला।

चरेया पिला पेज बेरा के घरे आसला आवरी कुमार घरे जाई करी गोट नुआ कुँडरी आवरी परई आनी करी घरे सोंगाय देला। सँज होयबा के नाँग साँगला असन नुआ कुँडरी आवरी नुआ परई के धरी करी गला हईं डेंगुर लगे। गला आवरी हईं लगे मँडाय करी घरे बाहड़ला। राँदा-बाड़ा करला, खा-पी करला आवरी राती काजे सोई देला। दुसर दिन बड़े बिआने उठला आवरी गला हईं डेंगुर लगे। गला आवरी परई के गुचायला। गुचाय देबा के हयँ कारी नाँग काय मँजा दिरिप सुँदरी नाँगमती कन्या होई करी कुँडरी ले बाइरे निसकी करी तार छमे[188] उबा होई देला। उबा होई देबा के तो चरेया पिला ताके दखला आवरी गप् ने घसरला। तेबे नाँगमती कन्या तार लगे आयला आवरी तार हात के धरी उठायला। चरेया पिला थाताथुमा उठला तेबे नाँगमती कन्या बलसी आछे, "उठा राजा। तमे सकाले खाई राहास आपू[189]-मोहरा आवरी एबे मारला लेहरा! घरे जूँ। मुईं तमर काजे रबी।"

असन बली करी नाँगमती कन्या चरेया पिला सँगे तार घरे गला। जाई करी काय सुँदर राँद-बाड़ करला। दुनो बायले-मुनिस खा-पी करलाय। राती काजे सोयलाय। सोयला राती चरेया पिलार किरकी कुड़ेया नवखँड माहाल बनी गला। गोटकी राती ने हयँ थाने अगेचा-बगेचा, फुलबाड़ी-पानबाड़ी, चुआँ-बावड़ी होई गला। अतक ले गोट दिन नाँगमती कन्या तार मुनिस के बलसी आछे, "एबर तमे चरेया बुता के छाड़ी दियास बे, राजा।"

गोट दिने चरेया गाय चराय के गला बेरा नाँगमती कन्या तार काजे पानी आवरी दातुन धरी नेई देयते रय खमना ने। अड़किदायँ हयँ बाट ले हयँ राजर राजा आपनर गाड़ी ने बसी करी कोन तो बाटे जायते रला। हयँ राजा दख-ना-दख हयँ नाँगमती कन्या के तो दखी देला आछे। गाड़ी के थेबायला आवरी तार नवकर के तार लगे पानी माँग के पठायला। तेबे तार नवकर नाँगमती लगे गला आवरी ताके पानी माँगसी आछे, "आमर राजा के खुबे पियास लागसी आछे, बाई। तोर धरलार पानी के देस नईं। आमर राजा खायसी मने।"

मर जाने पर गाँव-मोहल्ले के लोग इकट्ठे हुए और उसका अन्तिम संस्कार किया।

इधर सभी के जाने के बाद काली नागिन कम्बल के टुकड़े से बाहर निकली और चरवाहा युवक से कहने लगी, "तुमने मेरे प्राण बचाये, बाबू। तुम बहुत ही भले व्यक्ति हो। मैं तुम्हें कुछ न कुछ दूँगी। तुम ऐसा करो, साँझ के समय एक नयी हाँडी और नयी परई[187] ले जाकर उसी बाँबी के पास रख देना। दूसरे दिन सबेरे जाकर उस परई को हटा कर देखना। तुम्हें कोई न कोई वस्तु मिलेगी।" नागिन ने कहा और वहाँ से पता नहीं किधर चली गयी।

चरवाहा युवक पेज पीने का समय होने पर घर आया और कुम्हार के घर जाकर वहाँ से एक नयी हाँडी और परई लाकर घर में रख दिया। साँझ होने पर नागिन के कथनानुसार उसने हाँडी और परई ली और उसी बाँबी के पास गया। वहाँ जाकर बाँबी के पास उस हाँडी को रख दिया और उसके मुँह पर परई ढँक दी। फिर घर वापस हो गया। आकर भोजन राँधा, खाया-पिया और रात होने पर सो गया। अगले दिन भोर में उठा और गया उसी बाँबी के पास। जाकर परई को हटा दिया। परई को हटाते ही हाँडी से एक रूपवती युवती बाहर आकर उसके सामने खड़ी हो गयी। उसे देखकर चरवाहा युवक चक्कर खाकर गिर पड़ा। तब नागमती कन्या उसके पास गयी और उसका हाथ पकड़कर उसे उठाया। चरवाहा युवक बड़ी मुश्किल से उठा तब नागमती कन्या उससे कहने लगी, "उठिये प्रियतम। आपने सबेरे अफीम खायी थी जिसका नशा अभी हुआ है। घर चलिये। मैं आपकी पत्नी बन कर रहूँगी।"

ऐसा कहकर नागमती चरवाहे के साथ उसके घर गयी। जाकर भोजन राँधा। दोनों पति-पत्नी ने भोजन किया। रात होने पर सो गये। रात में ही चरवाहे की कुटिया नौखण्डा महल में बदल गयी। एक ही रात में वहाँ बाग़-बगीचे, फुलवारी-पनवाड़ी, कुआँ-बावली बन गये। कुछ दिनों बाद एक दिन नागमती अपने पति से कहने लगी, "अब आप चरवाहे का काम छोड़ दीजिये, प्रियतम।"

एक दिन जब चरवाहा मवेशियाँ चराने के लिये गया था तब नागमती ने उसके लिये पानी और दातुन लिया और चली जंगल की ओर। इसी समय उस राज्य का राजा अपनी गाड़ी में बैठकर उधर ही से कहीं जा रहा था। उसने देखा नागमती कन्या को। गाड़ी रुकवायी और अपने नौकर को उससे पानी माँग लाने के लिये भेजा। उसका नौकर गया नागमती के पास और उससे पानी माँगने लगा, "हमारे राजा को बहुत प्यास लगी है, बाई। तुम जो पानी ले जा रही हो उसे दो। हमारे राजा पियेंगे।"

---

187. परई : हाँडी का ढक्कन, जो मिट्टी का ही बना होता है।
188. छमे : अन्य ध्वनि 'पुरे' जो हल्बी-प्रभावित है।
189. आपू : अन्य ध्वनि 'हापू'। अफीम।

नाँगमती कन्या बल्ला, "जा, जा। तोर राजा हईं बाटे रओ। मुईं मोर राजा काजे दातुन-पानी नेई देबी आछे।"

असन बलबा के राजार नवकर राजा लगे गला आवरी नाँगमतिर बल्ला गोठ के साँगी देला। सुनी करी राजा रिस होई करी हयँ थान ले गला। गला घरे आवरी ए कोन थानर रानी आय बली आपनर नवकर मन के खोजी कर के बल्ला। कोन थानर आय आवरी कार काजे हयँ पानी नेयते रय, बली खोजी कर के बलसी आछे।

ए बाटे चरेया पिला आवरी नाँगमती कन्या घरे आसलाय। घरे आसबा के नाँगमती कन्या फेर बलसी आछे तार मुनिस बिता के गाय-गोरू के काकय बले सोपी देबा काजे। अतक ने चरेया पिला गाय-गोरू के कोन तो दुसर चरेया के सोपी देला। एबर एमन दुय लोक काय सुँदर कमाय-धमाय खायबा आछेत।

हयँ बाटे राजार नवकर मन खोजी करलाय आवरी जाई करी नाँगमती कन्या गोटक चरेयार बायले आय बलते राजा के साँगी देलाय। राजा सुनी करी खुबे रिस होयला। गाय चरेयार बायले होई करी अतक ढोंग मारसी आछे जे! बली मने-मन बिचार करसी आछे राजा। फेर हयँ तार नवकर मन के बल्ला, "जाहा रे नवकर मन। गाय-चरेया के छनक हाक देई आना तो।"

राजा बले डाड़ी हाले! नवकर मन सुनलाय आवरी गलाय चरेया लगे आवरी राजा हाक देयसी आछे बलते साँगलाय। तेबे नाँगमती कन्या बल्ला हयँ मन के, "आले पाछे बले आसबाय। कोनी चोरी-हारी करलार नुहाय। तमे जाहा आवरी तमर राजा के असनी साँगी दियास।"

असन बलबा के नवकर मन राजा घरे बाहड़ी गलाय। तिके जाय के देला आवरी नाँगमती कन्या बलसी आछे तार मुनिस गाय-चरेया के, "तमे जाहा, नाहा-धुआ करा आवरी काय मँजा तियार होई करी जाहा राजा घरे। तमी ना डरा। मुईं तो आछे तार काजे।"

सुनी करी गाय-चरेया नाहा-धुआ करला, कोट-कमिंज पिंदला, सज-तियार होयला। अतक ने नाँगमती तार टोंड बाट ले गोटक काय सुँदर गाड़ी के निकराय देला आवरी एई गाड़ी ने बसी करी तमी जाहा बलते तार मुनिस बिता के बल्ला। बलबा के गाय-चरेया हयँ गाड़ी ने बसला आवरी गला राजा घरे। हयँती अमरी करी गाड़ी ले उतरला आवरी राजा लगे जाई करी ताके जुआर झोकला आवरी बलसी आछे, "आले राजा, माहाराज! तमे मोके काय काम ने हाक देलास?"

बलबा के राजा एनर-तेनर गोट गोटयायला आवरी ताके भुरलाय कर पचारसी आछे, "तोर बायले कोन थानर आय? तुई ताके कोन गाँव ले आनलिआस, कोन गाँवर आय?"

गाय-चरेया बल्ला, "नाईं, राजा माहाराज! मुईं फेर कोन थान ले माँगती की आनती ता! मोके असनी मिरला गुने राखली आछे।"

नागमती बोली, "जाओ, जाओ। तुम्हारा राजा उधर ही रहे। मैं अपने पति के लिये दातुन-पानी ले जा रही हूँ।"

ऐसा कहने पर राजा का नौकर राजा के पास गया और नागमती द्वारा बोली गयी बात बता दी। सुनकर राजा नाराज होकर वहाँ से चला गया। घर पहुँचा और अपने नौकरों से कहा कि वे यह पता लगायें कि वह कहाँ की रानी है? उसने यह पता करने को कहा कि वह कहाँ की है और किसके लिये पानी लेकर जा रही थी?

इधर चरवाहा और नागमती अपने घर आये। घर आने पर नागमती फिर से अपने पति से कहने लगी कि वह मवेशियों को किसी और को सौंप दे। यह सुनकर चरवाहे ने मवेशियाँ किसी और को सौंप दी। अब ये दोनों बड़े मजे से जीवन बिताने लगे।

उधर राजा के नौकरों ने पता लगाया और जाकर राजा से बताया कि उस युवती का नाम नागमती है और वह एक चरवाहे की पत्नी है। राजा यह सुनकर बहुत क्रोधित हुआ। चरवाहे की पत्नी होकर इतना डींग हाँक रही है! राजा मन ही मन सोचने लगा। फिर अपने नौकरों से बोला, "जाओ रे नौकरो। चरवाहे को थोड़ी देर के लिये बुला लाओ तो।"

राजा बोले और दाढ़ी हिले[190]! नौकरों ने सुना और चरवाहे के पास जाकर उससे कहा कि उसे राजा ने बुलाया है। तब नागमती उनसे कहने लगी, "ठीक है, बाद में आ जायेंगे। कोई चोरी-चकारी तो की नहीं है। तुम लोग जाओ और राजा से ऐसा ही बता दो।"

ऐसा कहने पर नौकर राजा के घर वापस हो गये। उनके जाने के बाद नागमती अपने पति से कहने लगी, "आप जाइये, स्नानादि से निवृत्त हो जाइये और बढ़िया तैयार होकर राजा के घर जाइये। आप डरिये मत। कोई बात होगी तो उसे सम्हालने के लिये मैं तो हूँ ही।"

यह सुनकर चरवाहा ने स्नानादि किया, कोट-कमीज पहने, तैयार हो गया। इतने में नागमती ने अपने मुँह से एक बहुत ही सुन्दर गाड़ी निकाली और उससे कहा कि वह उसी गाड़ी पर बैठकर जाये। तब चरवाहा उसी गाड़ी पर बैठा और राजा के घर गया। वहाँ पहुँचकर गाड़ी से उतरा और राजा के पास जाकर उसका अभिवादन किया। फिर कहने लगा, "अच्छा राजा, महाराज! आपने मुझे किस काम से बुलाया?"

उसकी बातें सुनकर राजा ने पहले तो इधर-उधर की बातें कीं फिर उसे बहला-फुसला कर पूछने लगा, "तुम्हारी पत्नी कहाँ की है? तुमने उसे कहाँ से लाया है, किस गाँव की है वह?"

चरवाहा बोला, "हे राजा, महाराज! मैं भला कहाँ से उसे लाता! वह तो मुझे ऐसे ही मिल गयी तब मैंने उसे अपनी पत्नी बना लिया है।"

190. राजा बोले दाढ़ी हिले : मुहावरा (राजा बले डाड़ी हाले)। राजा यहाँ राज-सत्ता का प्रतीक है तो दाढ़ी उसके अधीन प्रजा का। यानी राजा की प्रत्येक आज्ञा का पालन प्रजा को करना ही पड़ता है।

तेबे राजा बलसी आछे, "मोर घरर जतक बले धान आछे सबू राती भर ने चाउर होओ। ना होयले तोके काली बारा बजे फाँसी आय।"

राजार गोठ के सुनी करी चरेया तार मूँर पानी के उतराय देला। हाँ नाईं ना हूँ नाईं। काइँच्ची नाईं। ओगाय-ओगाय उठला आवरी जाई करी तार गाड़ी ने बसी करी घरे बाहड़ला।

घरे आसी करी बलसी आछे नाँगमती के, "नाईं रानी! राजा घरर जतक बले धान आछे सबू राती भर ने चाउर होयबार आछे नोयले राजा काली बारा बजे मोके फाँसी देयसी मने। कोंडा-भुसा ना रबार आय मने। चाउर-ची-चाउर होयबार आय।" असन बली करी चरेया खाए नाईं ना पिए नाईं। धोका-चिंता ने बसी देला आछे मुँडे हात देई करी। मुईं एकलाय रला बेरा काय मँजा गाय-बयला चराय करी जिवना-खावना करते रली, नाँगमती आसला काजे ए नोयला थानर चिंता-धोका ने पड़ी गली बलते मने-मन बिचार करसी आछे।

ताके दखला नाँगमती आवरी बलसी आछे, "तमी एतार काजे काय काजे धोका-चिंता करबा आछास, राजा! धोका-चिंता ना करा। खा-पी करी काय मँजा निंद भर सोई दियास। राजा जे बल्ले मुईं हयँ करी दखायबी। तमी ना डरा।"

बलबा के चरेया खा-पी करला आवरी राती काजे सोई देला। ताके सोय के देला नाँगमती आवरी अदगर राती साप होई करी गला राजा घरे। जाई करी राजार सबू कोठी मन ने बुली-बुली मंतर मारते गला। मंतर मारी देबा के सबू धान चाउर उलटी गला। कोंडा-भुसा तिरिन माहा ना रला। असन करी नाँगमती आपनर घरे बाहड़ी गला। घरे आसला आवरी जसनर असन सोई देला। गाय-चरेया काईं के गमे ना जान के सकला।

सकाल होयबा के सबू लोक दातुन-पतर चाबलाय। अतक ले राजा आपनर दुय जन सिपई मन के गाय-चरेया के हाक देय के पठायला। सिपई मन गलाय गाय-चरेया घरे आवरी राजा हाक देयसी आछे बली साँगलाय। साँगबा के नाँगमती बलसी आछे, "आले, आले। आसबाय जानू। काहारी घरे चोर के ना जाई रलाय बे। काय काजे अतक चाँड होयला आछास तमे। जाहा, जाई करी राजा के साँगी दियास।"

सिपई मन सुनलाय आवरी राजा लगे जाई करी असनी साँगी देलाय। अतक ने गाय-चरेया नाहा-धुआ करला, सज-तियार होयला। नाँगमती आपनर टोंड बाट ले गोटोक गाड़ी निसकाय देला आवरी एई गाड़ी ने बसी करी जाहा बल्ला। तेबे चरेया पिला हईं गाड़ी ने बसला आवरी राजा लगे गला। अमरला राजा घरे आवरी गाड़ी ले उतरी करी राजार पुरे गला। जुआर करला आवरी पुछसी आछे, "आले, राजा माहाराज! काय काजे हाक देला आछास, साँगा।"

राजा बलसी आछे, "काय के साँगबी ता! तोके बली रली काय राती भर ने मोर सबू धान चाउर उलटो बलते। चाउर उलटायलिस कसन?"

तब राजा कहने लगा, "मेरे घर में जितना भी धान है वह सब रात भर में चावल हो जाये। नहीं हुआ तो तुम्हें कल बारह बजे फाँसी दे दी जायेगी।"

राजा की बातें सुनकर चरवाहे का चेहरा मुर्झा गया। वह न तो हाँ कहता और न ही ना। कुछ भी नहीं। चुपचाप उठा और जाकर अपनी गाड़ी पर बैठकर अपने घर वापस हो गया।

घर आकर नागमती से कहने लगा, "हे प्रिये! राजा के घर में जितना भी धान है वह सब रात भर में चावल में बदल जाना चाहिये अन्यथा कल बारह बजे राजा मुझे फाँसी दे देगा। चावल में थोड़ा-सा भी भूसा नहीं होना चाहिये। केवल चावल-ही-चावल होना चाहिये।" ऐसा कहकर वह न तो भोजन करता न पानी ही पीता। सिर पर हाथ धर कर चिन्तित बैठा है। वह सोचने लगा कि जब वह अकेला था तब मवेशियों को चराकर आनन्दमय जीवन बिताता था किन्तु नागमती के आने के कारण अब चिन्ता में पड़ गया है।

उसे उस स्थिति में देखा नागमती ने और कहने लगी, "आप इसके लिये क्यों चिन्ता कर रहे हैं, प्रियतम! चिन्ता न करें। मजे से भोजन कर भरपूर नींद लीजिये। राजा जो कहेगा उसे मैं पूरा कर दिखाऊँगी। आप मत डरिये।"

यह सुनकर चरवाहे ने भोजन किया और रात होने पर सो गया। नागमती ने उसे सोने दिया और आधी रात में साँप का रूप धरकर गयी राजा के घर। वहाँ जाकर राजा की सारे भण्डार-गृहों में जाकर मन्त्र पढ़ती गयी। मन्त्र पढ़ने पर सारा का सारा धान चावल बन गया। उसमें थोड़ी-सी भी भूसी नहीं थी। ऐसा कर नागमती अपने घर वापस हो गयी। आकर जस की तस सो गयी। चरवाहे को इस बात का कुछ पता ही नहीं चला।

सबेरा होने पर सभी लोगों ने दातुन आदि किये। इतने में राजा ने अपने दो सिपाही चरवाहे को बुला लाने के लिये भेजे। सिपाही गये चरवाहे के घर और उसे बताया कि उसे राजा ने बुलाया है। बताने पर नागमती कहने लगी, "अच्छा, अच्छा। आयेंगे। किसी के घर चोरी करने नहीं गये थे। किसलिये इतनी जल्दी मचा रहे हो तुम लोग? जाओ, जाकर राजा को बता दो।"

सिपाहियों ने सुना और राजा के पास जाकर वैसा ही बता दिया। इसके बाद चरवाहे ने स्नानादि किया, तैयार हुआ। नागमती ने अपने मुँह से एक गाड़ी निकाल दी और उसी गाड़ी में बैठ कर जाने को कहा। तब चरवाहा उसी गाड़ी पर बैठा और राजा के पास पहुँचा। पहुँचकर गाड़ी से उतरा और राजा के सामने गया। अभिवादन किया और पूछने लगा, "अच्छा, राजा महाराज! बताइये, किसलिये बुलवाया है?"

राजा कहने लगा, "क्या बताऊँ! मैंने तुमसे कहा था न कि रात भर में मेरा सारा धान चावल में बदल जाये। चावल में बदला या नहीं?"

गाय-चरेया बल्ला, "आले, राजा माहाराज। जूँ, जाई दखूँ।" बलबा के राजा तियार पड़ला। दुनो लोक राजा घरर कोठी-कोठी ने बुली-बुली दखबा आछेत। सबू धान चाउर उलटी रला। राजा दखी करी भकयायला आवरी चरेयार पाट पेटते बल्ला, "तुई खुबे भाइग बिता लोक आस बाबू तेबे तोके असन बायले मिरला। कसनी होओ आजी काजे तो तुय जितलिस मातर काली रात भर ने बावली बनो, बावलिर पारे-पार जतक बले पाक-फलर नाव आछे अतक पाक-फरर गछ होओ आवरी हयँ गछ मन ने पाक-फर धरो आवरी पाको। ना धरले, ना पाकले काली बारा बजे तोके फाँसी सजा देबी।"

राजार गोठ के सुनी करी गाय-चरेया फेर धोका ने पड़ला। मुईं फुकट ए बायले के राखली। एबर काय होयसी काय नाईं। असन बिचार करते घरे जायसी आछे। जायते-जायते घरे अमरला। मुरमुरा होयला आछे चरेया पिला। तार मुरमुरा होयलार के दखला नाँगमती आवरी बलसी आछे, "एबर तमके राजा आवरी काय बली देला जे तमे मुरमुरा होयला आछास, राजा? मोके साँगा।"

चरेया पिला बलसी आछे, "काय के साँगबी रानी? राती भर ने तार बाड़ी भितरे बावली बनो आवरी हयँ बावलिर पारे-पार जतक किसमर पाक-फरर नाव आछे अतक पाक-फरर गच होओ, हयँ गछ मन फरो, पाको नोयले तोके फाँसी आय बली बल्ला राजा।"

सुनला नाँगमती आवरी बलसी आछे, "अतकी काजे तमी धोका-चिन्ता करबाआस, राजा! तमे धोका-चिन्ता ना करा। मुईं तो आछे।" बल्ला नाँगमती आवरी राँद-बाड़ करला। दुनो बायले-मुनिस काय मँजा सँगे बसी करी खा-पी करलाय। राजा काय काजे असन करसी आछे बली करी चरेया बिचार कर के धरला। हयँ बाटे राजा पने अतक जादू-मंतर सिकला बिती ए बायले कोन थानर आय, कसन आय बलते बिचार करसी आछे। एतार असन सकत मोर लगे निआय। काल के बले जे-जे मुईं बल्ली आछे हयँ सबू के करी देले तो अतक ने एके मुईं ना सकें बे, बली राजा बिचार करसी आछे। अतक के करी दखायला! नानी-सुनी के काय ना करसी, बली राजा बिचार करसी आछे।

अतक ने राती होयला। राती होयबा के नाँगमती चरेया पिला के सोय के देला आवरी मँजगर राती साप होई करी गला राजार बाड़ी ने। हयँती जाई करी गुलाय बाड़ी ने बुली-बुली मंतर मारी देला। मंतर मारी देबा के हयँती बावली बनी गला, बावली ने जलथल पानी फुटला, बावलिर पारे-पार नाना किसमर पाक-फरर गछ मन होयलाय आवरी हयँ गछ मन ने लिटोलाटो पाक-फर मन धरलाय, पाकलाय। अतक ने नाँगमती घरे बाहड़ला आवरी जसनर असन कन्या रुप होई करी सोई देला।

बिआन पाहायबा के राजा उठला आवरी चरेया पिला के हाक देबा काजे तार सिपई मन के पठायला। सिपई मन गलाय आवरी चरेया पिला के साँगलाय। तेबे चरेया पिला तियार होयला आवरी नाँगमतिर टोंड ले निसकला गाड़ी ने बसी करी गला राजा घरे। जुआर करला आवरी बलसी आछे, "जूँ राजा माहाराज। तमर बाड़ी बाटे जाई दखूँ।"

चरवाहा बोला, "अच्छा, राजा महाराज! चलिये, जाकर देखें।" उसके ऐसा कहने पर राजा तैयार हो गया। दोनों जन घूम-घूम कर राजा के सारे भण्डार-गृहों में देखने लगे। सारा का सारा धान चावल में बदल गया था। राजा यह देखकर हैरान रह गया और चरवाहे की पीठ ठोंकते हुए कहने लगा, "तुम बहुत ही भाग्यवान हो बाबू तभी तुम्हें ऐसी पत्नी मिली है। चाहे जैसा भी हो, आज तो तुम बच गये किन्तु कल रात भर में बावली बन जाये, बावली के चारों ओर जितने भी फलों के नाम हैं, उन सभी फलों के पेड़ लग जायें और उन पेड़ों पर फल लगें और पक जायें। फल न लगने और न पकने पर कल बारह बजे तुम्हें फाँसी की सजा दूँगा।"

राजा की बातें सुनकर चरवाहा फिर से चिन्तित हो गया। मैंने व्यर्थ ही इसे अपनी पत्नी बना लिया, वह सोचने लगा। अब क्या होगा क्या नहीं। ऐसा विचार करता वह घर की ओर चला। चलते-चलते घर पहुँच गया। चरवाहे युवक का चेहरा उदास हो गया है। उसके उदास चेहरे को देखकर नागमती कहने लगी, "अब राजा ने आपको फिर से क्या कह दिया कि आप उदास हो गये हैं, प्रियतम? मुझे बताइये।"

चरवाहा कहने लगा, "क्या बताऊँ रानी? राजा ने कहा है कि रात भर में उसकी बाड़ी के भीतर बावली बन जाये और जितने भी किस्म के फल हैं उन सारे फलों के पेड़ उस बावली के चारों ओर लग जायें, उन पेड़ों पर फल लगें और पकें वरना तुम्हें फाँसी दूँगा।"

नागमती ने सुना और कहने लगा, "इतनी-सी बात के लिये आप चिन्ता कर रहे हैं, प्रियतम! आप चिन्ता न करें। मैं तो हूँ।" नागमती ने कहा और भोजन राँधा। दोनों पति-पत्नी ने साथ में बैठकर भोजन किया। राजा ऐसा क्यों कर रहा है, चरवाहा विचार करने लगा। उधर राजा भी सोचने लगा कि जादू-मन्त्र सीखी हुई यह युवती कहाँ की है, कैसी है? इसके जैसी शक्ति मेरे पास नहीं है। कल भी यदि मेरे द्वारा जो कुछ कहा जायेगा उसे पूरा कर देने पर मैं उसके सामने टिक नहीं पाऊँगा। उसने इतने बड़े-बड़े काम कर दिखाये तब भला छोटे-माटे काम की तो बिसात ही क्या! राजा सोचने लगा।

इतने में रात हो गयी। रात होने पर नागमती ने चरवाहे को सो जाने दिया और स्वयं आधी रात में साँप का रूप धर कर राजा की बाड़ी में गयी। वहाँ जाकर सारी बाड़ी में घूम-घूम कर उसने मन्त्र पढ़े। मन्त्र पढ़ने पर वहाँ बावली बन गयी, बावली में लबालब पानी भर गया, बावली के चारों ओर नाना प्रकार के फलों के पेड़ लग गये और वे पेड़ फलों से लद गये, पक गये। इसके बाद नागमती घर वापस हो गयी और जस की तस युवती का वेश धर कर सो गयी।

सबेरा होने पर राजा उठा और चरवाहे को बुलाने के लिये अपने सिपाहियों को भेजा। सिपाही गये और चरवाहे को बताया। तब चरवाहा तैयार हो गया और नागमती के मुँह से निकली गाड़ी पर बैठ कर राजा के घर गया। उसका अभिवादन किया और कहने लगा, "चलिये राजा महाराज। आपकी बाड़ी की ओर चल कर देखें।"

बलबा के दुनो लोक गलाय बाड़ी ने। जाई दखबाआत हयँती तो बड़े भारी बावली बनी रय। जलथल पानी फुटी रय हयँ बावली थाने। बावलिर पारे-पार जनत बानिर पाक-फरर गछ मन रलाय। हयँ गछ मन ने लिटोलाटो पाक-फर मन धरी रलाय, पाकी रलाय। राजा दखला आवरी भकयायला। चरेया पिलार पाट पेटला आवरी बलसी आछे, "बाबा रे! तोर बायलेर सकत!"

राजार नवकर-चाकर मन पाक-फर के दखी करी खायबा काजे लोभ होयबा आछेत। खायबा लोक खायबा आछेत, घरे नेबा लोक घरे नेबा आछेत। अतक ने राजा के चेत चेगला। हयँ एतार सँगे सकी ना होय बलते मने-मन बिचार करला आवरी चरेया पिला के बल्ला, "आले ना चरेया पिला। तमी जितलास मुईं हारली। आज ले आदो राज के तमे बायले-मुनिस चलावा आदो के मुईं चलायबी।" असन बली करी आपनर राज के दुय गोंदा करी देला। दुनो जन आपन-आपन राज के चलायबा आछेत। कमाय-धमाय खायबा आछेत।

तब दोनों बाड़ी की ओर गये। जाकर देखा, वहाँ तो बड़ी-सी बावली बनी थी। उस बावली में पानी लबालब भरा हुआ था। बावली के चारों ओर विभिन्न प्रकार के फलों के पेड़ थे। वे पेड़ फलों से लदे थे और पके थे। राजा ने देखा और हैरान रह गया। चरवाहा की पीठ ठोंकी और कहने लगा, "बाप रे! तुम्हारी पत्नी की शक्ति!"

राजा के नौकर-चाकरों ने फल देखे और खाने के लिये ललचाने लगे। खाने वाले खा रहे हैं, घर ले जाने वाले घर ले जा रहे हैं। इतने में राजा को अकल आयी। वह सोचने लगा कि इसे जीतना आसान नहीं है। ऐसा विचारकर वह चरवाहे से बोला, "अच्छा जी चरवाहे। तुम लोग जीते और मैं हार गया। आज से आधे राज्य पर तुम दोनों पति-पत्नी राज करो और आधे पर मैं राज करूँगा।" ऐसा कह राजा ने अपने राज्य के दो हिस्से कर दिये। दोनों अपने-अपने राज्य पर शासन करने लगे। जीवन-यापन करने लगे।

लमहा

खरहा

गोटक गाँव रला। हयँ गाँए गोटक बामन रय। हयँ दुकान मँडाय रय। तेबे हयँ बामन गोट दिन गोटक लमहा के बलसी आछे, "ए बाबू, तुई मोके पान आनी देस नी। मुईं तार पलटा तोके ढिंडेक[191] गुर देबी।"

तेबे लमहा तार काजे पिंडेक पान नेई देला। नेई देबा के बामन ताके ढिंडेक गुर देला। हयँ गुर के खायते-खायते लमहा खमना ने जायते रला। बाटे गोटक कोलेया[192] कुकड़ी के चाबी-चाबी खायते रला। अतक ने लमहा दखला हयँ कोलया के आवरी बलसी आछे, "तमे काय करबा आहास हो, मामा?"

"आमर तो एई धियान आय हो, भाचा।" बलसी आछे कोलेया।

लमहा बलसी आछे, "छी हो, मामा। तमे तो परर माल के जटी खायबा लोक आहास हो। एदे दखा नी। मुईं बामन काजे पिंडेक[194] पान नेई देली तेबे हयँ मोके ढिंडेक गुर देला।"

सुनला कोलेया आवरी बल्ला, "आले हो, खिंडिक माहा मोके बले देई दखा नी।"

तेबे लमहा कोलेया के खिंडिक माहा गुर देई देला। गुर सुआद लागला। सुआद लागबा के कोलेया आवरी माँगसी आछे। तेबे आवरी

एक गाँव था। उस गाँव में एक ब्राह्मण था। उसने दुकान लगा रखी थी। एक दिन वह ब्राह्मण एक खरहा से कहने लगा, "हे बाबू, तुम मेरे लिये पत्ते ला दो न। मैं उसके बदले तुम्हें एक टुकड़ा गुड़ दूँगा।"

तब खरहे ने उसके लिये कुछ पत्ते पहुँचा दिये। पहुँचा देने पर ब्राह्मण ने उसे एक टुकड़ा गुड़ दिया। खरहा उस गुड़ को खाते हुए जंगल की ओर चला। रास्ते में एक लोमड़ी मुर्गी को चबा-चबा कर खा रही थी। इतने में खरहे ने उस लोमड़ी[193] को देखा और कहने लगा, "आप क्या कर रहे हैं, मामाजी?"

"हमारा तो यही काम है जी, भान्जे।" लोमड़ी बोली।

खरहा कहने लगा, "छीः मामाजी। आप तो दूसरों की चीजें लूटकर खाने वाले हैं। इधर देखिये तो। मैंने ब्राह्मण के लिये कुछ पत्ते पहुँचा दिये तब उसने मुझे गुड़ का एक टुकड़ा दिया।"

लोमड़ी ने सुना और कहने लगी, "अच्छा जी, थोड़ा-सा मुझे भी दे कर देखो न।"

तब खरहे ने लोमड़ी को थोड़ा-सा गुड़ दे दिया। गुड़ उसे स्वादिष्ट लगा। स्वादिष्ट लगने पर लोमड़ी और माँगने लगी। तब खरहे ने थोड़ा-

191. ढिंडेक : मूल ध्वनि 'ढिंडाएक' का लघुकृत रूप।

192. कोलेया : अन्य ध्वनियाँ 'कोलया', 'कोलिया'। छत्तीसगढ़ी में यह 'कोलिहा' उच्चरित होता है।

193. लोमड़ी : भतरी एवं हल्बी लोक-भाषा में 'कोलेया' या 'कोलिया' अथवा 'कोलया' शब्द नर एवं मादा दोनों ही के लिये प्रयोग में लाया जाता है।

194. पिंडेक : मूल ध्वनि 'पिंडाएक' का लघुकृत रूप।

खिंड[195] माहा देला लमहा। असनी-असनी कोलेया घन-घन माँगते जाये। लमहा बले कतक ले देता ता हँके! असनी होऊ-होऊ दुनो झगड़ा होयलाय। झगड़ा होयबा के लमहा कोलेया के कुकड़िर पोटा थाने भरी देला आवरी आपनर बाट के धरला।

जायते-जायते जायसी आछे। बाटे दखसी आछे गोटक बाग खायते रला गोटक बयला के। ताके दखला लमहा आवरी बलसी आछे, "काय करबा आहास हो, मामा?"

"काय फेर करती ता? बयला के खायबी आछे काय! ना दखास?" बल्ला बाग।

तेबे लमहा बलसी आछे, "तमी तो हो परर माल के जटी खायबा लोक आहास। मोके दखा, मुईं पिंडेक पान नेई देबा के बामन मोके ढिंडेक गुर देला।"

बाग सुनला आवरी बलसी आछे, "असन आले मोके बले खिंड माहा देई दखा हो। कसन लागसी आछे आले मुईं बले खाई दखबी।"

बलबा के लमहा ताके बले खिंडिक माहा गुर देई देला। बाग खायला। खायबा के ताके खुबे सुआद लागला गुर। तेबे हयँ घने-घन माँगसी आछे। लमहा एक हार देला दुई हार देला पाछे बिरबिरा होयला। तेबे लमहा आवरी बाग झगड़ा होयबा आछेत। लमहा धरला बाग के आवरी बयलार पोटा थाने भरी देला। एबर तो होयला बागर बुता बली करी हयँ आपनर बाट धरला। जायसी आछे, जायसी आछे। बाटे दखसी आछे गोटक भालू डेंगुर कोदांय करी भुकू के निकराय-निकराय खायसी आछे। ताके दखला लमहा आवरी बलसी आछे, "काय करबाआस हो, मामा?"

भालू मुँडी के उचाय दखला आवरी बलसी आछे, "काय फेर करती ता, भाचा। मोर तो एई बुता आय हो। भुकू के खायबी आछे।"

लमहा सुनला आवरी बलसी आछे, "तमे तो हो परर माल के जटी खायबा लोक आहास। मोके दखा। मुईं बामन काजे पिंडेक पान नेई देली तेबे हयँ मोके ढिंडेक गुर देला।"

अतक के सुनला भालू आवरी भुकू के खायबा छाड़ी करी लमहा के बलसी आछे, "आले हो, भाचा। मोके बले खिंडिक माहा देई दखा नी। मुईं पने चाखी दखबी।"

लमहा ताके बले खिंड माहा गुर देई देला। भालू गुर के खायला आवरी सुआद लागसी आछे हो बली करी आवरी गुर माँगसी आछे। लमहा ताके हारक फेर देला। भालू फेर माँगसी आछे। अतक ने लमहा बिरबिरा होयला। तेबे दुनो झगड़ा होयबा आछेत। लमहा धरला भालू के आवरी हईं डेंगुर भिल ने भरी देला आवरी हयँ थाने ले जायते गला।

केत दिन होयला की! कुकड़िर पोटा कुई गला। कुई जिबा के हयँ थाने ले कोलेया निसकला। असनी-असनी बयला-पोटा कुयला तेबे हयँ थाने ले बाग निकरला आवरी भिल भितर ले कोलेया निकरला। तिनो

सा और दिया। इस तरह लोमड़ी बारम्बार माँगने लगी। खरहा भी कितना देता भला उसे! इस तरह दोनों में झगड़ा हो गया। झगड़ा होने पर खरहे ने लोमड़ी को मुर्गी की अँतड़ियों के भीतर भर दिया और अपने रास्ते चला गया।

चलते-चलते जाने लगा। रास्ते में देखा, एक बाघ एक बैल को खा रहा था। उसे देखा खरहे ने और कहने लगा, "क्या कर रहे हैं, मामाजी?"

"और क्या करूँगा भला? बैल को खा रहा हूँ। नहीं देखते?"

तब खरहा बोला, "आप तो दूसरों की चीजें लूट कर खाने वाले हैं, जी। मुझे देखिये, मैंने थोड़े-से पत्ते ब्राह्मण को ले जाकर दिये तब उसने मुझे गुड़ का टुकड़ा दिया।"

बाघ ने सुना और कहने लगा, "ऐसी बात है तो मुझे भी थोड़ा-सा दो जी। कैसा लगता है, जरा खाकर तो देखूँ।"

उसके ऐसा कहने पर खरहे ने उसे भी थोड़ा-सा गुड़ दे दिया। बाघ ने खाया। खाने पर उसे बहुत स्वादिष्ट लगा। तब वह बारम्बार माँगने लगा। खरहे ने एक बार दिया, दो बार दिया फिर बाद में नाराज हो गया। इतने में वे दोनों झगड़ने लगे। खरहे ने बाघ को पकड़ा और बैल की अँतड़ियों के भीतर भर दिया। अब तो बाघ का हिसाब हो गया, सोचता वह अपने रास्ते चला। चलने लगा। रास्ते में देखा, एक भालू बाँबी को खोद कर उसके भीतर के दीमक-छत्तों को निकाल-निकालकर खा रहा था। उसे देखा खरहे ने और पूछने लगा, "क्या कर रहे हैं, मामाजी?

भालू ने सुना और सिर उठाकर देखा फिर कहने लगा, "और क्या करूँगा, भान्जे। मेरा तो यही काम है। दीमक-छत्ते को खा रहा हूँ।"

खरहे ने सुना और कहने लगा, "आप तो दूसरों की वस्तु लूटकर खाने वाले हैं, जी। मुझे देखिये। मैंने ब्राह्मण को पत्ते ले जाकर दिये तब उसने मुझे गुड़ का एक टुकड़ा दिया।"

इतना सुना भालू ने और दीमक के छत्ते को खाना छोड़कर खरहे से कहने लगा, "अच्छा जी, भान्जे। मुझे भी थोड़ा-सा दो न। मैं भी चखकर देखूँगा।"

खरहे ने उसे भी थोड़ा-सा गुड़ दिया। भालू ने गुड़ खाया और स्वादिष्ट लग रहा है कहता और गुड़ माँगने लगा। खरहे ने उसे और थोड़ा-सा दिया। भालू फिर से माँगने लगा। इतने में खरहा चिड़चिड़ा हो गया। तब दोनों आपस में झगड़ने लगे। खरहे ने भालू को पकड़ा और उसी बाँबी के भीतर डालकर अपने रास्ते चला गया।

इस तरह पता नहीं कितने दिन बीत गये! मुर्गी की अँतड़ियाँ सड़ गयीं। सड़ जाने पर लोमड़ी वहाँ से निकली। इसी तरह बैल की अँतड़ियों के सड़ जाने पर वहाँ से बाघ बाहर आ गया और बिल के भीतर से

195. खिंड : मूल ध्वनि 'खिंडिक' का लघुकृत रूप'

गोटकी थाने रुँडलाय। कोलेया बलसी आछे, "लमहा मोके कुकड़ी-ओंडकी ने भरी देई रला।" बाग बलसी आछे, "नाईं, मोके हयँ बयला-पोटा भितरे भरी देई रय।" भालू बलसी आछे, "काय के साँगबी तमके! मोके डेंगुर-भिल ने भरी देई रए।"

तिनो आपन-आपन उपरे बितलार गोट के साँगा-साँगी होयलाय आवरी ए मायलोटया[196] लमहा के कसन करले होयसी बलते बिचार करबाआत। सुतुर होई करी मरान मारलाय आवरी हयँ मरान ने बुनलाय लाहेड़। लाहेड़ जागला, बड़े होयला, फरला। तेबे ए तिनो हयँ थान माचा बनायलाय आवरी राखा आछेत। लमहा गोट दिन हईं बाटे जायते रला। हयँ दख-ना-दख हयँ मरानर लाहेड़ के तो दखी देला आछे! तार टोंडे पानी फुटला। कसनी ने बले ए लाहेड़ के खायबी बलते लमहा बिचार करसी आछे। माचा ने आरी-पारी बाग, कोलेया आवरी भालू राखा रओत। तेबे गोटक दिने सोआ पड़ला राती लमहा तियार होयला आवरी काय मँजा कपड़ा-लता पिंदी करी घोड़ा ने बसला आवरी गला मराने। माचा लगे जाई करी घोड़ा के थेबायला आवरी चिचयाय करी हाक देयसी आछे, "ए ना एय माचा बिता!"

हयँ दिने बागर पारी रय राखा रबार। तेबे बाग हयँती सोई रला। सुनला लमहार गोट के मान्तर चिताय के ना सकला आवरी पुलुस-पाइक आय बे बली डरी करी बलसी आछे, "काय आय जनाप?"

"मोर घोड़ा काजे काचा-काचा आवरी मोर काजे पाका-पाका लाहेड़ आनी देस रे।" बली धमकायसी आछे लमहा।

बाग सुनला आवरी डर-चुक डर-चुक घोड़ा काजे काचा-काचा आवरी लमहा काजे पाका-पाका लाहेड़ टुटाय करी आनी देला। आनी देला मान्तर ना चिताय के सकला लमहा के। तेबे आनी देबा के लमहा घोड़ा के बले खुआयला आवरी आपन बले खायला। पेट भरते खाई करी बलसी आछे, "ए रे माचा बिता!"

"होय जनाप!" बलसी आछे बाग।

लमहा बलसी आछे, "खायबा काजे तो खाई देली मातर एबर मोके हाग के भायला जे! केने जिबी हाग के?"

बाग बलसी आछे, "एदे जानू माहापरभु, एई बाटे गले होयसी।" बलते डेबरी हात बाटे दखाय देला। अतक ने लमहा बिफड़ी गला आवरी धमकायसी आछे, "ए बाटे जाहा बलते बली तो देलिस मान्तर मोके काटा-कुटी गड़ला आले भरती देबिस मोके? तुय असन कर, तोर टोंड के उघाड़।"

बाग डर काजे थरथर-थरथर होयते रला देव माहा। काय करता!

भालू। तीनों एक ही जगह इकट्ठे हुए। लोमड़ी कहने लगी, "खरहे ने मुझे मुर्गी की अँतड़ियों के भीतर भर दिया था।" बाघ कहने लगा, "मुझे भी उसने बैल की अँतड़ियों में भर दिया था।" भालू कहने लगा, "अब मैं तुम्हें क्या बताऊँ! मुझे तो उसने बाँबी के भीतर भर दिया था।"

तीनों ने अपनी-अपनी आपबीती एक-दूसरे को सुनायी और इस बदमाश खरहे के साथ क्या किया जाना चाहिये, यह विचार करने लगे। तीनों ने आपस में विचार-विमर्श किया और एक मरहान बना[197] कर उसमें अरहर बोया। अरहर के बीज अंकुरित हुए, पौधे बने और उन पौधों में फल लगे। तब इन तीनों ने वहाँ मचान बनाया और फसल की रक्षा करने लगे। एक दिन वही खरहा उसी रास्ते से कहीं जा रहा था। उसने देखा मरहान में फले अरहर की फसल को। देखकर उसके मुँह में पानी भर आया। वह सोचने लगा कि वह किसी न किसी तरह इस अरहर को खायेगा। मचान में बारी-बारी से बाघ, लोमड़ी और भालू रखवाली के लिये रहा करते थे। तब एक दिन आधी रात में खरहा तैयार हो गया और सुन्दर कपड़े-लत्ते पहनकर घोड़े पर बैठा और गया उसी मरहान में। मचान के पास पहुँचकर उसने घोड़े को रोका और चिल्लाकर उन्हें पुकारने लगा, "अजी ओ मचान वाले!"

उस दिन बाघ की बारी थी रखवाली करने की। बाघ वहाँ सोया हुआ था। उसने खरहे की आवाज सुनी किन्तु उसे पहचान नहीं पाया और यह जरूर पुलिस-पाईक[198] है, सोचकर डरते हुए बोला, "क्या बात है, जनाब?"

"मेरे घोड़े के लिये कच्चे-कच्चे और मेरे लिये पके हुए अरहर लाकर दे रे।" कहता खरहा उसे धमकाने लगा।

बाघ ने सुना और डरते-डरते घोड़े के लिये कच्चे-कच्चे और खरहे के लिये पके-पके अरहर तोड़ कर ला दिये। उसने लाकर खरहे को दिये किन्तु पहचान नहीं सका। तब खरहे ने घोड़े को भी खिलाया और खुद भी खाया। भर-पेट अरहर खाकर कहने लगा, "अरे ओ मचान वाले!"

"जी जनाब!" बाघ ने कहा।

खरहा कहने लगा, "खाने को तो मैंने खा लिया किन्तु अब मुझे फारिग होना है। मैं किधर जाऊँ फारिग होने के लिये?"

बाघ कहने लगा, "देखिये महाप्रभु, इधर ही चल दीजिये।" कहते उसने अपनी बाँयी ओर संकेत कर दिया। इतने में खरहा बिफर गया और धमकाने लगा, "इधर जाओ कह तो दिया किन्तु यदि मुझे काँटे चुभ गये तो मेरे नुकसान की भरपाई करोगे? तुम ऐसा करो, अपना मुँह खोलो।"

बाघ मारे डर के देवता[199] की तरह थरथर-थरथर काँपने लगा था।

196. मायलोटया : अपनी माता के साथ सम्भोग करने वाला। अन्य उच्चारण 'मायलोटेया', 'मायलोटिया'।
197. मरहान बनाना : पेड़-पौधों को काट कर मोटा अन्न उगाने लायक खेती बनाना।
198. पाईक : सरकारी मुलाजिम।
199. देवता की तरह थरथर काँपना : सिरहा पर जब देवी आरूढ़ होती है तो वह देवी के प्रभाव से काँपने लगता है

टोंड के उघाड़ी देला। उघाड़बा के लमहा तार टोंडे हागी देला आवरी हयँती ले जायते गला। बाग थू-थू करसी आछे। लटपट सकाल होयला। तेबे मोर टोंडे हागी देला ना कोन आय आले बलते बाग साँगसी आछे कोलेया आवरी भालू के। असनी-असनी लमहा कोलेया आवरी भालू के बले असनी करला। धमकाय-चमकाय करी लाहेड़ के खायला आवरी हागा लागबा के हयँ मनर टोंडे-टोंडे हागी देला। अतक ने एमन के चेत चेगला। ए लमहाच्ची आय आमर लाहेड़ के बले खायसी आछे आवरी खाई करी आमरी टोंडे हागसी आछे बलते तिनो सुतुर होयलाय। सुतुर होई करी मइनर गोटक पुतरा बनायलाय आवरी माचा ने सुआय देलाय। आपन मन तिनो जन तिन टा गछ मन उपरे चेगी करी दखबा आछेत। असनी-असनी राती होयला। राती होयबा के लमहा रोजे दिनर माहा तियार होयला आवरी घोड़ा चेगी करी आसला माचा लगे आवरी चिचयायसी आछे मान्तर हयँती कोनी माने रले तो सुनताय! मइनर पुतरा रय। हयँ कोन ती सुनता आवरी काय बलता ता! अतक ने लमहा के लागला रिस। रिस काजे बायबिकाल होई करी गला माचा उपरे आवरी हयँ पुतरार गाले गोटक थापड़ मारी देला। मारी देबा के तार हात हयँती लटकी गला। तेबे आवरी रिस होयला लमहा आवरी छाड़बिस आले छाड़ मोर हात के नोयले आवरी गोटक थापड़ देबी बलते दुसर हात ले बले मारला। हयँ हात बले लटकला। तेबे ओहो रे! तोर टडम! तोके तो एदायँ लाते खुँदबी बली गोटोक पाँय ने खुँदला। खुँदबा के पाँय पने लटकी गला। तेबे बिरबिरा होई करी लमहा दुसर पाँय ने बले खुँदला। हयँ पाँय बले लटकला। सरासरी ने टोंडे चाबी देला। चाबी देबा के तार टोंड पने लटकी गला। अतक ने ए तिनो जन गछ मन ले उतरलाय आवरी आसलाय माचा ने। आजी तो धरा पड़लिस रे मायटया[200] लमहा! बलबा आछेत। असनी बली करी ताके चिंगोचाँगो उठायलाय आवरी नेलाय आपनर डेरा ने। हयँती नेई करी हँके ढापी देलाय। भालू के दुई पयली धान देलाय आवरी बलबा आछेत, "जा ना भालू। तुई ए धान के काँड बे। आमे मँद काजे जिबू आछे।"

आले तेबे मुईं काँडते रबी बल्ला भालू आवरी धान काँडसी आछे। बाग आवरी कोलेया गलाय मँद डगर। लमहा पने भितर ले सबू गोठ-बात के सुनते रला। हयँ मन के जाय के देला आवरी भालू के बलसी आछे, "आले हो मामा, उघाड़ी दियास नाईं। मुईं तमके मुसर मुँडी लागबी।"

क्या करता! अपना मुँह खोल दिया। उसके मुँह खोलने पर खरहा ने उसके मुँह में विष्ठा कर दी और वहाँ से चला गया। बाघ थू-थू करने लगा। जैसे-तैसे सबेरा हुआ। तब बाघ ने भालू और लोमड़ी को बताया कि किसी ने उसके मुँह में विष्ठा कर दी। इसी तरह खरहे ने एक-एक कर लोमड़ी और भालू के साथ भी ऐसा ही किया। उन्हें धमकी-चमकी देकर अरहर खाया और पेट भर जाने पर उनके मुँह में विष्ठा कर दी। यह सब भुगत कर इन्हें समझ आयी। तीनों ने समझ लिया कि यह खरहा ही है जो हमारे अरहर को खा जाता है और हमारे ही मुँह में विष्ठा कर जाता है। तीनों ने विचार-विमर्श किया और मोम का एक पुतला बनाकर मचान में लिटा दिया। स्वयं तीनों अलग-अलग तीन पेड़ों पर चढ़ कर देखने लगे। थोड़ी देर में रात हुई। रात होने पर खरहा रोज की तरह तैयार हुआ और घोड़े पर सवार होकर मचान के पास आया और चिल्लाने लगा किन्तु वहाँ होता तभी तो सुनता! मोम का पुतला था। वह भला कैसे सुनता! इतने में खरहे को आया गुस्सा। गुस्से से लाल-पीला होता गया मचान के ऊपर और उस पुतले के गाल पर एक थप्पड़ जड़ दिया। मारने पर उसका वह हाथ पुतले से चिपक गया। इस पर वह और अधिक क्रोधित हो गया और सीधे से मेरा हाथ छोड़ दो वरना और एक थप्पड़ जड़ दूँगा कहते खरहे ने दूसरे हाथ से भी मारा। वह हाथ भी चिपक गया। तब वाह रे! तेरा घमण्ड! ले, अब लात से खूँदूँगा कहते खरहे ने लात से मारा। मारने पर उसका वह पाँव भी चिपक गया। इतने में बहुत अधिक क्रोधित हो कर उसने दूसरे पाँव से भी पुतले को मारा। उसका वह दूसरा पाँव भी चिपक गया। अन्त में उसने मुँह से उसे काटना चाहा। ऐसा करते ही उसका मुँह भी चिपक गया। यह देखकर तीनों पेड़ों पर से नीचे उतर आये और मचान पर चढ़े। आज तो पकड़ में आ ही गया रे बदमाश खरहा! वे कहने लगे। ऐसा कहते हुए उसे उठाया और ले गये अपने डेरे में। वहाँ ले जाकर उसे ढँक दिया। भालू को दो पायली धान दिया कूटने के लिये और बोले, "जाओ जी, भालू। तुम इस धान को कूटो। हम दोनों शराब के लिये जा रहे हैं।"

तब हाँ, मैं कूटता रहूँगा कहा भालू ने और धान कूटने लगा। बाघ और लोमड़ी गये शराब खोजने। खरहा भीतर से सारी बातचीत सुन रहा था। उसने उन दोनों को जाने दिया और भालू से कहने लगा, "अच्छा मामा जी, जरा खोल दीजिये न। मैं मुसर मुँडी[201] मारने में आपका सहयोग करूँगा।"

200. मायटया : मूल ध्वनि 'मायलोटेया' का लघुकृत रूप। अन्य ध्वनियाँ 'मायटेया', 'मायटिया', 'मायटा'

201. मुसर मुँडी मारना : मूसल से धान को कूटना। यद्यपि धनकुट्टी (राईस मिल) के चलन के कारण 'ढेकी' का चलन लगभग खत्म हो गया है तथापि बस्तर के सुदूर गाँवों में आज भी धान कूटने के लिये परम्परागत उपकरण 'ढेकी' का ही प्रयोग होता है। इस उपकरण को उपयोग में लाने के लिए दो लोगों की आवश्यकता पड़ती है। धान कूटने को 'धान काँडनी' अथवा 'धान कूटतो' कहा जाता है। एक महिला अपने पैर से 'ढेकी' के एक सिरे को दबाती है और हाथ से एक लम्बे बाँस की सहायता से धान को 'कोटन (कोटर)' में ढकेलती जाती है। दूसरी महिला कुटे हुए चावल को साफ करती जाती है। धान कूटने के पूर्व उसे साफ किया जाता है। इसे 'धान चोलातो' कहते हैं। धान कूटने की इस प्रक्रिया के तीन चरण होते हैं। पहला चरण होता है 'मुँडी मारतो', दूसरा 'दुहड़ातो' तथा तीसरा 'छड़ेया'। इसके बाद बारी आती है चावल फटकने की। इसे 'चाउर फुनतो' कहा जाता है। इस प्रक्रिया में धान की अलग-अलग किस्म की भूसी निकलती है। मोटी भूसी 'मुँडी कोंडा', मध्यम भूसी 'दुहड़ा कोंडा' तथा महीन भूसी 'छड़ेया कोंडा' कहलाती है। इसी महीन भूसी या 'छड़ेया कोंडा' से कई बार रोटी भी बनायी जाती है। छत्तीसगढ़ी परिवेश में यह उपकरण 'ढेंकी' कहलाता है।

तार गोठ के सुनी करी भालू बलसी आछे, "नाईं, नाईं। तमे परायबास हो, भाचा। मुईं ना उघाड़ें।"

लमहा बलसी आछे, "तमर किरिया हो, मामा। मुईं ना पराएँ। तमे उघाड़ी देले उलटा मुईं तमके मुसर मुँडी लागबी हो।"

भालू बिचारला ए कोन ती ले परायसी ता! सते तो बलसी आछे मोके मुसर मुँडी लागबी बलते। आले तेबे उघाड़ी देबी बली करी हयँ लमहा के उघाड़ी देला। उघाड़ी देबा के लमहा ताके मुसर मुँडी लागसी आछे। असनी-असनी भालू काँडा-काँडी करी धान के सकलते रए आवरी लमहा उठायला मुसर के आवरी ठटाय देला भालुर मुँडी ने ढी करत ले। भालू चिमिक नाय होयला। मरी गला। मरी जिबा के लमहा पने भालू के काट-कुटाय करी तुला-तुली करला आवरी साग राँदी देला। राँदा-बाड़ा करी हयँ थान ले छू गदबद।

डँडकी रई करी कोलेया आवरी बाग मँद धरी करी आसलाय। दखबा आछेत भालू ना रय। चुला बाटे दखबा आछेत साग राँदला रए। हरिक होयलाय आवरी साग के निकराय करी मँद भाजा बनायलाय। काय मँजा हरिक-हरिक भाजा सँगे मँद खायलाय। खायला पाछे पछतायबाआत, "छी ता! मायटेया लमहा आमर सँगवारिर जिव के धरला आवरी परायला।"

नानी माहा कोतरी[202] तोर टोंड के धरो तोतरी। मोर कहनी सरला।

भालू ने उसकी बातें सुनी और कहने लगा, "नहीं, नहीं। आप भाग जायेंगे भान्जे। मैं नहीं खोलूँगा।"

खरहा कहने लगा, "आपकी कसम, मामा जी। मैं नहीं भागूँगा बल्कि खोल देने पर मैं धान कूटने में आपकी सहायता करूँगा।"

भालू ने सोचा कि यह कैसे भागेगा! सच तो कह रहा है कि वह धान कूटने में मेरी सहायता करेगा। चलो, खोल देता हूँ। ऐसा सोचकर भालू ने खरहे को बाहर निकाल दिया। तब खरहा धान कूटने में उसकी सहायता करने लगा। भालू धान कूट-कूटकर समेटता जा रहा था कि मौका पाकर खरहे ने मूसल उठा कर भालू के सिर पर दन्न से दे मारा। भालू शान्त हो गया। मर गया। उसके मर जाने पर खरहे ने भालू को काटा और उसके छोटे-छोटे टुकड़े किये और धो-पोंछकर राँध डाला। राँधकर वहाँ से भाग खड़ा हुआ।

थोड़ी देर बाद लोमड़ी और बाघ मदिरा लेकर आये। देखा, भालू नहीं था। चूल्हे की ओर देखा तो सब्जी पकी हुई थी। वे दोनों प्रसन्न हो गये और मांस की सब्जी निकालकर उसे सूखा तला और मजे से मदिरा के साथ खाया। खाने के बाद पछताने लगे। कहने लगे, "ओहो! बदमाश खरहे ने हमारे ही साथी के प्राण ले लिये और भाग गया।"

छोटी-सी कोतरी मछली, तुम्हारे मुँह को लगे तुतली[203]। मेरी कहानी हुई खत्म।

---

202. कोतरी : एक किस्म की मछली।

203. तुतली : तुतलाहट, तोतलापन।

ढेला आवरी कोलेया

ढेला और लोमड़ी

ढेला आवरी कोलेया[204] रलाय। तेबे कोलेया गोट दिने ढेला के बलसी आछे, "तुई आवरी मुईं मित आले बाँदूँ ना ढेला।"

बलबा के ढेला राजी पड़ला। तेबे दुनो जन मित बाँदलाय। गोट दिने कोलेया बलसी आछे, "जूँ मित, नाहाय के जिबू।" बलबा के ढेला राजी पड़ला। दुनो लँदी बाटे गलाय। ढेला उलटी-पुलटी होयते ढुलँगते-ढुलँगते जाई करी लँदी ने लगाय होयला। लँदी ने लगाय होयबा के ढेला हईं थाने बिली गला। अतक ने कोलेया बले लँदी ने लगाय होयला। नाहायला आवरी बाहिरे निकरला। लँदी-रेटे उबा होई करी कोलेया तार मित ढेलार बाट दखसी आछे। एबे काय निकरबाय मित, तेबे काय निकरबाय मित बलते हयँ टाकला आछे। टाकी-टाकी थाकी गला आवरी चिचयाय के धरला, "निकरा मित। कड़कदायँ ले नाहायते रबास?" बलसी आछे मातर ढेला तो बिली जाई रय हयँ फेर कोन ती ले निसकता ता! अतक ने कोलेया लँदी उपरे भारी रिस होयला आवरी बलसी आछे, "मोके मोर मितर मित दे रे लँदी नोयले मुईं तोर भलई ना करें।"

असनी-असनी कएक हार बल्ला कोलेया। अतक ने लँदी बिरबिरा होयला आवरी गोट सुरु असन कोतरी माछ के पकाय देला कोलेया बाटे। तेबे कोलेया हयँ कोतरी माछ के धरला आवरी हयँती ले जायते

ढेला और लोमड़ी थे। तब एक दिन लोमड़ी[205] ढेले से कहने लगी, "तुम और मैं मित्र बनें जी, ढेले।"

उसके ऐसा कहने पर ढेला राजी हो गया। तब दोनों विधि-पूर्वक मीत बने। एक दिन लोमड़ी कहने लगी, "चलिये मित्र, नहाने जायें।" सुनकर ढेला तैयार हो गया। दोनों नदी की ओर चले। ढेला उलटता-पलटता फिसलता-फिसलता नदी में जा गिरा। नदी में गिरने पर वह वहीं गल गया। इतने में लोमड़ी भी नदी में घुस गयी। नहाया और बाहर निकली। नदी के तट पर खड़ी होकर अपने मित्र की राह देखने लगी। वह सोचने लगी कि उसका मित्र अब-तब में बाहर आयेगा। राह देखते थक गयी और पुकारने लगी, "निकलिये मित्र। कितनी देर तक नहाते रहेंगे?" किन्तु ढेला तो गल चुका था फिर भला वह कैसे बाहर आता! इतने में लोमड़ी नदी पर बहुत क्रुद्ध हुई और कहने लगी, "मुझे मेरा मित्र लौटा दो री नदी वरना मैं तुम्हारा बहुत बुरा हाल करूँगी।"

इस तरह लोमड़ी ने कई बार कहा। इतने में नदी परेशान हो गयी और एक छोटी-सी कोतरी मछली लोमड़ी की ओर उछाल दी। लोमड़ी ने उस मछली को उठाया और वहाँ से चलती बनी। चलते-चलते रास्ते में

---

204. कोलेया : अन्य ध्वनियाँ 'कोलया', 'कोलिया'।

205. लोमड़ी : प्रसंगानुसार इस कहानी में 'नर लोमड़ी' या 'लोमड़'।

गला। जायते-जायते बाटे गोट जिआ-खुटा के भेटला आवरी हयँ माछ के हई खुटा थाने सोंगाय देला। आपन बुल के गला। कोन बाटे बुल्ला कोन बाटे नाईं आवरी बाहड़ला खुटा लगे। दखसी आछे तार कोतरी माछ हयँ थाने ना रय। तार जिबा के गोट गिदहा आसी करी कोतरी माछ के धरी नेई रला। तेबे कोलेया बलसी आछे, "मोर माछर माछ देस नोयले तोर भलई ना करें।" असनी-असनी बलसी आछे कोलेया। तेबे खुटा एक भारा दारु छिलपी होयला।

तेबे कोलेया हयँ दारु के धरला आवरी जायते गला। जायते-जायते जायसी आछे। बाटे गोटक पनारिन डोकरिर घर रय। कोलेया गला आवरी दारु-भारा के पनारिन घरर ओछना-कठा नेई करी ओराय देला आवरी फेर कोन तो बाटे बुल के गला। पनारिन बुड़ी अड़कदायँ रोटी-बोबो भुँजते रला। हँके दारु खिंडिक खँगला। खँगबा के हयँ दारु डगर जिबा काजे घर ले निसकला। दखसी आछे ओछना-कठा दारु-भारा रला। मिरला रे, मिरला बली हयँ दारु-भारा के धरी घरे नेला आवरी रोटी-बोबो भुँजला।

डँडकी रई करी कोलेया फेर बुली आसला आवरी दखसी आछे जे तार दारु-भारा हयँ थाने ना रला। हयँ बुड़ी के सराप के धरला, "मोर दारुर दारु देस नोयले मुईं तोर भलई ना करें।"

काय करता ता बुड़ी! एक टाकरी रोटी के देई देला कोलेया के। तेबे कोलेया रोटी-टाकरी के धरला आवरी हयँ थान ले जायते गला। जायते-जायते गला गोट छेरी-छेरकिनर घरे। कतक ले बले ए टाकरी के बुलायते रबी बे, बल्ला आवरी टाकरी के छेरी-कोठरली ने ओराय देला। फेर गला कोन तो बाटे बुल के। डँडकी रई करी छेरी-छेरकिन बुड़ी छेरी-मेंडी के चराय करी घरे आसला। दखसी आछे जे छेरी-कोठरली ने रोटी-टाकरी ओरायला रय। काय बिती आय तेबे बलते हयँ टाकरी के हिटायला आवरी मन-मनचा रोटी के खाई देला। अतक ने डँडकी रई करी कोलेया बुली आसला। दखसी आछे जे तार रोटी-टाकरी निआय। हयँ छेरी-छेरकिन बुड़ी के सरापसी आछे, सरापसी आछे। बुड़ी निसकला घर ले आवरी काय होयला, काय होयला, काके सरापबिआस बलते बलसी आछे। तेबे कोलेया बलसी आछे, "काके फेर सरापती ता! जे लोक मोर रोटी-बोबो के खायला हँकेय सरापबी आछे।"

बलबा के बुड़ी बल्ला, "नाईं रे कोलेया, मुईं खाई देली। तुई अंतकी काजे ना सरापते रा बे। ओगाय आले रा।"

कोलेया बलसी आछे, "कसन ओगाय रबी? असन आले तुई मोर बोबोर बोबो देस नोयले लुलू देस।"

बुड़ी काय तो करता ता! जा ने गोटक छेरी के, बलते हँके गोटक छेरी के देई देला। तेबे कोलेया हयँ छेरी के धरी करी जायसी आछे।

एक पुराने ठूँठ को देखा। उसने मछली उसी ठूँठ के ऊपर रख दिया और स्वयं घूमने के लिये चली गयी। पता नहीं कहाँ-कहाँ घूम कर थोड़ी देर बाद वापस लौटी। देखा तो वहाँ पर उसकी कोतरी मछली नहीं थी। दरअसल उसके जाने के बाद एक गिद्ध उस मछली को उठा ले गया था। लोमड़ी कहने लगी, "मेरी मछली दे दो ठूँठ वरना मैं तुम्हारा बुरा हाल कर दूँगी।" वह बारम्बार इसी तरह कहने लगी। तब ठूँठ ने अपने आप को चीरकर एक गट्ठा लकड़ी बना दिया।

लोमड़ी ने लकड़ी का वह गट्ठर उठाया और चल पड़ी। चलते-चलते वह गाँव में जा पहुँची। रास्ते में एक पनारिन[206] बुढ़िया का घर था। लोमड़ी वहाँ पहुँची और लकड़ी के गट्ठर को उस पनारिन बुढ़िया के घर के ओसारे में टाँग दिया और फिर चली गयी कहीं घूमने। वह पनारिन बुढ़िया उस समय रोटी-बोबो (व्यंजन) बना रही थी। उसे लकड़ी की थोड़ी-सी कमी पड़ गयी। तब वह लकड़ी खोजने के लिये घर से बाहर निकली। देखा, उसके घर के ओसारे में लकड़ी का गट्ठर था। मिल गया, मिल गया कहते वह बहुत खुश हो गयी और उसे उठाकर घर ले गयी। चूल्हे में जलाया और व्यंजन तैयार किये।

थोड़ी देर बाद लोमड़ी कहीं से घूमकर लौटी तो देखा कि उसकी लकड़ी का गट्ठर वहाँ नहीं था। वह बुढ़िया को कोसने लगी, "मेरी लकड़ी वापस कर दो अन्यथा मैं तुम्हारा बुरा हाल करूँगी।"

अब बुढ़िया क्या करती! एक टोकरी भरकर रोटी दी लोमड़ी को। लोमड़ी ने रोटी का टोकरा उठाया और वहाँ से चली गयी। चलते-चलते वह पहुँची बकरी चराने वाली के घर। कितनी देर तक इस टोकरे को लेकर इधर-उधर घूमती रहूँगी, लोमड़ी ने सोचा और उस चरवाहिन बुढ़िया के बकरियों की जगह पर छत से टाँग दिया। इसके बाद फिर कहीं चली गयी घूमने। चरवाहिन बकरियाँ चराकर वापस आयी तो देखा उस टोकरे को। उसने जिज्ञासावश उस टोकरी को नीचे उतारा तो देखा उसमें रोटियाँ भरी थीं। उसने मन भरकर रोटियाँ खायी। थोड़ी देर में लोमड़ी लौटी। देखा, रोटियों से भरा उसका टोकरा वहाँ नहीं था। वह चरवाहिन पर बिगड़ी। उसे भला-बुरा कहने लगी। उसका चिल्लाना सुनकर चरवाहिन बुढ़िया घर से निकली और उससे पूछने लगी कि क्या हो गया, वह किसे भला-बुरा कह रही है? तब लोमड़ी बोली, "किस पर बिगड़ रही हूँ? जिसने मेरी रोटियाँ खायी उसे ही भला-बुरा कह रही हूँ।"

उसके ऐसा कहने पर बुढ़िया बोली, "अरी लोमड़ी! मैंने खा लिया। तुम इतनी-सी बात के लिये गरियाती मत रहो। चुप भी रहो।"

लोमड़ी कहने लगी, "कैसे चुप रहूँगी? ऐसी बात है तो तुम मेरी रोटियाँ वापस कर दो या फिर एक मेमना दे दो।"

अब बुढ़िया क्या करती भला! जाओ एक बकरी ले जाओ, कहते उसे एक बकरी दे दी। तब लोमड़ी उस बकरी को लेकर जाने लगी।

206. पनारिन : पनारा जाति की महिला। इस जाति को 'मरार' तथा 'माली' भी कहा जाता है। सब्जी उगाने के लिये जाने जानी वाली इस जाति की महिलाओं द्वारा बड़े आदि व्यंजन भी बना कर बाजार में बेचे जाते हैं। इसीलिये बस्तर अंचल में इनके बनाये बड़े 'पनारा बड़ा' के नाम से प्रसिद्ध हैं।

जायते-जायते गला। बाटे गोटक मुरेया[207] लोक घरे बिआ होयते रय। कोलेया तार छेरी के माँडो-कठा बाँदी देला आवरी फेर कोन तो बाट के बुल के गला। अड़किदायँ बिआ घरर लोक मन के साग कमती पड़ला तेबे हयँ मन बोकेड़ी खोज के धरलाय। गोटक लोक दखला माँडो-कठा बाँदला छेरी के आवरी एदे तो छेरी आछे ना, आमे बिन फुकटर हलोहाल होई जिबुआछे बली करी दुसर लोक मन के हयँ छेरी के दखायला। दखी करी सबू लोक हरिक होयलाय। छेरी के मार-मुराय करलाय, तुला-तुली करलाय आवरी राँदी खायलाय। अतक ने डँडकी रई करी कोलेया बाहड़ला। दखसी आछे जे तार छेरी ना रय। तेबे हयँ बिफड़ी गला आवरी बिआ घरो लोक के सराप के धरला। तेबे बिआ घरर लोक मन तार लगे आसलाय आवरी बलबाआत, "आले काय तो करबिस, कोलेया। आमे तो तोर छेरी के मारी करी राँदी खाई देलू।"

कोलेया बलसी आछे, "असन कसन खाई देलास? तमे मोर छेरिर छेरी दियास नोयले दुली के दियास।"

बिआ घरो लोक मन धरा-धरी होई जिबाआत। एबर कसन करबू बलते सबुर पसना निकरला। कोलेया के खुबे मनाय दखलाय मान्तर कोलेया ना माने। "नाईं मोके तमे मोर छेरी दियास नोयले दुली के दियास।" डोडई धरला कोलेया। तेबे फेर काय करता ता बिआ घरो लोक मन। दुली के ताके सोपी देलाय। कोलेया दुली के पाई करी खुबे हरिक होयला आवरी ताके आपनर डेरा ने आनला। आनी करी ताके धान काँड के बल्ला। बलबा के दुली टोकी धान काँडसी आछे। कोलेया गित गाय के धरला,

"मितर पलटा माछ पायली,
माछर पलटा दारु,
दारुर पलटा बोबो पायली,
बोबोर पलटा लुलू,
लुलुर पलटा दुली पायली,
काँड रे दुली झुमुक-झुम झुमुक-झुम।"

असनी गायसी आछे, गायसी आछे। तार गित गायबा के हारक सुनला दुय हार सुनला दुली टोकी। ताके तार गित ना भायला। रिस काजे बिरबिरा तो होइच्ची रय दुली टोकी। कोलेया आँखी मन के लिमटी करी गित गायबा ने भुरली रला। अड़किदायँ टुली टोकी उठायला मुसर के आवरी कोलेयार मुँडे ढी नाय मारी देला। मारी देबा के तो कोलेया हईं थाने चिमिक् नाय होयला। कोलेया मरी जिबा के दुली टोकी हयँती ले तार दुला लगे परायला। दुनो दुली-दुला काय सुँदर कमाय-धमाय खायलाय, राज करलाय।

चलते-चलते वह रास्ते में एक मुरिया परिवार के यहाँ हो रहे विवाह-स्थल में पहुँच गयी। लोमड़ी ने अपनी बकरी वहाँ गड़े मण्डप के पास बाँध दी और फिर चली गयी कहीं घूमने। इसी समय उस विवाह में सम्मिलित लोगों के लिये मांस की कमी पड़ गयी। तब वे लोग इधर-उधर बकरा खोजने लगे। एक व्यक्ति की निगाह लोमड़ी की उसी बकरी पर पड़ी तब वह अपने लोगों को बताने लगा कि वे लोग व्यर्थ ही इधर-उधर बकरे की तलाश कर रहे हैं। ऐसा कहते हुए उसने लोगों को वह बकरी दिखायी। सभी खुश हो गये। उस बकरी को मारा और काट-पीटकर राँधा और खा गये। इतने में थोड़ी देर बाद लोमड़ी कहीं से घूम-टहलकर लौटी। देखा, उसकी बकरी वहाँ नहीं थी। यह देख कर लोमड़ी बिफर गयी और वहाँ के लोगों को गरियाने लगी। तब उस घर के लोग उसके पास आये और कहने लगे, "अब क्या करेंगे, लोमड़ी! हम तो तुम्हारी बकरी को मारकर खा गये।"

लोमड़ी बोली, "ऐसे कैसे तुम लोग मेरी बकरी को मार कर खा गये? तुम लोग या तो मेरी बकरी मुझे वापस दो या फिर दुल्हन दो।"

जिस घर में विवाह हो रहा था उस घर के लोग आपस में लड़ने-झगड़ने लगे। अब क्या करें, यह सोचकर सभी को पसीना आ गया। लोमड़ी को लोगों ने बहुत मनाने का प्रयास किया किन्तु लोमड़ी नहीं मानी। "तुम लोग या तो मेरी बकरी वापस कर दो या फिर दुल्हन मुझे दे दो।" लोमड़ी यही रट लगाने लगी। तब लोग क्या करते! दुल्हन को उसे सौंप दिया। लोमड़ी दुल्हन पाकर बहुत खुश हो गयी और उसे अपने डेरे में ले आयी। उसे धान कूटने को कहा। उसके कहने पर दुल्हन धान कूटने लगी। लोमड़ी गीत गाने लगी :

"मित्र के बदले मछली पायी
मछली के बदले लकड़ी,
लकड़ी के बदले रोटी पायी,
रोटी के बदले बकरी,
बकरी के बदले दुल्हन पायी,
कूट री दुल्हन झूम झमाझम झूम-झमाझम।"

लोमड़ी गाने में मस्त थी। उसके गीत को दुल्हन ने एक बार सुना, दो बार सुना किन्तु उसे उसका यह गीत नहीं भाया। मारे गुस्से के बिफरी हुई तो थी ही दुल्हन। लोमड़ी अपनी आँखें बंदकर गीत गाने में मगन थी। इसी समय दुल्हन ने मूसल उठाया और लोमड़ी के सिर पर दन्न से दे मारा। मारने पर लोमड़ी वहीं पर गिरकर मर गयी। लोमड़ी के मर जाने पर दुल्हन वहाँ से भागकर अपने दूल्हे के पास पहुँची। दूल्हा-दुल्हन दोनों आपस में बड़े मजे से जीवन बिताने लगे।

207. मुरेया : अन्य ध्वनियाँ 'मुरिया', 'मुरया'।

सवकार कोलेया

साहूकार लोमड़ी

गोटक गाँव रय। हयँ गाँए राँडी मायँ टुरा बेटा रलाय। हयँ मनर कोनी नाईं। हयँ मनर गोटक मरान रला। पिला पने रोजे मरान दख के जाए। गले हयँ थाने गोटक कोलेया आसे आवरी पिला के बले, "ए बाबू, तुई मोके बाबा बल आयँ। तोर आया काय-काय करसी आछे?"

पिला बले, "काय फेर करता ता! घरे आछे काय। घरे रउआय।" असनी-असनी एक दिन होयला, दुय दिन होयला। तेबे तिसर दिन फेर तो आसला आछे कोलेया आवरी असनिच्ची बलसी आछे। पिला फेर बल्ला, "नाईं ना, हयँ घरे रउआय।" बलबा के कोलेया जायते गला। पिला बले घरे बाहड़ला। आजी तो मुईं ए गोठ के मोर माय के साँगबिच्ची, बली बिचार करला पिला आवरी घरे आसी करी तार माय बिती के बलसी आछे, "आया! आमर मरान थाने रोजे गोटक कोलेया आसुआय आवरी मोके बाबा बल बलुआय। हयँ रोजे तोर आया काय-काय करुआय बलते बलुआय। ए कसन आय, आया?"

पिलार गोट के सुनला तार माय बिती आवरी बलसी आछे, "आले बेटा, बाबा बल बलसी आछे जाले बली बले देतिस नाईं। काय फेर होयसी ता! एबर आसले बाबा बलते बली देस।"

एक गाँव था। उस गाँव में एक विधवा अपने बेटे के साथ रहती थी। उनके और कोई नहीं था। उनका एक मरहान था। लड़का रोज अपने मरहान की देख-रेख करने के लिये जाता था। जब वह वहाँ जाता तो एक लोमड़ी[208] वहाँ आती और उस लड़के से कहती, "ऐ बाबू, तुम मुझे बाबा कहा करो। तुम्हारी माँ क्या कर रही है?"

लड़का कहता, "क्या करेगी भला! घर में है। घर में रहती है।" इस तरह एक दिन बीता, दो दिन बीते। तीसरे दिन फिर आयी लोमड़ी और वैसा ही कहने लगी। लड़के ने फिर वही उत्तर दिया, "वह घर में रहती है, जी।" ऐसा कहने पर लोमड़ी वहाँ से चली गयी। युवक भी घर वापस हो गया। आज तो यह बात मैं अपनी माँ को बताऊँगा ही, युवक ने तय किया और घर आकर अपनी माँ से कहने लगा, "माँ! हमारे मरहान में रोज एक लोमड़ी आती है और मुझे बाबा कहा करो कहती है। वह तुम्हारी माँ क्या करती है कहती प्रतिदिन मुझसे पूछती है। यह कैसी बात है, माँ?"

बेटे की बातें सुनकर उसकी माँ बोली, "अच्छा बेटा, बाबा कहो कहती है तो कह देते न। क्या हो जायेगा! अब आने पर बाबा कह देना।"

---

208. लोमड़ी : प्रसंगानुसार इस कहानी में 'नर लोमड़ी' या 'लोमड़'।

तेबे हाँ बल्ला पिला। माय बिती राँद-बाड़ करला। दुनो माय-बेटा खा-पी करलाय आवरी राती काजे सोई देलाय। सकाल पाहायबा के पिला रोजर असन फेर गला मराने। तेबे रोजे असन हयँ दिन बले हयँ कोलेया आसला आवरी बलसी आछे, "मोके बाबा बल बाबू, आयँ।"

सुनला पिला आवरी बलसी आछे, "होय ना बाबा बलबी। तुई छनक काजे बले घर बाटे आसतिस नईं ना। डँडिक ना आसिस तो।"

कोलेया सुनी करी हरिक होयला आवरी बलसी आछे, "आले बाबू, मुईं काल के आसबी। तोर आया के साँगी रबिस। पेज-पेजी राँदी रबाय।" बल्ला कोलेया आवरी जायते गला।

सँज होयबा के पिला घरे आसला। आसी करी बलसी आछे, "नाईं आया, कोलेया बाबा काल के आसुआय मने। तुय तार काजे पेज-पेजी राँदी रबिस।"

तेबे माय बिती होय बल्ला आवरी राँदा-बाड़ा करला। दुनो माय-बेटा खा-पी करलाय आवरी राती काजे सोई देलाय। दुसर दिने बुड़ी सकाले उठी करी कोलेया काजे पेज-पेजी राँदी देला आवरी दुनो माय-बेटा कोलेयार बाट दखबा आछेत।

हयँ बाटे मोके तो आजी घरे हाक देलाय आछेत, आले मने जाई दखबी ता, बली कोलेया बिचार करला आवरी बुड़ी घरे गला। अमरी करी हाक देयसी आछे, "काय करबाआस बोऊ, घरे आसास कसन?"

एमन तो तार बाट दखतेच्ची रलाय। तार चिचयायबा के सुनला बुड़ी आवरी कसेला ने पानी धरी निसकला आवरी बलसी आछे, "होय बाबू, घरे आछूँ। तमरी बाट दखते रऊँ। आले आसा, पायँ धुआ।" बली करी ताके पानी देला। पानी देबा के कोलेया पायँ-पुइं धोयला। तेबे बुड़ी ताके घरे हाक देला आवरी बसबा काजे पिड़ा देला। कोलेया घरे ओयल्ला आवरी पिड़ा ने तिक् नाय बसी देला। एनर-तेनर गोट गोटयायसी आछे। तिनो लोक पेज-पानी खायलाय। खा-पी करला पाछे कोलेया बलसी आछे, "ए बोऊ!"

"काय आय बाबू?" बुड़ी बल्ला।

"नाईं बोऊ, पिला जुआन होयला। तार काजे कोनी थाने बुआरी-बुआरा दखलाआस कसन?"

बुड़ी बलसी आछे, "नता बाबू। मुईं एकला लोक कोन थाने जायती ता! आवरी दखी करी बले काय करबी? पयसा ना कवड़ी।"

सुनला कोलेया आवरी बलसी आछे, "असन आले तमे धोका ना करा, बोऊ। मुईं जाई दखबी बाबू काजे बुआरी डगर।"

बुड़ी बल्ला, "असन करले तो भाइग होयता, बाबू। पोरटा पिला आय। आले जानू तमे अका जाई दखा। तमर नाव बले रयसी।"

अतक ने कोलेया हयँती ले आपनर डेरा ने आसला। तियार होयला आवरी जायसी आछे लुटुँग्-लुटुँग्। जायते-जायते गोटक गाँए अमरला। हयँ गाँव ने रला गोटोक सवकार लोक। खुबे सवकार आय। तार गोटक बेटी रला। हयँ टोकी पने खुबे सुँदर रला। दखसी आछे कोलेया, सवकार

तब युवक ने हाँ कहा। माँ ने भोजन राँधा। माँ-बेटे दोनों ने भोजन किया और रात होने पर सो गये। सबेरा होने पर युवक रोज की तरह फिर गया मरहान में। तब प्रतिदिन की तरह उस दिन भी वही लोमड़ी आयी और कहने लगी, "मुझे बाबा कहो, बाबू।"

युवक ने सुना और कहने लगा, "हाँ हाँ, बाबा कहूँगा। तुम थोड़ी देर के लिये तो घर आते। थोड़ी देर के लिये भी नहीं आते हो।"

लोमड़ी यह सुनकर प्रसन्न हो गयी और कहने लगी, "अच्छा बाबू, मैं कल आऊँगी। तुम्हारी माँ को बता रखना। पेज राँध रखेंगी।" लोमड़ी ने कहा और चली गयी।

साँझ होने पर युवक घर आया। आकर माँ से कहने लगा, "माँ, लोमड़ी बाबा कल आयेंगे। तुम उनके लिये पेज राँध कर रखना।"

यह सुनकर माँ ने हाँ कहा और भोजन राँधा। माँ-बेटे ने भोजन किया और रात होने पर सो गये। दूसरे दिन सबेरे बुढ़िया उठी और लोमड़ी के लिये पेज आदि राँध दिया। फिर दोनों माँ-बेटे लोमड़ी की राह देखने लगे।

उधर, आज तो मुझे घर पर बुलाया गया है, चलो तो जाकर देखूँ; ऐसा सोचकर लोमड़ी बुढ़िया के घर जा पहुँची। पहुँच कर पुकारने लगी, "क्या कर रही हैं भौजी, घर में हैं या नहीं?"

ये लोग तो उसकी राह देख ही रहे थे। उसकी पुकार सुनकर बुढ़िया लोटे में पानी लेकर निकली और कहने लगी, "हाँ बाबू, घर में हैं। आपकी ही राह देख रहे थे। अच्छा आइये, पाँव धो लीजिये।" कहते हुए उसे पानी दिया। पानी देने पर लोमड़ी ने पाँव धोये। तब बुढ़िया ने उसे घर के भीतर बुलाया और बैठने के लिये पीढ़ा दिया। लोमड़ी घर में घुसी और जाकर पीढ़े पर तपाक् से बैठ गयी। इधर-उधर की बातें करने लगी। तीनों ने पेज पी। खाने-पीने के बाद लोमड़ी कहने लगी, "हे भौजी!"

"क्या है बाबू?" बुढ़िया बोली।

"देखिये भौजी, बेटा युवा हो गया। उसके लिये कहीं बहू देखी है या नहीं?"

बुढ़िया कहने लगी, "नहीं बाबू। मैं अकेली जान कहाँ जाती भला! और फिर देखकर भी क्या करूँगी? मेरे पास पैसे-कौड़ी तो हैं नहीं।"

लोमड़ी ने सुना और कहने लगी, "ऐसी बात है तो आप चिन्ता न करें, भौजी। बाबू के लिये बहू खोजने मैं जाती हूँ।"

बुढ़िया बोली, "ऐसा करने पर तो हम पर आपका उपकार होता, बाबू। पितृ-हीन बालक है। अच्छा तो आप ही जाकर देखें। आपका नाम रहेगा।"

इतने में लोमड़ी वहाँ से अपने डेरे पर आ गयी। तैयार हुई और चली जा रही है। जाते-जाते एक गाँव में पहुँची। उस गाँव में था एक साहूकार व्यक्ति। वह बहुत साहूकार था। उसकी एक ही बेटी थी। वह लड़की भी बहुत सुन्दर थी। लोमड़ी ने देखा, साहूकार ने बीस हल जुतवा

एक कोड़ी नाँगर फँदाय करी बेड़ा-पार ने गोटक कुरची थाने बसी देला आछे। एकेय बेटी माँगबी आमर बाबू काजे बलते कोलेया बिचार करला आवरी सवकार लगे जाई करी ताके भुट् नाय पायँ पड़ी देला। तार पायँ पड़बा के दखी करी सवकार बुड़ा बलसी आछे, "उठ हो, उठ। कसन ने तुई मोके पायँ पड़बिआस? कोन आस तुई?"

अतक ने कोलेया उठला आवरी बलसी आछे, "नाईं समदी।[209] तमर लगे फुल फुटला आछे बली मुईं सुनली आछे। तेबे मुईं फुल पिंद के आयली आछे।"

सुनी करी कोलेया कसन ने बेटी माँग के आयला आछे, एके मुईं कसन ने बेटी देबी बली बुड़ा बिचार करसी आछे। नाईं, नाईं ए कोन तो नँगते कोलेया आय तेबे तो मोर घर बेटी माँग के आसला आछे, बली बिचार करसी आछे सवकार बुड़ा। ए तो मोके जानसी आछे बे। जानी-जानी बेटी माँग के आसला आछे, एतार काईं ना काईं कारन होयसी नोयले ए ना आसता। बली बिचार करला बुड़ा आवरी कोलेया के बलसी आछे, "देबी जानू हो। बाड़ला बेटी के फेर कसन घरे सोंगाय रबी ता! सगा उतरला बेरा देई देबार आय बली बल्लाय आछेत पुरखा-पाटिर लोक मन। कसन फेर ना देयँ ता। आले जूँ, घरे जिबू।"

अतक ने दुनो जन सवकार बुड़ा घरे गलाय। घरे जिबा के बुड़ा तार बुड़ी के समदी मन आसला आछेत बलते चाहा बनाय के बल्ला। बलबा के कोन समदी आय नी, बली करी बुड़ी निसकी दखला। दखसी आछे जे कोलेया आय। कोलेया फेर कोन थानर चाहा खायसी बे! बली करी बुड़ी ताके छेरी-मुत के देला। देबा के कोलेया हयँ छेरी-मुत के पकाय देला आवरी बुड़ा के बलसी आछे, "आले हो समदी। कसन-कसन करबाआय आले हँके तमे साँगा।" फेर काय बिचारला काय काय नाईं आवरी बलसी आछे, "नाईं हो, समदी। तुमी आगे आमर घर के दख के आसा काली। घर दखी आसले फेर आमे गोटयायबू।" बलबा के बुड़ा बले होय बल्ला।

कोलेया बलसी आछे, "तमे तियार रबास हो समदी। मुईं काली बिआने दस बजे तमके आन के आसबी। आले एबर मुईं जिबी आची बे।" बल्ला कोलेया आवरी हयँती ले जायते गला। बाहड़ी आसला बुड़ी घरे आवरी बलसी आछे, "मुईं बुआरी दखी आसली, बोऊ। खुबे अछा टोकी आय। तार बाप-मायर घर-दुआर, बेड़ा-खाड़ा के बली दखी आयली आछे। खुबे सवकार लोक आत हयँ मन। तमे एबर धोका-चिन्ता ना करा। एबर मुईं जिबी आचे।" बल्ला कोलेया आवरी हयँती ले जायते गला।

सकाल पाहा-पाही के उठला कोलेया आवरी गला गाँव भितरे। गाँव भितरे जाई करी गाँवर गाय-चरेया मन के बुली-बुली साँगसी आछे, "दखा हो चरेया मन। खिंडिक मोके साहा होआ तमे मन। तमे गाय-गाय के भिने, बयला-बयला के भिने, भइँस-भइँस के भिने, भयँसा-भयँसा के

कर स्वयं एक खेत की मेड़ पर कुर्सी में बैठा हुआ था। लोमड़ी ने विचार किया कि वह उसी की बेटी को उस लड़के के लिये माँगेगी। ऐसा विचारकर वह साहूकार के पास गयी और उसके पाँवों पर जा गिरी। उसे प्रणाम करते देखकर साहूकार बूढ़ा कहने लगा, "उठो जी, उठो। तुम किसलिये मुझे प्रणाम कर रहे हो? कौन हो तुम?"

यह सुनकर लोमड़ी उठी और कहने लगी, "अजी समधी।[210] मैंने सुना है कि आपके यहाँ फूल खिला है। इसीलिये मैं फूल पहनने (खोंसने) के लिये आयी हूँ।"

यह सुनकर साहूकार सोचने लगा कि लोमड़ी बेटी माँगने[211] कैसे आ गयी और इसे मैं कैसे अपनी बेटी दे दूँगा। फिर वह सोचने लगा कि हो न हो यह कोई सम्पन्न लोमड़ी है तभी तो मेरे घर बेटी माँगने आयी है। यह तो मुझे जानती ही होगी। जानते हुए भी यह बेटी माँगने आयी है, इसके पीछे अवश्य कोई न कोई कारण होगा वरना यह नहीं आती। ऐसा विचार कर बूढ़े साहूकार ने लोमड़ी से कहा, "दूँगा जी। बढ़ी हुई बेटी को भला कैसे घर में रखा रहूँगा! सगा जब घर में आये तो दे देना चाहिये, ऐसा हमारे पूर्वजों ने कहा है। कैसे नहीं दूँगा भला। अच्छा चलिये, घर चलें।"

इतने में दोनों साहूकार के घर गये। घर पहुँचकर उसने अपनी पत्नी से समधी आये हैं कहते हुए चाय बनाने के लिये कहा। उसके ऐसा कहने पर कौन समधी है कहते उसकी पत्नी ने बाहर निकलकर देखा। देखती है, लोमड़ी है। लोमड़ी भला क्या चाय पीयेगी! सोचा बुढ़िया ने और उसे बकरी का पेशाब दे दिया। देने पर लोमड़ी ने बकरी के पेशाब को फेंक दिया और बूढ़े से कहने लगा, "अच्छा समधी जी। क्या-क्या करना है उसे आप बताइये।" फिर लोमड़ी ने पता नहीं क्या विचार किया और कहने लगी, "समधी जी। आप पहले हमारा घर देखने के लिये कल आयें। घर देखकर आने पर हम बात करेंगे।" उसके ऐसा कहने पर बूढ़े ने भी हामी भरी।

लोमड़ी कहने लगी, "आप तैयार रहियेगा, समधी जी। मैं कल सबेरे दस बजे आपको लेने आऊँगी। अब मैं चलती हूँ।" लोमड़ी ने कहा और वहाँ से चलती बनी। वापस आयी बुढ़िया के घर और कहने लगी, "मैं बहू देखकर आयी हूँ, भौजी। बहुत अच्छी लड़की है। उसके माता-पिता के घर-द्वार, खेत-खार को भी देख आयी हूँ। वे लोग बहुत साहूकार हैं। अब आप चिन्ता न करें। अब मैं जा रही हूँ।" लोमड़ी ने कहा और वहाँ से चली गयी।

भोर होते-होते लोमड़ी उठी और गयी गाँव के भीतर। गाँव के भीतर जाकर गाँव के चरवाहों से कहने लगी, "देखो जी चरवाहो। तुम सब मेरी थोड़ी-सी सहायता करो। तुम लोग गाय-बैलों, भैंस-भैंसी और बकरे-बकरी तथा भेड़ आदि के अलग-अलग झुण्ड बनाकर उन्हें रास्ते के

209. समदी : मूल ध्वनि 'समधी'।

210. समधी : सम्बन्धी। वर एवं वधू के पिता और इसी तरह वर और वधू के भाई भी आपस में समधी होते हैं।

211. बेटी माँगना : किसी की बेटी को अपने या अपने पुत्र अथवा किसी सम्बन्धी के लिये वधू-रूप में माँगना।

भिने आवरी छेरी-मेंडी मन के भिने-भिने गोहड़ी बनायबास आवरी बाट धड़ी-धड़ी एक घन्टा काजे चरायते रबास। मुई तमके सौ-सौ रुपया पयसा देबी।"

पयसार नाव सुनी करी चरेया पिला मन हरिक होई गलाय आवरी तार बल्ला माहा कर के राजी पड़लाय। तेबे फेर बलसी आछे कोलेया, "दखा, मोर सँगे गोटोक सवकार आसुआय। हयँ ए कार गाय-बयला, भइँस-भयँसा, छेरी-मेंडी आत बली पुछा-पचारा करले तमे कोलेया सवकारर आय बलते बलबास।" तेबे सबू चरेया मन होय बल्लाय आवरी आपापुती गाय-बयला, भइँस-भयँसा, छेरी-मेंडी मन के भिने-भिने गोहड़ी मन बनाय करी बाटर दुनो धड़ी बाटे चरायबाआत। अतक ने कोलेया गला दस जन नँगरेया मन के भुती तिआर के। छाटी-छाटी धाँगड़ा मन के भुती तिआरला आवरी बड़े-बड़े जुआन-जुआन बयला मन के बाट-धड़ी-धड़िर बेड़ा मन ने नाँगर फँदायला। हयँ मन के बले सौ-सौ रुपया पयसा देबी बल्ला। बलबा के हयँ मन बले हरिक मने तियार होयलाय आवरी नाँगर फाँदलाआत। हयँ मन के बल्ला, "दखा ना पिला मन। एबे डँडिक रई करी मोर सँगे गोटक सवकार आसुआय। हयँ सवकार एमन कार बेड़ा मन आत बल्ले तमे कोलेया सवकारर आत बली साँगबास।" नँगरेया मन होय बल्लाय आवरी आपापुती बाट-धड़ी-धड़िर बेड़ा मन ने नाँगर फाँदी देलाय।

अतक ने घरे आसला कोलेया आवरी डोकरिर बेटा के बलसी आछे, "दख बाबू, तुई काय मँजा सुँदर माहा कमिंज पिंद, धोती पिंद, पागा बाँद आवरी तियार होई करी बाट-धड़िर जे बेड़ा ने दस नाँगर बयला फाँदला आछोत हईं बेड़ा-धड़ी छाता ओढ़ी[212] करी उबी रा। तोर सतरा दख के आसुआय।"

पिला सुनला कोलेयार गोट के आवरी तार बल्ला माहा तियार होई करी छाता ओढ़ी गोट बेड़ा-धड़ी उबी देला आछे। अतक ले कोलेया गला सवकार बुड़ा घरे आवरी जूँ बे समदी आमर घर दख के, बलसी आछे। सवकार बुड़ा तो तियार होई करी कोलेयार बाट दखतेच्ची रला। आले जूँ तेबे बली करी घोड़ा ने चेगला आवरी कोलेया सँगे जायसी आछे। कोलेया घोड़ार छमे-छमे लिटिंग्-लिटिंग् रेंगसी आछे। तार पाट-पाट[213] घोड़ा ने बसी करी सवकार जायसी आछे। जायते-जायते गाय-गोहड़ी लगे अमरलाय। ए कार गाय मन आत अतक सुँदर दुआन गाय मन! बली बिचार करला सवकार बुड़ा आवरी घोड़ा ले तले उतरी करी हईं लगे गाय चरायबा चरेया पिला के पचारसी आछे, "कसन ना पिला, ए कार घरर गाय मन आत बाबू? अतक सुँदर दुआन गाय मन आछेत जे एके बतर!"

तार गोट के सुनला चरेया पिला आवरी बलसी आछे, "कार फेर होयताय ता सियान! कोलेया सवकारर आत काय।"

चरेयार गोट के सुनला सवकार बुड़ा आवरी 'बाबा रे! कोलेया सवकार!' बली भकयायला। अतक ने घोड़ा के चेगला आवरी जायसी

किनारे-किनारे एक घन्टे के लिये चराते रहना। इस काम के लिये मैं तुम लोगों को सौ-सौ रुपये दूँगी।"

पैसे की बात सुनकर चरवाहे प्रसन्न हो गये और लोमड़ी के कहे अनुसार करने के लिये तैयार हो गये। फिर कहने लगी लोमड़ी, "देखो, मेरे साथ एक साहूकार आयेगा। वह यदि पूछे कि ये गाय-बैल, भैंस-भैंसी, बकरे-बकरियाँ, भेड़ आदि किसके हैं तो तुम कहना कि ये सभी लोमड़ी साहूकार के हैं।" सभी चरवाहों ने हामी भरी और सारी मवेशियों के अलग-अलग झुण्ड बनाकर उन्हें रास्ते के दोनों ओर चराने लगे। इसके बाद लोमड़ी दस हलवाहों के पास गयी और उन्हें बड़े-बड़े युवा बैलों से युक्त हल रास्ते में पड़ने वाले एक बड़े-से खेत में जोतने को कहा। उन्हें भी उसने सौ-सौ रुपये देने की बात कही। सुनकर हलवाहे भी प्रसन्नता पूर्वक तैयार हो गये। उनसे कहा, "देखो, लड़को। अभी थोड़ी देर बाद मेरे साथ एक साहूकार आयेगा। जब वह साहूकार इन खेतों के बारे में पूछे तो बताना कि यह लोमड़ी साहूकार के खेत हैं।" हलवाहों ने हामी भरी और खेत में हल चलाने लगे।

इसके बाद लोमड़ी घर आयी और बुढ़िया के बेटे से कहने लगी, "देखो बाबू, तुम सुन्दर कमीज और धोती पहनो, पगड़ी बाँधो और तैयार होकर रास्ते के किनारे के खेत में जहाँ दस हलवाहे हल जोत रहे हैं, छाता ओढ़ कर खड़े रहना। तुम्हारा ससुर तुम्हें देखने आने वाला है।"

युवक ने सुना और लोमड़ी के कहे अनुसार तैयार होकर गया और उसी खेत के किनारे छाता ओढ़ कर खड़ा हो गया। इतने में लोमड़ी गयी साहूकार के पास और चलिये समधी हमारा घर देखने के लिये, कहने लगी। साहूकार बूढ़ा तो तैयार होकर लोमड़ी की राह देख ही रहा था। अच्छा चलो कहा और घोड़े पर सवार होकर लोमड़ी के साथ चलने लगा। लोमड़ी घोड़े के सामने-सामने चलने लगी। उसके पीछे साहूकार घोड़े पर सवार होकर चला जा रहा है। चलते-चलते गायों के झुण्ड के पास जा पहुँचा। ये इतनी सुन्दर गायें किसकी हैं, साहूकार ने सोचा और घोड़े पर से नीचे उतरकर पास ही खड़े चरवाहे के पास गया और पूछने लगा, "कैसे बच्चे, ये गायें किसके घर की हैं? एक ही उम्र की ये गायें बहुत दूध देने वाली लगती हैं!"

उसकी बातें सुनी चरवाहे ने और कहने लगा, "भला और किसकी होतीं सियान! लोमड़ी साहूकार की हैं।"

चरवाहे की बातें सुनकर साहूकार बूढ़ा आश्चर्यचकित हो गया। 'बाप रे! लोमड़ी साहूकार!' वह हैरान रह गया। फिर घोड़े पर सवार हुआ और

212. ओढ़ी : अन्य ध्वनि 'ओड़ी'।
213. पाट-पाट (हल्बी प्रभावित) : मूल ध्वनि 'पिटी-पिटी'। अन्य ध्वनि 'पिठी-पिठी'।

आछे। कोलेया हयँ लगे ना थेबे। हयँ जायसी आछे, जायसी आछे। खिंडिक लाफी जाई करी उलटी दखसी आछे आवरी थेबला हयँ लगे। अतक ने जायते-जायते सवकार बुड़ा अमरला बयला-गोहड़ी लगे। दखसी आछे जुआन-जुआन पँडरा-पँडरा बयला मन आछेत। दखी करी तार जिव ना माँडला। हई लगे बयला चरायबा चरेया के पुछसी आछे, "कसन बाबू चरेया पिला! ए कार घरर बयला मन आत? एके बतर दखा देबाआत जे! काय सुँदर बयला मन आत बाबू।"

चरेया पिला सुनला आवरी बलसी आछे, "कार घरर होयताय ता बोड़ू! आमर कोलेया सवकार घरर आत काय।"

सुनला सवकार आवरी फेर 'बाबा रे! कोलेया सवकार!' बलसी आछे। फेर हयँती ले जायसी आछे। जायते-जायते भयँसा-गोहड़ी के दखला सवकार, फेर भइँस-गोहड़ी के दखला। एमन कार घरर आत बली चरेया मन के पचारते जायसी आछे। चरेया मन कोलेया सवकारर आत बली बलबाआत। असनी-असनी जायते-जायते छेरी-मेंडी मन के दखला आवरी चरेया मन के पुछला। पचारबा के चरेया मन कोलेया सवकारर आत बली साँगलाय। अतक ने 'बाबा रे! ए कोलेया सवकारर धन-माल! बली सवकार मने-मन बलसी आछे। अतक बड़े सवकार के मोर बुड़ी पने छेरी-मुत के चाहा आय बली करी देला जे! काय रे बुड़ी!' बलसी आछे मने-मन। अतक ने कोलेया के हाक देला आवरी बलसी आछे, "एदे हो समदी। आले आसा नी ए बाटे। मुईं तमर सबू धन-माल, बेड़ा-खाड़ा के दखली। अतक ले मोके आवरी काईं के दख के ना लागे बे। मुईं ना आर्सी बे तमर घरे। इती ले मुईं बाहड़बी बे मोर घरे। तमे एकेदायँ माहला-जोड़ा धरी करी आसा। मुईं मोर बेटी के तमके देली। मुईं बेटी हारली हो।" बल्ला सवकार बुड़ा आवरी हयँ थान ले आपनर घरे बाहड़ी गला। घरे गला आवरी आपनर बायले के कचकायसी आछे, "काय रे बुड़ी! तुई समदी के छेरी-मुत के चाहा आय बली खाय के देलिस। हयँ कतक बड़े सवकार आय तुई जानिस? तार धन-माल, बेड़ा-खाड़ा के दखले तो जानतिस!" बलते सबू गोट के बुड़ा साँगला। साँगबा के बुड़ी पछतायसी आछे, "ओहो! बुड़ा। मुईं काय जानें। असनी कोलेया आय बली कर मुई छेरी-मुत के देई देली। कोन जाने आमर बेटी के माँगसी कसन की?"

सवकार बुड़ा बलसी आछे, "नाईं बुड़ी। हयँ आमरी बेटी के माँगला। मुईं बेटी हारी देली। एबर हयँ एकेदायँ माहला-जोड़ा धरी आसुआय। एबर आसले तुई फेर काय ताके छेरी-मुत के ना देबिस आयँ।"

"नाईं हो, एबर असन ना करें।" बलसी आछे बुड़ी।

हयँ बाटे कोलेया माहला-जोड़ा जोड़ के मुरयायला। हयँ तार डेरा ले धरी करी सवकार बुड़ार घर ले भिल बनायला आवरी सवकार घर ले गुर-चिवड़ा, चाउर-दार, रुपया-पयसा सबू बानी के दुहारला। दुहारी करी गला गाँव भितरे आवरी जों मोके माहला जाय के लागा बली करी छाटी-छाटी करी दस-बारा जन धाँगड़ा-धाँगड़ी मन के तियार करला। सबू के

आगे बढ़ा। लोमड़ी वहाँ नहीं रुकी। वह चलती चली जा रही है। थोड़ी दूर जाकर पलट कर देखा और वहीं पर ठहर गयी। इतने में जाते-जाते साहूकार बूढ़ा पहुँचा बैलों के झुण्ड के पास। देखा, सभी बैल युवा और सफेद रंग के थे। यह देखकर उसका जी नहीं माना। वहीं पास में बैलों को चरा रहे चरवाहे से पूछने लगा, "कैसे जी चरवाहे बालक! ये किसके घर के बैल हैं? सभी एक ही उम्र के लगते हैं। बहुत सुन्दर बैल हैं, बाबू।"

चरवाहे ने सुना और कहने लगा, "भला और किसके घर के होते, ताऊ जी! हमारे लोमड़ी साहूकार के घर के हैं।"

साहूकार ने सुना और फिर से हैरान होकर 'बाप रे! लोमड़ी साहूकार!' कहने लगा। फिर वहाँ से चला। जाते-जाते रास्ते में भैंस और भैंसियों के झुण्डों को देखा। उनके विषय में पूछने लगा। चरवाहे लोमड़ी साहूकार के घर की हैं कहने लगे। आगे बढ़ने पर बकरियों और भेड़ों के झुण्ड दिखे। उनके विषय में पूछा तो वही उत्तर मिला, 'लोमड़ी साहूकार के घर के हैं'। यह सुनकर वह विचार करने लगा, 'बाप रे! इस लोमड़ी साहूकार की धन-सम्पत्ति! इतने बड़े साहूकार को मेरी पत्नी ने बकरी का पेशाब चाय के नाम पर दे दिया! क्या बताऊँ री बुढ़िया!' साहूकार मन ही मन कहने लगा। इतने में उसने लोमड़ी को बुलाया और कहने लगा, "सुनिये समधी जी। इधर आइये। मैंने आपकी सारी सम्पत्ति, खेत-खार देख लिये। इसके बाद मुझे और कुछ भी नहीं देखना है। अब मैं आपके घर तक नहीं आऊँगा। यहीं से वापस हो जाऊँगा अपने घर। अब आप इकट्ठे माहला की सामग्री लेकर आइये। मैंने अपनी बेटी आपको दी। मैंने बेटी देने का वचन दे दिया।" साहूकार बूढ़े ने कहा और वहाँ से अपने घर लौट गया। घर पहुँचकर अपनी पत्नी को डाँटने लगा, "अरी ओ बुढ़िया! तुमने समधी को चाय के बदले बकरी का पेशाब पीने को दिया। तुम जानती हो, वह कितनी बड़ी साहूकार है? उसके खेती-बाड़ी, धन-सम्पत्ति देखतीं तभी न जानतीं!" ऐसा कहते हुए साहूकार ने सारी बातें बतायी। बताने पर बुढ़िया पछताने लगी, "ओह! मैं भला क्या जानूँ जी। मैंने सोचा कि वह ऐसी ही सामान्य लोमड़ी है और यही सोचकर मैंने उसे बकरी का पेशाब दे दिया। पता नहीं वह हमारी बेटी को माँगेगी या नहीं?"

साहूकार बूढ़ा कहने लगा, "नहीं बुढ़िया। उसने हमारी ही बेटी को माँगा है। मैंने बेटी देने का वचन दे दिया है। अब वह इकट्ठे माहला की सामग्री लेकर आयेगी। अब आने पर तुम फिर से उसे बकरी का पेशाब मत दे देना।"

"नहीं जी, अब ऐसा नहीं करूँगी।" बुढ़िया ने कहा।

उधर लोमड़ी माहला की सामग्री जुटाने लगी। उसने अपने घर से लेकर साहूकार बूढ़े के घर तक बिल बनाया और साहूकार के घर से गुड़-चिवड़ा, चावल-दाल, रुपये-पैसे आदि सभी सामग्री ले आयी। ला कर गाँव में गयी और चलो, मुझे माहला जाने में मेरी सहायता करो, कहते गाँव के दस-बारह युवकों को छाँट कर तैयार किया। सभी के ढोने के

देंहे भर-भर बोझा के जोड़ी देला। अतक ने सबू लोक होई करी माहला गलाय। जिबा के हयँतिर लोक मन दखलाय आवरी माहला आसला लोक के पानी-पुना देलाय। माहला लोक मन हात-पायँ धोयलाय आवरी पिड़ा-चाप देबा के बसलाय।

अतक ने सवकार बुड़ा गाँव भितरे लोक मन के हाक देबा काजे तार कमेया[214] मन के पठायला। हयँ मन गलाय आवरी सवकार घरो टोकिर माहला खायबार आय बली गाँव-पारार सबू लोक मन हाक देलाय। हाक देबा के लोक मन सवकार घरे जुयलाय। आसी करी चमक् नाय बसी देलाय। तेबे कोलेया सबू लोक के डँडासरन पायँ पड़ला आवरी बलसी आछे, "मुईं घन-घन आस के ना सकें। जतक बले माहलार निती आछे सबू के एके हार सारी दियास माहाप्रू! आवरी बिआ मँडाय दियास।" बल्ला आवरी लुट्-लुट् नाय पायँ पड़सी आछे। पायँ पड़ी करी माहला-जोड़ा के निकरायला आवरी सबुर मँजी ने मँडाय देला। अतक ने आसला लोक मन होय बल्लाय आवरी सबू माहलार निती के एके हार टुटाय देलाय। माहला खायलाय आवरी जोन उदेया[215] तिन दिन ने बिआ मँडायलाय। खा-पी करलाय आवरी लोक मन हयँ थान ले उजड़लाय। गलाय आपन-आपन घरे।

अतक ने सवकार बुड़ा बलसी आछे कोलेया के, "सुना हो समदी! तमी दुला के छाँडी आवरी काइँच्ची ना आना। दुलाय के धरी आसा। चाउर-दार काईं ना आना। जतक बले खुआ-पिआ लागसी हयँ मोर रयसी।"

बलबा के कोलेया होय बल्ला आवरी बिदा धरी करी आपनर लोक मन सँगे घरे आसला। तार सँगे गला लोक मन के रुपया-पयसा देई करी बिदा करला। लोक मन गलाय आपन-आपन घरे। अतक ने एबर कसन करबी बे! अतक तो नाव कमायली मातर मोर लगे तो काईं निआय दुला के सजाड़बा जमक बली कोलेया बिचारसी आछे। फेर काय बिचार करला काय नईं, उठला आवरी गला हयँ राजर राजा घरे। हयँती जाई करी राजा के सस्टम पायँ पड़ी देला। राजा दखला आवरी बलसी आछे, "तोके काय होयला रे कोलेया? काय बिपती पड़ला गुने तुई मोके सस्टम पायँ पड़बिआस? उठ, उठ।" बलते राजा कोलेया के उठ के बल्ला।

बलबा के बले कोलेया ना उठे। तेबे राजा बलसी आछे, "उठ रे कोलेया उठ। तोके काय बिपती पड़ला आले तुई मोके साँग। तुई काय माँगबिआस आले माँग, मुईं तोके देबी।"

तेबे कोलेया पायँ पड़ला थानेच्ची ले बलसी आछे, "मुईं बड़ेभ्भारी अड़नाप करी देली आछे, राजा माहाराज!"

"आले साँग नी, काय अड़नाप करी देली आस आले।" बलसी आछे राजा।

214. कमेया : अन्य ध्वनियाँ 'कमया', 'कमिया'।

215. उदेया : अन्य ध्वनियाँ 'उदया', 'उदिया'।

216. माहला की सारी सामग्री : गुड़-चिवड़ा, रोटी-बोबो और मदिरा आदि।

लिये सामान तैयार कर दिया। इतने में सभी मिल कर माहला के लिये गये। जाने पर वहाँ के लोगों ने उन्हें देखा और पानी दिया। माहला के लिये पहुँचे लोगों ने हाथ-पाँव धोये और पीढ़ों तथा चटाइयों पर जा बैठे।

इतने में साहूकार बूढ़े ने गाँव को लोगों को बुलावा देने के लिये अपने नौकरों को भेजा। वे गये और साहूकार की बेटी का माहला है कह कर गाँव-मोहल्ले के सभी लोगों को न्यौता दिया। न्यौता पा कर सभी लोग साहूकार के घर आ पहुँचे और बैठ गये। तब लोमड़ी ने सभी लोगों को दण्डवत प्रणाम किया और कहने लगी, "मैं बारम्बार नहीं आ सकती। इसीलिये माहला के जितने भी नियम हैं उन्हें एक ही बार में सम्पन्न कर दें, महाप्रभो! और विवाह की तिथि तय कर दें।" ऐसा कह वह बारम्बार प्रणाम करने लगी। इसके बाद उसने माहला की सारी सामग्री[216] निकाल कर सबके सामने रख दी तब सभी लोगों ने उसकी बात मानी और सभी माहला की सारी रस्में एक ही बार में पूरी कर दीं। माहला खा कर विवाह की तिथि तय कर दीं। शुक्ल पक्ष तृतीया को लगन होना निश्चित किया गया। भोजनादि से निवृत्त होकर लोग वहाँ से अपने-अपने घर चले गये।

इसके बाद साहूकार बूढ़ा कहने लगा लोमड़ी से, "सुनिये समधी जी! आप दूल्हे के अलावा और कुछ भी मत लाइयेगा। केवल दूल्हे को लेकर आ जायें। चावल-दाल कुछ भी न लायें। खिलाने-पिलाने में जो भी खर्च होगा, वह मेरी ओर से होगा।"

उसकी बातें सुनकर लोमड़ी ने हामी भरी और विदा लेकर अपने लोगों के साथ घर आ गयी। फिर उसने अपने साथ गये लोगों को रुपये-पैसे दे कर विदा किया। सभी लोग अपने-अपने घर चले गये। उनके जाने के बाद लोमड़ी सोचने लगी, मैंने इतना नाम तो कमा लिया कि मैं साहूकार हूँ किन्तु दूल्हे को सजाने-सँवारने के लिये तो मेरे पास कुछ भी नहीं है। सोचते-सोचते उसके मन में पता नहीं क्या विचार आया कि वह उठी और गयी उस राज्य के राजा के पास। वहाँ पहुँचकर राजा के पाँवों पर दण्डवत पड़ गयी। राजा ने देखा और कहने लगा, "तुम्हें क्या हो गया री लोमड़ी? कौन-सी विपत्ति आ गयी जो तुम मुझे दण्डवत प्रणाम कर रही हो? उठो, उठो।" ऐसा कहते राजा ने उसे उठने को कहा।

राजा के ऐसा कहने पर भी लोमड़ी नहीं उठती। तब राजा कहने लगा, "उठ री लोमड़ी, उठ। तुम पर कौन-सी विपदा आ पड़ी, तुम मुझे बताओ। तुम्हें क्या चाहिये, माँगो। मैं तुम्हें दूँगा।"

लोमड़ी वैसे ही दण्डवत पड़ी-पड़ी कहने लगी, "मैंने बहुत बड़ी गड़बड़ी कर दी है, महाराज!"

"अच्छा बताओ तो सही कि तुमने कौन-सी गड़बड़ी कर दी है?" राजा कहने लगा।

कोलेया बल्ला, "नाईं माहाप्रू ! मुईं गोटोक खुबे सवकार घरर बेटी के मोर बेटा काजे माँगली आछे। माहला-पाती सबू करली। जोन उदेया तिन दिन ने बिआ आय मातर मोर लगे तो काईं निआय माहाप्रू ! तमी तमर जतक बले सिंगार आछे सबू के बिआ काजे देई रले भाइग होयता। तमर जय-जय होयसी राजा माहाराज !"

सुनला राजा आवरी बलसी आछे, "आले काय होयला तो रे कोलेया। अतकी काजे तुईं अतक धोका करबिआस। एदे धर मोर सबू सिंगार के आवरी तोर बेटार बिआ कर।" बल्ला राजा आवरी तार जतक बले सिंगार रला सबू के हिटाय करी कोलेया के देई देला। कोलेया हरिक होयला आवरी फेर बलसी आछे, "नाईं माहाप्रू ! मोर आवरी गोटोक गुआर के सुन के होओ ता।"

राजा बलसी आछे, "आले साँग नईं तो रे कोलेया। काय गुआर आय आले।"

कोलेया बलसी आछे, "नाईं राजा माहाराज ! तमी तमर सबू जाक-जमक के तो देलास मातर मोर लगे तो गाड़ी-गुड़ा काईं निआय। मुईं काय ने बरात नेबी ? तमर गाड़ी के बले देले निको होयता।"

राजा सुनला आवरी तार गाड़ी के बले कोलेया के देई देला। अतक ने कोलेया हरिक-हरिक सबू जमक के गाड़ी ने जोड़ी करी घरे आसला।

अतक ने जोन उदेया होयला। तेबे हयँ बाटे सवकार बुड़ा गाँव-गाँवर सबू लोक के हाक देला। काँडा-कुटेया[217] देला, तेल-हरदी, टाटी-परला, कपड़ा-लता सबू जाक-जमक घेनी पकायला। छापर बँदायला, माँडो गाड़लाय।

ए बाटे जोन उदेया तिन दिन होयबा के कोलेया बले गाँव-पारार सबू टोकी-पिला के हाक देला। सबू लोक आयलाय कोलेया घरे। फुल गुथी करी गाड़ी के काय सुँदर सजाड़लाय। दुला के तियार करलाय। कोट-कमिंज, पागा-झुड़ा बाँदी देलाय आवरी सबू लोक गाड़ी ने चेगलाय। दुला के पने गाड़ी ने चेगायलाय आवरी बाजा-मोहरी सँगे सबू लोक बरात जिबाआत। जायते-जायते अमरलाय सवकार बुड़ा घरे। तेबे हयँती दुली घरर लोक मन दुला पड़घायलाय आवरी घरे नेलाय। मोउड़ बाँदलाय, तेल चेगायलाय। बाजा-मोहरी कुडुमछुट बाजसी आछे। नाचबा लोक नाचबा आछेत, गायबा लोक गायबा आछेत। राँदबा लोक राँदबा आछेत, खायबा लोक खायबा आछेत। असनी-असनी सवकार एक दिन तेल-भात देला, एक दिन लगिन भात देला आवरी एक दिन गवनो भात देला। टिकान-टिकनी सरला। सवकार बुड़ा हाती-घोड़ा, सोना-चाँदी, बरतन-भाँडा सबय जाक देला। घरर आदो भाग जाक-जमक के टिकी देला बुड़ा। तेबे फेर गाँवर लोक मन बले टिकान टिकलाय। अतक ने बेटी निसकायबार बेरा होयला। कोलेया सवकारर बेटा राजा माहाराज माहा दखा देयते रला। गाँवर लोक मन खुबे हरिक होयलाय। गाँव-पारार टोकी मन दुलार घर के दखी आसबू बलते सुतुर होयलाय। सुतुर होई करी

लोमड़ी बोली, "हे महाप्रभु ! मैंने एक बहुत बड़े साहूकार की बेटी अपने बेटे के लिये माँगी है। माहला आदि सम्पन्न हो गये हैं। शुक्ल पक्ष तृतीया को लगन है किन्तु मेरे पास तो कुछ भी नहीं है, महाप्रभु ! यदि आप अपने सारे श्रृंगार विवाह तक के लिये दे देते तो आपका मुझ पर बड़ा उपकार होता। आपकी जय-जयकार होगी, महाराज !"

राजा ने सुना और बोला, "कोई बात नहीं लोमड़ी। बस ! इतनी-सी बात के लिये तुम चिन्ता कर रही हो। यह लो मेरे सारे श्रृंगार और अपने बेटे का विवाह करो।" ऐसा कहते हुए राजा ने अपने सारे श्रृंगार निकालकर लोमड़ी को दे दिये। लोमड़ी प्रसन्न हो गयी और फिर से कहने लगी, "हे महाप्रभु ! मेरी एक और विनती सुन लीजिये।"

राजा बोला, "तो बताओ न री लोमड़ी। क्या विनती है ?"

लोमड़ी कहने लगी, "हे राजा महाराज ! आपने अपने सारे श्रृंगार तो दे दिये किन्तु मेरे पास तो गाड़ी-वाड़ी कुछ है नहीं। मैं बारात किस में ले जाऊँगी ? अपनी गाड़ी भी दे देते तो बहुत अच्छा होता।"

राजा ने सुना और अपनी गाड़ी भी लोमड़ी को दे दी। इतने में लोमड़ी प्रसन्न होकर सारी चीजें गाड़ी में लाद कर घर ले आयी।

इसके बाद शुक्ल पक्ष लग गया। तब उधर साहूकार बूढ़े ने गाँव-गाँव से लोगों को न्यौता दिया। धान कूटने और अन्य कार्यों के लिये लोगों से कहा। तेल-हल्दी, टाटी-परला, कपड़े-लत्ते आदि सभी सामग्री खरीदी। छापर बनवाया, मण्डप गड़वाये।

इधर शुक्ल पक्ष तृतीया के दिन लोमड़ी ने भी गाँव-मोहल्ले के सभी युवक-युवतियों को बुलाया। सभी लोग बुलावा पाकर लोमड़ी के घर आये। फूल गूँथ कर गाड़ी को सजाया-सँवारा गया। दूल्हे को तैयार किया गया। कोट-कमीज पहनाये गये, पगड़ी बाँधी गयी और सभी लोग गाड़ी पर सवार हो गये। दूल्हे को भी गाड़ी पर बैठाया गया और बाजा-मोहरी के साथ सभी लोग बारात लेकर चले। जाते-जाते साहूकार बूढ़े के घर पहुँचे। तब वहाँ दुल्हन के घरवालों ने दूल्हे का स्वागत किया और घर ले चले। महुड़ बाँधे, तेल चढ़ाया। बाजा-मोहरी जोर-शोर से बज रहे हैं। नाचने वाले लोग नाच रहे हैं, गाने वाले गा रहे हैं। भोजन राँधने वाले राँध रहे हैं और खाने वाले खा रहे हैं। इस तरह साहूकार ने एक दिन तेल-भोज, एक दिन लगन-भोज और एक दिन गवनो-भोज खिलाया। टिकावन सम्पन्न हो गया। साहूकार बूढ़े ने हाथी-घोड़े, सोना-चाँदी, बर्तन-भाँडे आदि सारी वस्तुएँ दी। अपने घर की आधी सामग्री टिकावन में अपनी बेटी को दे दी। फिर गाँव वालों ने भी टिकावन में भाग लिया। इसके बाद विदाई का समय हो गया। लोमड़ी साहूकार का बेटा राजा की तरह दिखायी दे रहा था। गाँव के लोग बहुत प्रसन्न हो गये। गाँव-मोहल्ले की युवतियों ने दूल्हे का घर देखने जाने की सोची। विचार-विमर्श कर

217. कुटेया : अन्य ध्वनियाँ 'कुटया', 'कुटिया'।

तियार होयलाय। अतक ने बेटी निसकाय देलाय बुड़ा-बुड़ी काँदते-काँदते। तेबे दुला-दुली सँगे हयँ टोकी मन बले सँग धरलाय। सबू लोक जिबाआत। कोलेया के एबर धोका धरला। ओह्हो! बलसी आछे कोलेया मने-मने। एबर कसन करबी बे! ए बाटर लोक मन सँग धरलाय जे! मुईं कोन ती नेबी एमन के आवरी कोन ती डेरा देबी बे! बली ताके धोका धरला। दिदली माहा मोर घर आछे आवरी ए मन लोंहदर लामी करी जिबाआत जे घर दख के। एबर तो बड़े अड़नाप होयसी बे। बली चिन्ता ने पड़ी गला आछे कोलेया। हयँ ए बाटे हयँ बाटे दखला आवरी हयँ थान ले परायला। परायते-परायते गला राजा घरे आवरी जाई करी राजा के लुट् नाय सस्टम पायँ पड़ी देला। राजा दखला आवरी बलसी आछे, "एबर काय होयला रे कोलेया? काय बिपती पड़ला तोके गुने तुई फेर गुआर कर के आयलिआस?"

कोलेया बलसी आछे, "मुईं काय के साँगबी राजा माहाराज! खुबे अड़नाप होई गला माहाप्रू!" तेबे काय होयला, साँग बल्ला राजा तेबे कोलेया बलसी आछे, "नाईं राजा माहाराज! मोके बलबा काजे बले बड़े अड़नाप लागसी आछे मांतर मुईं काय करबी! बल के लागला आछे। दुला-दुली सँगे दुलिर मित-मयतर टोकी मन बले आसबा आछेत, माहाराज! मोर तो किरकी कुड़ेया आय दिदली माहा। हयँ ती मुईं कसन करी अतक सएन के ठान देबी? तमी गोटक दिन काजे तमर माहाल के देई रतास आले भाइग होयता, भगवान।"

राजा बल्ला, "अतकी काजे तुई अतक हलोहाल होई गलिआस रे कोलेया। आले आस के देस नाईं तो। सबू लोक इतिय रबाय। गोटकी दिनर तो गोट आय। मुईं कोन तो कोना-धड़ी ने रबी। जा, हयँ मन के आन।"

बलबा के कोलेया हरिक होयला आवरी राजा के उलटी-पुलटी पायँ पड़सी आछे। तेबे राजा हँके उठ के बल्ला आवरी आपन जाई करी कोन तो कोना-धड़ी ने लुकी देला। अतक ने डँडकी रई करी बरात लोक आसलाय गाँव भितरे। तेबे कोलेया परायते गला आवरी तिके राजार माहाल थाने आनला। सबू लोक माहाल के दखी करी भारी हरिक होयलाय। ओह्हो रे कोलेया सवकारर माहाल! बलबाआत सबू लोक मन। दुलार माय बिती कलस-दिया धरायला, दुला-दुली के पिड़ा ने उबायला आवरी हयँ मनर पायँ धुआय करी चाउर टिका देला। अड़घा-पड़घा करी राजार माहाल भितरे ओलायला। सबू लोक बले माहाल भितरे गलाय। हयँ दिन काजे सबू लोक हईं थाने रलाय आवरी दुसर दिन आपनर गाँव बाहड़ी गलाय मातर कोलेया, दुला-दुली आवरी दुलार माय बिती हयँ थान ले ना जाओत। तेबे राजा बलसी आछे, "आले रे कोलेया। एबर तुई तोर बेटा-बुआरी के ने तोर घरे।"

कोलेया राजार गोट के सुनला आवरी बलसी आछे, "एबर मुईं केने जिबी ता राजा? एबर तो ए मोर घर होयला। मुईं ना जायँ। आमे एई थाने रबू।"

कोलेया असन बलबा के राजा रिस होयला आवरी दुनो झगड़ा

तैयार हो गयीं। इतने में साहूकार बूढ़ा और बुढ़िया ने रोते-कलपते हुए बेटी को विदाई दी। तब दूल्हा और दुल्हन के साथ वे युवतियाँ भी चल पड़ीं। सभी लोग जाने लगे। अब लोमड़ी को चिन्ता हो आयी। ओह! लोमड़ी मन ही मन कहने लगी। अब क्या करूँगी! इधर के लोग साथ में जा रहे हैं। मैं इन्हें कहाँ ले जाकर ठहराऊँगी! यह सोचकर उसे चिन्ता होने लगी। वह सोचने लगी, मेरा घर छोटा-सा है और मेरा घर देखने के लिये चलने वालों की संख्या बहुत अधिक है। अब तो बड़ी गड़बड़ हो जायेगी। लोमड़ी चिन्तित हो गयी। उसने इधर-उधर देखा और वहाँ से भागी। भागते-भागते गयी राजा के घर और राजा के पाँवों में जा गिरी। दण्डवत पड़ गयी। राजा ने देखा और कहने लगा, "अब क्या हो गया री, लोमड़ी? कौन-सी विपत्ति आ गयी कि तुम फिर से गुहार करने चली आयी हो?"

लोमड़ी कहने लगी, "मैं क्या बताऊँ, राजा महाराज! बहुत गड़बड़ हो गयी महाप्रभु!" सुनकर राजा ने उससे पूछा कि क्या हो गया तब लोमड़ी कहने लगी, "हे राजा महाराज! मुझे कहने में बड़ा अटपटा लग रहा है किन्तु मैं क्या करूँ! बोलना तो पड़ेगा ही। दूल्हा और दुल्हन के साथ दुल्हन की सखियाँ भी आ रही हैं, महाराज! मेरी तो टूटी-फूटी कुटिया है, छोटी-सी। वहाँ मैं इतने लोगों को कैसे ठहराऊँगी? यदि आप एक दिन के लिये आपके महल में जगह दे देते तो कृपा होती, भगवान।"

राजा बोला, "तुम इतनी-सी बात के लिये परेशान हो गयी हो, लोमड़ी। अच्छा, आने दो न। सभी लोग यहीं रहेंगे। एक ही दिन की तो बात है। मैं किसी किनारे रह जाऊँगा। जाओ, उन्हें ले आओ।"

ऐसा कहने पर लोमड़ी प्रसन्न हो गयी और बारम्बार राजा को प्रणाम करने लगी। तब राजा ने उसे उठने को कहा और स्वयं किसी कोने में जाकर छिप गया। थोड़ी देर बाद बाराती गाँव के भीतर आ पहुँचे। तब लोमड़ी भागते हुए गयी और उन सभी को राजा के महल में ले आयी। सभी लोग महल देखकर बहुत खुश हुए। अरे वाह रे लोमड़ी साहूकार का महल! सभी लोग कहने लगे। दूल्हे की माँ ने कलश-दीप जलाया, दूल्हा-दुल्हन को पीढ़े पर खड़ा किया और उनके पाँव धुला कर उनके माथे पर चावल का टीका लगाया। स्वागत कर राजा के महल में ले गयी। बाकी सभी लोग भी महल के भीतर गये। उस दिन वे सभी वहीं रह गये और अगले दिन अपने गाँव वापस हो गये किन्तु लोमड़ी, दूल्हा-दुल्हन और दूल्हे की माँ वहाँ से नहीं गये। तब राजा कहने लगा, "अच्छा री, लोमड़ी। अब तुम अपने बेटे-बहू को अपने घर ले जाओ।"

लोमड़ी ने राजा की बातें सुनी और कहने लगी, "अब मैं कहाँ जाऊँगी राजा? अब तो यह मेरा घर हो गया। मैं नहीं जाऊँगी। हम यहीं रहेंगे।"

लोमड़ी का कहना सुनकर राजा क्रुद्ध हो गया और दोनों झगड़ने

होयबाआत। तेबे राजा गाँव-परार लोक मन के जुहायला आवरी सबू गोट के साँगला तेबे गाँव-परार लोक मन बल्लाय राजा के, "तमी अतक बड़े राजा होई करी तमके कोलेया अतक अकल निआय, राजा माहाराज! एबर तो तमके तमर आदो घर आवरी राज के बले कोलेया के देय के लागसी।"

लोकर गोट के सुनला राजा आवरी काय करता ता! आदो माहाल आवरी आदो राज के बले कोलेया के देला। देबा के कोलेया तार भागर राज-पाट के डोकरिर बेटा के सोपी देला आवरी खमना भितरे जायते गला। तेबे डोकरिर बेटा आवरी राजा आदो-आदो राज के कमाय-धमाय खायबाआत।

लगे। तब राजा ने गाँव-मोहल्ले के लोगों को बुलाया और उन्हें सारी बातें बतायी। तब गाँव-मोहल्ले के लोग बोले, "इतने बड़े राजा होकर भी आपको लोमड़ी जितनी अकल नहीं है, राजा महाराज! अब तो आपको अपना आधा घर और राज्य भी लोमड़ी को देना पड़ेगा।"

लोगों की बातें सुनकर राजा और क्या करता! आधा महल और आधा राज्य भी लोमड़ी को सौंप दिया। तब लोमड़ी ने अपने हिस्से का राज्य बुढ़िया के बेटे को सौंप दिया और स्वयं जंगल के भीतर चली गयी। तब बुढ़िया का बेटा और राजा दोनों ही आधे-आधे राज्य पर शासन करते दिन बिताने लगे।

कुसदेव

गोटक राज रला। हयँ राजे गोटक राजा रला। तार कोनी ना रलाय। एकला रला। रयते-रयते हयँ जुआन होयला। असनी हरदी नँगरे गोटोक भाई आवरी तार गोटोक भइन रलाय। हयँ मनर पने कोनी ना रलाय। टोकी जुआन रला आवरी पिला नानी रय। बइन बिती काँडा-कुटेया करी, बनी-भुती जाई करी पिला के पोसते रला। तार नाव रला कुसदेव।

गोटक दिन आमर राजार कोनी निआत, जुआन होयला आछे; एतार बिआ करी देले एक ले दुय होयताय आवरी कमाय-धमाय खायताय बली हयँ राजर लोक मन बिचार करलाय। कोन तो बलसी आछे, "आले तेबे जाई दखूँ राजा लगे काय बलसी की! हाँ बल्ले आमी बेटी माँग के जिबू।" असन बिचार करी करी सियान-सियान लोक मन राजा घरे गलाय आवरी दुआरे बसी देलाय। राजा दखला हयँ मन के आवरी काय होयला गुने तमी अतक लोक आयलाआस बली पुछसी आछे। पचारबा के लोक मन बल्लाय, "नाईं राजा, आमे तमके गोटक गोट बलबू बली करी आसलू आछे। बली देले तमे रिस होयबास तेबे?"

राजा बल्ला, "आले बला नाईं तो। मुईं काय काजे फेर रिस होयबी ता!"

बलबा के लोक मन बलबाआत, "नाईं राजा, एबर तमे जुआन होयलास। तमी कोनी थाने बेटी माँग के बले जायतास आवरी बिआ-बिई बले होयतास नाईं!"

राजा बलसी आछे, "मुईं तो काईं के ना जानें, दादा। तमे मोके जाय

कुसदेव

एक राज्य था। उस राज्य में एक राजा था। उसके कोई नहीं थे। अकेला था। रहते-रहते वह युवा हो गया। इसी तरह हरदी नगर में में एक भाई और उसकी एक बहन थी। उनके भी कोई नहीं थे। बहन युवा थी और भाई छोटा था। बहन यहाँ-वहाँ धान कूटकर, मजदूरी कर भाई का पेट पालाकरती थी। उसका नाम था कुसदेव।

एक दिन उस राज्य के लोगों ने विचार किया, हमारे राजा का कोई भी नहीं है। वह युवा हो गया है। उसका विवाह करवा देने पर एक से दो हो जाते और आनन्द पूर्वक जीवन बिताते। कोई कहने लगा, "अच्छा तो चलो राजा के पास, देखें वह क्या कहता है! हाँ कहेगा तो हम बेटी माँगने जायेंगे।" इस तरह विचारकर कुछ सयाने लोग राजा के घर गये और आँगन में बैठ गये। राजा ने उन्हें देखा और पूछने लगा कि क्या हो गया है जिसके कारण इतने लोग आये हुए हैं? पूछने पर लोग बोले, "हे राजा, हम आपसे एक बात कहने के लिये आये हैं। हम बोलेंगे तो आप नाराज तो नहीं होंगे, न?"

राजा ने कहा, "अच्छा, बोलिये तो सही। मैं क्यों नाराज होऊँगा भला!"

तब कुछ लोग कहने लगे, "हे राजा, अब आप युवा हो गये हैं। आप कहीं बेटी माँगने जाते और विवाह कर लेते।"

राजा कहने लगा, "मैं तो किसी को नहीं जानता, दादा। यदि आप

के लागले मुईं जायती बले काय।" बलबा के लोक मन नाईं आमे तो जाय के लागबू बल्लाय। हरदी नँगरे गोटक रानी आछे, बल्लाय। तेबे असन आले काली जिबू, बल्ला राजा। अतक ने लोक मन हयँ थान ले उजड़लाय। घरे-घरे गलाय। आपन-आपन बुता-भयना करलाय, खा-पी करलाय आवरी राती काजे सोई देलाय।

दुसर दिनै बड़े सकाले उठलाय लोक मन आवरी दातुन-पतर चाबलाय, नाहा-धुआ करलाय, खा-पी करी तियार होयलाय आवरी राजा घरे रुँडलाय। राजा दखला हयँ मन के आवरी बस के बल्ला। लोक मन दड़प् नाय बसी देलाय। अतक ने राजा तियार होयला आवरी सबू लोक मन सँगे हरदी नँगर जायसी आछे। जायते-जायते जिबाआत, जिबाआत। जायते-जायते अमरलाय हरदी नँगरे। गलाय हयँ रानी घरे। पिला कुसदेव बाटे खेलते रला। हयँ दखला लोक मन के आवरी घरे जाई करी आपनर दिदी के बलसी आछे, "दिदी, दिदी। कोन गाँवर लोक मन आत की आमर घरे आयला आछेत।"

बलबा के रानी पायँ धोयबा काजे सबू लोक के पानी देला। पानी देबा के लोक मन पायँ धोयलाय। तेबे कुसदेव तिके घर भितरे हाक देला आवरी बसबा काजे पिड़ा-चाप निकराय देला। तेबे सबू लोक बसलाय। रानी आपनर बाखरा भितरे रला। तेबे कुसदेव बलसी आछे, "आले दादा, तमे कोन गाँव ले आय आवरी आमर घरे कसन काजे आयला आछास एके मोके साँगी दियास।"

तेबे लोक मन बलबा आछेत, "नाईं बाबू, तमर घरे फुल फुटला आछे। आमे हईं फुल के पिंदबा काजे आयलू आछे।"

पिला सुनला आवरी बलसी आछे, "नाईं, मुईं मोर दिदी के पचारी दखबी ता। हयँ तो काय बलसी की!" असन बली कर पिला गला घर भितरे आवरी बलसी आछे तार दिदी के, "ए दिदी। तोके माँग के आयला आछोत। तुई जिबिस कसन?"

बलबा के तार दिदी बलसी आछे, "आमर तो कोनी नाईं, बाबू। आया नाईं ना बुआ नाईं। भाई-बँदू, लोक-बाग कोनी नाईं। तोके छाड़ी करी मुईं कसन जिबी? आमे दुई भाई-भइन सँगे जिवलू आछे। तोके छाड़ी करी गले तुई कार सँगे रबिस? तोके बले मोर सँगे नेले मुईं जिबी नोयले मुईं ना जाएँ।"

अतक ने पिला दुआरे निसकला आवरी तार भइनर बल्ला गोठ के साँगी देला। साँगी देबा के राजा सुनला आवरी बलसी आछे, "नाईं बाबू, मुईं दुनो के नेबी। तुई जा आवरी तोर दिदी के साँगी देस।"

बलबा के पिला गला तार दिदी लगे आवरी बलसी आछे, "नाईं दिदी, राजा आमके दुनो के नेउआय मने।"

टोकी सुनला आवरी बलसी आछे, "नेबा दायँ तो नेयसी मान्तर अदबिच ने धोका देले आमे पाछे कसन करबू?"

राजा हयँमनर गोट के सुनला आवरी बलसी आछे, "मुईं तमके धोका ना देयँ। मोर बले कोनी निआत ना तमर बले कोनी निआत। आमे तिनो लोक जिव भर कमाय खायबू।"

लोग मेरा साथ दें तो मैं चला भी जाता।" उसके ऐसा कहने पर लोगों ने कहा कि वे उसका साथ देंगे। लोगों ने उसे बताया कि हरदी नगर में एक रानी है। यह सुनकर राजा ने ठीक है, कल चलेंगे कहा। इसके बाद लोग वहाँ से उठकर अपने-अपने घर चले गये। सभी ने अपने-अपने काम-धाम किये, भोजन किया और रात होने पर सो गये।

लोग अगले दिन सबेरे उठे और दातुन तथा स्नानादि से निवृत्त हो, खा-पीकर तैयार होकर राजा के घर जा पहुँचे। राजा ने उन्हें देखा और बैठने को कहा। सभी लोग बैठ गये। तब राजा तैयार हो गया और सभी लोगों के साथ मिलकर हरदी नगर जाने लगा। चलते-चलते वे सब हरदी नगर पहुँच गये। वहाँ पहुँचकर रानी के घर गये। बालक कुसदेव रास्ते में खेल रहा था। उसने देखा लोगों को और जाकर अपनी दीदी से कहने लगा, "दीदी, दीदी। पता नहीं किस गाँव के लोग हमारे घर आये हैं।"

सुनकर रानी ने सभी को पाँव धोने के लिये पानी दिया। पानी देने पर सभी लोगों ने पाँव धोये। तब कुसदेव ने उन्हें घर के भीतर बुलाया और बैठने के लिये पीढ़े और चटाई निकाल दी। सभी लोग बैठ गये। रानी अपने कमरे के भीतर थी। तब कुसदेव कहने लगा, "अच्छा दादा, आप लोग किस गाँव के हैं और हमारे घर किस काम से आये हैं, मुझे बतायें।"

लोग बोले, "सुनो बाबू, तुम्हारे घर में फूल खिला है। हम उसी फूल को पहनने के लिये आये हैं।"

लड़के ने सुना और कहने लगा, "ठीक है, मैं मेरी दीदी से पूछकर देखता हूँ। पता नहीं वह क्या कहती है।" ऐसा कहकर लड़का कमरे के भीतर गया और अपनी दीदी से कहने लगा, "दीदी। तुम्हें माँगने के लिये आये हैं। तुम विवाह करोगी?"

यह सुनकर उसकी दीदी कहने लगी, "हमारे तो और कोई नहीं हैं, बाबू। न माँ न पिता। भाई-बन्धु, अपने लोग कोई भी नहीं। तुम्हें छोड़कर मैं कैसे जाऊँगी? हम दोनों भाई-बहन साथ में जी रहे हैं। तुम्हें छोड़कर जाने पर तुम किसके साथ रहोगे? यदि वे तुम्हें भी ले चलेंगे तो मैं जाऊँगी वरना नहीं।"

यह सुनकर लड़का आँगन में निकला और उसकी बहन की बोली हुई बात उनसे कह दी। बताने पर राजा ने सुना और कहने लगा, "सुनो बाबू, मैं दोनों को ले जाऊँगा। तुम जाकर अपनी दीदी को बता दो।"

ऐसा कहने पर लड़का गया अपनी दीदी के पास और कहने लगा, "सुनो दीदी, राजा हम दोनों को ले जायेगा।"

युवती ने सुना और कहने लगा, "अभी तो ले जायेगा किन्तु कहीं बीच में धोखा दे दिया तो हम बाद में क्या करेंगे?"

राजा ने उनकी बातें सुनी और कहने लगा, "मैं तुम लोगों को धोखा नहीं दूँगा। मेरे भी कोई नहीं हैं और तुम्हारे भी कोई नहीं हैं। हम तीनों जन साथ में रह कर जीवन बितायेंगे।"

बलबा के टोकी राजी पड़ला। अतक ने राजा सात माहला खुआयला आवरी बिआ मँडायला। पिला के बलसी आछे, "तुई छापर बँदाय रबिस बाबू। मुई घन-घन आय के ना सकीं।"

अतक ने सबू राती काजे सोयलाय। सकाल पाहायबा के दातुन-पतर चाबलाय। टोकी काय सुँदर राँदा-बाड़ा करी देला। तेबे सबू लोक खा-पी करलाय आवरी आपन-आपन घरे जायते गलाय।

असनी-असनी आँट दिन होयला माहला खुआयलार। होयते-होयते बिआ अमरला। तेबे राजा बिआ-जोड़ा जोड़ला, सगा नेवतला। नेवतबा के सगा लोक मन जुयलाय। चमक् नाय बसी देलाय ओरिर-ओरी धाड़िर-धाड़ी। धाँगड़ा मन जोका मारलाय, राँदा राँदलाय। खा-पी करलाय सबू लोक। अतक ने राजा के नाहाय देलाय, नुआ लुगा पिंदायलाय, मुँड बाँदी देलाय। राजा पने खाँदे खाँडा धरला। बिआ-जोड़ा के गाड़ी ने जोड़लाय। बजनेया-मोहोरेया, फउद-फटाका सबू बिआ जिबाआत। जायते-जायते हरदी नँगरे गलाय। अमरलाय हरदी नँगरे। पिला हयँ थाने छापर बाँद के बली रय। राजार लोक मन जाई करी भाटा ने डेरा पड़लाय। अतक ने कुसदेव दखला फउद के आवरी तार गाँवर लोक मन के पड़घाय के बल्ला। तेबे गाँवर लोक मन जाई करी राजा के अड़घा-पड़घा करी आनलाय। फेर नेलाय छापरे। राजा छापरे आछे। अतक ने बिआ-जोड़ा के दुनो बाटे बाटलाय। पिला मन झोका मारलाय, राँदा राँदलाय। गाँयता-पुजारी माँडो आनलाय आवरी दुनो बाटे माँडो गाड़लाय। अतक ने टोकी के नाहाय देलाय, लुगा पिंदालाय, कोरी-सारी करी बेनी गाथी देलाय। फेर राजा के मोउड़ बाँदलाय, तेल-हरदी धरी करी माँडो ने नेई करी उबायलाय। भुँआर बुलायलाय। सात भुँआर बुलायलाय। अतक ने भुँआर पुरला। तेबे फेर राजा के पिड़ा ने बसायलाय आवरी ताके तेल चेगायलाय। पइल तेल चेगायलाय। तेल चगाय सारी करी ताके उठायलाय आवरी छापरे नेई देलाय। खा-पी करलाय आवरी राती काजे सोई देलाय। सकाल पाहायबा के उठलाय आवरी दातुन-पतर चाबलाय, नाहा-धुआ करलाय आवरी गलाय देव-तेल माँग के। देव-तेल माँगी आनलाय आवरी दुनो के मोउड़ बाँदलाय। तेल चेगायलाय। हयँ दिने दुनो के दिन भर देव-तेल चेगायलाय। अतक ने तिसर दिन होयला। तेबे आज लगिन आय बली हरबर-हरबर जोड़ा जोड़बाआत। काकन बाँदलाय, पलटा तेल चेगायलाय, पचतेला तेल चेगायलाय।

ऐसा कहने पर युवती राजी हो गयी। इतने में राजा ने सात माहला खिलाया और विवाह की तिथि तय कर दी। लड़के से कहने लगा, "तुम छापर बनवा रखना, बाबू। मैं बारम्बार नहीं आ सकता।"

इसके बाद रात होने पर सभी सो गये। सबेरा होने पर नित्य-कर्म से निवृत्त हुए। युवती ने भोजन राँध दिया। तब सभी लोगों ने भोजन किया और अपने-अपने घर चले गये।

इस तरह माहला को सम्पन्न हुए आठ दिन बीत गये। फिर होते-होते विवाह की तिथि आ पहुँची। तब राजा विवाह की तैयारियाँ करने लगा। सगे-सम्बन्धियों को न्यौता दिया। न्यौता पा कर सगे-सम्बन्धी आ गये और बैठ गये। युवकों ने जोका[218] बनाया और भोजन राँधा। सभी लोगों ने भोजन किया। इसके बाद राजा को नहलाया गया, उसे कपड़े पहनाये गये, सिर पर पगड़ी बाँधी गयी। राजा ने कन्धे पर तलवार रखी। विवाह की सामग्री गाड़ी में रखी गयी। बाजे-मोहरी वाले, फौज आदि सभी विवाह में जाने लगे। जाते-जाते हरदी नगर पहुँचे। कुसदेव ने वहाँ पहले से ही छापर बनवा रखा था। राजा के लोग मैदान में ही ठहर गये। तब कुसदेव ने देखा और अपने गाँव वालों से कहा कि वे उनका स्वागत करें। तब गाँव वालों ने जाकर उनका स्वागत किया और डेरे पर ले आये। छापर में ले गये। राजा छापर में रह गया। इसके बाद विवाह की सामग्री दोनों पक्षों में बाँटी गयी। युवकों ने झोका बनाया और भोजन राँधा। गाँयता-पुजारी मण्डप की लकड़ी लेकर आये और दोनों पक्षों की ओर मण्डप गाड़ दिये। इसके बाद युवती को नहलाया गया, उसे कपड़े पहनाये गये, उसके केश सँवारे गये, वेणी गूँथी गयी। फिर राजा को महुड़ बाँधे और तेल-हल्दी लेकर राजा को मण्डप में खड़ा किया। सात फेरे लगवाये गये। फेरे समाप्त हो जाने पर राजा को पीढ़े पर बैठाया गया और उसे तेल चढ़ाया गया। पहला तेल चढ़ाया गया। तेल चढ़ाने की रस्म के बाद उसे उठाकर छापर में ले गये। भोजन किया और रात होने पर सो गये। सबेरा होने पर उठे और नित्य-कर्म से निवृत्त होकर स्नानादि किये फिर गये देव-तेल[219] माँगने के लिये। देव-तेल माँगकर लाये और दोनों को महुड़ बाँधकर तेल चढ़ाया। उस दिन दोनों को सारा दिन देव-तेल चढ़ाया गया। इसके बाद तीसरा दिन हुआ। तब आज लगन है, कहते लोग जल्दी-जल्दी सामग्री जुटाने लगे। काकन[220] बाँधे गये, पचतेला तेल[221] चढ़ाया गया। फिर

218. जोका : अन्य ध्वनि 'जोखा'। जमीन को खोद कर बनाया जाने वाला बड़ा सा चूल्हा। यह 'झोका' भी कहलाता है।

219. देव-तेल : देवता के स्थान से देवता के प्रसाद-स्वरूप माँग कर लाया गया तेल। वस्तुतः वर-वधू पक्ष के लोग अपने साथ हल्दी एवं तेल ले कर गाँव की देव-गुड़ी (देव-स्थान), माता-गुड़ी (देवी का मन्दिर) अथवा पुजारी के घर जाते हैं। वहाँ वे वह सामग्री पुजारी को दे देते हैं, जिसे पुजारी देवता को अर्पित करता है और पूजा के बाद वही तेल उन्हें प्रसाद-स्वरूप लौटा देता है। यही देव-तेल कहलाता है।

220. काकन : कंकन, कंकण।

221. पचतेला : पचतेला तेल के लिये गाँव के बाकी लोगों को जो सगा नहीं होते, बुलाया जाता है। तब लोग अपनी-अपनी हैसियत के मुताबिक भेंट ले कर आते हैं। कोई कपड़े आदि लाता है और कोई चावल आदि। इस तरह गाँव के लोग आ कर दुल्हन के माँडो (मण्डप) में दुल्हन को और दूल्हा के माँडो में दूल्हा को तेल चढ़ाते हैं। यह है पचतेला। पचतेला का अर्थ है पाँच जाति के लोगों द्वारा तेल चढ़ाना। अब पाँच जाति का अर्थ रूढ़ नहीं है। इसमें पाँच से कम या अधिक जाति के और पाँच से अधिक लोग भी हो सकते हैं। पचतेला तेल चढ़ाने के लिये आये लोगों को तेल चढ़ाने की रस्म के बाद चावल-दाल आदि दिये जाते हैं और कहा जाता है कि वे भोजन करने के बाद लगिन देखने आयें। इस तरह उन्हें पुनः अलग से न्योता देने की आवश्यकता नहीं पड़ती। वे चाहें तो उसे वहीं आसपास कहीं भी पका कर खायें या कि आपस में बाँट लें।

झोरेया पानी आनलाय, चुल माटी आनलाय। दुनो के नाहाय देलाय, लुगा पिंदायलाय। दुनो बाटे माँडो सरायलाय। बाना-चिना लिखलाय, कलस-दिया धरायलाय। दुला-दुली के कोरी-सारी देलाय, बेनी गाथी देलाय। अतक ने दुला के मोउड़ बाँदलाय। एक कसेला पानी, परला ने चाउर धरला गाँयतिन आवरी कलस-दिया धरायला। टोकिर कोनी ना रएत। गाँयतिन राजार हात के धरला आवरी नेई करी बाना थाने उबाय देला। पाँय धुआयला, चाउर-टिका देला, पड़घायला। अतक ने राजा के खँदगोड़ी चेगायलाय आवरी दुली बाटे नेलाय। दुली बाटर बाना ने नेई करी उबाय देलाय, पड़घायलाय। दुली बाटे कोनी ना रलाय तेबे गाँयतिन कलस बोयला। दुनो के पड़घायलाय आवरी चदर ओआड़ी धरलाय। तिन भुँआर बुलाय करी माँडो ने नेलाय। दुनो के हयँती उबायलाय। सुत तागलाय, गट जोड़लाय। अतक ने दुनो भुँआर किंदरलाय। सात भुँआर बुल्लाय। अतक ने भुँआर सरला। तेबे दुनो के बसायलाय, बान भरायलाय। लगिन बान। दाइज टिकलाय। दाइज टिकी सारी करी पयसा गनलाय। नाँदी होयला की पुरा बलबाआत। नाँदी-पुरा होयला बल्लाय आवरी दुनो के उठायलाय। दुला-छापर ने नेलाय। हयँती डँडिक काजे बसायलाय आवरी टोकी घरे आनलाय। दुला-दुली के बसायलाय। लगिन-माँदी देलाय। राती काजे सबू लोक खा-पी करलाय आवरी सोई देलाय। बिआने उठलाय आवरी तेल उतरायलाय। रचन पलटा तेल[222] चढ़ाया गया। झोरेया पानी[223] लाया गया, चुलमाटी[224] लायी गयी। दोनों को स्नान करवाया गया, कपड़े पहनाये गये। दोनों पक्षों की ओर मण्डप लीपे गये। जमीन पर चावल और हल्दी के आटे से चित्रांकन किये गये, कलश-दीप जलाये गये। दूल्हा और दुल्हन के केश सँवारे गये, वेणी गूँथी गयी। इसके बाद दूल्हे को महुड़ बाँधा गया। गाँयतिन ने एक लोटे में पानी, परला में चावल लिया और कलश-दीप जलाये। युवती के कोई नहीं था। गाँयतिन ने राजा का हाथ पकड़ा और ले जाकर उसे बाना के ऊपर खड़ा कर दिया। फिर उसके पाँव धुलाये, चावल का टीका लगाया और स्वागत किया। इसके बाद युवकों ने राजा को कन्धे पर बैठाया और दुल्हन पक्ष की ओर ले गये। वहाँ ले जाकर दुल्हन के मण्डप में बने बाना के ऊपर खड़ाकर उसका स्वागत किया गया। दुल्हन की ओर कोई नहीं था। तब गाँयतिन ने ही कलश सिर पर रखा। दोनों का स्वागत किया गया और दोनों के बीच चादर तानकर परदा किया गया। फिर तीन फेरे लगवा कर मण्डप में ले गये। दोनों को वहाँ खड़ा किया गया। धागा तान कर दोनों की गाँठें जोड़ी गयीं। इसके बाद दोनों को सात फेरे लगवाये गये। इसके साथ ही फेरे सम्पन्न हो गये। फिर दोनों को बिठा कर लगिन बान[225] भरवाये गये। दहेज टीके[226] गये। दहेज देने का क्रम सम्पन्न होने के बाद दहेज में मिले रुपये-पैसे गिने गये। लोग कहने लगे, नाँदी हुआ या पूरा?[227] नाँदी हुआ

222. पलटा तेल : वर-पक्ष के लोगों द्वारा वधू को तथा वधू-पक्ष के लोगों द्वारा वर को चढ़ाये जाने वाले तेल-हल्दी को पलटा तेल कहा जाता है। इसमें दूल्हे के शरीर से लगी तेल-हल्दी दुल्हन को तथा दुल्हन के शरीर से लगी तेल-हल्दी दूल्हे को लगायी जाती है। यह कुछ इस तरह होता है : पचतेला तेल चढ़ाने वाले लोगों के जाने के बाद पलटा तेल चढ़ाने के लिये युवकों से कहा जाता है। तब दूल्हा पक्ष के युवक जाते हैं दूल्हे के पास और उसके शरीर से चटाई में गिर कर सूख चुकी हल्दी समेट कर जाते हैं दुल्हन की ओर। तब दुल्हन पक्ष की युवतियाँ दुल्हन को कहीं छिपा देती हैं। लड़के दुल्हन को खोजते हैं और उसे माँडो (मण्डप) में लाते हैं। वहाँ उसे महुड़ पहना कर उसी हल्दी से तेल चढ़ाते हैं। इसी तरह दुल्हन के पक्ष के युवक दुल्हन की चटाई से वैसी ही हल्दी समेट कर जाते हैं दूल्हे की ओर और उसे माँडो में ला कर महुड़ पहना कर उसी हल्दी से तेल चढ़ाते हैं। यह होता है पलटा तेल। यानी तेल की अदला-बदली। यह तेल महिलाओं द्वारा नहीं चढ़ाया जाता।

223. झोरेया पानी : अन्य ध्वनियाँ 'झोरिया पानी', 'झोरया पानी', 'जोरिया पानी', 'जोरेया पानी', 'जोरया पानी'। इसे कहीं-कहीं 'माय पानी' भी कहा जाता है।

224. चुलमाटी : 'चुल' और 'माटी' इन दो शब्दों से बना है 'चुलमाटी'। कुछ लोगों के अनुसार 'चुल' यानी चूल्हा तथा कुछ लोगों के अनुसार केश, और 'माटी' यानी मिट्टी। बस्तर की लोक संस्कृति में विवाह की इस रस्म के अन्तर्गत गोठान या दोराहे से माटी समारोह पूर्वक लायी जाती है, जिसका उपयोग मण्डप लीपने एवं झोका (चूल्हा) बनाने में होता है। किन्तु अपवाद स्वरूप कुछ जातियों में इस माटी का उपयोग केवल मण्डप लीपने में ही होता है न कि चूल्हा बनाने में भी।

225. लगिन बान : दूल्हा और दुल्हन को चावल पकड़ाया जाता है। यही बान भरना कहा जाता है। लग्न के ठीक पहले दूल्हे को सात बार पकड़ाये जाने वाले चावल को दूल्हे की माँ दूल्हे से ले लेती है, इसी तरह दुल्हन को सात बार पकड़ाये जाने वाले चावल को दुल्हन की माँ दुल्हन से ले लेती है।

226. दहेज टीकना : यह भतरी-हल्बी परिवेश में 'टिकान' और 'दाइज' भी कहा जाता है। छत्तीसगढ़ी परिवेश में यह 'टिकावन' कहलाता है। यह रस्म वधू के माता-पिता और वधू-पक्ष के लोगों तथा गाँव-मोहल्ले के लोगों द्वारा वधू-वर को अपनी हैसियत के मुताबिक भेंट देने से सम्बन्धित है। सबसे पहले वधू के माता-पिता लोटे में पानी और नयी थाली ले कर आते हैं। वर-वधू के पाँव उसी थाली में रखे जाते हैं। फिर वे दूब से वर और वधू का पाँव धुलाते हैं। पाँव धुलाने के बाद वे उनके धुले पाँव अपने सिर के केश से पोंछते हैं। माँडो (मण्डप) के नीचे रखे कलश पर चावल के दाने छिटके जाते हैं और वर-वधू के माथे पर भी चावल का टीका लगा कर जो कुछ उन्हें देना होता है वे उन्हें दे देते हैं और आशीर्वाद दे कर वहाँ से हट जाते हैं। माता-पिता के बाद घर के अन्य सदस्य तथा सगे-सम्बन्धी और उनके बाद गाँव के बाकी लोग भी यथा क्रम 'दाइज (दहेज)' टीकते हैं। 'दाइज' टीकने के बाद दूल्हा-दुल्हन को उठाया जाता है तथा उनसे सभी उपस्थित लोगों को प्रणाम करवाया जाता है। सब लोग उन्हें आशीर्वाद देते हैं।

227. नाँदी या पूरा होना : दहेज (टिकान, टिकावन) सम्पन्न होने के बाद 'दाइज (दहेज, टिकान, टिकावन)' में प्राप्त पैसे गिने जाते हैं। मालूम किया जाता है कि 'नाँदी पड़ा या पुरा' (अन्य शब्दों में 'नाँदी पड़ा कि दुआ'? यदि 'दुआ (पूरा)' पड़ा यानी सम संख्या में हुआ तो माना जाता है कि उनका दाम्पत्य जीवन सुख से बीतेगा। किन्तु यदि नाँदी यानी विषम संख्या में हुआ तो 'नाँदी आउर घर बाँदी' कहा जाता है। इसका अर्थ है, नाँदी हुआ है यानी विषम हुआ है इसलिये आगे चल कर या तो दुल्हन पुनर्विवाह करेगी या फिर दूल्हा। कुछ लोग इसका एकतरफा अर्थ लगाते हुए कहते हैं कि ऐसा होने पर दूल्हा द्वारा पुनर्विवाह करने की सम्भावना बनी रहती है। कहा जा सकता है कि इस सम्बन्ध में मतैक्य नहीं है। कोई कुछ कहता है और कोई कुछ। बहरहाल, इसके बाद दूल्हे का पिता दूल्हे और दुल्हन को ले कर जाता है। वहाँ जाने पर उन्हें बोरे में रखे चावल का स्पर्श करा कर तुरन्त दुल्हन के घर में वापस पहुँचा देता है। अगले दिन माँडो बोहराया (मण्डप ठण्डा किया) जाता है।

खेलायलाय, नाहा-धुआ करलाय। अतक ने भोज-माँदी देलाय। खा-पी करलाय आवरी राती काजे हईं थाने सोयलाय। बड़े बिआने उठलाय आवरी दातुन-पतर, नाहा-धुआ करलाय। अतक ने राजा बलसी आछे कुसदेव के, "नाईं बाबू, एबर तुई मोके बर दे।"

बलबा के बर-जोड़ा जाड़बा आछेत। चार खुटेया लिपलाय, बाना-चिना[229] लिखलाय। राजार नेला सबू जोड़ा बाची गला। बाचला बिती के सबू के जोड़लाय। टोकी घरर जाक-जमक के बले जोड़लाय। अतक ने दुनो के मोउड़ बाँधलाय। गाँयतिन कलस-दिया धरायला। दुला-दुली के नेई करी बाना ने उबायला, पाँय धुआयला, चाउर-टिका देला, चुमला आवरी पड़घायला। अतक ने बर देलाय। आदो बाटे गलाय आवरी जुआर-भेट होयलाय। राजा-घरे आसलाय। गाँए अमरी करी भाटा ने डेरा रलाय। तेबे फेर दुनो के राजा-घरे पड़घायलाय आवरी राजा-रानी दुनोर हात के धरी करी नेलाय आवरी राजगादी ने बसाय करी बलबा आछेत, "राज करी खाहा बे, राजा-रानी। आसलार-गलार के दोनाएक पेज, जात के पेज आवरी अनजात के पिड़ा दियास।"

अतक ने राजा पड़घाव-माँदी देला। सबू लोक मन खा-पी करलाय आवरी आपन-आपन घरे जायते गलाय। नव दिन ने पिंवरी काच के बल्ला। बिआ सरला। राजा-रानी कमाय-धमाय खायबा आछेत।

* * *

राजा-रानिर बिआ होयला दुई बरस होयला। होयते-होयते कुसदेव राजा जुआन होयला। गोट दिने कुसदेव मने-मने बिचार करसी आछे, 'ए भगवान! आमर कोनी निआत। मुईं जुआन होयली। चाटी-ओंगिर बले जोड़ी आछेत मातर मोर जोड़ी निआय। मोर काजे कोन बेटी माँगी देबाय बे आवरी मोर बिआ करी देबाय बे!' असन बली कुसदेव राती गुलाय बिचार करी-करी रला। बड़े बिआने उठला, दातुन-पतर चाबला आवरी गला तार दिदी लगे। बलसी आछे, "सुन दिदी, मोर बड़े दिदी! मुईं राज

या पूरा यह लोगों ने गिनकर बताया और फिर दोनों को वहाँ से उठाया गया। दोनों को दूल्हे के छापर में ले गये। वहाँ थोड़ी देर बैठाया फिर दुल्हन को उसके घर पहुँचा दिया गया। दूल्हा-दुल्हन को बैठाया गया और लगन का भोज खिलाया गया। रात हो जाने पर सब के सब सो गये। सबेरे उठे और तेल उतारा।[228] रचन खेलाया गया और स्नानादि से निवृत्त हुए। इसके भोजन कराया गया। सबने भोजन किया और रात होने पर सब सो गये। सुबह-सुबह उठे और नित्य-कर्म से निवृत्त हो स्नानादि किया। इतने में राजा कुसदेव से कहने लगा, "हे बाबू, अब तुम मुझे विदाई दो।"

उसके ऐसा कहने पर विदाई की तैयारी की जाने लगी। मण्डप के चारों ओर लीपा गया, चित्रांकन किये गये। राजा के द्वारा ले जायी गयी सारी सामग्री बची रह गयी थी। उसे गाड़ी में लादा गया। दुल्हन के घर की चीजें भी लादी गयीं। इसके बाद दोनों को महुड़ बाँधे गये। गाँयतिन ने कलश-दीप जलाये। दूल्हा-दुल्हन को ले जाकर बाना के ऊपर खड़ा किया, उनके पाँव धुलाये, माथे पर चावल के टीके लगाये, चुम्बन दिया और स्वागत किया। इसके बाद विदाई दी गयी। गाँव के लोग आधे रास्ते तक वर-वधू के साथ गये और आपस में जोहार-भेंट की। आ गये राजा के घर। गाँव पहुँच कर मैदान में थोड़ी देर के लिये ठहर गये। तब गाँव के लोगों ने दोनों का स्वागत किया और राजा-रानी दोनों के हाथ पकड़ कर राजगद्दी पर बैठाया फिर कहने लगे, "आप लोग सुख पूर्वक जीवन बितायें, राजा-रानी। आने-जाने वालों में से जाति-समुदाय के लोगों को पेज और अन्य जाति के लोगों को बैठने के लिये पीढ़ा दें।"[230]

इसके बाद राजा ने सभी को स्वागत की रस्म का भोजन कराया। सभी लोगों ने भोजन किया और अपने-अपने घर चले गये। नौ दिनों में पिंवरी धोने को कहा गया। विवाह समाप्त हो गया। राजा-रानी सुख पूर्वक जीवन बिताने लगे।

* * *

राजा-रानी का विवाह हुए दो वर्ष बीत गये। होते-होते कुसदेव युवा हो गया। एक दिन कुसदेव मन ही मन सोचने लगा, 'हे भगवान! हमारा कोई भी नहीं है। मैं युवा हो गया। चींटी आदि के भी जोड़ी हैं किन्तु मेरी जोड़ी नहीं है। मेरे लिये कौन बेटी माँगेगा और मेरा विवाह कर देगा!' इस तरह कुसदेव सारी रात विचार करता रहा। सबेरे उठा, नित्य-कर्म से निवृत्त हुआ और अपनी दीदी के पास जाकर कहने लगा, "सुनो दीदी, मेरी बड़ी दीदी! मैं राज्य से बाहर जाऊँगा। दूसरा राज्य देखने। चींटी आदि के भी

228. तेल उतारना : हल्दी-तेल-पानी के मिश्रण का वर/वधू के अंग में आम के पत्तों की सहायता से ऊपर से नीचे की ओर लेपन 'तेल उतारना' कहा जाता है। जिस तरह वर-वधू को विवाह आरम्भ होने के साथ ही तेल चढ़ाया जाता है, उसी तरह कुछ समुदायों में लगन के पहले तो कुछ समुदायों में लगन के बाद तेल उतारने की रस्म सम्पन्न की जाती है। किन्तु इसमें एक साम्य यह होता है कि तेल चढ़ाने के लिये दूल्हा और दुल्हन को नये कपड़े पहनाये जाते हैं किन्तु तेल उतारने के लिये नये कपड़ों की आवश्यकता नहीं होती। उसी कपड़े को पहना कर तेल उतारा जाता है, जिसे पहना कर तेल चढ़ाने की रस्म सम्पन्न की गयी थी।

229. बाना-चिना : अन्य ध्वनि 'बाना-चुना'।

230. इसका अर्थ होता है कि जो लोग आपके घर भोजन करना चाहें उन्हें भोजन करायें और जो लोग भोजन न करना चाहें उन्हें आसन दें और बैठने के लिये अवश्य ही कहें।

निसकी जाउआयँ। राज दख के जिबी। चाटी-ओंगिर पने जोड़ी आछेत दिदी मातर मोर जोड़ी निआय। आमर तो कोनी निआत। मोर काजे कोन बेटी माँगी देबाय?"

तार दिदी सुनला आवरी बलसी आछे, "तुई असन ना बल, बाबू। तुई काय काजे निसकी जिबिस? तोर काजे एई थाने कोनी लगे बले तो कनया माँगबू। एई थाने बिआ होयबिस।"

कुसदेव बलसी आछे, "नाईं दिदी। तुई मोके बदरा-बदरी ना कर। मुईं बदरना गोट के ना मानें।" असन बल्ला पिला आवरी गला गाँयता-पुजारी लगे। जाई करी बलसी आछे, "सुना दादा, गाँयता-पुजारी! मुईं राज निसकी जाउआयँ दादा। देस दखी आसुआयँ।"

गाँयता-पुजारी बल्लाय, "सुन बाबू, सान भाई! तुई काय काजे निसकी जिबिस? आमी तोर काजे एई थाने कनया माँगबू, बाबू। एई थाने तोर बिआ करी देबू। तुई राज निसकी करी ना जा।"

कुसदेव बलसी आछे, "तमे मोके बदरा-बदरी ना करा, दादा। मुईं जिबिच्ची।" असन बली कर आसला तार दिदी लगे आवरी बलसी आछे, "सुन दिदी, बड़े दिदी! तुई मोर काजे सँजकारी राँदी देस। मुईं जिबिच्ची।"

तार गोट के सुनी करी तार दिदी बलसी आछे, "आमे दुई भाई-भइन जिई-खाई करलु, भाई। तुई फेर एबर कोन बाटे निसकी जिबिस? ना जा भाई, ना जा।" मातर पिला ना माने। तेबे काय तो करता ता तार दिदी बिती! काँदी-काँदी राँदा-बाड़ा करी देला। अतक ने पिला नाहा-धुआ करला, खा-पी करला, तियार होयला, आपनर साज-समान के पिंदला।

तेबे रानी बलसी आछे, "तुई एकला कसन करी जिबिस बाबू? बाटे-घाटे काय होयसी काय नईं! कोनी तोके मारी देबाय, कोनी पेटी देबाय।" असन बलते रानी खोड़ेया घोड़ा लगे गला आवरी घोड़ा के बलसी आछे, "सुन दादा, खोड़ेया घोड़ा! मोर सुरु भाई राज दख के जायसी आछे। तुई हँके राज दखाय के ने।"

बलबा के घोड़ा होय नोनी मुईं नेबी बल्ला। अतक ने रानी घोड़ा के आनला, दाना-भुसा देला। कुसदेव आपनर कपड़ा-लता धरला, रुपया-पयसा धरला। तेबे रानी बलसी आछे खोड़ेया घोड़ा के, "सुन दादा खोड़ेया घोड़ा! मोर गोटकी भाई आय, दादा। तुई ताके अछा करी राज दखा आवरी आन। ताके काईं बले होय के ना देबिस। मोर भाई के काईं पने होयले तोके गाँव ले निसकाय देबी।"

घोड़ा सुनला आवरी बलसी आछे, "तुई एतार काजे धोका ना कर, नोनी। मुईं तो दखाय आनबी।"

अतक ने कुसदेव घोड़ा चेगला आवरी जायसी आछे। जायते-जायते जायसी आछे। काव करबा कावा नाईं ना चिंव करबा चेड़े नाईं। असन बाट काजे जायसी आछे। डोंगरी माहा डोंगरी नाईं, पाहाड़ माहा पाहाड़ नाईं, खोअरा माहा खोअरा नाईं। जायते-जायते बिंदराबने गला। घोड़ा के बलसी आछे, "सुन दादा खोड़ेया घोड़ा! तुई मोके मिंजलार माँगी देस।

जोड़ी हैं किन्तु मेरी जोड़ी नहीं है, दीदी। हमारे तो कोई भी नहीं हैं। मेरे लिये कौन बेटी माँग देगा?"

उसकी दीदी ने उसकी बातें सुनी और कहने लगी, "तुम ऐसा मत कहो, बाबू। तुम किसलिये निकलकर जाओगे? तुम्हारे लिये यहीं किसी जगह से कन्या माँगेंगे। यहीं पर विवाह करना।"

कुसदेव बोला, "नहीं दीदी। तुम मुझे मत बरजो। मैं बरजने वाली बात नहीं मानूँगा।" युवक कुसदेव ने ऐसा कहा और गया गाँयता-पुजारी के पास। उनसे कहने लगा, "सुनो दादा, गाँयता-पुजारी! मैं इस राज्य से निकलकर जाऊँगा, दादा। परदेस देखकर आऊँगा।"

गाँयता-पुजारी कहने लगे, "सुनो बाबू, छोटे भाई! तुम किसलिये निकलकर जाओगे? हम तुम्हारे लिये यहीं कन्या माँगेंगे, बाबू। यहीं पर तुम्हारा विवाह करा देंगे। तुम राज्य छोड़ कर मत जाओ।"

कुसदेव कहने लगा, "आप लोग मुझे मना मत कीजिये, दादा। मैं जाऊँगा ही।" ऐसा कहकर अपनी दीदी के पास आया और कहने लगा, "सुनो दीदी, बड़ी दीदी! तुम मेरे लिये जल्दी से भोजन तैयार कर दो। मैं जाऊँगा ही।"

उसकी बातें सुनकर उसकी दीदी कहने लगी, "हम दो भाई-बहन किसी तरह जीते रह गये, भाई। और अब तुम कहाँ निकल कर जाओगे? मत जाओ भाई, मत जाओ।" किन्तु युवक मानता ही नहीं। तब उसकी दीदी क्या करती भला! रोते-रोते उसके लिये भोजन राँध दिया। इतने में युवक स्नानादि से निवृत्त हुआ, भोजन किया, तैयार हो गया और अपने साजो-सिंगार पहन लिये।

तब रानी कहने लगी, "तुम अकेले कैसे जाओगे, बाबू? पता नहीं रास्ते में क्या होगा क्या नहीं! कोई तुम्हें मार देंगे, कोई पीट देंगे।" ऐसा कह रानी लँगड़े घोड़े के पास गयी और घोड़े से कहने लगी, "सुनो दादा, लँगड़े घोड़े! मेरा नन्हा भाई राज्य देखने जा रहा है। तुम उसे देश दिखाने ले जाओ।"

ऐसा कहने पर घोड़े ने हामी भरी। तब रानी घोड़े को ले आयी, उसे दाना-भूसा दिया। कुसदेव ने अपने कपड़े-लत्ते लिये, रुपये-पैसे लिये। तब रानी लँगड़े घोड़े से कहने लगी, "सुनो दादा, लँगड़े घोड़े! मेरा एक ही भाई है, दादा। तुम उसे भली प्रकार देश दिखाओ और सकुशल वापस लाओ। उसे कुछ भी मत होने देना। मेरे भाई को यदि कुछ भी हो गया तो तुम्हें मैं गाँव से बाहर निकाल दूँगी।"

घोड़े ने सुना और कहने लगा, "तुम इसके लिये चिन्ता मत करो, नोनी। मैं तो दिखाकर लाऊँगा।"

इतने में कुसदेव घोड़े पर सवार हो गया और जाने लगा। वह ऐसे रास्ते से जाने लगा जिस रास्ते में न तो काँव करने को कोई कौवा था और चहचहाने को कोई चिड़िया ही। बड़े-बड़े पहाड़ और गहरी खाइयों वाले रास्ते पर चला जा रहा था। जाते-जाते वह बिंदराबन पहुँच गया। घोड़े से कहने लगा, "सुनो दादा, लँगड़े घोड़े! तुम मेरे लिये खैनी माँग

मुईं चोंगी खायबी।"

तार गोट के सुनला घोड़ा आवरी बलसी आछे, "खमान[232] माहा खमान नाईं, डोंगरी माहा डोंगरी नाईं, खोअरा असन खोअरा नाईं आवरी मुईं तोके कोन ती ले मिंजलार माँगी देबी, बाबू? कोन ती ले मुईं तोके कोरलार माँगी देबी?"

कुसदेव बलसी आछे, "नाईं दादा, तुईं मोके एईं थाने माँगी देस।"

तेबे घोड़ा बलसी आछे, "अतक बिजबन ने तोके मुईं कोन ती माँगी देबी, बाबू? जूँ, पारा भितरे जिबू। हयँती मुईं तोके मिंजलार-कोरलार माँगी देबी।"

पिला बलसी आछे, "मुईं इती ले पाँय ना पकायँ, दादा। तुईं मोके एइच्ची थाने माँगी देस।"

तार गोठ के सुनी करी घोड़ा बलसी आछे, "सुन बाबू, कुसदेव! तुय परले टेकहा आस। आले असन कर, तुईं मोर उपरे उबा होई करी दखी दख। कोनी थाने बले आइग कुहरसी आछे आले हयँ ती जिबू।"

बलबा के कुसदेव घोड़ार पिठी ने उबा होयला आवरी ए बाटे हयँ बाटे दखसी आछे। खिंडिक धुर ने डुँडी राकसिनर बेटी रला। ताहरी घरे जोय कुहरते रय। दखला कुसदेव आवरी घोड़ा के बलसी आछे, "एदे दादा, मुईं दखली। होंदे हयँ बाटे जोय कुहरायसी आछे।"

सुनला घोड़ा आवरी कुसदेव के बलसी आछे, "असन आले, तुईं जा बाबू। हयँती जाई करी चोंगी खा आवरी आव। मुईं एईं थाने रबी।"

कुसदेव बलसी आछे, "आले असन आय आले मुईं जाई दखबी, दादा। मान्तर तुईं मोके छाड़ी करी जायते काय ना जा। गलिस आले दिदी मोके झगड़ा लागसी।"

घोड़ा बलसी आछे, "नाईं बाबू। मुईं इती ले कोनी बाटे ना जाएँ। तोर बाहड़त ले मुईं एईं थाने रबी।"

तेबे कुसदेव हयँ थान ले गला। जायते-जायते डुँडी राकसिन घरे अमरला। दुआर ले हाक देला। अड़कदायँ राकसिनर बेटी झुलना झुलते रय। हयँ तार चिचयाबार के ना सुने। दुई-तिन हार चिचयायबा के सुनला आवरी झुलना थान ले उतरी करी बाट-डेवना लगे आसी करी उबला। कुसदेव टोकी के दखी करी गप् ने घसरला। अतक ने टोकी आड़ होयला। आड़ होयबा के कुसदेव उठी करी बसला। तेबे कुसदेव ताके कोरला धुँगेया[233] आवरी सुकला पान माँगला, जोय बले माँगला। तेबे टोकी सुनला आवरी ताके कोरला धुँगेया, सुकला पान आवरी लुठी ने जोय देला। देबा के बले कुसदेव हयँ थान ले जा-जाई ना करे। हारक आपनर देंहे के दखे हारक टोकिर देंहे के दखे। ए आवरी मुईं होयले कतक सुँदर फोबता, बली बिचार करसी आछे। हयँ बाटे ए कड़कदायँ जायसी बली टोकी बिचारसी आछे। अतक ने कुसदेव हयँ थान ले गला

दो। मैं चोंगी[231] पीऊँगा।"

उसकी बातें सुनी घोड़े ने और कहने लगा, "इस घने जंगल में, जहाँ बड़े-बड़े पहाड़ और गहरी खाइयाँ हैं वहाँ मैं तुम्हारे लिये कहाँ से खैनी माँगकर लाऊँगा, बाबू? कहाँ से तुम्हारे लिये तम्बाकू माँग लाऊँगा?"

कुसदेव बोला, "नहीं दादा, तुम तो मुझे इसी जगह माँगकर ला दो।"

घोड़ा कहने लगा, "इतने घने जंगल में मैं तुम्हारे लिये कहाँ से माँग कर लाऊँगा, बाबू? चलो, मोहल्ले के भीतर चलते हैं। वहाँ मैं तुम्हारे लिये तम्बाकू-खैनी माँग दूँगा।"

कुसदेव कहने लगा, "मैं यहाँ से एक कदम भी नहीं बढ़ूँगा, दादा। तुम तो यहीं पर मेरे लिये माँग लाओ।"

उसकी बातें सुनकर घोड़ा कहने लगा, "सुनो बाबू, कुसदेव! तुम बहुत ही हठी हो। अच्छा ऐसा करो, तुम मेरी पीठ पर खड़े होकर देखो भला। यदि कहीं आग जल रही हो और धुआँ उठ रहा हो तो हम वहीं जायेंगे।"

ऐसा कहने पर कुसदेव घोड़े की पीठ पर खड़ा हो गया और इधर-उधर देखने लगा। थोड़ी-सी दूरी पर डुँडी राक्षसी की बेटी रहती थी। उसी के घर से धुआँ उठ रहा था। कुसदेव ने देखा और घोड़े से कहने लगा, "यह देखो दादा, मैंने देख लिया। वहाँ, उधर धुआँ उठ रहा है।"

घोड़े ने सुना और कुसदेव से कहने लगा, "ऐसी बात है तो तुम जाओ बाबू। वहाँ जाकर चोंगी पी कर आओ। मैं यहीं रहूँगा।"

कुसदेव कहने लगा, "अच्छा, ऐसी बात है तो मैं जाकर देखता हूँ, दादा। किन्तु तुम मुझे छोड़कर चले मत जाना। चले गये तो दीदी मुझ पर नाराज होगी।"

घोड़ा कहने लगा, "नहीं बाबू। मैं यहाँ से कहीं नहीं जाऊँगा। तुम्हारी वापसी तक मैं यहीं पर रहूँगा।"

तब कुसदेव वहाँ से चला गया। जाते-जाते डुँडी राक्षसी के घर पहुँचा। आँगन से ही पुकारा। उस समय राक्षसी की बेटी झूला झूल रही थी। उसने उसकी पुकार नहीं सुनी। जब इसने दो-तीन बार पुकारा तब उसने सुना और झूले पर से उतरकर दहलीज तक आयी और खड़ी हो गयी। कुसदेव ने युवती को देखा और चक्कर खाकर गिर पड़ा। इतने में युवती दरवाजे के आड़ में चली गयी। उसके आड़ में जाने पर कुसदेव उठ बैठा। फिर कुसदेव ने उससे मली हुई तम्बाकू और सूखे पत्ते माँगे। आग भी माँगी। तब युवती ने सुना और उसे मली हुई तम्बाकू, सूखे पत्ते और आग दी। देने पर भी कुसदेव वहाँ से नहीं जाता। वह एक बार अपनी देह को देखता तो एक बार युवती की देह को। इसकी और मेरी जोड़ी होती तो कितना सुन्दर होता, वह सोचने लगा। उधर युवती सोचने लगी कि यह कब यहाँ से जायेगा। इतने में कुसदेव वहाँ से गया घोड़े के पास और कहने

231. चोंगी : सुट्टा।

232. खमान : अन्य ध्वनियाँ 'खमन', 'झार', 'रान', 'बन'।

233. धुँगेया : अन्य ध्वनियाँ 'धुँगिया', 'धुँगया'।

घोड़ा लगे आवरी बलसी आछे, "सुन दादा, खोड़ेया घोड़ा! हयँ घरे अतक सुँदर कनया आछे, दादा। हयँ आवरी मुईं होयले पक्की फोबता। मुईं कसन करबी, दादा?"

घोड़ा सुनला तार गोट के आवरी बलसी आछे, "असन आले तुईं जा बाबू हयँती। छय मएना होओ नोयले बरसकार होओ, तुईं जड़कदायँ हँके आनलिस बल्ले आमे अड़किदायँ घरे जिबू।"

"आले दादा, मुईं जिबी तेबे। मातर तुईं मोके छाड़ी करी ना जा। गलिस आले दिदी मोके झगड़ा खिजसी।" असन बलबा के घोड़ा तोर बिगर मुईं ना जायें बाबू बल्ला। तेबे कुसदेव ताके माटी किरिया खुआयला आवरी ढोडरा गछ के बलसी आछे, "तुईं मोर आस की कार आस रे ढोडरा गछ?"

ढोडरा गछ बलसी आछे, "मारले मार पेटले पेट, मुईं तोरी आयँ।"

"मोर आस आले तुईं ठिंया-ठिंया खापा हो।" बल्ला कुसदेव। बलबा के ढोडरा गच ठिंया-ठिंया दुय खापा होयला। तेबे कुसदेव घोड़ा के आवरी आपनर जाक-जमक के हईं थाने भरी देला आवरी आपन गला टोकी लगे। गछ जसनर असन होयला। पिला जाई करी टोकी घरर दुआरे बसला आवरी फेर धुँगेया माँगसी आचे, सुका पान माँगसी आछे, जोय माँगसी आछे। तेबे टोकी धुँगेया, सुका पान आवरी लुठी ने जोय नेईं करी बाट डेवना ने मँडाय देला। लेका मेलाय-मेलाय सुरती खायला असन करे, चोंगी बनायला असन करे। ए केबे इती ले जायसी बली टोकी टाकसी आचे, टाकसी आचे मान्तर पिला हयँ थान ले गुचेच्ची नाईं। मोर आया डुँडी राकसिन एबे आसुआय, हयँ आसला बल्ले एके खाई देयसी बली बिचार करला टोकी आवरी रोसई-चाउर धरी करी ताके देला मान्तर तेबे ले बले कुसदेव हयँ थान ले ना गुचे। बसी देला आछे। एके काय के दखते रबी ता बली करी टोकी राँदा-बाड़ा करला आवरी कुसदेव के घर भितरे हाक देई करी खाय के देला। तेबे कुसदेव राजा खाय के बसला। खिंड माहा खाई दखला आवरी भात-साग के बचाय देला। हात धोयला आवरी जाई करी खटेया ने बसला। अतक ने टोकी दखला राजार बचायला भात-साग के आवरी ए भात-साग के कसन काजे मुईं पकाय देबी ता, बली करी हईं भात-साग के खायसी आछे। कुसदेव राजा दखला आवरी बलसी आचे, "कुँडरी ने भात आवरी तेलई ने साग निआय बाई गुने तुईं मोर जुठा भात-साग के खायबिआस?"

टोकी बलसी आछे, "भात-साग सबू आछे दादा मान्तर तोर जुठा के खायले काय होयसी गुने? तुय रोगहा-बतहा तो नुआस। अतक भात-साग के काय काजे फिंगी देबी?" बली करी टोकी भात खायला आवरी खाई करी हात धोयला। बरतन-भाँडा के सकल्ला आवरी खटेया ने जाई करी बसला।

अतक ने कुसदेव राजा ताके बलसी आचे, "सुन बाई, घर बिती! तोके मुईं गोटोक गोट बलबी। तुय रिस काय ना होयबिस।"

लगा, "सुनो दादा, लँगड़े घोड़े! उस घर में बहुत ही रूपवती कन्या है, दादा। उसका और मेरा विवाह हो जाता तो बहुत ही अच्छा होता। मैं क्या करूँ, दादा?"

घोड़े ने उसकी बातें सुनी और कहने लगा, "ऐसी बात है तो तुम वहाँ जाओ बाबू। छह महीने लगें या कि एक साल, तुम जब उसे लेकर आओगे तभी हम घर जायेंगे।"

"अच्छा दादा, तब मैं जाऊँगा। किन्तु तुम मुझे छोड़ कर मत जाना। गये तो दीदी मुझे डाँटेगी।" ऐसा कहने पर घोड़े ने कहा, मैं तुम्हें लिये बिना नहीं जाऊँगा बाबू। तब कुसदेव ने उसे माटी की शपथ दिलायी और ढोडरा पेड़ से बोला, "अजी ओ ढोडरा पेड़, तुम मेरे हो या किसके?"

ढोडरा पेड़ बोला, "तुम चाहे मुझे मारो या पीटो, मैं तुम्हारा ही हूँ।"

"मेरे हो तो खड़े-खड़े दो भाग हो जाओ।" कुसदेव ने कहा। उसके ऐसा कहने पर ढोडरा का वह पेड़ दो भागों में बँट गया। तब कुसदेव ने घोड़ा और अपने सारे सामान उसी के भीतर भर दिये और स्वयं उस युवती के पास चला गया। पेड़ जैसे का तैसा हो गया। कुसदेव युवती के घर पहुँचा और आँगन में बैठकर फिर से तम्बाकू माँगने लगा, सूखे पत्ते और आग माँगने लगे। तब युवती ने तम्बाकू, सूखे पत्ते और जलती हुई लकड़ी दहलीज के पास रख दी। युवक कभी तम्बाकू मलने, खाने और कभी चोंगी बनाने का उपक्रम करने लगा। युवती सोचने लगी कि यह युवक कब यहाँ से जायेगा? ऐसा सोचते वह उसके जाने की प्रतीक्षा करने लगी किन्तु कुसदेव था कि वहाँ से हटता ही नहीं। युवती सोचने लगी, मेरी माँ डुँडी राक्षसी अभी आयेगी, वह आयी तो इसे खा जायेगी। इस तरह विचारकर उसने रसोई-चावल लिया और कुसदेव को दिया किन्तु तो भी कुसदेव वहाँ से हटने का नाम ही नहीं लेता। बैठा हुआ था। कब तक इसके जाने की प्रतीक्षा करती रहूँगी, युवती ने सोचा और भोजन राँधा। राँध कर युवक को भीतर बुलाया और भोजन परोस दिया। तब कुसदेव भोजन करने बैठा। थोड़ा-सा खाया और जूठन बचा दिया। हाथ धोये और जाकर खाट पर बैठ गया। इतने में देखा युवती ने उसके जूठे बचे भोजन को और इसे कैसे फेंक दूँ, सोचकर स्वयं उस भोजन को खाने लगी। कुसदेव राजा ने देखा और कहने लगा, "क्या बर्तन में भात-साग नहीं है बाई, कि तुम मेरा जूठा भोजन खा रही हो?"

युवती कहने लगी, "भात-साग सब हैं दादा किन्तु तुम्हारा जूठा खा लूँगी तो क्या हो जायेगा भला? तुम न तो रोगी हो न बतहा[234] हो। इतना भोजन मैं कैसे फेंक दूँगी?" ऐसा कहते हुए युवती ने भोजन किया और हाथ धोये। बर्तन-भाँडे समेटे और खाट पर जाकर बैठ गयी।

इतने में कुसदेव राजा उससे कहने लगा, "सुनो हे घरवाली! मैं तुमसे एक बात कहूँगा। तुम नाराज मत होना।"

234. बतहा : वात रोग का शिकार।

टोकी बलसी आछे, "काय गोठ आय, दादा? आले बलिस नाईं तो। मुईं फेर काय काजे रिस होयबी ता!"

पिला बलसी आछे, "तोर नाव काय आय, बाई?"

"तोर नाव के आगे साँग ता, दादा।" टोकी बल्ला।

पिला बलसी आछे, "मोर नाव कुसदेव राजा आय, बाई। तुय मोके बाबा-बयरागी बनाय देलिस। रोसई-चाउर देलिस जे!"

टोकी बलसी आछे, "मोर नाव लाडरझुमा आय।"

अतक ने दुनो जान-चिन होयलाय। तेबे कुसदेव हईं थाने रई गला। दुनो जन बसलाआत आवरी मेचला-मेचली होयबाआत। टोकिर झुलना थेबी रय। हयँ बाटे बारा कोस ले डुँडी राकसिन सुनसी आचे, झुलना थेबला आचे। तेबे कसन ने झुलना थेबला तो! मोर बेटी के काय होयला गुने, बली राकसिन राकस-पोकस परायते आयसी आछे। बुटा-खुटा के उलटायते, गच-खुट, रुक-राई के चपलते आयसी आछे। घरे अमरला आवरी दुआरे आपनर गोटोक कान के ओछाय करी दुसर काने बसला। हईं बसला थान ले बेटी बिती के बलसी आचे, "सुन बेटी, लाडरझुमा! तोके काय होयला बेटी?"

लाडरझुमा सुनला तार मायर आरो के आवरी कुसदेव के मोछी बनाय करी आपनर सिर-कपारे धरला। अतक ने राकसिन फेर बलसी आचे, "आव बेटी, तोके कोले धरबी।"

लाडरझुमा बलसी आछे, "नाईं आया, मोके खुबे मुँड दुखसी आछे। उठ के ना भाय।"

"तोके काय दुख धरला, बेटा? मोर लगे आव। मुईं तोके चुमा देबी, मया करबी।" राकसिन बलसी आछे।

तेबे तुय बले परले टेकहिन आस, आया बलते लाडरझुमा धिरे-धिरे निसकला आवरी जाई करी माय बितिर कोले लदक् नाय बसला। माय बिती ताके चुमला-चाटला, मया करला। अतक ने ताके मँजार गँध[235] मिरला तेबे बलसी आछे, "मोके माने-माने मँजा-मँजा गँदसी आछे, बेटी।"

टोकी बलसी आचे, "तोके दतकी बले लाज निआय री आया! मुईं फेर कोनतिर मँजा आनती बे! तोर माने खायलार टोंड आय मँजा-मँजा गँदसी आछे। खाय के भायला आछे आले मोके खाई देस नाईं तो!"

टोकिर गोठ के सुनला डुँडी राकसिन आवरी बलसी आचे, "हाय धनी बेटी लाडरझुमा! तोके खायबा पलटा मुईं मोरी हात-पायँ के खायबी। जा रे बेटी लाडरझुमा। दुआरे ना निसक। तोके हवा ना पाओ, लेहरा ना लागो। गोरस ने अँधन[236] मँडा, दई ने पायँ धो, मई ने मुँड रेत।" बल्ला राकसिन आवरी फेर चारा चर के जायते गला। अतक ने तार माय बिती के जाय के देला लाडरझुमा आवरी कुसदेव के फेर मोछी ले माने बनायला आवरी तार सँगे मेचलसी आछे। झुलना ना झुले। दुनो मेचली-मेचली आछेत। राकसिनर गला आट दिन होयला। तेबे फेर तो सुनसी आछे राकसिन झुलना थेबलाच्ची आछे। फेर मोर बेटी के काय

युवती कहने लगी, "क्या बात है, दादा? बोलो तो सही। मैं भला किसलिये नाराज होऊँगी?"

युवक कहने लगा, "तुम्हारा नाम क्या है, बाई?"

युवती बोली, "पहले अपना नाम बताओ, दादा।"

युवक कहने लगा, "मेरा नाम कुसदेव राजा है, बाई। तुमने मुझे बाबा-बैरागी बना दिया। मुझे रसोई-चावल जो दे दिया!"

युवती कहने लगी, "मेरा नाम लाडरझुमा है।"

इसके साथ ही दोनों का आपस में परिचय हुआ। तब कुसदेव वहीं पर रह गया। दोनों बैठे हैं और मचल रहे हैं। युवती का झूला थम गया था। उधर बारह कोस दूर घूम रही डुँडी राक्षसी ने सुना, झूला थम गया था। झूला कैसे थम गया? उसने विचार किया। मेरी बेटी को क्या हो गया? ऐसा सोचते वह राक्षसी अपने भारी-भरकम शरीर को जैसे-तैसे सम्हालते भागती चली आ रही है। घर पहुँची और आँगन में अपने एक कान को बिछाया और दूसरे कान पर बैठी। वहीं बैठे-बैठे अपनी बेटी को पुकारने लगी, "सुनो बेटी, लाडरझुमा! तुम्हें क्या हो गया, बेटी?"

लाडरझुमा ने अपनी माँ का स्वर सुना और कुसदेव को मक्खी बनाकर अपने माथे पर लटका लिया। इतने में राक्षसी फिर से कहने लगी, "आओ बेटी, मैं तुम्हें गोद में बिठाऊँगी।"

लाडरझुमा कहने लगी, "क्या बताऊँ माँ, मेरे सिर में बहुत पीड़ा हो रही है। मुझे उठने का मन नहीं कर रहा है।"

"तुम्हें कौन-सा कष्ट हो गया, बेटा? मेरे पास आओ। मैं तुम्हें चुम्बन दूँगी, प्यार करूँगी।" राक्षसी बोली।

तब तुम बहुत ही हठी हो माँ, कहती हुई लाडरझुमा धीरे-धीरे घर से निकली और जाकर अपनी माँ की गोद में बैठ गयी। माँ ने उसे चूमा-चाटा, प्यार किया। इतने में उसे मनुष्य की गंध मिली। तब वह कहने लगी, "मुझे मनुष्य की गंध मिल रही है, बेटी।"

युवती कहने लगी, "तुम्हें थोड़ी-सी लज्जा नहीं है, माँ! मैं भला कहाँ से मनुष्य लाती! तुमने मनुष्य खाया है इसीलिये तुम्हारे मुँह की गंध में ही मनुष्य-गंध समायी हुई है। खाने की ही इच्छा है तो लो, मुझे खा लो!"

युवती की बातें सुनी डुँडी राक्षसी ने और कहने लगी, "अरी मेरी लाड़ली बेटी लाडरझुमा! तुम्हें खाने की बजाय मैं स्वयं ही अपने हाथ-पाँव को खा जाऊँगी। जाओ बेटी, लाडरझुमा। आँगन में मत निकलो। तुम्हें हवा न लगे। तुम दूध में भात राँधो, दही से पाँव और मठे से सिर धोओ।" राक्षसी ने कहा और फिर से चारा चरने के लिये चली गयी। अपनी माँ को जाने दिया लाडरझुमा ने और कुसदेव को वापस मक्खी से मनुष्य बना दिया और उसके साथ मचलने लगी। झूला नहीं झूलती। दोनों मचलते समय बिता रहे थे। राक्षसी को गये आठ दिन बीत गये। तब फिर राक्षसी ने ध्यान दिया। झूला थमा हुआ ही था। मेरी बेटी को क्या हो

235. **गँध** : अन्य ध्वनि 'गँद'।

236. **अँधन** : अन्य ध्वनि 'अँदन'।

होयला बली पराय आसला। गच-खुट, लाटा-बुटा काईं के ना दखे। काटा रोखसी आछे तार देंहे के, लोहू बोई जायसी आछे मान्तर राकसिन काईं के ना दखे। रोंय-रोंय रोंय-रोंय गरजते आयसी आछे।

अतक ने तार आरो के पायला लाडरझुमा आवरी कुसदेव के बलसी आछे, "नाईं राजा, मोर माय डुँडी राकसिन आयसी आछे। तमी इती ना राहा। इती ले जाहा नोयले मोर माय आसी करी तमके खाई देयसी।"

तार गोठ के सुनला कुसदेव आवरी बलसी आछे, "मोके इतिय खाई देओ रानी जाले बले मुईं एथान ले ना जाएँ।"

तेबे टोकी ताके फेर मोछी बनायला आवरी आपनर छाती ने लटकायला। अतक ने राकसिन राकस-पोकस आयला। गोटक कान के ओछायला आवरी दुसर काने बसला। बसी करी तार बेटी के हाक पाड़सी आचे, "आव रे बेटी लाडरझुमा। तोके मया करबी। छनक बागा पायबी, बेटा।"

टोकी बलसी आछे, "मोके खुबे छाती दुकसी आचे, आया। मुईं आस के ना सर्की।"

सुनला राकसिन आवरी बलसी आछे, "तोके काय बितिर दुख धरला, बेटी? छनक मोर लगे आव रे बेटी।"

बलबा के टोकी धिरे-धिरे निसकला घर ले आवरी जाई करी तार मायर कोले लदक् नाय बसी देला। राकसिन ताके पायला, मया करला आवरी फेर तो माने-माने गँद, मँजा-मँजा गँद बलसी आचे।

बलबा के टोकी बलसी आचे, "तुय मँजा खाय करी आयलिआस आया तेबे तुय असनी बलबिआस।"

तेबे राकसिन बलसी आछे, "तुई दुआरे ना निसक, बेटा। तुय गोरस ने अँदन मँडा, मई ने मुँड रेत, दई ने पायँ धो।" बल्ला राकसिन आवरी फेर जायते गला चारा चर के।

राकसिन के जाय के देला टोकी आवरी मोछी के छाती ले निकराय करी फेर ताके जसनर असन राजा बनाय देला। फेर दुनो लोक मेचलबाआत। मेचली-मेचली आछेत। राकसिनर गला पँदरा दिन होयला। फेर कान देई करी सुनसी आछे जे झुलना ना बाजे। फेर मोर बेटी के काय होयला बलते राकसिन राकस-पोकस परायते आयसी आचे। गरजते आयसी आछे। तार आरो के सुनला टोकी आवरी कुसदेव के बलसी आछे, "होंदे राजा, मोर आया आयसी आछे। एबर आसले हयँ तमके ना बचाय। खाई देयसी। तमे इती ले जाहा।"

कुसदेव बलसी आछे, "मोके हयँ तुरते खाई देओ रानी मान्तर मुईं इती ले ना जायँ।"

अतक ने टोकी ताके फेर मोछी बनायला आवरी आपनर आटा[237] ने लटकायला। राकसिन आसी करी दुआरे बसला आवरी बेटी बिती के

गया कहती वह फिर से भागकर आयी। पेड़-पौधों, झाड़ियों आदि किसी को भी नहीं देखती। उसके शरीर पर काँटे चुभ रहे हैं, देह से लहू बहा जा रहा है किन्तु राक्षसी कुछ भी नहीं देखती। राँय-राँय राँय-राँय गर्जना करती हुई आ रही है।

इतने में लाडरझुमा ने उसके आने का संकेत समझ लिया और कुसदेव से कहने लगी, "हे राजा! मेरी माँ डुँडी राक्षसी आ रही है। आप यहाँ न रहें। यहाँ से चले जायें अन्यथा मेरी माँ आकर आपको खा जायेगी।"

उसकी बातें सुनी कुसदेव ने और कहने लगा, "वह मुझे भले ही यहीं पर खा जाये रानी, किन्तु मैं यहाँ से नहीं जाऊँगा।"

तब युवती ने उसे फिर से मक्खी बनाया और अपनी छाती पर लटका लिया। थोड़ी ही देर में राक्षसी पहुँची। एक कान को बिछाया और दूसरे कान पर बैठ गयी। बैठ कर अपनी बेटी को पुकारने लगी, "आओ बेटी, लाडरझुमा। तुम्हें प्यार करूँगी। क्षण भर के लिये बागा पाऊँगी, बेटा।"

युवती कहने लगी, "मेरी छाती बहुत दुख रही है, माँ। मैं नहीं आ सकती।"

राक्षसी ने सुना और कहने लगी, "तुम्हें किस तरह का रोग लग गया, बेटी? क्षण भर के लिये मेरे पास आओ री बेटी।"

उसके ऐसा कहने पर युवती धीरे-धीरे घर से निकली और जाकर अपनी माँ की गोद में बैठ गयी। राक्षसी ने उसे गोद में लिया, प्यार किया और फिर से मनुष्य की गंध कहने लगी।

यह सुनकर बेटी कहने लगी, "तुम मनुष्य का मांस खाकर आयी हो माँ तभी तुम ऐसा कह रही हो।"

तब राक्षसी कहने लगी, "तुम आँगन में मत निकलो, बेटा। दूध में भोजन राँधो, मठे से सिर और दही से पाँव धोओ।" ऐसा कह राक्षसी फिर से चारा चरने के लिये चली गयी।

राक्षसी के जाने के बाद युवती ने मक्खी को छाती से निकालकर उसे जैसे का तैसा राजा बना दिया। दोनों फिर से मचलने लगे। मचलते समय बिताने लगे। राक्षसी को गये पन्द्रह दिन बीत गये। वह फिर से कान लगाकर सुनने लगी, झूले की आवाज अब भी थमी हुई थी। मेरी बेटी को क्या हो गया कहते राक्षसी फिर से दौड़ती-हाँफती वापस आने लगी। गर्जना करते आने लगी। उसके आने का संकेत सुना युवती ने और कुसदेव से कहने लगी, "देखिये राजा, मेरी माँ आ रही है। अब आने पर वह आपको नहीं बचायेगी। खा डालेगी। आप यहाँ से जाइये।"

कुसदेव कहने लगा, "वह मुझे तुरन्त खा जाये प्रिये, किन्तु मैं यहाँ से नहीं जाऊँगा।"

यह सुनकर युवती ने उसे फिर से मक्खी बना दिया और अपने कमर से लटका लिया। राक्षसी आकर आँगन में बैठी और बेटी से कहने लगी,

237. आटा : अन्य ध्वनियाँ 'कनेया', 'कनिया', 'कराँड'।

बलसी आछे, "आव रे बेटी, लाडरझुमा। तोके कोले धरबी।"

टोकी बलसी आछे, "नाईं आया, मोके आटा दुखसी आछे।"

राकसिन बलसी आछे, "तोके काय दुख धरला, बेटी?"

अतक ने टोकी आसी करी तार माय बितिर कोले बसला। राकसिन ताके पायला, चुमा देला आवरी बलसी आछे, "जा रे बेटी लाडरझुमा। तुय दुआरे ना निसक।" बल्ला राकसिन आवरी फेर जायते गला। हँके जाय के देला टोकी आवरी आपनर आटार मोछी के हिटाय करी ताके जसनर असन राजा बनाय देला। फेर बलसी आछे राजा के, "सुना राजा! मुईं तमके कतक दिन ले लुकायते रबी? तमे मोके तमर गाँए निया नोयले कोनी दिन मोर माय तमके खाई देयसी।"

कुसदेव राजा सुनला आवरी बलसी आछे, "असन आले जूँ रानी।" बलबा के टोकी आपनर सबू जाक-जमक के धरला। अगिन बान धरला, पानी बान धरला, काटा बान धरला। अतक ने दुनो लोक घोड़ा लगे गलाय आवरी घोड़ा चेगी करी जिबाआत। जायते-जायते जिबा आछेत। हयँ बाटे हयँ मनर जिबा आरो के सुनला राकसिन आवरी परायते आसला तार घरे। हाक पाड़ी-पाड़ी थकी गला मान्तर कोनी हाँ नाईं ना हूँ नाईं। कोनी घरे रले तो काईं बले बलताय! अतक ने मोर बेटी के काय होयला बलते छिंगड़-फुसक होयते घरे ओयल्ला। ओयली करी दखसी आछे गुलाय बाटे। ए बाखरा ने दखसी आछे हयँ बाखरा ने दखसी आछे। कोनी नोयले कोनी मोर बेटी के नेलाय बली करी राकसिन काँदी-काँदी बलसी आछे, "हाय धनी बेटी! तुय मोर खुबे लाड़र आस। तोके कोन चँडाल नेयसी आछे?" असन बली करी राकसिन हयँ मन के खेदी नेयसी आछे। लाडरझुमा दखला तार माय बिती के आवरी कुसदेव के बलसी आचे, "होंदे राजा, मोर माय आयसी आछे। तमे काईं बले बिदिया जानास आले पकाय दिया नोयले हयँ तमके खाई देयसी।"

कुसदेव राजा बलसी आछे, "नाईं रानी, खायले खाओ मोके एई थाने। मुईं काईं बिदिया के ना जानें।"

एबर होयला बे रे बुता बलते टोकी तार धरला काटा बान के पकाय देला। पकाय देबा के काटा पटाड़ उठला। राकसिन ए बाटे जाई दखे हयँ बाटे जाई दखे। कोनी बाटे जिबा बाट ना रला। तेबे हईं लगे रलाय कुँदई मन। तिके दखला राकसिन आवरी बलसी आछे, "ए रे कुँदई मन! तमे मोर आहास की कार आहास?"

कुँदई मन डर काजे बल्लाय, "नाईं बाई, आमके मारले मार पेटले पेट। आमी तोरी आवँ।"

तेबे राकसिन बलसी आछे, "मोर आहास आले ए काटा के लगड़ी दियास।"

बलबा के कुँदई मन काटा के लगड़ी देलाय। अतक ने राकसिन छिंगड़-फुसक होई करी तिके फेर खेदी नेयसी आचे। फेर तो दखला तार

"आओ री बेटी, लाडरझुमा। तुम्हें गोद में बैठाऊँगी।"

युवती कहने लगी, "नहीं माँ, मेरी कमर दुख रही है।"

राक्षसी कहने लगी, "तुम्हें कौन-सी व्याधि हो गयी है, बेटी?"

इतने में युवती आकर अपनी माँ की गोद में बैठ गयी। राक्षसी ने उसे गोद में बैठाया, चुम्बन दिया और कहने लगी, "जा री बेटी, लाडरझुमा। तुम आँगन में मत निकलो।" ऐसा कहकर राक्षसी फिर से चली गयी। उसे जाने दिया युवती ने और अपनी कमर से मक्खी को निकालकर उसे जैसे का तैसा राजा बना दिया। फिर राजा से कहने लगी, "सुनिये प्रियतम! मैं आपको कितने दिनों तक छिपाती रहूँगी? आप मुझे अपने गाँव ले चलिये वरना किसी दिन मेरी माँ आपको खा जायेगी।"

कुसदेव राजा ने सुना और कहने लगा, "ऐसी बात है तो चलो रानी।" उसके ऐसा कहने पर युवती ने अपने सारे साजो-सामान ले लिये। अग्नि-बाण, पानी-बाण, काँटा-बान लिये। इसके बाद दोनों घोड़े के पास गये और घोड़े पर सवार होकर जाने लगे। उधर उनके जाने का शोर सुना राक्षसी ने और भागती हुई अपने घर आयी। पुकार-पुकार कर थक गयी किन्तु कोई उत्तर नहीं मिला। घर में कोई रहता तभी न उत्तर मिलता! इतने में मेरी बेटी को क्या हो गया कहते उसने किसी तरह घर में प्रवेश किया। घर में घुस कर सभी तरफ देखने लगी। इस कमरे में देखती, उस कमरे में देखती। वह सोचने लगी, कोई-न-कोई मेरी बेटी को ले गया है। ऐसा सोचकर राक्षसी रोती-रोती कहने लगी, "हे मेरी प्रिय बेटी! तुम मेरी बहुत प्रिय हो। तुम्हें कौन चाण्डाल ले जा रहा है?" ऐसा कहते राक्षसी उनके पीछे दौड़ने लगी। लाडरझुमा ने देखा अपनी माँ को और कुसदेव से कहने लगी, "वह देखिये प्रियतम, मेरी माँ आ रही है। आप कोई विद्या जानते हों तो उसका प्रयोग करें अन्यथा वह आपको खा जायेगी।"

कुसदेव राजा कहने लगा, "हे प्रिये, वह भले ही मुझे यहीं पर खा जाये। मैं तो कोई भी विद्या नहीं जानता।"

युवती सोचने लगी कि अब तो बात बिगड़ जायेगी। ऐसा सोचकर उसने काँटा-बाण फेंक दिया। फेंक देने पर रास्ते में काँटे का पहाड़ खड़ा हो गया। राक्षसी कभी इधर जाती तो कभी उधर। उसके जाने के लिये किसी भी तरफ रास्ता नहीं था। तब उसने देखा कि पास ही में कुछ कुँदई[238] थे। उन्हें देखा राक्षसी ने और कहने लगी, "अरे ओ कुँदई! तुम मेरे हो या किसी और के?"

कुँदई गण डर गये और बोले, "नहीं बाई, हमें आप मारो या पीटो। हम तो आपके ही हैं।"

राक्षसी बोली, "मेरे हो तो इन काँटों को रगड़ दो।"

उसके ऐसा कहने पर कुँदइयों ने काँटों को रगड़ दिया। इतने में राक्षसी किसी तरह वहाँ से निकल कर फिर से उनके पीछे दौड़ने लगी।

238. कुँदई : चूहा प्रजाति के जीव जो आकार में बहुत छोटे होते हैं तथा प्रायः धान के खेतों में रह कर धान की फसल को नुकसान पहुँचाते हैं। इनके शरीर पर काँटों का असर नहीं होता।

बेटी बिती आवरी कुसदेव के बलसी आछे, "ए राजा! तमे काईं बले बिदिया जानास आले पकाय दियास।" बलबा के राजा फेर मुईं काईं बिदिया के ना जानें बल्ला। तेबे टोकी आपनर धरला अगिन बान के पकाय देला। पकाय देबा के राकसिनर आसबा बाटे जोय धरला ढिग्-ढिग्-ढिग्-ढिग्। राकसिन ए बाटे जाई दखसी आचे, हयँ बाटे जाई दखसी आछे मान्तर कोनी बाटे जिबा बाट निआय। हईं लगे रलाय कावरा मन। हयँ दखला कावरा मन के आवरी बलसी आछे, "कसन रे कावरा मन! तमी मोर आहास की कार आहास?"

कावरा मन पने डर काजे बल्लाय, "नाईं बाई, तुय मारले मार पेटले पेट। आमे तोरी आवँ।"

राकसिन बलसी आछे, "मोर आहास आले ए जोय के लिबाय दियास।"

बलबा के कावरा मन पानी आनी करी जोय के लिबाय देलाय। अतक ने राकसिन फेर छिंगड़-फुसक होई करी हयँ मन के खेदी नेयसी आछे। अमरा-अमरी होयबा के राकसिन बलसी आछे तार बेटी के, "हाय धनी बेटी लाडरझुमा! मोके बले तोर सँगे ने। नुआ ने ना देले बले जुठा दोना ने पने देबिस। मुईं तोर घरे गोबर पकायबी, दुआर बड़ायबी, तोर डेवना ने बसी रबी। मोके छाड़ी करी तुय ना जा। तुय मोर खुबे डँडर आस, बेटी। मोर खुबे लाड़र आस।"

अतक ने कुसदेव राजा आवरी लाडरझुमा लँदी के अमरलाय। नाहकी करी लँदी हयँ पाट गलाय। अड़किदायँ राकसिन खेदी आनते रय हयँ मन के तेबे टोकी पानी बान के फिंगी देला। फिंगी देबा के झुरा लँदी पुरा उलटला। खँड झलका-झलकी होयला। लँदी ए पाट कुसदेव आवरी लाडरझुमा आचेत आवरी हयँ पाट आछे राकसिन। तेबे राकसिन बलसी आछे तार बेटी के, "हाय धनी बेटी लाडरझुमा! तमे कोन काजे ले गलास बेटी? कसन करी तमे लँदी के नाहाकलास?"

तेबे लाडरझुमा बलसी आछे, "नाईं आया, आमे आटा ने पखना बाँदलू, पायँ-हात ने पखना बाँदलू, टोडरा ने पखना बाँदलू।"

सुनी करी राकसिन गला डोंगरी ने आवरी हयँ थान ले पखना मन धरी आनला आवरी आटा ने, हात-पायँ आवरी टोडरा ने बाँदी होयला। फेर पुछसी आछे, "कोन बाट ले नाहकलास, बेटी?"

लाडरझुमा बल्ला, "जे बाटे करेया-करेया दखा देयसी आछे आया, आमे हईं-हईं बाट काजे ले नाहकलू।"

असन बलबा के राकसिन करेया-करेया दखा देबा बाट काजे गला। मँजी डिग ने गला आवरी टुगुम नाय ले लगई होयला। राकसिन के पुरा नेयसी आछे। लाडरझुमा दखला आवरी आया के पुरा नेयसी आछे बली रद्-रद्-रद्-रद् काँदसी आछे। फेर पाछे दुनो राँदा-बाड़ा करलाय आवरी खा-पी करलाय। छनक सुस्तायलाय आवरी घोड़ा चेगी करी कुसदेव राजार राजे गलाय। राज के अमरा-अमरी होयबा के राजा बलसी आछे, "एकेदायँ कसन करी जिबू, रानी! मोर बड़े दिदी आछे। तुय ए गछ उपरे चेगी रा। मुईं दिदी के हाक देई आनबी। हयँ मन आमके पड़घाय करी

उसकी बेटी ने उसे फिर से देखा और कुसदेव से कहने लगी, "हे प्रियतम! आप कोई विद्या जानते हों तो उसका प्रयोग करें।" उसके ऐसा कहने पर राजा ने फिर यही कहा कि उसे कोई विद्या नहीं आती। तब युवती ने अपने पास रखे अग्नि-बाण का प्रयोग किया। इससे राक्षसी के आने का रास्ते में आग लग गयी। राक्षसी कभी इधर जाती तो कभी उधर किन्तु उसे किसी भी तरफ रास्ता नहीं मिलता। उसने देखा, वहीं पास ही में कुछ कौवे थे। उन्हें देखा राक्षसी ने और कहने लगी, "क्यों रे कौओ! तुम लोग मेरे हो या किसके?"

कौवे भी डरकर बोले, "हे बाई, तुम हमें मारो या पीटो। हम तो तुम्हारे ही हैं।"

राक्षसी कहने लगी, "मेरे हो तो इस आग को बुझा दो।"

उसके ऐसा कहने पर कौवों ने पानी लाकर आग बुझा दी। इतने में राक्षसी वहाँ से किसी तरह निकलकर उनके पीछे दौड़ने लगी। पास पहुँचने को ही थी कि वह अपनी बेटी से कहने लगी, "हे बेटी, लाडरझुमा! मुझे भी अपने साथ ले चलो। नये दोने में न सही जूठे दोने में ही भोजन देना। मैं तुम्हारे घर में गोबर फेंकूँगी, आँगन बुहारूँगी, तुम्हारी दहलीज पर बैठी रहूँगी। तुम मुझे छोड़कर मत जाओ। मैंने तुम्हें बहुत कष्टों के बाद पाया है, बेटी। तुम मेरी बहुत ही लाड़ली हो।"

तब तक कुसदेव राजा और लाडरझुमा नदी तक पहुँच गये। नदी पारकर उस ओर गये। इसी समय राक्षसी दौड़ती हुई पास आ गयी थी तब युवती ने पानी-बाण का प्रयोग किया। इससे सूखी नदी में अचानक बाढ़ आ गयी। तट तक डूब गये। अब नदी के इस ओर कुसदेव और लाडरझुमा थे जबकि उस ओर थी राक्षसी। तब राक्षसी अपनी बेटी से कहने लगी, "हे मेरी प्रिय बेटी लाडरझुमा! तुम लोग किस ओर से गये, बेटी? किस तरह तुमने नदी पार किया?"

तब लाडरझुमा कहने लगी, "हे माँ, हमने अपने कमर से पत्थर बाँधे, हाथ-पाँवों में पत्थर बाँधे, गले में पत्थर बाँधे।"

यह सुनकर राक्षसी गयी पहाड़ी पर और वहाँ से ढेर सारे पत्थर लेकर आयी और अपनी कमर, हाथ-पाँव और गले में बाँध लिया। फिर पूछने लगी, "किधर से पार किया, बेटी?"

लाडरझुमा बोली, "जिधर काला-काला दिखायी पड़ रहा है माँ, हम उधर ही से पार हुए हैं।"

ऐसा कहने पर राक्षसी नदी के उसी भाग की ओर गयी जिधर काला-काला दिखायी पड़ रहा था। बीच धार में जाकर डूब गयी। राक्षसी को बाढ़ बहा ले जाने लगी। लाडरझुमा ने देखा और माँ को बाढ़ बहा ले रही है कहती फूट-फूटकर रोने लगी। फिर दोनों ने भोजन राँधा और खाया। थोड़ी देर विश्राम किया और फिर घोड़े पर सवार होकर कुसदेव राजा के राज्य की ओर चले। अपने राज्य के पास पहुँचने पर राजा कहने लगा, "हम लोग यों ही कैसे चले जायेंगे, प्रिये! मेरी बड़ी दीदी है। तुम इस पेड़ पर चढ़ जाओ। मैं दीदी को बुला लाऊँगा। वह हमारा स्वागत कर हमें ले जायेगी।" कुसदेव ने

नेबाय।" बल्ला राजा आवरी लाडरझुमा के हईं थाने छाड़ी करी आपन गला तार दिदी लगे। लाडरझुमा चेगला गछ उपरे। अड़किदायँ पानी मार के धरला। पानी मारबा बेरा गोटक नकटी चमरिन गाय-खाला के बोई करी हईं गछ तले आसी करी उबी रय। टिपिर-टिपिर पानी मारे। पानी मारबा के खाला फड़र-फाड़र गरजे। तेबे नकटी चमरिन फुदुक-फुदुक नाचसी आछे। गछ उपरे बसी करी लाडरझुमा तार नाच के दखते रय। हयँ हाँसी के कठलाय-कठलाय थाकी गला आवरी फकफकाय करी हाँसी देला। तार हाँसबा के सुनी करी नाचबा के छाड़ी करी नकटी चमरिन उपरे दखसी आछे। दखला जे काय सुँदर टोकी रय। तेबे नकटी बलसी आछे, "हाय धनी मोर भइन-बेटी! उतर बेटी। तले आव।"

असन बलबा के लाडरझुमा गछ थान ले तले उतरला। तेबे नकटी लाडरझुमार पिंदला गाहना-गुटा के दखला आवरी ताके बलसी आछे, "मोर लगे बले अतकी गाहना-गुटा आछे, बेटी। मुईं पेटझाड़ा ने पड़बा के अवसकेया होयली आवरी मोर सबू गाहना-गुटा के हिटाय करी मोर घरर मोंगरी-पाटी ने सोंगाय देली आछे। आले मने तोर गाहना के मोके देई दख तो! मोके कसन फोबसी आले, दखी दखबी।"

असन बलबा के लाडरझुमा आपनर सबू गाहना-गुटा के निकराय करी ताके धराय देला। धराय देबा के नकटी सबू गाहना-गुटा के पिंदला आवरी बलसी आछे, "आले दखी दख, नोनी। मोके कसन फोबला आले?"

लाडरझुमा बलसी आछे, "नाईं बाई, तोके खुबे अछा फोबला आछे।"

नकटी बलसी आछे, "असन आले जूँ तेबे चुआँ लगे। दखी दखबू।" बलबा के दुनो गलाय चुआँ लगे। आगे नकटी दखला चुआँर पानी ने आवरी बलसी आछे, "तुय सत्ते बल्लिस, नोनी। मोके पक्की फोबला। आले मने तुय बले दखी दख।"

बलबा के लाडरझुमा चुआँ लगे गला आवरी पानी के झाँकी दखते रय आवरी नकटी ताके पिटी बाट ले ठेगली देला। लाडरझुमा चुआँ ने घसरला। अतक ने नकटी आसला आवरी गछ उपरे चेगी करी बसी देला आछे गोटोक खँदी ने।

हयँ बाटे कुसदेव गला तार दिदी लगे आवरी बलसी आछे, "सुन दिदी, बड़े दिदी! मुईं काय सुँदर कनया आनली आछे। ताके पड़घाय के जूँ।"

तेबे तार भइन बलसी आछे, "कोन थानर सुँदर कनया के आनलिआस, बाबू? तुय तो बगड़ा कनया आनलिआस। तुय इती ले जा। मुईं तोर मूँ के ना दखें। एबर तोर डेरा बाइर गड़े आय।"

असन बलबा के मोर भइन मोके दुरई माहा बल्ला बली करी कुसदेव हयँ ती ले गला गाँयता-पुजारी लगे आवरी तिके पने असनी बल्ला। तेबे गाँयता-पुजारी बले सुनलाय आवरी तार भइनर बल्ला असन बल्लाय। अतक ने छी ता भगवान! बली करी कुसदेव गला हईं गछ लगे

कहा और लाडरझुमा को वहीं पर छोड़कर अपनी दीदी के पास गया। लाडरझुमा पेड़ पर चढ़ गयी। इसी समय पानी बरसने लगा। उस समय एक नकटी चमारिन गाय की छाल सिर पर ओढ़े आयी और उसी पेड़ के नीचे खड़ी हो गयी थी। पानी टिपिर-टिपिर बरस रहा था। पानी गिरने पर गाय की वह खाल फड़र-फड़र बजने लगी। तब नकटी चमारिन फुदक-फुदक कर नाचने लगी। पेड़ के ऊपर बैठी लाडरझुमा उसका नाचना देख रही थी। वह अपनी हँसी को रोकने का भरपूर प्रयास करने लगी किन्तु अन्ततः अपने आप को नहीं रोक पायी और खिलखिलाकर हँस पड़ी। उसकी हँसी सुनकर नकटी चमारिन ने नाचना छोड़कर ऊपर देखा। वहाँ एक सुन्दर युवती बैठी थी। तब नकटी उससे कहने लगी, "हे मेरी प्रिय बहन की बेटी! उतरो बेटी। नीचे आओ।"

ऐसा कहने पर लाडरझुमा पेड़ पर से नीचे उतरी। तब नकटी ने लाडरझुमा के पहने हुए गहनों को देखा और उससे कहने लगी, "मेरे पास भी इतने ही आभूषण हैं, बेटी। किन्तु मैं पेट खराब होने के कारण सुस्त पड़ गयी और मैंने सारे गहने उतार कर मेरे घर की मोंगरी-पाटी में रख दिये हैं। अच्छा, तुम जरा अपने गहने मुझे देकर देखो तो! मुझ पर कैसे फबेंगे, जरा देखूँ तो सही।"

ऐसा कहने पर लाडरझुमा ने अपने सभी आभूषण निकालकर उसे दे दिये। दे देने पर नकटी ने सारे आभूषण पहन लिये और कहने लगी, "जरा देखो तो सही, नोनी। मुझ पर कैसे फब रहे हैं?"

लाडरझुमा कहने लगी, "हाँ बाई, तुम पर बहुत ही अच्छे फब रहे हैं।"

नकटी कहने लगी, "ऐसी बात है तो चलो कुएँ के पास। देखेंगे।" ऐसा कहने पर दोनों कुएँ के पास गयीं। पहले नकटी ने कुएँ में झाँककर पानी में देखा फिर कहने लगी, "तुमने सही कहा, नोनी। मुझ पर बहुत अच्छे फबे हैं। अच्छा अब तुम भी देखो तो।"

उसके ऐसा कहने पर लाडरझुमा कुएँ के पास गयी और झाँककर पानी में देखने लगी तभी नकटी ने उसे पीछे से धक्का दे दिया। लाडरझुमा कुएँ में गिर गयी। इसके बाद नकटी वापस आयी और पेड़ पर चढ़कर एक शाख पर बैठ गयी।

उधर कुसदेव अपनी दीदी के पास गया और कहने लगा, "सुनो दीदी, बड़ी दीदी! मैं एक बहुत ही सुन्दर कन्या लेकर आया हूँ। उसका स्वागत करने चलें।"

उसकी बहन कहने लगी, "तुम कहाँ की सुन्दर कन्या लेकर आये हो, बाबू? तुम तो असुन्दर कन्या लाये हो। तुम यहाँ से जाओ। मैं तुम्हारा मुँह नहीं देखूँगी। अब तुम्हारा डेरा बाहर के गढ़ में है।"

ऐसा कहने पर मेरी बहन ने मुझसे किसी द्रोही की तरह बात की, सोचता कुसदेव वहाँ से गया गाँयता-पुजारी के पास और उनसे भी वैसा ही कहा। तब गाँयता-पुजारी ने भी सुना और उन्होंने भी उसकी बहन की तरह ही कहा। इतने में छीः भगवान! कहता कुसदेव उसी पेड़ के पास

आवरी नकटी के बलसी आछे, "उतर रानी लाडरझुमा। तुई बगड़ा कनया आनलिआस बली करी मोर दिदी बल्ला। तोर मूँ के ना दखें, बल्ला।"

तेबे नकटी गछ ले उतरला। उतरबा के कुसदेव तार मूँ के दखला आवरी मोरी असन सुँदर, मोरी असन नाक-कान बिती रला मोर लाडरझुमा आवरी डँडकी छाड़ी करी गली अतकी ने ए असन कसन होयला बली मने-मने बिचारसी आछे कुसदेव। एतारी काजे दिदी तुय बगड़ा कनया आनलिस बलते बल्ला कायनू, बलते कुसदेव बिचारसी आछे। कसनी दखो मान्तर मुईं तो एतारी काजे अतक दिन ले एतार घरे रली। एबर एके कसन छाड़ी देबी ता! बली बिचारसी आछे राजा।

नकटी बलसी आछे, "तमर भइन होई करी बले एमती बली देलाय राजा तमर भइन?"

अतक ने दुनो गलाय बाइर गड़े। हयँ ती दुनो लोक डेरा आछेत। कुसदेव हयँ थानर राजा होयला। रयते-रयते आछेत। कमाय-धमाय खायबा आछेत। नकटी चमरिन सँगे आछे राजा।

हयँ बाटे लाडरझुमा चुआँ ने फुल फुटी रय। गोट दिने नकटी हईं चुआँ ने पानी गला। पानी डुमते रय आवरी हयँ फुल के दखला। खुबे सुँदर रला फुल। अतक सुँदर फुल फुटला आछे बल्ला नकटी आवरी पानी डुमी करी हयँ फुल के टुटायला। पानी बोई करी घरे आसला। बाड़ी लगे अमरी रय आवरी ए फुल के खोची करी जिबी बलते रय। ए फुल के खोचले खुब सुँदर दखा देय के होयसी बली फुल के खोची करी आसते रय। अड़किदायँ फुल बलसी आछे, "तोके दितरी बले लाज ना लागे रे नकटी! सुँदर दखबी बली करी फुल के खोची करी आयलिस!"

फुलर गोट के सुनला नकटी आवरी डरी करी फुल के हिटायला आवरी पकाय देला बाड़ी भितरे। फुल के पकायला आँट-पँदरा दिन होयला। हयँ फुल हयँ थाने काय मँजा लाल भाजी होई रय। गोट दिने राजा बाड़ी बाटे गला। दखसी आछे हयँ भाजी के। घरे आसला आवरी बलसी आछे, "सुन रानी, लाडरझुमा! बाड़ी भितरे काय सुँदर लाल भाजी आछे। मुईं रोजे दार खायबी आछे। दार खाई-खाई असकट बले लागला। तुय जा नू, भाजी के टुटाव आवरी मोर काजे राँदी देस।" बल्ला राजा आवरी कचेरी बाटे जायते गला। नकटी गला बाड़ी ने आवरी लाल भाजी के टुटाय करी राँदा मँडायला। खुदुर-खुदुर भाजी चुड़सी आछे। अतक ने भाजी बलसी आछे, "खुदुर-खुदुर भाजी चुड़े, नकटी चमरिन राज करे।"

नकटी सुनला आवरी भाजी के बाड़ी भितरे पकाय देला। राजा काजे फेर दार राँदी देला। पेज बेरा होयबा के राजा कचेरी ले घरे आसला आवरी नाहा-धुआ करी खाय के बसला। नकटी राजा के खाय के देला। दखसी आछे राजा, फेर तो दार रय। तेबे हयँ बलसी आछे नकटी के, "ए

गया और नकटी से कहने लगा, "उतरो रानी, लाडरझुमा। मेरी बहन ने मुझे तुम असुन्दर कन्या लेकर आये हो कहा। उसने कहा, मैं तुम्हारा मुँह नहीं देखूँगी।"

तब नकटी पेड़ पर से उतरी। उतरने पर कुसदेव ने उसके चेहरे को देखा और सोचने लगा कि यह तो मेरी ही तरह सुन्दर थी, इसके नाक-कान भी मेरे जैसे ही सुन्दर थे और अभी कुछ ही देर के लिये छोड़कर जाने पर यह इस तरह कैसे हो गयी? शायद इसीलिये दीदी ने तुम असुन्दर कन्या लेकर आये हो कहा। कुसदेव सोचने लगा। फिर सोचा, चाहे जैसे भी हो, मैं इसी के लिये इतने दिनों तक इसके घर पर रहा। अब इसे कैसे छोड़ दूँगा भला!

नकटी कहने लगी, "आपकी बहन होकर उन्होंने ऐसा कहा, प्रियतम?"

इतने में दोनों वहाँ से बाहर गढ़ में रहने चले गये। वहाँ दोनों ने अपना डेरा जमाया। कुसदेव वहाँ का राजा हो गया। रहते-रहते वहीं रहने लगे। जीवन बिताने लगे। राजा कुसदेव नकटी चमरिन के साथ रहने लगा।

उधर लाडरझुमा ने कुएँ में फूल के रूप में जन्म लिया था। एक दिन नकटी उसी कुएँ में पानी के लिये गयी। वह अभी पानी निकाल ही रही थी कि उस फूल को देखा। फूल बहुत ही सुन्दर था। इतना सुन्दर फूल! कहते उसने पानी भरा फिर फूल को तोड़ा। पानी लेकर घर आयी। घर की बाड़ी के पास पहुँचकर वह उस फूल को जूड़े में खोंसने की सोचने लगी। इस फूल को खोंसने पर बहुत सुन्दर दिखायी दूँगी, उसने सोचा और फूल खोंस कर आ ही रही थी कि उसी समय फूल कहने लगा, "तुम्हें तनिक भी लज्जा नहीं है, री नकटी! सुन्दर दिखूँगी सोचकर तुमने फूल खोंसा हुआ है!"

फूल की बातें सुनी नकटी ने और डरकर फूल को निकाला और उसी बाड़ी के भीतर फेंक दिया। फूल को फेंके आठ-पन्द्रह दिन बीत गये। वह फूल वहाँ पर बहुत ही सुन्दर लाल भाजी के रूप में ऊग आया था। एक दिन राजा बाड़ी की ओर गया। देखा उस लाल भाजी को। घर आया और कहने लगा, "सुनो रानी, लाडरझुमा! बाड़ी के भीतर बहुत ही सुन्दर लाल भाजी है। मैं रोज-रोज दाल खाता हूँ। दाल खाते-खाते मन भर गया है। तुम जाओ तो, भाजी तोड़ो और मेरे लिये राँध दो।" राजा ने कहा और कचहरी की ओर चला गया। नकटी गयी बाड़ी में और लाल भाजी तोड़ लायी। उसे राँधने लगी। भाजी पकने लगी। इतने में भाजी कहने लगी, "खुदुर-खुदुर[239] भाजी पक रही है, नकटी चमारिन राज कर रही है।"

नकटी ने सुना और भाजी को उठाकर बाड़ी के भीतर फेंक दिया। राजा के लिये फिर से दाल राँध दिया। पेज पीने का समय होने पर राजा कचहरी से घर आया और स्नानादि से निवृत्त होकर भोजन के लिये बैठा। नकटी ने राजा को भोजन परोसा। राजा ने देखा, फिर से वही दाल! तब

239. खुदुर-खुदुर : खदबदाहट। भाजी के पकने की आवाज।

रानी, लाडरझुमा। तोके मुईं भाजी के राँद बल्ली मान्तर तुय फेर दार केच्ची राँदी देलिस।"

नकटी बलसी आछे, "भाजी के मँडाय करी पानी जाई रली, राजा। सबू भाजी जरी गला। झगड़ा लागबास बली करी सबू भाजी के पकाय देली आवरी दार राँदली।"

असनी-असनी भाजी के पकायलार छय मएना होयला। होयबा के हयँ भाजी एबर कदम-गछ होयला। गछ ने कदम फरला, पाकला। गोट दिने राजा बाड़ी बाटे गला। दखला पाकला कदम पाक के आवरी टुटाय करी घरे आनला आवरी डेवना ने मँडाय देला। अतक ने दातुन-पतर चाबला, नाहा-धुआ करला आवरी कचेरी बाटे गला। नकटी चमरिन दखला आवरी राजा काय के आनी करी सोंगायला आछेत बली करी कदम के उठाय करी दखते रला। अड़किदायँ कदम बलसी आछे, "तोके दतकी बले लाज निआय रे नकटी! कदम के उठाय करी दखबिआस!"

बलबा के नकटी कदम के हईं थाने मँडाय देला। राजा कचेरी थान ले आयला आवरी नोन-मिरी पिस के बल्ला। कदम के धरी करी खटेया ने बसला आवरी कदम के खापा करला। राजा आवरी नकटी दुनो कदम के खायबा आचेत। छेरी-चरकिनर गोटक बेटा रय। हयँ मन दुनो माय-बेटा राजा-घरे भाँडी जाई रलाय। पिला कदम खायबा के दखला आवरी राजा-घरे कदम खायबाआत आया, बलसी आछे तार माय बिती के। मोके बले माँगी देस आया, बलसी आछे। तेबे माय बिती बलसी आछे, "अतक बड़े राजा के मुईं कसन करी माँगबी, बेटा? तोके कसन बुद निआय! बाड़ी बाटे जाई दख। गछे आछे आले टुटाय करी खायबिस। मुईं राजा-रानी के भुरलाय रबी।"

बलबा के पिला गला बाड़ी बाटे। गछे दखसी आचे गोटक कदम रला। तेबे हँके टुटायला आवरी आपनर घरे गला। कदम के सोंगाय देला। भाँडी देबा के तार माय बिती बले घरे आसला। घरे आसबा के पिला तार माय बिती के बलसी आछे, "मुईं गोटक कदम आनली आया। तुय कदम के खापी देस।"

तेबे तार माय बिती बल्ला, "छनक थेब ता बेटा। तोर बुआ के आय के देस ता।" अतक ने तार बुआ बिता बले आसला। आसबा के पिला ताके कदम के खाप के बल्ला। बलबा के तार बुआ कदम के खापबा काजे कडरी धरला आवरी खापबी बलतेच्ची रला आवरी कदम बलसी आछे, "मोके ना खाप, बोडू। नुआ टाँडी नुआ परई आन आवरी हयँ थाने मोके भरी करी बाड़ी कोना ने डारा ओधाय देस। मुईं तोके सँग देबी। जिव रला आले तोर नाव धरबी।"

अतक के सुनी करी चरेया बुड़ा नुआ हाँडी आवरी नुआ परई आनला। कदम के हईं हाँडी ने भरी करी परई ढापला आवरी नेई करी बाड़ी कोना ने मँडाय देला। तार उपरे गोटक डारा के ओधाय देला।

वह नकटी से कहने लगा, "हे रानी, लाडरझुमा। मैंने तुमसे भाजी राँधने को कहा था किन्तु तुमने फिर से दाल ही राँधी।"

नकटी कहने लगी, "भाजी को पकने के लिये चूल्हे पर रखकर पानी के लिये गयी थी, प्रियतम। सारी भाजी जल गयी। आप डाँटेंगे सोचकर मैंने सारी भाजी फेंक दी और दाल राँध दिया।"

इस तरह भाजी को फेंके छह महीने बीत गये। वह भाजी अब कदम्ब का पेड़ बन गयी। पेड़ पर कदम्ब के फल लगे, पके। एक दिन राजा बाड़ी की ओर गया। कदम्ब के पके हुए फलों को देखा और तोड़कर ले आया। लाकर दहलीज पर रख दिया। इसके बाद दातौन आदि से निवृत्त हुआ, स्नानादि किया और कचहरी चला गया। नकटी चमारिन ने देखा और राजा कौन-सी वस्तु लाकर रखे हुए हैं, कहती कदम्ब को उठाकर देखने लगी। इसी समय कदम्ब कहने लगा, "तुम्हें थोड़ी भी लज्जा नहीं है री, नकटी! कदम्ब को उठा कर देख रही हो।!"

उसके ऐसा कहने पर नकटी ने कदम्ब को वहीं पर रख दिया। इतने में राजा कचहरी से आया और नमक-मिर्च पीसने को कहा। कदम्ब को लेकर खाट पर जा बैठा और कदम्ब को काटकर उसके दो टुकड़े किये। राजा और नकटी दोनों कदम्ब खाने लगे। बकरी चराने वाली का एक बेटा था। वह और उसकी माँ दोनों राजा के घर भाँडी[240] माँगने गये थे। लड़के ने राजा-रानी को कदम्ब खाते हुए देखा और अपनी माँ से कहने लगा कि वह उसके लिये भी कदम्ब माँग दे। तब उसकी माँ बोली, "इतने बड़े राजा से मैं कैसे माँगूँगी, बेटा? तुम्हें अकल कैसे नहीं है! बाड़ी की ओर जाकर देखो। यदि पेड़ पर फला हुआ हो तो तोड़कर खा लेना। मैं राजा और रानी को बातों में लगाये रखूँगी।"

उसके ऐसा कहने पर लड़का बाड़ी की ओर गया। देखा, पेड़ पर एक कदम्ब था। उसने उसे तोड़ा और अपने घर चला गया। कदम्ब को रख दिया। उधर भाँडी देने पर उसकी माँ भी घर आ गयी। घर आने पर लड़का अपनी माँ से कहने लगा, "मैं एक कदम्ब ले आया हूँ, माँ। तुम उसे काट दो।"

तब उसकी माँ बोली, "थोड़ी देर रुक जाओ, बेटे। तुम्हारे पिता को आने दो।" इतने में उसका पिता भी आ गया। आने पर लड़के ने उसे कदम्ब के टुकड़े कर देने को कहा। सुनकर उसके पिता ने कदम्ब को काटने के लिये छुरी ली और काटने को ही था कि कदम्ब बोलने लगा, "मुझे मत काटो, ताऊ। नयी हण्डी और नयी परई लाकर मुझे उसमें भरकर बाड़ी के किनारे रख दो और उसे किसी पत्तों-युक्त टहनी से ढँक दो। मैं तुम्हारी सहायता करूँगा। बच गया तो तुम्हारा नाम लूँगा।"

इतना सुनकर चरवाहा बूढ़ा नयी हाँडी और नयी परई ले आया। कदम्ब को उसी हाँडी में भरकर उसके ऊपर परई ढँक दी और ले जाकर बाड़ी के किनारे रख दिया। उसके ऊपर पत्तों-युक्त एक टहनी टिका दी।

240. भाँडी : बस्तर के ग्रामीण इलाकों, विशेषतः ओड़िसा प्रान्त से सटे अंचल (जगदलपुर तहसील) में चरवाहों को दोपहर एवं शाम के समय पशु-मालिकों के परिवारों द्वारा पका हुआ भोजन दिया जाता है। यही भाँडी कहलाता है। किन्तु अब यह प्रथा लगभग अवसान पर है। चरवाहे के लिये भोजन पहले ही अलग कर रख दिया जाता था, इसके बाद ही पशु-मालिक का परिवार भोजन ग्रहण किया करता था। धारणा थी कि चरवाहा यदि भूखा रह जायेगा तो लक्ष्मी (गोधन) साथ नहीं देंगी।

अतक ने राती होयला। बारा बजे राती चरेया बुड़ार घर माहाल उलटी गला। नौखँड माहाल बनला। हयँती धन-माल, कासा-तामा सबू होयला। टोकी लाडरझुमा हयँ थाने काय मँजा सुँदर जुआन होयला। कुमडा-फुल माहा दखा देयसी आछे। हईं थाने आछे। ताके चरेया-चरकिन मन आपनर बेटी माहा मया करबाआत। हयँ पने हयँ दुनो के आपनर आया-बुआ असन मया करसी आछे। असनी-असनी हयँ चरेया-चरिकनर घरे रई गला। गोट दिने गोटक रवतिन मई-दई बुलाय के नेला। मई धरा, दई धरा बली बुलायसी आछे। बुलायते-बुलायते लाडरझुमा घर बाटे नेला। तेबे लाडरझुमा सुनला आवरी ताके हाक देला। हाक देबा के रवतिन तार घरे गला। लाडरझुमा दुआरे उबी रय। ताके दखला आवरी गोटक पोता निकराय देला बसबा काजे। रवतिन ताके दखला आवरी हिटी पड़ला। घसरबा के लाडरझुमा ताके उठायला आवरी बलसी आछे, "कसन काजे हिटी पड़लिस, बाई? काय होयला गुने तोके?"

रवतिन उठला आवरी बलसी आछे, "नाईं नोनी, मोर आइँख अँधार पड़ी रला।" बली करी रवतिन पोता ने बसला। तेबे लाडरझुमा तार लगे ले दई-मई-गोरोस धरला। धरी करी हयँ ताके आपनर उपरे बितला गोट के साँगसी आछे, "सुन बाई रवतिन! मुईं मोर आया घरे मई ने मुँड रेतते रयँ, दई ने पाँय धोयते रयँ आवरी गोरोस ने अँधन मँडायते रयँ। आजी मुईं एथाने घेनी करी मई खायबी आछे। कुसदेव राजा मोके आनी करी अदबिच ने धोका देला, बाई। नकटी चमरिन सँगे कमाय खायसी आछे।" बली करी लाडरझुमा रद्-रद्-रद्-रद् काँद के धरला। तेबे रवतिन बलसी आछे, "ओगाय रा नोनी, ओगाय रा। ना काँद। तोके आनी करी काय काजे धोका देला!"

अतक ने लाडरझुमा रवतिन के धान देला। रवतिन धरला धान के आवरी आपनर घरे गला। बोझा के घरे मँडाय देला आवरी गला कुसदेव राजा लगे। जाई करी बलसी आछे, "सुन बाबू, कुसदेव राजा! अतक सुँदर कनया आछे। तुई आवरी हयँ होयले खुबे सुँदर फोबतास। मुईं दई बिक के नेई रली आवरी ताके दखली।"

सुनला कुसदेव राजा आवरी बलसी आछे, "मुईं काली के तोर लगे आसबी, बाई। तुई मई बिलाय रबिस। मयँ बिकी आनी देबी।"

तेबे रवतिन होय बल्ला आवरी गला आपनर घरे। दुसर दिने राजा रवतिन घरे गला आवरी बलसी आछे, "आले बाई, तोर पाटा के देस, तोर चवँरी-पनेया के देस, तोर चुड़ी-माला के देस।"

बलबा के रवतिन आपनर सबू सज के कुसदेव राजा के धराय देला। तेबे कुसदेव राजा सज के पिंदला। अतक ने रवतिन टाँडी ने दई-मई-गोरोस जोड़ी देला। राजा ताके बोई करी बुलाय के नेला। दई धरा,

थोड़ी देर में रात हो गयी। बारह बजे रात में चरवाहा बूढ़े का घर महल में परिवर्तित हो गया। नौखण्डा महल बन गया। वहाँ धन-सम्पत्ति, काँसा-ताम्बा आदि सभी धातु भर गये। युवती लाडरझुमा वहीं पर प्रगट हो गयी। वह किसी सुन्दर फूल की तरह दिखायी देने लगी। वह वहीं रहने लगी। उसे चरवाहा-दम्पत्ति अपनी बेटी की तरह स्नेह करने लगा। वह भी उन दोनों को अपने माता-पिता की तरह प्यार करने लगी। इस तरह वह उस चरवाहा-दम्पत्ति के घर में रह गयी। एक दिन एक रौतिन[241] मठा और दूध-दही बेचने गयी। मठा लो, दूध-दही लो कहती वह गाँव में घूमने लगी। घूमते-घूमते वह लाडरझुमा के घर की ओर गयी। तब लाडरझुमा ने सुना और उसे बुलाया। बुलाने पर वह रौतिन उसके घर गयी। लाडरझुमा आँगन में खड़ी थी। उसे देखकर उसके बैठने के लिये एक बोरा निकाल दिया। रौतिन ने उसे देखा और चक्कर खाकर गिर पड़ी। उसके गिरने पर लाडरझुमा ने उसे उठाया और पूछने लगी, "किस कारण से तुम गिर पड़ीं, बाई? तुम्हें क्या हो गया?"

रौतिन उठी और कहने लगी, "हे नोनी, मेरी आँखों के आगे अँधेरा छा गया था।" कहकर रौतिन बोरे पर बैठ गयी। तब लाडरझुमा ने उससे दही-मठा-दूध लिया। लेकर वह उसे अपनी आपबीती सुनाने लगी, "सुनो बाई रौतिन! मैं मेरी माँ के घर में मठा से सिर, दही से पाँव धोती थी और दूध से भोजन राँधा करती थी। आज मैं यहाँ खरीद कर मठा खा रही हूँ। कुसदेव राजा ने मुझे लाकर बीच में ही धोखा दे दिया, बाई। वह नकटी चमारिन के साथ जीवन बिता रहा है।" ऐसा कहकर लाडरझुमा फूट-फूट कर रोने लगी। तब रौतिन बोली, "चुप रहो, नोनी, चुप रहो। मत रोओ। उसने तुम्हें लाकर क्यों धोखा दिया!"

फिर लाडरझुमा ने रौतिन को धान दिया। रौतिन ने धान लिया और अपने घर चली गयी। अपना सामान घर में रखा और गयी कुसदेव राजा के पास। वहाँ जाकर कहने लगी, "सुनो बाबू, कुसदेव राजा! इतनी सुंदर कन्या है। तुम्हारी और उसकी जोड़ी बहुत ही सुन्दर फबती। मैं दही बेचने गयी थी तब मैंने उसे देखा।"

कुसदेव राजा ने सुना और कहने लगा, "मैं कल तुम्हारे पास आऊँगा, बाई। तुम मठा बिलोकर रखना। मैं बेच आऊँगा।"

तब रौतिन ने हामी भरी और अपने घर चली गयी। दूसरे दिन राजा रौतिन के घर गया और कहने लगा, "अच्छा बाई, तुम्हारे कपड़े दो, तुम्हारी चँवरी-पनेया[242] दो, तुम्हारी चूड़ियाँ और माला दो।"

उसके ऐसा कहने पर रौतिन ने अपने सारे साजो-सामान कुसदेव राजा को दे दिये। तब कुसदेव राजा ने सारे साजो-सामान पहने। इतने में रौतिन ने टाँडी[243] में दही-मठा और दूध भी दिये। राजा उसे सिर पर

---

241. रौतिन : राऊत (यादव) जाति की महिला। 'रवताइन'।

242. चँवरी : केश बाँधने के काम आने वाला प्रसाधन। पनेया : एक विशेष प्रकार की कलात्मक ग्रामीण कंघी। अन्य ध्वनियाँ 'पनेया', 'पनिया'। गोंड जनजाति के सजे-सँवरे युवक-युवतियों को इसे अपने सिर में खोंसे हुए देखा जा सकता है।

243. टाँडी : छोटी हाँडी।

मई धरा बली-बली लाडरझुमा घर बाटे गला। लाडरझुमा सुनला आवरी ताके हाक देला। हाक देबा के राजा तार घरे गला। जाई करी दुआरे उबला। तेबे लाडरझुमा ताके बसबा काजे पोता निकराय देला। राजा ताके दखी करी हिटी पड़ला। तेबे लाडरझुमा ताके उठायला आवरी कसन ने घसरलिस बाई, बलते पचारला। तेबे राजा नईं नोनी, मोर आइँख अँधार पड़ी रय बल्ला। अतक ने रानी लाडरझुमा दई-मई-गोरोस धरला। तेबे राजा मुईं जिबी बे, बलते जिबा काजे होयला तेबे रानी बलसी आछे, "आले छनक बस ता बाई।" बली करी तार उपरे बितला गोट के सरसरा साँगसी आछे, "मुईं मोर आया घरे मई ने मुँड रेतते रयँ, दई ने पाँय धोयते रयँ, गोरस ने अँधन मँडायते रयँ। मोके कुसदेव राजा आनला आवरी अदबिच ने धोका देला। हयँ एबर नकटी चमरिन सँगे कमाय खायसी आछे। मुईं कुसदेव राजार लागा के छुटली, बाई।" बली करी रानी रद्-रद्-रद्-रद् काँदसी आछे। तेबे राजा बलसी आछे हँके, "नाईं नोनी, ना काँद। ओगाय रा।" बल्ला राजा आवरी हयँ थान ले गला रवतिन घरे। बोझा के तार घरे मँडाय देला आवरी तार सबू सज के हिटाय देला। आपनर सज के पिंदला राजा आवरी रवतिन के बलसी आछे, "तुई काली के पने दई-मई बिलाय रबिस, बाई। मोर दिदी नेयसी बुलाय के।" बल्ला राजा आवरी तार दिदी घरे गला। हयँती जाई करी तार दिदी बिती के बलसी आछे, "सुन दिदी, बड़े दिदी! अयसा सुँदर कनया आछे, दिदी। तार सँगे मोर बिआ करी देस। काल के तुय के रवतिन घरे जा। हयँ थान ले दई-मई धरी करी बुलाय के ने आवरी कनया के दखी आव।"

बलबा के दिदी बिती होय बाबू बल्ला। राती काजे सोयलाय। बिआन पाहायबा के तार दिदी बिती उठला, बुता-भयना करला, राँदा-बाड़ा करला, तार राजा के खाय के देला। अतक ने तार राजा खा-पी करी करी कचेरी बाट गला। तेबे दिदी बिती रवतिन घरे गला। रवतिन दई-मई बिलाय रला। दिदी बिती रवतिनर सबू सज के पिंदला। पिंदबा के रवतिन माहा दखा देला। अतक ने दई-मई बोई करी बुलाय के नेला। गला लाडरझुमा घर बाटे। लाडरझुमा ताके दखला आवरी हाक देला। हाक देबा के दिदी बिती तार घरे गला। रानी के दखी करी दिदी बिती हिटी पड़ला। तेबे लाडरझुमा ताके उठायला आवरी कसन ने घसरलिस बाई, बलते पुछसी आछे। नाईं नोनी, मोर आइँख अँधार पड़ी रय, बल्ला दिदी बिती। अतक ने लाडरझुमा ताके बसायला आवरी दई-मई घेनला। घेनी करी ताके बले आपनर उपरे बितला गोट के सरसरा साँगी देला।

साँगबा के दिदी बिती बलसी आछे, "काय काजे तोके आनला आवरी अदबिच ने धोका देला, नोनी? मुईं तोके गोटक गोट बलबी। तुई रिस काय ना होयबिस।"

लाडरझुमा बलसी आछे, "मुईं फेर काय काजे रिस होयबी, बाई।"

तेबे दिदी बिती बलसी आछे, "मोर गोटक भइन आछे, नोनी। तोरी माहा दखा देयसी आछे। हँके मुईं काली तोर लगे पठायबी। दुनो सखी बोदबास।" बल्ला दिदी बिती आवरी बोझा के धरी करी रवतिन घरे

धरकर बेचने ले चला। दही लो, मठा लो कहता वह लाडरझुमा के घर की ओर गया। लाडरझुमा ने सुना और उसे बुलाया। बुलाने पर राजा उसके घर गया। जाकर आँगन में खड़ा हो गया। तब लाडरझुमा ने उसे बैठने के लिये बोरा निकाल कर दिया। राजा ने उसे देखा तो चक्कर खाकर गिर पड़ा। तब लाडरझुमा ने उसे उठाया और कैसे गिर गयीं बाई, कहते पूछने लगी। तब राजा ने कहा, मेरी आँखों के आगे अँधेरा छा गया था, नोनी। इतने में रानी लाडरझुमा ने दही-मठा और दूध खरीदे। तब राजा अब मैं जाऊँगी कहते जाने को तैयार हो गया तब रानी उससे कहने लगी, "थोड़ी देर बैठो, बाई।" ऐसा कहकर उसे अपनी आपबीती सुनाने लगी, "मैं अपनी माँ के घर में मठा से सिर, दही से पाँव धोती थी और दूध से भोजन राँधा करती थी। मुझे कुसदेव राजा लेकर आया और बीच में मुझे धोखा देकर अब नकटी चमारिन के साथ जीवन बिता रहा है। मैंने कुसदेव राजा का ऋण चुका दिया, बाई।" कहती-कहती वह फूट-फूटकर रोने लगी। तब राजा ने उससे कहा, "मत रोओ, नोनी। मत रोओ।" राजा ने ऐसा कहा और वहाँ से चला गया रौतिन के घर। वहाँ पहुँच कर उसने रौतिन के सारे साजो-सामान उसे सौंप दिये। अपने कपड़े आदि पहने और रौतिन से कहने लगा, "तुम कल भी दही-मठा बिलोकर रखना, बाई। मेरी दीदी बेचने ले जायेगी।" ऐसा कहकर राजा अपनी दीदी के घर गया। वहाँ जाकर वह अपनी दीदी से कहने लगा, "सुनो दीदी, बड़ी दीदी! बहुत ही सुंदर कन्या है, दीदी। तुम उसके साथ मेरा विवाह करवा दो। कल तुम रौतिन के घर जाओ। वहाँ से दही-मठा लेकर बेचने ले जाओ और कन्या को देख आओ।"

उसकी बातें सुनकर उसकी दीदी ने हामी भरी। रात होने पर वे लोग सो गये। सबेरा होने पर उसकी दीदी उठी, काम-धाम किये, भोजन राँधा और अपने पति को भोजन परोसा। उसका पति भोजन कर कचहरी चला गया। तब उसकी दीदी रौतिन के घर गयी। रौतिन ने दही-मठा बिलो रखा था। उसकी दीदी ने रौतिन का वेश बनाया। वह रौतिन की तरह दिखने लगी। फिर वह दही-मठा लेकर बेचने चली। लाडरझुमा के घर की ओर गयी। लाडरझुमा ने उसे देखा और बुलाया। बुलाने पर वह उसके घर गयी। रानी को देखकर वह चक्कर खाकर गिर पड़ी। तब लाडरझुमा ने उसे उठाया और कैसे गिर पड़ीं बाई कहकर पूछने लगी। तब उसने कहा कि उसकी आँखों के आगे अँधेरा छा गया था। इतने में लाडरझुमा ने उसे बैठाया और दही-मठा खरीदा। खरीद कर उसे भी अपनी आपबीती सुनाने लगी। अपने ऊपर बीती सारी बातें उसे क्रम से सुना दीं।

बताने पर कुसदेव की दीदी कहने लगी, "उसने किसलिये तुम्हें लाकर बीच में धोखा दिया, नोनी? मैं तुमसे एक बात कहूँगी। तुम नाराज मत होना।"

लाडरझुमा ने कहा, "मैं भला किसलिये नाराज होऊँगी, बाई।"

तब कुसदेव की दीदी कहने लगी, "मेरी एक बहन है, नोनी। तुम्हारी ही तरह दिखती है। उसे मैं कल तुम्हारे पास भेजूँगी। तुम दोनों सखी बन जाना।" ऐसा कहकर उसने अपना सामान उठाया और गयी रौतिन के

आसला। रवतिनर जाक-जमक के हिटाय देला आवरी आपनर जाक-जमक के पिंदी करी कुसदेव राजा लगे गला। जाई करी ताके बलसी आछे, "सुन बाबू, कुसदेव! तुई काल के जाई करी तार सँगे सखी बोदी आयबिस। मुईं ताके साँगी देली आछे। तुई ताके उरलाव-भुरलाव करबिस आवरी बिआ होयबिस।"

तेबे हव बल्ला कुसदेव। दुसर दिन फेर रवतिनर भेस काड़ी करी गला दई-मई बुलाय के। लाडरझुमा घरे गला आवरी बसला। छनक बसी करी बलसी आछे, "नाई बाई, मोके मोर दिदी पठायला आछे तमर सँगे सखी बोदबा काजे।"

लाडरझुमा सुनला आवरी होय बल्ला। अतक ने सखी बोदबा जोड़ा जोड़ला लाडरझुमा। फेर दुनो पिड़ा ने उबलाय आवरी सखी बोदलाय। अतक ने लाडरझुमा राँदा-बाड़ा करला। दुनो खा-पी करलाय। कुसदेव राजा हईं थाने आछे। दुसर दिन जावँ सखी नाहाय के बल्ला। तेबे दुनो जन गलाय नाहाय के। कुसदेव बलसी आछे, "नाईं सखी, तमी ए घाटे नाहावा आवरी मुईं हयँ घाटे नाहायबी। मोके खुबे लाज लागुआय सखी लोक मन सँगे नाहायबा काजे।" बली करी कुसदेव दुसर घाटे गला। दुनो भिने-भिने घाटे नाहायलाय आवरी घरे आसलाय। लाडरझुमा राँदा-बाड़ा करला। खाय के बसलाय। खा-पी करलाय। दुनो एके सँगे आछोत। खायले सँगे खायबाआत, सोयले सँगे सोयबाआत, बसले सँगे बसबाआत। असनी-असनी दुनो आछेत। तेबे गोट दिने राती बेरा लाडरझुमा रोटी भुँजला। दुनो सँगे बसी करी खायलाय आवरी राती काजे सोई देलाय। बिआन पाहायबा के मुईं एबर जिबी बे सखी बलसी आछे कुसदेव। तेबे लाडरझुमा एक डोबला रोटी जोड़ी देला आवरी दिदी काजे नेई दिया सखी बल्ला। अतक ने कुसदेव रोटी धरी करी हयँ थान ले निसकला। एके फेर काके देबी ता बली करी बाटे हयँ सबू रोटी के खाई देला। रवतिन घरे गला आवरी तार सबू सज के हिटाय देला। आपनर सज के पिंदला आवरी काल के बले मई बिलाय रबिस बाई, बली करी आपनर घरे गला। रात काजे सोयला आवरी बिआने उठी करी फेर गला रवतिन घरे। सबू जाक के फेर पिंदला, मई-दई धरला आवरी गला लाडरझुमा घरे। मई टाँडी के उतराय देला आवरी दुनो जन जुआर-भेट होयलाय। लाडरझुमा राँदा-बाड़ा करला। दुनो लोक बसलाय आवरी खा-पी करलाय। कुसदेव हईं थाने रई गला। दुय-तिन दिन होयले लाडरझुमा आपनर उपरे बितला गोट के सुरता करी-करी काँद के धरे। तेबे कुसदेव राजा पने आपनर आइँख मन ने थुक के घसी करी काँदबा माहा होय आवरी बले, "ओगाय राहा सखी। ना काँदा। मोके बले काँद के होयसी आछे।" असनी-असनी गोट दिने कुसदेव राजा लाडरझुमा के बलसी आछे, "मुईं तमके गोटक गोट बलबी, सखी। तमे रिस काय ना हुआ।"

लाडरझुमा बलसी आचे, "मुईं फेर काय काजे रिस होयबी ता, सखी। बली दियास नाईं काय गोट आय आले।"

तेबे कुसदेव बलसी आछे, "नाईं सखी, गोटक पिला आछे। तार कोनी निआत। आया नाईं ना बुआ नाईं। भाई-बँधु कोनी निआत। तमी घर। वहाँ पहुँचकर रौतिन के साजो-सामान निकाल दिये और अपने कपड़े-लत्ते आदि पहनकर कुसदेव राजा के पास गयी। वहाँ जाकर उससे कहने लगी, "सुनो बाबू, कुसदेव! तुम कल जाकर उसके साथ सखी बद लेना। मैंने उससे कह रखा है। तुम उसे किसी तरह भुलावा देना और उससे विवाह कर लेना।"

यह सुनकर कुसदेव ने हामी भरी। दूसरे दिन वह फिर से रौतिन का वेश धरकर दही-मठा बेचने गया। लाडरझुमा के घर गया और बैठ गया। थोड़ी देर बैठा फिर कहने लगा, "सुनो बाई! मुझे मेरी दीदी ने तुम्हारे साथ सखी बनने के लिये भेजा है।"

लाडरझुमा ने सुना और हाँ कहा। इतने में लाडरझुमा ने सखी बदने के लिये आवश्यक सामग्री जुटायी। फिर दोनों पीढ़ों पर खड़े हुए और आपस में सखी बदा। फिर लाडरझुमा ने भोजन राँधा। दोनों ने भोजन किया। कुसदेव राजा वहीं रह गया। अगले दिन लाडरझुमा ने नहाने के लिये चलने को कहा। दोनों नहाने गये। कुसदेव कहने लगा, "देखिये सखी, आप इस घाट में नहायें और मैं उस घाट में नहाऊँगी। मुझे बहुत लाज आती है सखी लोगों के साथ नहाने में।" ऐसा कहकर कुसदेव दूसरे घाट में गया। दोनों अलग-अलग घाटों में नहाये और घर आ गये। लाडरझुमा ने भोजन राँधा। दोनों भोजन करने बैठे। भोजन किया। दोनों एक साथ हैं। साथ में खाते, साथ में सोते, साथ में बैठते। इस तरह दोनों रहने लगे। तब एक दिन रात में लाडरझुमा ने रोटी बनायी। दोनों ने साथ बैठकर खाया और रात होने पर सो गये। सबेरा होने पर अब मैं जाऊँगी, सखी कहने लगा कुसदेव। तब लाडरझुमा ने एक दोना रोटी दी और कहा कि उसे वह दीदी को दे दे। कुसदेव रोटी लेकर वहाँ से निकला। इसे किसे दूँगा, सोचकर उसने सारी रोटियाँ रास्ते में खा ली। रौतिन के घर गया और उसके सारे साजो-सामान निकाल दिये। अपने कपड़े-लत्ते पहने और कल भी मठा बिलो कर रखना बाई, कहकर अपने घर चला गया। रात में सो गया और सबेरे उठकर फिर गया रौतिन के घर। सारे साजो-सामान पहने, मठी-दूध-दही लिया और गया लाडरझुमा के घर। मठे की हाँडी उतार दी और दोनों ने आपस में भेंट-जुहार की। लाडरझुमा ने भोजन राँधा। दोनों ने बैठकर भोजन किया। कुसदेव फिर वहीं रह गया। दो-तीन दिन बीतने पर लाडरझुमा फिर से अपनी आपबीती उसे सुनाने लगती और रोती रहती। तब कुसदेव राजा भी अपनी आँखों में थूक लगाकर रोने का नाटक करता लाडरझुमा से कहता, "चुप रहिये सखी। मत रोइये। मुझे भी रोना आता है।" इस तरह समय बीत रहा था। एक दिन कुसदेव राजा लाडरझुमा से कहने लगा, "मैं आपको एक बात कहूँगी, सखी। आप नाराज मत होइयेगा।"

लाडरझुमा कहने लगी, "मैं भला किसलिये नाराज होऊँगी, सखी। जो भी कहना हो कह दीजिये।"

तब कुसदेव कहने लगा, "हे सखी, एक युवक है। उसके कोई नहीं हैं। न तो माँ है और न पिता। भाई-बन्धु कोई भी नहीं हैं। आप उसके

तार सँगे बिआ हुआ, सखी। सुख ने रबास।"

सुनला लाडरझुमा आवरी बलसी आछे, "नाईं सखी, एबर मुईं बिआ ना होंय। मोके कुसदेव राजा धोका देला। असनी काय ए बलेकरसी तेबे।"

कुसदेव बलसी आछे, "नाईं सखी। असन ना बला। तार काजे मुईं आछें। धोका ना देय। मुईं सबू बेरा हयँती रबी। मुईं तमके नाहाय देबी, कोरी-गाथी देबी मान्तर लगिन बेरा ना रयँ। जिव भर कमाय खायबास, सखी। तमर बनसी।" बल्ला कुसदेव आवरी हयँ थान ले गला। रवतिन घरे जाई करी आपनर सज के पिंदला आवरी तार दिदी लगे गला। जाई करी दिदी बिती के बलसी आछे, "एबर माहला जाई दखा बे दिदी।"

असनी-असनी एक-दुय दिन होयला। दिदी बिती माहला-जोड़ा जोड़ला। दिदी बिती, कुसदेव राजा आवरी रवतिन तिनो जन माहला गलाय। लाडरझुमा तिनो के पाँय धुआयला। तिनो जन पाँय धोई करी बसलाय। अतक ने चारो लोक माहला खादलाय। सात माहला खुआयलाय कुसदेव राजा मन आवरी बिआ मँडायलाय। एकेदायँ दुला धरी करी आसबू सखी बल्ला कुसदेव राजा। तेबे फेर हयँ थान ले सबू आपन-आपन घरे गलाय। दिदी बिती बिआ-जोड़ा जोड़ला। बिआ अमरला। तिनो जन बिआ आसलाय। हयँती छापर बँदाय रला। हईं छापर ने गलाय आवरी थेबलाय। कुसदेव राजा तार दुला भेस के छाड़ी करी टोकी भेस धरला आवरी गला लाडरझुमा लगे। हयँती जाई करी लाडरझुमा के नाहाय देला, लुगा पिंदायला, कोरी-गाथी देला। फेर मउड़ बाँदी देला। अतक ने ताके माँडो ने आनलाय आवरी तेल चेगायलाय। तेल चेगाय करी ताके तार बाखरा ने नेई देलाय। अतक ने राँदा-बाड़ा करलाय आवरी चारो लोक खा-पी करलाय। रात काजे सोई देलाय। दुसर दिन दिन भर तेल चेगा-चेगी होयलाय। कुसदेव आपनर तेल-हरदी चेगायला लुगा के निकराए आवरी दुसर लुगा के पिंदी करी लाडरझुमा लगे जाए आवरी ताके तेल चेगाए। अतक ने लगिन-जोड़ा जोड़बा आछेत। तिसर दिन पचतेला तेल चेगायलाय, काकन बाँदलाय, जोरेया पानी[244] आनलाय आवरी हरबर-हरबर लगिन काजे तियार होयबाआत। कुसदेव राजा लाडरझुमा बाटे गला आवरी लाडरझुमा के नाहाय देला, तेल घसी देला, कोरी-गाथी देला आवरी तियार करी देला। अतक करी करी बलसी आछे लाडरझुमा के, "नाईं सखी, मोके गोटक बड़े भारी बुता करबार सुरता पड़ला। मुईं तमर सबय बेरा रली सखी मान्तर लगिन बेरा रय के ना सकीं।"

अतक के सुनला लाडरझुमा आवरी बलसी आछे, "छी सखी! तमे बले अछा दायँ फेर कसन ना रबास बे? तमके रय के लागसी, सखी।"

कुसदेव बलसी आछे, "नाईं सखी। मुईं तमके मोउड़ बाँदी देबी, माँडो ने नेई करी उबाय देबी आवरी मुईं जिबी। मुईं अतक ले रय के ना

साथ विवाह कर लीजिये, सखी। सुखी रहेंगी।"

लाडरझुमा ने सुना और कहने लगी, "नहीं सखी, अब मैं विवाह नहीं करूँगी। मुझे कुसदेव राजा ने धोखा दिया। हो सकता है कि यह भी वैसा ही करे।"

कुसदेव कहने लगा, "नहीं सखी। ऐसा मत बोलिये। उसके लिये मैं हूँ। वह धोखा नहीं देगा। मैं सारा समय वहाँ रहूँगी। मैं आपको नहला दूँगी, आपके केश सँवार दूँगी किन्तु लगन के समय नहीं रहूँगी। आप जीवन भर सुखी रहेंगी, सखी। आपका जीवन सँवर जायेगा।" कुसदेव ने ऐसा कहा और वहाँ से चला गया। रौतिन के घर जाकर अपने कपड़े-लत्ते पहने और अपनी दीदी के पास गया। जाकर दीदी से कहने लगा, "अब तुम माहलाकरने जाओ, दीदी।"

इस तरह एक-दो दिन बीत गये। दीदी ने माहला की सामग्री जुटाई। फिर दीदी, कुसदेव राजा और रौतिन तीनों लोग माहलाकरने गये। लाडरझुमा ने तीनों के पाँव धुलाये। तीनों जन पाँव धोकर बैठ गये। इतने में चारों लोगों ने माहला खाया। कुसदेव राजा और उसकी दीदी ने सात माहला खिलाया और विवाह की तिथि तय की। कुसदेव राजा ने कहा कि वे इकट्ठे दूल्हे को लेकर आयेंगे। फिर वे सभी अपने-अपने घर चले गये। दीदी विवाह की सामग्री जुटाने लगी। होते-होते विवाह की तिथि आ पहुँची। तीनों जन विवाह करने आये। वहाँ लाडरझुमा ने पहले से छापर बनवा रखे थे। उसी छापर में जाकर वे ठहरे। कुसदेव राजा ने अपना दूल्हे का वेश छोड़कर फिर से युवती का वेश धरा और गया लाडरझुमा के पास। वहाँ जाकर उसने लाडरझुमा को नहला दिया, कपड़े पहना दिये, केश सँवार दिये। फिर महुड़ बाँध दिया। इतने में उसे मण्डप में लाकर तेल चढ़ाया गया। तेल चढ़ाने के बाद उसे उसके कमरे में पहुँचा दिया गया। इसके बाद भोजन राँधे और चारों ने खाया। रात होने पर सब सो गये। अगले दिन दिन भर तेल चढ़ाने की रस्म होती रही। कुसदेव तेल-हल्दी चढ़े अपने कपड़ों को उतार देता और दूसरी साड़ी पहनकर लाडरझुमा के पास जाता और उसे तेल चढ़ाता। इतने में अब लगन की तैयारी करने लगे। तीसरे दिन पचतेला तेल चढ़ाया गया, काकन बाँधे गये, जोरेया पानी लाया गया और लगन के लिये जल्दी मचाने लगे। कुसदेव राजा लाडरझुमा की ओर गया और लाडरझुमा को नहला दिया, तेल चुपड़ दिया, केश सँवार दिये और इस तरह तैयार कर दिया। यह सब करने के बाद वह लाडरझुमा से कहने लगा, "देखिये सखी, मुझे एक बहुत बड़े काम की याद आ गयी। मैं आपके सभी रस्मों के समय थी किन्तु लगन के समय नहीं रह सकूँगी।"

इतना सुना लाडरझुमा ने और कहने लगी, "छीः सखी! आप भी अच्छे समय में कैसे नहीं रहेंगी भला? आपको रहना ही पड़ेगा, सखी।"

कुसदेव कहने लगा, "नहीं सखी। मैं आपको महुड़ बाँध दूँगी, ले जाकर मण्डप में खड़ी भी कर दूँगी और फिर मैं चली जाऊँगी। मैं इसके

244. जोरेया पानी : अन्य ध्वनियाँ 'जोरिया पानी', 'जोरया पानी', 'झोरेया पानी', 'झोरिया पानी', 'झोरया पानी'। कहीं-कहीं इसे 'माय पानी' भी कहा जाता है।

सर्की।" बली करी कुसदेव माँडो के सरायला, बाना-चिना लिखला, मोउड़ बाँदी देला, माँडो ने नेई करी उबाय देला आवरी आपनर छापरे गला। आपन बले तियार होयला। धोती मारला, कमिंज पिंदला, पागा बाँदला, तलवार धरला। अतक ने ताके बले माँडो ने आनलाय आवरी दुनो के तिन भुँआर बुलायलाय। फेर दुनो के उभायलाय, गठ जोड़लाय। राजा-रानी भुँआर किंदरलाय। अतक ने दाइज टिकलाय। दिदी बिती आवरी रवतिन हयँ मन के दाइज टिकबा थान ले उठायलाय। अतक ने कुसदेव राजा बलसी आछे, "मुईं कुसदेव मई आनली, मयँ कुसदेव सखी बोदली, मुईं कुसदेव बिआ होयली। तुय गम के ना जान के पारलिस, रानी।"

लाडरझुमा सुनला आवरी बलसी आछे, "तमके मात्ता खाओ। जाहा बे, नकटी चमरिन सँगे कमाय खाहा। मुईं ना आसें।"

अतक ने राजा-रानी के रचन खेलायलाय आरू नाहा-धुआ करी घरे आनलाय। कुसदेव नकटी चमरिन के घोड़ार लेंगड़ी ने बाँदी करी घोड़ा के खेदी देला। खेदी देबा के घोड़ा परायला। खोरे-खोर परायसी आछे घोड़ा। ओड़गोड़सी आछे घोड़ा नकटी चमरिन के तार खाला-खाली उचलत ले, हाड़ा-गोड़ा पिसान उलटत ले। अतक ने राजा-रानी खा-पी करलाय। कमाय-धमाय खायबा आछेत।

बाद नहीं रह सकती।" कहकर कुसदेव ने मण्डप लीपा, वहाँ बाना-चिना बनाये, महुड़ बाँध दिया, मण्डप में ले जाकर खड़ा कर दिया और अपने छापर में चला गया। वहाँ जाकर स्वयं भी तैयार हो गया। धोती पहनी, कमीज पहनी, पगड़ी बाँधी, तलवार लिया। इतने में उसे भी मण्डप में लाया गया और दोनों को तीन फेरे लगवाये गये। फिर दोनों को खड़ा कर गाँठें जोड़ी गयीं। राजा-रानी दोनों ने फेरे लिये। इसके बाद दहेज दिये गये। दहेज के बाद दीदी और रौतिन ने उन्हें वहाँ से उठाया। इतने में कुसदेव राजा कहने लगा, "मैं कुसदेव ही हूँ जो मठा लेकर आया, मैं कुसदेव ही हूँ जो तुम्हारी सखी बना, मैं कुसदेव ही हूँ जिसने तुमसे विवाह किया। तुम मुझे पहचान नहीं सकीं, रानी।"

लाडरझुमा ने सुना और कहने लगी, "तुम्हें माता[245] खा जायें। जाइये, नकटी चमारिन के साथ जीवन बिताइये। मैं नहीं आऊँगी।"

इतने में राजा-रानी को रचन खेलाया गया और फिर उन्हें स्नान करवाकर घर ले आये। कुसदेव ने नकटी चमारिन को घोड़े की पूँछ से बाँध कर घोड़े को हकाल दिया। हकाल देने पर घोड़ा सरपट दौड़ पड़ा। वह गली-गली दौड़ने लगा। घोड़ा नकटी चमारिन को घसीटता ले जाने लगा। उसे इतना घसीटा कि उसकी चमड़ी छिल गयीं, हड्डियाँ चूर-चूर हो गयीं। इसके बाद राजा-रानी ने भोजन किया। दोनों आनन्द पूर्वक जीवन बिताने लगे।

245. माता : शीतला माता, चेचक।

रानी आवरी लड़ई

गोटोक गाँव ने गोटक मनुक रला। तार नाव रय बलदेव। ताके खायबा-पियबा काजे काईं तिजर खँगती ना रय। हयँ सवकार रय। ताके कड़किदायँ बले आपनर बिआर धोका धरी रबारआय। कार सँगे बिआ करबाआय एके हयँ समँज के ना सकते रला। तार माय बिती के पने तार काजे बुआरी डगरायबार धोका धरी रला। गोट दिने तार माय बिती ताके बलसी आछे, "ए बेटा। भगवानर दया ने आमर घरे सबू तिज-बस आछे। खायबा-पियबा आवरी रबा काजे धान-पान, धन-माल, घर-दुआर सबू आछे। एबर तुय बुआरी आन। एबर मोर मरबा बेरा होयला आछे। मुईं बुआरी दखती आले निको होयता।"

तार गोठ के सुनला बलदेव आवरी बलसी आछे, "तुई काय काजे धोका-चिन्ता करबिआस, आया। आजी नोयले काली बले तो दखबिसच्ची जानू तोर बुआरी के।" असन बली करी बलदेव गला आपनर पुरखार देबी लगे आवरी सुमरना करसी आछे।

सुमरना करबा के तार घरर देव-धामी मन साका होयलाय। परछट होयलाय आवरी बलबा आछेत, "तुय काय काजे आमके हाक देलिस, बाबू? तुई काय माँगबिआस आले माँग।"

बलबा के बलदेव बलसी आछे, "मुई बिआ करबी बलते बलबी आछे।"

देव-धामी बल्लाय, "तुई कार सँगे बिआ होयबिस आले हँकै तुय साँग।"

रानी और लड़ाई

एक गाँव में एक आदमी था। उसका नाम था बलदेव। उसके पास खाने-पीने की किसी भी वस्तु की कोई कमी नहीं थी। वह साहूकार था। उसे हर समय अपने विवाह की चिन्ता सताया करती थी। किसके साथ विवाह करना चाहिये, यह उसकी समझ में नहीं आता था। उसकी माँ को भी उसके लिये बहू खोजने की चिन्ता सताया करती थी। एक दिन उसकी माँ उससे कहने लगी, "हे बेटा। भगवान की दया से हमारे घर में सारी चीजें हैं। खाने-पीने और रहने के लिये धान-पान, धन-सम्पत्ति, घर-द्वार सभी हैं। अब तुम बहू ले आओ। अब मेरी मृत्यु का समय आ पहुँचा है। मैं बहू देख लेती तो अच्छा होता।"

उसकी बातें सुनी बलदेव ने और कहने लगा, "तुम किसलिये चिन्ता करती हो, माँ। आज नहीं तो कल तो अपनी बहू को देखोगी ही।" ऐसा कहकर बलदेव गया अपने पुरखों की देवी के पास और उनका स्मरण करने लगा।

स्मरण करने पर उसके घर के देवी-देवता उसकी सहायता के लिये आगे आये। वे प्रगट हो गये और बोलने लगे, "तुमने हमारा आह्वान क्यों किया, बाबू? तुम क्या माँगते हो, माँगो।"

उनके द्वारा ऐसा कहे जाने पर बलदेव कहने लगा, "मैं विवाह करूँगा, ऐसा सोच रहा हूँ।"

देवी-देवता बोले, "तुम किसके साथ विवाह करना चाहते हो, तुम हमें वह बताओ।"

बलदेव बलसी आछे, "मुईं एबत ले टोकी नता दखें। तमके मोर काजे टोकी दख के जाय के लागसी।"

अतक ने देव-धामी बल्लाय, "तुय धोका ना कर, बाबू। तोर पुरखार घोड़ा के सुमर आवरी ताके पठाव। हयँ खोजी करी आयसी आवरी तोके टोकिर नाव-गाँव के साँगसी।"

बलबा के बलदेव घोड़ा के सुमरला। सुमरबा के तार पुरखार घोड़ा परछट होयला आवरी काय काजे मोके हाक देलिस बलते पचारसी आचे। असन बलबा के बलदेव ताके बलसी आछे, "नाईं दादा, मोर पुरखार घोड़ा! तुई जा, मोर काजे टोकी छाटी करी आव। जे टोकी सबू ले सुँदर दखा देले मुईं ताकेच्ची बिआ होयबी।"

तेबे घोड़ा सुनला आवरी होय बाबू मुईं जिबी बली करी हयँ थान ले जायते गला। लेहरां असन उड़ी गला घोड़ा। पँडरी बादर करेया बादर भितर ले जायते-जायते सबू गाँव-गाँव राज-राज जायसी आछे। टोकी खोजते-खोजते दखते जायसी आछे। गोट टोकी के दखला। हयँ काय सुँदर बाबी माहा टोकी रला। ताके दखला घोड़ा आवरी हईं थान ले बाहड़ी गला बलदेव लगे। तार लगे जाई करी बलसी आछे, "नाईं बाबू, बलदेव। मुईं गाँव-गाँव राज-राज बुली-बुली कतकी टोकी मन के दखली मान्तर गोटकी टोकी मोर मन के भायला। हयँ खुबे सुँदर आछे बाबू, सुँदरी बाबी माहा दखा देयसी आछे। तार ले सुँदर आवरी कोनी निआत।"

अतक के सुनी करी बलदेव हईं बाबी सँगे बिआ करबा काजे हरिक होयसी आछे। हयँ रोजे दिन ताहारी धियान ने रय। ताके एबे दखती, केबे दखती असन लागते रय बलदेव के। हारेक बले दखती आले होयता बलसी आछे बलदेव तार मने-मने। हयँ बाबी फेर रोजे सँज बेरा सोनर रथ ने बसी करी बगेचा बुल के जाय। तेबे अड़किदायँ बाबी के दख के होयसी बली बिचार करला बलदेव आवरी गोट दिने सँज बेरा बाबिर जिबा बाटे उबी रय। अड़किदायँ बाबी आपनर सोनर-रथ ने बसी करी हईं बाट काजे ले जायसी आछे। बलदेव ताके लुकी करी दखते रला। जड़कदायँ बलदेव दखला बाबी के अड़किदायँ तो हिटी पड़ला आछे तार रुप के दखी करी। तार आईंक-कान अँधार पड़ला। फेर चेत आसबा के खुबे हरिक होयला आवरी काईं होयले होओ मातर मुईं एकेय बिआ होयबी बली मने-मने बिचार करसी आछे। गुपी गला आछे हरिक काजे। हयँ थान ले उठला आवरी घरे आसला। माय बिती के बलसी आछे, "आया, आया। मुईं जार काजे अतक चिन्ता-फिकर करते रयँ हयँ आजी मोके मिरला।"

सुनी करी माय बिती पुछसी आछे, "कोन मिरला, बेटा? साँग तो।"

बलबा के बलदेव सबू गोठ के साँगी देला आवरी बलसी आछे, "एबर मुईं बिआ होयबी, आया। हयँ बाबी आय। गोटक राजर राजार बेटी।"

माय बिती सुनला आवरी डरी गला। बलसी आछे, "तुई असन

बलदेव कहने लगा, "मैंने अभी तक लड़की नहीं देखी है। आपको मेरे लिये लड़की देखने जाना पड़ेगा।"

इतने में देवी-देवता बोले, "तुम चिन्ता मत करो, बाबू। तुम्हारे पुश्तैनी घोड़े का स्मरण करो और उसे भेजो। वह खोज कर आयेगा और तुम्हें लड़की का नाम-गाँव बताएगा।"

उनके ऐसा कहने पर बलदेव ने घोड़े का स्मरण किया। स्मरण करने पर उसका पुश्तैनी घोड़ा प्रगट हो गया और मुझे किस काम से बुलाया है, कहता पूछने लगा। ऐसा कहने पर बलदेव उससे कहने लगा, "हे दादा, मेरे पुश्तैनी घोड़े! तुम जाओ, मेरे लिये लड़की छाँट कर आओ। जो लड़की सबसे सुन्दर होगी मैं उसी से विवाह करूँगा।"

तब घोड़े ने सुना और हाँ बाबू, मैं जाऊँगा कहकर वहाँ से चला गया। घोड़ा हवा की तरह उड़ गया। सफेद और काले बादलों के बीच से जाते-जाते सभी गाँव-गाँव, राज्य-राज्य होता वह जाने लगा। वह लड़की खोजता, देखता जाने लगा। जाते-जाते उसने एक लड़की देखी। वह बहुत ही सुन्दर और राजकुमारी-सी लड़की थी। उसे देखा घोड़े ने और वहीं से बलदेव के पास लौट गया। उसके पास जाकर कहने लगा, "देखो बाबू, बलदेव। मैं गाँव-गाँव, राज-राज घूम कर कितनी लड़कियाँ देख चुका किन्तु केवल एक ही लड़की मेरे मन को भा गयी। वह बहुत ही सुंदर है, बाबू। वह किसी सुन्दर राजकुमारी-सी दिखायी पड़ती है। उससे सुन्दर और कोई नहीं है।"

यह सुनकर बलदेव उसी राजकुमारी के साथ विवाह करने के लिये आनन्दित होने लगा। वह प्रतिदिन उसी के ध्यान में लगा रहता। बलदेव को लगता कि वह उसे अब देखे कि तब देखे। बलदेव मन ही मन सोचने लगा कि वह उसे एकाध बार भी देख लेता तो क्या बात थी! वह राजकुमारी रोज साँझ के समय सोने के रथ पर सवार होकर बगीचे में घूमने जाया करती थी। तब बलदेव ने सोचा कि इसी समय राजकुमारी को देखा जा सकता है। ऐसा सोचकर बलदेव एक दिन साँझ के समय उस राजकुमारी के जाने के रास्ते में खड़ा था। ठीक उसी समय वह राजकुमारी अपने सोने के रथ पर सवार होकर उसी रास्ते से जा रही थी। बलदेव उसे छिप कर देख रहा था। जैसे ही बलदेव ने उस राजकुमारी को देखा, वह उसके रूप को देखकर गश खाकर गिर पड़ा। उसके आँखों के आगे अँधेरा छा गया और कान सुन्न पड़ गये। थोड़ी देर बाद जब उसे होश आया तो वह बहुत ही प्रसन्न हो गया और सोचने लगा कि चाहे जो हो जाये, मैं तो इसी के साथ विवाह करूँगा। मन-ही-मन ऐसा विचार करते उसकी प्रसन्नता का ठिकाना नहीं है। वह वहाँ से किसी तरह उठा और घर आ गया। माँ से कहने लगा, "माँ, माँ! मैं जिसके लिये इतनी चिन्ता किया करता था, वह आज मुझे मिल ही गयी।"

उसकी बातें सुनकर उसकी माँ पूछने लगी, "कौन मिल गयी, बेटा? जरा बताओ तो।"

माँ के पूछने पर बलदेव ने सारी बात बता दी और कहने लगा, "अब मैं विवाह करूँगा, माँ। वह राजकुमारी है। एक राज्य के राजा की बेटी।"

उसकी माँ ने सुना और भयभीत हो गयी। कहने लगी, "तुम ऐसी

कसन गोठयायबिआस बेटा? राजार बेटी सँगे तोर बिआ कसन ने होयसी? तुई सपना काय ना सपनबिआस?"

माय बितिर गोठ के सुनी करी बलदेव बलसी आछे, "नाईं आया। मोर बिआ केबेय बले होओ, मुईं तो तारी सँगे बिआ होयबी नोयले कारी सँगे ना होयँ। तुई राजा घरे जा आवरी तार बेटी के मोर काजे माँग।" बली करी बलदेव तार जुहायला रँग-रँगर पखना मन के तार माय के देला आवरी राजा के भेट कर के बल्ला। अतक ने माय बिती हयँ पखना मन के मोडरी बाँदी धरला आवरी गला राजा लगे। जिबा के राजार सिपई मन ताके कोन बई आय की कोन आय बलते माहाल ने ओल के ना देओत। अड़कदायँ कोन तो दुसर राजा सँगे ए राजार लड़ई चलते रला। राजा हईं फिकर ने पड़ी रला। अड़किदायँ काय काजे आय आले राजा माहाल ले बाहरेया निसकला। बुड़ी दखला राजा के आवरी हईं थान ले 'राजा राजा' बली करी चिचयायला। तेबे राजा हँके दखला आवरी काय आय रे बुड़ी, बली पचारला। पुछबा के बुड़ी बलसी आछे, "नाईं राजा, मोके तमर लगे बड़े भारी काम आछे।"

बलबा के राजा ताके आपनर सँगे माहाल भितरे नेला। हयँ माहाल भितरे कोनी ना रलाय। तेबे राजा बलसी आछे, "आले साँग बे बुड़ी आया, काय गोठ आय आले।"

तेबे बुड़ी बलसी आछे, "नाईं राजा, मोर बेटा तमर बेटी के मन करला आछे। हयँ तमर बेटी सँगे बिआ करबी बलते टेक मतायला आछे। तमी तमर बेटी के मोर बेटा काजे दियास।"

अतक के सुनी करी तो राजा रिस काजे चुड़ी गला आछे, "काय रे बुड़ी! तोर भाग काजे तुई बुड़ी होयलिस नोयले तोके मुईं एब्बे खाँडा ने गोंदा-गोंदा करी देती। तुई इती ले जा नोयले मुईं तोके ना बचायँ।"

बुड़ी सुनला राजार गोठ के आवरी बलसी आछे, "मोर बेटा बले कमती नोआय राजा। एदे, दखी दखा। मोर बेटा तमर काजे रँग-रँगर पखना मन पठाय देला आछे।" बली करी बुड़ी मोडरी थान ले पखना मन के निकराय करी राजार छमे मँडाय देला। मँडाय देबा के राजा दखला। दखी करी तो राजार चेत गुपला आछे! बाब्बा रे! बलसी आछे राजा मने-मने। अतक सुँदर आवरी भारी मोल बिती हिरा पखना के पठाय देला आछे तो! नाईं, नाईं ए डोकरिर बेटा खुबे धन बिता आय बे। तेबे तो अतक मोल बिती हिरा पखना के पठायला आछे। एतार बेटा आमर ले बले बड़े आय कायनू, बली मने-मने बिचार करला आवरी बलसी आछे, "गोटक राजा सँगे मोर लड़ई होयसी आछे। तोर बेटा ए लड़ई ने मोके जिताय देले मुईं मोर बेटी के तार काजे देबी नोयले नाईं।" बली करी सबू हिरा पखना के धरला आवरी घरे सोंगाय देला। बुड़ी हयँ थान ले घरे गला। खुबे हरिक होयला आछे बुड़ी। घरे गला आवरी बलदेव के सबू गोठ के साँगला। सुनी करी बलदेव मुईं राजा के जिताय देबी बली बलसी आछे। अतक ने बलदेव गला तार पुरखार देबी लगे आवरी सुमरना करला। सुमरना करबा के तार पुरखार देबी मन परछट होयलाय आवरी

बातें कैसे कर रहे हो, बेटे? राजा की बेटी के साथ तुम्हारा विवाह कैसे होगा? कहीं तुम सपना तो नहीं देख रहे हो?"

माँ की बातें सुनकर बलदेव कहने लगा, "नहीं माँ। मेरा विवाह चाहे कभी भी हो, मैं तो उसी के साथ विवाह करूँगा वरना किसी के साथ नहीं। तुम राजा के घर जाओ और उसकी बेटी मेरे लिये माँगो।" कहकर बलदेव ने स्वयं द्वारा इकट्ठे किये गये तरह-तरह के पत्थर अपनी माँ को दिये और उन्हें राजा को भेंट करने के लिये कहा। इतने में माँ ने उन पत्थरों की पोटली बाँधी और लेकर गयी राजा के पास। जाने पर राजा के सिपाही उसे पता नहीं कौन पगली है, कहते राजा के महल में प्रवेश करने से रोकने लगे। उस समय उस राज्य के राजा की किसी और देश के राजा के साथ लड़ाई चल रही थी। उसी समय राजा पता नहीं किस काम से, महल से बाहर निकला। बुढ़िया ने राजा को देखा और वहीं से 'राजा जी, राजा जी' कहकर चिल्लाने लगी। तब राजा ने उसे देखा और क्या बात है री बुढ़िया, कहते पूछने लगा। पूछने पर बुढ़िया कहने लगी, "हे राजा जी, मुझे आपसे बहुत बड़ा काम है।"

उसके ऐसा कहने पर राजा उसे अपने साथ महल के भीतर ले गया। उस महले के भीतर और कोई नहीं था। तब राजा कहने लगा, "अच्छा बुढ़िया माँ, बताओ क्या बात है?"

तब बुढ़िया कहने लगी, "हे राजा, मेरे बेटे ने आपकी बेटी को पसन्द किया है। वह आपकी बेटी के साथ विवाह करूँगा कहकर हठ कर रहा है। आप अपनी बेटी का हाथ मेरे बेटे के लिये दे दीजिये।"

इतना सुनकर राजा गुस्से से लाल हो गया, "क्या बताऊँ री बुढ़िया! तुम भाग्यवान हो कि तुम बुढ़िया हो वरना मैं अभी तलवार से तुम्हारे टुकड़े-टुकड़े कर देता। तुम यहाँ से चली जाओ अन्यथा मैं तुम्हें जीवित नहीं छोड़ूँगा।"

बुढ़िया ने राजा की बातें सुनी और कहने लगी, "मेरा बेटा भी कोई कम नहीं है, राजा। यह देखें। मेरे बेटे ने आपके लिये तरह-तरह के पत्थर भेजे हैं।" ऐसा कहते बुढ़िया ने गठरी से पत्थर निकाल कर राजा के सामने रख दिये। रख देने पर राजा ने देखा। देखकर तो राजा के होश गुम हो गये! 'बाप रे!' वह मन ही मन सोचने लगा। इतने सुन्दर और बेशकीमती हीरे भेजे हैं! नहीं, नहीं इस बुढ़िया का बेटा बहुत ही साहूकार होगा। तभी तो इतने कीमती हीरे भेजे हैं। जरूर इसका बेटा धन-सम्पत्ति के मामले में हमसे बड़ा है, वह मन-ही-मन विचार करने लगा और बोला, "एक राजा के साथ मेरी लड़ाई चल रही है। तुम्हारा बेटा यदि इस लड़ाई में मुझे जितवा देगा तो मैं अपनी बेटी उसके लिये दे दूँगा अन्यथा नहीं।" ऐसा कहते राजा ने सारे हीरे उठा कर घर में रख लिये। बुढ़िया वहाँ से घर चली गयी। वह बहुत प्रसन्न हो गयी है। घर पहुँची और बलदेव से सारी बातें कह सुनायी। सुनकर बलदेव कहने लगा कि वह राजा को विजय दिला देगा। इतने में बलदेव गया अपने पुरखों के देवी-देवताओं की शरण में और उनका स्मरण किया। स्मरण करने पर उसके देवी-देवता प्रगट हो गये और कहने लगे, "तुम पर फिर कौन सी विपत्ति

बलबाआत, "तोके फेर काय बिपती पड़ला बाबू गुने तुई आमके सुमरना करलिस?"

बलदेव बलसी आछे, "नाईं मोर पुरखार देबी मन! मोके खुबे बड़े बिपती पड़ला आछे। मोर बिआ काजे तमी तो टोकी खोजी देलास मान्तर तार सँगे बिआ करबा पुरे मोर उपरे बड़े भारी बिपती पड़ी गला आचे।" बलबा के आले काय बिपती आय, साँग बली करी तार पुरखार देबी मन ताके पचारलाय। तेबे बलदेव बलसी आछे, "मोर मन करला टोकिर बाप बिता सँगे कोन तो दुसर राजर राजा लड़ई करसी आछे। हयँ राजा के हराय करी ए राजा के जिताय देले हयँ तार बेटिर बिआ मोर सँगे करी देयसी नोयले नाईं।"

तार गोठ के सुनलाय तार पुरखार देबी मन आवरी बलबा आचेत, "एतार काजे तुई धोका ना कर, बाबू। जा, तोर काम-कमानी के दख।' बली करी देबी मन छ्यार मया होयलाय। तेबे बलदेव घरे गला। ताके जाय के देलाय देबी मन आवरी ताके साका होयबा काजे सबू देबी मन के जुआयलाय। सबू देबी मन ताके साका होयबा काजे तियार होयलाय।

अतक ने बलदेव गला लड़ई-भाटा ने। जिबा के सबू देबी मन तार पिटी-पिटी गलाय ताके साका होयबा काजे। गलाय आवरी ताके साका होयलाय। लड़ई चलते रय। बलदेव के काईं होय के ना देलाय। बयरी राजार सिपई मन के मारी पकायलाय। केत जन सिपई मन लड़ई-भाटा ले आपापुती परायलाय। देबी मनर दया ने बलदेव हयँ राजा के जितायला। तेबे तार माय बिती राजा-घरे गला। जिबा के राजा ताके दखला आवरी खुबे मया ने ताके बसायला। खुबे मान करला आवरी लड़ई ने जितायबा के खुबे हरिक होई करी बलसी आछे, "एबर तुई जसन बल्ले मुईं असन करबी।"

बुड़ी बलसी आछे, "नाईं राजा, मोके काईं ना लागे। तमी तमर बेटिर बिआ मोर बेटा सँगे करी दियास। अतक ने होयला।"

तेबे राजा बल्ला, "आजी ले मोर बेटी तोरी होयला। आजी ले तिन दिनर पाछे तमी बरात धरी करी बिआ काजे आसा।"

राजार गोठ के सुनी करी बुड़ी हरिक होयला आवरी घरे आसला। बेटा बिता के सबू गोठ के साँगी देला। सुनी करी बलदेव हरिक काजे नाचा-डोगा होयसी आछे। बिआर गोठ सुनी करी फेर सपनसी आचे। तार आँखी-आँखी ने हयँ बाबी झुलसी आछे। लड़ई ने जितबा के भारी हरिक ने आछे बलदेव मान्तर राजार गोटोक मित खुबे उड़गाड़ी रय। हयँ रला राजार मन्तरी। हयँ आपनर बेटा सँगे बाबिर बिआ करबा काजे खोजते रय। हयँ खुबे लोभी रय। राज-पाट काजे आपनर बेटार बिआ बाबी सँगे करबार बिचार करते रय। हयँ सुनला बलदेव सँगे बाबिर बिआर गोठ के आवरी चिन्ता-फिकर ने पड़ी गला। हयँ गला राजा लगे आवरी बलसी आछे, "नाईं मित, तमर बेटी के बलदेव के देलास बल्ले

आ पड़ी, बाबू कि तुमने हमारा स्मरण किया है?"

बलदेव कहने लगा, "हे मेरे पुरखों के देवी-देवताओ! मुझ पर बहुत बड़ी विपत्ति आ पड़ी है। मेरे विवाह के लिये तुमने युवती तो खोज दी किन्तु उसके साथ विवाह करने से पहले ही मुझ पर बड़ी भारी विपदा आ पड़ी है।" उसके ऐसा कहने पर अच्छा ऐसी कौन-सी विपदा है, बताओ कहा उसके पुरखों के देवी-देवताओं ने। तब बलदेव कहने लगा, "जिस युवती को मैंने पसंद किया है उसके पिता की किसी दूसरे राज्य के राजा के साथ लड़ाई चल रही है। उस राजा को हराकर इस राजा को जिताने पर ही यह राजा अपनी बेटी का विवाह मेरे साथ करेगा अन्यथा नहीं।"

उसकी बातें सुनी उसके पुरखों के देवी-देवताओं ने और कहने लगे, "इसके लिये तुम चिन्ता मत करो, बाबू। जाओ, अपना काम-धाम देखो।" ऐसा कहकर देवी-देवता अदृश्य हो गये। तब बलदेव अपने घर चला गया। उसे जाने दिया देवी-देवताओं ने और उसकी सहायता करने के लिये सभी देवी-देवताओं को एकत्र किया। सभी देवी-देवता उसकी सहायता करने के लिये तैयार हो गये।

इसके बाद बलदेव गया लड़ाई के मैदान में। जाने पर सभी देवी-देवता उसकी सहायता करने के लिये उसके पीछे-पीछे गये। गये और सहायता की। लड़ाई चल रही थी। बलदेव का कुछ भी नुकसान नहीं होने दिया। वैरी राजा के सिपाहियों को मार गिराया। कितने ही सिपाही लड़ाई के मैदान से इधर-उधर भाग गये। देवियों की दया से बलदेव ने उस राजा को विजय दिला दी। तब बलदेव की माँ राजा के पास गयी। जाने पर राजा ने उसे देखा और बहुत ही स्नेह पूर्वक उसे बैठाया। बहुत सम्मान किया और लड़ाई में विजय दिलाने पर बहुत प्रसन्न होकर कहने लगा, "अब तुम जैसा कहोगी मैं वैसा ही करूँगा।"

बुढ़िया कहने लगी, "देखिये राजा, मुझे कुछ भी नहीं चाहिये। आप अपनी बेटी का विवाह मेरे बेटे के साथ कर दीजिये। बस! इतना ही।"

तब राजा बोला, "आज से मेरी बेटी तुम्हारी हो गयी। आज से तीन दिनों के बाद आप बारात ले कर विवाह के लिये आइये।"

राजा की बातें सुनकर बुढ़िया प्रसन्न हो गयी और घर आयी। बेटे से सारी बातें कह सुनायी। सुनकर बलदेव आनन्दित होकर नाचने-कूदने लगा। विवाह की बात सुनकर वह फिर से सपने देखने लगा। उसकी आँखों के सामने वह राजकुमारी घूमने लगी। लड़ाई में जीत जाने के कारण बलदेव बहुत प्रसन्न था किन्तु राजा का एक मित्र बहुत ही बदमाश था। वह था राजा का मन्त्री। वह राजकुमारी का विवाह अपने बेटे के साथ करवाना चाहता था। वह बहुत लोभी था। राज्य पाने के लोभ में वह अपने बेटे का विवाह राजकुमारी के साथ करवाना चाहता था। जब उसने राजकुमारी और बलदेव के विवाह की बात सुनी तो वह बहुत चिन्ता में पड़ गया। वह गया राजा के पास और कहने लगा, "हे मित्र! यदि आपने अपनी बेटी का विवाह बलदेव

तमी खुबे मसकुल[246] ने पड़ी जिबास।" असन बलते हयँ राजा के भड़कानी गोठ बलसी आछे, "तमी पचतायबास। तार सँगे तमर बेटिर बिआ होयले तमर बेटिर जिवना-खावना बरोबाद[247] होई जायसी मित। तमर बेटिर घर-दुआर बनबार दखबाआस आले मोर बेटा आछे बिरचँद। तार सँगे तमर बेटिर बिआ करी दियास। तमर बेटी पने मोर बेटा के मन करसी आछे। हयँ बिरचँद सँगे बिआ करबा काजे राजी बले पड़सी।"

तार गोठ के सुनला राजा आवरी बलसी आछे, "असन आय आले तमरी बेटा सँगे मोर बेटिर बिआ होयसी, मित।" राजा बलदेवर माय के बल्ला गोठ के भुलकी देला आवरी आपनर मितर बेटा बिरचँद सँगे आपनर बेटिर बिआ करबा काजे तियार पड़ी गला।

गोट दिने बिआने बलदेव बुल के गला। जिबा के दखसी आछे गुलाय गाँव भितरर सड़क मन के सफई करबाआत। गाँव के सजाड़बाआत। तेबे दखला बलदेव आवरी हयँ सजाड़बा लोक मन के पुछला। पचारबा के हयँ मन बलबाआत, "तुई ना जानिस ना, राजार बेटिर बिआ काजे अतक सजाड़बू आछे। मन्तरिर बेटा बिरचँद सँगे तार बिआ होउआय।"

सुनी करी बलदेवर चेत गुपला। हयँ आका-बाका दखसी आछे। मोर आया सँगे गोट-बात होयला राजा आवरी तार बेटी के मोर काजे देबी बली बल्ला आवरी एबर कसन काजे हयँ मन्तरिर बेटा सँगे तार बिआ करसी आछे? असन बिचारते हयँ परायते-परायते घरे गला।

घरे जाई करी तार आया के बलसी आछे, "नाईं आया, राजा आमके ठगी देला।" बलते सबू गोठ के ताके साँगला आवरी गला तार पुरखार देबी लगे। हयँ थाने जाई करी मुँड के आपटी होई-होई सुमरना करसी आछे। रद्-रद्-रद्-रद् काँदसी आछे। तार काँदबार के सुनलाय देबी मन। सुनी करी सबू के भारी दुख लागला। काय होयला गुने आमर पिला के, अतक कँदरई होई काँदसी आछे बली करी बलबाआत। असन बलते तार पुरखार देबी मन तार छमे परछट होयलाय आवरी ताके पुछबाआत, "काय होयला बाबू, गुने तुई अतक अरलई-करलई होई जिबिआस? आमे तोरी काजे तो इती आछूँ। तोके काय बितिर खँगती होयला, तुय आमके साँग।"

बलबा के बलदेव बलसी आछे, "मोर काजे माँगला टोकिर बिआ दुसर सँगे होयसी आछे बली आजी मुईं सुनी आसली आछे। मुईं एबर कसन करबी बे? तमे तार बिआ होय के दियास, लगिन होय के दियास आवरी ताके काहारी ना जानत ले नेबास।"

तेबें देबी मन होय बल्लाय आवरी तार गोठ के साका आछेत। बाबिर बिआ बिरचँद सँगे होयला। हयँ बिआ ने बड़े-बड़े राजा-माहाराज मन आसी रलाय। गाँव-गाँवर लोक, खुट-खुटर लोक आसी रलाय। खुबे सुँदर बिआ होयला। गाँव गुलाय जिगजाग-बुगबाग होयते रय। सड़क-

के साथ कर दिया तो आप बहुत बड़ी विपत्ति में पड़ जायेंगे।" इस तरह वह राजा से भड़काऊ बातें कहने लगा, "आप पछताएँगे। उसके साथ अपनी बेटी का विवाह कर दिया तो आपकी बेटी का जीवन बर्बाद हो जायेगा, मित्र। यदि आप अपनी बेटी का जीवन सुखमय देखना चाहते हैं तो मेरा बेटा है, बिरचँद। उसके साथ आपकी बेटी का विवाह करवा दीजिये। आपकी बेटी भी मेरे बेटे को पसंद करती है। वह बिरचँद के साथ विवाह करने को राजी भी हो जायेगी।"

उसकी बातें सुनी राजा ने और कहने लगा, "ऐसी बात है तो आपके ही बेटे के साथ मेरी बेटी का विवाह होगा, मित्र।" राजा ने बलदेव की माँ को दिया वचन भुला दिया और अपने मित्र के बेटे बिरचँद के साथ अपनी बेटी का विवाह करने के लिये तैयार हो गया।

एक दिन सबेरे बलदेव घूमने गया। जाने पर देखा कि गाँव के भीतर सड़कों की सफाई की जा रही थी। गाँव को सजाया जा रहा था। तब बलदेव ने सजाने-सँवारने में लगे लोगों से पूछा। पूछने पर वे लोग कहने लगे, "तुम नहीं जानते जी, राजा की बेटी के विवाह के लिये सड़कों की साफ-सफाई की जा रही है। मन्त्री के बेटे बिरचँद के साथ उसका विवाह होने वाला है।"

यह सुनकर बलदेव के होश गुम हो गये। वह इधर-उधर देखने लगा। राजा ने मेरी माँ के साथ बातचीत की और अपनी बेटी मेरे लिये देने को राजी हो गया किन्तु अब वह मन्त्री के बेटे के साथ कैसे उसका विवाह करवा रहा है? ऐसा सोचते हुए वह भागता हुआ घर पहुँचा।

घर पहुँचकर अपनी माँ से कहने लगा, "सुनो माँ! राजा ने हमारे साथ छल किया।" कहते उसने सारी बातें उसे बता दीं और गया अपने पुरखों के देवी-देवताओं के पास। वहाँ जाकर वह सिर पटक-पटककर उनका स्मरण करने लगा। फूट-फूटकर रोने लगा। देवी-देवताओं ने उसका रोना सुना। सुनकर सभी को बहुत दुःख पहुँचा। क्या हो गया हमारे बच्चे को कि वह इतना दुखी हो रहा है, वे सोचने लगे। ऐसा सोचकर उसके पुरखों के देवी-देवता उसके सामने प्रगट हो गये और पूछने लगे, "क्या हो गया बाबू? किस कारण तुम इतने दुखी हो रहे हो? हम तुम्हारे ही लिये तो यहाँ हैं। तुम्हें किस चीज की कमी हो गयी, तुम हमें बताओ।"

ऐसा कहने पर बलदेव कहने लगा, "मैंने आज सुना है कि मेरे लिये माँगी गयी कन्या का विवाह दूसरे के साथ हो रहा है। अब मैं क्या करूँ? आप लोग उसका विवाह होने दें, लगन भी हो जाने दें और किसी के न जानते उसे ले जायें।"

तब देवी-देवताओं ने हामी भरी और उसकी बात रख ली। राजकुमारी का विवाह बिरचँद के साथ हो गया। उस विवाह में बड़े-बड़े राजा-महाराजा आये थे। गाँव-गाँव, राज्य-राज्य के लोग आये थे। बहुत सुन्दर ढंग से विवाह हुआ। पूरा गाँव चमक-दमक रहा था। सड़कों आदि

246. मसकुल : उर्दू के 'मुश्किल' का भतरीकरण। इसके लिये मूल भतरी शब्द है 'फटफटा'।
247. बरोबाद : उर्दू के 'बर्बाद' का भतरीकरण।

बाट सबू के सजाड़ी रलाय। तेबे देबी मन तो मोके साका होयबाय बली बलदेव हरिक होयसी आछे। होयते-होयते अतक ने अदगर राती होयला। बलदेव गोटक गछ तले बसी करी उपरे दखसी आछे आवरी कसन होयसी कसन नाईं, देबी मन मोके साका होई करी बाबी आवरी बिरचँद के भिने-भिने कर के सकबाय की नाईं बलते बिचार करसी आछे। मोर बिआ तार सँगे होई रता आले कतक सुँदर होयता, बली बिचार करसी आछे। ताके कतक सुँदर ने मुईं सोंगायती, ताके कोनी ना दख के सकताय अतक धुर नेई करी राखती, बली बिचार करसी आछे। बलदेव असनी-असनी बिचार करी-करी गछ तले ढुलँगला आछे।

हयँ बाटे बिआ सरबा के बाबी गोटक बाखरा ने तार सखी बिती मन सँगे बसला आछे। मुईं बिरचँद के मन ना करते रली, मोर बुआ तार सँगे जबड़दस्ती मोर बिआ करी देला, बली सखी मन बितिर मँजी बसी करी काँदसी आछे। तार सखी मन ताके चारो बाट ले ढापी होयला असन होयला आछेत आवरी ताके मना-बुझा करबाआत। अड़किदायँ दुला आसला। ताके दखी करी सबू सखी मन खोली भितर ले निसकलाय आवरी दुला के भितरे जाहा बली हाँसते-बुकलते हयँ थान ले जायते गलाय। दुला हरिक होयला आवरी बाखरा भितरे गला। बाबी डर काजे गोटक कोना धड़ी ने जाई बसी करी काँदते रय। ताके बिरचँद के छाड़ी करी कोनी बले पिला सँगे बिआ होयबा काजे मन रला मान्तर बिरचँद के फुटला आइँख ने बले दख के ना भायते रला। मुईं मरी-हाजी बले होयती, बली काँदते रय। अतक ने बिरचँद बाखरा ने ओयल्ला। हयँ खुबे मँद खाई रय। बाबी के दखला आवरी बलसी आछे, "तुई हयँ लगे काय काजे बसलिआस, रानी? आव मोर लगे।" असन बली करी तार लगे गला आवरी जबड़दस्ती तार हाथ के धरी करी झिकते आनला आवरी खटेया ने बसायसी आछे। भार बसायबा बेरा हयँ बाटे बलदेव तार पुरखार देबी मन के सुमरला। सुमरबा के देबी मन दुनो के हयँ थान ले उपरे उड़ायलाय। खटेया सँगे उड़बा के दुनो भकयायलाय। बाबी डर काजे तुरते अवचेत होई करी खटेया ने ढुलँगला। बिरचँद डर काजे थरथरसी आछे। हयँ खटेया बादर उपरे उड़ी जायसी आछे। जोन-तारा दखा देबाआत। बिरचँद बादर मन के छिंई दखसी आछे। आइँख गड़याय करी दखसी आछे।

हयँ बाटे बलदेव हईं गछ तले बसी करी बाट दखसी आछे। अदगर राती होयला मान्तर काइँर हाना-पता निआय तो, बली बिचार करसी आछे। देबी मन मोके साका होयबाय कसन, बलते ताके धोका धरला आछे। असनी बिचार करसी आछे आवरी अड़किदायँ हयँ खटेया उड़ते-उड़ते आसला आवरी ताहरी छमे उतरला। सँगे-सँगे देबी मन बलबाआत, "तोर बल्ला गोठ के आमे पुरन करी देलू बाबू।" अतक बली करी देबी मन छयार मया होयलाय।

दखी-सुनी करी बलदेव देबी मन के पाँय पड़ला आवरी बिरचँद के धरी करी ताके गछ सँगे बाँदी देला। अतक ने टोकी के चेतायला। टोकी चेतला आवरी दखसी आछे बिरचँद के गछ सँगे बाँधलार रय। ताके दखी

को भी बहुत ही सुन्दर ढंग से सजाया गया था। देवी-देवता मेरा साथ देंगे सोचकर बलदेव प्रसन्न हो रहा था। होते-होते आधी रात हो गयी। बलदेव एक पेड़ के नीचे बैठकर ऊपर की ओर आँखें लगाये देख रहा था और विचारकर रहा था कि देवी-देवता मेरी सहायता करेंगे या नहीं, वे राजकुमारी और बिरचँद को अलग-अलग कर पायेंगे या नहीं। वह सोच रहा था कि यदि मेरा विवाह उसके साथ हुआ होता तो कितना सुन्दर होता। वह सोच रहा था, उसे मैं कितने अच्छे ढंग से रखता, उसे कोई भी नहीं देख पाते इतनी दूर उसे ले जाकर रखता। इस तरह विचार करता बलदेव उस पेड़ के नीचे लेटा हुआ था।

उधर विवाह सम्पन्न होने पर राजकुमारी एक कमरे में अपनी सखियों के साथ बैठी हुई थी। वह बताने लगी, मैं बिरचँद को पसंद नहीं करती थी, मेरे पिता ने उसके साथ जबरदस्ती मेरा विवाह करा दिया। अपनी सखियों के बीच बैठ कर बताते हुए वह रोने लगी। उसकी सखियाँ उसे चारों ओर से घेर कर बैठी हैं और उसे समझा-बुझा रही हैं। इसी समय दूल्हा आया। उसे देखकर सभी सखियाँ उस कमरे से बाहर निकल गयीं और दूल्हे को भीतर जाओ कहते हँसती-मुस्कराती वहाँ से चली गयीं। दूल्हा प्रसन्न हो गया और कमरे के भीतर गया। राजकुमारी डर के मारे एक किनारे जा बैठी थी और रो रही थी। उसे बिरचँद को छोड़कर किसी भी दूसरे व्यक्ति से विवाह करने का मन था किन्तु बिरचँद उसे फूटी आँखों भी नहीं सुहाता था। मैं मर-खप गयी होती, कहती वह रो रही थी। इतने में बिरचँद कमरे में घुसा। उसने बहुत मदिरा पी रखी थी। राजकुमारी को देखा और कहने लगा, "तुम वहाँ क्यों बैठी हो, रानी? मेरे पास आओ।" ऐसा कहता वह उसके पास गया और जबरदस्ती उसका हाथ पकड़ कर उसे खींचता हुआ ला कर खाट पर बैठा दिया। इधर वह रानी को बैठा ही रहा था कि उधर बलदेव ने अपने पुरखों के देवी-देवताओं का स्मरण किया। स्मरण करने पर देवी-देवताओं ने उन दोनों को वहाँ से उड़ा लिया। खाट के साथ उड़ने पर वे दोनों आश्चर्यचकित रह गये। राजकुमारी अचेत होकर खाट पर गिर पड़ी। बिरचँद मारे डर के काँपने लगा। वह खाट बादलों के ऊपर उड़ा जा रहा था। उसे चाँद-तारे दिखने लगे थे। बिरचँद बादलों को हाथों से छूकर देखने लगा। आँखें गड़ाकर देखने लगा था।

उधर बलदेव उसी पेड़ के नीच बैठकर राह देख रहा था। वह सोचने लगा, आधी रात हो गयी किन्तु कुछ पता नहीं। देवी-देवता मेरी सहायता करेंगे या नहीं, सोचकर वह चिन्तित हो गया। वह अभी इस तरह विचारकर ही रहा था कि उसी समय वह खाट उड़ता हुआ आया और ठीक उसी के सामने नीचे उतरा। देवी-देवता कहने लगे, "तुमने जैसा कहा था हमने वैसा कर दिया, बाबू।" ऐसा कहकर वे अदृश्य हो गये।

यह देख-सुनकर बलदेव ने देवी-देवताओं को प्रणाम किया और बिरचँद को पकड़ कर पेड़ से बाँध दिया। इसके बाद राजकुमारी को जगाया। राजकुमारी जागी और देखने लगी, बिरचँद को पेड़ से बाँध रखा

करी टोकी फकफकाय करी हाँसी देला। हाँसी देबा के बिरचँद कट-कट-कट-कट दाँत खायसी आछे आवरी बाँदला काजे रे नोनी नोयले मुईं तोके दखायती, बली मने-मने बलसी आछे। हाँसबा बेरा टोकी आवरी अदिक सुँदर दखा देयसी आछे। अतक ने हयँ दखला बलदेव के आवरी बलसी आछे, "मुईं तमर लगे आसबा के मोके खुबे हरिक लागला।" तार मने बलदेव काजे मयार समुँद लेहरा मार के धरला।

तेबे बलदेव तार हात के धरला आवरी बलसी आछे, "मुईं नँगत लोक आयँ, चोर-चिढ़र नुआयँ।"

तेबे टोकी बलसी आछे, "जसन होयले बले तमी मोर काजे खुबे नँगत आसास। तमे ए पिरथिर लोक नुहास असन मोके लागसी आछे। तमे देबी-दुरगार लोक आहास। मान्तर तमे मोके असन उड़ाय करी मोर बुआ घर ले काय काजे इती आनलास?"

बलदेव सुनला आवरी बलसी आछे, "तोर बुआ मोके खुबे धोका देला, रानी। तोर सँगे मोर बेटिर बिआ करी देबी बलते मोके फँद गोट बल्ला आवरी ए बिरचँद सँगे तोर बिआ करी देला। मुईं तोके खुबे मया करबी आछे। एतारी काजे मुईं तोके उड़ाय करी आनली। एबर तुई साँग, मोर करलार अछा आय की नुआय?"

टोकी बल्ला, "तमे अछा करलास मोके उड़ाय आनलास नोयले मोके ए मँदहा बिरचँद सँगे जिव भर रय के लागता बे।"

तेबे बलदेव बलसी आछे, "तुय मोर सँगे बिआ होयबिस?"

बलबा के टोकी होय बल्ला। फेर बलसी आछे, "आगे आमी मोर बुआ घरे जिबू ता। हयँ थाने सबू लोक मोर काजे धोका करबाआत बे। तमे बिरचँद के आवरी मोके जसनर असन मोर बाखरा ने अमराय दियास।"

बलबा के बलदेव हयँमन के जसनर असन बाबिर बाखरा ने अमराय देला मान्तर मुरुस् नाय होयला। बिरचँद तार देबी मन के दखी करी खुबे डरी रय। हयँ तुरते आपनर घरे परायला आवरी जाई करी गोटक बाखरा ने लुकी देला आछे। बाखरा ले बाइरे ना निसके। बाबी बले बलदेव असन देबी सँगर आय बली करी ताके भारी डर चेपायला। हयँ बया माहा होई गला आछे। अतक ने तार सँगवारी मन आसलाय आवरी ताके बाखरा ले निसकायलाय। तेबे हयँ आपनर सँगवारी मन के बलसी आछे, "नाईं ना, मुईं एबर इती ना रयँ बे। कोनी बाटे बले निसकी जिबी। देस निसकी जिबी, राज निसकी जिबी। मुईं बाबी सँगे ना रयँ ना ए देस ने ना रयँ। मुईं बाबी के मन ना करें।" बल्ला आवरी घर ले निसकी करी लिलिबाँडा परायला। तार परायबार के दखी करी गाँवर लोक मन भकयायलाय।

अतक ने तार परायबा खबर के सुनला बलदेव आवरी खुबे हरिक होई करी नाचा-डोगा होयसी आछे। गला आपनर पुरखार देबी मन लगे आवरी तिके पाँय-पटा पड़ला। फेर हयँ थान ले घरे आसला आवरी आपनर माय के राजा घरे बेटी माँग के जिबा काजे बल्ला। बलबा के तार माय बुड़ी तियार होयला आवरी राजा घरे जाई करी राजा के बलसी आछे,

गया था। उसे देखकर राजकुमारी खिलखिला कर हँस पड़ी। उसके हँसने पर बिरचँद गुस्से से दाँत किटकिटाने लगा। सोचने लगा, बँधा हुआ हूँ इसलिये हँस रही हो वरना मैं तुम्हें दिखाता। हँसते समय राजकुमारी और भी सुन्दर दिखायी पड़ रही थी। इतने में उसने देखा बलदेव को और कहने लगी, "आपके पास आने पर मुझे बहुत आनन्द आया।" उसके मन में बलदेव के लिये प्यार का सागर हिलोरें मारने लगा।

तब बलदेव ने उसका हाथ पकड़ा और कहने लगा, "मैं भला आदमी हूँ। कोई चोर-डाकू नहीं हूँ।"

तब राजकुमारी कहने लगी, "आप जैसे भी हैं मेरे लिये बहुत अच्छे हैं। मुझे लगता है कि आप इस पृथ्वी लोक के नहीं हैं। आप देवी-देवताओं में से कोई हैं। किन्तु आपने मुझे मेरे पिता के घर से इस तरह उड़ाकर यहाँ क्यों लाया?"

बलदेव ने सुना और कहने लगा, "तुम्हारे पिता ने मुझे बहुत धोखा दिया, रानी। तुम्हारे साथ मेरी बेटी का विवाह करा दूँगा कहकर मुझसे झूठ बोला और इस बिरचँद के साथ तुम्हारा विवाह करा दिया। मैं तुमसे बहुत प्यार करता हूँ। इसीलिये मैं तुम्हें उड़ाकर ले आया। अब तुम बताओ, मैंने जो किया वह ठीक है या नहीं?"

राजकुमारी बोली, "आपने अच्छा किया जो मुझे उड़ाकर ले आये वरना मुझे इस शराबी बिरचँद के साथ जीवन भर रहना पड़ता।"

तब बलदेव कहने लगा, "तुम मेरे साथ विवाह करोगी?"

उसके ऐसा कहने पर राजकुमारी ने सहमति दी। फिर कहने लगी, "पहले हम अपने पिता के घर जायेंगे। वहाँ सभी लोग मेरी चिन्ता कर रहे होंगे। आप बिरचँद को और मुझे जैसे का तैसा मेरे कमरे में पहुँचा दें।"

ऐसा कहने पर बलदेव ने उन दोनों को जैसे का तैसा राजकुमारी के कमरे में पहुँचा दिया किन्तु उदास हो गया। बिरचँद उसके देवी-देवताओं से बहुत डर गया था। वह तुरन्त अपने घर भाग गया और जाकर एक कमरे के भीतर छिप गया। कमरे से बाहर नहीं निकलता। वह यह सोचकर भयभीत हो गया कि राजकुमारी भी बलदेव की ही तरह देवी-देवताओं के बीच की है। वह पागल-सा हो गया। कुछ देर में उसके साथी आये और उसे कमरे से बाहर निकाला। तब वह भयभीत होकर अपने साथियों से कहने लगा, "नहीं भाई, मैं अब यहाँ नहीं रहूँगा। मैं निकलकर कहीं भी चला जाऊँगा। देश छोड़कर चला जाऊँगा। मैं राजकुमारी के साथ नहीं रहूँगा और न इस देश में ही रहूँगा। मैं राजकुमारी को पसंद नहीं करता।" उसने ऐसा कहा और घर से निकल कर बगटुट भागा। उसे भागते देखकर गाँव के लोग आश्चर्यचकित रह गये।

इतने में उसके भाग जाने की खबर सुनकर बलदेव बहुत प्रसन्न हो गया और नाचने-कूदने लगा। गया अपने पुरखों के देवी-देवताओं के आसन में और उन्हें प्रणाम किया। फिर वहाँ से घर आया और अपनी माँ को राजा के यहाँ बेटी माँगने के लिये जाने को कहा। उसके कहने पर उसकी बूढ़ी माँ तैयार हो गयी और राजा के घर जाकर कहने लगी,

"आले राजा, एबर तमर बेटी के मोर बेटा काजे दियास।"

बलबा के काय करता ता राजा! धोका-चिन्ता ने तो गुपी रला। मोर मितर गोठ के ना धरी करी मुईं आगेच्ची मोर बेटिर बिआ बलदेव सँगे करी देई रती आले अतक ना होयता, बली बिचार करते रला। तेबे बुड़िर गोठ के सुनी करी होय बल्ला आवरी मोर बेटी के तोर बेटा काजे देली। मुई बेटी हारली बलते बिआ मँडायला। गाँव ने डिंडरा देय के बल्ला। फेर बाबी आवरी बलदेवर बिआ करी देला। बलदेव भारी हरिक होयला। दुनो काय मँजा कमाय-धमाय खायलाय।

"अच्छा राजा, अब आपकी बेटी मेरे बेटे के लिये दीजिये।"

उसके ऐसा कहने पर राजा अब और क्या करता! चिन्ता में तो पड़ ही गया था। मेरे मित्र की बात न मान कर यदि मैंने पहले ही मेरी बेटी का विवाह बलदेव के साथ कर दिया होता तो इस तरह की परेशानी नहीं होती, वह सोचने लगा था। तब बुढ़िया की बात सुनकर उसने हाँ कहते हुए कहा, मैंने अपनी बेटी तुम्हारे बेटे के लिये दी। मैंने अपनी बेटी हार दी। ऐसा कहते विवाह की तिथि तय कर दी। गाँव में ढिंढोरा पिटवाया। फिर राजकुमारी और बलदेव का विवाह करवा दिया। बलदेव बहुत खुश हो गया। दोनों ने मजे से जीवन यापन किया।

लाडरबेलुरा

लाडरबेलुरा

गोटक सहर रला। हयँ सहरे गोटक राँडी रानी रला। तार मुनिस बिता आपनर देबी के सेवा-पुजाकर के जाई करी हईं थाने मरी होई रय। हयँ मनर देबी बड़े भारी रला। हयँ घरर लोक मन देबी मनर सेवा-पुजाकर के गलाय मान्तर हयँ थान ले कोनी बायड़ी[248] ना आसलाय। हयँ मन घरे पिड़ी-पिड़ी ले असनिच्ची होयते रय। जे लोक बले सेवा-पुजाकर के गले हयँ ती ओयलबा काजे ओयली देओत मान्तर हयँ थान ले निकरबार नाव नाईं। देबी हयँ मन के हईं थाने खाई देय। रानिर मुनिस पुजाकर के गला बेरा रानी पेटे रय। नव मएना पुरबा के रानी निको होयला। गोटक बेटा के जनम देला। तेबे राजर गाँयता-पुजारी ताके साका होयलाय आवरी गाँयतिन-पुजारिन मन तिन दिन ने तिल-गुर, सात दिन ने सटी करलाय। फेर सवा मएना होयबा के रानी घरे ओयल्ला। पिला के धरी करी एकला रय। पिला राज बाड़ देव बाड़ बाड़सी आछे। तार नाव रय लाडरबेलुरा। असनी-असनी लाडरबेलुरा जुआन होयला। गोट दिनर गोठ आय। पिला खाई-पिई करी सोई रय। तेबे तार सोयला बेरा तार पुरखार देबी ताके सपना देला। सपना देबा के ए भगवान! मुईं असन कसन सपना सपनली बली बलसी आछे पिला। घरर देबी होई करी मोके असन कसन सपना देला, बलसी आछे पिला। सकाल पाहायबा के उठला आवरी गला आपनर माय बिती लगे आवरी बलसी आछे, "आया अँदनी बुड़ी! आमर

एक शहर था। उस शहर में एक विधवा रानी रहती थी। उसका पति अपने पुरखों के देवी-देवताओ की पूजा के लिये जाकर वहीं मर गया था। उन लोगों की देवी बहुत शक्तिशाली थी। उस परिवार के लोग देवी की पूजा के लिये गये जरूर किन्तु उनमें से कोई भी वापस नहीं आया। उनके परिवार में पीढ़ी-दर-पीढ़ी ऐसा ही होता आ रहा था। जो भी पूजाकरने जाता वह देव-स्थल में प्रवेश तो कर जाता किन्तु वहाँ से निकलता नहीं था। देवी उन्हें वहीं पर खा जाया करती थी। जब रानी का पति पूजाकरने गया था तब रानी पेट से थी। नौ महीने पूरे होने पर रानी ने एक बेटे को जन्म दिया। तब राज्य के गाँयता-पुजारी आदि ने उसकी सहायता की और गाँयतिन-पुजारिन ने तीन दिनों में तिल-गुर और सात दिनों में छठी सम्पन्न करवायी। सवा महीना बीत जाने पर रानी ने घर में प्रवेश किया। बच्चे के साथ अकेली रहती थी। बच्चा दिनोदिन बढ़ने लगा। उसका नाम था लाडरबेलुरा। बढ़ते-बढ़ते लाडरबेलुरा युवा हो गया। एक दिन की बात है। युवक खा-पी कर सोया हुआ था। तभी उसके सपने में देवी आयी। सपना देखकर वह सोचने लगा, हे भगवान! मैंने कैसे इस तरह का सपना देखा! घर की देवी होकर भी मुझे कैसे इस तरह का सपना दिया? सबेरा होने पर युवक उठा और अपनी माँ के पास जाकर कहने लगा, "माँ अँधनी बुड़ी! हमारे पुरखों की देवी कहाँ पर है? वह मुझे सपने में दर्शन दे

248. बायड़ी : अन्य ध्वनि 'बाहड़ी'।

पुरखार देबी कोन लगे आछे? हयँ मोके सपना देयसी आछे, आया। कोन थाने आछे आमर पुरखार देबी तुय मोके साँग।"

बलबा के तार माय बिती बलसी आछे, "सुन बेटा, लाडरबेलुरा! तुय कसन असन बलबिआस? मुई तो ना जानें पुरखार देबी के।"

तार मायर गोठ के सुनी करी पिला बलसी आछे, "नाईं आया, तुय मोके साँगच्ची।" मान्तर तार आया बिती मुईं ना जानें बलते बलसी आछे। अतक ने पिला रिस होयला आवरी बलसी आछे, "तुय मोके साँगी देस आया, नोयले मुईं तोके मरते मारी देबी।"

पिलार गोठ के सुनी करी माय बिती थरथरला आवरी मुईं ना जानें बेटा, गाँयता-पुजारी के पचार बलसी आछे। बलबा के पिला गला गाँयता-पुजारी, माँजी-मुकासी लगे आवरी हयँ मन के पुछसी आछे। तेबे हयँ मन बले आमे ना जानूँ बाबू कोन थाने आछे आले बली बलबाआत।

हयँ मनर गोठ के सुनला लाडरबेलुरा आवरी बलसी आछे, "मोके साँगी दियास नोयले मुईं तमके मरते मारी करी रयनी टिका मॉंडबी।" बलबा के हयँ मन जा तोर आया के पचार बल्लाय।

अतक ने पिला फेर गला आपनर आया लगे आवरी बलसी आछे, "तुय मोके साँगी देस आया नोयले तोके मरते मारी देबी। तोके सात गोंदा करी देबी।"

सुनी करी तार आया बुड़ी थरथरी गला आवरी बलसी आछे, "गोटक बेटा ले बेटा नाईं, गोटक आँइख ले आँइख नाईं। आमर कोनी निआत, बेटा। कसन काजे तुय पुरखार देबी के सुरता करलिस? हयँ थाने गछ-खुट अकरला, सित पलटला। तोर दादी पिड़िर लोक मन हयँ ती सेवा-पुजाकर के जायते रलाय बेटा। गोटक लोक बले बाहड़ी ना आसलाय। तुय काय काजे हयँ देबी के सुरता करबिआस? सेवा कर के गला लोक हयँ बाटे जाई करी हईं थाने मरी-हाजी गलाय। हयँ देबी ने अतक सकत आछे। तुय मोर गोटकी बेटा आस, बेटा। सेवा कर के गले तुय बले हईं बाटे मरी-हाजी जिबिस। मुईं कसन करबी?" बली करी बुड़ी रद्-रद्-रद्-रद् काँदसी आछे।

तेबे पिला बलसी आछे, "तुय मोके बदरा-बदरी ना कर आया। तोर गोठ के मुईं ना धरें।"

तिन-चार दिन होयला माय बिती के पुछलार। अतक ने पारा ने गला पिला आवरी गाँयता-पुजारी के बलसी आछे, "पारार सबू लोक कोड़की धरा दादा, टँगेया धरा। मोके मोर देबी लगे जाय के लागा।" बलबा के गाँव-पारार लोक मन सुनलाय आवरी तियार होयबा आछेत। तियार होई करी सबू लोक पिला घरे आसलाय। अतक ने पिला बले तियार होयला आवरी घिंव-गुर, अगरबती-नड़ेया धरला। कावड़ ने जोड़ला आवरी सबू लोक मन सँगे जायसी आछे। तार जिबा के दखी करी तार माय बुड़ी काँदसी आछे, "मोर गोटक बेटा ले बेटा नाईं, गोटक आँइख ले आँइख नाईं। पुरे-पाटे आमर कोनी नाईं। लोक नाईं ना बाग

रही है, माँ। हमारे पुरखों की देवी कहाँ पर है, तुम मुझे बताओ।"

ऐसा कहने पर उसकी माँ बोली, "सुनो बेटा, लाडरबेलुरा! तुम कैसे इस तरह कह रहे हो? मैं तो नहीं जानती पुरखों की देवी को।"

अपनी माँ की बातें सुनकर युवक कहने लगा, "नहीं माँ, तुम मुझे बता ही दो।" किन्तु उसकी माँ मैं नहीं जानती कहती रही। इतने में युवक क्रोधित हो गया और कहने लगा, "तुम मुझे बता दो माँ वरना मैं तुम्हें मार डालूँगा।"

बेटे की बातें सुनकर माँ भय से काँपने लगी और बोली, मैं नहीं जानती बेटा, गाँयता-पुजारी से पूछो। उसके ऐसा कहने पर युवक गया गाँयता-पुजारी, माँझी-मुखासी के पास और उनसे पूछने लगा। तब वे भी, हम नहीं जानते बाबू, पता नहीं कहाँ पर है, कहने लगे।

उनकी बातें सुनी लाडरबेलुरा ने और कहने लगा, "मुझे बता दीजिये वरना मैं आप सभी को मारकर आप लोगों के खून से अपने माथे पर विजय का टीका लगाऊँगा।" उसके ऐसा कहने पर वे लोग जाओ अपनी माँ से पूछो बोले।

इतने में युवक फिर से गया अपनी माँ के पास और कहने लगा, "तुम मुझे बता दो माँ अन्यथा मैं तुम्हें जान से मार दूँगा। तुम्हारे सात टुकड़े कर दूँगा।"

यह सुनकर उसकी बूढ़ी माँ काँपने लगी और बोली, "मेरा एक के सिवा दूसरा कोई बेटा नहीं है, बेटे। जिसकी एक आँख हो उसके लिये वही एक आँख कीमती होती है। हमारा और कोई नहीं है, बेटा। तुमने किसलिये पुरखों की देवी को याद किया? वहाँ पेड़-पौधे ऊग आये हैं, लोग पत्थर में परिवर्तित हो गये हैं। तुम्हारे दादा और उनके भी पूर्वज वहाँ पूजाकरने के लिये जाया करते थे, बेटा। उनमें से एक भी व्यक्ति वापस नहीं आया। तुम क्यों उस देवी को याद कर रहे हो? सेवा-पूजाकरने गये लोग वहाँ जाकर उधर ही मर-खप गये। उस देवी में इतनी शक्ति है। तुम मेरे एक ही बेटे हो, बेटा। सेवा-पूजाकरने के लिये जाने पर तुम भी उधर ही मर-खप जाओगे। मैं क्या करूँगी?" कहती बुढ़िया फूट-फूटकर रोने लगी।

तब युवक बोला, "तुम मुझे मना मत करो, माँ। मैं तुम्हारी बात नहीं मानूँगा।"

माँ से पूछे तीन-चार दिन बीत गये। तब वह मोहल्ले में गया और गाँयता-पुजारी से कहने लगा, "मोहल्ले के सभी लोग कुदाली और कुल्हाड़ियाँ ले लें, दादा। मुझे मेरी देवी के पास जाने में साथ दीजिये।" उसके ऐसा कहने पर गाँव-मोहल्ले के लोगों ने सुना और तैयार होने लगे। तैयार होकर सभी लोग युवक के घर आये। इतने में युवक भी तैयार हो गया और घी-गुड़, अगरबत्ती-नारियल आदि लिये। काँवर में सारी सामग्री रखी और सभी लोगों के साथ जाने लगा। उसे जाते देखकर उसकी बूढ़ी माँ रोने लगी, "एक के अलावा मेरा और कोई बेटा नहीं है। एक आँख के अलावा मेरी दूसरी आँख नहीं है। हमारे आगे-पीछे कोई नहीं

नाईं। आपन नाईं ना बिरान नाईं। सेवा कर के जायसी आछे, आसुआय की नाईं आले।"

पिला सबू फउद के धरी करी गला। जायते-जायते अमरलाय देबिर ठान लगे। गुड़ी ने गछ मन होई रओत। अतक ने कावड़ मन के मँडाय देलाय लोक मन आवरी बड़े-बड़े गछ मन के गोंदी पकायलाय। फेर रापा ने छोल्लाय। काय सुँदर चातर बनायलाय, सरायलाय। पिला तार लोक मन के ठाने-ठाने सराय के बल्ला आवरी घिव-गुर धरला, आरती-आइग धरला। अतक ने सबू फउद के बसायला आवरी बलसी आछे, "दखा, दादा। तमे हात धरा-धरी, जाँग लथा-लथी होई करी दड़प् नाय बसा। कोनी मनुक तो मनुक मोछी, गिरिया के, चाटी पिला तक के ओल के ना दियास। काकेय बले ओल के देलास बल्ले मुईं तमके तुरते फाँसी सजा देबी।" अतक बली करी पिला गुड़ी भितरे ओयल्ला।

तार गोठ के सुनलाय सबू फउद आवरी हात धरा-धरी, जाँग लथा-लथी होई बसी देलाय। कोकय ओल के ना देओत। पिला गुड़ी भितरे ओयली करी दखसी आछे, हयँ ती देबी हातेक जिभ के लमाय रय। पिला सेवा करसी आछे। गुर-घिंवर होम देयसी आछे। नड़िया आवरी सुपाड़ी चेगायला। अगरबती धरायला आवरी बलसी आछे, "सुना, सुना मोर पुरखार देबी मन!" बलते सेवा-पुजाकरसी आछे। अतक ने सबू देबी मन ताके मोचलाय। ताके काइँर चेत ना रय। पिला मरी गला। हयँ मरला बिता पिला फेर कोन ती ले बाइरे निसकता ता! ए बाटे तार सबू फउद मन एबे तो निसकसी तेबे तो निसकसी बली तार बाट दखबाआत। ना निकरे। तेबे सबू लोकर मूँ मन नानी-नानी होयला। कँदरई होयबाआत लोक मन।

* * *

हँड़किदायँ हरदी नँगरर सुरमती कनया आपनर माय बिती आवरी बुआ बिता के बलसी आछे, "सुन आया! सुन बुआ! मुईं गुड़ी ने सेवा कर के जिबी।"

अतक के सुनला तार माय बिती आवरी बलसी आछे, "घरे गुड़ी आछे, नोनी। तुई काय काजे जिबिस? घरे आका पुजाकर।"

तार मायर गोठ के सुनला टोकी आवरी बलसी आछे, "तुई मोके बदरा-बदरी ना कर, आया। मुईं जिबिच्ची।" बली करी हयँ नाहा-धुआ करला। कपड़ा पिंदला, नड़ेया-अगरबती धरला, घिंव-गुर धरला आवरी तार नवकर के गाड़ी तियार करबा काजे बल्ला। बलबा के तार नवकर गाड़ी तियार करला। तेबे टोकी गाड़ी ने चेगला आवरी हईं गुड़ी बाटे जायसी आछे। जायते-जायते अमरला। अमरबा के गाड़ी ले उतरला आवरी तार सेवा-पुजार जाक-जमक के धरी करी गला गुड़ी लगे। तार हाते एक कसेला हरदी-पानी बले धरी रय। तेबे दखसी आछे लोक मन बसी देलाआत हात धरा-धरी जाँग लथा-लथी होई करी। हयँ मन लगे गला आवरी बलसी आछे, "तमे मोके बाट दिया। मुईं हरदी नँगर ले सेवा-

है। न सगे-सम्बन्धी हैं, न इष्ट-मित्र। यह सेवा करने जा रहा है, पता नहीं वापस आयेगा भी या नहीं।"

युवक सभी लोगों को साथ लेकर चला गया। जाते-जाते वे देवी के स्थान में पहुँचे। गुड़ी के ऊपर पेड़ ऊग आये थे। वे सब वहाँ पहुँचे और काँवरों को नीचे रखकर बड़े-बड़े पेड़ों को काट डाला। फिर फावड़े लेकर वहाँ छील कर साफ किया। सपाट बनाया और लीप डाला। युवक ने जगह-जगह लीपने को कहा और घी-गुड़, आरती-आग लिया। इतने में सभी लोगों को बैठाया और कहने लगा, "देखो, दादा। आप सभी एक-दूसरे के हाथ में हाथ लें, एक-दूसरे की जाँघों में जाँघें रखें और सटकर बैठ जायें। कोई आदमी तो दूर की बात है, किसी मक्खी, छिपकली, चींटी तक को भीतर घुसने मत देना। यदि किसी को भी भीतर प्रवेश करने दिया तो मैं आप लोगों को तुरन्त फाँसी की सजा दूँगा।" ऐसा कह कर युवक गुड़ी के भीतर चला गया।

उसकी बातें सुनी सभी लोगों ने और आपसे में एक-दूसरे के हाथ पकड़कर, एक-दूसरे की जाँघों में जाँघें रखकर बैठ गये। किसी को भी भीतर जाने नहीं देते। युवक ने गुड़ी के भीतर प्रवेश किया तो देखा वहाँ पर देवी एक हाथ लम्बी जीभ निकाले हुए थी। युवक पूजाकरने लगा। गुड़-घी का होम देने लगा। नारियल और सुपारी अर्पित किये। अगरबत्ती जलाया और कहने लगा, "सुनो, सुनो मेरे पुरखों के देवी-देवताओ!" इस प्रकार उनका आह्वान करता पूजाकरने लगा। इतने में सभी देवियाँ उस पर सवार हो गयीं। अब उसे किसी भी चीज का कोई भान नहीं रहा। युवक मर गया। अब वह मरा हुआ युवक कहाँ से बाहर आता भला! इधर अब तो निकलेगा, अब निकलता ही होगा कहते उसके सारे लोग उसकी बाट देख रहे थे। किन्तु वह नहीं निकला। तब सभी लोगों के चेहरे उदास हो गये। सभी लोग आकुल-व्याकुल होने लगे।

* * *

उसी समय हरदी नगर की सुरमती कन्या अपनी माँ और पिता से कहने लगी, "सुनो माँ! सुनिये पिताजी! मैं गुड़ी में पूजाकरने जाऊँगी।"

यह सुनकर उसकी माँ कहने लगी, "घर में गुड़ी है, नोनी। तुम वहाँ क्यों जाओगी? घर में ही पूजाकरो।"

अपनी माँ की बातें सुनी युवती ने और कहने लगी, "तुम मुझे मना मत करो, माँ। मैं तो जाऊँगी ही।" ऐसा कह उसने स्नानादि किया। कपड़े-लत्ते पहने, नारियल-अगरबत्ती लिया, घी-गुड़ लिया और अपने नौकर से गाड़ी तैयार करने को कहा। सुनकर उसके नौकर ने गाड़ी तैयार की। तब युवती गाड़ी पर सवार हुई और गुड़ी की ओर जाने लगी। जाते-जाते वहाँ पहुँच गयी। पहुँचकर गाड़ी से उतरी और पूजा की सामग्री लेकर गुड़ी के पास गयी। उसके हाथ में एक लोटे में हल्दी घुला पानी भी था। उसने देखा कि वहाँ लोग एक-दूसरे के हाथ पकड़े हुए हैं और एक-दूसरे की जाँघों पर जाँघें रखे बैठे हुए हैं। वह उनके पास गयी और कहने लगी, "आप लोग मुझे रास्ता दीजिये। मैं हरदी नगर से सेवा-पूजाकरने के लिये

पुजाकर के आयली आछे। मोके सेवा-पुजाकर के दिया।"

तार गोठ के सुनी करी लोक मन बल्लाय, "नाईं बाई, आमर राजार हुकुम आय आमे काकेय ओल के ना देऊँ। मनुक तो मनुक, चाटी-ओंगी, मोछी-गिरेया कोकय ओल ना देऊँ। ओल के देले आमके तुरते फाँसी सजा देयसी आमर राजा।"

हयँ मनर गोठ के सुनी करी टोकी बलसी आछे, "मुईं खुबे धुर ले आयली आछें, दादा। मोके सेवा-पुजाकरबा काजे छनक ओल के दियास।" मान्तर लोक मन ताके ओल के ना देओत। तेबे टोकी हयँ लोक मन के ठेगल-मसक करी गुड़ी भितरे ओयल्लाच्ची। सेवा-पुजाकरला आवरी दस अँडकिर बिनती करला, पाँय पड़ला। हँड़किदायँ हयँ पिलार मड़ी के दखला। पिला मरी रय। सोयला आछे बली करी टोकी ताके उठायसी आछे। उठाय-उठाय थाकी गला। ताके गुतलायसी आछे, हला-डुला करसी आछे मातर हयँ तो मरी रय। कोन ती ले उठता? टोकी थाकला आवरी कसेलार हरदी-पानी के तार उपरे रोकाय देला आवरी आपन गुड़ी ले बाइरे आसला। बाइरे निसकी करी लोक मन के बलसी आछे, "ए दादा गाँयता पुजारी, माँजी-मुकासी! गुड़ी भितरे कोन ओली रय बलते तमर राजा तमके गारी देला बल्ले तमे हरदी नँगरर सुरमती कनया आसी रय बलते साँगी दियास।" एमती बली करी आपनर गाड़ी ने बसला आवरी जायते गला।

ए बाटे पिलार देंहे ने हरदी-पानी लागी रय। पिलार देंहे के छुत पड़ला। तेबे सबू देबी मन तार देंहे के छाड़ी करी गुचलाय। गुचबा के पिला चेतला। टुँग् ने उठी करी बसला। दखसी आछे आपनर देंहे के आवरी कोन आसी रय तेबे, कोके[249] ओल के देलाय मोर फउद मन बलते बिचार करते-करते गुड़ी ले बाइरे निसकला आवरी तार लोक मन के बलसी आछे, "सुना बाबू, गाँयता-पुजारी! तमके मुईं काकेय ओल के ना दियास बली रयँ आवरी तमे काके ओल के देलास? कोन ओली रय? मोर देंहे ने हरदी-पानी रोकाय देला आछे? तमके मुईं चाटी-ओंगी, मोछी-गिरिया काकेय ओल के ना दियास बली रयँ काय?"

तार गोठ के सुनलाय गाँयता-पुजारी माँजी-मुकासी मन आवरी बलबाआत, "नाईं बाबू, लाडरबेलुरा! आमे काकेय ओल के ना देयते रलू। हरदी नँगरर सुरमती कनया आसी रय। हयँ आमके ठेगल-मसक करला आवरी जबड़दस्ती ओयल्ला।"

तेबे हयँ मनर गोठ के सुनला पिला आवरी ठाने-ठाने पुजाकरसी आछे। देबी मन के बलसी आछे, "कुकड़ाखया के कुकड़ा देबी, बोकड़खया के बोकड़ा देबी, बयलाखया के बयला देबी, भैंयसाखया के भैंयसा देबी, परेवाँखया के परेवाँ देबी, घिंव-गुरर होम देबी। तमके मुईं ठाने-ठाने पुजा-सेवा करबी। जे-जे लगे तमर आसन आछे हयँ-हयँ लगे मुईं सेवा-पुजाकरबी। मोके साका होआ।" बली करी पिला ठाने-ठाने सेवा-

आयी हूँ। मुझे सेवा-पूजाकरने दीजिये।"

उसकी बातें सुनकर लोग बोले, "नहीं बाई, हमारे राजा का हुक्म है हम किसी को भी भीतर जाने नहीं देंगे। मनुष्य तो मनुष्य, हम चींटी-कीड़े, मक्खी-छिपकली आदि किसी को भी घुसने नहीं देंगे। यदि हमने किसी को भी भीतर जाने दिया तो हमारे राजा हमें तुरन्त फाँसी की सजा देंगे।"

उनकी बातें सुनकर युवती कहने लगी, "मैं बहुत दूर से आयी हूँ, दादा। मुझे पूजाकरने के लिये थोड़ी देर भीतर जाने दें।" लेकिन वे लोग उसे भीतर जाने नहीं देते। तब युवती किसी तरह उन्हें धकेलकर गुड़ी के भीतर घुस ही गयी। सेवा-पूजा की और दसों उँगलियों की विनती की, प्रणाम किया। उसी समय उसने युवक के शव को देखा। युवक मरा पड़ा था। इसने सोचा कि वह सोया हुआ है, यह सोचकर उसे उठाने लगी। उसे उठा-उठाकर थक गयी। उसे गुदगुदाने लगी, हिलाने-डुलाने लगी किन्तु वह तो मर चुका था। कैसे उठता? युवती थक गयी और लोटे में रखा हल्दी-पानी उसके ऊपर डाल दिया और स्वयं गुड़ी से बाहर निकल आयी। बाहर निकलकर लोगों से कहने लगी, "सुनो दादा गाँयता-पुजारी, माँझी-मुखासी! आपका राजा यदि पूछे और आपको डाँटे कि गुड़ी के भीतर कौन घुसा था तो आप लोग उससे कहना कि हरदी नगर की सुरमती कन्या आयी थी।" ऐसा कहकर वह अपनी गाड़ी में बैठकर वहाँ से चली गयी।

इधर युवक के शरीर पर हल्दी-पानी लगा था। इससे उसके शरीर में छूत पड़ गया। तब सभी देवी-देवता ने उसके शरीर को छोड़ दिया। जैसे ही देवी-देवताओं ने उसके शरीर को छोड़ा, वह चेतन अवस्था में आ गया। उठकर बैठ गया। देखने लगा अपनी देह को और सोचने लगा कि कौन आया था, लोगों ने किसे भीतर घुसने दिया? ऐसा विचार करते वह गुड़ी से बाहर आया और लोगों से पूछने लगा, "सुनिये बाबू गाँयता-पुजारी। मैंने आपसे कहा था कि आप लोग किसी को भी भीतर घुसने न दें इसके बावजूद आप लोगों ने किसे घुसने दिया? कौन घुसा था? मेरी देह पर उसने हल्दी-पानी डाल दिया है? आप लोगों से मैंने कहा था न कि आप चींटी-कीड़े, मक्खी-छिपकली तक को घुसने न दें?"

उसकी बातें सुनी गाँयता-पुजारी, माँझी-मुखासी और कहने लगे, "सुनो बाबू, लाडरबेलुरा! हम किसी को भी भीतर घुसने नहीं दे रहे थे। हरदी नगर की सुरमती कन्या आयी थी। उसने हम लोगों को इधर-उधर धकेल दिया और जबरदस्ती घुस गयी।"

तब उनकी बातें सुनकर युवक जगह-जगह पर पूजाकरने लगा। देवी-देवताओं से कहने लगा, "मुर्गे का भोग लगाने वाले को मुर्गा, बकरे का भोग लगाने वाले को बकरा, भैंसे का भोग लगाने वाले को भैंस, कबूतर का भोग लगाने वाले को कबूतर दूँगा। घी-गुड़ का होम दूँगा। मैं जगह-जगह पर तुम्हारी पूजा करूँगा। जहाँ-जहाँ तुम सबका आसन है वहाँ-वहाँ मैं तुम्हारी पूजा करूँगा। मेरी सहायता करो।" ऐसा कहते

249. कोके : मूल ध्वनि 'काके'।

पुजाकरसी आछे। सेवा-पुजाकरी सारला आवरी घरे आसला। सबू जाक के सोंगाय देलाय लोक मन आवरी आपन-आपन घरे गलाय। राजा आपनर घरे आछे। रयते-रयते रई गला। साल-डेड़ साल होई गला। असनी-असनी गोटक दिने राती सोयला बेरा सुरमती कनया ताके सपना देला। सपना ने बलसी आछे सुरमती कनया, "तमे गुड़ी ने सेवा-पुजाकर के जाई रलास। मुईं पने गली। तमके मुईं उठाय-उठाय थाकी गली मांतर तमे ना चेतलास। अतक ने मुईं तमर उपरे हरदी-पानी रोकाय करी आसते आसली। मोर उपरे तमर मन आछे आले तमी मोके आन के आसबास।" असन सपना सपनी करी पिला चेतला आवरी तड़बड़ाय करी उठी बसला। सकालर सपना आय। तेबे हयँ गला आपनर माय लगे आवरी सपना के साँगी के करी बलसी आछे, "मुईं कसन ने असन सपना सपनल्ली आया? तुई मोके सँजकारी राँदी देस। मुईं राज दख के जिबी।"

तार गोठ के सुनला तार माय बिती आवरी बलसी आछे, "काय काजे तुई राज निकरी जिबिस बेटा?"

मायर गोठ के सुनी करी पिला बलसी आछे, "चाटी-ओंगिर जोड़ी आछे आया, चेड़े-चिंड़गुड़र जोड़ी आछे मातर मोर जोड़ी निआय। जानला लोक मन तो मोके डिंडा आछे बलबाय, ना जानला लोक बिआ होयला आछे बलबाय।"

तार माय बिती बलसी आछे, "नाईं बेटा। तुई दतकी काजे काय काजे निसकी जिबिस? आमे तोर काजे एई थाने बेटी माँगबू। एई थाने तोर बिआ करबू। तुई देस निकरी ना जा।"

पिला बलसी आछे, "नाईं आया, मुईं बदरना गोठ के ना मानें।" बल्ला पिला आवरी घर से निसकला। गला गाँयता-पुजारी, माँजी-मुकासी लगे आवरी तिके बलसी आछे, "नाईं दादा, मुईं राज निसकी जिबी। मुईं राज दख के जिबी। चाटी-ओंगिर जोड़ी आछे दादा, चेड़े-चिंड़गुड़र जोड़ी आछे मांतर मोर जोड़ी निआय। जानला लोक मोके डिंडा आय बली बलबाय मातर ना जानला लोक बिआ होयला आछे बलबाय।"

तार गोठ के सुनी करी गाँयता-पुजारी बलबाआत, "तुय काय काजे राज निसकी जिबिस, बाबू? आमे तोर काजे एई थाने बेटी माँगबू। एई थाने तोर बिआ करबू।"

पिला बलसी आछे, "नाईं दादा, मुईं बदरना गोठ के ना धरीं। मुईं जिबिच्ची।" बल्ला पिला आवरी हयँ थान ले निसकी करी आसला माय बिती लगे आवरी बलसी आछे, "तुई मोर काजे सँजकारी राँदी देस, आया। मुईं जिबिच्ची।"

तार माय बिती बलसी आछे, "बदरना गोठ के धरबार आय, बेटा। कोन तो मारी करी पकाय देबाय। कोन तो पुजी देबाय। तुई ना जा।"

पिला बलसी आछे, "मोके काईं ना होय, आया। मुईं राज दखी आसबी।" तेबे काय करता ता माय बुड़ी! काँदी-काँदी राँदी देला। पिला नाहा-धुआ करला, तियार होयला, कपड़ा-लता पिंदला। फेर गला घोड़ा

युवक जगह-जगह पर पूजाकरने लगा। पूजा समाप्त कर घर आया। सारी सामग्री रख दी लोगों ने और अपने-अपने घर चले गये। राजा अपने घर में है। रहते-रहते कई दिन बीत गये। साल-डेढ़ साल बीते। इसी तरह एक दिन जब वह नींद में था कि सुरमती कन्या उसके सपने में आयी। वह सपने में उससे कहने लगी, "आप गुड़ी में सेवा-पूजाकरने के लिये गये थे। मैं भी गयी। मैं आपको उठा-उठाकर थक गयी किन्तु आप नहीं उठे। तब मैंने आपके ऊपर हल्दी का पानी डाल दिया और वापस चली आयी। यदि मेरे ऊपर आपका मन है तो आप मुझे लेने आयेंगे।" ऐसा सपना देखकर युवक जाग पड़ा और हड़बड़ा कर उठ बैठा। सबेरे का सपना था। तब वह गया अपनी माँ के पास और सपने की बात बता कर कहने लगा, "मैंने कैसे ऐसा सपना देखा, माँ? तुम मेरे लिये जल्दी से भोजन राँध दो। मैं देशाटन करने जाऊँगा।"

उसकी बातें सुनी उसकी माँ ने और कहने लगी, "तुम किसलिये देशाटन करने जाओगे, बेटा?"

माँ की बातें सुनी युवक ने और कहने लगा, "चींटी-कीड़े के भी जोड़ी हैं माँ, चिड़ियों-पाखियों के भी जोड़ी हैं किन्तु मेरी जोड़ी नहीं है। जो लोग मुझे जानते हैं वे तो मुझे अविवाहित समझेंगे किन्तु जो लोग नहीं जानते वे तो विवाहित ही समझेंगे।"

उसकी माँ कहने लगी, "नहीं बेटा। तुम इतनी-सी बात के लिये क्यों राज्य से निकलकर चले जाओगे? हम तुम्हारे लिये यहीं बेटी माँगेंगे। यहीं पर तुम्हारा विवाह करेंगे। तुम देश छोड़कर मत जाओ।"

युवक कहने लगा, "नहीं माँ, मैं बरजने वाली बात नहीं मानूँगा।" युवक ने कहा और घर से निकल गया। गया गाँयता-पुजारी, माँझी-मुखासी के पास और उनसे कहने लगा, "सुनो दादा! मैं देश छोड़कर जाऊँगा। मैं देश देखने जाऊँगा। चींटे-कीड़ों के भी जोड़ी हैं दादा, चिड़ियों-पाखियों के भी जोड़ी हैं दादा किन्तु मेरी जोड़ी नहीं है। जो लोग मुझे जानते हैं वे तो मुझे अविवाहित समझेंगे किन्तु जो लोग नहीं जानते वे तो विवाहित ही समझेंगे।"

उसकी बातें सुनकर गाँयता-पुजारी कहने लगे, "तुम किसलिये राज्य छोड़कर जाओगे, बाबू? हम तुम्हारे लिये यहीं बेटी माँगेंगे। यहीं पर तुम्हारा विवाह करवायेंगे।"

युवक कहने लगा, "नहीं दादा, मैं बरजने वाली बात नहीं मानूँगा। मैं तो जाऊँगा ही।" युवक ने कहा और वहाँ से निकलकर वापस आया माँ के पास और कहने लगा, "तुम मेरे लिये जल्दी से भोजन राँध दो, माँ। मैं जाऊँगा ही।"

उसकी माँ कहने लगी, "बरजने वाली बात को मानना चाहिये, बेटा। कोई तुम्हें मारकर फेंक देगा। कोई तुम्हारी बलि चढ़ा देगा। तुम मत जाओ।"

युवक कहने लगा, "मुझे कुछ नहीं होगा, माँ। मैं राज्य देखकर आऊँगा।" तब क्या करती बूढ़ी माँ! रोते-रोते भोजन राँध दिया। युवक ने स्नानादि किया, तैयार हो गया, कपड़े-लत्ते पहने। फिर गया घोड़े के

लगे आवरी ताके दाना-भुसा देला। रुपया-पयसा धरला आवरी "मुईं जिबी आछे आया। तुई मोर काजे काँदी-काँदी ना रा। मोके काईं ना होय।" बल्ला पिला आवरी घोड़ा चेगी करी जायते गला।

जायसी आछे पिला राज निकरी करी। बाटे गोट सुरवाँ रय। हयँ दखला पिला के आवरी हाते खाँडा धरी करी घोड़ा चेगला आवरी पिला के टाकला आछे। हँड़किदायँ पिला हयँ लगे अमरला। तेबे तुई केने जिबिआस बाबू, बलते पिला के पचारसी आछे। तेबे पिला बलसी आछे, "नाईं दादा, मुईं खुबे धुरर आयँ। मुईं राज दख के जिबी आछे।"

अतक ने सुरवाँ बलसी आछे, "केने जिबिस बाबू? आगे तुय आवरी मुईं लड़ई खेलू ता। तिन-तिन सेलर लड़ई खेलबू। मोके हरायलिस बल्ले तुई जाय के सकबिस नोयले नाईं।"

तेबे पिला बलसी आछे, "नाईं दादा, मोके जाय के देस। मोके ना लाग। मुईं तोर पाँय पड़बी आछे।"

सुरवाँ बलसी आछे, "मुईं तिन गाँवर सुरवाँ मन के मारली आछे। तोके कोन पुछे! तुई तो मोर डाड़ा-चाखना बले ना होइस। एके हार ले आगर मारले मुईं तोरी बेटा होयबी।" असन बलते सुरवाँ पिला के ना जाय के देय।

अतक ने पिला तियार होयला आवरी बलसी आछे, "आले दादा, तुई खेलुच्ची बलबिआस आले खेलू तेबे।" बलबा के सुरवाँ पिला के तिन सेल मारला मांतर पिला के दाग ना लागला। अतक ने पिला बलसी आछे, "एबर तुई मोर मार के सँभार दादा। एके हार ले आगर मारली आले मुईं तोरी बेटा होयबी।" बलते पिला आपनर पुरखार देबी मन के सुमरसी आछे। कुकड़ाखया के कुकड़ा देबी, बोकड़ाखया के बोकड़ा देबी, जे-जे जे खायले हयँ देबी मोके साका हुआ बली करी पिला खेल के धरला। एके हार मारला सुरवाँ के। एके हार ने सुरवाँर टोडरी धड़ ले अलग होयला। सुरवाँ मरी गला। अतक ने पिला नाहा-धुआ होयला आवरी जायसी आछे।

हयँ बाटे सुरमती कनया तार आया-बुआ के बलसी आछे, "सुन आया! सुन बुआ! मुईं सगरी नाहाय के जिबी।"

बलबा के तार आया-बुआ ताके घरे आछे चुआँ-बावली तुई घरे नाहा-धुआ कर, सगरी नाहाय के ना जा बलते बलबाआत मातर टोकी ना सुने। हयँ जिबिच्ची बली टेक मतायसी आछे। टेक मतायला आवरी घर ले निसकला। सगरी नाहाय के जायसी आछे। आपनर कपड़ा-लता, गगरी-गुँडरी धरला आवरी गला तरई ने। अमरला आवरी नाहायसी आछे। अड़किदायँ लाडरबेलुरा तार घोड़ा के तरई-पार ने ढिली करी हईं

पास और उसे दाना-भूसा दिया। रुपये-पैसे लिये और कहने लगा, "मैं जा रहा हूँ, माँ। तुम मेरे लिये रोती मत रहना। मुझे कुछ भी नहीं होगा।" ऐसा कहकर युवक घोड़े पर सवार होकर चला गया।

युवक राज्य से निकलकर जा रहा है। रास्ते में एक सुरवाँ[250] था। उसने देखा युवक को और हाथ में तलवार लेकर घोड़े पर सवार हुआ और युवक की राह देखने लगा। उसी समय युवक उसके पास पहुँचा। तब वह तुम कहाँ जा रहे हो बाबू, कहते युवक से पूछने लगा। तब युवक ने कहा, "सुनो दादा! मैं बहुत दूर रहने वाला हूँ। मैं राज्य देखने के लिये जा रहा हूँ।"

यह सुनकर सुरवाँ कहने लगा, "कहाँ जाओगे बाबू? पहले तुम और मैं लड़ाई तो कर लें। तीन-तीन बारी की लड़ाई होगी मुझे हराने पर ही तुम जा सकोगे वरना नहीं।"

तब युवक कहने लगा, "नहीं दादा, मुझे जाने दो। मुझे परेशान मत करो। मैं तुम्हारे पाँव पड़ता हूँ।"

सुरवाँ कहने लगा, "मैंने तीन गाँवों के सुरवाँ को मारा है। तुम्हें कौन पूछे! तुम तो मेरे चखना के बराबर भी नहीं होगे। मैंने यदि तुम्हें एक बार से अधिक वार कर मारा तो मैं तुम्हारा ही बेटा होऊँगा।" ऐसा कहते सुरवाँ युवक को जाने नहीं देता।

इतने में युवक तैयार हो गया और कहने लगा, "अच्छा दादा, जब तुम लड़ाई करने को ही कह रहे हो तो ठीक है, चलो लड़ते हैं।" उसके ऐसा कहने पर सुरवाँ ने तीन बार युवक पर वार किया किन्तु युवक को दाग तक नहीं लगा। तब युवक कहने लगा, "अब तुम मेरे वार को सम्हालो, दादा। यदि मैंने एक बार से अधिक वार किया तो मैं तुम्हारा ही बेटा होऊँगा।" ऐसा कहते युवक ने अपने पुरखों के देवी-देवताओं का स्मरण किया। मुर्गा खाने वाले को मुर्गा, बकरा खाने वाले को बकरा दूँगा। जो देवी जो खायेगी उसे वह दूँगा, आप मेरी सहायता करें। ऐसा कहते युवक लड़ाई करने लगा। एक ही वार किया सुरवाँ पर। एक ही वार में सुरवाँ का गला धड़ से अलग हो गया। सुरवाँ मर गया। तब युवक ने स्नानादि किया और जाने लगा।

उधर सुरमती कन्या अपने माता-पिता से कहने लगी, "सुनो माँ! सुनिये पिताजी! मैं नहाने के लिये सगरी[251] जाऊँगी।"

ऐसा कहने पर उसके माता-पिता कहने लगे कि घर में कुआँ है घर में बावली है, तुम घर में स्नान करो। नहाने के लिये सगरी मत जाओ। किन्तु युवती सुनती ही नहीं। वह जाऊँगी ही कहते हठ करने लगी। हठ किया और घर से निकली। नहाने के लिये सगरी की ओर जाने लगी। अपने कपड़े-लत्ते, गगरी-गुँडरी लेकर गयी तालाब में। वहाँ पहुँचकर नहाने लगी। इसी समय लाडरबेलुरा अपने घोड़े को तालाब के किनारे

250. सुरवाँ : असुर। मूल अर्थ 'सूरमा', 'शूर-वीर'।
251. सगरी : सरोवर, जलाशय।

लगे उबी रय। तेबे सुरमती कनया ताके दखला। हयँ धाँय आपनर देंहे के दखे धाँय लाडरबेलुरार देंहे के दखे। ए अतक सुँदर आछे एतार आवरी मोर जोड़ी होयले कतक सुँदर फोबता बली मने-मने बिचार करसी आछे। नाहायबा के छाड़ी करी हयँ पिला के दखइच्ची करसी आछे। अतक ने कटलाय थाकी गला आवरी पिला के पुछसी आछे, "सुन दादा, परदेसेया! तुई कोन थानर आस?"

तेबे पिला बलसी आछे, "नाईं बाई, मुईं खुबे धुरर आयँ।" तेबे टोकी केने जिबिआस बली पचारसी आछे। पुछबा के पिला बलसी आछे, "मुईं मोर काजे कनया खोज के आयली आछे। कोनी थाने बले कनया मिरले मुईं बिआ होयबी।"

तार गोठ के सुनला टोकी आवरी बलसी आछे, "असन आय आले काय काजे तुई एने-हने जिबिस ता! मोर सँगे जूँ, मुईं तोके कनया दखाय देबी।" तार गोठ के सुनी करी पिला तियार पड़ला। अतक ने टोकी नाहा-धुआ करला आवरी पानी डुमी करी बोयला आवरी जूँ बे मोर सँगे बलते छमे-छमे जायसी आछे। पिला तार पिटी-पिटी जायसी आछे। आपनर घर लगे अमरी करी टोकी बलसी आछे, "एदे दादा, एई घर आय हयँ कनयार। तुई एई घरे जिबिस, आउर-तिसर घरे ना जा।" बल्ला टोकी आवरी पिछाड़ बाटे किंदरी करी आपनर घरे ओयल्ला। घरे जाई करी आपनर खोली ने गला।

अतक ने पिला गला टोकिर घरे आवरी दुआरे उबी करी हाक पाड़सी आछे। हाक पाड़बा के राजा घर ले निसकला आवरी ताके दखी करी आपनर बायले बिती के ताके पाँय धोयबा काजे पानी देबा काजे बल्ला। बलबा के ताके पानी देलाय। हयँ पाँय धोई करी घरे ओयल्ला। अतक ने राजा ताके पचारसी आछे, "तुई कोन गाँवर आस, बाबू? आमर ती कसन काजे आयलिस?"

पिला बलसी आछे, "मुईं खुबे धुरर आयँ, राजा। तमर घरे फुल फुटला आछे बली मुईं सुनली तेबे फुल पिंद के इती आयली आछे।

तार गोठ के सुनला राजा आवरी बलसी आछे, "होयबा काजे आमर घरे टोकी आछे बाबू। आमे निआय बली ना बलू। मातर हयँ मनयायसी कसन की? ताके पचार के लागसी।" बल्ला राजा आवरी टोकी के पुछबा काजे आपनर बायले के बल्ला।

बलबा के रानी गला आवरी टोकी के पचारसी आछे, "तोके माँग के आयला आछे, नोनी। तुई तार काजे जिबिस कसन की? दुय-तिन गाँवर लोक तोके माँग के आसी रलाय मांतर तुई काकेय मन ना करलिस। एके करबिस कसन?"

मायर गोठ के सुनी करी टोकी बलसी आछे, "नाईं आया, मोके एतारी काजे दियास। मुईं एतारी काजे होयले जिबी। एतार काजे ना देले मुईं जहर-मोहरा खाई मरी जिबी।"

तार गोठ के सुनला रानी आवरी राजा लगे आसी करी तार बल्लार गोठ के साँगी देला। साँगबा के राजा मुईं तोके मोर बेटी के देबी बली

खड़ाकर स्वयं भी खड़ा था। तब सुरमती कन्या ने उसे देखा। वह कभी अपनी देह को देखती तो कभी लाडरबेलुरा की देह को। वह विचार करने लगी कि यह इतना सुन्दर है कि इसकी और मेरी जोड़ी होती तो बहुत अच्छा फबता। वह नहाना भूलकर उस युवक को ही देखे जा रही थी। इतने में वह अपने आप को रोक नहीं सकी और युवक से पूछने लगी, "सुनो दादा, परदेसी! तुम किस गाँव के हो?"

तब युवक कहने लगा, "सुनो बाई! मैं बहुत दूर का रहने वाला हूँ।" तब युवती पूछने लगी कि वह कहाँ जा रहा है? पूछने पर युवक कहने लगा, "मैं अपने लिये कन्या खोजने आया हूँ। कहीं कन्या मिल जाये तो मैं उससे विवाह करूँगा।"

उसकी बातें सुनी युवती ने और कहने लगी, "ऐसी बात है तो तुम इधर-उधर क्यों जाओगे भला! मेरे साथ चलो, मैं तुम्हें कन्या दिखाऊँगी।" उसकी बातें सुनकर युवक तैयार हो गया। इतने में युवती ने स्नान किया और पानी लेकर सिर पर रखा और मेरे सँग चलो कहती सामने-सामने चलने लगी। युवक उसके पीछे-पीछे चलने लगा। अपने घर के पास पहुँच कर युवती कहने लगी, "यह देखो दादा, यही घर है उस कन्या का। तुम इसी घर में जाना, किसी दूसरे घर में मत जाना।" युवती ने कहा और घर के पिछवाड़े से घूमकर अपने घर में जा घुसी। घर पहुँचकर वह अपने कमरे में चली गयी।

इतने में युवक गया युवती के घर और आँगन में खड़ा होकर पुकारने लगा। पुकार सुनकर राजा घर से निकला और उसे देखकर अपनी पत्नी से कहा कि वह पाँव धोने के लिये उसे पानी दे। उसके ऐसा कहने पर उसे पानी दिया गया। वह पाँव धो कर घर में घुसा। तब राजा उससे पूछने लगा, "तुम किस गाँव के हो, बाबू? हमारे घर कैसे आये?"

युवक कहने लगा, "मैं बहुत दूर का रहने वाला हूँ, राजा। मैंने सुना है कि आपके घर में फूल खिला है। इसीलिये मैं फूल पहनने के लिये यहाँ आया हूँ।"

उसकी बातें सुनी राजा ने और कहने लगा, "हाँ, हमारे घर में कन्या है, बाबू। हम नहीं है नहीं कहेंगे। किन्तु वह तुम्हें पसंद करेगी या नहीं। उससे पूछना पड़ेगा।" राजा ने कहा और अपनी पत्नी से कहा कि वह बेटी से यह बात पूछे।

सुनकर रानी गयी और युवती से पूछने लगी, "तुम्हें माँगने आये हैं, नोनी। तुम उससे विवाह करोगी या नहीं? दो-तीन गाँव के लोग तुम्हें माँगने आये थे किन्तु तुमने किसी को भी पसंद नहीं किया। इसे पसंद करोगी या नहीं?"

माँ की बातें सुनकर युवती कहने लगी, "सुनो माँ! मुझे इसी के लिये दे दो। मैं इसी से विवाह करूँगी। इससे विवाह न होने पर मैं जहर-मोहरा खाकर मर जाऊँगी।"

उसकी बातें सुनी रानी ने और राजा के पास आकर उसकी कही बात बता दी। बताने पर मैं तुम्हें अपनी बेटी दूँगा कहकर राजा ने युवक से

थेबायला। थेबायबा के लाडरबेलुरा हयँ मन घरे थेबला। तेबे राजा हरबर-हरबर बिआ-जोड़ा जोड़सी आछे। धान के काँडा देला। बिआ-हाँडी, परला-बिछना, करसा-रुखी, तेल-हरदी, मोउड़ आवरी सबू जोड़ा जोड़ला। बिआ अमरला। तेबे सगा नेवतला। राज के डिंडरा दियायला। सबू फउद अमरलाय। ओरिर-ओरी धाड़िर-धाड़ी बसलाय। राजा-घरे समाव ना होय। धाँगड़ा मन जोका मारलाय आवरी राँदा राँदबाआत। माँडो गाड़लाय। राती होयला। तेल चेगायलाय दुनो के। खा-पी करलाय आवरी राती काजे सोयलाय। एक दिन माँडो होयला, एक दिन तेल होयला आवरी एक दिन लगिन होयला। लगिन मारलाय, दाइज टिकलाय। अतक ने राजा लगिन-माँदी देला। खा-पी करलाय आवरी राती काजे सोई देलाय। सकरेया उठलाय आवरी तेल उतरायलाय, रचन खेलायलाय। डारा-पाना के बोहराय के नेलाय तरई ने। अतक ने राजा भोज-माँदी देला। खा-पी करलाय आवरी गलाय आपन-आपन घरे।

पिला-टोकी दुनो आछेत। बरसकार होयला, डेड़ बरस होयला हईं थाने आछेत। गोट दिन खा-पी करी सोयबा के पिला के तार घर बाटर सुरता पड़ला। मोर आया बुड़ी लोक आय ताके मुईं घरे छाड़ी कर आयली आछे बली सुरता करसी आछे। नाईं अतक ले आमे घरे जिबू बे। बली मने-मने बलसी आछे। सकाल पाहायबा के सुरमती कयना के बलसी आछे, "आमे अतक दिन ले इती रलू मातर एबर आमके आमर घरे जाय के लागसी।" बलबा के सुरमती कयना बले होय बल्ला।

तेबे लाडरबेलुरा तार सतरा-सतरी लगे गला आवरी आमे एबर घरे जिबू बे मामा-बुबू, बली बलसी आछे। असन बलबा के हयँ मन बल्लाय, "जिबा बेरा जिबास बे जानू मांतर आजी काजे थेबा ता। काली के जिबास।"

बलबा के हयँ मन हयँ दिन काजे थेबलाय। तेबे राजा-रानी मन हयँ मन के मान-दान करलाय। खा-पी करलाय आवरी राती काजे सोई देलाय। सकाले उठलाय आवरी दातुन-पतर चाबलाय, नाहा-धुआ करलाय। अतक ने राजा-रानी बलबाआत हयँ मनर बेटी के, "आमर तो आगर-उना नुआस बेटी। जतक बले आछे तुय तोर मन ने ने। तुय तो आमर गोटकी बेटी आस।" बलबा के टोकी आपनर मन ने सोना-चाँदी, रुपया-पयसा जोड़ला। फेर दुनो झन राजा-रानी के पाँय पड़लाय आवरी बिदा धरलाय। अछा करी कमाय खाहा बली राजा-रानी बल्लाय आवरी हयँ मन के बिदा देलाय। अतक ने दुनो झन घोड़ा चेगी जिबाआत। जायते-जायते जे थाने पिला सुरवाँ के मारी रला जे हईं गाँए अमरलाय। हयँ थाने रय आवरी गोट सुरवाँ। हयँ आमर माँगला कयना के कसन काजे बिआ होई नेयसी आछे बली खाँडा धरी करी ताके बाट छेकला आछे। बाट छेकबा के पिला मोके ना लाग दादा, मोके जाय के देस बलसी आछे। मातर हयँ सुरवाँ ना माने। तिन-तिन सेलर लड़ई खेलू बलसी आछे। अतक ने पिला काय करता ता! आले खेलू तेबे बल्ला। अतक ने दुनो

रुकने को कहा। रुकने को कहने पर लाडरबेलुरा उनके घर पर रह गया। तब राजा जल्दी-जल्दी विवाह की तैयारियाँ करने लगा। धान कूटने को कहा। विवाह की हँडियाँ, परला-बिछना, करसा-रुखी, तेल-हल्दी, महुड़ और बाकी सारी सामग्री जुटायी। विवाह की तिथि आ पहुँची। तब उसने सगे-सम्बन्धियों को न्यौता दिया। पूरे राज्य भर में ढिंढोरा पिटवाया। न्यौता पाकर सभी लोग पहुँच गये। वे सभी पंक्तिबद्ध होकर बैठ गये। इतने लोग आ गये कि राजा के घर में जगह की कमी पड़ गयी। युवा लड़कों ने चूल्हा बनाया और भोजन राँधने लगे। फिर मण्डप गाड़ा गया। रात हो गयी। दोनों को तेल चढ़ाये गये। भोजन किया और रात होने पर सब सो गये। एक दिन मण्डप की रस्म हुई, अगले दिन तेल की रस्म और उसके बाद वाले दिन लगन। लगन करने के बाद दहेज दिये गये। इसके बाद राजा ने लगन का भोज खिलाया। लोगों ने भोजन किया और रात होने पर सो गये। सबेरे उठकर तेल उतारा, रचन खेलाया। टहनी-पत्ते आदि ठण्डा करने के लिये तालाब में ले गये। इसके बाद राजा ने भोज दिया। सभी ने भोजन किया और अपने-अपने घर चले गये।

युवक एवं युवती दोनों वहीं पर हैं। एक वर्ष बीत गया, डेढ़ वर्ष बीत गया वे लोग वहीं पर हैं। एक दिन भोजन के बाद सोने के समय युवक को अपने घर की याद आयी। मेरी माँ बूढ़ी है, मैं उसे घर पर छोड़कर आया हूँ। वह सोचने लगा। अब इसके बाद हमें जाना चाहिये। वह मन ही मन विचार करने लगा। सबेरा होने पर सुरमती कन्या से बोला, "हम इतने दिनों तक यहाँ रहे किन्तु अब हमें अपने घर जाना पड़ेगा।" उसके ऐसा कहने पर सुरमती कन्या ने भी अपनी सहमति दी।

तब लाडरबेलुरा अपने सास-ससुर के पास गया और हम अब घर जायेंगे, मामा-बुबू कहने लगा। ऐसा कहने पर वे लोग बोले, "ठीक है चले जाना किन्तु आज के लिये रुक जाओ। कल जाना।"

ऐसा कहने पर वे लोग उस दिन वहाँ ठहर गये। तब राजा-रानी ने उनका मान-सम्मान किया। भोजन किया और रात में सो गये। सबेरे उठकर दातौन आदि से निवृत्त हुए, स्नानादि किया। इतने में राजा-रानी अपनी बेटी से कहने लगे, "तुम तो हमारी एक ही बेटी हो। तुम जितना और जो कुछ चाहो अपने साथ ले जाओ।" ऐसा कहने पर सुरमती ने अपने मन मुताबिक सोना-चाँदी, रुपये-पैसे आदि लिये। फिर दोनों ने राजा-रानी के पाँव छुए और विदा ली। तब राजा-रानी ने उन्हें अच्छे से जीवन बिताओ कहते आशीर्वाद देते हुए विदाई दी। विदा पाकर दोनों घोड़े पर सवार होकर जाने लगे। जाते-जाते उसी गाँव में पहुँचे जहाँ उस युवक ने सुरवाँ को मारा था। उस जगह एक और सुरवाँ था। हमारे द्वारा माँगी गयी कन्या को यह कैसे विवाह कर के ले जा रहा है, कहता वह सुरवाँ तलवार लेकर उसका रास्ता रोके खड़ा था। युवक ने उसे देखा और मुझसे झगड़ा मत करो दादा, मुझे जाने दो कहने लगा। किन्तु वह सुरवाँ नहीं मानता। तीन-तीन बार लड़ाई करें, उसने कहा। अब युवक क्या करता! चलो तब लड़ाई करें, कहा। तब वे दोनों लड़ाई करने लगे। इसी समय

लड़ई खेलबाआत। अड़किदायँ आले मने कसन करसी बली पिला घरर देबी मन हयँ थान ले गुची देलाय। गुची देबा के सुरवाँ पिला के मरते मारी देला आवरी जायते गला। टोकी दखला आवरी काँदी-काँदी देबी मन के गुआर करसी आछे, "तमके जे बले पुजा लागसी मुईं सबू देबी मोर राजा के जियाय दियास। कुकड़ाखया के कुकड़ा, बोकड़ाखया के बोकड़ा, बयलाखया के बयला, भयँसाखया के भयँसा पुजा देबी।"

अतक ने तार सुमरना के सुनी करी देबी मन पिला उपरे थोपी होलाय। थोपी होयबा के पिला टुँग् ने उठी करी बसला आवरी अतकदायँ ले मुईं कसन सोई रली, बली बलसी आछे। बलबा के तार रानी बलसी आछे, "तमर करम के सोई रलास राजा! तमके सुरवाँ मरते मारी रला। देबी मन रलाय बलते तमके साका होयलाय।"

सुनला लाडरबेलुरा आवरी तार खाँडा के पक्की निछी करी खेदी-खेदी हयँ गाँवर लोक मन के मारसी आछे। गोटोक-गोटोक के धरी-धरी तिन-तिन गोंदा करसी आछे। खेदी-खेदी मारला आवरी तार बायले सँगे घोड़ा चेगी आपनर राजे अमरला। अमरबा के एकेदायँ आमे कसन काजे घरे जिबू रानी। आमे एई लगे डेरा रऊँ। मोर आया गाँवर-देसर लोक के धरी आमके पड़घाय के आयसी बलसी आछे। अतक ने दखला हईं लगे गोटक गाय-चरेया रला। ताके हाक देला आवरी तार आया के साँग के बल्ला। बलबा के चरेया-पिला गाँव भितरे गला आवरी तार घरे जाई करी तार माय बिती के साँगला। तेबे तार माय बिती गाँवर लोक के, गाँयता-पुजारी, माँजी-मुकासी के धरी करी लाडरबेलुरा आवरी तार बायले के पड़घाय के आसला। अड़घा-पड़घा करला आवरी घरे नेला। नेई करी लोक के पड़घाव-माँदी देला। लोक मन खा-पी करलाय आवरी आपन-आपन घरे गलाय। पिला-टोकी दुनो आछेत। आँट-पँदरा दिन होयबा के पिला कुकड़ा-बोकड़ा, बयला-भयँसा, हाँसा-परेवाँ, गुर-घिंव, नड़ेया-अगरबती जोड़ला पुजा देबा काजे। जोड़ा जोड़ी करी गाँवर लोक के हाक देला आवरी सबू लोक होई करी गुड़ी ने गलाय। गुड़ी ने ठाने-ठाने सरायलाय। अतक ने दुनो बायले-मुनिस पुजा-जोड़ा के धरलाय आवरी गलाय गुड़ी भितरे जाई करी पाँय पड़लाय। अतक ने पिला कुकड़ा-बोकड़ा, बयला-भयँसा, हाँसा-परेवाँ ठाने-ठाने पुजते गला। जात लाली, चुड़ी-फुँदड़ी टिकते-देते गला। पुजा देयते जायसी आछे आवरी सुमरना करते जायसी आछे। अतक ने सेवा-पुजा सरला। तेबे लोक मन के राँदा मँडायबा काजे बल्ला, "दखा दादा-बाबू, जतक बले लोक आसास जेके जे मन करले हयँ बिती राँदी खाहा। जतक खाय के भायसी आछे अतक खाहा।" तेबे लोक मन राँदी खायबाआत। आँट दिन ले हयँती राँदी खायबाआत। अतक ने बले खायबा बिती ना सरबा के लोक मन धरलाय मोडरी बाँदी करी आवरी आपन-आपन घरे नेलाय। अतक ने गाँयता-पुजारी, माँजी-मुकासी लाडरबेलुरा आवरी सुरमती कयनार हात के धरलाय आवरी नेई करी राजगादी ने बसाय देलाय। बसाय करी बलबा आछेत, "एबर तमे कमाय-धमाय खाहा बे। खतवान के, आयला

देवी-देवताओं ने सोचा कि चलो देखें तो कि यह युवक करता क्या है, और वहाँ से हट गये। जैसे ही देवी-देवता वहाँ से हटे सुरवाँ ने उस युवक को मार डाला और चला गया। युवती ने देखा और रो-रोकर देवी-देवताओं को मन ही मन स्मरण करने लगी, "आपको जो भी बलि देनी होगी, वह सब मैं दूँगी। आप मेरे प्रियतम को जीवित कर दीजिये। मुर्गा खाने वाले को मुर्गा, बकरा खाने वाले को बकरा, बैल खाने वाले को बैल, भैंस खाने वाले को भैंस की बलि दूँगी।"

इतनें में उसकी विनती सुनकर सभी देवी-देवता युवक के ऊपर सवार हो गये। जैसे ही वे सवार हुए वैसे ही युवक तपाक् से उठकर बैठ गया और इतनी देर तक मैं कैसे सोता रह गया, कहने लगा। उसके ऐसा कहने पर रानी कहने लगी, "आप सोये कहाँ थे राजा! आपको तो सुरवाँ ने मार डाला था। आपके देवी-देवताओं ने आपकी सहायता की है।"

लाडरबेलुरा ने सुना और अपने तलवार को अच्छे से धारदार बनाकर उस गाँव के लोगों को दौड़ा-दौड़ाकर मारने लगा। एक-एक को पकड़-पकड़कर उनके तीन-तीन टुकड़े करने लगा। दौड़ा-दौड़ा कर मारा और अपनी पत्नी के साथ घोड़े पर सवार होकर अपने राज्य पहुँचा। पहुँचकर वह अपनी रानी से कहने लगा कि एकबारगी घर कैसे जाया जाये! हम यहीं पर डेरा बनाते हैं। मेरी माँ गाँव-देश के लोगों को लेकर हमारा स्वागत करने आयेगी। इतने में उसने देखा, वहीं पास में एक चरवाहा था। उसे बुलाया और उससे कहा कि वह जाकर उसकी माँ को यह खबर दे दे। ऐसा कहने पर चरवाहा गाँव में गया और उसके घर जाकर उसकी माँ को यह खबर दी। तब उसकी माँ गाँव के लोगों, गाँयता-पुजारी, माँझी-मुखासी आदि को साथ लेकर गयी और लाडरबेलुरा तथा उसकी पत्नी का स्वागत कर उन्हें घर ले आयी। घर ले जाकर लोगों को भोजन करवाया। लोगों ने भोजन किया और अपने-अपने घर चले गये। लाडरबेलुरा और सुरमती दोनों रहने लगे। आठ-पन्द्रह दिन बीतने पर उन दोनों ने पूजा के लिये मुर्गा-बकरा, बैल-भैंस, हंस-कबूतर, गुड़-घी, नारियल-अगरबत्ती आदि की व्यवस्था की। सारी सामग्री जुटाने के बाद गाँव के लोगों को न्यौता दिया और सभी मिल कर गुड़ी में गये। गुड़ी में जगह-जगह पर लीपा गया। इसके बाद पति-पत्नी दोनों ने पूजा की सामग्री ली और गुड़ी के भीतर जाकर देवी-देवताओं को प्रणाम किया। इसके बाद मुर्गा-बकरा, बैल-भैंस, हंस-कबूतर आदि की बलि जगह-जगह दी गयी। शुद्ध लाली, चूड़ियाँ और फुँदने अर्पित करता गया। युवक बलि देता जाता और विनती करता जाता। इतने में पूजा सम्पन्न हो गयी। तब उन दोनों ने लोगों से भोजन राँधने को कहा, "देखो दादा-बाबू, जितने भी लोग हैं सभी अपने मन मुताबिक भोजन राँधें और खायें। जिसके मन में जो खाने की इच्छा हो, वह खाये। जितना खाने का मन करे उतना खायें।" तब लोग भोजन राँधने लगे। आठ दिनों तक वे वहाँ राँध कर भोजन करते रहे। इसके बाद भी भोजन-सामग्री बची रह गयी तब लोगों ने अपने-अपने लिये गठरियाँ बाँधी और भोजन-सामग्री अपने-अपने घर ले गये। गाँयता-पुजारी, माँझी-मुखासी ने लाडरबेलुरा और सुरमती कन्या के हाथ

लोक के दोनाएक पेज दियास, खतवान ना होयले ताके पानी दियास। बसबा काजे पिड़ा दियास। तोर आया के जिव भर दख आवरी मरले माटी देस। काय सुँदर राहा।" बल्लाय लोक मन आवरी आपन-आपन घरे गलाय।

पकड़कर उन्हें राजगद्दी पर बैठा दिया। इसके बाद वे कहने लगे, "अब आप लोग सुखपूर्वक जीवन बितायें। जो लोग खाना चाहें उन्हें भोजन दें। जो आयें उन्हें दोना भर पेज दें। जो भोजन न करना चाहे उसे पानी दें। बैठने को पीढ़ा दें। तुम्हारी माँ की जीवन भर देख-रेख करो और उसके मर जाने पर उसका क्रिया-कर्म करो। मजे से रहो।" लोगों ने ऐसा कहा और अपने-अपने घर चले गये।

मालती रानी

मालती रानी

गोटक गाँव रला। हयँ गाँव ने भोलानाथ राजा रय। राजार छय टा रानी रलाय। राधा, तुलसा, राई, रुकमनी, अँवला, पँवला रानी मनर नाव रला। राज-पाट, धन-माल, सोन-चाँदी सबू रला। सोनर झुलना रुपर धरना, गदिया-गोरला, गाय-बयला, जँवरा-भँवरा सबू रलाय। टुरी-टेंडकी, नवकर-चाकर रलाय। तलर धन के ओरमा धरे आवरी उपरर धन के कावा खायेत। हयँ मन काय मँजा राज धरी खायबा आछेत मांतर गोटकी के बले पेटे पुतुर नाईं। गोट दिने राजा मोर अतक धन-माल आछे, छय टा रानी मन पने आछोत मातर गोटकी के बले पेटे पुतुर नाईं तो बली मने-मने बिचार करसी आछे। ताके खुबे धोका धरला आछे।

असनी गोटक दुसर गाँव रय। गाँवर नाव आय मालती गड़। हयँ गड़ ने मालती रानी रला। हयँ रानी गोट दिने मोके आन के आसा बली भोलानाथ राजा के सपना देला। सपनबा के राजा तड़बड़ाय करी उठला आवरी कसन ने असन सपनली बली बिचार करसी आछे। फेर सोई दखसी आछे मातर तार निंद कोन बाटे उड़ी गला कोन बाटे नाईं। असनी-असनी सकाल पाहायला। तेबे काईं बले होओ मांतर एके तो मुईं आनबिच्ची बली बिचार करला आवरी गला रानी मन लगे। जाई करी बलसी आछे, "आले रानी मन! तमे झटझट बुता-भयना करा

एक गाँव था। उस गाँव में भोलानाथ राजा था। राजा के छह रानियाँ थीं। राधा, तुलसा, राई, रुक्मनी, अँवला, पँवला रानियों के नाम थे। राज्य, धन-सम्पत्ति, सोना-चाँदी सारी वस्तुएँ थीं। सोने का झूला चाँदी की रस्सी, भण्डार, गाय-बैल, जँवरा-भँवरा नामक कुत्ते आदि सभी थे। दासियाँ थीं, नौकर-चाकर थे। नीचे के धन को दीमक लगता था और ऊपर के धन को कौए खाते थे। वे लोग सुखपूर्वक जीवन बिता रहे थे किन्तु उनमें से किसी के भी कोई सन्तान नहीं थी। एक दिन राजा सोचने लगा, मेरे पास इतनी धन-सम्पत्ति है, छह रानियाँ हैं किन्तु एक के भी सन्तान नहीं है। उसे बहुत चिन्ता हो आयी।

इसी तरह एक दूसरा गाँव था। उस गाँव का नाम था मालती गढ़। उस गढ़ में मालती रानी थी। एक दिन वह रानी भोलानाथ राजा के सपने में आयी और बोली कि वे उसे लेने आएँ। सपना देखकर राजा हड़बड़ा कर उठा और मैंने ऐसा सपना कैसे देखा, कहते विचार करने लगा। वह फिर से सोने का प्रयास करने लगा किन्तु उसकी नींद पता नहीं कहाँ उड़ गयी! इसी तरह सबेरा हो गया। तब उसने सोचा कि चाहे जो हो जाये किन्तु इसे तो मैं लाऊँगा ही। ऐसा विचारकर गया रानियों के पास और उनसे कहने लगा, "हे रानियो! तुम सभी जल्दी-जल्दी काम-काज

आवरी मोर काजे सुक-लाड़ू भुक-लाड़ू बाँदी दियास। मुइँ राज दख के जिबी।"

छय जन रानी मन सुनलाय आवरी कपड़ा-लता काचा-धुआ करलाय। नाहा-धुआ करलाय आवरी राँधा-बाड़ा करलाय। अतक ने राजा दातुन-पतर चाबला, नाहा-धुआ करला आवरी कसेला ने पानी धरी आयला। देव-ठान के सरा-बड़ा करला। फुल-बाड़ी ने गला आवरी फुल-पान टुटाय आनला, दुब-लाटा आनला। काचा गोरस, अगरबती, गुर-घिव धरला आवरी सेवा-पुजाकरला। गँदा-ओड़ा करी दस अँडखिर पाँय पड़ला। पाँय पड़ी बलसी आछे, "दखा, दखा रे मोर पुरखार देव-धामी मन! मुईं गोटोक राजे जिबी आछे। मोके साका हुआ। मुईं हयँ बाट ले मालती रानी के आनली बल्ले तमके करेया परेवाँ देबी।" असन बलते हाँसरी-मोहनी काँदरी-मोहनी के सुमरला आवरी बलसी आछे, "तमे मालती रानी हँसायते-कँदायते आना।" सबू के सुमरी करी मोहनी मन के धरला आवरी सेवा-पुजाकरी नड़ेया फुटायला। अतक ने गला घोड़ासारे। बारा बरसर सवार घोड़ा रय। घोड़ा के बलसी आछे, "ए दादा। मोके राज दखाय के ने।"

बारा बरसर सवार घोड़ा सुनला आवरी बलसी आछे, "तुई जे थाने बल्ले मुईं हयँ थाने नेबी, बाबू।"

अतक ने राजा मलेहारी के बलसी आछे, "जा बाबू, सवार घोड़ा के ढिल। साबुन-बुच धरी नाहाय के ने।" बलबा के मलेहारी सुनला आवरी घोड़ा के नाहाय के नेला। लगड़ी-लगड़ी नाहाय देला आवरी आपन बले नाहायला। नाहा-धुआ करी घोड़ा के आनी करी जसनर असन बाँधी देला। राजा दखला आवरी मलेहारी के घोड़ार सबू सज के पिंदाय के बल्ला। तेबे मलेहारी घोड़ा के तार सबू सज के पिंदाय करी तियार करी देला। अतक ने राजा घोड़ा के बारा बोतल बराँडी पिआयला। बराँडी पिआयबा के घोड़ा के माँज धरला। घोड़ा केबे तो गोटकी पाँय ने उबा होय केबे तो रम-झम रम-झम हिंडला असन होय। हरिक काजे घोड़ा ठमकी जायसी आछे। राजा घोड़ा के दखी कर हरिक होयला आवरी तेल-फुल घसला, कोट-कमिंज पिंदला, कान ने कुँडल, टोडरा ने मोहर माला पिंदला। मुँड ले धरी पाँय ले गाहना पिंदला। अतक ने रानी ताके खाय के देला। खा नीं खा अढ़ई कँवरा खायला राजा। खा-पी करी उठला आवरी रुपया-पयसा, सुखलाड़ू-भुकलाड़ू धरला। तेबे राजा बलसी आछे रानी मन के, "दखा रानी मन। तमे राज-पाट के दखते राहा। मुईं राज दखी आसबी। मोके खुबे दिन लागसी। तमे झगड़ा-गारी ना हुआ। अछा-अछा राहा।"

अतक ने राजा आपनर सबू जमक के धरला आरू घोड़ा उपरे

निबटाकर मेरे लिये सुख-लड्डू[252] और भूख-लड्डू बाँध दो। मैं देशाटन के लिये जाऊँगा।"

छहों रानियों ने सुना और कपड़े-लत्ते धोये। स्नानादि से निवृत्त हुईं और भोजन राँधा। इतने में राजा ने दातौन आदि किये, स्नानादि से निवृत्त हुआ और लोटे में पानी लेकर आया। देव-स्थान को लीपा। फुलवारी में गया और फूल तथा पत्ते तोड़ लाया। दूब लेकर आया। कच्चा दूध, अगरबत्ती, गुड़-घी लिया और सेवा-पूजा की। होम-आरती कर दस उँगलियों से विनती की। प्रणाम कर देवी-देवताओं से कहने लगा, "देखो, देखो हे मेरे पुरखों के देवी-देवताओ! मैं एक देश जा रहा हूँ। मेरी सहायता करो। मैं यदि उधर से मालती रानी को ले आया तो तुम्हें काला कबूतर दूँगा।" ऐसा कहते उसने हाँसरी-मोहिनी और काँदरी-मोहिनी[253] का स्मरण किया और कहने लगा, "तुम लोग मालती रानी को हँसाते-रुलाते लाना।" फिर सभी का स्मरण कर मोहिनियों को लिया और सेवा-पूजाकर नारियल फोड़ा। इसके बाद गया घुड़शाल में। वहाँ बारह वर्षीय सवार घोड़ा था। घोड़े से कहने लगा, "हे दादा। तुम मुझे देश दिखाने ले चलो।"

बारह वर्षीय घोड़े ने सुना और कहने लगा, "तुम जहाँ कहोगे मैं तुम्हें वहाँ ले चलूँगा, बाबू।"

इसके बाद राजा ने मलिहारी से कहा, "जाओ बाबू, सवार घोड़े को खूँटे से अलग करो। साबुन और कूची लेकर उसे नहलाने ले जाओ।" उसके ऐसा कहने पर मलिहारी ने सुना और घोड़े को नहला दिया। स्वयं भी स्नान किया। नहलाने-धुलाने के बाद घोड़ा को लाकर जैसे का तैसा बाँध दिया। राजा ने देखा और मलिहारी से कहा कि वह घोड़े को तैयार कर दे। तब मलिहारी ने घोड़े को उसके सारे साजो-सामान पहनाकर तैयार कर दिया। इतने में राजा ने घोड़े को बारह बोतल ब्रांडी पिलायी। ब्रांडी पिलाने पर घोड़े को नशा हो गया। घोड़ा नशे की हालत में कभी एक पाँव पर खड़ा होता तो कभी चलने-चलने को होता। आनन्द से घोड़ा ठुमकने लगा था। राजा ने घोड़े को देखा और प्रसन्न हो गया और तेल-फुल लगाया, कोट-कमीज पहने, कानों में कुण्डल, गले में मोहरों की माला पहनी। सिर से लेकर पाँव तक गहने पहने। इसके बाद रानी ने उसे भोजन परोसा। उसने थोड़ा-सा खाया और उठ गया। रुपये-पैसे, सुख-लड्डू और भूख-लड्डू लिये। इसके बाद राजा कहने लगा रानियों से, "देखो रानियो! तुम लोग राज्य का ध्यान रखना। मैं देशाटन कर वापस आऊँगा। मुझे बहुत दिन लग जायेंगे। तुम लोग आपस में झगड़ना मत। अच्छे से रहना।"

इसके बाद राजा ने अपनी सारी सामग्री ली और घोड़े के ऊपर लाद

252. सुख-लड्डू। बस्तर की लोक कथाओं में प्रायः 'सुक-लाड़ू (सुख-लड्डू)' और 'भुक-लाड़ू (भूख-लड्डू)' की चर्चा होती है। ऐसा लड्डू जिसे खाने पर थकान मिट जाये और सुख की अनुभूति हो, 'सुक-लाड़ू (सुख-लड्डू)' कहलाता है। इसी तरह 'भुक-लाड़ू (भूख-लड्डू)' वह लड्डू कहलाता है जिसे खाने पर भूख मिट जाये। कुछ लोग 'सुक-लाड़ू' और 'भुक-लाड़ू' को 'सोस-लाड़ू, भुक-लाड़ू' भी कहते हैं। 'सोस' का अर्थ प्यास भी लगाया जाता है। ऐसा लाड़ू जिसे खाने पर प्यास मिट जाये, 'सोस-लाड़ू' या 'सुक-लाड़ू' कहलाता है।

253. हाँसरी-मोहिनी : वह मोहिनी शक्ति जो किसी को भी हँसाये। काँदरी-मोहिनी : वह मोहिनी शक्ति जो किसी को भी रुलाये।

लथला। चार खुट पाँय पड़ला आवरी घोड़ा चेगी करी जायसी आछे। जायते-जायते जायसी आछे। घोड़ा ताके भरभर-भरभर नेयसी आछे। आदो धुर गला राजा। एक ले दुय दिन होयला। मालती गड़ के अमरा-अमरी होयला। हयँ लगे गोटोक बड़-गछ रय। हई बड़-गछ तले घोड़ा ताके उतराय देला। सँज होयते रय। तेबे भोलेनाथ राजा घोड़ा के बलसी आछे, "तुई एई बड़-गछ तले रबिस, दादा। जतक दिन होयले बले आमे मालती रानी के ना आनलार ना जाऊँ।" असन बली करी बड़-गछ के बलसी आछे राजा, "सुन सुन रे बड़-गछ! तुय मोर आस की कार आस?"

बड़-गछ तार गोठ के सुनला आवरी बलसी आछे, "मारले मार पेटले पेट, मुईं तोरी आयँ।" तेबे राजा बल्ला, "मोर आसे आले तुई ठिंया-ठिंया दुय खापा हो।"

बलबा के बड़-गछ दुय खापा होयला। तेबे राजा घोड़ा के आवरी आपनर सबू सज के हईं गछ भितरे सोंगाय देला आवरी जसनर असन होयबा काजे बल्ला। बलबा के बड़-गछ जसनर असन होयला। अतक ने राजा गोटोक अँगछी के कोपनी पिंदला आवरी पारा भितरे जायसी आछे। जायते-जायते गाँव-धड़ी अमरला। हयँती गोटोक डोकरिर घर रय। हयँ डोकरी[254] आय फुलवारिन। राजा हईं घरे गला आवरी डाक[255] पाड़ला। डाक सुनी करी बुड़ी घर ले बाइरे निसकला तेबे राजा ताके बलसी आछे, "मोके तोर घरे आज काजे डेरा देस बोड़ाय।"

तार गोट के सुनला डोकरी आवरी बलसी आछे, "मोर घरे कोन्तिर ठान आछे, बाबू? नानी माहा घर आय गोटकी खोलिर। तोके फेर कोन थाने डेरा देबी ता!"

राजा बलसी आछे, "तुय आजी काजे तो डेरा देस, बोड़ाय। मुईं खुबे धुर ले आयबी आछे। ना जानलार गाँव आय। मुईं कोन्ती जिबी? राती काजे इती रबी आवरी सकाले जायते जिबी।"

बलबा के बुड़ी राजी पड़ला। तेबे राजा हयँती रई गला। राती होयबा के डोकरी राँधा-बाड़ा करला आवरी राजा के खाय के देला। राजा खायला-पियला माहा करला आवरी दुआरे नेई करी फिंगी देला। अतक ने बुड़ी खा-पी करला आवरी बड़ा-ओंडा करी राजा के गोटोक बोरा देला ओछायबा काजे। राजा बोरा के ओछायला आवरी ढुली देला। आधा राती होयबा के राजा उठला आवरी गला बड़-गछ लगे। हयँ थान ले सुखलाड़ू-भुखलाड़ू निकराय करी खायला आवरी मोडरी के जसनर असन सोंगाय करी डोकरी घरे आसला आवरी सोई देला। बुड़ी गमे ना जाने।

सकाल पाहायबा के डोकरी उठला। दुआर-बहार बढ़ायला, नाहा-धुआ करला आवरी फुल टुटाय के फुलवारी ने गला। फुल टुटाय आनला, गुथला आवरी राजा के बलसी आछे, "तुई एई लगे रबिस बाबू। मुई रानी घरे फुल नेई देबी ता।" बल्ला बुड़ी आवरी रानी घरे फुल नेई

दिया। चारों दिशाओं को प्रणाम किया और घोड़े पर सवार होकर जाने लगा। चलता चला जा रहा है। घोड़ा सरपट दौड़ता उसे ले जा रहा है। एक से दो दिन बीते। अब वे मालती गढ़ के करीब पहुँच चुके थे। वहीं पास ही में बरगद का एक पेड़ था। घोड़े ने उसी बरगद के पेड़ के नीचे उसे उतार दिया। साँझ हो रही थी। तब भोलेनाथ राजा घोड़े से कहने लगा, "तुम इसी बरगद के पेड़ के नीचे रहना, दादा। चाहे जितने दिन लग जायें किन्तु मालती रानी को लिये बगैर हम यहाँ से नहीं जायेंगे।" ऐसा कहकर राजा ने बरगद के पेड़ से कहा, "सुनो हे बरगद के पेड़! तुम मेरे हो या किसके हो?"

बरगद के पेड़ ने उसकी बातें सुनी और कहने लगा, "अब चाहे मुझे मारो या पीटो, मैं तुम्हारा ही हूँ।" तब राजा बोला, "मेरे हो तो तुम खड़े-खड़े दो भाग हो जाओ।"

उसके ऐसा कहने पर बरगद का वह पेड़ दो भागों में बँट गया। तब राजा ने घोड़ा और अपनी सारी सामग्री उस पेड़ के भीतर रख दी और पेड़ से जैसे का तैसा हो जाने को कहा। सुनकर पेड़ जैसा का तैसा हो गया। इसके बाद राजा ने एक अंगवस्त्र को कौपीन की तरह पहना और मोहल्ले के भीतर चला। जाते-जाते गाँव के किनारे पहुँचा। वहाँ एक बुढ़िया का घर था। वह बुढ़िया फूलवाली थी। राजा उसी घर में गया और पुकारने लगा। पुकार सुनकर बुढ़िया घर से बाहर निकली। तब राजा उससे कहने लगा, "मुझे आज भर के लिये तुम्हारे घर में जगह दो, बड़ी माँ।"

उसकी बातें सुनकर बुढ़िया कहने लगी, "मेरे घर में जगह कहाँ है, बाबू? छोटा-सा घर है, एक कमरे का। तुम्हें कहाँ जगह दूँगी भला!"

राजा कहने लगा, "तुम आज भर के लिये तो जगह दे दो, बड़ी माँ। मैं बहुत दूर से चला आ रहा हूँ। अनजाना गाँव है। मैं कहाँ जाऊँगा? केवल रात भर यहाँ रहूँगा और सबेरा होते ही चला जाऊँगा।"

उसके ऐसा कहने पर बुढ़िया तैयार हो गयी। तब राजा वहीं रह गया। रात होने पर बुढ़िया ने भोजन राँधा और राजा को भोजन परोसा। राजा ने खाने-पीने का उपक्रम किया और आँगन में ले जाकर फेंक दिया। इतने में बुढ़िया ने भोजन किया और साफ-सफाई कर राजा को बिछाने के लिये एक बोरा दिया। राजा ने बोरे को बिछाया और उस पर लेट गया। आधी रात होने पर राजा उठा और गया बरगद के पेड़ के पास। वहाँ से सुख-लड्डू और भूख-लड्डू निकालकर खाया और गठरी को जस का तस वहीं रख कर बुढ़िया के घर आकर सो गया। बुढ़िया कुछ भी नहीं जान सकी।

सबेरा होने पर बुढ़िया उठी। आँगन झाड़ा-बुहारा, स्नानादि से निवृत्त हुई और फूल तोड़ने के लिये बगीचे में गयी। वहाँ से फूल तोड़कर लायी, हार गूँथा और राजा से कहने लगी, "तुम यहीं रहना बाबू। मैं रानी के घर फूल पहुँचाने जाऊँगी।" बुढ़िया ने कहा और रानी के घर फूल पहुँचा

254. डोकरी : अन्य ध्वनि 'बुड़ी'।

255. डाक : अन्य ध्वनि 'हाक', जो हल्बी प्रभावित है।

देला। मोहाले अमरी करी तार ठोकला। तेबे टुरी-टेंडकिन मन निकरलाय आवरी तार हात के धरी उपरे चेगायलाय। डोकरी गला रानी लगे आवरी ताके फुल देला। रानी फुल के धरला आवरी डोबली ने रोसई-चाउर निकराय देला। बुड़ी रोसई-चाउर धरला आवरी घरे आसला। राँध-बाड़ करला। दुनो लोक खा-पी करलाय आवरी राती काजे सोई देलाय।

दुनो लोक आछेत। गोट दिने डोकरी फुल टुटाय करी आनला आवरी गुथला। गुथी करी सोंगाय देला आवरी पानी गला। तेबे राजा हयँ फुल थाने हाँसरी-काँदरी मोहनी मन के लगाय देला आवरी जसनर असन सोंगाय देला। बुड़ी पानी बाट ले आसला, पानी के घरे सोंगाय देला आवरी फुल धरी करी गला रानी घरे। जाई करी तार ठोकला। तेबे टुरी-टेंडकिन मन तार हात के धरी उपरे चेगायलाय। डोकरी जाई करी रानी के फुल धराय देला। रानी फुल के दखसी आछे। आजिर फुल कसन ने असन दखा देयसी आछे, बली बिचार करी रानी बुड़ी के पुछसी आछे, "आजिर फुल कार गुथलार आय, बोड़ाय? खुबे सुँदर दखा देयसी आछे।"

डोकरी बल्ला, "मोरी गुथलार आय, रानी। आवरी कोन गुथी देताय ता मोके!" मातर रानी तार गोठ के ना पतयाय। फेर पचारसी आछे, "तुई सत-धरम ने साँग बोड़ाय। कार गुथलार आय?"

बलबा के बुड़ी बलसी आछे, "नाईं रानी। मोर भइन-बेटी झगड़ा-गारी होई करी मोर घरे आसला आछे। ताहरी गुथलार आय।"

तेबे रानी बलसी आछे, "असन आले तुई काल के हँके मोर लगे आन दखाय के।"

डोकरी बलसी आछे, "काय के आनबी ता रानी? आमर लगे तो पिंदबा काजे कपड़ा नाईं, घसबा काजे तेल-फुल नाईं। बाँदबा काजे चँवरी नाईं। आमे गरिब लोक आवँ, रानी।" तार गोठ के सुनला आवरी मुईं तार काजे सबू तिज देबी, तुई आनच्ची काल के, बल्ला रानी। बलबा के आले मुईं ताके पचारी दखबी बल्ला बुड़ी।

अतक ने रानी ताके रोसई-चाउर जोड़ी करी बिदा देला। बिदा पाई करी डोकरी घरे आसला। आसी करी राजा के बलसी आछे, "नाईं बाबू, तोके काल के रानी हाक देला आछे। तोके दखुआय मने। मुईं मोर घरे मोर भइन-बेटी झगड़ा-गारी होई करी आसला आछे बलते साँगली आछे। हयँ तोर काजे कपड़ा-लता, तेल-फुल, चँवरी काईं-जाईं जाक-जमक देयसी मने। हयँ मन के पिंदी करी तोके जाय के लागसी।" अतक के सुनला राजा आवरी हरिक होयला। अछा करलिस बोड़ाय बलसी आछे राजा। तुई काली सबू जमक के माँगी आनबिस, बल्ला। अतक ने बुड़ी राँधा-बाड़ा करला। डोकरी खायला। राजा खायला माहा करला आवरी दुआरे नेई करी फिंगी देला। अदगर राती होयबा के डोकरी के सोय के देला आवरी बड़-गछे जाई करी सुखलाड़ू-भुखलाड़ू खाई आसला आवरी सोई देला। सकाल पाहायबा के दुनो उठलाय। दुनो दातुन-पतर चाबलाय। नाहा-धुआ करलाय। बुड़ी गला फुल टुटाय के। टुटाय आनला आवरी गुथी करी रानी घरे नेई देला। तेबे रानी पुछसी आछे, "कसन बोड़ाय, काय बल्ला तोर भइन-बेटी?"

दिया। महल पहुँचकर उसने नीचे से तार ठोंका। तब दासियाँ निकलीं और उसके हाथ पकड़कर उसे ऊपर खींचा। बुढ़िया गयी रानी के पास और उसे फूल दिया। रानी ने फूल लिये और दोने में रसोई-चावल निकालकर दिया। बुढ़िया रसोई-चावल लेकर घर आ गयी। भोजन राँधा। दोनों ने भोजन किया और रात होने पर सो गये।

दोनों रहने लगे। रोज की तरह एक दिन बुढ़िया फूल तोड़ कर लायी और गूँथा। गूँथकर रख दिया और पानी के लिये गयी। तब राजा ने उस फूल में हाँसरी और काँदरी मोहिनियों को लगा दिया और जैसे का तैसा रख दिया। बुढ़िया पानी लेकर लौटी, पानी घर में रख दिया और फूल लेकर रानी के घर गयी। जाकर तार ठोंका। दासियाँ निकलीं और उसके हाथ पकड़कर उसे ऊपर चढ़ाया। बुढ़िया ने जाकर रानी को फूल पकड़ा दिये। रानी फूल को देखने लगी। वह विचार करने लगी कि आज के फूल ऐसे कैसे दिखायी दे रहे हैं? ऐसा विचारते हुए वह बुढ़िया से पूछने लगी, "आज के फूल किसके गूँथे हुए हैं, बड़ी माँ? बहुत सुन्दर दिखायी पड़ रहे हैं।"

बुढ़िया ने कहा, "मेरे ही गूँथे हुए हैं, रानी। और दूसरा कौन मेरे लिये गूँथ देता भला!" किन्तु रानी को उसकी बात पर भरोसा नहीं हुआ। वह फिर पूछने लगी, "तुम सच-सच बताओ बड़ी माँ। किसके गूँथे हुए हैं?"

बुढ़िया बोली, "देखो रानी। मेरी बहिन की बेटी लड़-झगड़ कर मेरे घर आयी हुई है। उसी के गूँथे हुए हैं।"

तब रानी कहने लगी, "ऐसी बात है तो तुम उसे कल मेरे पास दिखाने के लिये लाना।"

बुढ़िया कहने लगी, "कैसे लाऊँगी रानी? हमारे पास तो पहनने के लिये कपड़े नहीं हैं, लगाने को तेल-फूल नहीं है। केश बाँधने के लिये चँवरी नहीं है। हम गरीब लोग हैं, रानी।" उसकी बातें सुनी रानी ने और मैं उसके लिये सारी वस्तुएँ दूँगी, तुम कल उसे लाना ही। रानी ने कहा। उसके ऐसा कहने पर बुढ़िया ने कहा कि वह उसे पूछ कर देखेगी।

इतने में रानी ने रसोई-चावल दे कर उसे विदा किया। विदा पाकर बुढ़िया घर आ गयी। आकर राजा से कहने लगी, "सुनो बाबू, तुम्हें रानी ने कल बुलाया है। तुम्हें देखेगी। मैंने कहा कि मेरी बहन की बेटी लड़-झगड़कर मेरे घर आयी हुई है। वह तुम्हारे लिये कपड़े-लत्ते, तेल-फूल, चँवरी आदि श्रृंगार की वस्तुएँ देगी। उन्हें पहनकर तुम्हें चलना पड़ेगा।" यह सुनकर राजा प्रसन्न हो गया। बहुत अच्छा किया बड़ी माँ तुमने, कहने लगा राजा। तुम कल सारी वस्तुएँ माँग लाना, राजा ने कहा। इतने में बुढ़िया ने भोजन राँधा और खा लिया। राजा ने खाने का उपक्रम किया और आँगन में ले जाकर फेंक दिया। आधी रात होने पर उसने बुढ़िया की नींद पड़ने दी और बरगद के पेड़ के पास जाकर सुख-लड्डू भूख-लड्डू खाकर वापस आ गया। आकर सो गया। सबेरा होने पर दोनों उठे। दोनों ने दातौन आदि किये। स्नानादि से निवृत्त हुए। बुढ़िया गयी फूल तोड़ने के लिये। फूल तोड़कर लायी और रानी के घर ले गयी। तब रानी पूछने लगी, "कैसे बड़ी माँ, तुम्हारी बहन की बेटी ने क्या कहा?"

बुड़ी बलसी आछे, "मोर लगे काईं निआय बल्ला, रानी। मुईं अतक बड़े रानी घरे कसन करी जिबी, बलते बल्ला।" तार गोठ के सुनला रानी। ताके तो मोहनी ढाकी रय। हँके दख-दख माहा लागते रय। खोली भितरे गला रानी आवरी तार सबू जमक के आनी करी डोकरी के देला आवरी बल्ला, "एदे बोड़ाय। तुई मोर सबू जमक के नेई देस तोर भइन-बेटी काजे। हयँ ए जमक के पिंदी करी आसो।" बलते दार-चाउर पने जोड़ी देला आवरी तोर भइन-बेटी के काय मँजा राँदी करी खुआव, बल्ला। काली तुई आनच्ची, बलसी आछे रानी। तेबे असन बलबा के बुड़ी सबू जमक के धरला आवरी आपनर घरे आसला।

आसबा के राजा ताके पचारसी आछे, "काय बल्ला बोड़ाय, रानी?" बलबा के डोकरी रानिर बल्ला सबू गोठ के साँगला आवरी तार देला जमक के बले राजा के दखायला। राजा दखी करी खुबे हरिक होयला। अतक ने डोकरी राँध-बाड़ करला। खा-पी करलाय आवरी राती काजे सोई देलाय। राजा अदगर राती उठला आवरी गला बड़-गछ लगे आवरी तार घोड़ा के बलसी आछे, "दख दादा। काल के मुईं रानी के आनबी तेबे फेर आमे इती ले जिबू।" बल्ला राजा आवरी तार सुखलाड़ू-भुखलाड़ू के खाई करी बुड़ी घरे बाहड़ी गला। आसी करी सोई देला।

सकाल पाहायबा के दुनो लोक उठलाय। दातुन-पतर चाबलाय, नाहा-धुआ करलाय। डोकरी गला फुलबाड़ी ने फुल टुटाय के। फुल आनला आवरी गुथते रय तेबे राजा आले बोड़ाय मुईं गुथी देबी बल्ला आवरी काय सुँदर गुथी देला। अतक ने बुड़ी राजा के तियार होय के बल्ला। बलबा के राजा झटाझट तियार होयला। काजर, लाली लगायला, पाँय ने आलता लगायला, मुँड कोरला, झाबा गाथला, गाहना पिंदला, अगिन पाट सुरिज पाट लुगा पिंदला। बाजनी पयँड़ी, रुमकी झुटिया, बाँहटा, चुड़ी, खाड़ू, झुपी फुली, करधन, मोहर माला सबू गाहना के पिंदला। छाँय दखी-दखी पिंदला राजा। अतक ने दुनो तियार होई करी घर के ढाका-चुटा करी रानी घरे गलाय। जायते-जायते राजा बलसी आछे डोकरी के, "आले बोड़ाय, तुई छमे हो। मुईं तोर पिटी बाटे रबी।" बलबा के बुड़ी छमे-छमे जायसी आछे आवरी राजा तार पिटी-पिटी। रुमझुम-रुमझुम रेंगते जायसी आछे राजा टोकिर रुप धरी करी। खाले मुँडी करला आछे आवरी जायसी आछे। काहारी बाटे ना दखे। मँजी सहरे जिबा के लोक मन दखबाआत हयँ मन के आवरी ए कोन्तिर रानी आय हो, अतक सुँदर! बली बलबाआत। कोन तो आव रानी, मोर गाड़ी ने बस अमराय देबी बलसी आछे, कोन तो काय बलसी आछे मांतर राजा काहारी सँगे ना गोठयाय। हाँ करे ना हूँ करे। ओगाय होई जायसी आछे। अतक ने डोकरी रिस होयला आवरी बलसी आछे, "तमे काय लोक के ना दखलाआस गुने?" बलते लोक मन के ठेगल-मसक करी राजा के नेयसी आछे। जायते-जायते रानी घरे अमरलाय।

हयँ बाटे मालती रानी हयँ मनर बाट दखते रला। अड़कदायँ ले कसन ना आसोत बलते रानी धोका करसी आछे। अड़किदायँ एमन तार

बुढ़िया कहने लगी, "हे रानी! उसने कहा कि मेरे पास कुछ भी नहीं है। मैं इतनी बड़ी रानी के घर कैसे जाऊँगी?" उसकी बातें सुनी रानी ने। उस पर तो मोहिनी का प्रभाव हो गया था। उसे उसको अब देखूँ तब देखूँ लग रहा था। कमरे के भीतर गयी रानी और अपनी सारी वस्तुएँ ला कर बुढ़िया को दे दी और कहा, "यह लो बड़ी माँ। तुम मेरी सारी वस्तुएँ अपनी बहन की बेटी के लिये ले जाओ। वह इन वस्तुओं को पहनकर आये।" ऐसा कहते उसने दाल-चावल आदि भी दिये और कहा, तुम्हारी बहन की बेटी को अच्छे से राँधकर खिलाओ। कल तुम लाना ही, रानी ने कहा। तब ऐसा कहने पर बुढ़िया ने सारी वस्तुएँ ली और अपने घर आ गयी।

उसके आने पर राजा उससे पूछने लगा, "रानी ने क्या कहा, बड़ी माँ?" उसके पूछने पर बुढ़िया ने रानी की कही हुई सारी बातें बता दी और उसके द्वारा दी गयी सारी वस्तुएँ भी राजा को दिखायी। राजा देखकर बहुत खुश हो गया। इसके बाद बुढ़िया ने भोजन राँधा। दोनों ने भोजन किया और रात होने पर सो गये। राजा आधी रात में उठा और बरगद के पेड़ के पास जाकर अपने घोड़े से कहने लगा, "देखो दादा। कल मैं रानी को लाऊँगा तब हम यहाँ से जायेंगे।" ऐसा कहा राजा ने और अपने भूख-लड्डू सुख-लड्डू खाकर बुढ़िया के घर वापस आकर सो गया।

सबेरा होने पर दोनों उठे। दातौन आदि से निवृत्त हुए, स्नानादि किया। बुढ़िया गयी फुलवारी में फूल तोड़ने के लिये। फूल लेकर आयी और गूँथ रही थी कि राजा ने मैं गूँथ दूँगा बड़ी माँ, कहा और बहुत सुन्दर माला गूँथ दी। इतने में बुढ़िया ने राजा से तैयार होने को कहा। सुनकर राजा झटपट तैयार हो गया। काजल, लाली लगाये, पाँव में आलता लगाया, केश सँवारे, झब्बे गूँथे, गहने पहने, अग्निवस्त्र-सूर्यवस्त्र पहने। बाजनी पयँड़ी, रुमकी झुटिया, बाँहटा, चूड़ियाँ, खाड़ू, झुपी फुल्ली, करधन, मोहरों की माला आदि सारे आभूषण पहने। राजा ने दर्पण में निहार-निहार कर सारे आभूषण पहने। इतने में दोनों तैयार होकर घर के दरवाजे आदि बन्द किये और रानी के घर चले। चलते-चलते राजा कहने लगा बुढ़िया से, "अच्छा बड़ी माँ, तुम आगे चलो। मैं तुम्हारे पीछे-पीछे चलूँगा।" उसके ऐसा कहने पर बुढ़िया आगे-आगे चलने लगी और राजा उसके पीछे-पीछे। दोनों मस्त चाल चलते हुए जाने लगे। राजा ने युवती का रूप धारण किया था। उसने सिर नीचा किया और चलने लगा। किसी की ओर नहीं देखता। बीच शहर में पहुँचने पर लोगों ने उसे देखा और यह कहाँ की रानी है भाई, इतनी सुन्दर! कहने लगे। कोई उसे आओ रानी, मेरी गाड़ी पर बैठो मैं तुम्हें पहुँचा दूँगा कहता तो कोई और कुछ किन्तु राजा किसी से भी बात नहीं करता। न तो वह हाँ करता न हूँ। चुपचाप चला जा रहा है। इतने में बुढ़िया नाराज हो गयी लोगों पर और कहने लगी, "तुमने क्या लोगों को नहीं देखा है?" ऐसा कहते वह लोगों को हटाती-धकेलती राजा को लेकर चली जा रही है। चलते-चलते वे दोनों रानी के घर पहुँचे।

उधर मालती रानी उनकी राह देख रही थी। अब तक कैसे नहीं आ रहे हैं, कहती रानी चिन्ता करने लगी। इसी समय ये दोनों उसके घर

घरे अमरलाय। अमरी करी डोकरी तार ठोकला। तेबे टुरी-टेंडकिन मन निकरलाय आवरी हयँ मनर हात के धरी करी उपरे चेगायलाय। रानी दखला राजा के आवरी बाबा रे! मोर ले बले आगर सुँदर आछे, बली बलसी आछे। पाँय धोयबा काजे दुनो के पानी देला। दुनो पाँय धोयलाय आवरी मसनी ओछाय देबा के मसनी थाने जाई बसलाय। रानी तिके पान-सुपाड़ी देला। एनर-तेनर गोठयायलाय। गोठ-बात होयते-होयते सँज होयला तेबे बुड़ी आले रानी, एबर आमे जिबू बे बलसी आछे। बलबा के रानी बलसी आछे, "सँज बेरा ना जाहा, बोड़ाय। काली सकाले जिबास। राती काजे एई थाने राहा।" असन बली रानी हयँ मन के जबड़दस्ती आपनर घरे थेबायला। तेबे दुनो हयँ थाने थेबलाय। रानी राँधा-बाड़ा करला। सबू लोक खा-पी करलाय आवरी राती काजे सोई देलाय। सकाले उठबा के रानी बलसी आछे, "नाईं बोड़ाय, मुईं तोर भइन-बेटी सँगे लखी-परसाद बाँदबी।"

राजा बल्ला, "मोर लगे तो काईं जोड़ा निआय, रानी। मुईं कसन लखी-परसाद बाँदबी?"

रानी बलसी आछे, "एतार काजे तमे धोका नाईं करा नी। मुईं तो जोड़बी सबू जोड़ा के।" बली करी हयँ तार टुरी-टेंडकिन मन के सबू जोड़ा जोड़बा काजे तियारला। तेबे हयँ मन सबू जोड़ा जोड़लाय आवरी गाँव-पारा ने हाक देय के गलाय। बुली-बुली लोक मन के हाक देलाय। हाक देबा के सबू लोक रानी घरे आसलाय। अतक ने दुनो लोक लखी-परसाद बाँदलाय। सियान-सजन मन बल्लाय, "दखा, आजी ले तमे दुनो मित होयलास। बार के लागुआय। मितर चारी करबार नुआय, गिया गायबार नुआय। घमँड करबार नुआय।" अतक ने दुनो मित बाँदी करी सबू सियान-सजन के पाँय पड़लाय आवरी आपन ले नानी लोक मन के चुमा देलाय। मित बाँदबार सरी गला। सबू के गुर-चिवड़ा देलाय। राती होयबा के राँदा-बाड़ा करलाय आवरी सबू के भोज देलाय। सबू लोक खा-पी करलाय आवरी आपन-आपन घरे जायते गलाय। एमन पने खा-पी करलाय आवरी राती काजे सोई देलाय।

दुसर दिन सकाले बुड़ी बलसी आछे, "एबर आमे घरे जूँ बे नोनी। आमर आयलार दुय दिन होयला बे। घर के छाड़ी आयलू आछे।"

डोकरिर गोठ के सुनी करी रानी बलसी आछे, "नाईं बोड़ाय, जिबिस आले तुई जा। लखी-परसाद के दुएक दिन काजे मोरी लगे रय के देस ता। मोके लखी-परसाद के छाड़ के ना भायसी आछे।"

डोकरी बलसी आछे, "नाईं नोनी, ना थेबाव ता। एतार मुनिस बिता आन के आयले अड़कदायँ थेबायबिस।"

मालती रानी बलसी आछे, "नाईं बोड़ाय, काईं ना होय। आसले बले मालती रानी घरे थेबलाआत बली देले तो काईं ना करबाय बे। तुय एई थाने थेब के देस।"

अतक ने आले रयसी आले रओ बे बल्ला बुड़ी आवरी आपन जिबा काजे तियार होयला। तेबे रानी भितरे ओयल्ला आवरी दार-चाउर, दस हातर लुगा धरला आवरी डोकरी काजे निकराय देला। बुड़ी के देला

पहुँचे। पहुँच कर बुढ़िया ने तार ठोंका। तब दासियाँ निकलीं और बुढ़िया तथा राजा के हाथ पकड़ कर उन्हें ऊपर चढ़ाया। रानी ने देखा राजा को और बाप रे! कहने लगी। यह तो मुझ से भी अधिक सुन्दर है, वह सोचने लगी। फिर पाँव धोने के लिये दोनों को पानी दिया। दोनों ने पाँव धोये और चटाई बिछा देने पर बैठ गये। रानी ने उन्हें पान-सुपारी आदि दिये। इधर-उधर की बातें कीं। बातचीत करते-करते साँझ हो गयी तब बुढ़िया कहने लगी, अच्छा रानी, अब हम जायेंगी। उसके ऐसा कहने पर रानी कहने लगी, "साँझ के समय मत जाओ, बड़ी माँ। कल सबेरे जाना। रात में यहीं रह जाओ।" ऐसा कहते रानी ने उन दोनों को जबरन अपने घर में ठहराया। तब दोनों वहीं रह गये। रानी ने भोजन राँधा। सभी लोगों ने भोजन किया और रात होने पर सो गये। सबेरे उठने पर रानी कहने लगी, "सुनो बड़ी माँ! मैं तुम्हारी बहन की बेटी के साथ लखी-परसाद बदूँगी।"

राजा बोला, "मेरे पास तो कोई सामग्री नहीं है, रानी। मैं कैसे लखी-परसाद बदूँगी?"

रानी कहने लगी, "इसके लिये आप चिन्ता मत कीजिये। मैं तो सारी व्यवस्था कर लूँगी।" ऐसा कहकर उसने अपनी दासियों को सारी व्यवस्था करने को कहा। तब उन्होंने सारी सामग्री जुटा दी और गाँव-मोहल्ले में लोगों को न्यौता देने के लिये गयीं। घूम-घूम कर लोगों को न्यौता दिया। न्यौता पाकर सभी लोग रानी के घर आये। इतने में दोनों ने लखी-परसाद बदा। बड़े-बूढ़ों ने कहा, "देखो, आज से तुम दोनों मित्र हो गयीं। बहुत सावधानी बरतनी पड़ती है। मित्र की चुगली नहीं करना चाहिये, निन्दा नहीं करना चाहिये। घमण्ड नहीं करना चाहिये।" इतने में दोनों ने मीत बद कर सभी बड़े-बूढ़ों के पाँव छुए और अपने से छोटे लोगों को चूमा। मीत बदने का कार्यक्रम सम्पन्न हो गया। सभी को गुड़-चिवड़ा दिये गये। रात होने पर भोजन राँधा गया और सभी को भोजन कराया गया। सभी लोग भोजन कर अपने-अपने घर चले गये। इन लोगों ने भी भोजन किया और रात होने पर सो गये।

अगले दिन सबेरे बुढ़िया कहने लगी, "अब हम घर चलें, नोनी। हमें यहाँ आये दो दिन बीत गये। घर छोड़कर आयी हैं।"

बुढ़िया की बातें सुनी रानी ने और कहने लगी, "सुनो बड़ी माँ! जाना हो तो तुम चली जाओ। लखी-परसाद को दो-एक दिन मेरे पास रहने दो। मुझे लखी-परसाद को छोड़ने का मन नहीं कर रहा है।

बुढ़िया कहने लगी, "नहीं नोनी, हमें मत रोको। इसका पति इसे लेने आयेगा तब उस समय भले ही इनका सम्मान कर लेना।"

मालती रानी कहने लगी, "नहीं बड़ी माँ, कुछ नहीं होगा। उनके आने पर उनसे कह देना कि ये मालती रानी के यहाँ ठहरी हुई हैं। इससे वे कुछ भी नहीं कहेंगे। तुम इन्हें यहीं रहने दो।"

यह सुनकर बुढ़िया ने ठीक है, रहती है तो रहे कहा और स्वयं जाने को तैयार हो गयी। तब रानी भीतर गयी और दाल-चावल, दस हाथ लम्बी साड़ी ली और बुढ़िया के लिये निकाल लायी। बुढ़िया को देते हुए

आवरी एदे मित आया, एके पिंदबिस बली डोकरिर खाँदे लथी देला। डोकरी खुबे हरिक होयला आवरी रानी के चुमा देई करी खुबे दिन ले काय ना रबिस रे नोनी बलते राजा के बल्ला आवरी आपनर घरे जायते गला।

इती राजा आवरी रानी आछोत। मालती रानी राजा के बलसी आछे, "जूँ लखी-परसाद, आमे झुलना झुलबू।" बलबा के राजा बलसी आछे, "नाईं मित, मुईं केबेय नता झुलें। मुईं गरिब घरर बेटी आयँ। मोके डर लागुआय। मुईं एई लगे बसी रबी, तमी झुला।"

मालती रानी जबड़दस्ती तार हात के धरला आवरी झुलना ने बसाय करी बलसी आछे, "मुईं तमके धरी रबी, मित। तमे ना डरा।" बली झुलायसी आछे। अतक ने राजा मोके डर लागसी आछे, मोके उतराय दियास मित बली बलसी आछे। तेबे रानी ताके झुलना ले उतराय देला आवरी आपन मन भर झुल्ला। झुलना झुली सारी करी उतरला आवरी दुनो मित बसी करी पान-सुपाड़ी खायलाय। पाछे राँधा-बाड़ा करला रानी आवरी खाय के निकरायला। अतक ने राजा बलसी आछे, "नाईं लखी-परसाद, मुईं तमर लगे ना बसें। मोर जुठा उफड़सी। मुईं हयँ लगे बसबी।" बल्ला राजा आवरी अधरे बसी करी खायला। खा-पी करला पाछे राजा बलसी आछे रानी के, "मुईं तो बड़ाय के ना जानीं लखी-परसाद। तमी आका बड़ाय दियास। मुईं बरतन-भाँडा के बले माँज के ना जानें। आमे तो दोना-पतरी ने खायबा लोक आवँ। खाई करी फिंगी देबा लोक।" बलबा के रानी सकल-साकल करी बड़ा-ओंडा करला, बरतन-भाँडा के माँजा-घसा करला। अतक ने राती होयला। तेबे रानी दुनो काजे एके सँगे ओछायला। राजा दखला आवरी बलसी आछे, "नाईं मित, मुईं तमर सँगे ना सोयँ। मोर पाँय-हात तमर उपरे लथी होयसी। मोके पाप पड़सी।" बली करी आपनर काजे भिने ओछायला आवरी दुनो सोई देलाय। सकाल पाहायबा के दुनो उठलाय, दातुन-पतर चाबलाय। नाहायबा काजे गलाय। तेबे राजा बलसी आछे रानी के, "नाईं लखी-परसाद। मुईं तमर लगे ना नाहायँ। मोके लाज लागुआय। मुईं हयँ घाटे जाई नाहायबी।" बली करी राजा दुसर घाटे गला आवरी नाहा-धुआ करला। अतक ने दुनो तियार होयलाय। तेबे रानी बलसी आछे राजा के, "जूँ लखी-परसाद। मुईं आजी तमके आमर आमा-बनवाड़ी, चुआँ-बावली, फुल-बगेचा दखाय के नेबी।" बलबा के दुनो गलाय। राजा रानी के छमे होय के बल्ला आवरी आपन तार पिटी-पिटी जायसी आछे। जायते-जायते आमा-बनवाड़ी ने गलाय। अड़किदायँ राजा मने-मन बिचार करला घोड़ा लगे जिबा काजे आवरी रानी के बलसी आछे, "तमे जायते राहा, मित। मुईं झाड़ा बसी करी आसबी।" बल्ला राजा आवरी हयँ थान ले फुसकी करी गला बड़-गछ लगे। बड़-गछ के दुय खापा हो बलते बल्ला। तेबे बड़-गछ दुय खापा होयला। घोड़ा के बलसी आछे, "दख दादा, मुईं रानी के आमा-बनवाड़ी ने आनली आछे। तुई तार छमे-छमे होयते रबिस।" तार गोठ के सुनला घोड़ा आवरी हाँ बल्ला। राजा हयँ थान ले रानी लगे बाहड़ला।

बोली, यह लो मीत-माँ, इसे पहनना। यह कहते हुए बुढ़िया के कन्धे पर रख दिया। बुढ़िया बहुत खुश हो गयी और रानी को चुम्बन दे कर राजा से कहा, तुम बहुत दिनों तक मत रहना, नोनी। ऐसा कहकर वह अपने घर चली गयी।

यहाँ राजा और रानी हैं। मालती रानी राजा से कहने लगी, "चलिये लखी-परसाद, हम झूला झूलेंगी।" सुनकर राजा कहने लगा, "नहीं मीत, मैंने कभी नहीं झूला है। मैं गरीब घर की बेटी हूँ। मुझे डर लगता है। मैं यहीं बैठी रहूँगी, आप झूलिये।"

मालती रानी ने जबरन उसके हाथ पकड़े और झूले पर बैठाकर कहने लगी, "मैं आपको पकड़े रहूँगी, मीत। आप मत डरिये।" ऐसा कहकर झुलाने लगी। इतने में राजा मुझे डर लग रहा है, मुझे उतार दीजिये मीत कहने लगा। तब रानी ने उसे झूले से उतार दिया और स्वयं जी भर कर झूला झूला। झूला झूलकर उतरी फिर दोनों मीत बैठकर पान-सुपारी खाये। इसके बाद भोजन राँधा रानी ने और भोजन परोसा। तब राजा कहने लगा, "नहीं लखी-परसाद, मैं आपके पास नहीं बैठूँगी। मेरा जूठन आपके भोजन में जायेगा। मैं उधर बैठूँगी।" ऐसा कहकर राजा ने वहाँ से थोड़ी दूर बैठ कर भोजन किया। भोजन करने के बाद राजा कहने लगा रानी से, "मैं बुहारने नहीं जानती लखी-परसाद। आप ही बुहार दीजिये। मैं बर्तन-भाँडे माँजना भी नहीं जानती। हम लोग तो दोने-पत्तलों में खाने वाले हैं। खाकर फेंक देने वाले लोग।" ऐसा कहने पर रानी ने बर्तन-भाँडे समेट कर बुहारा, बर्तन-भाँडे माँजे-धोये। इतने में रात हो गयी। तब रानी ने दोनों के लिये एक साथ बिस्तर बिछाया। राजा ने देखा और कहने लगा, "नहीं मीत, मैं आपके सँग नहीं सोऊँगी। मेरे हाथ-पाँव आपके ऊपर लद जायेंगे। मुझे पाप लगेगा।" ऐसा कह राजा ने अपने लिये अलग बिस्तर बिछाया और इस तरह दोनों सो गये। सबेरा होने पर दोनों उठे, दातौन किया। नहाने के लिये गये। तब राजा कहने लगा रानी से, "सुनिये लखी-परसाद। मैं आपके पास नहीं नहाऊँगी। मुझे लाज लगती है। मैं उस घाट में जाकर नहाऊँगी।" कहकर राजा दूसरे घाट में गया और स्नान किया। इतने में दोनों तैयार हो गये। तब रानी कहने लगी राजा से, "चलिये लखी-परसाद। मैं आज आपको हमारे आम के बगीचे, कुआँ-बावली, फूल के बगीचे आदि दिखाने ले चलूँगी।" फिर दोनों गये। राजा ने रानी को आगे चलने को कहा और स्वयं उसके पीछे-पीछे चलने लगा। चलते-चलते वे आम के बगीचे में गये। उसी समय राजा ने घोड़े के पास जाने की सोची और रानी से कहने लगा, "आप चलते रहें, मीत। मैं फारिग होकर आऊँगी।" राजा ने कहा और वहाँ से किसी तरह अलग होकर गया बरगद के पेड़ के पास। बरगद के पेड़ को दो फाड़ हो जाने को कहा। तब बरगद का पेड़ दो फाड़ हो गया। अब राजा घोड़े से कहने लगा, "देखो दादा, मैं रानी को आम के बगीचे में ले आया हूँ। तुम उसके सामने-सामने टहलते रहना।" उसकी बातें सुनी घोड़े ने और हाँ कहा। राजा वहाँ से रानी के पास वापस हो गया।

घोड़ा सबू जाक के धरी करी आमा-बनवाड़ी लगे आसला आवरी रेंगा-बुला होयसी आछे। राजा आवरी रानी दुनो आमा-बनवाड़ी थाने बुलबा आछेत। हयँ मनर आसबा दायँ घोड़ा छमे-छमे होयसी आछे। ताके दखला रानी आवरी ए कार घोड़ा आय, अतक सुँदर बली बलसी आछे। घोड़ा अतक सुँदर दखा देयसी आछे आले घोड़ा बिता कतक सुँदर होयसी, बलसी आछे रानी। फेर राजा के बलसी आछे, "आले लखी-परसाद, जाई दखूँ मने घोड़ा लगे।" बलते दुनो घोड़ा लगे गलाय। राजा गला आवरी घोड़ार पाट के छिंई दखसी आछे। रानी बलसी आछे, "ना छिंया गा, लात-लाती बले मारी देयसी। तमके दतक बले डर ना लागे!"

राजा बलसी आछे, "तमे बले आसा नाईं लखी-परसाद। काईं ना करे। ना डरा नी। छनक चेगी दखूँ मने।"

रानी बलसी आछे, "नाईं लखी-परसाद। घोड़ा बिता दखले आमके मारसी। ना बचाय।"

बलबा के बले राजा ना माने। हयँ रानिर हात के धरला आवरी आसा नू, आसा नू बलते घोड़ा उपरे जबड़दस्ती चेगायला आवरी बलसी आछे, "आले, एदे लगे ले जाई दखूँ मने।" बल्ला आवरी आपन बले घोड़ा उपरे चेगी देला।

रानी बलसी आछे, "नाईं गा, ना जाऊँ। उतरूँ। घोड़ा बिता दखला आले आमके पेटसी। कार आय कार नाईं।" मान्तर राजा तार गोठ के ना सुने। एक झुटी ले दुय झुटी मारी देला घोड़ा के। मारबा के घोड़ा उड़ाय नेला। रानी दखला आवरी बलसी आछे, "तमके कसन अकल निआय, लखी-परसाद? अतक धुर आनलास ग घोड़ा के! जूँ बे, बाहड़ी जूँ।"

राजा तार गोठ के ना सुने। झुटी उपरे झुटी मारसी आछे घोड़ा के। घोड़ा उड़ाय नेयसी आछे। उड़ायते-उड़ायते नेला राजार गाँव लगे। अमरा-अमरी होयबा के गाँवर तरई-पार ने उतरायला। अतक ने दिन बुड़सी आछे। राजा रानी सँगे तरई-पारे उतरला आवरी तार झाबा-फुरला, गाहना-गुटा, अगिन-पाट, सुरिज-पाट के हिटाय देला आवरी आपनर कोट-कमिंज के पिंदला। दखला रानी आवरी कपार पेटी-पेटी काँदसी आछे, "मोके काय काजे तमी ठगी आनलास? हँकेय मोके सत्ते-सत्ते साँगी रतास आले मोके आय के भायले मुईं आसती नोयले ना भायले ना बले आसती। तमी काय काजे मोके ठगलास? मोर अतक राज-पाट, धन-माल आछे आवरी तमी काय काजे मोके एमती भुलकाय आनलास?"

रानिर गोठ के सुनला राजा आवरी मुचमुच-मुचमुच हाँससी आछे! पागा-जुड़ा बाँदला आवरी रानी सँगे आपनर घरे गला। घरे अमरी करी कपाट के ठटायसी आछे। रानी मन तार आरो के सुनलाय आवरी राजा आसलाय बलते खुबे हरिक होई करी कपाट उघाड़लाय। दखबा आछेत राजा के आवरी तार पिटी बाटे रानी के। रानी के दखी करी छयो रानी मन ताके मारइच्ची करबाआत। आमी इती छय जन रानी मन आछूँ आवरी तुय आमर उपरे काय काजे आयलिस रे जुठई, बलते ताके मारा-पेटा करबाआत, थुतम-थातम करबाआत। अतक ने राजार हात के

घोड़े ने सारी सामग्री ली और आम के बगीचे के पास आ गया और टहलने लगा। राजा और रानी दोनों उस बगीचे में घूम रहे थे। उन्हें आता देख घोड़ा उनके सामने-सामने आने लगा। उसे देखा रानी ने और यह इतना सुन्दर किसका घोड़ा है, कहने लगी। वह सोचने लगी कि जब घोड़ा इतना सुन्दर दिखायी दे रहा है तो घोड़े का मालिक स्वयं कितना सुन्दर होगा! फिर राजा से कहने लगी, "अच्छा लखी-परसाद, जरा जाकर देखें तो घोड़े के पास।" ऐसा कहते दोनों घोड़े के पास गये। राजा गया और घोड़े की पीठ को छूकर देखने लगा। रानी कहने लगी, "मत छुएँ, लात-वात भी मार देगा। आपको थोड़ा-सा भी डर नहीं लगता!"

राजा कहने लगा, "आप भी आइये न लखी-परसाद। कुछ नहीं करेगा। मत डरिये। थोड़ी देर चढ़कर देखें तो।"

रानी कहने लगी, "नहीं लखी-परसाद। घोड़े वाला देखेगा तो हमें मारेगा। नहीं छोड़ेगा।"

उसके ऐसा कहने पर भी राजा नहीं मानता। उसने रानी का हाथ पकड़ा और आइये तो, आइये तो कहते घोड़े पर जबरन चढ़ा दिया और कहने लगा, "अच्छा, जरा थोड़ी दूर तक जाकर देखें तो।" ऐसा कहते हुए स्वयं भी घोड़े पर सवार हो गया।

रानी कहने लगी, "नहीं, नहीं जायेंगे। उतर जायें। घोड़ा वाला देखेगा तो हमें पीटेगा। पता नहीं किसका है।" किन्तु राजा उसकी बात नहीं सुनता। घोड़े को दो कमची मारी। मारने पर घोड़ा उन्हें उड़ा ले गया। रानी ने देखा और कहने लगी, "आपको अकल कैसे नहीं है, लखी-परसाद? घोड़े को इतनी दूर ले आये! चलिये, वापस चलें।"

राजा उसकी बात नहीं सुनता। वह कमची पर कमची मारने लगा घोड़े को। घोड़ा उन्हें उड़ाये लिये चला जा रहा है। उड़ाते-उड़ाते वह उन्हें राजा के गाँव के पास ले गया। गाँव के पास पहुँचने पर तालाब के किनारे उतार दिया। इतने में दिन ढलने लगा था। राजा रानी के साथ उसी तालाब के किनारे उतरा और अपने झाबा-फुरला, गहने, अग्निवस्त्र, सूर्यवस्त्र उतार दिये और अपने कोट-कमीज पहन लिये। देखा रानी ने और माथा पीट-पीटकर रोने लगी, "मुझे आप किसलिये धोखा दे कर लाये? मुझे आपने सच्ची बात बता दी होती तो मैं आने का मन करता तो आती वरना नहीं। आपने मुझे धोखा क्यों दिया? मेरा इतना बड़ा राज्य है, धन-सम्पत्ति है और आपने इस तरह मुझे भुलावा देकर क्यों लाया?"

रानी की बातें सुनी राजा ने और मुस्कराने लगा। पगड़ी बाँधी और रानी के साथ अपने घर गया। घर पहुँच कर कपाट ठकठकाने लगा। रानियों ने उसकी आहट सुनी और राजा आ गये कहते हुए कपाट खोल दिये। राजा को और उसके पीछे खड़ी मालती रानी को देखा। रानी को देखकर छहों रानियाँ उसे पीटने लगीं। यहाँ हम लोग छह रानियाँ पहले से ही हैं और तुम हमारे ऊपर क्यों आयी हो री जूठन खाने वाली, कहते उसके साथ मार-पीट करने लगीं। इतने में उन्होंने राजा का हाथ पकड़ा और घर के भीतर ले जाकर कपाट बन्द कर दिया। मालती रानी को

धरलाय छयो रानी मन आवरी घरे नेई करी कपाट के ढाकी देलाय। मालती रानी के दुआरे छाड़ी देलाय। मालती रानी दुआरे ओछना-कठा काँदी-काँदी बसी रय। ताके गुँडी मन चाबोत। राजा के रानी मन खाना-पिना खुआयलाय आवरी सबुर मँजी सुआयलाय। सुआय करी उठी आले जायसी ता बली ताके लुगा मन ने बाँदी देलाय आवरी सोई देलाय। अदगर राती बेरा राजा उठला आवरी दखसी आछे सबू नाक घोरी-घोरी सोई देलाय आछेत। उठला आवरी बाँदला लुगा के छड़ाय करी दुआरे निकरला। दुआरे मालती रानी काँदी-काँदी रय। तेबे राजा ताके बलसी आछे, "तुई ना काँद रानी। मुई तोके मरी गले बले ना छाड़ी। एबर आमे इती ना रऊँ। जूँ कोनी बले दुसर ठाने रबू।" बली करी तार सँगे गाँवर फयले गला। हयँ लगे रय गोटोक मोहू गछ। हई मोहू-गछ तले दुनो डेरा-बासा बनायलाय। तेबे राती भर ने हयँती नवखँड माहाल बनी गला। हयँ माहाल भितरे सबू बानी होई गला। राजा-रानी दुनो हयँ थाने अस्तिर ने आछोत।

सकाल पाहायबा के छयो रानी मन उठलाय आवरी दखबाआत राजा निआय। ओगाय होई देलाय। हयँ बाटे राजा-रानी कमाय खायबाआत। रऊ-रऊ आछेत। गोट दिने राजा बलसी आछे रानी के, "ए रानी, तुई झटझट बुता-भयना करी पकाव। आजी मुई कछरी-दरबार जिबी। खुबे दिन होयला ना गली आछे।" बलबा के मालती रानी तार काजे राँदा-बाड़ा करी देला। राजा दातुन-पतर चाबला, नाहा-धुआ करला आवरी खाय के बसला। खा-पी करला आवरी सज-तियार होई करी कछरी गला। मालती रानी घरे रय। तेबे अतक ने छयो रानी मन आले जाई दखूँ मने कसन-कसन रबाआत आले राजा-रानी मन, बलते रानी घरे जिबा काजे तियार होयलाय। बड़े रानी चुड़ी बितिर भेस काड़ला आवरी चुड़ी बुलाय के नेला। चुड़ी धरा री, चुड़ी धरा बलते खोरी-खोरी बुलते-बुलते हईं राजा-रानी घर बाटे नेला। मालती रानी तार आरो के सुनला आवरी उपरे ले निहारी दखला। दखी करी चितायला। घर ले ना निकरे। बड़े रानी खुबे दायँ ले हयँ लगे उबी रय आवरी टाकी-टाकी थाकी करी जायते गला। घरे जाई करी तार पाँचो सउत मन के बलसी आछे, "आमी कसन करी बले आमर राजा के बोहड़ाय आनबू बे?"

आदो रानी मन बलबाआत, "नाईं दिदी, राजार कछरी गला बेरा आमे हयँती जिबू। गोटोक साप के मारी करी तार तेल गारबू। हयँ तेलर टागी मिठई बनाय करी हँके खुआय देबू। खायले हयँ मरी जायसी। हयँ मरले तो राजा आमर बाटे आसबायच्ची।" असन बली सबू रानी मन बिचार करलाय आवरी गोटोक साप के मारी देलाय। मारी करी तार तेल गारलाय आवरी मिठई बनायलाय। राजा काजे भिने मिठई बनायलाय आवरी भिने-भिने धरी करी छयो रानी मन तियार होई करी गलाय मालती रानी घरे। जाई करी काय करबिआस नोनी, बलते डाकलाय। डाक सुनी करी मालती रानी घर ले निकरला आवरी तिके घरे हाक देई करी पानी-पाना देला पाँय-हात धोयबा काजे। हयँ मन पाँय-हात धोयलाय आवरी मसनी ओछाय देबा के हयँ थाने जाई बसलाय। तेबे छयो रानी मन

आँगन में ही छोड़ दिया। मालती रानी आँगन में ओसारे के नीचे रोती बैठी रही। उसे मच्छर काटते रहे। रानियों ने राजा को भोजन कराया और सब के बीच में सुलाया। सुलाने के बाद, कहीं ये उठ कर चले न जायें सोचकर उसे अपने कपड़ों के साथ बाँध दिया और सो गयीं। आधी रात में राजा उठा और देखा, सभी खर्राटे भरती सो रही थीं। उठा और बाँधे हुए कपड़ों को छुड़ाकर आँगन में निकला। वहाँ मालती रानी रोती बैठी थी। तब राजा उससे कहने लगा, "तुम मत रोओ रानी। मैं भले मर जाऊँगा किन्तु तुम्हें नहीं छोड़ूँगा। अब हम यहाँ नहीं रहेंगे। चलो, किसी दूसरी जगह चलकर रहेंगे।" ऐसा कहकर उसके साथ गाँव के आगे गया। वहाँ महुए का एक पेड़ था। उसी महुए के पेड़ के नीचे डेरा बनाया। तब रात भर में ही वहाँ नौखण्डा महल बन गया। उस महल के भीतर सारी वस्तुएँ आ गयीं। राजा-रानी दोनों वहाँ सुखपूर्वक रहने लगे।

सबेरा होने पर छहों रानियाँ उठीं और देखती हैं, राजा नहीं हैं। वे चुप हो गयीं। उधर राजा-रानी दोनों सुखपूर्वक जीवन बिता रहे थे। दिन बीत रहे थे। एक दिन राजा कहने लगा रानी से, "हे रानी, तुम फटाफट काम-धाम कर लो। आज मैं कचहरी-दरबार जाऊँगा। बहुत दिन हो गये नहीं गया हूँ।" ऐसा कहने पर मालती रानी ने उसके लिये भोजन तैयार कर दिया। राजा नित्य-कर्म से निवृत्त हो स्नानादि कर भोजन करने बैठा। भोजन किया और तैयार होकर कचहरी चला गया। मालती रानी घर में थी। तब इतने में छहों रानियों ने सोचा कि चलो तो जाकर देखें, ये लोग किस तरह रह रहे हैं। ऐसा सोचकर वे छहों रानियाँ रानी के घर जाने के लिये तैयार हो गयीं। बड़ी रानी ने चूड़ी वाली का रूप धरा और चूड़ी बेचने चली। चूड़ियाँ लो, चूड़ियाँ लो कहते वह गली-गली घूमती हुई राजा-रानी के घर की ओर चली। मालती रानी ने उसकी आवाज सुनी और ऊपर से झाँककर नीचे देखा। देखकर वह उसे पहचान गयी। घर से नहीं निकली। बड़ी रानी बहुत देर तक वहीं खड़ी थी और उसकी प्रतीक्षा करते थक कर अन्ततः चली गयी। घर जाकर अपनी पाँचों सौतनों से कहने लगी, "हम किस तरह राजा को वापस लायेंगे?"

आधी रानियाँ कहने लगीं, "सुनिये दीदी, जब राजा कचहरी गये हों तब हम वहाँ जायेंगी। एक साँप को मारकर उसका तेल निकालेंगी। उस तेल से मिठाई बनाकर हम उसे खिला देंगी। खाने पर वह मर जायेगी। वह मर गयी तो राजा हमारे पास आयेंगे ही।" इस तरह सभी रानियों ने विचार किया और एक साँप को मार डाला। मारकर उसका तेल निकाला और मिठाई बनायी। राजा के लिये अलग से मिठाई बना दी और अलग-अलग लेकर छहों रानियाँ तैयार होकर मालती रानी के घर गयीं। वहाँ जाकर क्या कर रही हो, नोनी कहती उसे पुकारने लगीं। पुकार सुनकर मालती रानी घर से बाहर निकली और उन्हें बुलाकर हाथ-पाँव धोने के लिये पानी दिया। उन लोगों ने पाँव-हाथ धोये और चटाई बिछा देने पर वहाँ जाकर बैठ गयीं। तब छहों रानियाँ कहने लगीं, "सुनो नोनी! हम सब

बलबाआत, "नाईं नोनी, आमी सबू मिली-मिसी करी अछा-अछा रहूँ। झगड़ा-गारी ना होऊँ। तुई बले आनला काजे आयलिस आवरी आमे बले आनला काजे आयलू आछे।" असन बली करी मिठई के ताके धराय देलाय आवरी एके तुई खायबिस आवरी एके राजा के देबिस बली साँगी देलाय। मालती रानी मिठई के धरला तेबे ए मन हयँ थान ले आपनर घरे बाहड़लाय।

हयँ मन के जाय के देला मालती रानी आवरी आले गोटोक मिठई के खाई दखबी बलते गोट ढिंडा के खाई देला। खाई देबा के ताके बिस चेगला। मात धरला। हयँ हई लगे ढुलँगी देला। तार देंहे करेया पड़ला। टोंड बाट ले फेपल निकरला। अवचेत होई पड़ी गला रानी। डँडकी रई करी राजा कछरी बाट ले आसला। हाक देयसी आछे मान्तर रानी ना निसके। तेबे भितरे ओयली दखसी आछे रानी ढुली रय। ताके चेत ना रय। अतक ने सिरहा-पँजेआर के हाक देय के पठायला। हयँ मन आसलाय आवरी हात-हाती छिंई करी, पाँजी-पतर दखी करी सापर बिस के खुआयलाआत बलते साँगलाय। साँगी करी हयँ मन रानी के ओसो खुआयलाय। ओसो खुआयबा के रानी चेतला। तेबे कोन मन आसी रलाय बलते राजा पचारबा के छयो रानी मन आसी रओत आवरी मिठई आनी देई रओत बलते साँगला। गोट ढिंटा मिठई के मुईं खाई देली बली साँगला रानी। अतक ने सबू पँजेआर, सिरहा-गुनेया मन आपन-आपन घरे बाहड़ी गलाय।

तिके जाय के देला राजा आवरी गोटोक मिठई ढिंडा के बिलई के देला। बिलई खायला आवरी तुरते मरी गला। अतक ने मालती रानी काजे बिस-मोहरा मिसाय करी मिठई आनी देई रलाय मोर छयो रानी मन बलते राजा जानला। खुबे रिस होयला तार रानी मन उपरे। रिस काजे कटकट-कटकट दात चाबसी आछे। राती होय के देला आवरी उठी करी गला रानी मन लगे। रानी मन सोई रलाय। राजा घरर सबू कपाट मन के ढाका-चुटा करला आवरी घर के जोय धराय देला। धराय देबा के घर भरभर-भरभर जरी गला। छयो रानी मन हई थाने पोड़ी करी मरी गलाय। राजा मालती रानी घरे गला। उजड़ होयबा के गाँवर लोक दखलाय आवरी आसलाय। दखबाआत रानी मन जरी करी लाखड़ी उलटी रलाय। तेबे हयँ मन के माटी-काटी देलाय, नाहा-धुआ करलाय। पना-पानी देलाय। असनी-असनी एक ले दुय, दुय ले तिन दिन होयला। तेबे राजा गाँवर लोक के हाक देई करी नाहनी करबा काजे काँडा-कुटा देला। गाँवर लोक मन काँडा-कुटा करी देलाय। तेबे राजा छयो रानी मनर नाहनी-पाती करला। पाछे मालती रानी सँगे काय सुँदर कमाय-धमाय खायला।

मिलकर सुख पूर्वक रहें। आपस में न लड़ाई-झगड़ा न करें। तुम भी लाने पर ही आयी हो और हम भी लाने पर ही आयी हैं।" ऐसा कहकर मिठाई उसके हाथों में थमा दी और इसे तुम खाना, इसे राजा को देना कहा। मालती रानी ने मिठाई ले ली तब ये सब वहाँ से अपने घर वापस हो गयीं।

मालती रानी ने उन्हें जाने दिया और मिठाई खाकर देखती हूँ कहते मिठाई का एक टुकड़ा उठाकर खा लिया। खाने पर उसे विष चढ़ गया। नशा हो गया। वह वहीं पर लुढ़क गयी। उसकी देह काली पड़ गयी। मुँह से झाग निकलने लगा। रानी अचेत होकर पड़ गयी। थोड़ी ही देर में राजा कचहरी से आया। आकर पुकारने लगा किन्तु रानी बाहर नहीं निकली। तब वह भीतर घुसा। देखा, रानी लुढ़की पड़ी थी। वह अचेत थी। इतने में उसने सिरहा-पँजेआर[256] आदि को बुलाने के लिये नौकरों को भेजा। वे आये और हाथ छूकर बताया कि उसे विष खिलाया गया है। ऐसा बताकर उन्होंने रानी को दवा खिलायी। दवा खिलाने पर रानी उठी। तब राजा के यह पूछने पर कि कौन आया था, रानी ने बताया कि छहों रानियाँ आयी थीं और मिठाई ला दिया था। उसने बताया, उसी में से एक टुकड़ा मैंने खाया। इसके बाद सभी पँजेआर, सिरहा, गुनिया आदि अपने-अपने घर लौट गये।

उनके जाने के बाद राजा ने मिठाई का एक टुकड़ा बिल्ली को दिया। बिल्ली ने खाया और वह तुरन्त मर गयी। इतने में राजा जान गया कि उसकी छहों रानियों ने मालती रानी के विष मिली मिठाई ला दी थी। वह अपनी छहों रानियों पर बहुत क्रोधित हुआ। गुस्से से दाँत किटकिटाने लगा। रात होने पर गया रानियों के पास। रानियाँ सोई हुई थीं। राजा ने घर के सारे कपाट बन्दकर दिये और आग लगा दी। आग लगा देने पर घर भरभरा कर जल उठा। छहों रानियाँ वहीं जलकर मर गयीं। राजा मालती रानी के पास गया। सबेरा होने पर गाँव के लोगों ने देखा और आये। देखा, रानियाँ जलकर राख हो गयी थीं। तब उनका अन्तिम संस्कार किया गया। स्नानादि किये। पना-पानी[257] दिये। इस तरह एक से दो दिन बीते, दो से तीन। तब राजा ने गाँव के लोगों को बुलाकर नाहनी करने के लिये धान आदि दिये ताकि लोग उसे कूटकर चावल ला सकें। गाँव के लोगों ने धान आदि कूटे और चावल ला कर दिये। तब राजा ने छहों रानियों की नाहनी-संस्कार किये। इसके बाद मालती रानी के साथ सुखपूर्वक जीवन बिताने लगा।

256. पँजेआर : ज्योतिषी। पाँजी : पंचांग। पँजेआर, पँजेयार, पँजियार : पाँजी (पंचांग) देखने वाला, ज्योतिषी।

257. पना-पानी : पानी में गुड़ डाल कर बनाया गया घोल। इस घोल में धान की लाई भी डाली जाती है। यह 'पना' भी कहलाता है। भिन्न-भिन्न अवसरों पर पेट की गरमी को शान्त करने के उद्देश्य से 'पना-पानी' देने का चलन रहा है। प्रायः मृतक का दाह-संस्कार कर लौटे लोगों को 'पना-पानी' दिया जाता है। इसके बाद उसके तीज (तीसरे दिन) तथा दसकर्म (दसवें दिन) के कार्यक्रम में सम्मिलित लोगों को भी 'पना-पानी' देने का चलन रहा है। 'पना' का एक सांकेतिक अर्थ 'माँ का दूध' भी होता है।

लड़ई देव

गोटोक राज रला। हयँ राजर नाव रय मोहबागड़। हयँ राजे गोटोक राजा रय। राजार नाव रला बरमा देव। खुबे सुँदर राज रला। राजार छय टा रानी रलाय। मान्तर काकेय भगवान ना देय। गोट दिने गाँवर सबू लोक रुँडी करी राजार छय जन रानी मन ने काकेय बले भगवान ना देय बलते बिचार करलाय। जिव रओत ले खायसी मातर मरी गले राज के कोन दखसी बली गाँवर लोक मन बिचार करबाआत। तेबे कोन तो बलसी आछे, "नाईं ना, हरदी नँगरे गोटोक रानी आछे। तार नाव आय अँदनी रानी। तार कोनी निआत। ताके आमर राजा काजे आनी देले हँके कोन जाने भगवान देयता कायनू!"

तार गोठ के सबू लोक सुनलाय आवरी निको गोठ के बलसी आछे बलते सबू लोक होई करी राजा लगे गलाय आवरी ताके बलबाआत, "सुना राजा, बरमा देव! तमर तो छय टा रानी मन आछेत मान्तर भगवान काकेय ना देय। हरदी नँगरे गोटोक रानी आछे अँदनी रानी बलते। ताके आन के जूँ। तमे हँके बिआ होयलास आले तमके भगवान देयसी।"

हयँ मनर गोठ के सुनी करी बरमा देव राजा बलसी आछे, "असन आले मोके जाय के लागा, बाबू मन। मुईं एकलाय कसन जिबी?"

बलबा के सबू गाँवकारी मन तियार होयलाय। राती काजे सोयलाय आवरी दुसर दिने सकाले दातुन-पतर, नाहा-धुआ करी तियार होयलाय।

लड़ई देव

एक राज्य था। उस राज्य का नाम था मोहबागढ़। उस राज्य में एक राजा था। उस राजा का नाम था बरमा देव। बहुत सुन्दर राज्य था। राजा की छह रानियाँ थीं किन्तु उनमें से किसी के भी सन्तान नहीं थी। एक दिन गाँव के सभी लोग एकत्र होकर विचार करने लगे कि राजा की छह रानियों में से किसी को भी भगवान ने सन्तान नहीं दिया। जीवित रहते तक तो राजा-रानी राज करेंगे किन्तु उनके मर जाने पर राज्य को कौन देखेगा, गाँव वाले ऐसा विचार करने लगे। तब कोई कहने लगा, "सुनो भाई! हरदी नगर में एक रानी है। उसका नाम है अँदनी रानी। उसके कोई नहीं हैं। उसे हमारे राजा के लिये ला देने पर हो सकता है कि भगवान उसे सन्तान दे दें!"

सभी लोगों ने उसकी बातें सुनी और यह तो बहुत अच्छी बात है, कहते सभी लोग मिलकर राजा के पास गये और उससे कहने लगे, "सुनिये राजा, बरमा देव। आपकी तो छह रानियाँ हैं किन्तु भगवान ने किसी को भी सन्तान नहीं दी है। हरदी नगर में अँदनी रानी नामक एक रानी है। उसे लेने चलें। आपने उससे विवाह किया तो आपको भगवान सन्तान देगा।"

उनकी बातें सुनकर बरमा देव राजा कहने लगा, "ऐसी बात है तो आप लोग जाने में मेरा साथ दें, बाबू। मैं अकेले कैसे जाऊँगा?"

उसके ऐसा कहने पर गाँव के सभी लोग तैयार हो गये। रात में सो गये और दूसरे दिन सबेरे नित्य-कर्म से निवृत्त होकर तैयार हो गये।

खा-पी करलाय आवरी राजा घरे गलाय। राजा बले अतक ने तियार होई रय। तेबे सबू मिसी करी हरदी नँगर जिबाआत। जायते-जायते अमरलाय आवरी अँदनी रानी घरे जाई करी ताके हाक देबाआत। हाक देबा के अँदनी रानी घर ले निसकला आवरी पचारसी आछे, "काय कामे आयला आछास, दादा मन?"

गाँवकारी मन बल्लाय, "नाईं नोनी, आमी तोके आमर राजा काजे नेय के आयलू आछे। तार सँगे तोर बिबा[258] करी देबू। तुय आसबिस कसन?"

रानी बलसी आछे, "मोर तो कोनी निआत, दादा। मोके नेई करी अदबिच ने धोका देले मुईं कसन करबी?"

लोक मन बल्लाय, "नाईं नोनी, ना देय। जिव भर कमाय खायबास।"

तेबे रानी राजी पड़ला। राजी पड़बा के ताके आनलाय आवरी राजा सँगे बिआ करी देलाय। अँदनी रानी सँगे बरमा देव राजा भिने घरे आछे। कमाय-धमाय खायबा आछेत। होऊ-होऊ साल-डेड़ साल होयला। अतक ने रानी के भगवान देला। एक मएना ले दुय मएना, दुय ले तिन मएना होयला। होयते-होयते चार-पाँच, फेर होऊ-होऊ नव मएना होयला। राजा खा-पी करी कछरी बाटे गला। ए बाटे रानी के दुखा मुरयायला। दुखा मुरयायबा के रानी गला तार छय जन सउत मन लगे आवरी मोके खुबे दुखसी आछे बली साँगला। मुईं कसन करबी, बली पुछला।

तेबे छय जन रानी मन बल्लाय, "सुन नोनी, अँदनी रानी! तोके काईं ना होय। बरखी के ओढ़ी करी कोना-धड़ी ने बसी रा।"

बलबा के अँदनी रानी असनी करला। अतक ने छय जन रानी मन सुतुर होयबा आछेत। एके बेटा होयला आले राजा एकेय राखबाय आवरी आमके छाड़ी देबाय, बली हयँ मन घरर-बाइरर, डोंगरिर-पाहाड़िर, लँदिर-ढोड़िर देबी मन के सुमरबाआत, "सुना सुना देबी मन! खुट-पखनार, डोंगरिर, लँदी-ढोड़िर सबू सुना। तमे अँदनी रानी के गेवरा मारी-मारी निया। मारी नेले अँदनी रानी मरी जायसी।"

सुमरबा के चुकता देबी मन जाई करी अँदनी रानी उपरे थोपी होयलाय। मारी-मारी नेबाआत। ना मारला बेरा अँदनी रानी बसी रय आवरी मारी नेला बेरा मरी जाय। असनी कोन पाहार आय की चेता होई कोना-धड़ी ने बसी रय। अड़किदायँ पुरखार पाइक हईं काजे ले भाटा जायते रय। ताके दखला अँदनी रानी आवरी हाक देला आवरी बल्ला, "सुन बाबू, पुरखार पाइक! मोर गोठ के सुन ता। डँडिक जाई करी राजा के हाक देई आन। मोके खुबे दुखसी आछे। मोके मारी-मारी नेयसी आछे। मोर मूँ के बले दखबाय आले झपके आसोत। तुई एक घंटा ने ना आनले तोके मुईं तुरते फाँसी सजा देबी।"

भोजन किया और राजा के घर पहुँच गये। राजा भी तैयार ही था। तब सब मिलकर हरदी नगर जाने लगे। जाते-जाते पहुँच गये और अँदनी रानी के घर जाकर उसे पुकारने लगे। पुकारने पर अँदनी रानी घर से निकली और पूछने लगी, "किस काम से आये हो, दादा?"

गाँव वाले बोले, "सुनो नोनी! हम तुम्हें अपने राजा के लिये ले जाने को आये हैं। उनके साथ तुम्हारा विवाह करा देंगे। तुम उससे विवाह करोगी या नहीं?"

रानी कहने लगी, "मेरे तो कोई नहीं है, दादा। मुझे ले जाकर बीच में धोखा दे देने पर मैं क्या करूँगी?"

लोग बोले, "नहीं नोनी, धोखा नहीं देगा। तुम लोग सुखपूर्वक जीवन बिताओगे।"

तब रानी राजी हो गयी। उसके राजी होने पर उसे लेकर आये और राजा के साथ उसका विवाह करा दिया। अँदनी रानी के साथ बरमा देव एक अलग घर में रहने लगा। वे दोनों सुखपूर्वक जीवन बिताने लगे। इस तरह रहते उन्हें साल-डेढ़ साल बीत गये। इतने में भगवान ने रानी पर कृपा की। एक महीना से दो महीना, दो से तीन महीने हो गये। होते-होते चार-पाँच, फिर इसी तरह नौ महीने हो गये। राजा खा-पीकर कचहरी चला गया। इधर रानी को प्रसव-पीड़ा होने लगी। पीड़ा होने पर रानी गयी अपनी छह सौतनों के पास और मुझे बहुत पीड़ा हो रही है, कहने लगी। मैं क्या करूँ, उसने उनसे पूछा।

तब छहों रानियों ने उससे कहा, "सुनो नोनी, अँदनी रानी! तुम्हें कुछ भी नहीं होगा। कम्बल ओढ़कर एक कोने में बैठी रहो।"

ऐसा कहने पर अँदनी रानी ने वैसा ही किया। इतने में छहों रानियाँ आपस में मशविरा करने लगीं। इसने बेटे को जन्म दिया तो राजा इसी को रखेंगे और हमें छोड़ देंगे। ऐसा विचार कर वे घर-बाहर के, पहाड़ी और डूँगर के, नदी और नाले के देवी-देवताओं का स्मरण करने लगीं, "सुनो सुनो देवी-देवताओ! खूँटे और पत्थरों के, डूँगरों और पहाड़ियों के, नदी और नालों के सभी देवी-देवताओं, सुनो। तुम सब अँदनी रानी को अचेत कर दो। ऐसा करने पर अँदनी रानी मर जायेगी।"

स्मरण करने पर सभी देवी-देवताओं ने जाकर अँदनी रानी के ऊपर अपना प्रभाव दिखाया। वे उसे अचेत करने लगे। जब देवी-देवताओं का प्रभाव नहीं होता तब अँदनी रानी बैठी रहती किन्तु जब उनका प्रभाव होता तब वह मर जाती। इसी तरह पता नहीं किसी ऐसे समय में जब वह अचेत नहीं थी, किसी कोने में जा बैठी थी। उसी समय पुरखों का पाइक उधर से फारिग होने को जा रहा था। उसे देखा अँदनी रानी ने और उसे पुकार कर बोली, "सुनो बाबू, पुरखों के पाइक! मेरी बात सुनो। जाकर थोड़ी देर के लिये राजा को बुला लाओ। मुझे देवी-देवता बारम्बार अचेत कर रहे हैं। यदि वे मेरा मुँह भी देखना चाहते हों तो जल्दी से आ जायें। तुम उन्हें एक घन्टे के भीतर लेकर नहीं आये तो मैं तुम्हें तुरन्त फाँसी की सजा दे दूँगी।"

258. बिबा : अन्य ध्वनियाँ 'भिबा', 'बिआ'।

पुरखार पाइक सुनला आवरी भाटा-पानी के पकाय देला। डर काजे थरथरी जायसी आछे। आपनर घरे गला। कोट-कमिंज पिंदला, पाँय ने बिंडिस बाँदला, बुट पिंदला, जाँग ने जँगिया पिंदला। निरबान डोकरा रय। कुबडुस-कुबडुस हिंडे मान्तर एबर कोन ताके डोकरा बलताय ता! असन जुआन होई देला। दड़ँग्-दड़ँग् रेंगसी आछे। काकेय ना दखे। धाँगड़ी टोकी मन बलबाआत, "राजा घरर भात आय काय पाइक के बुकबुकायसी आछे। काकय ना दखे।"

टोकी मनर गोठ के सुनला पाइक आवरी बलसी आछे, "सुना रे बाई मन! रानिर हुकुम होयला आछे। एक घंटा ने राजा के ना आनले रानी मोके तुरते फाँसी सजा देयसी। मुईं मरी गले तमर काय जायसी?" बली दड़ँग्-दड़ँग् हिंडसी आछे। जायते-जायते कछरी ने अमरला। राजार पुरे गोटोक पाँय ने उबला आवरी दस अँडकिर बिनती करला। साता-पाता होई पाँय पड़ला आवरी बलसी आछे, "सुना राजा, बरमा देव! रानी मरी जायसी बे! रानी के खुबे दुखसी आछे मने। तमे रानिर मूँ के बले दखबास आले जूँ मने।"

अड़कदायँ छुरी-फाँसिर मामला चलते रय। राजा सुनला आवरी ए राम भगवान! बली बल्ला। मोर रानी मरी जायसी बे। मुईं खुबे डँड ने ताके आनली आछे, बली कागत-कलम के पकाय देला। दरबार के छाड़ी करी हिटी पड़ते घरे जायसी आछे। बाटे मिचल साएब, कपतान साएब, इनिसपिटर साएब मन बसी रलाय। राजार जिबा के दखलाय आवरी काय होयला गुने काय काजे राजा अतक चाँडे-चाँडे जायसी आछे बली बलबाआत। काय होयला राजा के, आमे बले राजा लगे जाई दखूँ, बलबा आछेत।

अतक ने राजा घरे अमरला। रानी के मारी नेई रओत देबी मन। रानी कोना-धड़ी ने ढुली रय। राजा दखसी आछे रानी मरी रय। रानी के पोटारी होयला आवरी आपटी-कचाड़ी होई काँदसी आछे। खुबे काँदसी आछे, "तोके मुईं माँडी कटार बिआ होयली, आटा कटार गवनो होयली रानी। तुय मरी गले मुईं मोर जिव के पने ना बचायँ।"

अतक ने फउद असन फउद जुहलाय राजा घरर दुआरे। ठेगली दखले ठेगल के ना होय, असन फउद रुँडी रलाय। राजा अँदनी रानी के

उस पुश्तैनी पाइक ने सुना और फारिग होने के लिये लेकर जाने वाले पानी को फेंक दिया। मारे डर के काँपने लगा। अपने घर वापस हुआ। कोट-कमीज पहने, पाँवों में बिंडिस बाँधे, बूट[259] पहने, जाँघों में जंघिया पहने। वह होने को एकदम बूढ़ा था। झुक-झुककर चलता था किन्तु अब उसे कौन बूढ़ा कहता भला! ऐसा युवा हो गया। जल्दी-जल्दी चलने लगा। किसी को नहीं देखता। युवतियाँ कहने लगीं, "राजा के घर का भात है जो पाइक के शरीर में मचल रहा है। इसी कारण वह किसी को नहीं देखता।"

पाइक ने युवतियों की बातें सुनी और कहने लगा, "सुनो री बाइयो! रानी का हुक्म हुआ है। एक घन्टे के भीतर राजा को न ले जाने पर रानी मुझे तुरन्त फाँसी की सजा देगी। मैं मर गया तो तुम्हारा क्या बिगड़ने वाला है?" ऐसा कहते वह धम-धम करता जल्दी-जल्दी चलने लगा। चलते-चलते कचहरी पहुँच गया। राजा के सामने एक पाँव पर खड़ा हुआ और दस उँगलियों की विनती की। साष्टाँग दण्डवत् होकर प्रणाम किया और कहने लगा, "सुनिये राजा, बरमा देव! रानी मर जायेगी। रानी को बहुत पीड़ा हो रही है। आप यदि रानी का मुँह देखना चाहते हों तो तुरन्त चलें।"

उस समय छुरी-फाँसी का मामला चल रहा था। राजा ने सुना और हे राम! कहने लगा। मेरी रानी मर जायेगी। मैं उसे बहुत कष्ट सहन कर लाया हूँ। ऐसा कहते उसने कागज-कलम फेंक दी। दरबार छोड़ कर गिरते-पड़ते घर की ओर जाने लगा। रास्ते में मिचल साहब,[260] कप्तान साहब, इन्सपेक्टर साहब आदि बैठे थे। उन्होंने देखा राजा को जल्दी-जल्दी जाते हुए और सोचने लगे कि क्या बात हो गयी कि राजा इतनी हड़बड़ी में जा रहे हैं! वे कहने लगे, पता नहीं क्या हो गया राजा को, जरा हम भी तो चलकर देखें।

इतने में राजा घर पहुँच गया। देवी-देवताओं ने रानी को अचेत कर दिया था। रानी एक कोने में अचेत होकर पड़ी थी। राजा ने देखा, रानी मर चुकी थी। रानी को लिपटा कर राजा गिरता-पड़ता रोने लगा। बहुत रोने लगा, "मैंने तुमसे जब तुम मेरे घुटनों के बराबर थीं तब विवाह किया, जब तुम मेरे कमर के बराबर थीं तब मैंने गवन किया, रानी। तुम्हारे मर जाने पर मैं स्वयं भी जीवित नहीं रहूँगा।"

इतने में लोगों की जमघट लग गयी राजा के आँगन में। इतने लोग जमा हो गये कि उन्हें धकेलने पर धकेलना भी कठिन था। राजा अँदनी

---

259. बिंडिस, बुट : दोनों ही अँग्रेजी के शब्द 'बेन्डेज' और 'बूट'। 'बेन्डेज' बिगड़ कर 'बिन्डिस' हो गया है।

260. मिचल साएब : तत्कालीन बस्तर रियासत में दीवान के रूप में पदस्थ एक अंग्रेज अधिकारी मिचेल (स्रोत : सुकालू राम, ग्राम कोटवार, कोंडागाँव)। बस्तर के वरेण्य साहित्यकार लाला जगदलपुरी के अनुज श्री के. एल. श्रीवास्तव (जगदलपुर) लिखित पुस्तक 'जगतूगुड़ा की विकास-यात्रा' भाग-01 (2010, पृ. 69) के अनुसार बस्तर के इतिहास में एक अँग्रेज डॉक्टर मिचेल का भी उल्लेख मिलता है। जिसके विषय में कहा जाता है कि उसने तत्कालीन महारानी प्रफुल्ल कुमारी देवी को अपेंडिसाइटिस की रोगी घोषित कर दिया और इलाज के लिये लंदन भेजने की सिफारिश कर दी। श्री श्रीवास्तव इस प्रसंग के विषय में इसी पृष्ठ पर लिखते हैं, ''अपने पति प्रफुल्ल चन्द्र भंजदेव की सलाह के अनुसार कार्य करने के कारण ब्रिटिश सरकार महारानी से नाराज रहने लगी। अँग्रेज डॉक्टर मिचेल ने यह घोषणा कर दी कि महारानी साहिबा को अपेंडिसाइटिस हो गया है और उनका इलाज लंदन में ही हो सकता है। डॉ. मिचेल के कहने पर महारानी को इलाज हेतु लंदन भेजा गया और लंदन में संदेहास्पद स्थिति में 28 फरवरी 1936 को अपेंडिसाइटिस के ऑपरेशन के कारण महारानी साहिबा का देहांवसान हो गया। उन दिनों मिस्टर हाइड दीवान पद पर थे।''

पोटारी रय। अड़किदायँ देबी मन गुचलाय तेबे रानी चेतला आवरी कँदई काँदसी आछे। काँदी-काँदी बलसी आछे, "नाईं राजा, इतिर सुइन होयले मोर जिव ना बाचे। पुरखार सुइन के आनलास आले मुईं बाच के सकें नोयले नाईं।"

तेबे राजा अँदनी रानिर गोठ के सुनला आवरी छरछर-छरछर चिठी लिखला। हिन्दी ने लिखला, उड़दू ने लिखला, अँगरेजी ने लिखला, "सुन बाबू, मिचल साएब! तुय एक सुरित एक मुरित एक जोड़ी सिपई मोर लगे पठाय देस। असनी हात हलाओत असनी पाँय पकाओत। असनी रेंगोत, असनी ठमकोत, असनी मटकोत। असन सिपई मन के तुय पठाय देस।" असन चिठी लिखी करी पुरखार पाइक के देला राजा आवरी बलसी आछे, "जा बाबू, पुरखार पाइक। ए चिठी के मिचल साएब के देस।"

पुरखार पाइक चिठी के धरी करी मिचल साएब लगे गला। दस अँडकिर बिनती करला। साता-पाता पाँय पड़ला आवरी चिठी के हिटाय करी मिचल साएब के धराय देला। तेबे मिचल साएब चिठी के धरला आवरी पढ़ला[261]। डर काजे थरथरी गला मिचल साएब। एके डँडिक ने सबू सिपई मन के रुँडायला। परेड खेलायला। खेलायते-खेलायते बारा बजला। एके सुरित एके मुरित। असनी ठमकोत, असनी मटकोत, असनी हात हलाओत, असनी रेंगोत्। तिके मिचल साएब बल्ला, "जाहा बाबू जोड़ेक पुलुस मन, राजा घरे। राजा तमके हाक देला आछे।"

जोड़ेक पुलुस मन सुनलाय आवरी ठमकते-मटकते राजा-घरे आयलाय। साता-पाता पाँय पड़लाय आवरी बलबा आछेत, "सुना राजा, बरमा देव! काय हुकुम आय? आमके साँगा।"

तेबे बरमा देव राजा सुइन के चिठी लिखला, "सुन आया, तुय पुरखार सुइन! तुय चाँडे-बेगी आव।" लिखी करी जोड़ेक सिपई के देला आवरी बल्ला, "बाबू, जोड़ेक सिपई! तमी पुरखार सुइन के डाकी आना। एक घंटा ने ना आनले तमके तुरते फाँसी सजा देबी।"

सिपई मन सुनी करी थरथरी गलाय। तुरते हयँ थान ले निकरलाय आवरी बाट धरलाय। जायते-जायते आदो बाटे सुरता पड़ला। बाट ले बाहड़ी आसलाय आवरी राजा के पचारबा आछेत, "सुना राजा, बरमा देव! कोन मुखा जिबू?"

राजा बल्ला, "सुना बाबू, जोड़ेक सिपई! तमे बेर उदेया जाहा।"

तेबे दुनो पुलुस मन एके बराबर हात पकायते, एके बराबर पाँय पकायते सुइन के आन के जिबाआत। जायते-जायते सुइन-घर के अमरा-अमरी होयते रलाय आवरी बाटे एक सौ धँगड़ी रासी मन पानी आसी करी टाँडी मन के मँडाय करी दातुन चाबते रओत। जोड़ेक पुलुस मन के दखी करी बला-बली होयबा आछेत, "दखी दखा नू कुँद फुल, दखी दखा नू हजारी, दखी दखा नू केंवरा, दखी दखा नू भोजली। एके बराबर पाँय

रानी को लिपटाये हुए था। इसी समय देवी-देवताओं ने रानी के शरीर को छोड़ दिया। तब रानी जीवित हो गयी और रोने लगी। रोती हुई कहने लगी, "हे राजा, यहाँ की धाय होगी तो मेरा जीवन नहीं बचेगा। आप पुरखों की धाय माँ को बुला लायेंगे तभी मैं जीवित रह पाऊँगी अन्यथा नहीं।"

तब राजा ने अँदनी रानी की बातें सुनी और जल्दी-जल्दी पत्र लिखा। हिन्दी में लिखा, उर्दू में लिखा, अँगरेजी में लिखा, "सुनो बाबू, मिचल साहब! तुम एक ही सूरत एक ही मूरत के एक जोड़ी सिपाही मेरे पास भेज दो। वे एक ही जैसे हाथ हिलायें, एक ही जैसे कदम बढ़ाएँ। एक ही समान चलें, एक ही समान मटकें। ऐसे सिपाहियों को तुम भेज दो।" राजा ने ऐसी चिट्ठी लिख कर पुरखों के पाइक को दी और कहने लगा, "जाओ बाबू, पुरखों के पाइक। यह चिट्ठी मिचल साहब को दो।"

पुरखों का पाइक चिट्ठी लेकर मिचल साहब के पास गया। दस उँगलियों की विनती की। साष्टांग दण्डवत प्रणाम किया और चिट्ठी निकालकर मिचल साहब को पकड़ा दी। तब मिचल साहब ने चिट्ठी ली और पढ़ी। मारे डर के मिचल साहब काँपने लगा। थोड़ी ही देर में सिपाहियों को इकट्ठा किया। उन्हें परेड कराया। परेड कराते-कराते बारह बज गये। एक ही सूरत एक ही मूरत। वे एक समान ठुमकते, एक ही समान मटकते, एक जैसे ही हाथ हिलाते, एक जैसे ही चलते। उनसे मिचल साहब ने कहा, "जाओ बाबू जोड़ी पुलिस, राजा के घर। राजा ने तुम्हें बुलाया है।"

दोनों सिपाहियों ने सुना और ठुमकते-मटकते राजा के घर आये। साष्टांग दण्डवत प्रणाम किया और बोलने लगे, "सुनिये राजा, बरमा देव! क्या हुक्म है? हमें बतायें।"

तब बरमा देव राजा ने धाय को चिट्ठी लिखी, "सुनो माँ, तुम पुरखों की धाय! तुम तुरन्त आओ।" लिखकर दोनों सिपाहियों को दी और कहा, "बाबू, दोनों सिपाहियो। तुम पुरखों की धाय को बुला लाओ। एक घंटे के भीतर लेकर नहीं आये तो तुम्हें तुरन्त फाँसी की सजा दूँगा।"

दोनों सिपाही यह सुनकर काँपने लगे। तुरन्त वहाँ से निकले और अपना रास्ता पकड़ा। जाते-जाते आधे रास्ते में उन्हें याद आया। वे रास्ते से ही वापस हो गये और राजा से पूछने लगे, "सुनिये राजा, बरमा देव! किस दिशा में जायेंगे?"

राजा बोला, "सुनो बाबू, जोड़ी सिपाही! तुम पूर्व दिशा में जाओ।"

तब दोनों सिपाही एक समान हाथ हिलाते, एक समान कदम बढ़ाते धाय को लेने चले जा रहे हैं। जाते-जाते धाय के घर पहुँच ही रहे थे कि रास्ते में एक सौ युवतियाँ पानी लेने आकर हँडियों को रखकर दातौन कर रही थीं। दोनों सिपाहियों को देखकर वे आपस में बातें करने लगीं, "देखिये तो कुँद फुल[262], देखिये तो हजारी, देखिये तो केंवरा, देखिये तो भोजली। एक ही समान कदम बढ़ा रहे हैं, एक ही समान हाथ हिला रहे हैं। इन्हें हम

261. पढ़ला : अन्य ध्वनि 'पड़ला'।
262. कुँद फुल, हजारी, केंवरा, भोजली : भिन्न-भिन्न मैत्री सम्बोधन।

पकायबाआत, एके बराबर हात हलायबाआत। एमन के जाय के ना देऊँ। आमे ए जोड़ेक पुलुस मन के छेकूँ।" अड़किदायँ जोड़ेक पुलुस मन हयँ धँगड़ी रासी मन लगे अमरलाय। तेबे हयँ एक सौ धँगड़ी रासी मन हयँ पुलुस मन के जाय के ना देओत। दुनो जन के मँजी बनाय करी एक भुँआर होयलाय। हयँ मन के चिमकबाआत, गुतलायबाआत, मेचलबाआत। बारा बजेर गला लोक मन आत हयँ जोड़ेक पुलुस मन, एक बजला।

तेबे गोटोक पुलुस बेर के दखला आवरी बलसी आछे, "गुचा रे नोनी मन। गुचा रे बाई मन। आमके जाय के दियास।" बली करी कसन-कसन ने आय जाले छिंगड़-फुसक होई करी हयँ पाट गला आवरी उबी करी तार सँगवारी के बलसी आछे, "तोके कसन अकल निआय, बाबू? एमनर काईं ना जाय। एक बजे सुइन के ना नेले राजा आमके फाँसी सजा देयसी। तुय कसनी करी बले ए पाट आव।"

बलबा के हयँ दुसर पुलुस बले टोकी मन के ठेगल-मसक करी छिंगड़-फुसक होयला आवरी हयँ पाट गला। एबर दुनो लोक हयँ थान ले परायते परायलाय। पारा भितरे गलाय आवरी बाई मन के पुछबाआत, "सुना बाई, पारार लोक! पुरखार सुइन घर कोन लगे आछे?"

बाई मन बल्लाय, "तार घरे रनकाकन दिया[263] आछे, तारामँडल घर आय। हयँ थाने माँडो मोंगरा, रुमझुम भँवरा बले आछेत। जँवरा-भँवरा कुकुर मन आछोत। रनबेंदरी बाँदलार आछे।"

जोड़ेक सिपई सुनलाय आवरी सुइन घरे गलाय। अमरलाय। जँवरा-भँवरा कुकुर मन दखलाय जोड़ेक सिपई मन के आवरी तिके खुबे चाबलाय। लटपट हयँ मन के छँडाय करी जोड़ेक सिपई मन फयले गलाय। अतक ने रनबेंदरी दखला आवरी सिपई मन के ओरप-आरप करी देला। दुनो सिपई मन लहू-लोहान होयलाय। कसनी-कसनी करी छड़ा-छड़ी करलाय आवरी गलाय सुइन लगे। चिठी के निसकायलाय आवरी सुइन के धराय देलाय। तेबे सुइन धरला चिठी के आवरी हिन्दी पड़ला, अँगरेजी पड़ला, उड़दू पड़ला आवरी अगेयाबती के बलसी आछे, "सुन नोनी अगेयाबती! तुय मोके पानी तपाय करी सेदा-भेदा करी देस। मुइँ राजा घरे जिबी। राजा घरे हाक देला आछेत।"

अगेयाबती सुनला। पानी तपायला आवरी सेदा-भेदा करी मँदन-सिले नेई देला। सुइन बुड़ी दातुन चाबला, नाहा-धुआ करला, लुगा पिंदला आवरी घरे ओल्ला। खा-पी करला आवरी अगिन-पाट पिंदला। तियार होई करी मलयारी के बलसी आछे, "सुन बाबू, मलयारी पिला! तुय रनबेंदरी के आनी करी बगी फाँद।"

मलयारी पिला सुनला आवरी रनबेंदरी के आनी करी बगी फाँदला। सुइन डोकरी बगी ने चेगला। जोड़ेक सिपई मन बले बगी ने चेगलाय।

जाने न दें। हम इन जोड़ी पुलिस वालों का रास्ता रोकें। इसी समय वे दोनों सिपाही उन युवतियों के पास जा पहुँचे। तब उन एक सौ युवतियों ने उन दोनों का रास्ता रोक लिया। दोनों को बीच में कर चारों ओर से घेर लिया। वे उन दोनों को चिमट रही हैं, गुदगुदा रही हैं, मचल रही हैं। वे दोनों सिपाही बारह बजे गये हुए थे और अब एक बज चुका था।

तब एक पुलिस वाले ने सूर्य को देखा और कहने लगा, "हटो री नोनियो। हटो री बाइयो। हमें जाने दो।" ऐसा कहते किसी तरह वहाँ से निकलकर उस तरफ जा पहुँचा और उधर खड़ा होकर अपने साथी से कहने लगा, "तुम्हें अकल कैसे नहीं हैं, बाबू? इनका कुछ नहीं जायेगा। एक बजे तक धाय को नहीं ले जाने पर राजा हमें फाँसी की सजा दे देगा। तुम किसी भी तरह इधर आ जाओ।"

उसकी बातें सुनकर दूसरा पुलिस वाला भी युवतियों को किसी तरह धक्के देकर वहाँ से निकला और उधर जा पहुँचा। अब दोनों जन वहाँ से भाग गये। मोहल्ले के भीतर गये और महिलाओं से पूछने लगे, "सुनो बाई, मोहल्ले की महिलाओं! पुरखों की धाय का घर कहाँ है?"

महिलाएँ बोलीं, "उसके घर में रनकाकन दिया है, तारामण्डल घर है। वहाँ मण्डप पर मोंगरा का फूल, रुमझुम नामक भँवरा भी है। जँवरा-भँवरा कुत्ते भी हैं। रनबेंदरी[264] बँधी हुई है।

दोनों सिपाहियों ने सुना और धाय के घर गये। वहाँ पहुँचे। जँवरा-भँवरा कुत्तों ने देखा दोनों सिपाहियों को और उन्हें बहुत काटा। वे बड़ी मुश्किल से उनसे अपने-आप को छुड़ाकर आगे गये। इतने में रनबेंदरी ने देखा और सिपाहियों को अपने नाखूनों से खरोंचकर छलनी कर दिया। दोनों सिपाही लहूलुहान हो गये। किसी तरह अपने को उससे छुड़ा कर वे गये सुइन के पास। चिट्ठी निकाली और धाय को पकड़ा दिया। तब धाय ने चिट्ठी ली और हिन्दी पढ़ी, अँगरेजी पढ़ी, उर्दू पढ़ी और अगेयाबती से कहने लगी, "सुनो नोनी अगेयाबती। तुम मेरे लिये पानी गरमकर उसमें ठण्डा पानी मिला दो। मैं राजा के घर जाऊँगी। मुझे राजा के यहाँ बुलाया गया है।"

अगेयाबती ने सुना। पानी गरम किया और उसमें ठण्डा पानी मिलाकर स्नान-गृह में ले गयी। धाय बुढ़िया ने दातौन किया, स्नान किया, कपड़े पहने और घर में प्रवेश किया। भोजन किया और अग्निवस्त्र पहने। तैयार होकर मलिहारी से कहने लगी, "सुनो बाबू, मलिहारी बालक! तुम रनबेंदरी को लाकर बग्घी में जोतो।"

मलिहारी बालक ने सुना और रनबेंदरी को लाकर उसे बग्घी में जोता। धाय बुढ़िया बग्घी में सवार हुई। दोनों सिपाही भी बग्घी में बैठ

---

263. रनकाकन दिया : लोहे से बने इस दीपक को 'रायकाकन दिया' भी कहा जाता है। देउरगाँव (जगदलपुर तहसील) के श्री गागरा लोहार के अनुसार रनकाकन (रायकाकन) दीपक पाँच बातियों वाला होता है। पहले विवाह में इसकी आवश्यकता होती थी। श्री गागरा ने आगे बताया, "जब हम इस दिया को बना कर ले जाते थे तो हमें एक गाय और एक कपड़ा मिलता था। रसोई-चावल तो देते ही थे। इसका उपयोग अधिकतर हल्बा, बाम्हन, पनारा जातियों में चलता था।" कुछ लोग इसका अर्थ 'पंक्तिबद्ध दीपक' भी बताते हैं (लौहशिल्पी नानजात विश्वकर्मा, किड़ईछेपड़ा, कोंडागाँव)।

264. रनबेंदरी : रण में निपुण बँदरिया। कुछ लोगों के अनुसार यह रण में निपुण घोड़े का नाम भी है, जैसा कि इसी कहानी में आगे के एक प्रसंग में ऐसा उल्लेख आया है।

बगी ने बसी करी जिबाआत। जायते-जायते राजा-घरे अमरलाय। सुइन बगी ले उतरला। बरमा-बिसनू बाबा-बयरागिर भेस काड़ी करी चितर-खाला के ओछाय बसी रलाय। चितरगुपत पाँजी के धरी बसी रलाय। फउद असन फउद रलाय मान्तर कोनी ना चिताओत। सुइन बुड़ी चितायला। बरमा-बिसनू लगे गला आवरी कमलाबती के बलसी आछे, "सुन नोनी, कमलाबती! अतक फउद आछोत आवरी कोनी ना दखोत जे! आरती-आइग देस नोनी। घिव-गुर देस।"

कमलाबती सुनला आवरी आरती ने जोय, घिव-गुर देला। सुइन बुड़ी आरती-आइग धरला, घिव-गुर के धरला आवरी जोड़ी बाबा मन लगे गला। तिके होम-आरती देला, दस अँडखिर बिनती करला आवरी बलसी आछे, "सुना भगवान! जोड़ी बाबा। काय गोठ होयला? मारी-मारी नेयसी आछे। रानी के दुखा निआय। तमे चितरगुपत पाँजी के दखी दखा भगवान। काय गोठ होयला की रानी के?"

बरमा-बिसनू सुनलाय। हयँ मन चितर-खाला ने बसी रलाय। चितरगुपत पाँजी के बरमा-बिसनू दखबाआत। पाँजी ने टपाटप-टपाटप पड़ला। पाँजी दखी करी बल्लाय, "सुन आया, पुरखार सुइन! रानी के काईं ना होय। घर-दुआरर, खुट-पखनार, ढोड़ी-डोबरिर, डोंगरी-पाहाड़िर, राजाराव, बुढ़ाराव, पेंडराओंडिन, तारेकाकरिन, बोदराकरिन, तेलँगिन माता, हिंगलाजिन माता अतक देबी मन के रानी उपरे थोपलाआत। गोटोक करेया कुकड़ी रानिर नख-मुँडी ने पुजा देस। सबू देबी मन रानी उपर ले गुचबाय।"

पुरखार सुइन सुनला आवरी राजा लगे गला। बलसी आछे, "सुना राजा, बरमा देव! तमी मोके गोटोक कार कुकड़ी दियास। राज-राजर, खुट-खुटर देबी मन रानी उपरे थोपी होयला आछोत। रानिर नख-मुँडी ने पुजा देबी।"

तेबे राजा सुनला आवरी गोटोक कार कुकड़ी आनी करी सुइन के धराय देला। तेबे सुइन हयँ कुकड़ी के धरी करी गला रानी लगे। रानी सुइन के दखला आवरी पोटारी होई करी काँदसी आछे, "सुन आया, पुरखार सुइन! मुईं मरी जिबी बे। मोर जिव के बचाव, आया। मोर आया बल्ले तुय मोर बुआ बल्ले तुय।"

सुइन बलसी आछे, "सुन रानी, अँदनी रानी! तोके काईं ना होय। तार बुआ मुयँ एबर अमरली आछे।" बली करी सुइन बुड़ी कार कुकड़ी के धरला आवरी रानिर नख-मुँडी ने पुजा देला। नख-मुँडी ने पुजा देबा के सबू देबी मन रानी के छाड़ी देलाय। अतक ने रानिर दुखा जितला। खुबे दुख के मुरयायला। दुखा जितबा के रानी सुइन बुड़ी के बलसी आछे, "आया, मोके खुबे दुखसी आछे।"

सुइन डोकरी बल्ला, "सुन रानी, अँदनी रानी! मोके पलटेना करबा काजे देस।" बली करी राजा के बल्ला, "सुना राजा, बरमा देव! मोके पलटेना दियास। मुईं रानी लगे जिबी।"

गये। वे सभी बग्घी में बैठ कर जाने लगे। जाते-जाते राजा के घर पहुँचे। धाय बग्घी से उतरी। बरमा-बिसनू बाबा-बैरागी का रूप धर कर चीतल की खाल पर बैठे थे। उनके हाथों में पंचांग था। वहाँ लोगों की अपार भीड़ थी किन्तु कोई भी उन्हें नहीं पहचानता था। धाय बुढ़िया ने उन्हें पहचाना। बरमा-बिसनू के पास गयी और कमलाबती से कहने लगी, "सुनो नोनी, कमलाबती! इतने लोग हैं किन्तु कोई भी इन्हें नहीं देखता! मुझे आरती-आग दो नोनी। घी-गुड़ दो।"

कमलाबती ने सुना और आरती में आग, घी-गुड़ दिया। धाय बुढ़िया ने आरती-आग ली, घी-गुड़ लिया और दोनों बाबा के पास गयी। उनकी आरती उतारी, दसों उँगलियों से विनती की और कहने लगी, "सुनिये भगवान! दोनों बाबा। क्या बात हो गयी? रानी बारम्बार अचेत हो जाती है। उसे प्रसव-पीड़ा नहीं हो रही है। आप पंचांग देखें भगवान। पता नहीं रानी के साथ क्या बात हो गयी?"

बरमा-बिसनू ने सुना। वे लोग चीतल की खाल पर बैठे थे। बरमा-बिसनू दोनों ही पंचांग देखने लगे। पंचांग में समस्या का समाधान निकल आया। पंचांग देखकर वे बोले, "सुनो माँ, पुरखों की धाय! रानी को कुछ नहीं होगा। घर-द्वार के, खूँटे-पत्थरों के, नाले-गड्ढों के, राजाराव, बुढ़ाराव, पेंडराओंडिन, तारेकाकरिन, बोदराकरिन, तेलँगिन माता, हिंगलाजिन माता[265] आदि देवियों को रानी के ऊपर सवार कर दिया गया है। तुम एक काली मुर्गी की बलि रानी के नाखून के अग्र भाग में दो। सभी देवी-देवता रानी पर से हट जायेंगे।"

पुरखों की धाय ने सुना और राजा के पास गयी। कहने लगी, "सुनिये राजा, बरमा देव। आप मुझे एक काली मुर्गी दीजिये। राज्य-राज्य के, स्थान-स्थान के देवी-देवता रानी के ऊपर सवार करा दिये गये हैं। मैं रानी के नाखून के अग्रभाग में बलि दूँगी।"

तब राजा ने सुना और एक काली मुर्गी लाकर धाय को पकड़ा दी। तब धाय उस मुर्गी को लेकर रानी के पास गयी। रानी ने धाय को देखा और उससे लिपटकर रोने लगी, "सुनो माँ, पुरखों की धाय! मैं मर जाऊँगी। मेरे प्राण बचा लो, माँ। मेरी माँ कहूँ तो तुम और पिता कहूँ तो भी तुम ही हो।"

धाय कहने लगी, "सुनो रानी, अँदनी रानी! तुम्हें कुछ नहीं होगा। उसका पिता मैं अब यहाँ आ गयी हूँ।" ऐसा कहकर धाय बुढ़िया ने मुर्गी पकड़ी और रानी के नाखून के अग्रभाग में उसकी बलि दी। बलि देने पर सभी देवी-देवता रानी को छोड़कर चले गये। इतने में रानी को प्रसव-पीड़ा होने लगी। बहुत दुखने लगा। जब पीड़ा अधिक हो गयी तो रानी धाय से कहने लगी, "माँ, मुझे बहुत पीड़ा हो रही है।"

धाय बुढ़िया बोली, "सुनो रानी, अँदनी रानी! मुझे कपड़े बदल लेने दो।" ऐसा कहकर वह राजा से बोली, "सुनिये राजा, बरमा देव। मुझे बदलने के लिये कपड़े दें। मैं रानी के पास जाऊँगी।"

---

265. राजाराव, बुढ़ाराव : देवता। पेंडराओंडिन, तारेकाकरिन, बोदराकरिन, तेलँगिन माता, हिंगलाजिन माता : देवियाँ।

राजा सुनी करी कमलाबती के झापी ले पलटेना हिटाय करी सुइन बुड़ी के देबा काजे तियारला। तियारबा के कमलाबती झापी थान ले कावा कोर लुगा के धरला। हयँ लुगा कोहनी लगे ले बरला। ताके सुइन के देला। सुइन पलटेना करला आवरी कमलाबती के तपला पानी माँगला। कमलाबती ताके तपला पानी देला। तेबे सुइन बुड़ी रानिर आटा ने तपला पानी के झलकी देला आवरी तार हात के धरी करी नेला। रानिर दुखा जितला। किरली-बोमली होय के धरला। हात-पाँय थरथरी जायसी आछे। करेया पसना फुट के धरला। इ आया, इ बुआ बलसी आछे रानी दुखा काजे। होयते-होयते डँडिक ने रानी निको होयला। पिला टेहों-टेहों कॉंदसी आछे। सुइन बुड़ी सुनला आवरी राजा लगे जाई करी बलसी आछे, "सुना राजा बरमा देव! रानी फायदा होयला। मोके छुरी दियास राजा, मुईं नार काटबी। मोके सुत बले दियास। तमके बेटा होयला राजा।"

बरमा देव राजा सुनला आवरी हरिक होयते गाँडा-घरे गला। दुआरे उबला आवरी गाँडा के हाक देयसी आछे, "ए बाबू, लिमऊ गाँडा। अजिक सुत देस। मोर बेटा नरक ने घोंडरसी आछे।"

लिमऊ गाँडा सुनला आवरी राजा के बलसी आछे, "तमर घरे बेटा होयला राजा। तमे मोके काय देबास? हुकुम छाड़ी दियास।"

राजा बल्ला, "नाईं बाबू, तोके मुईं दुय खँडी धान, दुय खँडिर भुँय आवरी दुय नाँगर बयला देबी।"

तेबे लिमऊ गाँडा राजा के सुत देला। बरमा देव राजा सुत के धरला आवरी गला ठुनी लोहरा लगे। जाई करी बलसी आछे, "ए बाबू, ठुनी लोहरा। मोके छुरी दे, बाबू। मोर बेटा नरक ने घोंडरसी आछे। नार काटबार आय।"

हयँ पने बलसी आछे, "तमर घरे बेटा होयला, राजा। तमे मोके काय देबास? तमे हुकुम छाड़ा। मुईं छुरी देबी।"

राजा हँके पने बलसी आछे, "सुन बाबू, ठुनी लोहरा! दुय नाँगर भँयसा, दुय खँडिर भुँय आवरी दुय खँडी धान देबी।"

ठुनी लोहरा सुनला आवरी राजा के छुरी देला। छुरी के धरला राजा आवरी परायते घरे आसला। आसी करी सुइन के धराय देला। मुठाएक मोहर पने देला। सुइन बुड़ी धरला आवरी नार ने सुत गुँडयाय करी नार छिंदसी आछे। नार ना छिंदी होय। तेबे राजा लगे गला आवरी बलसी आछे, "सुना राजा, बरमा देव! मुईं नार के छिंदी-छिंदी थाकी गली, राजा। नार ना छिंदी होय।" अतक ने कोड़की ने छिंदी दखला मान्तर नाच्ची छिंदी होय। फेर टँगेया, गागड़ा, फरसी ने बले छिंदी दखला मान्तर काईं ने थर ना पड़े। अतक ने हे भगवान! ए काय हाल होयला! सय

यह सुनकर राजा ने कमलाबती से कहा कि वह झापी से कपड़ा निकालकर धाय को दे दे। आदेश पाकर कमलाबती ने झापी से एक विशेष प्रकार की साड़ी निकाली। वह साड़ी दमक रही थी। उसे उसने धाय को दे दिया। धाय ने कपड़े बदले और कमलाबती से गरम पानी माँगा। कमलाबती ने उसे गरम पानी दिया। तब धाय ने रानी के कमर में गरम पानी उँड़ेल दिया और उसके हाथ पकड़कर ले गयी। रानी की पीड़ा बढ़ गयी। वह आकुल-व्याकुल होने लगी। उसके हाथ-पाँव काँपने लगे। काला पसीना फूट निकला। रानी पीड़ा के मारे हे माँ, हे पिताजी कहने लगी। होते-होते थोड़ी ही देर में रानी ने बच्चे को जन्म दिया। बच्चा रोने लगा। धाय ने सुना और राजा के पास जाकर कहने लगी, "सुनिये राजा, बरमा देव! रानी ने बच्चे को जन्म दिया। मुझे छुरी दें राजा, मैं नाल काटूँगी। मुझे सूत भी दें। आपके पुत्र जन्मा है, राजा।"

बरमा देव ने सुना और प्रसन्न होता हुआ गाँडा[266] के घर गया। आँगन में खड़ा हुआ और गाँडा को पुकारने लगा, "ऐ बाबू, लिमऊ गाँडा। थोड़ा सूत दो। मेरा बेटा गन्दगी में घिसट रहा है।"

लिमऊ गाँडा ने सुना और राजा से कहने लगा, "आपके घर बेटा हुआ है, राजा। आप मुझे क्या देंगे? वचन दीजिये।"

राजा बोला, "मैं तुम्हें दो खण्डी[267] धान, दो खण्डी धान बोने लायक जमीन[268] और दो हलों में जोतने लायक बैल दूँगा।"

तब लिमऊ गाँडा ने राजा को सूत दिया। बरमा देव राजा ने सूत लिया और गया ठुनी लोहार के पास। वहाँ जाकर कहने लगा, "ऐ बाबू, ठुनी लोहार। मुझे छुरी दे, बाबू। मेरा बेटा गन्दगी में घिसट रहा है। उसकी नाल काटना है।"

वह भी कहने लगा, "आपके घर बेटा हुआ है, राजा। मुझे आप क्या देंगे? आप वचन दीजिये। मैं छुरी दूँगा।"

राजा ने उससे भी कहा, "सुनो बाबू, ठुनी लोहार! दो हलों में जोतने लायक भैंसा, दो खण्डी धान बोने लायक जमीन और दो खण्डी धान दूँगा।"

ठुनी लोहार ने सुना और राजा को छुरी दी। राजा ने छुरी ली और भागता हुआ घर आया। आकर धाय को पकड़ा दिया। एक मुट्ठी मोहरें भी दीं। धाय ने लिया और नाल को धागे में लपेटकर नाल काटने लगी। किन्तु नाल नहीं कटती। तब वह राजा के पास गयी और कहने लगी, "सुनिये राजा, बरमा देव। मैं नाल काट-काटकर थक गयी, राजा। किन्तु नाल नहीं कटती। फिर इसके बाद उसने कुदाली, कुल्हाड़ी, फरसा आदि से भी नाल काटने का प्रयास किया किन्तु नाल कटी ही नहीं। तब राजा सोचने लगा, हे भगवान! यह क्या हो गया! सौ जन्मों में एक बेटा जन्मा

266. गाँडा : एक समुदाय, जो चरवाहे का काम करता है। साथ ही लोक-संगीतकार के रूप में भी यह अपनी सेवाएँ देता है। लिमऊ : उस गाँडा व्यक्ति का नाम।

267. खण्डी : एक मापमान। एक खण्डी में 20 पयली धान या चावल आदि अन्न की समायत होती है। 1 पयली में 4 सोली अन्न की समायत होती है। 1 सोली लगभग 500 ग्राम के बराबर होता है।

268. दो खण्डी धान बोने लायक जमीन का अर्थ हुआ दो एकड़ जमीन। माना जाता है कि एक एकड़ जमीन में एक खण्डी (20 पायली यानी लगभग 40 किलोग्राम) धान बोया जा सकता है।

जनमर गोटोक बेटा होयला बले तार नार ना छिंदी होय तो! बली राजा धोका करसी आछे। अतक ने सुइन बुड़ी गला बरमा-बिसनू लगे आवरी बलसी आछे, "सुना बाबू, जोड़ी बाबा! राज-राजर, खुट-खुटर टँगेया, कोड़की, गागड़ा, फरसी सबू सरलाय मान्तर पिलार नार ना छिंदी होय जे! ए कसन आय? तमे एक डँडिक पाँजी दखी दियास, बाबू। काय गोठ होयला की काय नसला की काय फिटला आले?"

बरमा-बिसनू सुनलाय। चितरगुपत पाँजी दखलाय। पाँजी ने पड़ला। सुइन के बलबा आछेत, "सुन आया, सुइन बुड़ी! राज-राजर, खुट-खुटर टँगेया-कोड़की ने छिंदले बले छिंदी ना होय। नालाडोंगरिर बाउँस[269]-कलमी के आनले हईं ने छिंद के होयसी।"

सुइन बुड़ी सुनला आवरी गला राजा लगे। जाई करी बलसी आछे, "तमी नालाडोंगरी जाहा, राजा। नालाडोंगरिर बाउँस-कलमी आनलास आले हईं ने नार छिंद के होयसी।"

राजा सुनला आवरी गाँव-पारार लोक के डाकी करी हयँ मन के नालाडोंगरी जाय के लागा बलते बल्ला। तेबे सबू लोक तियार होयलाय आवरी गलाय बुधा पुजारी घरे। बुधा पुजारी घरे खाय के ना रय। पिंद के कपड़ा ना रय। अतक फउद के दखला बुधा पुजारी आवरी आपनर बायले बिती के बलसी आछे, "होयला रे! आमे बनी-भुती करी खायते रऊँ आवरी जानू दख नू, अतक फउद आमर घरे आसबा आछेत जे! काय काजे आयबा आछेत? आमके मारी देबाय बे।" बली दुनो बायले-मुनिस घर भितरे ढापी होयलाय। अतक ने राजा आवरी तार फउद बुधा पुजारी घरर दुआरे अमरलाय। राजा ताके हाक देयसी आछे, "सुन बाबू, बुधा पुजारी! तुय आमके नालाडोंगरी जाय के लाग। मोर बेटा नरक ने घोंडरसी आछे।"

बुधा पुजारी घर भितरच्ची ले बलसी आछे, "सुना राजा बरमा देव! फउद माहा फउद नाईं। आमके पिंदबा काजे कपड़ा नाईं। पाटे-पुरे धड़का पिंदलू आछे। काय लाज ने बले आमे तमर पुरे निसकबू?"

अतक के सुनला राजा आवरी तार पुरखार पाइक के बलसी आछे, "सुन बाबू, पुरखार पाइक! तुय दस हातर लुगा, मुँडबाँधा, धोती-कमिंज, तेल-कंगी धरी करी चाँडे-बेगी आव।"

पुरखार पाइक सुनला आवरी परायते राजा-घरे गला। जाई करी हयँ थान ले दस हातर धोती, दस हातर लुगा, मुँडबाँदा आवरी कमिंज, तेल आवरी कंगी धरी करी परायते राजा लगे आसला। तेबे राजा बलसी आछे, "एदे बाबू, बुदा पुजारी। तमर काजे मुईं सबू जाक अनायली आछे। एके पिंद आवरी निसक। मोके जाय के लाग।"

तेबे बुदा पुजारी निसकला आवरी सबू जमक के धरी करी घरे नेला। दुनो बुड़ा-बुड़ी नाहा-धुआ करलाय, तेल-फुल घसलाय, कपड़ा-

किन्तु उसकी नाल नहीं कटती! इस तरह विचारता राजा चिन्ता करने लगा। इतने में धाय गयी बरमा-बिसनू के पास और कहने लगी, "सुनिये बाबू, जोड़ी बाबाजी। राज्य-राज्य के, स्थान-स्थान की कुल्हाड़ी, कुदाली, फरसे आदि सभी से काटने का यत्न किया किन्तु बच्चे की नाल नहीं कटती, यह कैसी बात है? आप जरा पंचांग में इस सम्बन्ध में जाँचें, बाबू। क्या हो गया अथवा कौन-सी बात बिगड़ गयी?"

बरमा-बिसनू ने उसकी बातें सुनी। पंचांग देखा। पंचांग में समस्या का समाधान निकल आया। वे धाय से कहने लगे, "सुनो माँ, धाय बुढ़िया! राज्य-राज्य के, स्थान-स्थान के कुल्हाड़ी-कुदाली से काटने पर नाल नहीं कटेगी। नालाडोंगरी के बाँस की कलम लाकर उससे काटा जाये तभी कटेगी।"

धाय ने सुना और राजा के पास गयी। जाकर कहने लगी, "आप नालाडोंगरी जायें राजा। नालाडोंगरी के बाँस की कलम लेकर आयेंगे तब उसी से नाल कटेगी।"

राजा ने सुना और गाँव-मोहल्ले के लोगों को बुलाकर उनसे नालाडोंगरी जाने में उसका साथ देने को कहा। तब सभी लोग तैयार हो गये और बुधा पुजारी के घर गये। बुधा पुजारी के घर में खाने को नहीं था। पहनने को कपड़े नहीं थे। इतने लोगों की भीड़ देखी बुधा पुजारी ने और अपनी पत्नी से कहने लगा, "मुसीबत आ गयी रे! हम लोग मजदूरी कर के जीवन चला रहे थे और देखो तो, इतने सारे लोग हमारे घर आ रहे हैं! क्यों आ रहे हैं? ये लोग हमें मार डालेंगे।" इस तरह सोचकर पति-पत्नी दोनों ने घर का दरवाजा बन्द किया और भीतर छिप गये। इतने में राजा और उसके साथी बुधा पुजारी के घर पहुँच गये। आँगन से ही राजा उसे पुकारने लगा, "सुनो बाबू, बुधा पुजारी! तुम हमें नालाडोंगरी जाने में सहयोग करो। मेरा बेटा गन्दगी में घिसट रहा है।"

बुधा पुजारी घर के भीतर से ही कहने लगा, "सुनिये राजा बरमा देव। लोगों की बहुत बड़ी भीड़ है। हमारे पास पहनने को कपड़े नहीं हैं। हमने आगे-पीछे चिंदियाँ पहनी हैं। हम किस तरह लज्जाहीन होकर आपके सामने निकलेंगे?"

राजा ने यह सुना और अपने पुरखों के पाइक से कहने लगा, "सुनो बाबू, पुरखों के पाइक! तुय दस हाथ लम्बी साड़ी, पगड़ी, धोती-कमीज, तेल-कंघी लेकर जल्दी से आओ।"

पुरखों के पाइक ने सुना और भागता हुआ राजा के घर गया। जाकर वहाँ से दस हाथ लम्बी धोती, दस हाथ लम्बी साड़ी, पगड़ी और कमीज, तेल और कंघी लेकर भागता हुआ राजा के पास आया। तब राजा कहने लगा, "यह देखो बाबू, बुधा पुजारी। तुम लोगों के लिये मैंने सारी सामग्री मँगवा दी है। इन्हें पहनो और निकलो। जाने में मेरी सहायता करो।"

तब बुधा पुजारी निकला और सारी सामग्री लेकर घर के भीतर गया। दोनों पति-पत्नी ने स्नानादि किया, तेल-फूल लगाया, कपड़े-लत्ते

269. बाउँस : अन्य ध्वनियाँ 'बाँउस', 'बाँवस', 'बावँस'।

लता पिंदलाय। गाँयतिन कलस-दिया धरायला, मुँडे ओड़नी देला, मुँडे कलस बोयला। पुजारी आरती आइग धरला, घिव-गुर धरला। अतक ने सबू होई करी नालाडोंगरी गलाय। हयँ थाने अमरी करी राजा आवरी बुदा पुजारी बिनती करबाआत, "सुन आया, पँडरा राव! मोके तुय बाउँस-कलमी देस। मोर बेटा नरक ने घोंडरसी आछे।" असन बलते राजा आवरी बुधा पुजारी साता-पाता पाँय पड़ला आछेत। अतक ने नालाडोंगरिर पँडरा राव हातेक जिब के लमाई करी बटबट-बटबट दखसी आछे आवरी बलसी आछे, "तोके कोन पुछे तोर बुआ के कोन पुछे! मोर मार आय। तोके ठिंया-ठिंया खाई देबी।"

बरमा देव राजा डर काजे थरथरी जायसी आछे। तेबे पँडरा राव बलसी आछे, "सुन राजा, बरमा देव! दुय नाँगर बयला, पाँच नाँगर भयँसा, कला मेंडा, पँडरा बोकड़ा, करेया परेवाँ, जात लाली, सेंदुर-काजर, चुड़ी-फुँदड़ी अतक पुजा जोड़ा आनलिस आले मुईं तोके बाँउस-कलमी देबी नोयले नाईं।"

बरमा देव राजा सुनला आवरी चिठी लिखला। पाइक के बल्ला, "जा रे बाबू, मिचल साएब के ए चिठी के देबिस।" बलबा के पुरखार पाइक चिठी के धरला आवरी परायते मिचल साएब लगे गला। जाई करी साता-पाता पाँय पड़ला मिचल साएब के आवरी चिठी के धराय देला। मिचल साएब चिठी के पड़ला आवरी दुय नाँगर बयला, पाँच नाँगर भयँसा, पँडरा बोकड़ा, करेया मेंडा, कार कुकड़ी, करेया परेवाँ, जात लाली, सेंदुर-काजर, चुड़ी-फुँदड़ी जोड़ी करी पुरखार पाइक के देला। देबा के पुरखार पाइक धरला आवरी परायते राजा लगे नालाडोंगरी ने आसला। राजा के सबू जोड़ा के देला। तेबे राजा बुधा पुजारी के पुजा देबा काजे बल्ला। बलबा के बुदा पुजारी आरती-आइग धरला, होम-आरती देला। फेर पाँच नाँगर भयँसा आवरी दुय नाँगर बयला के पुजा देला। पँडरा बोकड़ा, करेया मेंडा, करेया परेवाँ के बले पुजा देला। सेंदुर-काजर, जात लाली टिकला आवरी चुड़ी-फुँदड़ी देई करी दस अँडकिर बिनती करला। अतक ने सबू लोक साता-पाता पाँय पड़लाय। अतक ने भिताएक लाम बाउँस-कलमी राजार पिटी बाटे हिटी पड़ला। राजा टुँग् नाय उठला आवरी पिटी बाटे दखसी आछे। बाउँस-कलमी रय्। पाँय पड़ला, बाँउस-कलमी के बेचला आवरी गाँवर लोक के बल्ला, "सुना बाबू, गाँव-पारार लोक मन! मुईं छमे-छमे जिबी आछे। तमी मोर पिटी-पिटी आसा।" बली करी परायते-परायते घरे आसला। आसलाच्ची काय बाँवस-कलमी के सुइन के धराय देला।

पहने। गाँयतिन ने कलश-दीप जलाये, सिर पर ओढ़नी दी, सिर पर कलश रखा। पुजारी ने आरती-आग ली, घी-गुड़ लिया। इतने में सब लोग मिलकर नालाडोंगरी गये। वहाँ पहुँचकर राजा और बुधा पुजारी विनती करने लगे, "सुनो माँ[270] पँडरा राव![271] मुझे तुम बाँस की कलम दो। मेरा बेटा गन्दगी में घिसट रहा है।" ऐसा कहते राजा और बुधा पुजारी ने साष्टांग दण्डवत प्रणाम किया। इतने में नालाडोंगरी का राव देवता एक हाथ जीभ निकालकर बड़ी-बड़ी आँखों से देखने लगा और बोला, "तुम्हें कौन पूछे और तुम्हारे पिता को कौन पूछे! मेरी मार है। तुम्हें खड़े-खड़े खा जाऊँगा।"

बरमा देव राजा डर के मारे थरथर-थरथर काँपने लगा। तब पँडरा राव बोला, "सुन राजा, बरमा देव! चार बैल, दस भैंसे, काला भेड़, सफेद बकरा, काला कबूतर, शुद्ध लाली, सिंदूर-काजल, चूड़ी-फुँदने, पूजा की इतनी सामग्री लेकर आओगे तब तो मैं तुम्हें बाँस की कलम दूँगा वरना नहीं।"

बरमा देव राजा ने सुना और चिट्ठी लिखी। पाइक से कहा, "जाओ बाबू, यह चिट्ठी मिचल साहब को देना।" ऐसा कहने पर पुरखों के पाइक ने चिट्ठी ली और भागते हुए मिचल साहब के पास गया। पहुँच कर साष्टांग दण्डवत प्रणाम किया मिचल साहब को और चिट्ठी थमा दी। मिचल साहब ने चिट्ठी पढ़ी और चार बैल, दस भैंसे, सफेद बकरा, काला भेड़, काली मुर्गी, काला कबूतर, शुद्ध लाली, सिंदूर-काजल, चूड़ियाँ और फुँदने आदि की व्यवस्था कर पुरखों के पाइक को दी। पुरखों के पाइक ने सारी सामग्री ली और भागता हुआ राजा के पास नालाडोंगरी पहुँच गया। राजा को सारी सामग्री दी। तब राजा ने बुधा पुजारी से पूजाकरने को कहा। सुनकर बुधा पुजारी ने आरती-आग ली और होम-आरती की। फिर दस भैंसों और चार बैलों की बलि दी। सफेद बकरा, काला भेड़, काला कबूतर की भी बलि दी। सिंदूर-काजल, शुद्ध लाली का टीका लगाया और चूड़ी तथा फुँदने देकर दसों उँगलियों से विनती की। इसके साथ ही बाकी सभी लोगों ने भी साष्टांग दण्डवत प्रणाम किये। इसके बाद एक बाँस की एक बित्ता लम्बी कलम राजा की पीठ की ओर गिर पड़ी। राजा तपाक् से उठा और पीछे की ओर देखने लगा। वहाँ बाँस की कलम पड़ी थी। राजा ने बाँस की कलम को प्रणाम किया, वहाँ से उठाया और गाँव वालों से बोला, "सुनो बाबू, गाँव-मोहल्ले को लोगों! मैं आगे-आगे जा रहा हूँ। तुम सभी मेरे पीछे-पीछे आओ।" ऐसा कह राजा भागता हुआ घर आया। आते ही उसने बाँस की वह कलम धाय को थमा दी।

---

270. माँ : वस्तुतः पँडरा राव देवता है न कि देवी किन्तु बस्तरांचल में देवता को भी मातृ-शक्ति के रूप में देखे और माने जाने की परम्परा रही है। यही कारण है कि यहाँ भी पँडरा राव देवता को 'आया' यानी 'माता' सम्बोधित किया गया है।

271. राव : राव देवताओं की संख्या 12 बतायी गयी है और कहा जाता है कि ये बारह राव आपस में भाई हैं। इनके नाम हैं, पँडरा राव, चोखी राव, करेया राव (कला राव), बगड़ी राव, सँदेया राव, टेमा राव (खेत राव), झुलना राव, बुढ़ा राव, बाँडा राव, नाँगा राव, सोनया राव और राजा राव। किन्तु इनके अतिरिक्त और भी राव देवों की बात कही जाती है, जैसे भुरसा राव, टौडे राव और बँदया राव आदि। राव देवता की सवारी घोड़ा है और यह देवता प्रायः आदन (साजा) के पेड़ के नीचे वास करता है (स्रोत : सहदेव राना, कुम्हारपारा, कोंडागाँव; डिबूश्वर कौशिक, रोजगारी पारा, कोंडागाँव; नानजात विश्वकर्मा, किड़ई छेपड़ा; सोनाधर विश्वकर्मा, कुसमा; गागरा लोहार, मुनगापदर; पनकूराम सोरी, बालेंगा पारा एवं अन्य से समय-समय पर हुई बातचीत)।

सुइन धरला बाँउस-कलमी के आवरी खिंड माहा छिंआय देला। अतकी ने नार गोंदा-गोंदा होई गला। तेबे सुइन बलसी आछे राजा के, "एबर तमी दुय टा खोदरा खोना, राजा। मुईं नार-बोमली के गाड़बी। पिला के नाहाय देबी।"

बरमा देव राजा सुनला आवरी हाते कुस धरी करी ओसना बाटे गला। दुय टा खोदरा खनी देला। तेबे सुइन दखला आवरी नार-बोमली के गाड़ी देला। नोनी के बलसी आछे, "सुन नोनी, कमलाबती! तुई मोके तपला पानी दे। मुईं पिला के नाहाय देबी।"

कमलाबती सुनला आवरी पानी तपाय देला। सुइन बुड़ी बारो के नाहाय देला आवरी कमलाबती के तेल आवरी जोय माँगला पेट छेकी देबी बलते। तेबे कमलाबती ताके जोय देला, तेल देला। सुइन डोकरी पिला के पेट छेकी देला आवरी रानी के बल्ला, "सुन रानी, अँदनी रानी! तुय एबर हात-पाँय धो। तेल-फुल घस।"

रानी हात-पाँय धोयला आवरी तेल-फुल घसला। अतक ने सुइन बुड़ी पिला के धरला आवरी नेला राजा लगे। नेई करी राजा के धराय देला। राजा पिला के कोरा ने धरी करी खँडमुचकी मारला। तिन सरर मोहर-माला पिंदी रय राजा। हयँ माला के हिटाय करी सुइन के पिंदाय देला। अतक ने सुइन पिला के धरला आवरी रानी लगे नेई देला। रानी के बलसी आछे, "सुन रानी, अँदनी रानी! पिला के पना पिआव। मुईं घरे जिबी आछे। पिला के अछा सुआव।"

असन बलबा के अँदनी रानी पिला के धरला। सुइन बुड़ी आपनर घरे गला। रानी पिला के पना पिआयला। पिलार जनम धरलार एक दिन होयला, दुय दिन होयला। तेबे राजा-रानी दुनो लोक बसलाय। रानी बलसी आछे राजा के, "सुना राजा, बरमा देव! छिंद-गोका आना, ककई-डारा आना, बेल-पाना, जड़ी-बुटी आना। पिलार जनम करलार दुय दिन होयला बे, राजा। तिल-गुर खायबार आय, पानी खायबार आय।"

बरमा देव राजा सुनला आवरी पुरखार पाइक के सबू जमक आनबा काजे तियारला। तेबे पुरखार पाइक सुनला आवरी कोड़की-टुकना धरी करी गोका खोनबा काजे गला। बिंदराबने गला आवरी गोका खोनला, बेल-पाना टुटायला, जड़ी-बुटी खोनला आवरी कदली-कछारे जाई करी सबके धोयला। धो-धा करी करी घरे आनला आवरी राजा के धराय देला। तेबे अँदनी रानी हरवाँ निकराय करी तुलायबा काजे कमलाबती के तियारला। सब जोड़ा जोड़ी करी हाँडी ने भरबा काजे बल्ला। तेबे कमलाबती असनी करला। अतक ने रानी ताके ककई खायबार आय बलते हाँडी के दादरा बाँद के बल्ला। कमलाबती हाँडी के दादरा बाँदला आवरी चुला ने मँडाय देला। जोय धरायला। तेबे गोका गुलाय राती चुड़ला। तिसर दिन होयबा के राजा-रानी खटेया ने बसला आछेत। रानी बलसी आछे राजा के, "सुना राजा, बरमा देव! तिल खायबार आय। राज के डिंडरा दिआय दिआस।"

राजा सुनला आवरी पुरखार पाइक के तिआरला। तेबे पुरखार पाइक सुनला आवरी लिमऊ गाँडा लगे जाई करी ताके राज ने डिंडरा

धाय ने बाँस की कलम ली और नाल से थोड़ा-सा छुआ दिया। इतने में ही नाल टुकड़े-टुकड़े होकर गिर पड़ी। तब धाय राजा से कहने लगी, "अब आप दो गड्ढे खोदें, राजा। मैं नाल गाड़ूँगी। बच्चे को नहला दूँगी।"

बरमा देव ने सुना और हाथ में छोटा-सा सब्बल लेकर पिछवाड़े की ओर गया। दो गड्ढे खोद दिये। तब धाय ने देखा और नाल लेकर उस गड्ढे में गाड़ दिया। नोनी से कहने लगी, "सुनो नोनी, कमलाबती! तुम मुझे गरम पानी दो। मैं बच्चे को नहला दूँगी।"

कमलाबती ने सुना और पानी गरम कर दिया। धाय ने बच्चे को नहला दिया और बच्चे का पेट सेंकने के लिये कमलाबती से तेल और आग माँगा। तब कमलाबती ने उसे आग दी, तेल दिया। धाय ने बच्चे का पेट सेंक दिया और रानी से बोली, "सुनो रानी, अँदनी रानी! तुम अब हाथ-पाँव धो लो। तेल-फूल लगाओ।"

रानी ने हाथ-पाँव धोये और तेल-फूल लगाया। इतने में धाय ने बच्चे को लिया और राजा के पास ले गयी। ले जाकर राजा को पकड़ा दिया। राजा ने बच्चे को गोद में लिया और मुस्कराने लगा। राजा ने तीन लड़ियों वाले मोहरों की माला पहनी थी। उस माला को निकाल कर उसने धाय को पहना दिया। इसके बाद धाय ने बच्चे को लिया और रानी के पास ले गयी। रानी से कहने लगी, "सुनो रानी, अँदनी रानी! बच्चे को दूध पिलाओ। मैं घर जा रही हूँ। बच्चे को ठीक से सुलाना।"

ऐसा कहने पर अँदनी रानी ने बच्चे को लिया। धाय अपने घर चली गयी। रानी ने बच्चे को दूध पिलाया। बच्चे को जन्म लिये एक दिन बीता, दो दिन बीते। तब राजा और रानी दोनों बैठे। रानी कहने लगी राजा से, "सुनिये प्रियतम, बरमा देव! छींद का काँदा लायें, ककई की टहनी लायें, बेल के पत्ते और जड़ी-बूटियाँ लायें। बच्चे को जन्म लिये दो दिन बीत गये, प्रियतम। तिल-गुड़ खाना है, पानी पीना है।"

बरमा देव राजा ने सुना और पुरखों के पाइक से सारी वस्तुएँ जुटाने के लिये कहा। तब पुरखों के पाइक ने सुना और कुदाली-टोकरी लेकर छींद का काँदा खोदने गया। बिंदराबन में गया और काँदा खोदा, बेल के पत्ते तोड़े, जड़ी-बूटियाँ खोदीं और कदली-कछार में जाकर सभी को धोया। धो कर घर लाया और राजा को दे दिया। तब अँदनी रानी ने कुल्थी निकालकर उसे साफ करने के लिये कमलाबती से कहा। सारी वस्तुएँ एकत्र कर हाँडी में भरने को कहा। तब कमलाबती ने वैसा ही किया। इतने में रानी ने ककई खाना है कहते उसे हाँडी को दादरा बाँधने के लिये कहा। कमलाबती ने हाँडी को दादरा बाँधा और चूल्हे पर चढ़ा दिया। आग जलायी। तब काँदा सारी रात पकता रहा। तीसरा दिन होने पर राजा और रानी खाट में बैठ गये। रानी राजा से कहने लगी, "सुनिये प्रियतम, बरमा देव! तिल खाना है। पूरे राज्य में ढिंढोरा पिटवा दीजिये।"

राजा ने सुना और पुरखों के पाइक को आदेश दिया। तब पुरखों के पाइक ने सुना और लिमऊ गाँडा के पास जाकर उसे राज्य भर में ढिंढोरा

देय के बल्ला। बलबा के लिमऊ गाँडा खाके ढोल आवरी हाते काड़ा धरी करी खोरे-खोरे डाँडे-डाँडे बुली-बुली डिंडरा देयसी आछे, "सुना बाई, सुना नोनी! राजा घरे पिला होयला। तिल खायबार आय, पानी खायबार आय। सनकारी-सनकारी जाहा।" राजा लगे-लगे डिंडरा दिआयला आवरी लाफी-लाफी काजे चिठी पठायला।

गाँव-पारार लोक सुनलाय आवर तिआर होई करी राजा-घरे रुँडलाय। परछी ने जाई बसलाय। अरछी-परछी भरला। ओना-कोना भरला। सबू भरला। राजा-घरे समाव ना होय। अँदनी रानी सुनला आवरी पुरखार पाइक के बलसी आछे, "तिल निकराय देस बाबू, गुर निकराय देस। घिव निकराय देस, लसुन निकराय देस।"

पाइक सुनला आवरी तिल-गुर, घिव आवरी लसुन निकराय देला। रानी पारार बाई-नोनी के देला आवरी बल्ला, "सुना बाई मन! तिल काँडा, पानी बघारा।" बलबा के बाई-नोनी मन तिल काँडबाआत, पानी बघारबाआत। पानी बघारी तिल भाजी सारलाय। पानी तपायलाय आवरी रानी के देलाय। रानी नाहा-धुआ करला। बाई मन खिंडिक माहा तिल धरलाय, खिंडिक माहा पानी धरलाय आवरी राजा के देई करी बलबाआत, "सुना राजा, बरमा देव! एदे तमर पुरखार देबी ने थिपाय दियास।"

राजा गला आवरी आपनर पुरखार देबी ने तिल देला, पानी थिपायला। पुरखार देबी के सुमरना करला, "मोर पिला के ना कँदावा। बारो के साका होआ।"

अतक ने अँदनी रानी बले खिंड माहा पानी धरला, तिल धरला आवरी बोमली-खोदरा ने गला जवँरा बुड़ी लगे। जाई करी बिनती करसी आछे, "सुन आया जवँरा बुड़ी! मुईं तिल छिचबी आछे, पानी थिपायबी आछे। मोर बारो के ना कँदायबिस।" बल्ला आवरी तिल छिचला, पानी थिपायला आवरी जाई करी खटेया ने बसला।

अतक ने सात भेली तिल, आदो भेला गुर आवरी आधा बटका पानी रानी के देलाय आवरी बल्लाय, "सुना रानी, अँदनी रानी! एके तमे सात दिन ले खाहा।"

बलबा के रानी बलसी आछे, "सुना बाई-नोनी मन! तमे आपन-आपन बाटी-बिरजी करी खाहा बे। मुईं देय के ना सर्की।"

तेबे सबू नोनी-बाई मन ओरिर-ओरी धाड़िर-धाड़ी बसलाय। बाटबा लोक तिल बाटलाय, पानी बाटलाय। सबू फउद बाटी-बिरजी करी खायलाय। खायला पाछे रानी के बलबाआत, "सुना रानी, अँदनी रानी! तमे बारो के कोरा धरा। आमे बारोर बोमली ने तेल-हरदी लगाय देबू।"

पीटने को कहा। उसके ऐसा कहने पर लिमऊ गाँडा काख में ढोल और हाथ में लकड़ी लेकर गली-गली घूमकर ढिंढोरा पीटने लगा, "सुनो बाई, सुनो नोनी! राजा के घर बच्चे ने जन्म लिया है। तिल खाना है, पानी पीना है। जल्दी-जल्दी जायें।" राजा ने आसपास ढिंढोरा पिटवाया और दूर के लोगों के लिये चिट्ठी भिजवायी।

गाँव-मोहल्ले को लोगों ने सुना और तैयार होकर राजा के घर आ गये। दालान में बैठ गये। दालान लोगों से भर गया। कोने-कोने भर गये। सभी जगह लोगों की भीड़ लग गयी। राजा के घर में जगह की कमी हो गयी। अँदनी रानी ने सुना और पुरखा के पाइक से कहने लगी, "तिल निकाल दो बाबू, गुड़ निकाल दो। घी निकाल दो, लहसुन निकाल दो।"

पाइक ने सुना और तिल-गुड़, घी और लहसुन निकाल दिये। रानी ने मोहल्ले की महिलाओं-युवतियों को वह सारी सामग्री दी और कहा, "सुनो बाइयो! तिल कूटो, पानी छौंको।" ऐसा कहने पर युवतियाँ-महिलाएँ तिल कूटने लगीं, पानी छौंकने लगीं। पानी छौंका और तिल भूना। पानी गरम किया और रानी को दिया। रानी ने स्नान किया। तब महिलाओं ने थोड़ा-सा तिल लिया, थोड़ा-सा पानी लिया और राजा को देकर बोलीं, "सुनिये राजा, बरमा देव। इसे आपके पुरखों के देव-स्थान में अर्पित कर दें।"

राजा ने सारी सामग्री ली और अपने पुरखों के देव-स्थल में जाकर वहाँ उन्हें तिल और पानी अर्पित किया। पुरखों के देवी-देवताओं का स्मरण किया, "मेरे बच्चे को मत रुलायें। बच्चे की रक्षा करें।"

इसके बाद अँदनी रानी ने भी थोड़ा-सा पानी और तिल लिया और नाल वाले गड्ढे के पास गयी जँवरा बुढ़िया[272] के पास। वहाँ जाकर विनती करने लगी, "सुनो माँ, जँवरा बुढ़िया! मैं तिल अर्पितकर रही हूँ, पानी अर्पित कर रही हूँ। मेरे बच्चे को मत रुलाना।" ऐसा कहकर तिल और पानी अर्पित किया और जाकर खाट पर बैठ गयी।

इतने में महिलाओं ने रानी को तिल की सात भेलियाँ, गुड़ की आधी भेली और आधा कटोरा पानी दिया और कहा, "सुनिये रानी, अँदनी रानी! इसे आप सात दिनों तक खायें।"

उनके ऐसा कहने पर रानी बोली, "सुनो बाई-नोनी! तुम सब अपने बीच आपस में मिल-बाँटकर खाओ। मैं नहीं परोस सकती।"

तब सभी युवतियाँ और महिलाएँ पंक्तिबद्ध हो बैठ गयीं। बाँटने वालों ने तिल और पानी बाँटे। सभी लोगों ने मिल-बाँट कर खाया। खाने के बाद रानी से कहने लगीं, "सुनिये रानी, अँदनी रानी। आप बच्चे को गोद में लें। हम बच्चे की नाभि में तेल-हल्दी लगा देंगी।"

---

272. जवँरा बुड़ी : अन्य ध्वनि 'जँवरा बुड़ी' या 'जँवरा डोकरी' : एक देवी जो नवजात शिशुओं की रक्षा करती है तथा उन्हें खेल खेलाती है। जँवरा डोकरी के विषय में धारणा है कि वह बच्चों के गन्दे कपड़े उठा कर उन्हें धोती व सारा दिन सुखाती रहती है। कपड़े सुखाने का उसका यह क्रम सारा दिन चलता रहता है। शाम होने पर वह 'अरे! यह तो शाम हो गयी, अब कल सुखाऊँगी' कह कर उन्हें समेट लेती है और दूसरे दिन पुनः सुखाने लगती है। इसी से एक मुहावरा 'जँवरा डोकरी असन होतो (जँवरा डोकरी की तरह होना)' भी प्रचलन में है। कोई भी व्यक्ति यदि किसी एक काम को बारम्बार करता रहता है और उसका काम कभी समाप्त नहीं होता तो उसके लिये इसी मुहावरे का प्रयोग किया जाता है (स्रोत : मायावती वैष्णव)।

रानी बारो के कोरा धरला तेबे बाई-नोनी मन बारोर बोमली ने तेल-हरदी लगाय देलोय आवरी आपन-आपन जायते गलाय। राजा-रानी घरे आछेत। तिन दिन ले चार दिन, पाँच दिन, पाँच ले छय दिन होयला। तेबे रानी बलसी आछे राजा के, "सुना राजा! छय दिन होयला। छटी-कँाडा देबार आय।"

राजा सुनला आवरी पुरखार पाइक के डाकी करी ताके छटी-कँाडा नेबा काजे पारा ने हाक देय के तियारला। तियारबा के पाइक गला खोरे-डँाडे आवरी बाई-नोनी के साँगला, "सुना बाई, सुना नोनी! राजा-घरे जिबार आय। छटी-कँाडा आनबास।"

बली बलबा के बाई-नोनी मन सुनलाय आवरी टाकरा-टुकना धरी करी राजा-घरे गलाय। ओरिर-ओरी, धाड़िर-धाड़ी बसलाय। पाइक दखला तिके आवरी धान निकरायला। गाड़ाखुटा, खुजी धान आउर-तिसर जतक बानी बले धान रय सबके निसकायला आवरी नापला। मुँग, चना, बडरा, भदई के बले निसकाय करी नापी देला। बाई-नोनी मन आपन-आपन काजे धान-धानी झोकलाय आवरी घरे-घरे गलाय। धान कँाडेया मन धान कँाडेत, दार दरेया मन दार दरेत आवरी पिसान पिसेया मन पिसान पिसेत। निंद काजे सोएत नाईं ना पेज काजे खाएत नाईं। गुलाय राती कँाडलाय आवरी दार-चाउर निमड़ायलाय। चाउर नेई देलाय। पाइक दखला। दार, चाउर आवरी पिसान के नापला। नापी करी सोंगाय देला। सबू लोक आपन-आपन घरे गलाय। पाइक दई-मई के आनसी आछे, गोरोस के आनसी आछे। छाती, बोड़ा, डेंगुर फुटू आनसी आछे। मनई फुटू, लाल भाजी, खेड़ा भाजी, कुटनी भाजी, मुनगा भाजी, चरोटा भाजी आनसी आछे। पाइक सबू जमक जोड़ला।

सात दिन होयला। बड़े सकाले उठला रानी आवरी काय बलसी आछे राजा के, "सुना राजा, बरमा देव! आजी सात दिन होयला। तमे धोबी घरे जाहा। छटी कपड़ा नेयसी। नाऊ के डाकी आना। बाल बनाय देयसी।"

अतक ने राजा नाऊ-धोबी के डाकी आनला। धोबी आयला आवरी छटी कपड़ा नेला। नाऊ आयला आवरी सबू के बाल बनाय देला। अतक ने गँाडा घरे गलाय आवरी गँाडा के डाकी आनलाय। गँाडा आयला आवरी बलसी आछे, "सुना राजा, बरमा देव! तमे मोके काय काजे डाकलास?"

राजा बलसी आछे, "काय फेर आय ता, बाबू! तुय जानू राज के डिंडरा देस। सहर के डिंडरा देस। आजी छटी आय।"

लिमऊ गँाडा सुनला आवरी नोनी के बलसी आछे, "सुन नोनी, कमलाबती! मुईं राती भुके-लाँघने सोयली आछे। मोके खुबे भुक लागसी

रानी ने बच्चे को गोद में लिया तब महिलाओं और युवतियों ने बच्चे की नाभि में तेल-हल्दी लगा दी और अपने-अपने घर चली गयीं। राजा-रानी रह गये। तीन दिन से चार, चार से पाँच और पाँच से छह दिन बीते। तब रानी कहने लगी राजा से, "सुनिये प्रियतम! छह दिन हो गये। छठी के लिये कँाडा देना है।"

राजा ने सुना और पुरखों के पाइक को बुलाकर उसे छठी का कँाडा ले जाने के लिये लोगों को बुलाने को कहा। तब आदेश पाकर पाइक गया और गली-गली में घूम कर महिलाओं और युवतियों को बताया, "सुनो बाई, सुनो नोनी! राजा के घर जाना है। छठी का कँाडा लाना है।"

उसके ऐसा कहने पर महिलाओं और युवतियों ने सुना और टोकरे आदि लेकर राजा के घर गयीं। पहुँचकर पंक्तिबद्ध हो बैठ गयीं। पाइक ने उन्हें देखा और धान निकाला। गाड़ाखुटा, खुजी धान तथा अन्य जितने भी किस्म के धान थे सभी को निकाल कर नापा। मूँग, चना, मटर, भदई आदि भी निकालकर नापे। बाई-नोनी ने अपने-अपने लिये धान आदि लिये और अपने-अपने घर चली गयीं। घर जाकर धान कूटने वाले धान कूटने लगे, दाल दलने वाले दाल दलने और अन्न पीसने वाले अन्न पीसने लगे। वे न तो नींद भर सोते न भरपेट खाते। सारी रात कूटा-दला-पीसा और दाल-चावल-पिसान बनाकर राजा के घर पहुँचा दिया। पाइक ने देखा और दाल, चावल तथा आटे को नापा। नापकर रख दिया। सभी लोग अपने-अपने घर चले गये। अब पाइक दही-मठा और दूध लाने लगा। छाती, बोड़ा, डेंगुर फुटू[273] लाने लगा। मनई फुटू, लाल भाजी, खेड़ा भाजी, कुटनी भाजी, मुनगा भाजी, चरोटा भाजी[274] लाने लगा। पाइक ने सारी सामग्री जुटायी।

सात दिन हो गये। सबेरे-सबेरे उठी रानी और राजा से कहने लगी, "सुनिये प्रियतम, बरमा देव! आज सात दिन हो गये। आप धोबी के घर जायें। वह छठी के कपड़े धोने के लिये ले जायेगा। नाऊ को बुला लायें। वह केश काट देगा।"

यह सुनकर राजा ने नाऊ और धोबी को बुलवाया। धोबी आकर छठी के कपड़े ले गया। नाऊ आया और सभी के केश काट दिये। इसके बाद गँाडा के घर गये और गँाडा को बुला लाये। गँाडा आया और कहने लगा, "सुनिये राजा, बरमा देव। आपने मुझे किसलिये बुलवाया?"

राजा कहने लगा, "और भला किसलिये, बाबू! तुम सारे राज्य में ढिंढोरा पीट दो। शहर में ढिंढोरा पीट दो। आज छठी है।"

लिमऊ गँाडा ने सुना और नोनी से कहने लगा, "सुनो नोनी, कमलाबती! मैं रात में भूखा सो गया था। मुझे बहुत भूख लगी है। बासी

273. छाती : एक तरह का छत्तेनुमा मशरूम। बोड़ा : एक तरह का गोलाकार मशरूम। यह सावन के महीने में वर्षा के बाद निकलने वाली धूप के साथ सरगी (सरई, साल) के पेड़ तले सरगी के छोटे-छोटे पौधों के नीचे ऊग आता है। बस्तर वासियों का यह परम प्रिय भोजन है। डेंगुर फुटू : बाँबी में फूट निकलने वाला मशरूम। डेंगुर : बाँबी। फुटू : मशरूम।

274. मनई फुटू : एक तरह का मशरूम। लाल भाजी, खेड़ा भाजी, कुटनी भाजी, मुनगा भाजी, चरोटा भाजी : भाजी (शाक) के विभिन्न प्रकार। मुनगा को छोड़ कर शेष भाजी (पत्तियों) के पौधे होते हैं जबकि मुनगा का पेड़ होता है, जिसमें मुनगा के फल लगते हैं। इसी की पत्तियाँ भाजी कहलाती हैं।

आछे। बासी पेज आछे आले मोके दोनाएक देस।"

बरमा देव राजा सुनते रला। हयँ नोनी के बलसी आछे, "सुन नोनी, कमलाबती! गाँडा के पेज देई देस।"

कमलाबती सुनला आवरी जतक बानिर चाउर रय अतक बानी चाउरर भात के देला। जतक बानिर दार रय अतक बानी दार के देला। देबा के खायबा अतक के खायला गाँडा आवरी बाचला दार-भात के नेई करी गुड़े पकाय देला आवरी बलसी आछे, "सुन नोनी, कमलाबती! मोर पाटे-पुरे धड़का निआय, नोनी। गोटोक सान माहा बले गोंदा आछे आले मोके पिंदबा काजे देस।"

राजा सुनते रला। हयँ कमलाबती के बलसी आछे, "सुन नोनी, कमलाबती! झापी ने गठुरला आछे, नोनी। ताके लिमऊ गाँडा के देई देस।"

तेबे राजार जतक कपड़ा रय सबू के कमलाबती झापी थान ले निकराय करी गाँडा के देई देला। देबा के लिमऊ गाँडा पिंदला। पिंदबा के हयँ राजा माहा दखा देला। बाँडी घोड़ी के चेगला। खाके ढोल, हाते काड़ा धरला आवरी खोरे-खोरे डाँडे-डाँडे डिंडरा देयते बुलसी आछे, "सुना दादा, सुना बाई! आजी राजा घरे छटी आय। सँजकारी-सँजकारी जाहा।" तार डिंडरा देबार के सबू लोक सुनलाय। राजा लगे-लगे डिंडरा दिआयला, लाफी-लाफी चिठी पठायला। तेबे तार डिंडरा दिआयला के सुनी करी, चिठी के पाई करी आली-पालिर लोक मन राजा घरे आयलाय आवरी ओरिर-ओरी धाड़िर-धाड़ी बसलाय।

अँदनी रानी दखला आवरी राजा के बलसी आछे, "सुना राजा, बरमा देव! फउद अमरलाय, राजा। तमे धँगड़ा रासी छाटा। हयँ मन जोका[275] मारबाय। राँदा राँदबाय।

बरमा देव सुनला आवरी धँगड़ा रासी के बलसी आछे, "सुना बाबू, धँगड़ा रासी! तमे जोका मारा, राँदा राँदा।"

धँगड़ा रासी सुनलाय। जोका मारबा लोक जोका मारबाआत, पानी आनेया पानी आनबाआत आवरी जोय धरायबा लोक जोय धरायबाआत। जतक बानी धान रय अतक बानिर चाउर के राँदलाय। जतक बानी बले दार रय अतक बानिर दार के राँदलाय। बोड़ा, डेंगुर फुटू, मनई फुटू, लाल भाजी, खेड़ा भाजी, चरोटा भाजी, मुनगा भाजी, कुटनी भाजी सबू के राँदलाय। राँदा-बाड़ा सरला। धँगड़ी रासी पान आनलाय। डोकरी मन दोना खिलबाआत। राजा-रानी दुनो लोक नाहा-धुआ करलाय आवरी हरबर-हरबर छटी-जोड़ा जोड़बाआत। कपड़ा-लता पिंदलाय। राजा-रानी काय सुँदर दखा देबा आछेत।

अतक ने रानी कमलाबती के चार खुटेया लिपबा काजे तियारला। तेबे कमलाबती हाते पोतनी धरी करी चार खुटेया लिपला। मँजी बाना लिखला। कलस-दिया धरायला। थारी ने चाउर धरला। दुय ठान दोनी ने

पेज हो तो मुझे एक दोना दो।"

बरमा देव राजा सुन रहा था। उसने नोनी से कहा, "सुनो नोनी, कमलाबती! गाँडा को पेज दे दो।"

कमलाबती ने सुना और जितने किस्म के चावल थे उतने किस्म के भात दिये। जितने किस्म के दाल थे उतने किस्म के दाल दिये। देने पर गाँडा ने खा सकने लायक भोजन खाया और बाकी बचा भोजन ले जाकर घूरे में डाल दिया और कहने लगा, "सुनो नोनी, कमलाबती! मेरे आगे-पीछे कपड़ा नहीं है, नोनी। एकाध छोटा-सा भी कपड़े का टुकड़ा हो तो मुझे पहनने को दो।"

राजा सुन रहा था। उसने कमलाबती से कहा, "सुनो नोनी, कमलाबती! झापी में एक गठरी है, नोनी। उसे लिमऊ गाँडा को दे दो।"

तब कमलाबती ने झापी में से राजा के जितने भी कपड़े थे, निकाल कर गाँडा को दे दिये। देने पर लिमऊ गाँडा ने वे कपड़े पहने। पहनने पर वह राजा की तरह दिखायी देने लगा। पूँछकटी घोड़ी पर सवार हुआ। काख में ढोल, हाथों में डण्डे लिये और गली-गली घूमता ढिंढोरा पीटने लगा, "सुनो दादा, सुनो बाई! आज राजा के घर में छठी है। सभी लोग जल्दी-जल्दी जायें।" उसका ढिंढोरा सबने सुना। राजा ने आसपास ढिंढोरा पिटवाया और दूर के लोगों के लिये चिट्ठी भेजी। तब उसके द्वारा पिटवाये गये ढिंढोरा को सुनकर और भेजी गयी चिट्ठी को पाकर आसपास और दूर-दराज के लोग राजा के घर आ गये और पंक्तिबद्ध होकर बैठ गये।

अँदनी रानी ने देखा और राजा से कहने लगी, "सुनिये प्रियतम, बरमा देव! लोग आ पहुँचे हैं, प्रियतम। आप युवकों को छाँटें। वे लोग जोखा बनायेंगे और भोजन राँधेंगे।"

बरमा देव ने सुना और युवकों से कहने लगा, "सुनो बाबू, नवयुवको! तुम लोग जोखा बनाओ और भोजन राँधो।"

युवकों ने सुना। जोखा बनाने वाले जोखा बनाने लगे, पानी लाने वाले पानी लाने लगे और आग जलाने वाले आग जलाने लगे। जितने भी किस्म के धान थे उतने किस्म के चावलों का भात राँधा गया। जितने किस्म के दाल थे उतने किस्म के दाल राँधे गये। बोड़ा, डेंगुरफुटू, मनई फुटू, लाल भाजी, खेड़ा भाजी, चरोटा भाजी, मुनगा भाजी, कुटनी भाजी आदि सब राँधे गये। भोजन राँध लिया गया। युवतियाँ जंगल से पत्ते लेकर आयीं। बड़ी-बूढ़ियाँ दोने सीने लगीं। राजा और रानी दोनों ने स्नानादि किये और जल्दी-जल्दी छठी की सामग्री जुटाने लगे। कपड़े-लत्ते पहने। राजा-रानी बहुत सुन्दर दिखने लगे।

इतने में कमलाबती को चारों ओर लीपने के लिये कहा गया। तब कमलाबती ने हाथ में पोतनी लिया और चारों ओर लीप डाला। बीच में चित्रांकन किया। कलश-दीप जलाये। थाली में चावल रखा। दो दोनियों

275. जोका : अन्य ध्वनि 'झोका'।

भात धरला आवरी नेई करी बाना ने मँडाय देला। पिला के सुइन नाहाय देला, पेट छेकला। बाजा-मोहरी बाजसी आछे। माँदर-डुडरा बाजसी आछे। धँगड़ी रासी रिलो गायबाआत।

अतक ने बरमा-बिसनू बाबा-बयरागिर बेस काड़लाय। चितरखाला आवरी चितरगुपत पाँजी के धरी करी राजा-घरे आसलाय। चितरखाला के ओछाय करी दुनो बाबा मन राजा-घरे बसी देला आचेत।

अतक ने रानी कमलाबती के जोड़ी पतरी आनबा काजे बल्ला। बलबा के कमलाबती जोड़ी पतरी आनला। तेबे राजा-रानी छटी बसलाय। आईंख फुकबा आछेत, छटी टिकबा आछेत। जतक बले फउद आसी रओत सबू छटी टिकबाआत। छटी टिकी सारलाय बाई-नोनी मन आवरी राजा-रानी के बलबाआत, "सुना राजा बरमा देव! पिलार नाव काय रयसी? तमे आमके साँगा। आमे चाउर रोकायबू।"

सुनी करी मुईं ना जानें, तमर मन ने सोंगावा बल्ला राजा। तेबे सुइन बुड़ी सुनते रला। हयँ नोनी के जोड़ी हार गुथ के बल्ला, आरती-आइग माँगला आवरी गला जोड़ी बाबा लगे। जाई करी दुनो बाबा मन के हार पिंदाय देला, होम-आरती देला, दस अँडकिर बिनती करला आवरी बलसी आछे, "सुना बाबा, जोड़ी बाबा! तमे तमर चितरगुपत पाँजी के दखा। बारोर काय नाव रयसी आले तमे साँगा।"

जोड़ी बाबा सुनलाय आवरी चितरगुपत पाँजी के दखलाय। दखी करी बलबाआत, "सुन आया, सुइन बुड़ी! मोर पाँजी ने पड़ला। दादी बितार जनम आय। बरमा देव राजार बेटा आय। एतार नाव लड़ई देव राजा रओ।"

सुइन बुड़ी सुनला आवरी बरमा देव राजा लगे जाई करी बलसी आछे, "सुना राजा, बरमा देव! मुईं साँगबी आछे। दादी बितार जनम आय मने। बरमा देवर बेटा आय। एतार नाव लड़ई देव रओ मने।"

अतक ने बाई-नोनी मन दोनी ने चाउर धरलाय आवरी 'जिव बाबू लड़ई देव, ठेची दातुन कर। बुड़ाओत ले जिव' बली चाउर रोकायलाय। फेर सात झन होयलाय आवरी रानी के हाँडी छिंआयलाय। रानी चाउर बगरायला आवरी चाउर उपरे पिला के सुआयला। सात बिचा चाउर धरला, कलस-दिया के उठायला आवरी बोमली-खोदरा ने नेला। सात बिचा चाउर पकायला, कलस के मँडायला। राजा-रानी दुनो उबलाय। सबू के पाँय पड़लाय। पाँय पड़बा के लोक मन बल्लाय, "उठा राजा, उठा रानी। सिरे सेंदुर रओ, चुड़ी अमर रओ। राज करी खाहा, देस धरी खाहा।"

तेबे सबू जोड़ा के धरलाय आवरी घरे नेलाय। खटेया ने जाई बसलाय। सबू के पानी देलाय। सबू ओरिर-ओरी धाड़िर-धाड़ी बसलाय।

में भात लिया और ले जाकर बाना के ऊपर रख दिया। धाय ने बच्चे को नहला दिया, पेट सेंक दिया। बाजा-मोहरी बज रहे हैं। माँदर[276]-डुडरा[277] बज रहे हैं। युवतियाँ रिलो[278] गा रही हैं।

इतने में बरमा-बिसनू ने बाबा-बैरागी का रूप धरा और चीतल की खाल तथा पंचांग लेकर राजा के घर आ पहुँचे। दोनों बाबा ने राजा के घर में चीतल की खाल बिछायी और उस पर बैठ गये हैं।

इतने में रानी ने कमलाबती से दो पत्तलें लाने को कहा। कहने पर कमलाबती दो पत्तलें ले आयी। तब राजा और रानी उन पत्तलों पर छठी के लिये बैठ गये। महिलाएँ और युवतियाँ बच्चे की आँखें फूँक रही हैं, छठी का टीका लगा रही हैं। छठी का टीका लगाना सम्पन्न होने पर वे राजा और रानी से पूछने लगीं, "सुनिये राजा, बरमा देव! बच्चे का नाम क्या होगा? आप हमें बताइये। हम चावल डालेंगी।"

यह सुनकर राजा ने कहा, मैं नहीं जानता, अपने मन से नाम रखें। धाय सुन रही थी। उसने नोनी से दो मालाएँ गूँथने को कहा, आरती-आग माँगी और दोनों बाबा के पास गयी। जाकर दोनों बाबा को हार पहनाये, आरती की, दसों उँगलियों से विनती की और कहने लगी, "सुनिये बाबा, दोनों बाबा! आप लोग अपना पंचांग देखें। बच्चे का नाम क्या होगा, आप बतायें।"

दोनों बाबा ने सुना और पंचांग देखने लगे। देखने के बाद बोले, "सुनो माँ धाय बूढ़ी! मेरे पंचांग में समाधान निकल आया है। इस बच्चे के रूप में इसके दादा ने जन्म लिया है। पिता का नाम बरमा देव है। इसका नाम लड़ई देव रहे।"

धाय ने सुना और बरमा देव राजा के पास जाकर कहने लगी, "सुनिये राजा, बरमा देव! मैं बताती हूँ। इस बच्चे के रूप में इसके दादा ने जन्म लिया है। बरमा देव का बेटा है। इसका नाम लड़ई देव रहे।"

इसके बाद महिलाओं और युवतियों ने दोनी में चावल लिया और 'जिओ बाबू लड़ई देव, कुचलकर दातौन करो।[279] बूढ़े होते तक जिओ' कहते चावल डाला। फिर सात महिलाओं ने मिलकर रानी को हाँडी का स्पर्श कराया। रानी ने चावल फैलाया और उस चावल के ऊपर बच्चे को सुला दिया। चावल के सात दाने लिये, कलश-दीप उठाया और नाल वाले गड्ढे में ले गयी। चावल के सात दाने छींटे, कलश रखा। राजा-रानी दोनों खड़े हो गये। सभी का प्रणाम किया। प्रणाम करने पर लोगों ने कहा, "उठो राजा, उठो रानी। सिर में सिंदूर रहे, चूड़ी अमर रहे। राज करते जीवन बिताओ, देश पर शासन करो।"

इसके बाद सारी सामग्री घर के भीतर पहुँचा दी। खाट पर जा बैठे। सभी को पानी दिया गया। सभी पंक्तिबद्ध होकर बैठ गये। सभी को भोजन

276. माँदर : मूलतः गोंडी परिवेश का यह वितत वाद्य माँदर के अलावा 'माँदड़' तथा हल्बी परिवेश में 'मँदर' भी उच्चारित होता है। यह बस्तर के बाहर 'माँदल' भी कहा जाता है। यह प्रमुखतः दो प्रकार का होता है। उत्तर बस्तर में यह अलग प्रकार का होता है जबकि दक्षिण बस्तर में अलग।

277. डुडरा : मूलतः गोंडी परिवेश का यह घन वाद्य 'ढुडरा', 'कोटोड़', 'पिटोड़का' और 'टुड़का' भी कहा जाता है।

278. रिलो : मूलतः गोंडी परिवेश का लोक गीत जो बाद में हल्बी परिवेश में गाया जाने लगा है।

279. कुचल कर दातौन करना : एक मुहावरा ('ठेची दातुन करबार')। अर्थ है, बहुत लम्बी उम्र तक जीना। दाँत के झड़ जाने की उम्र तक जीना।

सबू के भात-साग देलाय। सबू खायलाय। खाई-पिई करी आपन-आपन घरे गलाय। राजा-रानी पने खायलाय आवरी राती काजे सोई देलाय। बड़े बिहाने उठलाय दातुन-पतर चाबलाय। तेबे रानी बलसी आचे, "सुना राजा, बरमा देव! गाँयतिन के डाकी आना।"

बरमा देव राजा सुनला आवरी गाँयतिन के डाकी आनबा काजे पुरखार पाइक के बल्ला। तेबे पुरखार पाइक गला आवरी गाँयतिन के डाकी आनला। गाँयतिन आयला आवरी काय काजे डाकलास राजा बलते बलसी आछे। बलबा के रानी ताके मेला खोदरा के बुजबा काजे तियारला। तियारबा [illegible]ायतिन बाई कोड़की धरला, अरग फुली मँद धरला आवरी मेला खोदरा ने गला। हयँती सात बिजा चाउर पकायला, अरग फुली मँद के थिपायला आवरी खोदरा के बुजी देला। अतक ने राजा-रानी गाँयतिन के बिदा देलाय। बिदा पाई करी गाँयतिन आपनर घरे गला।

आँट दिन ले पँदरा दिन होयला। पँदरा दिन ले मएना दिन होयला। सवा मएना होयला। रानी नाहा-धुआ करला। पिला के नाहाय देला। राजा गाँडा घरे गला आवरी हयँ थान ले बय-डोरी आनला। तेबे पिला के बय-डोरी पिंदायलाय। भात-साग खायलाय आवरी आछेत। सवा मएना ले डेड़ मएना होयला, डेड़ मएना ले दुय मएना होयला। बरककार होयला राजा-पिलार जनम धरलार। काय मँजा सुँदर दखा देय। बरककार ले दुय बरक, दुय बरक ले तिन बरक, तिन ले चार-पाँच बरक होयला। होयते-होयते दस बरक होयला। फेर असनी-असनी बारा बरक होयला। पिला बाड़ला, जुआन होयला। हिन्दी पढ़ला, उड़दू पढ़ला, ओड़ेया पढ़ला, अँगरेजी पढ़ला। भरती उमर होयला पिलार। कुम-कुम-कुम-कुम मेछा फुटसी आछे।

राजा-रानी दुनो लोक बसलाय। रानी बलसी आछे राजा के, "सुना राजा, बरमा देव! तमके कसन अकल निआय! बेटा बाढ़ी गला। जुआन पने होयला। कोनी थाने बेटी बले माँग के जाई दखूँ।"

बरमा देव राजा बलसी आछे, "तोके कसन अकल निआय, रानी! आमे आमर मन ने कसन करी जिबू? मन करसी की कसन आले? तुय आका पचारी दख।"

अड़किदायँ लड़ई देव राजा हईं बाटे आसला। अँदनी रानी ताके दखला आवरी तार हात के धरी करी कोरा ने बसायला। बलसी आछे, "सुन बेटा, लड़ई देव! तुय एबर जुआन होयलिस। कोन्ती कनया आछे आले मोके साँग। आमी माँग के जिबू। बिआ करी देबू। तोर छटी दिने राज-राजर रानी मन आसी रलाय। काके मन करबिस आले तुय आमके साँग। आमे हईं थाने माँग के जिबू।"

लड़ई देव बलसी आछे, "सुना आया, अँदनी रानी! तमे तमर मने माँगा। कानी होओ, खोड़ी पने होओ। जेके माँगले मुईं ताके बिआ होयबी।" बल्ला पिला आवरी उठी करी जायते गला।

परोसे गये। सब ने भोजन किया। भोजन करने के बाद सभी अपने-अपने घर चले गये। राजा-रानी ने भी भोजन किया और रात होने पर सो गये। सबेरे उठे, दातौन आदि किये। तब रानी कहने लगी, "सुनिये प्रियतम, बरमा देव! गाँयतिन को बुला लायें।"

बरमा देव राजा ने सुना और गाँयतिन को बुला लाने के लिये पुरखों के पाइक से कहा। तब पुरखों का पाइक गया और गाँयतिन को बुला लाया। गाँयतिन आयी और पूछने लगी कि उसे क्यों बुलाया गया है? तब रानी ने उसे खुले हुए गड्ढे को पाटने के लिये कहा। तब गाँयतिन ने कुदाली ली, शुद्ध मदिरा ली और उस गड्ढे के पास गयी। वहाँ चावल के सात दाने अर्पित किये, शुद्ध मदिरा की बूँदें टपकायीं और गड्ढे को पाट दिया। इतने में राजा-रानी ने गाँयतिन को विदाई दी। विदा पाकर गाँयतिन अपने घर चली गयी।

आठ दिन से पन्द्रह दिन बीत गये। पन्द्रह दिनों से एक महीना। फिर सवा महीना बीता। रानी ने स्नानादि किये। बच्चे को नहला दिया। राजा गाँडा के घर गया और वहाँ से बय-डोरी[280] लेकर आया। तब बच्चे को बय-डोरी पहनायी गयी। भोजन किया और रहने लगे। सवा महीना से डेढ़ महीना हो गया, डेढ़ से दो महीने बीते। होते-होते एक साल हो गया बच्चे को जन्मे। वह बहुत सुन्दर दिखायी देता। एक वर्ष से दो, दो से तीन, तीन से चार-पाँच वर्ष का हो गया। होते-होते दस वर्ष का हो गया। फिर इसी तरह बारह वर्षों का हो गया। बच्चा बढ़ा, जवान हो गया। उसने हिन्दी पढ़ी, उर्दू पढ़ी, ओड़िया पढ़ी, अँगरेजी पढ़ी। भरपूर युवा हो गया। मूँछें निकलने लगीं।

राजा-रानी दोनों बैठे थे। रानी कहने लगी राजा से, "सुनिये प्रियतम, बरमा देव! आपको कैसे अकल नहीं है! बेटा बड़ा हो गया। युवा भी हो गया। कहीं बेटी माँगने भी तो जाकर देखें।"

बरमा देव राजा कहने लगा, "तुम्हें कैसे अकल नहीं है, रानी! हम अपने मन से कैसे जाएँगे? वह पसंद करेगा या नहीं? तुम ही जरा पूछकर देखो।"

उसी समय लड़ई देव राजा उधर आया। अँदनी रानी ने उसे देखा और उसका हाथ पकड़कर गोद में बिठाया। कहने लगी, "सुनो बेटा, लड़ई देव! तुम अब युवा हो गये। कहाँ कन्या है, हमें बताओ। हम माँगने जायेंगे। विवाह करा देंगे। तुम्हारी छठी के दिन कई राज्यों से रानियाँ आयी थीं। तुम किसे पसंद करते हो, हमें बताओ। हम वहीं माँगने जायेंगे।"

लड़ई देव कहने लगा, "सुनिये माँ अँदनी रानी! आप लोग अपने मन से माँगो। चाहे वह कानी हो या लँगड़ी। जिसे आप लोग माँगेंगे मैं उसी से विवाह कर लूँगा।" युवक ने कहा और उठकर चला गया।

280. बय डोरी : कपड़ा बीनने के यन्त्र में लगी डोरी।

जिबा के राजा बलसी आछे रानी के, "बाबू मोके डरसी आछे आले तुय जाई करी पचार रानी। एकला जाई करी पचारी दख।"

तेबे अँदनी रानी लड़ई देवर पिटी-पिटी गला आवरी बलसी आचे, "तोर बुआ के डरबिआस आले मोके खुसखुसा साँगी देस, बेटा।"

तेबे लड़ई देव बलसी आछे, "सुन आया, अँदनी रानी! गिरली नँगर राजे जानादई रानी आछे। हईं थाने माँग के जाहा। मुईं ताकेय बिआ होयबी। कोनी दुसर के माँगलास आले मुईं जहर-मोहरा खाई लेबी, उचकी होयबी नोयले पानी बुड़ी मरी जिबी।"

सुनला अँदनी रानी आवरी गला राजा लगे गला। राजा के बलसी आछे, "सुना राजा, बरमा देव! गिरली नँगरे जानादई रानी आचे। हईं थाने माँग के जाहा बल्ला। कोनी दुसर के माँगलास आले जहर-मोहरा खायबी, पानी बुड़ी मरी जिबी नोयले उचकी होयबी बलसी आछे। कोन लगे आछे राजा, गिरली नँगर?

राजा बलसी आछे, "आमे नता दखूँ रानी। जाले बले तुय माहला-जोड़ा के जोड़। पुरखार पाइक जायसी।" असन बली करी राजा पुरखार पाइक के बल्ला, "सुन बाबू, पुरखार पाइक! माहला-जोड़ा जोड़। माहला खायबा काजे जिबार आय।"

सुनला पुरखार पाइक आवरी गुर आनसी आछे, चिवड़ा आनसी आछे, लाई आनसी आछे। रानी बोबो राँदसी आछे, रोटी-बोड़ा राँदसी आछे। माहला-जोड़ा जोड़लाय। अतक ने राजा पाइक के बलसी आछे, "सुन बाबू, पुरखार पाइक! तुय खोरे-खोरे डाँडे-डाँडे जा आवरी एक सौ धँगड़ा रासी के आन। सबू लोक कावड़ धरी-धरी आसोत।"

बलबा के पाइक सुनला आवरी गला खोरें-डाँडे। एक सौ धँगड़ा रासी के साँगला, "तमे कावड़ धरी-धरी राजा-घरे आसा।" सबू धँगड़ा रासी सुनी करी नाहा-धुआ करलाय, खाना-पिना करलाय आवरी कावड़ धरी-धरी राजा-घरे गलाय। जाई करी परछी ने बसलाय। एक सौ धँगड़ा रासी के देंहे-देंहे भर बोझा होयबा लाइकर माहला-जोड़ा जोड़ी रलाय। पाइक तियार होयला। बरमा देव राजा पाइक के बलसी आछे, "दख बाबू, पुरखार पाइक! जतक सरले अतक सारबिस मान्तर बिआ मँडाय आयबिस।"

एक सौ धँगड़ा रासी गिरली नँगर माहला जिबाआत। जायते-जायते, बाट रेंगते मएना दिन होयला। गिरली नँगर के ना अमरोत। सवा मएना होयला। अतक ने झुरमुर-झुरमुर गिरली नँगर दखा देला। गिरली नँगरे अमरलाय। जुरा लँदी पुरा आसी रए। पाइक बलसी आछे, "जुरा लँदी पुरा आयला बाबू। राँधा मँडावा। डोंगा बिता रला आले आउरी नहकाय देले जिबू।"

अड़किदायँ डोंगा बिता उपर ले तले उतरते रला। तले उतरला। पाइक दखला डोंगा बिता के। गिरली नँगरर पिला मन लँदी दख के आसी रलाय। लँदी-खँडे उबी करी दखते रलाय। तेबे पुरखार पाइक बलसी आछे डोंगा बिता के, "सुन दादा, डोंगा बिता! आमे मोहबागड़ ले माहला आयलू आछे जानादई काजे। आमके तुय डोंगा नहकाय देस। लड़ई देव

उसके जाने के बाद राजा कहने लगा रानी से, "यदि बच्चा मुझसे डरता है तो तुम जाकर पूछो। अकेली जाकर पूछो।"

तब अँदनी रानी लड़ई देव के पीछे-पीछे गयी और कहने लगी, "तुम्हारे पिता से डरते हो तो मुझे धीरे से बता दो, बेटा।"

तब लड़ई देव कहने लगा, "सुनो माँ, अँदनी रानी! गिरली नगर राज्य में जानादई रानी है। वहीं माँगने जाओ। मैं उसी से विवाह करूँगा। किसी और को माँगने पर मैं जहर-मोहरा खा लूँगा, फाँसी लगा लूँगा या फिर पानी में डूब कर मर जाऊँगा।"

अँदनी रानी ने सुना और राजा के पास गयी। राजा से कहने लगी, "सुनिये प्रियतम, बरमा देव! गिरली नगर में जानादई रानी है। वहीं माँगने जाओ, कहा। किसी और को माँगने पर जहर-मोहरा खा लूँगा, पानी में डूब कर मर जाऊँगा या फिर फाँसी लगा लूँगा कह रहा है। यह गिरली नगर कहाँ है, प्रियतम?"

राजा कहने लगा, "हमने नहीं देखा है, रानी। तो भी तुम माहला की सामग्री जुटाओ। पुरखों का पाइक जायेगा।" ऐसा कहकर राजा ने पुरखों के पाइक से कहा, "सुनो बाबू, पुरखों के पाइक! माहला की सामग्री जुटाओ। माहला खाने के लिये जाना है।"

पुरखों के पाइक ने सुना और गुड़ लाने लगा, चिवड़ा लाने लगा, लाई लाने लगा। रानी बोबो राँधने लगी, रोटी-बड़े बनाने लगी। माहला की सामग्री जुटाई गयी। इतने में राजा पाइक से कहने लगा, "सुनो बाबू, पुरखों के पाइक! तुम गली-गली जाओ और एक सौ युवकों को बुला लाओ। सभी लोग काँवर लेकर आयें।"

पाइक ने सुना और गया गलियों में। एक सौ युवकों को बताया, "तुम सभी काँवर लेकर राजा के घर आओ।" सभी युवकों ने सुना और स्नानादि से निवृत्त हुए, भोजन किया और काँवर लेकर राजा के घर पहुँच गये। जाकर दालान में बैठ गये। एक सौ युवकों को उनके काँवरों में काँवर भर-भर कर माहला की सामग्री दी गयी। पाइक तैयार हो गया। बरमा देव पाइक से कहने लगा, "देखो बाबू, पुरखों के पाइक! जितना भी खर्च हो उतना करना किन्तु विवाह की तिथि तय कर आना।"

अब एक सौ युवक माहला के लिये गिरली नगर जाने लगे। चलते-चलते एक महीना बीत गया। गिरली नगर पहुँच ही नहीं पा रहे हैं। फिर सवा महीना हो गया। तब कहीं गिरली नगर नजर आया। सब वहाँ पहुँचे। सूखी नदी में बाढ़ आयी हुई थी। पाइक कहने लगा, "सूखी नदी में बाढ़ आयी हुई है, बाबू। भोजन राँधो। नाव वाला आने पर वह हमें नदी पार करा देगा तब जायेंगे।"

इसी समय नाव वाला ऊपर वाले घाट से नीचे उतरा। पाइक ने देखा नाव वाले को। गिरली नगर के बच्चे बाढ़ देखने आये थे। नदी के तट पर खड़े होकर देख रहे थे। तब पुरखों का पाइक कहने लगा नाव वाले से, "सुनो दादा, नाव वाले! हम मोहबागढ़ से माहलाकरने आए हैं जानादई के लिये। हमें तुम नाव में बिठाकर नदी पार करा दो। लड़ई देव राजा के

राजा काजे आमी माँग के आयलू आछे।"

डोंगा बिता बलसी आछे, "डोंगार हुकुम ना होयले बाबू मुइँ डोंगा ना नहकायँ।"

गिरली नँगरर पिला मन सुनते रलाय। परायते-परायते गलाय टोकी लगे। जाई करी रानी के बलबा आचेत, "सुन रानी, जानादई! तोके कसन अकल निआय। मोहबागड़ ले तोके माँग के आयला आचेत लड़ई देव काजे। डोंगा बिता तिके डोंगा ना नहकाय। हयँ मन लँदी हयँ पाट आछेत।"

जानादई सुनला आवरी 'छीः रे भगवान! मोर काय तगदिर होयला' बलते झुलना ले उतरला आउरी लँदी बाटे गला। लँदी-खँडे उबला आवरी डोंगा बिता के बलसी आचे, "सुन दादा, डोंगा बिता! तोके कसन अकल निआय। मोके माँग के आयला आछेत लड़ई देव राजा काजे। माहलाकरेया मन लँदी हयँ पाट आछोत। तोके कसन अकल निआय! तिके डोंगा नहकाय देस।"

सुनला डोंगा बिता आवरी छनक ओगाय रई करी बलसी आछे, "तोके कोन पुछे तोर बुआ के कोन पुछे, नोनी! मोर मार आय, ठिंया-ठिंया खाई देबी। आन रे नोनी जानादई, नाँगरक बयला, दुय नाँगर भइँस, पँडरा बोकड़ा, करेया मेंडा आन। कार कुकड़ी, करेया परेवाँ, सेंदुर-काजर, जात लाली, चुड़ी-फुँदड़ी आन। अतक पुजा देलिस आले नोनी डोंगा नहकाय देबी।"

जानादई तार आया-बुआर ना जानत ले पयसा धरी रला। पयसा निकराय करी डोंगा बिता के धराय देला आवरी सबू जोड़ा आन के बल्ला। तेबे डोंगा बिता धरला आवरी सबू जोड़ा आनी करी डोंगा-मुंडी ने पुजा देला। नाँगरक बयला के पुजला, दुय नाँगर भइँस के पुजला, करेया मेंडा, पँडरा बोकड़ा के पुजला। सेंदुर-काजर, जात लाली, चुड़ी-फुँदड़ी देला। सबू पुजा देला आवरी माहलाकरेया मन के हाक देला। हाक देबा के माहलाकारी मन मँडायला भात-साग के पकाय देलाय आवरी जाई करी डोंगा ने बसलाय।

लँदी के नाहकी करी माहलाकरेया मन रानी सँगे जिबाआत। रानी आपनर घर लगे अमरला आवरी पाइक के बलसी आछे, "सुन दादा पुरखार पाइक! जूँ, मुइँ तोके घर दखाय देबी। हईं आय जानादई रानिर घर। हईं घरे जिबिस, दादा। दुसर घरे काय ना जा। हईं थाने तोके कनया मिरसी।"

बली करी रानी तार घर के दखाय देला आवरी आपन घरर पिछाड़ बाट काजे घरे ओयल्ला। माहलाकारी मन घर-पुरे गलाय आउरी उबलाय। तेबे घरर लोक दखलाय आवरी कोन थानर लोक आयला आछेत बली करी सबू के पाँय धुआयलाय। पाँय धोई करी सबू लोक घरे जाई बसलाय। अतक ने गिरली नँगरर राजा बलसी आछे, "तमे काय काम ने आयलास बाबू, मोके साँगा।"

पुरखार पाइक बलसी आछे, "नाईं राजा, तमर घरे फुल फुटला आछे मने। आमे फुल पिंद के आयलू आचूँ। बरमा देव राजार बेटा लड़ई देव काजे मुइँ माहला आयली आचे।"

लिये हम उसे माँगने आये हैं।"

नाव वाला कहने लगा, "नाव का हुक्म हुए बिना मैं पार नहीं कराऊँगा, बाबू।"

गिरली नगर के बच्चे सुन रहे थे। वे सभी भागते-भागते गये युवती के पास। वहाँ जाकर कहने लगे, "सुनो रानी, जानादई! तुम्हें अकल कैसे नहीं है। मोहबागढ़ से तुम्हें माँगने के लिये आये हुए हैं लड़ई देव के लिये। नाव वाला उन्हें नदी पार नहीं करवा रहा है। वे लोग नदी के उस तरफ हैं।"

जानादई ने सुना और 'छीः भगवान! मेरी तकदीर को क्या हो गया' कहती झूले से उतरी और नदी की ओर गयी। नदी के तट पर खड़ी हुई और नाव वाले से कहने लगी, "सुनो दादा, नाव वाले! तुम्हें अकल कैसे नहीं है। मुझे माँगने के लिये आये हुए हैं लड़ई देव राजा के लिये। माहलाकरने वाले लोग नदी के उस तरफ हैं। तुम्हें अकल कैसे नहीं है! उन्हें नाव में बिठाकर नदी पार करवा दो।"

नाव वाले ने सुना और थोड़ी देर चुप रहकर कहने लगा, "तुम्हें कौन पूछे और तुम्हारे पिता को कौन पूछे, नोनी! मेरी मार है, खड़े-खड़े खा जाऊँगा। लाओ री नोनी जानादई, दो बैल, चार भैंस, सफेद बकरा, काला भेड़ लाओ। काली मुर्गी, काला कबूतर, सिंदूर-काजल, शुद्ध लाली, चूड़ियाँ और फुँदने लाओ। पूजा की इतनी सामग्री दोगी नोनी तभी नाव से पार करा दूँगा।"

जानादई ने अपने माता-पिता को बताये बिना कुछ पैसे रखे थे। उसने वे पैसे निकालकर नाव वाले को दे दिये और सारी सामग्री लाने को कहा। तब नाव वाले ने पैसे लिये और सारी सामग्री लाकर नाव के सिर की ओर पूजा की। दो बैलों, चार भैंसों, काले भेड़ और सफेद बकरे की बलि चढ़ायी। सिंदूर-काजल, शुद्ध लाली, चूड़ियाँ और फुँदने अर्पित किये। सभी तरह से पूजा की और माहलाकरने वालों को पुकारा। पुकार सुनकर माहलाकरने वालों ने राँधे जा रहे भोजन को फेंक दिया और जाकर नाव पर सवार हो गये।

नदी पार कर माहलाकरने वाले रानी के साथ चलने लगे। रानी अपने घर के पास पहुँची और पाइक से कहने लगी, "सुनो दादा पुरखों के पाइक! चलो, मैं तुम्हें घर दिखा देती हूँ। वही है जानादई का घर। उसी घर में जाना, दादा। दूसरे घर में मत चल देना। वहीं पर तुम्हें कन्या मिलेगी।"

ऐसा कहकर रानी ने अपना घर दिखा दिया और स्वयं पिछवाड़े के रास्ते घर में प्रवेश किया। माहलाकरने वाले लोग घर के सामने गये और खड़े हो गये। तब घर के लोगों ने उन्हें देखा और कहाँ के लोग आये हुए हैं, कहते सभी के पाँव धुलाये। पाँव धोकर सभी लोग भीतर जाकर बैठ गये। इतने में गिरली नगर का राजा कहने लगा, "तुम लोग किस काम से आये हो बाबू, मुझे बताओ।"

पुरखों का पाइक कहने लगा, "सुनिये राजा! हमने सुना है कि आपके घर में फूल खिला है। हम फूल पहनने के लिये आये हैं। बरमा देव के बेटे लड़ई देव के लिये मैं माहला आया हूँ।"

राजा बल्ला, "आछे बाबू। देबा काजे देबी जानू। खुबे राजा मन आसी रलाय मान्तर टोकी काकेय मन ना करे।" बल्ला राजा आवरी आपनर रानी के बलसी आछे, "जाई दख रानी, नोनी के पचारी दख। काय बलसी की?"

माय बिती गला टोकी लगे आवरी बलसी आछे, "सुन नोनी, जानादई। तोके माँग के आयला आछोत। जिबिस कसन?"

जानादई बल्ला, "मोके तारी काजे दिया, आया। ताहारी काजे होयले जिबी। दुसर काजे देले मुईं ना जाएँ। मोर जिव के ना बचाएँ।"

रानी सुनला आवरी राजा लगे आसी करी बलसी आछे, "ताहरी काजे दिया बलसी आछे, राजा। दुसर काजे ना जाएँ बल्ला। दुसर काजे देले जिव के ना बचाएँ, बलसी आचे।"

अतक ने राजा आपनर कमेया मन के बल्ला, "जाहा बाबू। सबू लोक के डाकी आना। गाँयता-पुजारी सबू आसोत।"

सुनी करी कमेया मन सुतुर होयलाय आवरी पारा ने डाक के गलाय। पारा-पारा गलाय, खोरे-डाँडे गलाय आवरी राजा-घरे माहला आयला आछेत बली सबू लोक के डाकलाय। डाक सुनी करी सबू लोक राजा-घरे जुयलाय। आसी करी ओरिर-ओरी धाड़िर-धाड़ी दड़प् नाय बसी देलाय। अतक ने पुरखार पाइक पहिल माहला निकराय देला। माँजी-गाँयता-पुजारी सुकला पतर धरलाय आवरी धरतनी माय के थिपायलाय पहिल माहला। एतार पाछे सबू लोक माहला खायलाय।

पहिल माहला खायबा के पुरखार पाइक बलसी आछे, "सुना राजा, राजर राजा! मुईं खुबे धुर ले आयला लोक आयँ। मुईं घन-घन आय के ना सकीं। माहलार निती सरी जाओ। बिआ मँडाय देऊँ।" बल्ला आवरी ओहड़ा-बोहड़ा माहला खुआयसी आछे। मुठा-मुठा पयसा देयसी आछे। ढिंडा-ढिंडा चाँदी देयसी आछे। ढिंडा-ढिंडा सोना देयसी आछे। मिचल साएब कुरची ने बसी रए। हयँ ए कतक बड़े सवकार आय नू, मुठा-मुठा पयसा देयसी आछे, ढिंडा-ढिंडा चाँदी-सोना देयसी आछे, मोके नवकर धरता आले मुईं एतारी लगे नवकरी करती बली खुसपुस-खुसपुस होयसी आचे। सुन ना सुन पुरखार पाइक तार गोठ के सुनला आवरी बलसी आछे, "मुईं दुसर घरर कमेया पिला आयँ, बाबू। राजार हुकुम आय। जतक सरले अतक सार बल्ला कारन ने मुईं अतक सारबी आछे। मुईं चार पयसार नवकर आयँ। तोके मुईं कोन्ती ले नवकर-कमेया धरबी!"

मिचल साएब सुनला आउरी ओगाय होयला। सात माहला खुआयला। बिबा मँडायलाय। लोक मन बल्लाय, "कुँआर जोन पाँच दिन ने माँडो, दस दिन तेल चेगसी। इगारा दिन ने लगिन होयसी, बारा दिन ने भोज होयसी आवरी तेरा दिन ने तुय घरे जिबिस।"

तेबे पुरखार पाइक बलसी आछे, "मुईं एकला लोक आयँ, राजा। मुईं घन-घन आय के ना सकीं। छापर बाँदी राहा। मुईं दुला के धरी आसबी।"

राजा बोला, "है बाबू। देने को तो दूँगा ही। बहुत से राजा आये थे किन्तु लड़की किसी को भी पसंद नहीं करती।" राजा ने कहा और अपनी रानी से कहने लगा, "जाकर देखो रानी, नोनी से पूछकर देखो। पता नहीं वह क्या कहती है?"

माँ गयी बेटी के पास और कहने लगी, "सुनो नोनी, जानादई। तुम्हें माँगने के लिये आये हुए हैं। विवाह करोगी या नहीं?"

जानादई बोली, "मेरा विवाह उसी से करवा दो, माँ। मैं उसी के साथ विवाह करूँगी। दूसरे के साथ नहीं। मैं अपने प्राण नहीं बचाऊँगी।"

रानी ने सुना और राजा के पास आकर कहने लगी, "उसी के लिये दो कह रही है, राजा। दूसरे के साथ विवाह नहीं करूँगी, कहा। दूसरे के साथ विवाह होने पर अपने प्राणों को नहीं बचाऊँगी, कह रही है।"

इतने में राजा ने अपने नौकरों से कहा, "जाओ बाबू। सभी लोगों को बुला लाओ। गाँयता-पुजारी सभी आयें।"

सुनकर नौकरों ने आपस में विमर्श किया और बुलाने के लिये मोहल्ले में गये। गली-गली घूम कर सभी को बताया कि राजा के घर माहला के लिये आये हुए हैं। बुलावा पाकर सभी लोग राजा के घर आ पहुँचे। आकर पंक्तिबद्ध होकर बैठ गये। इतने में पुरखों के पाइक ने पहला माहला निकाल दिया। माँझी-गाँयता-पुजारी ने सूखे पत्ते लिये और धरती माँ को पहला माहला अर्पित किया। इसके बाद सभी लोगों ने माहला खाया।

पहला माहला खाने पर पुरखों का पाइक कहने लगा, "सुनिये राजा, राज्य के राजा! मैं बहुत दूर से आया हुआ हूँ। मैं बारम्बार नहीं आ सकता। माहला की नीतियाँ सम्पन्न हो जायें। विवाह की तिथि तय कर लें।" ऐसा कहकर उसने एक-एक कर सारे माहला खिला दिये। मुट्ठी भर-भर कर पैसे देने लगा। चाँदी के कई टुकड़े देने लगा। सोने के कई टुकड़े देने लगा। मिचल साहब कुर्सी पर बैठा था। वह सोचने लगा कि यह कितना बड़ा साहूकार है जो मुट्ठी भर-भर कर रुपये, चाँदी और सोना के टुकड़ों पर टुकड़े दिये जा रहा है। वह सोचने लगा, यह यदि मुझे अपने यहाँ नौकर रख लेता तो मैं इसकी चाकरी करता। वह ऐसा सोचता फुसफुसा रहा था। यह बात किसी तरह पुरखों के पाइक के कानों तक पहुँची। वह कहने लगा, "मैं दूसरे घर का नौकर हूँ, बाबू। राजा का हुक्म है। जितना खर्च हो उतना करना कहने के कारण ही मैं इतना खर्च कर रहा हूँ। मैं तो चार पैसों का नौकर हूँ। तुम्हें मैं कहाँ से अपना नौकर बनाऊँगा!"

मिचल साहब ने सुना और चुप हो गया। तब पुरखों के पाइक ने सात माहला खिलाया। विवाह की तिथि तय की गयी। लोग बोले, "क्वाँर महीना शुक्ल पक्ष के पाँचवें दिन मण्डपाच्छादन होगा, दसवें दिन तेल चढ़ेगा। ग्यारहवें दिन लगन होगा, बारहवें दिन भोज और तेरहवें दिन तुम घर जाओगे।"

तब पुरखों का पाइक बोला, "मैं अकेला व्यक्ति हूँ, राजा। मैं बारम्बार नहीं आ सकता। आप छापर बँधवा रखियेगा। मैं दूल्हे को लेकर आऊँगा।"

अतक ने माहलार निती सरला। सबू लोक आपन-आपन घरे जायते गलाय। पाइक हईं ती रई गला। बड़े सकाले उठला, दातुन-पतर चाबला, नाहा-धुआ करला, खाना-पिना करला आवरी बलसी आचे, "एबर आमके छुटी दिया राजा। खुबे दिन होयला आमर आयलार। आमे एबर घरे जिबू।" बली करी माहलाकारी मन सबू जोड़ा के जोड़लाय आवरी 'आमे जिबू आछे, राजा' बल्लाय।

हयँ बाटे जानादई बाबी सुनला आवरी तार आया-बुआर ना जानत ले पुरखार पाइक के डाकी आनबा काजे टुरी-टनकी मन के बल्ला। बलबा के टुरी-टनकी मन गलाय आवरी पुरखार पाइक के बल्लाय, "जूँ बाबू, छनक जानादई बाबी लगे जूँ मने। काय काजे आले तोके हाक देयसी आछे।"

पाइक तार कँवड़ेया मन के पुरे-पुरे जिबा काजे बल्ला आवरी आपन गला जानादई लगे। तेबे जानादई आपनर माहा कान, आपनर माहा नाक, आपनर माहा सुँदर गोटोक चिठी लिखला, 'सुना राजा, लड़ई देव। तमे तड़ाक् नाय बिआ आसा। जेबे तमर मूँ के दखली आले तेबे मुईं पेज-पानी खायबी नोयले नाईं।' लिखी करी चिठी के पाइक के धराय देला आवरी बल्ला, "राजार आया-बुआर ना जानत ले राजा के देबिस।"

पाइक चिठी के धरला आवरी गला। कँवड़ेया मन जायते रलाय। तेबे ए बले चाँडे-चाँड हिंडते गला आवरी हयँ मन लगे अमरला। जायते-जायते जिबाआत। पँदरा-मएना दिन होयला। सवा मएना होयला। होऊ-होऊ मोहबागड़ अमरलाय। राजा-घरे गलाय। कँवड़ेया मन काँवड़ मन के मँडाय देलाय। तेबे राजा तिके पयसा देला आवरी बल्ला, "खुबे डँड होयलास बाबू मन। आमा-पतरे बले छिची होयबास।"

अतक ने राजा-रानी पाइक के पचारबाआत, "सुन बाबू, पुरखार पाइक! माहला जाई रइस बाबू, कसन-कसन होयला?"

पाइक बलसी आछे, "सुना राजा, सुना रानी! मुईं सात माहला खुआयली। भिबा मँडाय आयली आछे। कुँआर जोनर पाँच दिन ने माँडो आय, दस दिन तेल चेगसी। इगारा दिन ने लगिन, बारा दिन ने भोज आउरी तेरा दिन ने घरे आसबार आय। मुईं छापर बाँद के बल्ली आछे। दुला के धरी जिबार आय।"

अतक के सुनी करी रानी जतक बले गाहना रए सबू के निकराय करी पाइक के देला। पाइक गाहना के मोडरा बाँदी करी जायते रए आवरी दुआरे लड़ई देव राजा के भेटला। राजा के दखला पाइक आउरी जेब ले चिठी के निकराय करी राजा के धराय देला। लड़ई देव राजा धरला आवरी चिठी के पढ़ी करी मुचमुच-मुचमुच हाँसला। तिन सरर मोहर-माला पिंदी रए राजा टोडरा ने। ताके हिटाय करी पाइक के पिंदाय देला। पाइक हरिक होई करी घरे गला। गाहना के पाइकनी के देला। देबा के पाइकनी गाहना के पिंदला। अतक ने भात-साग खायलाय। पाइकनी गाहना पिंदी करी खोरे-खोरे बुलसी आछे। बुलते-बुलते राजा-घर बाटे गला।

इसके साथ ही माहला की नीति सम्पन्न हो गयी। सभी लोग अपने-अपने घर चले गये। पाइक वहीं रह गया। सबेरे उठा, दातौन किया, स्नानादि से निवृत्त हुआ, भोजन किया और कहने लगा, "अब हमें छुट्टी दें, राजा। बहुत दिन हुए हमें आये। हम अब घर जायेंगे।" ऐसा कहते माहला वालों ने सारी सामग्री ली और 'हम जा रहे हैं, राजा' कहा।

उधर जानादई राजकुमारी ने सुना और उसके माता-पिता के न जानते तक पुरखों के पाइक को बुला लाने के लिये अपनी दासियों से कहा। दासियाँ गयीं और पुरखों के पाइक से कहा, "चलो बाबू, थोड़ी देर के लिये जानादई राजकुमारी के पास। वह पता नहीं क्यों तुम्हें बुला रही है।"

पाइक ने अपने काँवरियों से आगे-आगे चलने को कहा और स्वयं जानादई के पास गया। तब जानादई ने अपने जैसे कान, अपने जैसे नाक, अपने जैसा सुन्दर पत्र लिखा, 'सुनिये राजा, लड़ई देव। आप तपाक् से विवाह के लिये आइये। मैं जब आपका मुख देखूँगी तभी पेज-पानी खाऊँगी वरना नहीं।' ऐसी चिट्ठी लिखकर पाइक को दे दी और कहा, "राजा के माता-पिता को पता न लगते तक यह पत्र राजा को देना।"

पाइक ने चिट्ठी ली और चला गया। काँवरिये चले जा रहे थे। तब यह भी जल्दी-जल्दी चलता गया और उन तक पहुँचा। सब चले जा रहे हैं। पन्द्रह दिन बीत गये, एक महीना बीत गया। सवा महीना बीत गया। चलते-चलते मोहबागढ़ पहुँचे। राजा के घर गये। काँवरियों ने काँवर रख दिये। तब राजा ने उन्हें पैसे दिये और कहा, "तुम लोगों ने बहुत कष्ट झेले, बाबू। आम के पत्ते से छिड़क लेना।"[281]

इसके बाद राजा-रानी पाइक से पूछने लगे, "सुनो बाबू, पुरखों के पाइक! माहलाकरने गये थे बाबू, क्या-क्या हुआ?"

पाइक कहने लगा, "सुनिये राजा, सुनिये रानी! मैंने सात माहला खिलाये। विवाह की तिथि तय कर आया हूँ। क्वाँर महीने के शुक्ल पक्ष के पाँचवे दिन मण्डपाच्छादन है, दसवें दिन तेल चढ़ेगा, ग्यारहवें दिन लगन, बारहवें दिन भोज होगा और तेरहवें दिन वापस होंगे। मैंने छापर बँधवाने के लिये कह दिया है। हमें दूल्हे को लेकर जाना है।"

यह सुनकर रानी ने जितने भी गहने पहने थे उन सभी को निकालकर पाइक को दे दिये। पाइक गहनों की गठरी बाँधकर जा ही रहा था कि आँगन में लड़ई देव राजा से भेंट हो गयी। राजा को देखा पाइक ने और जेब से चिट्ठी निकालकर राजा को थमा दी। लड़ई देव राजा ने ली और चिट्ठी पढ़कर मंद-मंद मुस्कराने लगा। राजा ने गले में तीन लड़ियों वाली माला पहनी थी। उसे निकालकर पाइक को पहना दिया। पाइक प्रसन्न होकर घर गया। गहनों को उसने अपनी पत्नी को दे दिया। देने पर उसकी पत्नी ने गहने पहने। इसके बाद भोजन किये। पाइक की पत्नी गहने पहनकर गली-गली घूमने लगी। घूमते-घूमते राजा के घर की ओर गयी।

281. आमा-पतरे छिची होयबार : मुहावरा। आम के पत्ते मदिरा में डुबो कर अपने शरीर पर कुछ छींटे लगाना। बहुत अधिक तो नहीं किन्तु थोड़ी-थोड़ी मदिरा पी लेना। वस्तुतः देने को तो पर्याप्त पैसे दिये जाते हैं किन्तु शिष्टाचारवश उस दिये गये पैसे को बहुत कम आँकते हुए ऐसा कहा जाता है।

ताके दखला रानी आवरी हाँसला। अतक ने काँडा धान देलाय। बिआ-हाँडी, करसा-रुखी, परला-बिछना, तेल-हरदी, सुपा, मोउड़, लाई-गुर सबू जोड़ा जोड़लाय। गाँए डिंडोरा दिआयला। डिंडोरा दिआयबा के सबू फउद राजा घरे आसलाय। धँगड़ा रासी झोका मारलाय, राँदा मँडायलाय। राजा के नाहाय देलाय, नुआ लुगा पिंदायलाय। तेल घसी देलाय, मुँड बाँदी देलाय। अतक ने राजा हाते खाँडा धरला। जतक बले बिआ-जोड़ा रए सबू के गाड़ी मन ने जोड़लाय। सबू के भात-साग खुआयलाय आवरी राजा-रानी तियार होयलाय। अँदनी रानी चार खुटेया लिपला। दुआरे बाना लिखला, पिड़ा मँडायला। कलस धरायला, मुँडे ओड़नी देला। बाजा-मोहरी बाजसी आछे। बेटार हात के धरला रानी आवरी नेई करी पिड़ा ने उबायला। पाँय धुआयला, चाउर-टिका देला। होम-आरती देला। पड़घायसी आछे। अतक ने तो राजा के घरर देबी मन थोपी होयलाय। राजार पाँय बाना ने ना माँडे। एने-तेने जायसी आछे। ताके कोनी ना दखेत। सुइन बुड़ी दखला आवरी 'गुचा रे नोनी मन, गुचा रे बाई मन। अतक फउद आछास! राजार पाँय बाना ने ना माँडे। एने-तेने जायसी आछे। मोके राजा लगे जाय के दियास' बलते सुइन डोकरी छिंगड़-फुसक होई करी राजा लगे गला आवरी बलसी आछे, "सुन बाबू, लड़ई देव! तोर पाँय बाना ने ना माँडे। तुई दुला होयली बलते हरिक काजे गुपलिआस, बाबू। खाली लड़इर मोहका आय। कोन जानला आछे बाबू, बाटे-घाटे काईं होय के पन सके। तोर दादी-बेरार घोड़ा भुइँगरा ने आछे। तार नाव आय समुँदा घोड़ा। जा, हँके आनबिस। हयँ तोके बिआ जाय के लागसी।"

सुनी करी पिला गला। घोड़ा भुइँगरा भितरे रला। घोड़ा उपरे बड़े-बड़े किड़ा होई रलाय। पिला फारा के खुँदी देला। खुँदी देबा के घोड़ा दखा देला। घोड़ा के भुइँगरा ले निकरायला आवरी किड़ा मन के फापड़ी देला। अतक ने घोड़ा हिलहिली देला। हिलहिली देबा के धरतनी दलदली गला। तेबे पिला हयँ थान ले गला बाना ने आउरी मलेआरी पिला मन के बलसी आछे, "सुना बाबू, मलेआरी पिला मन। लगाम धरी जाहा आवरी घोड़ा के आना।" बलबा के मलेआरी पिला मन लगाम धरी गलाय। जाई करी लगाम के अधरे ले फाँसलाय। घोड़ा डिडी देयते राजा लगे आयला। अयसा हिलहिली देला धरतनी दलदली गला। सबू फउद मन मरलू रे बाई मन, मरलू रे दिदी मन, आया रे, बाबा रे बली हयँ थान ले परायलाय। राजा एकला बाना ने आछे।

घोड़ा राजा के बलसी आछे, "सुन बाबू, लड़ई देव! मुईं तोर दादी-पिड़ी बेरार घोड़ा आयँ। भुइँगरा ने रल्ती। तई काय काजे मोके सुरता करलिस?"

राजा बलसी आछे, "तोके कसन अकल निआय, दादा! मुईं गिरली नँगर बिआ जिबी आछे। तुई मोके जाय के लाग। खाली लड़इर मोहका आय, दादा। कोन जानला आछे।" बलबा के घोड़ा धिरयाय करी गोठयायला।

अतक ने राजा सबू लोक के डाकला। तार डाक सुनी करी सबू

उसे रानी ने देखा और हँस दी। इतने में कूटने के लिये धान दिये गये। विवाह की हण्डियाँ, करसा-रुखी, परला-बिछना, तेल-हल्दी, सुपा, महुड़, लाई-गुड़ सारी सामग्री जुटायी गयी। गाँव में ढिंढोरा पिटवाया गया। ढिंढोरा पिटवाने पर सभी लोग राजा के घर आ पहुँचे। युवकों ने झोका बनाया, भोजन राँधने लगे। राजा को नहला दिया, नये कपड़े पहनाये। तेल लगा दिया, पगड़ी बाँध दी। इसके बाद राजा ने हाथ में तलवार ली। विवाह की जितनी भी सामग्री थी उसे गाड़ियों में लादा गया। सभी को भोजन कराया गया और राजा-रानी तैयार हो गये। अँदनी रानी ने चारों ओर लीपा। आँगन में बाना लिखा, पीढ़ा रखा। कलश-दीप जलाया, सिर पर ओढ़नी दी। बाजा-मोहरी बज रहे हैं। रानी ने बेटे का हाथ पकड़ा और ले जाकर बाना के ऊपर रखे पीढ़े पर खड़ा कर दिया। पाँव धुलाये, चावल का टीका लगाया। होम-आरती की। स्वागत करने लगी। इतने में तो राजा के घर के देवी-देवता राजा के ऊपर सवार हो गये। राजा के पाँव बाना के ऊपर स्थिर नहीं होते। इधर-उधर डगमगाने लगे। उसे कोई भी नहीं देखता। इसी समय धाय ने देखा और 'हटो री नोनी, हटो री बाई। इतने लोग हो! राजा के पाँव बाना के ऊपर टिकते ही नहीं। इधर-उधर डगमगा रहे हैं। मुझे राजा के पास जाने दो' कहते धाय किसी तरह राजा के पास पहुँची और कहने लगी, "सुनो बाबू, लड़ई देव! तुम्हारे पाँव बाना के ऊपर स्थिर नहीं हो रहे हैं। तुम दूल्हा हो गये सोचकर प्रसन्नता से भर गये हो, बाबू। लड़ाई का मौका है। पता नहीं रास्ते में कुछ भी हो सकता है। तुम्हारे दादाजी के समय का घोड़ा सुरंग में है। उसका नाम है समुँदा घोड़ा। जाओ, उसे लेकर आओ। वह विवाह के लिये जाने में तुम्हारी सहायता करेगा।"

यह सुनकर राजा गया। घोड़ा सुरंग के भीतर था। घोड़े के ऊपर बड़े-बड़े कीड़े पड़ गये थे। राजा ने पटिया को पाँव से खूँदा। खूँदने पर घोड़ा दिखायी दिया। तब उसने घोड़े को सुरंग से निकाला और कीड़ों को झड़ा दिया। इतने में घोड़ा हिनहिनाने लगा। उसके हिनहिनाने पर धरती काँप गयी। तब राजा वहाँ से गया बाना में और मलिहारियों से कहने लगा, "सुनो बाबू, मलिहारी बालको! लगाम लेकर जाओ और घोड़े को ले आओ।" उसके ऐसा कहने पर मलिहारी युवक लगाम लेकर गये। जाकर लगाम को दूर से फाँसा। तब घोड़ा अपने पिछले पाँवों पर खड़ा होता राजा के पास आया। वह ऐसा हिनहिनाया कि धरती काँप गयी। सभी लोग मर गये बाई, मर गये दीदी, मर गये माँ, मर गये बाबा कहते वहाँ से भागे। राजा अकेले ही बाना के ऊपर रह गया।

घोड़ा राजा से कहने लगा, "सुनो बाबू, लड़ई देव! मैं तुम्हारे दादा-परदादा के समय का घोड़ा हूँ। सुरंग में था। तुमने मुझे क्यों याद किया?"

राजा कहने लगा, "तुम्हें अकल कैसे नहीं है, दादा! मैं गिरली नगर विवाह करने जा रहा हूँ। तुम जाने में मेरी सहायता करो। लड़ाई का मौका है, दादा। पता नहीं कब क्या हो जाये।" ऐसा कहने पर घोड़े ने धीमे स्वर में बात की।

इसके बाद राजा ने सभी लोगों को वापस बुलाया। उसकी पुकार

फउद जसनर असन फेर आसलाय। अड़घाव-पड़घाव करलाय। घोड़ा बलसी आछे, "सुन बाबू, लड़ई देव! तोर पुरखार सेलसुँदरी आचे। तुई ताके सुमर।"

सुनी करी पिला बुधा पुजारी के आसन सराय के बल्ला आउरी लछिन्दर के आरती-आइग माँगला। तेबे लछिन्दर ताके आरती-आइग देला। राजा आरती-आइग के धरला। गुर-घिंवर होम देला, पाँय पड़ला आवरी सुमरना करसी आछे, "सुन बाई, सेलसुँदरी। मोके तुई बिआ जाय के लाग। मुईं बिआ जिबी आछे।"

भिताएक लामर सेलसुँदरिर बारा हात केस रला। सिगबिग-सिगबिग होयसी आचे। राजार पाट बाटे हिटी पड़ला। राजा टुँग् ने उठला आउरी टुप् ने बेची करी जेब ने भरला। घोड़ा लगे गला। तमे जायते राहा आया-बुआ, बल्ला राजा-रानी के आवरी आपनर घोड़ा के चेगला। एक झुटी मारला, दुय झुटी मारला, तिन झुटी मारला। घोड़ा हिलहिली देला आवरी बलसी आछे, "सुन बाबू, लड़ई देव! टापुर केस के पक्की धरी रा। दतकी माहा बले छाड़ी होयला आले पतालपुरे जिबिस।"

राजा टापुर केस के धरला। घोड़ा उपरे उधल्ला। बरमा-दुआरे नेला लड़ई देव राजा के। बरमा दखला आवरी बल्ला, "जा रे बाबू, लड़ई देव! तिरतियाँ सुरवाँ के मारबिस।" अतक ने घोड़ा ताके बिसनू-दुआरे नेला। बिसनू भगवान दखला आरू बल्ला, "जा रे बाबू, लड़ई देव! ताड़की असुर के मारबिस। रुपसिला माता के मारबिस।" एतार पाछे घोड़ा ताके नेला ठाकुर-दुआरे। ठाकुर बलसी आछे, "तुई टेंगनू सुरवाँ के मारबिस।" अतक ने घोड़ा हयँ थान ले नेला राजा के। उपरे-उपरे मँडलसी आचे।

तार मँडलबार-गरजबार के सुनला तिरतियाँ सुरवाँ आवरी मने-मने कोन आय रे मोर ले आगर छतरी, बलसी आछे। ए कोन आय घोड़ा के उपरे मँडलायसी आछे, बलसी आछे। तार आवरी मोर दखा-दखी होयसी,[282] बली बिचार करी आपनर बायले बिती के बलसी आचे, "सुन रानी, मोर रानी! कोन थानर राजा आय आले आयला आछे आवरी घोड़ा के उपरे मँडलायसी आछे। तुई मोके तड़ाक् नाय राँदी देस नू। मुईं लड़ई बाटे जिबी।"

बायले बिती सुनला। दातुन-पतर चाबला, नाहा-धुआ करला, जोय धरायला। भात-साग मँडाय रला आवरी तार गोटोक हातर चुड़ी फुटला। तेबे हयँ सुरवाँ लगे गला आवरी बलसी आछे, "काय सगुन होयला आले राजा, मोर गोटोक हातर चुड़ी फुटला। आज काजे लड़ई बाटे ना जाहा।"

अतक के सुनी करी तिरतियाँ सुरवाँ भारी रिस होयला आवरी बलसी आछे, "ताके मारबा पलटा तोके मारी देबी। तुई असन ना बल, आयँ!"

बायले बिती सुनी करी मुरुसनाय होयला आवरी भितरे जायते गला।

सुनकर सभी लोग जैसे के तैसे वापस आ गये। स्वागत किया। घोड़ा कहने लगा, "सुनो बाबू, लड़ई देव! तुम्हारे पुरखों की सेलसुँदरी है। तुम उसका स्मरण करो।"

यह सुनकर बुधा पुजारी से आसन लीपने को कहा और लछिन्दर से आरती-आग माँगी। तब लछिन्दर ने उसे आरती-आग दी। राजा ने आरती-आग ली। गुड़-घी का होम दिया, प्रणाम किया और स्मरण करने लगा, "सुनो बाई, सेलसुँदरी! तुम विवाह हेतु जाने में मेरा साथ दो। मैं विवाह करने जा रहा हूँ।"

एक बित्ता लम्बी सेलसुँदरी के बारह हाथ लम्बे केश थे। वह वहीं-वहीं उलट-पलट हो रही है। राजा की पीठ की तरफ गिर पड़ी। राजा तपाक् से उठा और टप् से उठा कर जेब में भर लिया। घोड़े के पास गया। राजा ने अपने माता-पिता से आप चलते रहें माँ-पिताजी कहा और अपने घोड़े पर सवार हो गया। घोड़ा हिनहिनाया और कहने लगा, "सुनो बाबू, लड़ई देव! मेरे सिर के बीच वाले केश को जमकर पकड़ रखो। थोड़ा-सा भी छूटा तो सीधे पाताल लोक जा पहुँचोगे।"

राजा ने घोड़े के सिर के बीच वाले केश को जमकर पकड़ लिया। इतने में घोड़ा ऊपर उछला। लड़ई देव राजा को बरमा के पास ले गया। बरमा ने उसे देखा और आशीर्वाद दिया, "जाओ बाबू, लड़ई देव! तुम तिरतियाँ सुरवाँ को मारोगे।" इतने में घोड़ा उसे बिसनू के पास ले गया। बिसनू भगवान ने देखा और आशीष दिये, "जाओ बाबू, लड़ई देव! ताड़की असुर को मारोगे। रुपसिला माता को मारोगे।" इसके बाद घोड़ा उसे ठाकुर के पास ले गया। ठाकुर ने आशीर्वचन कहे, "तुम टेंगनू सुरवाँ को मारोगे।" इतने में घोड़ा राजा को वहाँ से ले गया। ऊपर ही ऊपर मँडराने लगा।

उसके मँडराने और गरजने की आवाज सुनी तिरतियाँ सुरवाँ ने और मन ही मन विचारने लगा कि यह कौन है जो मुझसे भी अधिक योद्धा है! यह कौन है जो घोड़े पर सवार होकर ऊपर मँडरा रहा है? उसके साथ मेरा युद्ध होगा। ऐसा विचार कर वह अपनी पत्नी से कहने लगा, "सुनो रानी, मेरी रानी। पता नहीं कहाँ का कोई योद्धा आया है और घोड़े पर सवार होकर ऊपर मँडरा रहा है। तुम मेरे लिये जल्दी से भोजन राँध दो। मैं लड़ाई करने जाऊँगा।"

उसकी पत्नी ने सुना। दातौन किया, स्नानादि से निवृत्त हुई और आग जलायी। भोजन राँधने लगी कि तभी उसके एक हाथ की चूड़ी फूट गयी। तब वह सुरवाँ के पास गयी और कहने लगी, "पता नहीं क्या अपशकुन हो गया प्रियतम, मेरे एक हाथ की चूड़ी फूट गयी। आप आज के लिये लड़ाई में मत जायें।"

यह सुनकर तिरतियाँ सुरवाँ बहुत क्रोधित हो गया और कहने लगा, "उसे मारने के बदले मैं तुम्हें ही मार दूँगा। तुम इस तरह की बातें मत करो तो!"

उसकी पत्नी यह सुनकर उदास हो गयी और भीतर चली गयी।

282. दखा-दखी होयबार : एक-दूसरे की ताकत को परखने के लिये युद्ध करना। मुहावरा। अन्य अर्थ, एक-दूसरे को देखना।

तिरतियाँ सुरवाँ नाहा-धुआ करला। बायले बिती भात निकरायते रय आउरी तार गोटोक कानर खिलवाँ हिटी पड़ला। तेबे हयँ भात निकरायबा के छाड़ी करी सुरवाँ लगे गला आवरी बलसी आचे, "सगुन उपरे सगुन होयसी आछे, राजा। तमे आजी काजे ना जाहा।"

बायलेर गोठ के सुनी करी सुरवाँ भारी रिस होयला आवरी बलसी आचे, "ताके मारबा लोक मुईं तोके मारी देबी। तुई मोके बदरा-बदरी ना कर।"

बायले बिती सुनला आवरी रिस होई करी बलसी आछे, "जाहा नईं तो मुत के खाहा। मोके काय होयसी गुने? तमर जुआन लोकर जिव जायसी। तमे मरा नोयले सरा। मुईं बनी-भुती करी बले खायबी।"

अतक ने भात-साग निकराय देला। सुरवाँ खा-पी करला आवरी मलेआरी पिला के रनबेंदरी के आन के तियारला। तियारबा के मलेआरी पिला लगाम धरी गला आवरी रनबेंदरी के आनला। आनबा बेरा घोड़ी के सिखाय देला। तेबे घोड़ी काय बलसी आछे, "सुन बाबू, तिरतियाँ सुरवाँ! एबर काजे ना जाऊँ। आउर घोड़ा नुआय बाबू, समुँदा घोड़ा आय।"

सुनला तिरतियाँ सुरवाँ आवरी बलसी आचे, "तोर काय जायसी बाई, मोर लजिया जायसी। एब्बे मारबी आवरी आसबी।" बली करी घोड़ी ने चेगला। चेगबा के घोड़ी उधल्ला। समुँदा घोड़ा के डगरायसी आछे। डगरायते-डगरायते समुँदा घोड़ा के भेटला।

सुरवाँ दखला लड़ई देव के आवरी बलसी आचे, "तुय कोन थानर गेरटा-पोरटा आस? कोन गाँव ले आयली आचिस आउरी कोन गाँव जिबिआस? कोन गाँवर आस? तोर नाव काय आय?"

लड़ई देव तार गोठ के सुनला आवरी बल्ला, "तोर नाव के आगे साँग ता दादा तेबे मुईं मोर नाव के साँगबी।"

तिरतियाँ सुरवाँ बलसी आछे, "मोर नाव तिरतियाँ सुरवाँ आय। तिन टा गाँवर सुरवाँ मन के मारली आछे। तुई मोर डाढ़ा-चाखना ना होइस।"

"सुन दादा, तिरतियाँ सुरवाँ। मुईं मोहबागड़र आयँ। बरमा देव राजार बेटा आयँ। मोर नाव आय लड़ई देव।"

"तोके कोन पुछे तोर बुआ के कोन पुछे! एके हार ले आगर मारली आले मुईं तोरी बेटा होयबी। तुई कोन थानर गेरटा-पोरटा आस नू!"

भिताएक लामर सेलसुँदरी सिगबिग-सिगबिग होए। समुँदा घोड़ा के बलसी आछे, "सुन दादा समुँदा घोड़ा। दख नू, काय बलसी आछे! तुई कतक बड़े लड़इर घोड़ा आस आले, तोर ढोंग के मुईं दखबी।"

समुँदा घोड़ा सुनला सेल सुँदरिर गोठ के आवरी बलसी आछे, "मोर ढोंग के काय दखबिस नोनी, मुईं दखबी तोर ढोंग के।"

तिरतियाँ सुरवाँ बलसी आछे, "खेलू रे बाबू, लड़ई देव। तिन-तिन

तिरतियाँ सुरवाँ ने स्नानादि किये। उसकी पत्नी भोजन निकाल ही रही थी कि उसके एक कान का खिलवाँ[283] गिर पड़ा। तब वह भोजन निकालना छोड़कर सुरवाँ के पास गयी और कहने लगी, "अपशकुन पर अपशकुन हो रहे हैं, प्रियतम। आप आज के लिये न जायें।"

पत्नी की बातें सुनकर सुरवाँ अत्यन्त क्रोधित हो गया और कहने लगा, "मैं उसे मारने वाला हूँ किन्तु अब तुम्हें ही मार दूँगा। तुम मुझे मना मत करो।"

पत्नी ने सुना और क्रुद्ध होकर कहने लगी, "जाइये न तो पेशाब पी लीजिये।[284] मुझे क्या होगा भला? आपके युवा प्राण चले जायेंगे। आप मरें या खपें। मैं तो मजदूरी कर के पेट भर लूँगी।"

इसके बाद उसने भोजन परोस दिया। सुरवाँ ने भोजन किया और मलिहारी युवक से कहा कि वह रनबेंदरी को लेकर आये। आदेश पाकर मलिहारी युवक लगाम लेकर गया और रनबेंदरी[285] नामक घोड़ी को लेकर आ गया। उसे लाते समय उसकी पत्नी ने उसे सिखा दिया। तब घोड़ी कहने लगी, "सुनो बाबू, तिरतियाँ सुरवाँ! इस बार के लिये न जायें। वह कोई दूसरा घोड़ा नहीं बल्कि समुँदा घोड़ा है।"

तिरतियाँ सुरवाँ ने सुना और कहने लगा, "तुम्हारा क्या जायेगा बाई, मेरी इज्जत जायेगी। अभी मारकर वापस आऊँगा।" कहकर घोड़ी पर सवार हो गया। सवार होने पर घोड़ी उछली। वह ऊपर जाकर समुँदा घोड़ा को खोजने लगा। खोजते-खोजते समुँदा घोड़ा को पा गया।

सुरवाँ ने देखा लड़ई देव को और कहने लगा, "तुम कहाँ के दुधमुँहे बच्चे हो? किस गाँव से आये हो और कौन से गाँव जा रहे हो? किस गाँव के हो? तुम्हारा नाम क्या है?"

लड़ई देव ने उसकी बातें सुनी और बोला, "पहले अपना नाम बताओ दादा तब मैं अपना नाम बताऊँगा।"

तिरतियाँ सुरवाँ कहने लगा, "मेरा नाम तिरतियाँ सुरवाँ है। तीन गाँवों के सूरमाओं को मैंने मारा है। तुम तो मेरे उस चखना के बराबर भी नहीं होगे जिसे मैं अपने दाढ़ से भी चख सकूँ।"

"सुनो दादा, तिरतियाँ सुरवाँ। मैं मोहबागढ़ का हूँ। बरमा देव राजा का बेटा हूँ। मेरा नाम है, लड़ई देव।"

"तुम्हें कौन पूछे और तुम्हारे पिता को कौन पूछे! एक बार से अधिक वार किया तो मैं तुम्हारा ही बेटा होऊँगा। तुम कहाँ के दुधमुँहे बच्चे हो!"

बित्ते भर लम्बी सेलसुंदरी उलट-पलट हो रही है। वह समुँदा घोड़ा से कहने लगी, "सुनो दादा, समुँदा घोड़ा। देखो तो भला, क्या कह रहा है! तुम कितने बड़े लड़ाई के घोड़े हो, आज मैं तुम्हारी शेखी देखूँगी।"

समुँदा घोड़े ने सेलसुंदरी की बातें सुनी और कहने लगा, "मेरी शेखी क्या देखोगी नोनी, मैं देखूँगा तुम्हारी शेखी।"

तिरतियाँ सुरवाँ कहने लगा, "चलो बाबू लड़ई देव, लड़ाई शुरू करें।

283. खिलवाँ : कर्ण फूल जैसा ही कानों का आभूषण।

284. पेशाब पीना : मुहावरा। कर्मों का फल भुगतना। जब किसी के द्वारा दी गयी समझाईश की कोई कद्र न हो तो थक-हार कर प्रायः ऐसा कह दिया जाता है।

285. रनबेंदरी : इसके पहले इसी कहानी के एक प्रसंग में 'रनबेंदरी' को रण में निपुण बँदरिया कहा गया है। इसका अर्थ यह है कि यह नाम बँदरिया और घोड़ी दोनों का ही है।

सेलर लड़ई खेलू।" बल्ला आवरी लड़ई देव राजा के तिन सेल मारला। राजार तारू के गोली पायते रय आवरी घोड़ा साँय नाय गुचला। गोली भुईं ने पड़ला। आधा भुईं धँसी गला। तिन सेल सुरवाँ मारला मान्तर राजा के दाग ना लागला।

अतक ने लड़ई देव राजा बलसी आछे सुरवाँ के, "एबर सम्हार रे दादा, सम्हार। एक हार ले आगर मारली आले तोर बेटा होयबी।" बल्ला राजा आवरी दुय सेल एने-हने मारला। सरासेरी ने एक सेल मारला। हईं एक सेल ने सुरवाँ मरी गला। तार मुँडी तारी घरर दुआरे जाई पड़ला। तार बायले बिती दखला आवरी सुरवाँर मुँडी के पोटारी करी काँदसी आछे। 'तमर जुआन लोकर जिव गला। गोबर-दुआर बलेकरी खायबी' बलते काँदसी आछे। पाछे माटी-काटी दिआयला। किरया-करम करायला।

हयँ बाटे लड़ई देव राजा सुरता करला। मोके मामा पड़घाय के आयलाय आले कसन मुईं हिंडते जिबी, बली करी छरछर-छरछर चिठी लिखी करी बाप बिता लगे पठायला। उपरपुर ले तले छाड़ी देला। बुआ बिता दखला चिठी के आवरी पढ़ी करी बलसी आचे, "जाहा रे बाबू मन, निल बछुरा के आनबास।" बलबा के लोक मन गलाय राजा-घरे आवरी निल बछुरा के आनलाय। तेबे लड़ई देव राजा उपर ले धिरे-धिरे तले उतरला आया-बुआ लगे। घोड़ा ले तले डोगायला पिचिंग् नाय। अँदनी रानी दखला आवरी चुँग् नाय उठाय करी पायला। "कोन्ती रलिस, बेटा?" बलसी आछे।

"मुईं तिरतियाँ सुरवाँ के मारली आउरी आसली आया।"

"तुय अतक छतरी कमता होयलिस, बेटा? कोन तो तोके मारी देबाय!"

अतक ने लड़ई देव राजा सराय के बल्ला। होम-आरती देला, पाँय पड़ला आवरी बुआ बिता के बलसी आछे, "तुय हिंडते ना जा बाबा। घोड़ा ने चेग।" बलबा के तार बाप बिता निल बछुरा घोड़ा उपरे चेगला। निल बछुरा घोड़ा ताके बरमा-दुआरे, ठाकुर-दुआरे, बिसनू-दुआरे नेला। फेर धिरे-धिरे तले उतरायला। बेटा बिता लगे जाई करी राजा उतरला आवरी बलसी आछे, "मुईं तोके पाँय पड़बी आछे, बेटा। मुईं घोड़ा ना चेगें।" बल्ला आवरी हिंडते जिबाआत। गिरली नँगर अमरलाय। अमरबा के अँदनी रानी बलसी आछे, "आमे एकेदायँ कसन जिबू, राजा? गाड़ी ढिल के बला।" तेबे भाटा ने गाड़ी मन के ढिल्लाय आवरी हईं थाने डेरा आछेत। अतक ने फउद के हईं थाने छाड़ी करी राजा-रानी समदी घरे गलाय। जानादइर आया बिती राजा-रानिर पाँय धुआयला आवरी हात धरी बसायला। तेबे अँदनी रानी बलसी आछे,

तीन-तीन बार लड़ेंगे।" ऐसा कहकर उसने लड़ई देव राजा पर तीन बार वार किये। राजा के तालू पर गोली लगने ही वाली थी कि घोड़ा तपाक् से हट गया। गोली जमीन पर गिर पड़ी। आधी जमीन धँस गयी। तीन वार सुरवाँ ने किये किन्तु राजा को दाग तक नहीं लगा।

इतने में लड़ई देव राजा सुरवाँ से कहने लगा, "अब तुम सम्हालो दादा, सम्हालो। एक बार से अधिक वार किया तो मैं तुम्हारा बेटा होऊँगा।" ऐसा कहकर राजा ने दो वार इधर-उधर किये और अन्त में एक वार किया। उसी एक वार से सुरवाँ मर गया। उसका सिर धड़ से अलग होकर उसी के घर के आँगन में जा गिरा। उसकी पत्नी ने देखा और सुरवाँ के सिर को लिपटा कर रोने लगी। 'आप जैसे युवा व्यक्ति के प्राण गये। किसी के घर गोबर फेंकने, आँगन बुहारने-लीपने का काम कर के जीवन चलाऊँगी' कहती वह रोने लगी। फिर अन्तिम संस्कार किया। क्रिया-कर्म सम्पन्न कराये।

उधर लड़ई देव राजा ने याद किया। मामा[286] मेरा स्वागत करने के लिये आएँगे तो मैं कैसे पैदल जाऊँगा, यह सोचकर उसने फटाफट चिट्ठी लिखी और अपने पिता के पास भेज दी। ऊपर से नीचे छोड़ दी। उसके पिता ने देखा चिट्ठी को और पढ़कर कहने लगा, "जाओ जी बाबू, निल बछुरा को लेकर आओ।" उसके ऐसा कहने पर लोग गये राजा के घर और निल बछुरा को ले आये। तब लड़ई देव राजा अपने माता-पिता के पास ऊपर से धीरे-धीरे नीचे उतरा। नीचे आकर घोड़े पर से कूदा। अँदनी रानी ने देखा और उसे गोद में उठा लिया। "कहाँ थे, बेटे?" वह पूछने लगी।

"मैं तिरतियाँ सुरवाँ को मार कर आया हूँ, माँ।"

"तुम इतने योद्धा कैसे हो गये, बेटे? कोई तुम्हें मार डालेगा!"

इतने में लड़ई देव राजा ने लीपने को कहा। होम-आरती की, प्रणाम किया और पिता से कहने लगा, "आप पैदल मत जाइये पिताजी। घोड़े पर सवार हो जाइये।" ऐसा कहने पर उसका पिता निल बछुरा नामक उस घोड़े पर सवार हो गया। निल बछुरा घोड़ा उसे बरमा के द्वार, ठाकुर के द्वार, बिसनू के द्वार ले गया। फिर धीरे-धीरे नीचे उतार दिया। बेटे के पास जाकर राजा घोड़े पर से उतरा और कहने लगा, "मैं तुम्हारे पाँव पड़ता हूँ, बेटे। मैं घोड़े पर नहीं बैठूँगा।" ऐसा कह वे लोग पैदल चलने लगे। गिरली नगर पहुँचे। पहुँचने पर अँदनी रानी कहने लगी, "हम इकट्ठे कैसे चले जायेंगे, राजा? गाड़ियों को खोलने के लिये कहें।" ऐसा कहने पर लोगों ने मैदान में गाड़ियाँ खोलीं और वहीं पर डेरा बनाया। इसके बाद सभी लोगों को वहीं पर छोड़कर राजा और रानी समधी के घर गये। जानादई की माँ ने राजा और रानी के पाँव धुलाये और उनके हाथ पकड़कर बैठाया। तब

286. मामा : जानादई का पिता (गिरली नगर का राजा) यद्यपि लड़ई देव राजा का मामा नहीं है तो भी उसने उन्हें मामा कहा है। ऐसा कहने के पीछे कारण यह है कि उसका विवाह जानादई से होने जा रहा है। इस तरह जानादई का पिता उसका श्वसुर होने वाला है। बस्तर की आदिवासी एवं लोक संस्कृति में ससुर को मामा कहने का चलन है। इसके पीछे यह कारण है कि बस्तर में मामा/बुबू (बुआ) की बेटी से विवाह की परम्परा है। यदि मामा/बुबू (बुआ) की बेटी से विवाह न भी हुआ हो तो भी इसी चलन के कारण ससुर को मामा ही कहा जाता है। इसी तरह सास को बुबू (बुआ)।

"जूँ, आमे भाटा ने डेरा आचूँ।"

बलबा के हयँ मन पड़घाय के आसलाय। कलस-दिया धरायला रानी आवरी पड़घाय के गला। अड़घा-पड़घा करला। सतरा बिता निल बछुरा के चेगला। नेलाय आपनर घरे। छनक बसायला रानी आवरी पाछे छापरे नेई देला। सबू जोड़ा के छापर ने सोंगायलाय। तेल-हरदी बाटलाय। जतक बले बिआ-जोड़ा नेई रलाय सबू के बाटलाय। दुनो बाटे माँडो गाड़लाय। झोका मारबा लोक झोका मारलाय। राँदा मँडायबा लोक राँदा मँडायलाय। टोकी मन माँडो सरायलाय, बाना-चुना लिखलाय। कलस-दिया धरायलाय आवरी टोकी के नाहाय देलाय। कपड़ा पिंदायलाय, गाहना-गुटा पिंदायलाय। तियार करी देलाय। दुनो बाटे मोउड़ बाँदलाय। राजा-रानी दुनो के माँडो ने निकरायलाय। हात धरा-धरी होयलाय धँगड़ी रासी आवरी दुनो के भुँआर किंदरायलाय। तेल चेगायलाय। दुनो बाटे पहिल बान भरायलाय आवरी अतक ले दुनो के आपन-आपन बाटे नेई देलाय। सबू लोक खा-पी करलाय। दस दिन ले तेल चेगायलाय। इगारा दिने लगिन आय बल्लाय आवरी हरबर-हरबर लगिन-जोड़ा जोड़लाय। पचतेला तेल चेगायलाय, काकन बाँदलाय, चुलमाटी आनलाय। जोरया पानी आनलाय। राजा-रानी हरबर-हरबर लगिन-जोड़ा जोड़बाआत। धँगड़ा-धँगड़ी मन दुला-दुली के नाहाय देलाय। दुनो के लुगा पिंदायलाय। दुनो के मोउड़ बाँदलाय। कलस-दिया धरायलाय। दुनो रानी मन परला ने चाउर धरलाय। कसेला ने पानी धरलाय। अतक ने रानी दुनोर हात के धरी करी बाना ने नेई उबायला। पिला के पड़घाय करी दुली बाटे नेला। दुनो के निकरायलाय आवरी दुनो लोक पड़घायलाय। दुला बाटे गला दुलिर आया आवरी दुली बाटे गला दुलार आया। चदर के ओआड़ी धरलाय। तिन भुँआर माँडो के किंदरायलाय आवरी माँडो ने नेई करी दुनो के बसायलाय। कलस उतरायलाय आउरी दुनो रानी मन जुआर-भ्रेट होयलाय। अतक ने दुनो के उबायलाय। जानादई उठायला मोउड़ के। असनी लड़ईदेव पने मोउड़ के उठायला। जानादई राजार मूँ के दखला, राजा जानादइर मूँ के दखला। दुनो लोक हाँसलाय। अतक ने सुत तागलाय, गठ जोड़लाय। टोकी मन हात धरा-धरी होई करी दुनो के भुँआर बुलायलाय। भुँआर गित गायलाय :

चाहा के ना खाओ रोटी के ना खाओ,
पयसा-पयसा के खाओ।
बजाव रे मोहोरेया भुँआर-पाड़ के
टपार टपा ने जाओ।
नईं रे लिमऊ नईं रे टिमऊ
नईं रे पाँचो मुखाती।

अँदनी रानी कहने लगी, "चलो, हम लोग मैदान में डेरा बना कर ठहरे हैं।"

ऐसा कहने पर वे लोग उनका स्वागत करने के लिये आये। रानी ने कलश-दीप जलाया और स्वागत करने गयी। स्वागत किया। अब लड़ई देव का ससुर निल बछुरा पर सवार हो गया। फिर उन सबको वे अपने घर ले गये। रानी ने उन्हें थोड़ी देर बैठाया फिर उनके लिये बनाये गये छापर में ले गयी। सारी सामग्री छापर में रख दी गयी। आपस में तेल-हल्दी बाँटी। विवाह की जितनी भी सामग्री वे लेकर गये थे, वह सारी सामग्री दोनों पक्षों में बराबर-बराबर बाँटी गयी। फिर दोनों ओर मण्डपाच्छादन हुआ। झोका बनाने वालों ने झोका बनाये। भोजन राँधने वालों ने भोजन राँधे। युवतियों ने लीपा, बाना लिखा। कलश-दीप जलाये और दुल्हन को नहला दिया। उसे कपड़े और गहने पहना दिये। इस तरह तैयार कर दिया गया। फिर दूल्हा और दुल्हन को महुड़ बाँधे गये। दोनों को मण्डप में लाया गया। युवतियों ने आपस में एक-दूसरे के हाथ पकड़े और दोनों को फेरे लगवाये। तेल चढ़ाया। फिर दोनों को पहला बान भराया गया और इसके बाद दोनों को उनके डेरों में पहुँचा दिया गया। सभी ने भोजन किया। दसवें दिन तक तेल चढ़ाते रहे। ग्यारहवें दिन लगन है कहकर जल्दी-जल्दी लगन की सामग्री जुटाने लगे। पचतेला तेल चढ़ाया गया, काकन बाँधे गये, चुलमाटी लायी गयी। फिर जोरया पानी[287] लाया गया। राजा-रानी जल्दी-जल्दी लगन की तैयारी करने लगे। युवक-युवतियों ने दूल्हा और दुल्हन को नहला दिया। दोनों को कपड़े पहनाये गये। दोनों को महुड़ बाँधे गये। कलश-दीप जलाये गये। दोनों रानियों ने परला में चावल लिये। लोटे में पानी लिया। इतने में रानी दोनों के हाथ पकड़कर ले गयी और बाना के ऊपर खड़ा कर दिया। दूल्हे का स्वागत कर दुल्हन की ओर ले जाया गया। फिर दोनों को निकालकर दोनों ने उनका स्वागत किया। दूल्हे की ओर गयी दुल्हन की माँ और दूल्हे की माँ गयी दुल्हन की ओर। इतने में चादर को तान कर आड़ किया गया। दोनों को तीन फेरे लगवाये गये और मण्डप में ले जाकर दोनों को बैठाया गया। दोनों रानियों ने कलश नीचे उतारे और आपस में जुहार-भेंट की। फिर दोनों को खड़ा किया गया। जानादई ने लड़ई देव का मुँह देखा, लड़ई देव ने जानादई का। दोनों एक-दूसरे को देखकर मुस्कराये। इसके बाद धागा ताना गया, गाँठें जोड़ी गयीं। युवतियों ने एक-दूसरे के हाथ थाम कर दोनों को फेरे लगवाये। उन्होंने फेरे का गीत गाया :

चाय मत पिये, रोटी मत खाये
पैसे-पैसे को खाये।
बजाओ जी मोहरेया फेरे की धुन
खूब सुन्दर बाजा बजे।
नहीं रे नीबू नहीं रे टिमऊ[288]
नहीं रे पाँच मुखों वाले।

287. जोरया पानी : भिन्न-भिन्न क्षेत्रों में यह 'जोरया पानी' के अलावा 'जोरिया पानी', 'जोरेया पानी', 'झोरिया पानी', 'झोरेया पानी' और 'माय पानी' भी कहा जाता है।
288. टिमऊ : इसका अर्थ स्पष्ट नहीं होता यद्यपि कई गीतों में यह शब्द लिमऊ (नीबू) के साथ आता है।

गुलाय मँजन भात राँदलाय
खायलाय सवँसारी राती।[289]

सारा दिन भोजन राँधा
खाया सारी रात।

बारा भुँआर बुलायला रानी मसनी ओछाय देला। दुला-दुली के बसायलाय। लगिन-बान भरलाय। थारी ने हरदी-चाउर मँडायलाय। दाइज टिकलाय। सतरा-सतरी टिकलाय, राजा-रानी टिकलाय। अतक ने रानी बलसी आछे, "सुन बेटी जानादई। तोर जतक बले गाहना आछे सबू के ने।" बली करी पोटारी होई काँदसी आछे।

जानादई बलसी आछे, "सुन आया। तुय गागा-बोगा ना कर। ना काँद। बेटा जनम होयले राज धरी खायती, आया। बेटी जनम आयली, पर घरर चुला फुकनी आयँ। राज निकरी जाउआयँ।"

अतक ने सबू लोक दाइज टिकलाय। पयसा गनलाय, मुठी रपायलाय। अतक होयबा के दुनो के रानी उठायला आउरी डारा-छापरे नेला। दुनो के बसायला। हयँ थान ले नेला दुला लगे। राजा-रानी आछेत। दुनो लोक खा-पी करलाय। राती काजे सोयलाय। बड़े सकाले उठलाय आवरी दातुन-पतर चाबलाय। अतक मे तेल उतराय देलाय। रचन खेलायलाय। रानी मोहू-खँदा के धरला, फुल-मोउड़ के धरला, तेल-हरदी धरला आवरी बोहराय के नेला। नाहा-धुआ करलाय आवरी आयलाय। अतक ने भोज-माँदी देलाय। फेर राती काजे सोयलाय। सकाल होयबा के बर-माहला गलाय। बर मोउड़ आनलाय। जतक बले हाँडी बाची रय सबू के दुनो बाटे बाटलाय। दुनो के लुगा पिंदायलाय। दुनो के मोउड़ बाँदलाय। रानी कलस-दिया धरायला। सबू के पाँय पड़ते रलाय आवरी लड़ई देव राजा काय के आले सुरता करला। दखसी आछे खुबे फउद रलाय। सबू फउद के ठेगली करी गला सुइन लगे आवरी ताके पाँय पड़ला। सुइन दखला राजा के आवरी बलसी आछे, "अतक फउद माहा फउद ने बाबू तुय मोके सुरता करलिस। तुय आयला बाटे ना जिबिस। खाली लड़इर मोहका आय, बाबू।" असनी बलते रला आवरी सुइनर नख-मुँडी के झिनझिनी चेगायला। सुइन बुड़ी मरी गला। लड़ई देव ताके पोटारी होई काँदसी आछे। सुइन डोकरिर बेटी बिती बले सुइन बुड़ी उपरे लथी होई-होई काँदसी आछे।

सुइनर जिव के नेबा काजे जम-गोहड़ा सिकरा धरी आसलाय। बेसली गाँवर बेसवा रानी आपनर नाक-कान के फुलाय रला। पुजा-पस्टा बिती आय। मोर रओत ले मुईं कसन ने एके जमर हाते पड़ के देबी, बल्ला बेसवा रानी आवरी तिल के धरी करी सुइन बुड़ी उपरे छिची देला। अड़किदायँ जम-गोहड़ा आसलाय सोनर बगी धरी करी आवरी बुड़िर

बारह फेरे लगवाकर रानी ने चटाई बिछा दी। दूल्हा-दुल्हन को बैठाया गया। लगन का बान भराया गया। थाली में हल्दी-चावल रखा और दहेज देने लगे। सास-ससुर ने टिकावन किया, राजा-रानी ने किया। इतने में रानी कहने लगी, "सुनो बेटी जानादई। तुम तुम्हारे जितने भी गहने हैं, सभी ले जाओ।" कहकर उसे लिपटाकर रोने लगी।

जानादई कहने लगी, "सुनो माँ। तुम रोना-धोना मत करो। मत रोओ। बेटा होकर यदि मैंने जन्म लिया होता तो राज्य पर शासन कर जीवन बिताती। बेटी का जन्म लिया है, दूसरे के घर का चूल्हा फूँकने वाली हूँ। राज्य छोड़ कर जाऊँगी।"

इसके बाद सभी ने दहेज दिये। पैसे गिने गये, मुट्ठी रपवायी गयी।[290] यह सब हो जाने के बाद रानी ने दोनों को उठाया और छापर में ले गयी। दोनों को बैठाया। वहाँ से ले गयी दूल्हे के पास। दोनों ने भोजन किया। रात हुई तो सो गये। सबेरे उठे और दातुन आदि से निवृत्त हुए। इतने में तेल उतारा गया। रचन खेलाया गया। रानी ने महुए की टहनी ली, फूल-महुड़, तेल-हल्दी आदि लिये और उन्हें सरोवर में बहाने के लिये चली। स्नानादि से निवृत्त होकर वापस हुए। इसके बाद भोज दिया गया। फिर रात में सो गये। सबेरा होने पर वर पक्ष के लोग वर-माहला[291] गये। वर-महुड़ लाये गये। जितनी भी हाँडियाँ बची रह गयी थीं उन्हें दोनों पक्षों की ओर बराबर-बराबर बाँटा। दोनों को कपड़े पहनाये गये। दोनों को महुड़ बाँधे गये। रानी ने कलश-दीप जलाया। वे सभी को प्रणाम कर ही रहे थे कि लड़ई देव राजा ने पता नहीं क्या याद किया और देखा कि बहुत भीड़ थी। वह सारी भीड़ को इधर-उधर हटाता हुआ धाय के पास गया और उसे प्रणाम किया। धाय ने देखा और कहने लगी, "इतनी भीड़ में भी तुमने मुझे याद किया। तुम जिधर से आये हो, उधर से मत जाना। कारण, लड़ाई का मौका है, बाबू।" वह अभी ऐसा कह ही रही थी कि उसके नाखून का सिरा सुन्न पड़ गया। धाय वहीं पर मर गयी। लड़ई देव उससे लिपटकर रोने लगा। धाय की बेटी भी धाय से लिपट-लिपटकर रोने लगी।

धाय को ले जाने के लिये यमदूत साँकल लेकर आये। तब बेसली गाँव की बेसवा[292] रानी अपने नाक-कान फुलाकर बैठी थी। पूजा-अर्चना करने वाली थी। मेरे रहते मैं कैसे इसे यम के हाथों पड़ने दूँगी, कहकर बेसवा रानी ने तिल लिया और धाय के ऊपर छिड़क दिया। इसी समय यमदूत आ गये सोने की बग्घी लेकर और बुढ़िया के प्राण ले गये। लड़ई

289. सवँसारी राती : मंजगड़ा राती

290. मुट्ठी रपवाना (मुठी रपातो) : एक रस्म जिसमें दूल्हा और दुल्हन को चावल समेटने के लिये कहा जाता है।

291. वर-माहला : विवाह सम्पन्न होने के बाद वर-वधू को वधू के घर से वर के घर ले जाने के लिये पूछने जाना। इस रस्म में भी वर-पक्ष द्वारा वधू-पक्ष के लिये भेंट आदि ले जाई जाती है।

292. बेसवा : वेश्या।

जिव के नेलाय। लड़ई देव बुड़ी के माटी-काटी दिआयला। परार लोक के तमे खाहा बलते पयसा देला आवरी बल्ला, "मुईं बुड़िर नाहनी इती ना करें। घरे गली आलेकरबी।"

सबू जोड़ा के धरलाय आउरी आयलाय। गला बाट काजे आसते रलाय। भगवान के दखबा के छिक पड़ला। छिक पड़बा के सुरता करला, मोके सुइन बुड़ी बली रय आयला बाटे ना जिबिस बली करी। लड़ई देव तुरते दुसर बाट के धरला। सबू फउद आयबा आछेत। ताड़ोकी असुर बाटे रला। सरग आउरी धरतनी के टेकी रला। घोड़ा हिलहिली देला। लड़ई देव राजा सुनला आवरी बलसी आछे, "सुन नोनी, अगेयाबती! काय सगुन होयला आले तुय पाँजी दखी दख।"

नोनी बलसी आछे, "मुईं तो कुँआरी आछे दादा। मोके नता पुरे ता।"

लड़ई देव बल्ला, "काईं ना होय। तुय नाहा-धुआ कर आवरी दखी दख।"

बलबा के नोनी अगेयाबती नाहा-धुआ करला आवरी चितरगुपत पाँजी के दखला। पाँजी ने पड़ला। तेबे बलसी आछे, "सुन दादा, लड़ई देव। मोर पाँजी ने पड़ला। ताड़ोकी असुर बाटे आछे। सरग के टेकला आछे दादा, धरतनी के टेकला आछे। कोन काजे जिबू बे? सबू के खाई देयसी।"

लड़ई देव छीः भगवान! काय करम होयला बली मने-मने बिचारसी आछे। फेर गला समुँदा घोड़ा लगे आवरी बलसी आछे, "सुन दादा समुँदा घोड़ा। ताड़ोकी के मार के जूँ।" एमती बली करी गला रानी लगे आउरी ताके बलसी आछे, "सुन रानी, जानादई। मुईं ताड़ोकी असुर के मार के जिबी आछे। तुय आया-बुआ सँगे जायते रा।"

राजार गोठ के सुनला रानी आवरी बलसी आछे, "सुना राजा, लड़ई देव! मुईं पन आसबी।"

सुनी करी राजा गला घोड़ा लगे आवरी बलसी आछे, "सुन दादा! रानी पन आयबी बलसी आछे जे! मुईं तिरिया लोक सँगे कसन करी जिबी?"

समुँदा घोड़ा बल्ला, "काईं होयले होओ बाबू। हयँ तो तोर अँग-सँगर जोड़ी आय। तिरिया होयले बले काईं ना होय।"

तेबे लड़ई देव तार आया-बुआ के बल्ला, "तमे जायते राहा, आया-बुआ। मुईं ताड़ोकी असुर के मारी करी एब्बे आसबी।" बल्ला लड़ई देव आवरी घोड़ा के चेगला। तार सँगे-सँगे जानादई पन घोड़ा के चेगला। दुनो समुँदा घोड़ा के चेगी करी ताड़ोकी असुर के मार के गलाय। ताड़ोकी असुर बाटे टोंड फाड़ी करी सोई रय। घोड़ा एबाट ले परायसी आछे, हयँ बाट ले परायसी आछे। परायते-परायते टोंड बाट ले ओयलसी आछे लेंगड़ी बाट ले निसकसी आछे। लेंगड़ी बाट काजे ओयलसी आछे टोंड

देव ने बुढ़िया का अन्तिम संस्कार किया। मोहल्ले को लोगों को खाने-पीने के लिये पैसे दिये और बोला, "मैं बुढ़िया की नाहनी यहाँ नहीं करूँगा। घर जाने पर वहाँ करूँगा।"

सारी सामग्री लेकर वापस आ रहे थे। जिस रास्ते गये थे उसी रास्ते से होकर आ रहे थे कि तभी भगवान ने यह देखा और उन्हें छींक आ गयी। भगवान को छींक आने पर लड़ई देव को याद आया कि धाय बुढ़िया ने उससे कहा था कि वह जिस रास्ते आया है उस रास्ते न जाये। लड़ई देव ने तुरन्त दूसरा रास्ता लिया। सभी लोग आ रहे हैं। रास्ते में ताड़ोकी असुर था। वह स्वर्ग से पृथ्वी तक समाया हुआ था। घोड़ा हिनहिनाया। लड़ई देव राजा ने सुना और कहने लगा, "सुनो नोनी, अगेयाबती! क्या अपशकुन हुआ है, तुम जरा पंचांग में देखो तो।"

नोनी कहने लगी, "मैं तो कुँआरी हूँ, दादा। मेरा समय पूरा नहीं हुआ[293] है।"

लड़ई देव ने कहा, "कुछ नहीं होता। तुम स्नानादि करो और देखो।"

ऐसा कहने पर अगेयाबती ने स्नान किया और पंचांग देखा। पंचांग में समस्या का निदान निकल आया। तब वह कहने लगी, "सुनो दादा, लड़ई देव। मेरे पंचांग में समस्या का समाधान निकल आया है। ताड़ोकी असुर रास्ते में है। वह स्वर्ग से लेकर धरती तक समाया हुआ है। किधर से जायेंगे? वह तो सभी को खा जायेगा।"

हे भगवान! यह क्या हो गया, कहता लड़ई देव मन ही मन विचारने लगा। फिर गया समुँदा घोड़े के पास और कहने लगा, "सुनो दादा, समुँदा घोड़ा। ताड़ोकी को मारने चलें।" ऐसा कहकर वह रानी के पास गया और उससे कहने लगा, "सुनो प्रिये, जानादई। मैं ताड़ोकी असुर को मारने जा रहा हूँ। तुम मेरे माता-पिता के साथ जाती रहो।"

राजा की बातें सुनी रानी ने और कहने लगी, "सुनिये प्रियतम, लड़ई देव! मैं भी आऊँगी।"

सुनकर राजा घोड़े के पास गया और कहने लगा, "सुनो दादा! रानी भी आऊँगी कह रही है! मैं एक स्त्री के साथ कैसे जाऊँगा?"

समुँदा घोड़ा बोला, "चाहे कुछ भी हो, बाबू। वह तो तुम्हारी संगिनी है। स्त्री होने पर भी कुछ नहीं होगा।"

तब लड़ई देव अपने माता-पिता से बोला, "आप लोग चलते रहें, माँ-पिताजी। मैं ताड़ोकी असुर को मारकर अभी आ जाऊँगा।" लड़ई देव ने कहा और घोड़े पर सवार हो गया। उसके साथ-साथ जानादई भी घोड़े पर सवार हो गयी। दोनों समुँदा घोड़े पर सवार होकर असुर को मारने गये। ताड़ोकी असुर रास्ते में मुँह फाड़कर सोया था। घोड़ा इधर से भाग रहा है, उधर से भाग रहा है। भागते-भागते मुँह की ओर से घुस रहा है और पूँछ की तरफ से निकल रहा है। पूँछ की तरफ से घुस रहा है और

293. समय का पूरा न होना : रजस्वला होने के बाद रजोस्नान के समय का न आना। किन्तु कुछ लोगों के अनुसार रजवती न होना। प्रस्तुत प्रसंग के अनुसार रजस्वला होने के बाद रजोस्नान के समय का न आना ही उचित जान पड़ता है।

काजे निसकसी आछे। अतक ने असुर के चेत पड़ला। राजा-रानी आउरी समुँदा घोड़ा असुरर पेट भितरे रलाय। मरी जिबू बे बली घोड़ा बिचार करला आवरी सेलसुँदरी के बलसी आछे, "तुई कोलार[294] कर सेलसुँदरी।"

बलबा के सेलसुँदरी बंदुक आपने होई दायँ नाय कोलार करला। कोलार करबा के असुर चेतला। दुनो बाटे टोंड फाड़ला। घोड़ा असुरर पेट ले फुड्क् नाय बाहिरे निसकला। अतक ने राजा आवरी असुर तिन-तिन सेलर लड़ई खेल्लाय। आगे असुर मारला राजा के। पाछे राजा मारला असुर के। असुर मरी गला। अतक ने राजा तार आया-बुआ लगे गला। घोड़ा ले दुनो बायले-मुनिस डोगायलाय। अँदनी रानी दखला आवरी दुनो के पायला। अतक ने राजा आसन सराय के बल्ला। होम-आरती देला आउरी अगयाबती के बलसी आछे, "सुन नोनी, अगयाबती! तोर बले कोनी निआत। मोर घरे मलयारी आछे। तार पन कोनी निआत। मुईं तमर दुनो लोकर भिबा करी देबी।"

अतक के सुनला अगयाबती आवरी बलसी आछे, "असन करी देले दादा बड़े भाइग होयता।"

तेबे लड़ई देव राजा तार पुरखार पाइक के कँाडा देबा काजे तियारला। माँडो गाड़बा काजे बल्ला आउरी कुची के हिटाय करी पुरखार पाइक बाटे फिंगी देला। तेबे पाइक बलसी आछे, "कतक लका खरचा करबी, राजा?"

राजा बल्ला, "जतक सरले तुय अतक सार। तोरी मन ने कर।"

सुनी करी पाइक कुची के धरला आवरी गला। जायते रय आवरी बाटे रुपसिला माता बाटे रय। ताके बलसी आछे, "गुच बाई, रुपसिला माता। मोके जाय के देस।"

रुपसिला माता बलसी आछे, "तोके कोन पुछे, तोर बुआ के कोन पुछे! ठिंया-ठिंया खाई देबी तोके।"

सुनी करी पाइक डरी गला। पाटगुचा मारते गोटोक रुक-छाँये गला। हयँती बसला। हागा-मुता होयला टुकनाएक। बेहुस होई देला मरला माहा। घोड़ा हिलहिली देला। लड़ई देव सुनला आवरी अगयाबती के बलसी आछे, "सुन नोनी, अगयाबती! घोड़ा हिलहिली देला। तुय पाँजी दख नू।"

बलबा के अगयाबती पाँजी दखसी आछे। दखला। पाँजी ने पड़ला। तेबे बलसी आछे, "रुपसिला माता बाटे आछे, दादा। पाइक मरसी बे। हँके चेत-सुरता निआय।"

सुनी करी राजा कसेलाएक पानी धरला आवरी गला पाइक लगे। पाइक मरी रला। तार मुँड के उठाय करी कोरा ने धरला। पानी के पिआयला आउरी बलसी आछे, "कमता होयला बाबू गुने तुय अमती होयलिस?"

पाइक बलसी आछे, "बाटे रुपसिला माता आछे, दादा। रुपसिला के मार के जूँ।"

294. कोलार : अन्य ध्वनि 'कोल्हार'।

मुँह की ओर से निकल रहा है। इतने में असुर जागा। राजा-रानी और समुँदा घोड़ा असुर के पेट में रह गये थे। घोड़े ने विचार किया कि अब तो मर जायेंगे। ऐसा विचार कर वह सेलसुंदरी से कहने लगा, "तुम धमाका करो, सेलसुंदरी।"

ऐसा कहने पर सेलसुंदरी बंदूक ने स्वयं होकर दाँय से धमाका किया। धमाका होने पर असुर जाग गया। दोनों ओर मुँह फाड़े। घोड़ा असुर के पेट से तुरन्त बाहर निकला। इतने में राजा और असुर के बीच तीन-तीन बार की लड़ाई होने लगी। पहले असुर ने राजा को मारा। बाद में राजा ने मारा असुर को। असुर मर गया। तब राजा अपने माता-पिता के पास गया। दोनों पति-पत्नी घोड़े पर से उतरे। अँदनी रानी ने देखा और दोनों को गोद में लिया। इतने में राजा ने आसन लीपने को कहा। होम-आरती की और अगयाबती से कहने लगा, सुनो नोनी, अगयाबती! तुम्हारा कोई नहीं है। मेरे घर में मलिहारी है। उसके भी कोई नहीं हैं। मैं तुम दोनों का आपस में विवाह करा दूँगा।"

यह सुनकर अगयाबती कहने लगी, "ऐसा कर देते दादा तो बड़ा उपकार होता।"

तब लड़ई देव राजा ने पुरखों के पाइक को काँडा देने के लिये कहा। मण्डप गाड़ने के लिये कहा और चाबी निकाल कर पुरखों के पाइक की ओर उछाल दिया। तब पाइक कहने लगा, "कितना खर्च करूँगा, राजा?"

राजा बोला, "जितना खर्च हो, उतना करो। अपने मन से करो।"

सुनकर पाइक चाबी लेकर गया। अभी वह जा ही रहा था कि रास्ते में रुपसिला माता थी। वह उससे कहने लगा, "हट जाओ बाई, रुपसिला माता। मुझे जाने दो।"

रुपसिला माता कहने लगी, "तुझे कौन पूछे, तेरे पिता को कौन पूछे! तुझे खड़े-खड़े खा जाऊँगी।"

सुनकर पाइक डर गया। पीछे हटते हुए एक पेड़ की छाँव में गया। वहाँ बैठ गया। मारे डर के टट्टी-पेशाब कर डाला। बेहोश हो गया मानो मर गया हो। घोड़ा हिनहिनाया। लड़ई देव ने सुना और अगयाबती से कहने लगा, "सुनो नोनी, अगयाबती! घोड़ा हिनहिना रहा है। तुम पंचांग देखो।"

उसके ऐसा कहने पर अगयाबती पंचांग देखने लगी। पंचांग में समस्या का समाधान निकल आया। तब वह कहने लगी, "रुपसिला माता रास्ते में है, दादा। पाइक मर जायेगा। उसे सुध-बुध नहीं है।"

यह सुनकर राजा ने एक लोटा पानी लिया और गया पाइक के पास। पाइक मर गया था। उसके सिर को उठाकर अपनी गोद में रखा। पानी पिलाया और कहने लगा, "क्या हो गया बाबू जिससे तुम्हारी यह हालत हुई?"

पाइक कहने लगा, "रास्ते में रुपसिला माता है, दादा। रुपसिला को मारने चलें।"

तेबे दुनो झन हयँ थान ले आयलाय माय-बाप लगे। राजा घोड़ा लगे गला आवरी बलसी आछे, "सुन दादा, समुँदा घोड़ा! रुपसिला कें मार के जूँ।"

घोड़ा बलसी आछे, "मुईं डोकरा लोक आयँ, बाबू। घन-घन आस के ना सकें। निल बछुरा सँगे जा। हयँ बले लड़इर आय।"

तेबे रानी के तुय आया-बुआ सँगे जायते रा, मुईं रुपसिला के मारी करी आयबी बल्ला आवरी सेलसुँदरी के बलसी आछे, "जूँ बाई, रुपसिला मार के।"

सेलसुँदरी बलसी आछे, "मुईं आसी करी काय करबी? तुय खाँडादई सँगे जा।"

अतक ने खिंड माहा सराय के बल्ला। गुर-घिंवर होम देला। पाँय पड़ला आवरी बलसी आछे, "सुन बाई, खाँडादई! रुपसिला मार के जूँ।"

बलबा के खाँडादई राजार पाट बाटे हिटी पड़ला। निल बछुरा सँगे गला राजा। रुपसिला बाटे रला। राजा ताके गोंदा-गोंदा करला। खुटी बाची रय। खाँडादई लड़ई देव राजा के बलसी आछे, "सुन बाबू, लड़ई देव। सेलसुँदरी होयले खुटी के डसी देयसी।"

तेबे राजा सेलसुँदरी के सुमरना करला। घोड़ा हिलहिली देला। बरमा देव राजा सुनला आउरी अगयाबती के बलसी आछे, "सुन नोनी अगयाबती। घोड़ा हिलहिली देला। पाँजी दखी दख।" बलबा के अगयाबती पाँजी दखला। पाँजी ने पड़ला। तेबे बलसी आछे, "सेलसुँदरी जाओ, बाबा।"

बलबा के बरमा देव राजा सेलसुँदरी के लड़ई देव लगे पठायला। सेलसुँदरी गला आवरी जाई करी राजार हाते पड़ला। खाँडादई के सेलसुँदरी बलसी आचे, "सुन नोनी खाँडादई! पयलक चाउर होयले तोके पुँजी ना अमरे। पुजा खायबा होयले मुईं बले देबी आयँ बलबिआस। गोटोक लड़ई के जिताय के ना सकलिस! मोके काय काजे सुरता करलिस?"

तेबे खाँडादई बलसी आछे, "सुन बाई, सेलसुँदरी! करबा अतक के करली। गोंदबा अतक के गोंदली। एतार खुटी बाचला आछे। तुय एके डसी देस नोयले जागला आले सबू के खाई देयसी।"

बलबा के सेलसुँदरी खुटी के डसी देला। रुपसिला माता मरला। राजा-रानी आया-बुआ लगे गलाय। पुरखार पाइक गला। धान के कँाडा देला। बिआ-जोड़ा जोड़ला। माँडो गाड़ के बली रय। बाना लिखी रय। अतक ने राजा-रानी अमरलाय। राजा-रानी जाई करी बाना ने उबलाय। रानी कलस-दिया धरायला। टेंगनू सुरवाँ घोड़ा के उपरे मँडलायते रला। रानी पड़घायते रला राजा-रानी के। अड़किदायँ घोड़ा हिलहिली देला। टोकी फेर पाँजी दखला। पाँजी ने पड़ला तेबे टेंगनू सुरवाँ उपरे मँडलायसी आछे दादा बली साँगला। अतक ने राजा रिसे-रिस गला समुँदा घोड़ा

तब दोनों वहाँ से वापस आये माता-पिता के पास। राजा घोड़े के पास गया और कहने लगा, "सुनो दादा, समुँदा घोड़ा! रुपसिला को मारने चलें।"

घोड़ा कहने लगा, "मैं बूढ़ा हूँ, बाबू। बारम्बार नहीं आ सकता। निल बछुरा के साथ जाओ। वह भी लड़ाई का है।"

तब राजा ने रानी से कहा कि वह उसके माता-पिता के साथ जाती रहे और वह रुपसिला को मारकर आयेगा। ऐसा कहकर वह सेलसुंदरी से कहने लगा, "चलो बाई, रूपसिला को मारने।"

सेलसुंदरी कहने लगी, "मैं आकर क्या करूँगी? तुम खाँडादई के साथ जाओ।"

इतने में राजा ने थोड़ा सा लीपने को कहा। गुड़-घी का होम दिया। प्रणाम किया और कहने लगा, "सुनो बाई, खाँडादई! रुपसिला को मारने चलें।"

ऐसा कहने पर खाँडादई राजा की पीठ की ओर गिर पड़ी। तब राजा निल बछुरा के सँग गया। रुपसिला रास्ते में थी। राजा ने उसके टुकड़े-टुकड़े कर दिये। खूँटी बच गयी थी। तब खाँडादई लड़ई देव राजा से कहने लगी, "सुनो बाबू, लड़ई देव। सेलसुंदरी होती तो खूँटी को जला देती।"

तब राजा ने सेलसुंदरी का स्मरण किया। घोड़ा हिनहिनाया। बरमा देव राजा ने उसका हिनहिनाना सुना और अगयाबती से कहने लगा, "सुनो नोनी, अगयाबती। घोड़ा हिनहिना रहा है। पंचांग देखो तो।" ऐसा कहने पर अगयाबती ने पंचांग देखा। पंचांग में समस्या का समाधान निकल आया। वह कहने लगी, "सेलसुंदरी जाये, बाबा।"

ऐसा कहने पर बरमा देव राजा ने सेलसुंदरी को लड़ई देव राजा के पास भेजा। सेलसुंदरी गयी और जाकर राजा के हाथ में गिरी। खाँडादई से सेलसुंदरी कहने लगी, "सुनो नोनी, खाँडादई! तुम्हारे नाम से पूँजी रखने[295] पर एक पायली चावल भी पूरा नहीं पड़ता। बलि लेने की बात हो तो मैं देवी हूँ कहती हो। तुम एक लड़ाई में राजा को नहीं जिता सकीं! मुझे किसलिये याद किया?"

तब खाँडादई कहने लगी, "सुनो बाई, सेलसुंदरी! जितना मुझसे हो सका मैंने किया। काटने लायक को काट दिया। इसकी खूँटी बच गयी है। तुम इसे डस दो वरना यह जाग गयी तो सभी को खा जायेगी।"

ऐसा कहने पर सेलसुंदरी ने खूँटी को जला दिया। रुपसिला माता मर गयी। राजा-रानी अपने माता-पिता के पास गये। पुरखों का पाइक गया। उसने धान कूटने के लिये दिये। विवाह की तैयारियाँ की जाने लगीं। मण्डप गाड़ने को कह रखा था। बाना भी लिखे हुए थे। इतने में राजा-रानी पहुँच गये। राजा-रानी जाकर बाना के ऊपर खड़े हो गये। रानी ने कलश-दीप जलाये। इसी समय टेंगनू सुरवाँ अपने घोड़े पर सवार होकर ऊपर मँडरा रहा था। रानी राजा-रानी का स्वागत कर रही थी। इसी समय घोड़ा हिनहिनाया। युवती ने फिर से पंचांग देखा और कहने लगी कि

295. पुँजी रखना : मुट्ठी भर चावल अमुक देवी या देवता के नाम पर जमीन पर रखना।

लगे। जानादई बाना ने उबी रय। राजा गला आवरी बलसी आछे, "जूँ दादा, टेंगनू सुरवाँ मार के ।"

घोड़ा बलसी आछे, "मुईं ना आसें, बाबू। निल बछुरा सँगे जा।"

राजा निल बछुरा लगे गला आउरी बलसी आछे, "जूँ दादा, निल बछुरा। टेंगनू सुरवाँ मार के।"

निल बछुरा सुनला आवरी बलसी आछे, "मुईं ना आसें, बाबू। रनबेंदरी के ने।"

राजा बल्ला, "रनबेंदरी के कसन नेबी? हयँ तो तिरिया लोक आय।"

निल बछुरा बलसी आछे, "तिरिया होयले पन काईं ना होय। हयँ बले लड़इर आय।"

तेबे अतक ने रनबेंदरी के सज करी देलाय। रनबेंदरी के चेगला राजा आवरी गला। उपरे-उपरे डगरायसी आछे राजा। टेंगनू सुरवाँ आपने कोलार करला। राजा के ना दखला आछे। लड़ई देव राजा मरी गला। मरबा के कावा-कराटी, चेड़े-चिंड़गुड़ काँदबा आचेत। बरमा-बिसनू सुनलाय आउरी काय काजे अतक अँदल होयला आछे बलते तले उतरलाय। चेड़े-चिंड़गुड़ के बलबाआत, "काय होयला गुने तमे अतक काँदबा आछास?"

चेड़े-चिंड़गुड़ बलबाआत, "तमके कसन अकल निआय? लड़ई देव राजा मरी गला।" बरमा-बिसनू सुनलाय आउरी गलाय भिमा लगे। जाई करी ताके सोनर बरसा बरसबा काजे बल्लाय। बलबा के सोनर बरसा बरसला। राजार देंहे ने पानी पड़ला। राजा टुँग् ने उठी बसला। चेड़े-चिंड़गुड़ मन तोके टेंगनू सुरवाँ मारी रला बली करी ताके साँगलाय। सुनी करी राजा कटकट-कटकट दात चाबला आवरी टेंगनू सुरवाँ के डगरायसी आछे। लटेपटे भेटला। भेटला की मारी देला एकेदायँ। टेंगनू सुरवाँ मरी गला। अतक ने राजा आसी करी बाना ने उबला। तेबे रानी दुनो के अड़घा-पड़घा करला। अगयाबती आवरी मलयारी के नाहाय देलाय। तेल घसी देलाय, मोउड़ पिंदाय देलाय। अतक ने दुनो के तेल चेगायलाय। मलयारी पिला सँगे अगयाबतिर बिआ करी देलाय। एक दिन माँडो होयला, एक दिन तेल होयला, एक दिन लगिन आवरी एक दिन भोज होयला। बिआ सरला। तेबे अगयाबती बलसी आछे लड़ई देव के, "मोके धरम करलिस, दादा।" फेर बलसी आछे, "आयार किरिया-करमर सुरता आछे काय?"

लड़ई देव राजा बल्ला, "मोके सुरता आछे, नोनी। मुईं आयार किरिया-करम ना करलार घरे ना ओयलीं।" बली करी राजा नाऊ करला, धोबी करला। सुइन बुड़िर नाहनी करला। मलयारी आउरी अगयाबती के गोटोक घर के देई देला आवरी एई थाने कमाय-धमाय राहा बली बल्ला। अतक ने अगयाबती आउरी मलयारी आसलाय आवरी राजा-रानिर हात के धरी करी नेलाय आवरी बरमा देव राजा-अँदनी

टेंगनू सुरवाँ ऊपर मँडरा रहा है, दादा। इतने में राजा क्रोधित होकर गया समुँदा घोड़े के पास। जानादई बाना के ऊपर खड़ी थी। राजा गया और कहने लगा, "चलो दादा, टेंगनू सुरवाँ को मारने।"

घोड़ा कहने लगा, "मैं नहीं आऊँगा, बाबू। निल बछुरा के सँग जाओ।"

तब राजा निल बछुरा के पास गया और कहने लगा, "चलो दादा, निल बछुरा। टेंगनू सुरवाँ को मारने।"

निल बछुरा ने सुना और कहने लगा, "मैं नहीं आऊँगा, बाबू। रनबेंदरी को ले जाओ।"

राजा बोला, "रनबेंदरी को कैसे ले जाऊँगा? वह तो स्त्री है।"

निल बछुरा कहने लगा, "स्त्री होने पर भी कुछ नहीं होता। वह भी तो लड़ाई की है।"

तब रनबेंदरी को तैयार कर दिया गया। राजा रनबेंदरी पर सवार हुआ और गया। वह ऊपर ही ऊपर मँडराने लगे। टेंगनू सुरवाँ ने स्वयं होकर शोर किया। उसने राजा को नहीं देखा था। इतने में लड़ई देव राजा मर गया। उसके मरने पर कौए, चिड़ियाँ आदि रोने लगीं। बरमा-बिसनू ने सुना और किसलिये इतना शोर मचा है, कहते वे नीचे उतरे। चिड़ियों से पूछने लगे, "क्या हो गया, किस कारण तुम लोग इतना रो रहे हो?"

चिड़ियाँ कहने लगीं, "तुम्हें अकल कैसे नहीं है? लड़ई देव राजा मर गया।" बरमा-बिसनू ने सुना और भिमा के पास गये। उसके पास जाकर उससे सोने की वर्षा करने को कहा। तब सोने की वर्षा हुई। राजा की देह में पानी की बूँदें पड़ीं। राजा तपाक् से उठकर बैठ गया। चिड़ियों ने उसे बताया कि टेंगनू सुरवाँ ने उसे मार डाला था। यह सुनकर राजा दाँत किटकिटाने लगा और टेंगनू सुरवाँ को खोजने लगा। बड़ी कठिनाई से मिला। जैसे ही वह मिला उसने उसे एक ही वार से मार दिया। टेंगनू सुरवाँ मर गया। इतने में राजा वापस आकर बाना पर खड़ा हो गया। तब रानी ने दोनों का स्वागत किया। अगयाबती और मलिहारी को नहलाया गया। तेल लगाये गये, महुड़ पहनाये गये। इसके बाद दोनों को तेल चढ़ाये गये। मलिहारी युवक के साथ अगयाबती का विवाह सम्पन्न करा दिया गया। एक दिन मण्डपाच्छादन हुआ, एक दिन तेल चढ़ाया गया, एक दिन लगन हुआ और एक दिन भोज दिया गया। इस तरह विवाह सम्पन्न हो गया। तब अगयाबती लड़ई देव से कहने लगी, "आपने मुझ पर बड़ा उपकार किया, दादा।" फिर कहने लगी, "माँ के क्रिया-कर्म की याद तो है न?"

लड़ई देव राजा बोला, "मुझे याद है, नोनी। मैं जब तक माँ का क्रिया-कर्म नहीं कर लेता तब तक घर में प्रवेश नहीं करूँगा।" ऐसा कहकर राजा ने नाऊ-धोबी बुलाया और धाय बुढ़िया का क्रिया-कर्म सम्पन्न कराया। मलिहारी और अगयाबती को एक घर दे दिया और उनसे वहीं रहकर जीवन बिताने के लिये कहा। इतने में अगयाबती और मलिहारी आये और लड़ई देव तथा जानादई के हाथ पकड़कर उन्हें बरमा देव और